제감도설

帝鑑圖說

고즈윈은 좋은책을 읽는 독자를 섬깁니다.
당신을 닮은 좋은책—고즈윈

제감도설 帝鑑圖說

명(明) 장거정(張居正) 찬(撰)
임동석 역주

1판 1쇄 발행 | 2011. 6. 15.

저작권자 ⓒ 2011 임동석
이 책의 저작권자는 위와 같습니다. 저작권자의 동의 없이
내용의 일부를 인용하거나 발췌하는 것을 금합니다.

Copyrights ⓒ 2011 by Lim Dong-seok
All rights reserved including the rights of reproduction
in whole or in part in any form. Printed in KOREA.

발행처 | 고즈윈
발행인 | 고세규
신고번호 | 제313-2004-00095호
신고일자 | 2004. 4. 21.
(121-896) 서울특별시 마포구 동교로13길 34 (서교동 474-13)
전화 02)325-5676 팩시밀리 02)333-5980

값은 표지에 있습니다.
ISBN 978-89-92975-52-0 (03820)

고즈윈은 항상 책을 읽는 독자의 기쁨을 생각합니다.
고즈윈은 좋은책이 독자에게 행복을 전한다고 믿습니다.

제감도설

帝鑑圖說

황제가 거울로 삼아야 할 옛일을 그림과 글로 엮다

명明 장거정張居正 찬撰 — 임동석 역주

고즈윈
God's Win

◆ 역주자 서문 ◆

　지금 중국에서는 '장거정' 열풍이 불고 있다. 책방마다 ≪장거정전전(張居正全傳)≫(楊益), ≪장거정≫(逸鳴), ≪풍우장거정(風雨張居正)≫(鄭波) 등의 전기가 전면에 진열되어 있으며, 인기 교양 프로그램인 <백가강단(百家講壇)>에서 명나라 중후기 혼란을 극복한 인물로 장거정의 일생을 그려 내는 등 방송에서도 주목받고 있다. 그의 삶을 통해 중국인의 자신감과 중흥을 부르짖으며, 도덕과 교육을 통한 정치의 안정과 발전을 역설하고 있는 것이다. 그가 바로 명(明) 만력황제(萬曆黃帝) 신종(神宗) 주익균(朱翊鈞)을 가르치기 위한 책 ≪제감도설(帝鑑圖說)≫의 지은이다. 그는 왜 어린 황태자를 위한 필독서를 편집하고, 그것을 공부하고 나서 황제의 직무를 수행할 것을 무섭게 가르쳤을까? 스승으로서 장거정은 천하 권력의 황제조차 감히 대들지도 못하다가 결국 반감까지 갖게 되는 후과를 초래하였다 하는데 진정 그는 어떤 인물이며, 제자로서의 황제는 그나마 이 책으로 인해 실책을 줄일 수 있었다 하니 과연 이 책은 어떤 내용일까?

　옛사람들은 거울[鏡, 鑒]에 추상적이고 상징적인 의미를 부여해 왔다. 사람이란 자기 자신을 실제 거울이나 '옛일'이라고 하는 거울, 혹은 '남이 저지른 사례'라는 거울로 비춰 보지 아니하고는 스스로를 잘 알 수 없다.

마음은 자신의 몸 속 어디엔가 있건만 이를 알 수 없으니 번연히 앞사람이 이미 저지른 잘못을 그대로 따라 하며 앞 수레가 이미 엎어진 길을 그대로 달려가 곤두박질을 한다. 참으로 안타까운 일이다.

≪설원(說苑)≫ 존현편(尊賢篇)에 "맑은 거울은 형태를 비춰 보는 것이요 지난 옛일은 지금을 알기 위한 것이니 임금 된 자가 옛일을 거울로 삼아 살피지 않아 위험과 멸망의 일에 태만히 군다면 이는 앞서 달리는 자로부터 뒷걸음치면서 그 앞사람을 붙잡겠다는 것과 다를 바 없으니 어찌 미혹한 것이 아니리오!(明鏡所以照形也, 往古所以知今也. 人主不務襲迹於其所以安存, 而忽怠所以危亡, 是猶未有以異於卻走而欲求及前人也, 豈不惑哉!)"라는 구절이 있다. 이 구절은 ≪한시외전(韓詩外傳)≫(5)과 ≪공자가어(孔子家語)≫ 관주편(觀周篇) 및 ≪가의신서(賈誼新書)≫ 태교편(胎敎篇) 등에 널리 실려 있다.

그런가 하면 ≪한비자(韓非子)≫ 관행편(觀行篇)에는 "눈으로 자신의 얼굴을 볼 수 없으므로 그 때문에 거울을 통해 자신의 얼굴을 살피는 것이요, 지혜로는 자기 자신을 알 수 없으므로 그 때문에 도로써 자신을 바로잡는 것(目短於自見, 故以鏡觀面; 智短於自知, 故以道正己)"이라는 구절이, 격언집 ≪현문(賢文)≫에는 "지금을 보고자 하면 옛일로 거울을 삼을 것이다. 옛날이 없으면 지금이라는 때도 있을 수 없기 때문이다(觀今宜鑑古, 無古不成今)"라는 구절이 전한다.

'황제가 거울로 삼아야 할 내용을 그림과 설명으로 정리하였다'는 뜻의 '제감도설'이라는 제목은 ≪구당서(舊唐書)≫(71)와 ≪신당서(新唐書)≫(97) 위징전(魏徵傳)에 기록된 당 태종의 어록에서 비롯되었다. 위징이 죽은 다음 태종은 "무릇 구리를 거울로 삼으면 의관을 바르게 할 수 있고, 옛날을 거울로 삼으면 흥망을 알 수 있으며, 사람을 거울로 삼으면 득실을 명확히 알 수 있다. 나는 항상 이 세 가지 거울로 나 자신의 과오를 방비해 왔다. 지금 위징이 죽고 나니 나는 그 셋 중 하나의 거울을 잃고 말았다. 내 위징의 집에 사람을 보내어 그가 남긴 한 편의 문장을 얻었는데 거기에 '천하의 일이란 선도 있고 악도 있습니다. 선한 사람을 임용하면 나라가 편안할 것이요 악한 사람을 등용하면 나라가 혼란스러워지는 것입니다. 공경들 중에는 감정으로 보아 애증이 엇갈린 이들이 있을 텐데 미워하는 자라면 오직 악함만 보일 것이요, 사랑하는 자라면 그의 선함만 보일 것입니다. 애증이란 상세히 살피고 신중을 기해야 하는 것이니 사랑하되 그의 악함도 알아야 하고 미워할지라도 그의 선함을 보아야 합니다. 사악한 자는 물리치되 의심하지 말 것이며 일을 맡겼다면 두 마음을 품지 말아야 합니다. 이렇게 하면 나라가 흥할 것입니다'라고 되어 있었다.(夫以銅爲鏡, 可以正衣冠; 以古爲鏡, 可以知興替; 以人爲鏡, 可以明得失. 朕常保此三鏡, 以防己過. 今魏徵殂逝, 遂亡一鏡矣! 徵亡後, 朕遣人至宅, 就其書函得表一紙, 始立表章, 字皆難識, 唯前有數行, 稍可分辯, 云:『天下之事, 有善有惡, 任善人則國安, 用惡人則國亂. 公卿之內, 情有愛憎, 憎者唯見其惡, 愛者唯見其善. 愛憎之間, 所宜詳慎, 若愛而知其惡, 憎而知其善, 去邪勿疑, 任賢勿貳, 可以興矣.』)" 라고 탄식하며 깨달음을 피력하였다.

이 내용은 유명한 ≪정관정요(貞觀政要)≫ 임현편(任賢篇)에도 그대로 전재되어 있다. 우리가 익히 알고 있는 ≪명심보감(明心寶鑑)≫ 성심편(省心篇)에서는 "거울은 얼굴을 비추는 것이요, 지혜는 마음을 비추는 것이다. 거울이 맑으면 티끌이 다가갈 수 없고, 지혜가 밝으면 사악함이 생겨나지 않는다(鏡以照面, 智以照心; 鏡明則塵埃不住, 智明則邪惡不生)"고 하였다.

곧 ≪제감도설≫은 거울로 삼아 경계할 만한 사례를 나열하여 황제로 하여금 천하 통치의 기본이자 만백성 통솔의 기강으로 삼도록 안내하던 책이다. 명 만력황제 신종 주익균이 여섯 살에 황태자가 되자 장거정은 스승이 되어 그를 가르쳤다. 그러다 주익균이 열 살이라는 어린 나이에 제위에 등극하게 되자 서둘러 교재를 편찬하였다. 과거 제왕들의 일화 중에 선한 일을 한 사례 81가지와 악한 행동을 한 사례 36가지를 간추리고 그림과 글로 설명을 곁들였다. 아직 어린 만력제가 깊은 뜻을 모를 것을 배려하여 그림으로 그리고 읽기만 해도 알 수 있도록 당시 백화어(白話語)로 다시 풀이한 것이다. 중국 역사 3천 년에 제왕은 대략 352명쯤 된다. 이들도 사람인지라 있을 수 있는 온갖 언행이 다 있었다. 상상할 수 없는 희생을 담당한 제왕은 물론, 차마 입에 담지 못할 악행을 저지른 사례도 부지기수다. 그러나 이들 사적을 다 읽을 수는 없기에 ≪역(易)≫의 양수(陽數)를 곱한 값(9×9=81)과 음수(陰數)를 곱한 값(6×6=36)을 더하여 117가지 이야기를 뽑아 어린 황제의 눈높이에 맞추어 편찬한 것이다. 신종(재위 1573~1620)은 우리나라에 임진왜란(壬辰倭亂, 1592)이 일어났을 때 재임한 임금이요, 만주족 누르하치가 일어서 후금(後金)을 건국(1616)하던 시대의 황제였다. 그나마 이러한 교재로 훈육을 받았기에 망정이지 그의 재위 기간은 명나라가 자칫 그대로 망할 뻔한 때였으며 신종 자신도 신통한 임금은 아니었다.

지금 이 시대 황제는 없다. 아니 누구나 황제이다. 더 나아가 사회적으로 성공한 기업가나 부와 귀함을 얻어 천하에 이름을 날리는 자는 황제와 다름없다. 이는 부정적인 의미가 아니라 실제 어느 한 조직, 한 가정, 한 범주에서는 실질적인 황제라는 뜻이다. 그러니 자신을 비춰 볼 거울을 세 개씩 가지고 있어야 하며 자신의 자녀들에게도 부귀나 영화보다는 거울을 유산으로 물려주어야 마땅하지 않겠는가? 부귀와 영화는 '거울로 자신을 점검하지 않으면' 그야말로 "한평생 탐한 재물, 하루아침 티끌이 되는(百年貪物一朝塵)" 사례를 우리는 이 순간에도 눈앞에서 보고 있지 않는가? 가장 안전한 재물과 재산은 바로 자신을 비춰 보는 거울이다. 안지추는 ≪안씨가훈≫에서 "성공한 자는 그 나름대로의 이유가 있다"고 설파하면서 그 결론은 '덕망'이라 정의하였다. 덕을 갖추지 않은 성공이란 위험한 것이다. 똑똑하면서 덕을 갖추면 그 총명함이 인류와 자손을 위해 더욱 빛을 발하지만, 똑똑하면서 덕이 없는 총명함은 도리어 총명할수록 더 큰 해악을 남긴다. 그러니 똑똑하지 못하다면 그나마 덕이라도 갖추어야 하지 않겠는가? 그렇다면 현우(賢愚)를 떠나 그 덕은 어떻게 점검하는가? 바로 거울이다. 그 거울은 구체적으로 옛일이며 책이며 고전들이다. 옛 성현들이 우리에게 남겨 준 것이 재물이던가? 아니면 말씀이던가? 이처럼 거울의 진정한 의미를 터득하기 위해서 나는 이 책쯤은 꼭 곁에 두고 읽어 보라고 권하고 싶다. 물질의 풍요함을 누리는 것 못지않게 그보다 더 큰 행복감을 맛볼 수 있을 것이다.

2011 신묘년 6월에
莎浦 林東錫이 負郭齋에서 적음

✦ 일러두기 ✦

1. 이 책은 ≪帝鑑圖說≫(明, 張居正·呂調陽 撰, 山東省圖書館藏本, 淸<純忠堂>刻本 <四庫全書存目叢書>本, 莊嚴文化事業有限公司印本, 臺灣)을 저본으로 하고, 그 외 ≪제감도설≫(唐暨禮 注評, 中共中央黨校出版社, 2008, 北京)과 ≪제감도설≫(陳生璽·賈乃謙 譯註, 學林出版社, 2010, 上海)을 참고하여 완역한 것이다.
2. 원본에 의해 圖繪(그림), 原文(고문), 直解(백화문)를 차례로 삼았다.
3. 원문(고문) 부분은 해석, 원문, 주석으로, 다시 직해(백화문) 역시 해석, 원문, 주석으로 배열하였다.
4. '참고 및 관련 자료'에서 원전의 출전을 밝혔으며 원전 원문을 가능한 한 있는 대로 찾아 그대로 제시하여 연구와 해석 및 비교에 참고할 수 있도록 하였다.
5. 각 편마다 일련번호를 부여하고 제목을 한글로 풀이하여 검색과 읽기에 편리하도록 하였다.
6. 직역을 위주로 하였으나 전체 뜻을 위해 의역으로 풀이한 것도 있다.
7. 주석에서는 인명, 지명, 사건명과 주요 어휘 등을 상세히 풀이하여 이해에 도움이 되도록 하였다.
8. 그림 자료는 明代 <明刻本>과 淸代 <純忠堂>각본(四庫全書存目叢書>本)을 매 장마다 싣고 그 외 참고 자료를 더하여 시각적 이해를 돕도록 하였다.
9. 원문의 경우 표점은 현대 중국 문장 표점 방법을 원용(援用)하였다.

✦ 참고문헌 ✦

※ 이 책의 역주에 참고한 문헌과 자료는 다음과 같다.

1. ≪帝鑑圖說≫ 明, 張居正·呂調陽(撰) 山東省圖書館藏本, 淸<純忠堂>刻本 <四庫全書存目叢書>本, 莊嚴文化事業有限公司(印本), 臺灣
2. ≪帝鑑圖說≫ 唐曁禮(注評) 中共中央黨校出版社, 2008, 北京
3. ≪帝鑑圖說≫ 陳生璽·賈乃謙(譯註) 學林出版社, 2010, 上海
4. ≪正說中國三百五十帝≫ 倉聖(編著) 黑龍江人民出版社, 2005, 哈爾濱
5. ≪中國帝王譜≫ 田鳳岐(編纂) 天津市寶文印務有限公司, 2003, 天津
6. ≪貞觀政要≫ 吳兢(撰) 林東錫(譯註)
7. ≪太平御覽≫ 中華書局 印本
8. ≪太平廣記≫ 中華書局 活字本
9. ≪資治通鑑≫ 榮文出版社 活字本, 1980, 臺灣 臺北
10. ≪續資治通鑑長編≫ 宋, 李燾(撰) 中華書局(活字本), 1979, 北京
11. ≪皇朝類苑≫(≪宋朝事實類苑≫, ≪事實類苑≫, ≪宋朝類要≫, ≪皇宋事寶類苑≫) 宋, 江少虞(編) 印本, 中國書店, 1986, 北京
12. ≪중국의 황태자 교육≫(≪成龍寶典≫, ≪做一個皇帝讀書郞≫, ≪太子的學堂≫) 王鏡輪(著) 이영옥(譯) 김영사, 2007, 서울
13. ≪중국사열전 황제≫(超級男人≪中國帝王正史≫) 上官平(著) 차효진(譯) 달과소, 2008, 서울

14. ≪風雨張居正≫ 酈波(著) 百家講壇 民主法制出版社, 2009, 北京
15. ≪張居正全傳≫ 楊益(編) 華中科技大學出版社, 2010, 武漢
16. ≪張居正≫ 逸鳴 萬卷出版社, 2010, 北京
17. ≪中國歷史紀年表≫ 華世出版社, 1978, 臺北
18. ≪二十四史傳目引得≫ 梁啓雄(撰) 河洛圖書出版社, 1978, 臺北
19. ≪中國歷史大事年表≫ 沈起煒(編) 上海辭書出版社, 1986, 上海
20. ≪中國通史≫ 現代版(15종)
21. <中國歷史地圖> 中國歷史地圖出版社
22. <二十五史> 鼎文書局 活字本
23. <十三經注疏> 中華書局 影印本
24. <諸子百家書> 活字本
25. <林東錫中國思想100選> 東西文化社

• 기타 공구서(工具書) 및 유서류(類書類) 등은 기재를 생략함.

◆ 차례 ◆

역주자 서문   4
일러두기   9
참고문헌   10

해제   22
진제감도설소(進帝鑒圖說疏)   33

上篇
성철방관(聖哲芳觀)
성주(聖主), 철왕(哲王)들의 꽃다운 모습들

001 임현도치(任賢圖治)   46
어진 이를 임용하여 다스림을 도모한 도당씨 요임금

002 간고방목(諫鼓謗木)   54
간언하는 북과 비방하는 나무를 설치한 요임금

003 효덕승문(孝德升聞)   58
효와 덕이 소문이 되어 천자에 오른 순임금

004 게기구언(揭器求言)   67
여러 악기를 걸어 놓고 훌륭한 말을 구한 우임금

005 하거읍죄(下車泣罪)　　　　　　　　　　　72
　　수레에서 내려 죄인을 보고 울음을 터뜨린 우임금

006 계주방미(戒酒防微)　　　　　　　　　　　77
　　술을 경계하고 미세한 조짐을 미리 방비한 우임금

007 해망시인(解網施仁)　　　　　　　　　　　82
　　새 그물을 풀어 어짊을 베푼 탕임금

008 상림도우(桑林禱雨)　　　　　　　　　　　88
　　상림에서 비를 내려 주기를 기도한 탕임금

009 덕멸상상(德滅祥桑)　　　　　　　　　　　94
　　덕을 없애고 상수를 상서롭게 변화시킨 상나라 중종 태무

010 몽재량필(夢賚良弼)　　　　　　　　　　101
　　꿈에 훌륭한 보필을 얻은 상나라 고종

011 택급고골(澤及枯骨)　　　　　　　　　　108
　　마른 해골까지 은덕이 미치게 한 주나라 문왕

012 단서수계(丹書受戒)　　　　　　　　　　113
　　≪단서≫를 통해 계율을 받은 주나라 무왕

013 감간근정(感諫勤政)　　　　　　　　　　121
　　왕후의 간언에 감동하여 정치에 근면을 다한 주나라 선왕

014 입관약법(入關約法)　　　　　　　　　　128
　　관중에 들어가 법을 줄여 준 한나라 유방

015 임용삼걸(任用三傑)　　　　　　　　　　135
　　한나라 삼걸을 임용한 한 고조 유방

016 과로사성(過魯祀聖)　　　　　　　　　　144
　　노나라에 들러 성현에게 제사를 올린 한 고조 유방

017 각천리마(却千里馬)　　　　　　　　　　149
　　천리마를 거절한 한나라 문제

018 지연수언(止輦受言)　　　　　　　　　　154
　　수레를 멈추고 간언을 들은 한 문제

019 납간사금(納諫賜金) 158
간언을 채용하고 금을 하사한 한 문제

020 불용리구(不用利口) 165
감언이설을 물리친 한 문제

021 노대석비(露臺惜費) 171
노대를 지으면서 비용을 아낀 한 문제

022 견행사상(遣倖謝相) 177
총애하는 신하를 내보내면서 재상에게 사죄한 한 문제

023 굴존로장(屈尊勞將) 185
임금으로서 존귀한 신분을 굽혀 장수를 위로한 한 문제

024 포륜징현(蒲輪徵賢) 195
수레바퀴를 부드럽게 하고 어진 이를 모셔 오도록 한 한 무제

025 명변사서(明辨詐書) 202
거짓 문서를 명확히 변별한 한 소제

026 포장수령(褒獎守令) 210
수령에게 상을 내려 장려한 한 선제

027 조유강경(詔儒講經) 216
유학자를 불러 경학을 강의토록 한 한 선제

028 집함정직(葺檻旌直) 221
부서진 난간을 그대로 두어 정직한 신하를 표창한 한 성제

029 빈례고인(賓禮故人) 230
옛 친구를 예로써 대한 후한 광무제

030 거관사포(拒關賜布) 238
관문을 막고 들어오지 못하도록 한 신하에게 베를 상으로 내린 후한 광무제

031 야분강경(夜分講經) 245
밤 시간을 쪼개어 경학을 공부한 후한 광무제

032 상강항령(賞强項令) 250
목이 뻣뻣한 관리에게 상을 내린 동한 광무제

033 임옹배로(臨雍拜老)　　　　　　　　　　　　　　258
벽옹에 행차하여 노인들에게 절을 올린 동한 명제

034 애석랑관(愛惜郎官)　　　　　　　　　　　　　　263
낭관의 벼슬을 아깝게 여긴 동한 명제

035 군신수어(君臣水魚)　　　　　　　　　　　　　　268
임금과 신하는 물과 물고기 같다고 여긴 촉한의 유비

036 분구시검(焚裘示儉)　　　　　　　　　　　　　　277
갖옷을 태워 검소함을 보인 진 무제

037 유납계사(留衲戒奢)　　　　　　　　　　　　　　282
해진 옷을 그대로 두어 후손의 사치를 경계한 남조 송나라 고조

038 홍문개관(弘文開館)　　　　　　　　　　　　　　288
홍문관을 열어 학문 풍토를 일으킨 당 태종

039 상서점벽(上書黏壁)　　　　　　　　　　　　　　294
상서문을 벽에 붙여 놓고 경계를 삼은 당 태종

040 납잠사백(納箴賜帛)　　　　　　　　　　　　　　299
<대보잠>을 받고 비단을 하사한 당 태종

041 종작훼소(縱鵲毀巢)　　　　　　　　　　　　　　307
까치를 풀어 주고 둥지를 부순 당 태종

042 경현회요(敬賢懷鷂)　　　　　　　　　　　　　　312
어진 이를 공경하느라 새매를 품에 숨긴 당 태종

043 남도금장(覽圖禁杖)　　　　　　　　　　　　　　316
인체 그림을 보고 태장을 금지시킨 당 태종

044 주명신직(主明臣直)　　　　　　　　　　　　　　320
임금이 명석하면 신하가 정직하다고 여긴 당 태종

045 종수귀옥(縱囚歸獄)　　　　　　　　　　　　　　326
죄수를 풀어 주었다가 감옥으로 돌아오도록 한 당 태종

046 망릉훼관(望陵毀觀)　　　　　　　　　　　　　　331
황후의 능을 보다가 누대를 부수어 버린 당 태종

047 철전영거(撤殿營居) 336
짓던 전각의 건축 재료로 위징의 집을 지어 준 당 태종

048 면척녕신(面斥佞臣) 342
아첨하는 신하를 면전에서 물리친 당 태종

049 전수화약(剪鬚和藥) 348
수염을 잘라 신하의 약으로 쓰도록 한 당 태종

050 우물교저(遇物敎儲) 353
사물을 볼 때마다 태자를 가르친 당 태종

051 견귀방사(遣歸方士) 360
방사를 믿지 않고 이를 돌려 보낸 당 고종

052 분금소금(焚錦銷金) 367
비단을 태우고 금붙이를 녹여 국가 재정으로 충당한 당 현종

053 위임현상(委任賢相) 372
어진 재상에게 모든 일을 맡긴 당 현종

054 형제우애(兄弟友愛) 378
형제 사이에 우애가 돈독했던 당 현종

055 소시현령(召試縣令) 382
현령들을 소집하여 시험을 본 당 현종

056 청간산조(聽諫散鳥) 387
간언을 듣고 새를 풀어 준 당 현종

057 담병석복(啗餠惜福) 393
떡을 먹으면서 복을 아낀 당 현종

058 소리련구(燒梨聯句) 398
배를 익혀 시를 지어 올린 당 숙종

059 불수공헌(不受貢獻) 406
공물이나 헌상품을 받지 않은 당 헌종

060 견사진휼(遣使賑恤) 412
사신을 파견하여 백성을 구제한 당 헌종

061 연영망권(延英忘倦) 418
연영전에서 공부에 심취하여 피곤함도 잊은 당 헌종

062 회채성공(淮蔡成功) 423
회채 지역 반란을 진압하여 성공을 거둔 당 헌종

063 논자지간(論字知諫) 434
글씨를 논하면서 그것이 간언하는 것임을 알아차린 당 목종

064 병서정요(屛書政要) 439
≪정관정요≫를 병풍에 써서 경계를 삼은 당 선종

065 분향독소(焚香讀疏) 446
향을 피워 놓고 상소문을 읽은 당 선종

066 경수모교(敬受母敎) 451
어머니의 가르침을 공경스럽게 받은 송 태조

067 해구사장(解裘賜將) 457
자신의 갖옷을 벗어 장수에게 입혀 준 송 태조

068 쇄칠보기(碎七寶器) 463
후촉 군주의 칠보 그릇을 부수어 버린 송 태조

069 수언서병(受言書屛) 467
훌륭한 말을 듣고 이를 병풍에 쓰도록 한 송 태조

070 계주의취(戒主衣翠) 474
공주의 화려한 옷차림을 보고 이를 경계시킨 송 태조

071 경일관서(竟日觀書) 481
하루해가 다 가도록 책을 읽은 송 태종

072 인의용직(引衣容直) 488
옷자락을 끌어당긴 신하를 곧다고 용납한 송 태종

073 개용청강(改容聽講) 493
자세를 단정히 고치고 강의를 들은 송 인종

074 수무일도(受無逸圖) 498
<무일도>를 받고 자신을 경계한 송 인종

075 불희주식(不喜珠飾) 505
후궁들의 구슬 장식을 싫어한 송 인종

076 납간견녀(納諫遣女) 510
간언을 받아들여 궁녀를 돌려보낸 송 인종

077 천장소견(天章召見) 517
천장각에 문신을 불러 토론을 벌린 송 인종

078 야지소양(夜止燒羊) 523
밤에 양고기 굽는 일을 금지시킨 송 인종

079 후원관맥(後苑觀麥) 528
궁궐 후원에서 보리 베기를 구경한 송 인종

080 진념류민(軫念流民) 533
유민의 모습을 그린 그림을 보고 슬퍼한 송 신종

081 촉송사신(燭送詞臣) 541
궁궐 촛불을 밝혀 소동파를 전송한 송 철종

○ 述語(上篇 小結) 548

下篇

광우복철(狂愚覆轍)

미치광이처럼 어리석은 짓을 하며 앞에 넘어진 수레를
그대로 따라 한 임금들 이야기

082 유전실위(遊畋失位) 556
사냥에 나가 놀다가 왕위를 잃은 하나라 태강

083 포림주지(脯林酒池) 561
주지육림으로 나라를 망친 하나라 걸왕

084 혁낭사천(革囊射天)   567
가죽 자루에 피를 담아 하늘을 쏘았다고 못된 짓을 한 상나라 무을

085 달기해정(妲己害政)   572
달기에 빠져 정치를 그르친 상나라 주왕

086 팔준순유(八駿巡遊)   580
팔준마를 타고 돌아다니기만 한 주 목왕

087 희거봉화(戱擧烽火)   585
포사의 웃음을 자아내려고 놀이 삼아 봉홧불을 올린 주 유왕

088 견사구선(遣使求仙)   591
신선을 찾겠다고 사신을 보냈던 진 시황

089 갱유분서(阬儒焚書)   597
학자를 구덩이에 묻고 책을 불태워 버린 진 시황

090 대영궁실(大營宮室)   604
아방궁을 크게 짓느라 나라를 망친 진 시황

091 여무출입(女巫出入)   610
여자 무당을 마음대로 궁중에 드나들도록 한 한 무제

092 오후천권(伍侯擅權)   618
다섯 제후들이 정권을 휘두르게 한 한 성제

093 시리미행(市里微行)   626
시정의 마을을 몰래 출입한 한 성제

094 총닐비연(寵昵飛燕)   631
조비연에게 미혹하여 정치를 그르친 한 성제

095 폐녕륙현(嬖佞戮賢)   638
아첨하는 남색을 총애하느라 어진 이를 죽인 한 애제

096 십시란정(十侍亂政)   645
열 명의 중상시들이 정치를 어지럽히도록 한 한 환제

097 서저륙작(西邸鬻爵)   655
서저에서 관직과 작위를 팔아 사사롭게 챙긴 한 영제

098 열사후궁(列肆後宮) 663
궁궐 뒤편에 가게를 즐비하게 차리고 놀아난 한 영제

099 방림영건(芳林營建) 668
방림원에 큰 토목공사를 벌인 위나라 조예

100 양거유연(羊車遊宴) 675
양이 끄는 수레로 후궁을 찾아다니며 놀이와 잠자리를 정한 진 무제

101 소조검덕(笑祖儉德) 681
조상의 검소한 덕을 비웃은 남조 송나라 무제

102 금련포지(金蓮布地) 687
황금으로 연꽃을 만들어 땅에 뿌린 남조 제나라 소보권

103 사신불사(捨身佛寺) 692
자신의 몸을 던져 불교에 미혹했던 남조 양나라 무제

104 종주망살(縱酒妄殺) 698
술에 취해 마구 사람을 죽인 북제의 고양

105 화림종일(華林縱逸) 705
화림원에 고아촌을 만들어 놓고 거지 행세를 하며 즐긴 북제의 고위

106 옥수신성(玉樹新聲) 709
<옥수후정화>를 새로운 노래로 만들어 나라를 망친 남조 진나라 후주

107 전채위화(剪綵爲花) 718
비단을 잘라 꽃을 만들어 궁궐을 꾸민 수 양제

108 유행강도(遊幸江都) 725
강도에 놀이를 가서 나라를 망친 수 양제

109 사봉제관(斜封除官) 731
임명장 봉투를 비스듬히 붙여 벼슬자리를 팔도록 내버려 둔 당 중종

110 관등시리(觀燈市里) 738
시장 마을을 돌아다니며 정월 대보름 등불 구경에 빠진 당 중종

111 총행번장(寵幸番將) 742
번방 장수 안록산을 총애하다가 난리를 당한 당 현종

112 염재치비(斂財侈費) 752
백성의 재물을 긁어모아 사치를 부리는 비용으로 충당한 당 현종

113 편전격구(便殿擊毬) 760
아버지 상중에 편전에서 격구 놀이에 빠졌던 당 경종

114 총신령인(寵信伶人) 765
배우들을 총애하고 믿었다가 나라를 망친 후당의 장종

115 상청도회(上淸道會) 771
도교에 미혹하여 상청보록궁을 지어 주고 천도회에 여념이 없었던 송 휘종

116 응봉화석(應奉花石) 777
응봉국을 설치하고 화석 수집에 빠져 나라가 기울었던 송 휘종

117 임용륙적(任用六賊) 783
여섯 적신을 임용하여 나라가 망한 송 휘종

○ 述語(下篇 小結) 793

부록 I. 관련서발 등 자료

≪帝鑑圖說≫敍 陸樹聲 799
≪帝鑑圖說≫後序 王希烈 801
<四庫全書總目提要>(90) 史部(46) 史評類存目(2) 803
≪明史≫(213) 張居正傳 804

부록 II. 중국 역대 제왕 世系表 811

※ 해제 ※

≪제감도설(帝鑑圖說)≫

　≪제감도설≫은 '황제가 거울로 삼아야 할 사례를 추리고 그림과 설명을 곁들인 책'이라는 뜻으로 어린 황제를 가르치기 위해 역대 중국 황제들의 언행을 예화로 모은 교재이다. 이 책은 명나라 때 장거정(1525~1582)이 당시 황태자였던 제13대 황제 신종 주익균을 가르치기 위해 편집한 것이다. 신종은 목종(穆宗) 주재후(朱載垕: 1537~1572, 재위 1567~1572)의 셋째 아들로 귀비(貴妃) 이씨에게서 태어났다. 여섯 살에 황태자에 책봉되었으며 아버지 목종이 36세의 젊은 나이에 세상을 뜨자 겨우 열 살의 어린 나이에 황제에 등극하였다. 그가 제위에 오를 때 풍보(馮保)와 고공(高拱)의 알력이 심했으며 풍보는 황후와 이귀비에게 온갖 아첨을 하며 세력을 휘둘렀다. 뒤에 고공이 죽은 뒤 익균의 스승이었던 장거정은 이러한 권력투쟁의 비열함을 보아

≪帝鑑圖說≫(四庫全書存目本) 清, 純忠堂刻本
山東省立圖書館藏本

온 터라 자신이 수보(首輔)의 지위에 오르자 익균의 생모 이귀비를 자성황태후로 존칭하며 개혁 정책을 서둘렀다.

장거정은 주익균이 황태자였을 때부터 그를 가르친 태사(太師)로서 황손의 책무와 어려움을 잘 알고 있었으며, 나아가 잘못된 길로 빠지지 않도록 역대 황제들의 선행과 악행을 교재로 택하여 엄격하게 훈도하였다. 어머니 이귀비 역시 교육관이 같아 장거정의 이러한 혹독한 교육 방법을 지지하며 적극 지원하였다. 그리하여 어린 황태자가 잘못을 저지를 경우, "장 선생님에게 고한다. 그땐 어떻게 할 테냐?", "이를 장 선생이 알면 어쩌겠느냐?" 등의 말로 겁을 주었다. 그리고 수업을 마치고 온 다음에는 그날 배운 것을 반드시 외우도록 하였으며 제대로 하지 못한 채 놀이에 빠지거나 책을 읽지 않으면 꿇어앉히는 벌을 가하기도 하였다.(≪明史≫ 114, 后妃 2, 孝定李太后)

神宗 朱翊鈞

그러나 이러한 훈육 방법은 주익균으로 하여금 심한 반발심과 증오심, 나아가 비뚤어진 성격 형성이라는 결과를 낳고 말았다. 주익균은 황제에 오른 후 얼마 동안은 장거정의 말을 듣고 천하 통치에 제약을 받았으나 장거정이 죽은 뒤에는 장거정 탄핵에 앞장서는 등 노골적으로 혐오감을 드러내었으며, 통치함에 있어 자신의 고집을 꺾지 않는 등 감정 표출을 자제하지 못하였다고 한다. 그의 재위 기간 중 1592년(萬曆 20년) 조선에서 발발한 임진왜란에 제대로 대처하지 못하였고, 재정 궁핍으로 인한 증세 때문에 연이어 농민 반란이 일어났으며, 여진족(女眞族, 뒤에 만주족으로 명칭을 바꿈) 누르하치(努爾哈赤)가 흥기하여 1616년(만력 44년)에 후금(後金)을 세우고 명나라 정벌에 본격적으로 돌입하는 등 명나라 종말의 신호탄이 터졌다. 그 결과 1644년(崇禎 17년), 사종(思宗, 朱由檢)이 반란군 이자성(李自成)의 난에 스스로 목을 매어 최후를 맞이하면서 청(淸) 세조(世祖, 愛新覺羅 福臨)가 북경을 점령, 천하를 차지함으로써 한족 왕조는 완전히 역사 속으로 사라지고 말았다. 이에 역사가들은 명나라 멸망은 실질적으로 만력 신종으로부터 시작된 것이라 평가하고 있다.

중국 고대의 황제 교육은 아주 철저하였다. 특히 황손은 천하의 부귀와 권세를 한 몸에 지니고 태어나며 다른 또래 집단을 경험하지 못하는 데다가 일반 백성의 삶의 노고를 전혀 보지도 듣지도 못하는 원천적 고립 환경에서 성장하는 까닭에, 어린 나이에 가르치지 않으면 선한 본성을 발현하지 못하고 도리어 정욕의 환락에 대한 제어력이 부족해질 수 있다고 여겼기 때문이다. 봉건 왕조의 왕위 세습은 오로지 혈통이라는 기준만이 작용할 뿐 인격이나 덕성, 능력이나 지도력, 총명함 등은 어쩔 수 없이 배제되었다. 이를 해결할 수 있는 방법은 그저 천운(天運)과 교육밖에 없었다. 그 때문에 '천인합일설(天人合一說)'이라는 막연하고 추상적인 제동장치로 덕성을 중시하며 '인과응보(因果應報)'라는 왕조 흥망설로 포장된 인성 교육이 주된 교육 내용일 수밖에 없었다. 당 태종은 황태자와 공자들의 교육에 온 힘을 기울여 그나마 수성(守成)의 기틀을 마련하여 대제국의 기초를 다졌음을 ≪정관정요≫를 통해 자세히 알 수 있다.

唐 太宗 李世民

장거정도 이에 깊은 관심을 두었

다. 그리하여 ≪명조소사(明朝小史)≫(明, 呂毖, 권14, 萬曆紀)에 의하면 주익균이 여섯 살에 황태자로 책봉되자 즉시 ≪삼자경(三字經)≫을 시작으로 교육을 시작하였으며 열 살에 관례를 치르고 나서는 전문적으로 ≪사서(四書)≫를 강독하도록 하였다고 한다. 그런데 정식 훈육의 길에 들어선 지 몇 달 뒤, 부황 주재후가 융경(隆慶) 6년(1572) 5월, 36세의 젊은 나이에 세상을 뜨고 말았다. 그리고 그다음 달인 6월, 어린 주익균은 황위에 올랐으며 이듬해 정월, 연호를 만력(萬曆)으로 바꾸며 본격적인 재위 기간에 들어서게 된다. 주익균은 명의상 황제였지만 너무 어린 나이였으므로 모든 통치는 생모 이태후와 태감(太監) 풍보에 의해 좌지우지되는 형국이었다. 이 기간 수보 고공과 장거정은 권력투쟁을 벌였고 결국 장거정은 풍보와 모의하여 고공을 몰아냈다. 내각은 장거정의 입김이 날로 강화되었다. 장거정은 정치적 포부와 모략을 가진 인물로서 성격이 강직하였으며, 어린 황제가 앞으로 천하를 통치하려면 먼저 교육부터 서둘러야 한다는 데 주안점을 두고 있었다. 그리하여 목종의 안장(安葬) 임무가 끝나자 곧바로 어린 황제에게 통치에 앞서 '공부'부터 서두를 것을 요구하여 매월 3, 6, 9, 13, 16, 19, 23, 26, 29일 등 9일은 조정에 임하여 조회를 하고, 그 나머지 시간에는 문화각(文華閣)에서 강관(講官)을 통해 ≪사서≫를 수강하며, 정오에는 ≪통감절요(通鑑節要)≫를 익힌 다음, 점심식사를 마친 뒤 궁궐로 돌아가도록 하였다. 이러한 일정과 교육과정은 그저 외우고 따라 읽을 뿐인 어린 열 살 황제에게 내용을 깊이 이해하는 방법은 아니었다.

이에 한계를 감지한 장거정은 당시 한림원(翰林院) 시독학사(侍讀學士)이자 강관이었던 마자강(馬自强) 등에게 더 쉽고 흥미를 느낄 수 있는 교재 편찬을 위촉하였다. 그리하여 상고시대로부터 송대까지 역대 황제들의 일화 중에 선행으로 본받을 수 있는 내용 81가지와 악행으로 경계로 삼아야 할 예화 36가지 등 117가지 사례를 뽑아 그 원문을 간단히 제시하여 황제 교육의 교재로 삼도록 하였다. 이 예화의 수는 양(陽)은 '九'로, 음(陰)은 '六'이라는 수로 표기하는 ≪주역(周易)≫의 기본 원리를 토대로 하였다. '양'은 '善'과 '吉', '음'은 '惡'과 '凶'을 상징하므로 이에 이의 제곱수인 81과 36으로 정한 것이다.

그러나 이 역시 문제가 있기는 마찬가지였다. 원문은 고문(古文)으로 아주 압축된 문장의 옛글이라 어린 나이의 황제가 제대로 이해하기 어려웠다. 더구나 추상적인 내용일 경우 시대 상황이나 배경 설명 없이는 깊은 의미를 파악하기 어려웠다. 이에 그림으로 내용을 표현하고 당시 백화문으로 이를 설명하여 소리 내어 읽으면 곧바로 뜻을 알 수 있도록 하여 고문 학습과 내용 이해라는 일거양득의 효과를 얻을 수 있는 방법을 창안한 것이다. 이렇게 책이 완성되자 '제감도설(帝鑑圖說)'이라 제목을 정하고 융경 6년 12월, 즉 목종이 승하한 해이자 신종이 즉위한 첫해 12월 28일에 신종에게 바친 것이다. 이 내용은 ≪신종실록(神宗實錄)≫(8, 隆慶 6년 12월 己巳)과 ≪장태악집(張太岳集)≫(38) 및 청각본(清刻本) ≪장문충공전집(張文忠公全集)≫(3)에 실려 있는 <진제감도설소(進帝鑑圖說疏)>에 자세히 나타나 있다.(본 책 <疏> 부분 참조)

≪제감도설≫은 내용을 선악의 두 유형으로 구분하였으니 이는 향초(香草)와 취초(臭草)는 한 바구니에 담지 않으며 물과 거울은 미추(美醜)를 정확히 구분해 준다는 원칙에서였다. 어린 신종은 이 책을 받은 뒤 아주 즐거워하였다고 한다. 다른 사람의 설명이나 강해(講解)를 거치지 않고도 그림과 백화문을 통해 스스로 학습할 수 있었으며 내용 역시 정선된 것이어서 흥미를 더해 주었기 때문이었다. 이에 장거정은 하루의 강의가 끝난 다음 황제와 문답 형식으로 읽은 내용을 토론하였다고 한다. 이를테면

만력 원년(1573) 3월 4일, 장거정은 한 문제의 세류(細柳) 고사인 '굴존로장(屈尊勞將, 본 책 023)'을 이야기하면서 황제에게 중문경무의 당시 상황을 거론하여 "옛사람이 이르되 천하가 비록 편안하다 하나 전쟁을 잊고 살면 반드시 위험에 빠진다 하였습니다. 지금 형안을 누린 지 오래되어 무비가 해이해져 있어 무관들은 문관들에게 제압을 당하여 심지어 노예들조차 평소 날카로운 기를 잃고 있습니다. 만약 적들이 들이닥쳐 마주한다면 어찌 그 절충의 용기를 요구할 수 있겠습니까? 지금 황상께서는 무비에 유념하셔서 무장들 중 용맹이 있을 만한 자를 임용하시며 그들에게 조금씩 권한을 주셔서 그 뜻을 펴게 하시면 적과 맞닥뜨렸을 때 법령을 엄히 하여 사졸들로 하여금 목숨을 바칠 수 있도록 할 수 있을 것입니다(古人言: 天下雖安, 忘戰必危. 今承平日久, 武備廢弛, 將官受制文吏, 不啻奴隸, 夫平日既不能養其鋒銳之氣, 臨敵何以責其折衝之勇? 自今望皇上留念武備, 武將忠勇可用者, 秒假權柄, 使得以展布, 庶幾臨敵號令嚴正, 士卒用命)"라 하였다.(≪신종실록≫ 권11, 만력 원년 3월 甲申)

그리고 원년 11월 8일에는 송 인종의 '불희주식(不喜珠飾, 075)' 고사를 두고 주익균이 먼저 "나라의 보배는 현신에게 있으니 주옥 따위가 어찌 이익이 되리오?(國家之所寶, 在於賢臣. 珠玉之類, 寶之何益?)"라고 하자 장거정은 "명석한 임금은 오곡을 중히 여기고 금옥은 천히 여깁니다. 오곡은 사람을 기르기 때문에 성왕들이 이를 귀히 여긴 것입니다. 금옥은 비록 보배이기는 하나 배고플 때 먹을 수도 없고 추위에 입을 수도 없습니다. 아주 작은 무게로써 그 값이 엄청난 것으로 한갓 백성의 재물만 소비할 뿐이며 쓰임에는 맞지 않습니다. 그 때문에 ≪서경≫에 '무익한 것을 만들어 유익한 것을 해치지 말 것이며, 기괴한 물건을 귀히 여기느라 일상 필요한 물건을 천히 여기지 말라' 한 것이니 진실로 이 까닭입니다(明君貴五穀而賤金玉, 五穀養人, 故聖王貴之, 金玉雖寶, 饑不可食, 寒不可衣, 銖兩之間, 爲價不貲, 徒費民財, 不適於用. 故≪書≫言「不作無益害有益, 不貴異物賤用物」, 良以此耳)"라 깨우쳐 주었다. 다시 진 시황이 천하의 병기를 녹여 자신에게 더 이상 대드는 자가 없도록 하였다는 고사를 두고 신종이 "나무 몽둥이인들 어찌 사람을 상하게 할 수 없겠습니까? 병기를 녹여 없앤다고 되겠습니까?(木棍豈不能傷人? 以銷兵器?)"라 묻자, 장거정은 "다스림이란 오직 덕을 펴고 정치를 잘 닦아 민심을 결집시켜 공고히 하는 데에 있습니다. 천하의 환난이란 매번 방비해 둔 곳 외의 장소에서 생겨납니다. 진나라 말기 단지 몇 명 수졸이 난을 일으켜 나무를 잘라 병기로 삼고 장대를 세워 깃발로 만들었건만 이에 호걸들이 함께 일어서서 드디어 진나라가 망하고 말았습니다. 그 때문에 천시는 지리만 못하고 지리는 인화만 못하다 한 것입니다. 오직 성스럽고 총명한 자만이 이런 점에 유의할 뿐입니다(爲治惟在布德修政, 以固結民心, 天下之患每有出於所防之外者. 秦末只因幾箇戍卒倡亂, 斬木爲兵, 揭竿爲旗, 於是豪傑幷起, 遂以亡秦. 所以說天時不如地利, 地利不如人和. 惟聖明留意)"라고 일깨워 주었다.(≪신종실록≫ 권18, 만력 원년 10월 乙卯)

다시 만력 3년 3월 4일에 신종 주익균이 동한 광무제가 호양공주의 일로 상을 내린 '상강항령(賞强項令, 032)'을 두고 "그는 공주였음에도 오히려 능히 노비 하나를 사사롭게 보호할 수 없었습니다. 이와 같다면 외척의 집안에서 어찌 법령을 준수하지 않을 수 있겠습니까?(彼公主也, 尙不能私一奴, 如此外戚家, 何可不守法令?)"라고 강개한 내용도 알려져 있다.

장거정이 최초로 바친 책은 사본(寫本)이었다. 얼마 뒤 이 책은 사례감(司禮監)에서 간행한 경창본(經廠本)이 나왔으며 궁궐 밖까지 퍼져 나가 초본(抄本), 각본(刻本)이 성행하게 되었다. 만력 원년 판본의 <진제감도설소>에 장거정, 여조양(呂調陽)의 서명과 예부상서겸한림원학사(禮部尙書兼翰林院學士) 육수성(陸樹聲)의 서문, 그리고 이부시랑겸한림원시독학사첨사부첨사(吏部侍郎兼翰林院侍讀學士詹事府詹事) 왕희열(王希烈)의 후서(後敍) 등이 들어 있고 상편과 하편으로 나누어 상편은 '성철방관(聖哲芳觀)', 하편은 '광우복철(狂愚覆轍)'이라는 제목이 부기되어 있다. 그 뒤로 여러 판본이 성행하였는데 이 판본을 근거로 복각하기도 하고 또는 초사한 것이기도 하다. 이를테면 만력 3년(1575)에 이미 순안운남감찰어사(巡按雲南監察御史) 곽정오(郭廷梧)는 이를 그대로 판각하여 널리 퍼뜨렸으며 다만 왕희열의 후서를 상권 말미로 옮겼으며 책 앞쪽에 장거정과 여조양이 편찬한 책이라 기록하고 있다. 그 밖에 민간에 널리 퍼진 초본들은 그림은 없고 문장만 있는 것도 있다. 지금 쉽게 볼 수 있는 판본은 <사고전서존목(四庫全書存目)>에 수록된 청(淸) 내부장(內府藏) 순충당(純忠堂) 본으로 '산동성립도서관(山東省立圖書館)' 장본을 그대로 영인하여 실은 것이며 그림은 청대 삽화이다. 그리고 중공중앙당교출판사(中共中央黨校出版社)에서 펴낸 신주정학총서(新州政學叢書)(2008) ≪제감도설≫에는 명각본(明刻本) 그림을 싣고 있다.

장거정(張居正)

명나라 호광(湖廣, 지금의 湖北) 사람으로 자는 숙대(叔大), 호는 태악(太岳)이다. 가정(嘉靖) 26년(1547) 진사에 급제해 한림원 서길사(庶吉士)에 올라 엄숭(嚴嵩), 서계(徐階) 등으로부터 중시를 받았다. 28년 편수(編修)에 올랐으며 그해 <논시정소(論時政疏)>를 올려 종실의 사치, 서정(庶政)의 피폐, 관리의 무능, 국방 정책의 난맥상과 재정 결핍 등의 조목을 들어 통렬히 비판하였다. 그 뒤 엄숭이 정권을 잡고 조정을 농단하자 병을 핑계로 집에 은거하며 당시 사회와 정치 문제 등에 대하여 고민하였다. 가정 36년(1557) 다시 서울로 돌아와 한림원에 복귀하였으나 뜻을 펴지 못하다가 가정 41년 엄숭이 파직되고 서계가 수보에 오른 후 융경 원년(1567), 다시 예부우시

張居正(1525~1582) 明나라 萬曆 연간 가장 걸출한 정치가. 자는 叔大, 호는 太岳. 神宗(朱翊鈞)의 스승으로 ≪帝鑑圖說≫을 지어 교재로 삼았다.

랑겸한림원학사(禮部右侍郎兼翰林院學士)에 올랐다가 다시 이부좌시랑(吏部左侍郎)과 동각대학사(東閣大學士)를 겸하게 되었다. 이때 ≪세종실록(世宗實錄)≫ 편찬을 총괄하면서 예부상서겸무영전학사(禮部尙書兼武英殿學士)에 오르는 등 관직 생활이 본격적으로 시작되었다. 이듬해 8월 다시 <진육사소(陳六事疏)>를 올려 '성의론(省議論)', '진기강(振紀綱)', '중조령(重詔令)', '핵명실(核名實)', '고방본(固邦本)', '칙무비(飭武備)' 등 여섯 가지를 제시하였으며 이로써 정치 개혁을 강력히 추진할 것을 주장하였다.

그리하여 융경 2년부터 5년까지 고공, 왕숭길(王崇古), 담륜(譚綸), 척계광(戚繼光) 등과 함께 북방의 무비에 온 힘을 기울여 몽고우익(蒙古右翼) 여러 부족과 호시(互市)를 개설하는 등 수십 년간 안정을 이루었다. 이로써 그는 여러 차례 주국(柱國), 이부상서(吏部尙書), 건극전대학사(建極殿大學士), 태자태사(太子太師) 등에 오르기도 하였다.

만력황제 신종 주익균이 즉위하자 장거정은 군국(軍國)의 모든 대권을 맡았다. 이에 그는 10년간 '존주권(尊主權)', '강공실(強公室)', '두사문(杜私門)'의 3대 기본 원칙을 정하고 '일조편(一條鞭)'이라는 법을 제정하여 중앙과 지방에 적용하였다.

그는 우선 당시 태감 풍보와 모의하여 고공을 축출, 자신이 수보에 올라 조정의 대권을 쥐고 본격적인 개혁 작업에 들어갔다. 그리하여 만력 원년(1573) 6월, 신종 즉위와 동시에 '고성법(考成法)'을 제정, 관료 기구를 개편하고 개혁 인사를 대거 등용시켰다. 그리하여 황권을 강화시키는 한편 이직(吏職)을 정돈하여 신상필벌을 명확히 하는 등 법령을 일관되게 추진하였으며 행정 효율을 극대화하고자 노력하였다.

또 내각의 권한을 강화하여 환관의 세력을 무력화하였으며, 학교를 재정비하여 주요 사립 교육 기관이었던 서원을 철폐하여 중앙으로 권력을 집중시키고 이를 바탕으로 하여 조정의 보고 체계를 일원화하였으며 지방과의 역참 제도도 간략히 줄였다. 그리고 탐관오리를 철저히 징벌하는 등 무능한 관리를 도태시켜 재정 규모를 줄여 나갔다. 이러한 일련의 개혁 작업이 지속되자 지나치게 법을 엄격히 적용한다는 원망이 속출하였고 결국 진정한 민의를 들을 수 없는 지경에 빠지고 말았다. 어사가 출동하는 지역이면 어김없이 범법의 명목으로 관리를 잡아들여 실적주의에 빠지기도 하였다. 그럼에도 그는 복건의 방상붕(龐尙鵬)과 산동의 백동(白棟) 등의 지지를 얻어 장학안(張學顔)을 호부상서에 임명하여 개혁 운동을 호광(湖廣), 하남(河南), 북직예(北直隷) 등지로 넓혀 나갔다. 이렇게 하여 만력 10년에 이르기까지 전국의 등록되지 않은 토지를 조사하여 밝혀내는 등 큰 성과를 거두었다. 한편 화폐개혁을 단행하여 세수를 증대시키고 상법을 개정하여 조세제도를 엄격히 하는 등 재정 면에서도 성과를 거두었다. 조운(漕運)과 염철(鹽鐵)에까지 빠짐없이 개혁의 칼을 들이대어 가히 천하가 개혁 운동에 휩쓸리는 변혁 분위기를 조성하였다.

그러나 이 과정에서 그는 관료와 호부(豪富) 및 지주 세력의 심한 반발에 부딪히고 말았다. 일반 백성들조차 완강하게 반발하는 등 상황이 불리한 쪽으로 기울어지게 되었다.

만력 5년 9월 부친상을 당하였을 때 그는 공무에 바빠 고향에 내려가 마땅히 다해야 할 수묘(守墓) 예를 지키지 못했다. 이를 두고 관료들은 '탈정(奪情)'이라는 도덕적 비난을 앞세워 그의 탄핵을 서둘렀다. 한편 자신이 가르쳤던 신종조차 나이가 들면서 어린 시절 스승이 자신에게 지나치게 엄격하였던 일을 두고 점차 혐오감을 표출하는 태도로 바뀌어 결국 소원한 관계가 되고 말았다.

　이처럼 파란을 겪던 장거정은 결국 만력 10년(1582)에 생을 마쳤다. '문충(文忠)'이라는 시호가 내려졌으나 얼마 뒤 다시 그에 대한 탄핵 운동이 벌어져 가산을 몰수당하고 아들 장경수(張敬修)까지 신종으로부터 학대를 당하는 등 비운을 맞고 말았다. 이는 다분히 신종의 사감(私感)이 작용한 것으로 역사가들은 평가하고 있다. 그 뒤 희종(熹宗: 朱由校) 천계(天啓) 연간(1621~1627)에 이르러서야 옛 관직이 복권되었으며 다시 숭정(崇禎, 思宗 朱由檢) 13년(1640) 상서 이일선(李日宣) 등이 글을 올려 그의 명예를 완전히 회복시켜야 한다고 하여 겨우 원상태로 돌아가는 등 죽은 뒤까지 굴곡의 일대기를 장식한 인물이기도 하다. 그의 언론과 문장을 모은 ≪장태악집(張太岳集)≫이 있으며, 청(淸) 광서(光緒) 연간에 중간하면서 ≪장문충공전집(張文忠公全集)≫으로 제목을 바꾸어 45권이 전하고 있다. 그 밖의 주요 저작으로는 ≪서경직해(書經直解)≫와 이 ≪제감도설(帝鑑圖說)≫이 널리 알려져 있다. 그의 전기는 ≪명사(明史)≫(213)에 자세히 실려 있다.

진제감도설소
(進≪帝鑒圖說≫疏)

    소사겸태자태사(少師兼太子太師), 이부상서(吏部尙書), 건극전대학사(建極殿大學士) 신 장거정 등은 삼가 ≪제감도설≫이라는 제목으로 책을 지어 공경히 바쳐 성스러운 정치에 보탬이 되기를 앙망하나이다.
    저희들이 듣건대 상(商)나라 때 현신(賢臣) 이윤(伊尹)이 임금에게 이렇게 고하였다 합니다.
    "덕으로 다스리면 다스려질 것이나 그렇지 않으면 난이 일어납니다. 다스리되 도를 같이하면 흥하지 않을 수 없으나 난을 짓는 그런 자와 일을 같이하면 망하지 않을 수 없습니다."
    그런가 하면 당 태종은 이렇게 말하였습니다.
    "구리로 거울로 만들면 가히 의관을 단정하게 할 수 있고, 옛일을 거울로 삼으면 흥체(興替)를 알아볼 수 있다."
    저희들이 일찍이 이로써 전대 역사책에 기록된 치란과 흥망의 흔적을 상고해 보았더니 마치 하나의 수레바퀴 자국과 같았습니다. 대체로 모두가 하늘을 공경하고 조상을 법으로 여기며, 남의 말을 들어 주고 간언을 받아들이며, 비용을 절약하여 백성을 아끼며, 현신을 가까이 하고 소인을 멀리하며, 늘 근심하고 조심하면 잘 다스려졌습니다.

그러나 하늘과 땅을 두려워할 줄 모르고, 조상의 업적을 법으로 여기지 아니하며, 간언을 거부하고 자신의 잘못을 끝까지 옳다고 관철시키며, 사치를 부리며 백성을 학대하고 소인을 친히 여기며 현신을 멀리하고, 놀이에 빠져 게으르고 태만하면 곧바로 난을 짓게 되었습니다.

잘 다스리겠다는 마음에서 출발하면 비록 한 척의 토지나 단 한 명 백성의 힘이 없다 해도 곧바로 흥함의 길로 들어서게 됩니다. 그러나 난을 짓는 일로부터 출발하면 비록 조상께서 몇 세대를 두고 이룩하신 자산을 바탕으로 하고 마침 나라가 융성할 운세를 만난 때라 해도 그 망함은 갑자기 들이닥치고 맙니다.

이는 비유하건대 난초를 몸에 차고 있는 자에게는 반드시 향내가 나며 짐독(酖毒)을 마신 자는 반드시 죽고 마는 이치와 같습니다. 이 까닭으로 임금으로서 길이 다스리면서 혼란도 없는 방법은 다른 것에 있지 않습니다. 다만 옛사람이 이미 그렇게 했던 흔적을 그대로 취하면서 안으로 자신을 반성하고 들여다본다면 득실의 효과는 환하게 드러나 보이는 것입니다.

우러러 하늘이 이토록 영명하고 자품을 갖추신 분을 내려 주셔서 황상께서 황위를 계승하게 되었습니다. 열심을 다하여 이를 외우고 익히시되, 은나라 고종의 사례를 부지런히 힘쓰시고, 일마다 찾아보고 강론하시되 주나라 성왕이 신하들을 찾아다닌 일화를 따라 매진하옵소서. 나라 안의 신하와 백성은 머리를 들고 발뒤꿈치를 치켜든 채 왕께서 태평시대를 열어 주실 것을 희망하고 있습니다.

저희들은 인원을 갖추어 임금을 보도하나 학문이 아직 공허하고 소략하여 이른 새벽부터 밤늦도록 온 힘을 다하며, 생각하는 것이란 임금을 도와 아래 백성들의 풍속을 바로잡아 아름다운 나라를 열어 갈 수 있도록 하는 것이지만 그 방법을 어디로부터 말미암을지 모르고 있었습니다. 몰래 생각하건대 사람으로서 많은 견문을 바란다면 그 일은 반드시 옛일을 스승으로 삼는 것이라 여깁니다. 역사가들의 말을 보건대 천 번 만 번 고려하지 않고는 비록 많이 배운 학자나 머리가 하얀 늙은이일지라도 오히려 끝까지 다 해 낼 수는 없다 하였는데 어찌 임금으로서 하루에도 수만 가지 일을 처리하면서 능히 모든 것을 두루 다 살필 수 있겠습니까? 이에 강관(講官) 마자강(馬自强) 등에게 위촉하여 대략 이윤의 말을 흉내 내고 역대의 사적들을 모두 살폈습니다. 당우(唐虞) 이전의 천자로서 풍모와 아득한 사적은 제외하였으며 기재가 상세하지 않은 것은 감히 채록하지 않았습니다.

삼가 요순(堯舜) 이래 천하에 임금 노릇을 했던 이들로서 가히 법으로 삼을 만한 내용을 묶어 모두 81가지로 하였으며, 악행을 저질러 가히 경계로 삼을 만한 것은 36가지로 하였습니다. 선은 양이며 길한 것이니 그 때문에 숫자로는 구(九)를 사용하여 구구는 81로, 이는 양수를 따른 것입니다. 그런가 하면 악은 음이며 흉한 것이니 그 때문에 육(六)을 사용하여 육륙은 36으로, 이는 음수를 따른 것입니다.

매 한 가지 사례마다 앞에 먼저 그림을 하나씩 제시하고 뒤를 이어 전기(傳記)의 본문을 실었으며 다시 직해(直解)를 만들어 이를 그 뒤에 부기하여 두 책으로 나누었으니 이는 훌륭함과 사특함을 변별하도록 하기 위한 것입니다.

그리고 당 태종의 '옛일로써 거울을 삼는다(以古爲鑑)'는 뜻을 살려 참람하게도 책을 ≪제감도설≫이라 이름 하여 살펴보시도록 황상께 올립니다.

옛날 반백(班伯)은 병풍에 그림을 그려 간언을 하였으니 그 뜻은 오로지 경계하고 징계하는 의미였으며, 장구령(張九齡)의 ≪천추금감(千秋金鑑)≫

이라는 책은 문장이 은밀한 풍간(諷諫)으로 되어 있습니다. 지금 저희들이 편집한 이 책은 착한 일과 악한 일이 함께 진술되어 있으며 선은 권하고 악은 징계하는 것을 드러내고자 한 것입니다. 비유하건대 향초와 누린내 나는 풀은 각기 다른 그릇에 담아야 하는 것이니 그 냄새와 맛이 아주 다르기 때문이며, 물과 거울은 깨끗하고 속이 비어 있어야 곱고 추한 모습이 저절로 구별되는 것과 같습니다. 게다가 눈이 닿으면 느낌이 생기기 마련이니 그 때문에 이를 단청(그림)으로 그려 그것에 의탁한 것입니다.

다만 명백하고 쉽게 알 수 있도록 한 것이니 너무 이속(俚俗)의 흉내를 낸 것이라 혐의는 두지 마시기 바랍니다. 비록 사례를 적은 조목이 백여 가지에 지나지 않으나 위아래로 수천 년 다스림과 혼란의 근원을 대략 갖춘 것으로 여겨 주시기 바랍니다.

엎드려 황상께 바라옵건대 굽어 어리석은 충성을 살펴 주셔서 특별히 이를 훑어보고 살펴보시기를 바랍니다. 그 훌륭한 사례를 보시거든 이를 취하여 스승으로 삼으시되 그에 미치지 못하면 어쩌나 하시고, 악한 것을 보시거든 이를 경계로 삼으셔서 두려워하시기를 마치 펄펄 끓는 물 속에 손을 집어넣어 물건을 찾듯이 여기옵소서. 매번 한 가지 생각이 떠오르시거나 한 가지 일을 실행하실 때면 곧바로 옛일을 상고하여 지금의 경험으로 삼으실 것이며 남의 일을 근거로 나를 돌아보는 계기로 여기시옵소서.

높은 산은 우러러보아야 하는 것이니 마지막 한 삼태기만 부으면 성취할 일을 잊지 마시고, 앞 수레가 엎어진 것을 보고 뒤따르는 수레로써 영원한 경계로 삼으신다면 자연히 생각하는 것마다 모두가 순수해질 것이며 하시는 일마다 모두 이치에 합당할 것입니다. 그렇게 하시면 덕은 가히 요순과 같아질 수 있고 다스림은 장차 당우 시대의 태평을 이룰 수 있을 것입니다. 게다가 천만세를 두고 내려가면서 다시 반드시 치세를 원하는 군주와 충성을 다할 신하가 있을 것이며 이들은 황상의 지금 오늘 이

치세의 사적을 취하여 이를 그림으로 그리고 모범을 여겨 지킬 자가 있을 것입니다.

저희들은 임무도 제대로 못하면서 권권(惓惓)함과 간절함의 지극함만 가지고 삼가 이처럼 편집한 ≪도설≫을 장황(裝潢)을 거쳐 책으로 만들었습니다. 이에 책이 되어 온 과정에 따라 올려 드려 아뢰옵니다. 엎드려 황상의 교지를 기다리옵니다.

융경(隆慶) 6년(1572) 12월 18일.
소사겸태자태사, 이부상서, 건극전대학사 신 장거정.
태자소보(太子少保), 예부상서겸무영전(武英殿)대학사 신 여조양(呂調陽).

성지(聖旨)

오늘 성지를 받들었음.

"경 등이 올린 글을 잘 보았소. 충애(忠愛)의 간절함이 지극하였소. 짐은 바야흐로 옛날 치세를 도모하고자 하던 사례를 법으로 여기겠소. 깊이 아름답게 여겨 이를 받아 그림과 책에 뜻을 두고 살펴보겠소. 아울러 이를 사관(史館)에 부쳐 우리 군신 사이 서로 교통하고 수련하는 의의를 밝히겠소. 예부에서는 이를 알아 잘 처리하시오!"

少師兼太子太師史部尙書建極殿大學士臣張居正等, 謹題爲恭進≪帝鑑圖說≫, 以仰裨聖治事.

臣等聞商之賢臣伊尹告其君曰:「德惟治, 否惟亂. 與治同道, 罔不興; 與亂同

事, 罔不亡.」

唐太宗曰:「以銅爲鑑, 可正衣冠; 以古爲鑑, 可見興替.」

臣等嘗因是考前史所記載治亂興亡之迹, 如出一轍.

大抵皆以敬天法祖, 聽言納諫, 節用愛人, 親賢臣, 遠小人, 憂勤惕厲, 卽治;

不畏天地, 不法祖宗, 拒諫遂非, 侈用虐民, 親小人, 遠賢臣, 盤樂怠傲, 卽亂.

出于治, 則雖不階尺土一民之力, 而其興也勃焉;

出于亂, 則雖藉祖宗累世之資, 當國家熙隆之運, 而其亡也忽焉.

譬之佩蘭者之必馨; 飲酖者之必殺. 以是知人主欲長治而無亂, 其道無他, 但取古人已然之迹, 而反己內觀, 則得失之效, 昭然可睹矣.

仰惟皇上, 天縱英資, 光膺鴻寶. 孜孜誦習, 懋殷宗典學之勤: 事事講求, 邁周成訪落之軌. 海內臣民, 莫不翹首跂足, 想望太平.

臣等備員輔導, 學術空疎, 夙夜兢兢, 思所以佐下風, 効啓沃者, 其道無繇. 竊以人求多聞, 事必師古. 顧史家者流, 亡慮千百, 雖儒生皓首, 尙不能窮, 豈人主一日萬幾, 所能遍覽? 乃屬講官臣馬自強等, 略倣伊尹之言, 考究歷代之事. 除唐虞以上, 皇風玄邈, 紀載未詳者, 不敢采錄. 謹自堯舜以來, 有天下之君, 撮其善可爲法者, 八十一事; 惡可爲戒者, 三十六事. 善爲陽爲吉, 故用九九, 從陽數也; 惡爲陰爲凶, 故用六六, 從陰數也.

每一事, 前各繪一圖, 後錄傳記本文, 而爲之直解, 附於其後, 分爲二冊, 以辨淑慝. 仍取唐太宗以古爲鑑之意, 僭名≪帝鑑圖說≫, 上呈睿覽.

昔班伯指畫屛以諫, 意專戒懲; 張九齡≪千秋金鑑≫一書, 詞涉隱諷. 今臣等所輯, 則媺惡並陳, 勸懲斯顯. 譬之薰蕕異器, 而臭味頓殊; 水鏡澄空, 而妍媸自別. 且欲觸目生感, 故假象於丹靑. 但取明白易知, 故不嫌於俚俗. 雖條目僅止百餘, 而上下數千載理亂之原, 庶幾畧備矣.

伏望皇上, 俯鑒愚忠, 特垂省覽. 視其善者, 取以爲師, 從之如不及; 視其惡者, 用以爲戒, 畏之如探湯. 每興一念, 行一事, 卽稽古以驗今, 因人而自考. 高山可

仰, 毋忘終簣之功; 覆轍在前, 永作後車之戒, 則自然念念皆純, 事事合理. 德可媲於堯舜, 治將垺於唐虞. 而千萬世之下, 又必有願治之主, 效忠之臣, 取皇上今日致治之迹, 而繪之丹青, 守爲模範者矣.

臣等無任惓惓懇切之至, 謹以所輯≪圖說≫, 裝潢成冊, 隨本上進以聞, 伏候勅旨.

隆慶六年(1572)十二月十八日.
少師兼太子太師・吏部尙書・建極殿大學士臣張居正.
太子少保・禮部尙書兼武英殿大學士臣呂調陽.

聖旨
本日奉聖旨:
「覽卿等奏具見, 忠愛懇至. 朕方法古圖治, 深用嘉納, 圖冊留覽. 還宣付史館, 以昭我君臣, 交修之義, 禮部知道!」

【張居正】 자는 叔大(1525~1582). 호는 太岳. 嘉靖 26년(1547) 진사에 올라 編修에 오름. 嚴嵩, 徐階均 등이 그를 훌륭히 여겨 右中允에 오름. 다시 국자감사업에 올라 祭酒 高拱과 가까웠음. 隆慶 원년(1567) 內閣에 들어갔을 때 司禮監 李芳과 함께 高拱을 내각으로 끌어들였으나 이방과 서로 틈이 벌어지기도 하였음. 神宗 때 戚繼光을 薊門에, 李成梁을 遼東에 배치시켜 변방 수비에 치중함. 神宗(朱翊鈞)이 어린 나이에 제위에 오르자 그를 가르칠 교재로 본 ≪帝鑑圖說≫을 편찬함. 신종이 그럼에도 실수가 잦자 慈聖太后가 "장 선생님이 알면 어떻게 하겠소?"라고 할 정도로 師傅로서 엄격하였음. 이에 신종이 나이가 들면서 도리어 장거정을 미워하게 되었으며 장거정은 죽은 뒤 시호를 文忠으로 받았으나 얼마 뒤 탄핵을 받아 追及하여 관직을 삭탈당하고 이듬해 가산을 몰수당함. 뒤에 天啓(1621~1627) 연간에 이르러서야 복권되었

음. 문집으로는 ≪張太岳集≫과 ≪太岳雜著≫ 등이 있음.

한편 장거정이 가르쳤던 朱翊鈞(1563~1620)은 穆宗(朱載垕)의 셋째 아들로 성격이 탐람하고 황당하였다 함. 아버지가 죽고 제위에 올라 1573년부터 1620년까지 48년 간 재위하였으며, 연호를 萬曆이라 하여 '萬曆皇帝'로 불림. 묘호는 神宗. 그러나 재위 기간 동안 조선의 壬辰倭亂을 제대로 처리하지 못하였고, 군신 사이 소통이 제대로 되지 않았으며, 만주족의 굴기에도 제대로 대처하지 못하였음. 궁중에서 안일한 삶에 만족하였으며 기강이 해이해져 명나라 멸망의 단초를 제공하고 말았음.

【疏】이 疏文은 穆宗의 마지막 해이며 神宗이 즉위하기 직전인 隆慶 6년(1572) 12월 己巳일에 올린 것으로 ≪張太岳集≫(38)과 淸刻本 ≪張文忠公全集≫(3)에 수록되어 있음. 萬曆 초 판각한 ≪帝鑑圖說≫에는 이 소문은 卷頭에 있으며 張居正과 呂調陽의 서명이 함께 들어 있음.

【少師兼太子太師吏部尙書建極殿大學士】장거정의 직함. 소사, 태자태사, 이부상서, 건극전대학사 등. 少師는 원래 태사의 아래 직급이었으나 이를 태자태사와 겸하여 맡았음. 太子太師는 太子를 가르치는 東宮의 師傅. 建極殿은 明나라 때 학자들이 모여 학문과 治道를 토론하던 殿閣.

【伊尹】商(殷)나라를 세운 湯임금의 신하. 이름은 摯. 탕임금의 처를 따라온 노예(媵臣)였으나 탕이 夏桀을 정벌할 때 공을 세워 阿衡(재상)에 올랐으며 탕이 죽은 뒤 손자 太甲이 불초한 행동을 하자 이를 桐宮에 축출하였다가 다시 복위시키는 등 온 힘을 다하였음.

【德惟治】≪尙書≫ 商書 太甲(下)의 구절. "伊尹申誥于王曰:「嗚呼! 惟天無親, 克敬惟親. 民罔常懷, 懷于有仁, 鬼神無常享, 享于克誠, 天位艱哉. 德惟治, 否德亂. 與治同道, 罔不興. 與亂同事, 罔不亡. 終始愼厥與, 惟明明后. 先王惟時懋敬厥德, 克配上帝. 今王嗣有令緖, 尙監玆哉. 若升高, 必自下. 若陟遐, 必自邇. 無輕民事惟難, 無安厥位惟危, 愼終于始. 有言逆于汝心, 必求諸道. 有言遜于汝志, 必求諸非道. 嗚呼. 弗慮胡獲, 弗爲胡成. 一人元良, 萬邦以貞. 君罔以辯言亂舊政, 臣罔以寵利居成功. 邦其永孚于休.」"라 함.

【以銅爲鑒】'鑒(鑑)'은 '鏡'과 같음. ≪貞觀政要≫와 ≪舊唐書≫(71) 및 ≪新唐書≫ (91) 魏徵傳에 실려 있는 말. ≪貞觀政要≫ 任賢篇에 魏徵이 죽고 나서 太宗이 "太宗後嘗謂侍臣曰:「夫以銅爲鏡, 可以正衣冠; 以古爲鏡, 可以知興替; 以人爲鏡, 可以明得失. 朕常保此三鏡, 以防己過. 今魏徵 逝, 遂亡一鏡矣!」"라 탄식한 말에서 비롯됨.

【興替】흥함과 교체. 興亡盛衰와 같은 뜻임.

【惕厲】아주 심히 두려워함. ≪周易≫ 乾卦 九三 爻辭에 "君子終日乾乾, 夕惕若, 厲, 无咎"라 함.

【般樂怠傲】'般樂怠敖'와 같음. 향락을 추구하면서 제대로 정치를 돌보지 않음. ≪孟子≫ 公孫丑(上)에 "今國家閒暇, 及是時, 般樂怠敖, 是自求禍也"라 하였고 集注에 "言其縱欲偸安, 亦惟日不足也"라 함.

【不階尺土】조그만 땅 하나 없이 帝業을 이룸. ≪漢書≫ 異姓諸侯王表에 "漢無尺土之階, 由一劍之任, 五載而成帝業"이라 함.

【佩蘭者必馨】난초를 몸에 차고 있는 자는 반드시 향기가 나게 마련임. ≪尙書≫ 周書 君陳篇에는 "黍稷非馨, 明德惟馨"이라 함.

【天縱英資】하늘이 이러한 영명함과 자품을 갖춘 이를 내려 주어 마음 놓고 활동하고 그 뜻을 펼치도록 함. ≪論語≫ 子罕篇에 "大宰問於子貢曰:「夫子聖者與? 何其多能也?」子貢曰:「固天縱之將聖, 又多能也.」子聞之, 曰:「大宰知我乎! 吾少也賤, 故多能鄙事. 君子多乎哉? 不多也.」牢曰:「子云:『吾不試, 故藝.』」"라 함.

【光膺鴻寶】皇位를 계승함을 뜻함.

【殷宗】殷나라 武丁. 廟號는 高宗. 傅說을 얻어 중흥을 맞음. 「夢賚良弼」(010)을 참조할 것.

【周成訪落】주나라 성왕이 종묘에 제사 지내고 신하들을 찾아다니며 자문을 구한 것. '訪落'은 도로써 신하들을 찾아 방문함을 뜻함. ≪詩經≫ 周頌 訪落篇에 "訪予落止, 率時昭考. 於乎悠哉, 朕未有艾. 將予就之, 繼猶判渙. 維予小子, 未堪家多難. 紹庭上下, 陟降厥家. 休矣皇考, 以保明其身"이라 함.

【翹首跂足】머리를 들어 올리고 발뒤꿈치를 치켜든 채 어떤 것을 기다림. 절실히 희망하거나 매우 기대를 가지고 있음을 말함. '引領望之'와 같음.

【佐下風・効啓沃】아래 백성의 풍속을 바로잡고 마음을 열어 주고 적셔 주는 데 효험이 나도록 해 드림. 啓沃은 ≪尙書≫ 商書 說命篇의 "啓乃心, 沃朕心"의 구절을 뜻함. 「夢賚良弼」(010)을 참조할 것.

【其道無繇】그 방법을 말미암을 데가 없음. 어찌 해야 좋을지 아직 알지 못하고 있음. '繇'는 '由'와 같음.

【儒生皓首】儒生은 학자, 皓首는 늙은이. 학문에 뛰어난 학자나 경험이 많은 늙은이.

【萬幾】萬機와 같음. 임금은 하루에도 오만 가지 일을 다 처리해야 함.

【屬】'囑'과 같음. 위촉함. 부탁함. 일을 그에게 맡김.

【馬自强】1513년~1578년. 明 陝西 同州 사람으로 자는 體乾, 호는 乾庵. 嘉靖 32년 (1553) 進士에 올라 檢討의 벼슬을 거쳐 隆慶 때 少詹事兼侍讀學士가 됨. 翰林院을 관장하였으며 萬曆 초 禮部右侍郞 및 尙書에 올랐으며 萬曆 6년(1578) 장거정을 이어 내각에 들어와 太子少保兼文淵閣學士가 됨. 시호는 文莊. ≪馬文莊公集≫을 남겼으며 ≪明史≫(219)에 전이 있음.

【伊尹之言】≪尙書≫ 太甲篇에 실려 있는 伊尹이 太康을 훈계하고 가르친 내용들을 말함.

【皇風玄邈】천자의 덕이라 알려져 있으나 아득하고 멀어 唐虞 이전의 일은 잘 알 수가 없음.

【九・六】≪易≫에서 九는 陽數이며 陽爻(-)를 九로 표시함. 아울러 六은 陰數이며 陰爻(--)는 六으로 표시함. 따라서 陽의 제곱수 81과 陰의 제곱수 36가지를 제한하였으며 아울러 陰陽을 善惡과 吉凶으로 연계시켜 이를 제곱함으로써 상징적인 의미를 부여한 것.

【淑慝】'淑'은 앞의 81가지 훌륭한 사례. '慝'은 뒤의 36가지 邪慝한 사례를 말함.

【班伯】西漢 말 사람으로 班固의 伯祖. 中常侍와 光祿大夫를 지냈으며 成帝때 궁중에서의 연회에 성제의 잘못을 병풍에 그림으로 그려 諫言하였음.

【張九齡】그는 開元 연간에 玄宗 생일날 대신들이 진기한 보물을 바치자 그만은 오직 事鑑十章을 바쳐 諷諫하였으며 이것이 유명한 ≪千秋金鑑錄≫임. 자는 子壽(678~738), 일명 博物. 韶州 曲江(지금의 廣東 韶關) 사람으로 則天武后 때 진사에 올랐으며 玄宗 때 制擧에 登第하여 同中書門下平章事에 오름. 당 玄宗 때 張說의 추천으로 集賢院學士에 오름. 開元 21년(733) 中書令을 거쳐 右丞相이 됨. 開元 賢相의 하나로 안녹산이 거란 토벌에 실패하고 죄를 입어 조정에 붙들려 오자 그를 사면을 극구 반대하며 직간을 하다가 李林甫의 참훼를 입어 荊州長史로 폄직됨. 그때 <感遇詩>를 지어 자신의 심정으로 토로하였음. 開元 26년(738) 향년 68세로 임지에서 생을 마침. 뒤에 사람들은 그를 '曲江公'이라 불렀으며 그의 문집을 정리하여 ≪曲江長先生文集≫ (20권)이라 함. 그의 시는 張說과 더불어 初唐과 盛唐을 잇는 가교 역할을 한 것으로 평가받고 있음. ≪舊唐書≫(99)와 ≪新唐書≫(126)에 전이 실려 있음. 한편 ≪全唐

詩≫(47) 張九齡에 "張九齡, 字子壽, 韶州曲江人. 七歲知屬文. 擢進士, 始調校書郎. 以道侔伊呂科爲左拾遺. 進中書舍人, 出爲冀州刺史, 以母不肯去鄕里, 表換洪州都督, 徙桂州兼嶺南按察選補使. 以張說薦爲集賢院學士, 俄拜中書侍郞, 同平章事. 遷中書令, 爲李林甫所忮, 改尙書右丞相. 罷政事, 貶荊州長史, 請歸還殿幕, 卒. 諡文獻. 九齡風度醞藉, 在相位, 有謇諤匪躬之誠, 以直道黜, 不戚戚要望, 惟文史自娛, 嘗識安祿山必反, 請誅, 不許. 後明皇在蜀思其言, 遣使致祭, 卹其家. 集二十卷, 今編詩三卷"이라 함.

【嬿惡】'嬿'는 '아름답고 착하다'의 뜻.

【薰蕕】'薰'은 향초, '蕕'는 누린내풀. 아주 냄새가 고약함.

【水鏡】일부 판본에는 '氷鏡'으로 되어 있음.

【姸媸】곱고 추한 구분.

【丹靑】그림. 여기서는 그림을 곁들임으로써 보고 느낌이 떠오르도록 하였음을 말함.

【俚俗】그림까지 그려 넣어 너무 저속하고 유치함. 임금이 그렇게 여기지 않도록 바란 것.

【探湯】펄펄 끓는 물 속에 손을 집어넣어 물건을 찾아냄. ≪論語≫ 季氏篇에 "孔子曰:「見善如不及, 見不善如探湯. 吾見其人矣, 吾聞其語矣. '隱居以求其志, 行義以達其道.' 吾聞其語矣, 未見其人也.」"라 하였으며 ≪昔時賢文≫과 ≪明心寶鑑≫ 등에도 실려 있음.

【高山可仰】높은 산은 고개를 들어야 볼 수 있듯이 훌륭한 말이나 행동은 우러러보고 따라 해야 함을 뜻함. ≪詩經≫ 小雅 車舝에 "高山仰止, 景行行止. 四牡騑騑, 六轡如琴. 覯爾新昏, 以慰我心"이라 함.

【終簣之功】마지막 한 삼태기를 부어야 완성할 때 이를 포기하거나 게을리하지 말기를 권고하는 말. ≪尙書≫ 周書 旅獒에 "嗚呼! 夙夜罔或不勤. 不矜細行, 終累大德, 爲山九仞, 功虧一簣"라 하였고, ≪論語≫ 子罕篇에 "子曰:「譬如爲山, 未成一簣, 止, 吾止也. 譬如平地, 雖覆一簣, 進, 吾往也.」"라 함.

【覆轍在前, 永作後車之戒】앞의 수레가 엎어지는 것을 보고도 뒤따르는 수레가 똑같은 위험을 저지르는 일이 없도록 해야 함을 말함. 그리하여 뒤따르는 수레로써 영원한 경계를 삼아야 함. ≪荀子≫ 成相篇에 "前車已覆, 後未知更, 何覺時?"라 하였고, ≪說苑≫ 善說篇에 「公乘不仁曰: "周書曰: 前車覆, 後車戒. 蓋言其危, 爲人臣者不易, 爲君亦不易. 今君已設令, 令不行, 可乎?" 君曰: "善."」이라 하였으며, ≪韓詩外傳≫

(5)에는 「或曰: "前車覆, 而後車不誡, 是以後車覆也." 故夏之所以亡者, 而殷爲之. 殷之 所以亡者, 而周爲之. 故殷可以鑒於夏, 而周可以鑒於殷.」이라 하였음. ≪漢書≫ 賈誼 傳에「前車覆, 後車誡. 秦世所以亟絶者, 其轍迹可見, 然而不避, 是後車又將覆也」라 하였으며, ≪增廣賢文≫에는 "笑前轍, 忘後跌; 輕千乘, 豆羹競"이라고도 하였음.

【媲於堯舜】 요순과 같아짐. '媲'는 평고대로서 원래 서까래 끝에 평평하게 댄 나무를 뜻함. '비교되다, 같아지다'의 뜻.

【埒於唐虞】 '埒'은 원래 '울타리, 바자'를 말함. '그 울타리 안에 들어가게 되다'라는 뜻. 고대 唐堯와 虞舜 시대의 태평의 범주 안에 들게 됨.

【裝潢】 褙接하고 裱具하여 책으로 만듦. 책을 만드는 과정.

【隆慶】 穆宗(朱載垕)의 연호. 6년은 목종이 죽은 마지막 해이며 동시에 神宗(朱翊鈞)이 등극한 해. 1572년임. 신종은 즉위 후 萬曆의 연호를 썼으며 47년간(1573~1619) 한 번도 연호를 바꾸지 않았음.

【太子少保】 呂調陽의 직책명. 태자의 안전을 책임지는 직책이며 동시에 少傅의 역할 도 하였음.

【武英殿】 명대 궁중 안의 전각 이름.

【呂調陽】 1516년~1580년. 明 廣西 臨桂 사람으로 자는 和卿, 호는 豫所. 嘉靖 29년 (1550) 진사에 급제, 編修를 거쳐 隆慶 원년(1567) 禮部尙書에 오름. 원래 穆宗의 經 筵官이었으며 朱翊鈞의 東宮太子少保를 겸하였음. 文淵閣에 들어와 문헌 정리에 온 힘을 기울였으며 武英殿大學士에 오름. ≪帝鑑圖說≫의 실질적인 책임을 맡았음. 시 호는 文簡. ≪獻征錄≫(17)에 행장이 실려 있음.

【聖旨】 神宗이 이 책과 疏文을 받고 공식적으로 敎旨를 내린 것.

【圖治】 치세를 이루고자 도모함.

【史館】 역사를 편찬하며 사례를 수집하고 정리하는 관청.

【禮部】 六部의 하나. 문화, 문물, 예악 등을 관장하는 부서. 史館은 이의 하속 기관이 었으므로 예부에 이러한 지시를 내린 것.

【知道】 '알다'의 백화어.

上篇

「성철방관(聖哲芳觀)」

성주(聖主), 철왕(哲王)들의 꽃다운 모습들

001(上-1)

임현도치(任賢圖治)
당(唐) 요제(堯帝)

어진 이를 임용하여 다스림을 도모한 도당씨 요임금

고대 당요(唐堯) 시대 역사 기록이다.

요(堯)임금이 희씨(羲氏)와 화씨(和氏)에게 명하여 사람들이 농사짓고 살아가기에 가장 중요한 계절에 대하여 공경히 잘 지킬 수 있도록 하는 임무를 주었다. 그리하여 희중(羲仲)은 동쪽 우이(嵎夷)에 살면서 봄에 시작해야 할 농사를 잘 알려주도록 하였고, 희숙(羲叔)은 남교(南交)에 살면서 여름에 해야 할 농사일을 잘 처리하도록 하였으며, 화중(和仲)은 서쪽 매곡(昧谷)에 살면서 가을걷이에 대한 것을 맡도록 하였고, 화숙(和叔)은 북쪽 삭방(朔方)에 살면서 겨울에 해야 할 일을 처리하도록 하였다. 그리고 사악(四岳)에게 의견을 물었더니 그들이 순(舜)을 추천하여 순에게 제위를 물려주었다.

唐史紀: 堯命羲和, 敬授人時. 羲仲居嵎夷, 理東作; 羲叔居南交, 理南爲; 和仲居昧谷, 理西成, 和叔居朔方, 理朔易. 又訪四岳, 擧舜登庸.

【任賢圖治】현명한 이를 임용하여 바른 治道를 이루고자 시도함.
【唐】唐堯 시대. 五帝의 하나로 이상적인 聖人政治를 실현한 고대 堯임금의 시대를 말함. 堯(陶唐氏)는 지금의 山西省 太原 일대에 도읍을 정하였다가 뒤에 평양(지금의 山西 臨汾)으로 도읍을 옮겼는데, 唐은 처음 도읍지의 지명에서 유래. 즉 部落 聯盟의 首領이 되어 초보적인 통치를 실시하던 지역을 이름.
【堯帝】帝堯. 堯임금. 이름은 放勛(放勳). ≪諡法≫에 "翼善傳聖曰堯"라 하였으며 ≪帝王世紀≫에 "帝堯以火德王, 在位七十一年"이라 함.
【唐史紀】원 판본에는 '唐史: 紀~'로 표점을 표시하고 있으나 현대 일반적인 표점 방법에 의해 '唐史紀: ~'로 통일함. 본 책 모두 이와 같음. '紀'는 '記'와 같음. '唐堯의 역사 기록에'라는 뜻임.
【羲和】고대 羲氏와 和氏. 陰陽과 天時를 살펴 四時의 변화를 관찰하는 임무를 맡았던 관직. ≪漢書≫ 藝文志 諸子略 陰陽家에 "陰陽家者流, 蓋出於羲和之官, 敬順昊天, 歷象日月星辰, 敬授民時"라 하였고, ≪尙書≫ 堯典의 傳에 "重黎之後, 羲氏・和氏, 世掌天地四時之官"이라 함. 陰陽學과 曆法, 天文學이 발달하기 시작하였음을 일러 주는 기록이며, 이 당시 이미 천문을 살펴 역법을 완성하였음을 알 수 있음.
【羲仲】羲氏의 둘째 아들. 태어난 순서에 따라 孟(伯), 仲, 叔, 季의 글자를 넣어 字를 삼았으며 혹 이름이 되기도 함.

【嵎夷】 동쪽 아주 먼 지역.

【東作】 '東'은 계절로 봄을 상징함. 따라서 '春作'과 같음. 봄에 농사를 시작하는 일을 말함.

【交】 交趾. 고대 남쪽 지역을 일컫던 명칭. 五嶺 이남 越南 북부까지를 말함.

【南爲】 '南'은 계절로 여름을 상징함. '爲'는 일거리. 따라서 여름의 때를 놓치지 않고 해야 할 농사일을 말함.

【昧谷】 서쪽, 해가 저물어 들어가는 곳.

【西成】 '西'는 계절로 가을을 뜻함. 따라서 가을에 이루어야 할 농사일 중 추수 작업을 말함.

【朔易】 '朔'은 방위로는 '北', 계절로는 겨울을 상징함. 따라서 겨울에 다음 해의 농사 준비를 말함.

【四岳】 '四嶽'으로도 표기하며 고대 東西南北 사방 部落의 領袖를 뜻함. 관할 영토 안의 높은 산에 천자 대신 제사를 올리는 일을 담당하여 方伯으로 여겼음.

【舜】 五帝의 하나로 성은 姚氏, 이름은 重華. 有虞氏 부락의 首領이었으며 그 때문에 虞舜으로도 부름. 효성이 지극하여 堯임금으로부터 천하를 禪讓받음. 儒家에서 聖王으로 높이 받듦. ≪諡號法≫에 "仁聖盛明曰舜"이라 함. ≪十八史略≫에 "堯立七十年, 有九年之水, 使鯀治之, 九載弗績. 堯老倦于勤, 四嶽擧舜, 攝行天下事. 堯子丹朱不肖, 乃薦舜於天. 堯崩, 舜卽位. 帝舜有虞氏: 姚姓, 或曰名重華, 瞽瞍之子, 顓頊六世孫也. 父惑於後妻, 愛少子象, 常欲殺舜. 舜盡孝悌之道, 烝烝乂不格姦"라 함. ≪史記≫ 五帝本紀 및 ≪孟子≫ 등 참조.

【登庸】 천자로 즉위함을 말함. 舜이 四岳의 추천을 받아 堯를 이어 천하를 다스리게 됨을 말함.

直解(白話文)

고대 당(唐)나라 때의 역사 기록이다.
　　요임금은 왕위에 있으면서 똑똑한 신하들을 임용하여 그들과 함께 다

스림을 도모하였다. 그 당시 똑똑한 신하로서 희씨 형제 두 사람과 화씨 형제 두 사람이 있었다. 요임금은 이 네 사람으로 하여금 1년 네 계절을 공경히 지켜 백성들이 농사일에 어김이 없도록 하였다. 그리하여 희중에게는 동방 우이의 땅에서 봄에 농사를 시작하는 일을 관장하는 임무를 맡겼고, 희숙은 남방 교지(交趾)의 땅을 맡아 여름날 작물을 변화를 잘 관리하도록 하였으며, 화중은 서방 매곡(昧谷)이라는 땅에 살면서 가을걷이의 일을 잘 지켜 내도록 하였고, 화숙에게는 북방 유도(幽都)라는 땅을 맡아 겨울에 다음 농사를 잘 준비하는 일을 맡겼다.

그리고 다시 사악의 책임 관리를 맡은 관원을 방문하여 그들로 하여금 천하에 어진 자로서 가히 등용하여 쓸 만한 사람을 추천하도록 하였다. 이에 사악의 장관들은 모두가 순이 재상이 되어야 한다고 추천하였다. 그 때 천하의 똑똑하고 재능 있는 이들은 모두가 조정에 모여들었으며 백관

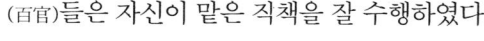
요임금(帝堯陶唐氏)

(百官)들은 자신이 맡은 직책을 잘 수행하였다.

이리하여 요임금은 팔짱을 끼고 아무 작위(作爲)함 없이 편히 있어도 천하는 저절로 다스려졌다. 이것이 바로 "천하는 한 사람이 주재할 수는 있지만 한 사람이 다스릴 수는 없다"는 것이리라. 비록 요임금은 성현으로서 뒷날 그를 따를 사람이 없을 정도였지만 그럼에도 역시 반드시 훌륭한 신하를 기다린 다음에야 능히 다스림의 공을 이룰 수 있었던 것이다.

≪상서(尙書)≫에는 이렇게 말하였다. "팔다리가 있어야 온전한 사람이 되듯이 훌륭한 신하를 거느려야 성스러운 임금이 되는 것이다."

이는 팔다리가 갖추어진 다음에야 온전한 사람이 되는 것이요, 훌륭한 신하들이 무리를 이룬 다음에야 성스러움을 이룰 수 있다는 말이니 뜻은 역시 이를 두고 한 말이다. 그 뒤 제순(帝舜)이 천자가 되어 역시 제요(帝堯)의 뒤를 밟아 일을 처리하여, 구관십이목(九官十二牧)을 임용하니, 천하가 태평을 이루게 되었다.

이에 여러 신하들과 노래를 지어 요임금의 풍성한 덕을 기록하였다. "지도자 요임금은 명철하셨도다! 고굉의 신하들은 훌륭하였도다! 그들이 처리한 많은 일들은 평강하였도다!"

그 때문에 고금을 두고 "요순은 옷깃을 늘어뜨린 채 가만히 있어도 천하가 다스려졌다"라 하였으니 이는 어진 이를 임용하여 통치를 도모한 효과였다.

唐史上記: 帝堯在位, 任用賢臣, 與圖治理. 那時賢臣有羲氏兄弟二人, 和氏兄

弟二人. 帝堯着他四箇人敬授人時. 使羲仲居於東方嵎夷之地, 管理春時耕作的事; 使堯叔居於南方交趾之地, 管理夏時變化的事; 使和仲居於西方昧谷之地, 管理秋時收成的事; 使和叔居於北方幽都之地, 管理冬時更易的事. 又訪問四岳之官, 着他薦擧天下賢人可用者, 於是四岳擧帝舜爲相. 那時天下賢才, 都聚於朝廷之上, 百官各擧其職. 帝堯垂拱無爲, 而天下自治. 蓋「天下可以一人主之, 不可以一人治之.」雖以帝堯之聖, 後世莫及, 然亦必待賢臣而後能成功.

≪書≫曰:『股肱惟人, 良臣惟聖.』

言股肱具而後成人, 良臣衆而後成聖, 意亦謂此. 其後帝舜爲天子, 也跟着帝堯行事, 任用九官十二牧, 天下太平.

乃與群臣作歌以紀其盛, 曰:『元首明哉! 股肱良哉! 庶事康哉!』

所以古今稱「堯舜垂衣裳而天下治」, 斯任賢圖治之效也.

【着他】'그로 하여금 ~하도록 하다(시키다)'의 構文. '着'은 '使, 教, 讓, 俾, 叫, 令' 등 使役形 助動詞로 쓰였음. 明代 白話語의 한 유형임.

【幽都】 아주 먼 북극 지방을 말함. 고대에 해가 지는 곳이라 여겼음.

【相】 재상. 동사로는 '돕다'의 뜻.

【垂拱】 옷깃을 늘어뜨리고 팔을 여밈. 그 어떤 힘도 들이지 않고 편안히 있음을 말함.

【書】≪尙書≫, ≪書經≫. 儒家의 경전으로 十三經의 하나. 夏, 殷, 周 三代 政令을 모은 것. ≪尙書≫ 商書 說命(下)의 구절. "王曰:「嗚呼! 說四海之內, 咸仰朕德, 時乃風. 股肱惟人, 良臣惟聖. 昔先正保衡, 作我先王. 乃曰:『予弗克俾厥后惟堯舜, 其心愧恥, 若撻于市, 一夫不獲, 則曰時予之辜, 佑我烈祖』, 格于皇天, 爾尚明保予, 罔俾阿衡, 專美有商. 惟后非賢不乂, 惟賢非后不食, 其爾克紹乃辟于先王, 永綏民.」說拜稽首曰: 「敢對揚天子之休命.」"라 함.

【股肱】 원래는 팔과 다리. 흔히 군주를 보좌하는 중요한 보필, 대신을 뜻하는 말로 쓰임.

【九官十二牧】九官은 ≪尙書≫ 堯典에 의하면 舜이 설치했던 아홉 개의 관직. 즉 伯

禹를 司空, 棄를 后稷, 契을 司徒, 皐陶를 士, 垂를 共工, 益을 虞, 夔를 典樂, 龍을 納言, 伯夷를 秩宗으로 삼아 행정을 편 것을 말함. 十二牧은 천하를 십이주로 나누고 그곳을 관리하는 책임자를 둔 것.
【元首】군주, 우두머리, 왕, 지도자. 여기서는 요임금을 가리킴. 이 구절은 ≪尙書≫ 虞書 益稷篇에 실려 있으며 "帝庸作歌曰:「勑天之命, 惟時惟幾.」乃歌曰:「股肱喜哉! 元首起哉! 百工熙哉!」皐陶拜手稽首, 颺言曰:「念哉! 率作興事, 愼乃憲, 欽哉! 屢省乃成, 欽哉!」乃賡載歌曰:「元首明哉! 股肱良哉! 庶事康哉!」又歌曰:「元首叢脞哉! 股肱惰哉! 萬事墮哉!」帝拜曰:「兪! 往欽哉!」"라 하였음.
【庶事】많은 庶務의 일. 잡다한 일. 백성을 위한 온갖 잡무들.

참고 및 관련 자료

1. ≪尙書≫ 虞書 堯典

曰若稽古帝堯, 曰放勳, 欽明文思安安, 允恭克讓, 光被四表, 格于上下. 克明俊德, 以親九族, 九族旣睦, 平章百姓, 百姓昭明, 協和萬邦, 黎民於變時雍. 乃命羲和, 欽若昊天, 曆象日月星辰, 敬授人時. 分命羲仲, 宅嵎夷, 曰暘谷, 寅賓出日, 平秩東作, 日中星鳥, 以殷仲春, 厥民析, 鳥獸孳尾. 申命羲叔, 宅南交, 平秩南訛, 敬致, 日永星火, 以正仲夏, 厥民因, 鳥獸希革. 分命和仲, 宅西, 曰昧谷, 寅餞納日, 平秩西成, 宵中星虛, 以殷仲秋, 厥民夷, 鳥獸毛毨. 申命和叔, 宅朔方, 曰幽都, 平在朔易, 日短星昴, 以正仲冬, 厥民隩, 鳥獸氄毛. 帝曰:「咨汝羲暨和, 朞, 三百有六旬有六日, 以閏月定四時成歲, 允釐百工, 庶績咸熙.」帝曰:「疇咨若時登庸?」放齊曰:「胤子朱啓明.」帝曰:「吁, 嚚訟可乎?」帝曰:「疇咨若予采?」驩兜曰:「都, 共工方鳩僝功.」帝曰:「吁, 靜言庸違, 象恭滔天.」帝曰:「咨四岳, 湯湯洪水方割, 蕩蕩懷山襄陵, 浩浩滔天, 下民其咨, 有能俾乂?」僉曰:「於, 鯀哉!」帝曰:「吁, 咈哉!」方命圮族. 岳曰:「异哉, 試可乃已.」帝曰:「往欽哉. 九載績用弗成.」帝曰:「咨四岳, 朕在位七十載, 汝能庸命, 巽朕位.」岳曰:「否德忝帝位.」曰:「明明揚側陋.」錫帝曰:「有鰥在下, 曰虞舜.」帝曰:「兪, 予聞, 如何?」岳曰:「瞽子, 父頑, 母嚚, 象傲, 克諧以孝, 烝烝乂, 不格姦.」帝曰:「我其試哉, 女于時, 觀厥刑于二女, 釐降二女于嬀汭, 嬪于虞.」帝曰:「欽哉!」

2. ≪史記≫ 五帝本紀

帝堯者, 放勳. 其仁如天, 其知如神. 就之如日, 望之如雲. 富而不驕, 貴而不舒. 黃收純衣, 彤車乘白馬. 能明馴德, 以親九族. 九族既睦, 便章百姓. 百姓昭明, 合和萬國. 乃命羲·和, 敬順昊天, 數法日月星辰, 敬授民時. 分命羲仲, 居郁夷, 曰暘谷. 敬道日出, 便程東作. 日中, 星鳥, 以殷中春. 其民析, 鳥獸字微. 申命羲叔, 居南交. 便程南爲, 敬致. 日永, 星火, 以正中夏. 其民因, 鳥獸希革. 申命和仲, 居西土, 曰昧谷. 敬道日入, 便程西成. 夜中, 星虛, 以正中秋. 其民夷易, 鳥獸毛毨. 申命和叔; 居北方, 曰幽都. 便在伏物. 日短, 星昴, 以正中冬. 其民燠, 鳥獸氄毛. 歲三百六十六日, 以閏月正四時. 信飭百官, 衆功皆興. 堯曰:「誰可順此事?」放齊曰:「嗣子丹朱開明.」堯曰:「吁! 頑凶, 不用.」堯又曰:「誰可者?」讙兜曰:「共工旁聚布功, 可用.」堯曰:「共工善言, 其用僻, 似恭漫天, 不可.」堯又曰:「嗟, 四嶽, 湯湯洪水滔天, 浩浩懷山襄陵, 下民其憂, 有能使治者?」皆曰鯀可. 堯曰:「鯀負命毀族, 不可.」嶽曰:「异哉, 試不可用而已.」堯於是聽嶽用鯀. 九歲, 功用不成. 堯曰:「嗟! 四嶽: 朕在位七十載, 汝能庸命, 踐朕位?」嶽應曰:「鄙德忝帝位.」堯曰:「悉擧貴戚及疏遠隱匿者」衆皆言於堯曰:「有矜在民閒, 曰虞舜.」堯曰:「然, 朕聞之. 其何如?」嶽曰:「盲者子. 父頑, 母嚚, 弟傲, 能和以孝, 烝烝治, 不至姦.」堯曰:「吾其試哉.」於是堯妻之二女, 觀其德於二女. 舜飭下二女於嬀汭, 如婦禮. 堯善之, 乃使舜愼和五典, 五典能從. 乃遍入百官, 百官時序. 賓於四門, 四門穆穆, 諸侯遠方賓客皆敬. 堯使舜入山林川澤, 暴風雷雨, 舜行不迷. 堯以爲聖, 召舜曰:「女謀事至而言可績, 三年矣. 女登帝位.」舜讓於德不懌. 正月上日, 舜受終於文祖. 文祖者, 堯大祖也.

3. ≪十八史略≫

帝堯陶唐氏: 伊祁姓, 或曰名放勳, 帝嚳子也. 其仁如天, 其知如神, 就之如日, 望之如雲, 都平陽. 茆茨不剪, 土階三等.

002(上-2)

간고방목(諫鼓謗木)
당(唐) 요제(堯帝)

간언하는 북과 비방하는 나무를 설치한 요임금

　고대 당(唐)나라 때 역사 기록이다.
　요임금은 감히 간언할 수 있는 북을 설치하여 천하 사람들로 하여금 하고 싶은 말을 마음 놓고 모두 할 수 있도록 하였으며, 자신을 비방하는 글을 써 붙일 수 있는 나무를 세워 놓고 천하로 하여금 자신의 과실을 공격할 수 있도록 하였다.

唐史紀: 堯置敢諫之鼓, 使天下得盡其言; 立誹謗之木, 使天下得攻其過.

【諫鼓謗木】 간언하는 북과 비방하는 나무를 설치함.
【敢諫之鼓】 임금에게 간언할 의견이 있는 자라면 누구나 감히 울려 면담을 신청할 수 있는 북.
【誹謗之木】 임금이나 정치의 과실을 비방하는 말을 적거나 모여 토론할 수 있는 나무.

直解(白話文)

고대 당나라 때의 역사 기록이다.

제요(帝堯)가 제위에 있을 때 자신을 비우고 남의 말을 받아들였다. 그러면서도 항상 정사에 오류나 착오가 있음에도 사람들이 감히 면전에서 직언을 하지 못할까 걱정스러워, 특별히 문밖에 북 하나를 설치해 두었다. 오직 직언과 감간(敢諫)할 일이 있는 자라면 북을 울려 면담을 요구해, 천하 사람들로 하여금 자신의 말을 모두 털어놓을 수 있도록 하였다.

또 과실이 있을 때 사람들이 등 뒤에서 이러쿵저러쿵하여 자신은 직접 들을 수 없을 경우를 걱정하여 특별히 문밖에 나무 하나를 세워놓아, 과실을 그 나무에 글로 써서 붙여 천하 사람들로 하여금 자신의 과실을 마음 놓고 공격할 수 있도록 하였다.

무릇 성스러움이 이와 같은 요임금이니, 그가 하는 일이란 모두가 진선진미(盡善盡美)할 것으로 의당 간언할 일이나 비방할 일이 없을 것이건만, 그럼에도 오히려 간절하게 남을 말을 구하였고 자신의 과실을 직접 듣는

것을 임무로 삼았던 것이다. 그러므로 아래 백성들의 사정이 막힐 리 없었고 임금의 덕은 날로 그 빛을 더하였던 것이다.

  그러므로 요임금을 법으로 여겨 통치의 기준을 삼는다면 역시 북을 설치하고 나무를 세울 필요는 없다. 이는 한갓 그 일을 흉내 내어 모방하는 것일 뿐이리라. 다만 능히 직언을 받아들이며, 그들에게 견책을 가하는 일은 없어야 하며, 그들 말 가운데 이치에 합당한 것은 때때로 상을 내려 권면하고 장려한다면, 매일 훌륭한 말을 들을 수 있을 것이니 이렇게 되면 태평성대는 가히 이룰 수 있게 될 것이다.

  唐史上記: 帝堯在位, 虛己受言. 常恐政事有差謬, 人不敢當面直言, 特設一面鼓在門外, 但有直言敢諫者, 着他就擊鼓求見, 欲天下之人, 皆得以盡其言也. 又

恐自己有過失, 人在背後譏議, 己不得聞, 特立一片木在門外, 使人將過失書寫在木上, 欲天下之人, 皆得以攻其過也.

夫聖如帝堯, 所行皆盡善盡美, 宜無可諫可謗者, 而猶惓惓以求言, 聞過爲務. 故下情無所壅而君德日以光.

然欲法堯爲治, 亦不必置鼓立木, 徒倣其迹, 但能容受直言, 不加譴責, 言之當理者, 時加獎賞以勸勵之, 則善言日聞, 而太平可致矣.

【敢諫】 감히 천자에게 간언을 함.
【着他】 '그로 하여금 ~하도록 하다(시키다)'의 構文. '着'은 '使, 敎, 讓, 俾, 叫, 令' 등 使役形 助動詞로 쓰였음. 明代 白話語의 한 유형임.
【惓惓】 '拳拳'과 같음. 간절히 바라는 모습.
【日以光】 날로 빛을 발함.
【勸勵】 권면하고 장려함.
【善言】 '嘉言'과 같음. 훌륭한 말. 정치에 보탬이 되는 좋은 의견.

참고 및 관련 자료

1. ≪呂氏春秋≫ 自知篇
　堯有欲諫之鼓, 舜有誹謗之木, 湯有司過之士, 武王有戒愼之鞀, 猶恐不能自知, 今賢非堯・舜・湯・武也, 而有掩蔽之道, 奚繇自知哉?

2. ≪淮南子≫ 主術訓
　古者天子聽朝, 公卿正諫. 博士誦詩, 瞽箴師誦, 庶人傳語, 史書其過, 宰徹其膳, 猶以爲未足也, 故堯置敢諫之鼓, 舜立誹謗之木, 湯有司直之人, 武王立戒愼之鞀, 過若豪氂, 而旣已備之也. 夫聖人於善也, 無小而不擧; 其於過也, 無微而不改. 堯・舜・禹・湯・文・武, 王皆坦然天下而南面焉. 當此之時, 伐礜而食, 奏雍而徹, 已飯而祭竈, 行不用巫祝, 鬼神弗敢祟, 山川弗敢禍, 可謂至貴矣. 然而戰戰慄慄日愼一日. 由此觀之, 則聖人之心小矣.

003(上-3)

효덕승문(孝德升聞)
우(虞) 순제(舜帝)

효와 덕이 소문이 되어 천자에 오른 순임금

고대 우(虞)나라 때 역사 기록이다.

순(舜)의 아버지 고수(瞽瞍)가 후처를 얻어 아들 상(象)을 낳았다. 아버지는 완고하여 사리 분별이 어두웠고 계모는 은악(嚚惡)하였으며, 이복동생 상은 오만하기 그지없었다. 그리하여 그들은 항상 순을 죽여 없애려 하였고 그때마다 순은 자리를 피해 도망 다니곤 하였지만 그럴수록 효도를 다해 화목한 가정을 이끌었고 아버지 고수도 역시 그 뜻을 받아들여 주었다. 그때 요임금이 어질고 덕 있는 자로서 자신의 제위를 물려줄 만한 자를 찾고 있었다. 여러 신하들이 순을 추천하였고, 요임금 또한 그에 대한 소문을 듣고 있던 터라 이에 자신의 두 딸을 순의 처로 삼아 주었다. 순은 덕으로써 두 아내를 거느렸고, 그들도 역시 부인으로서의 덕을 바르게 실천하였다.

순임금(帝舜有虞氏)

　虞史紀: 舜父瞽瞍, 娶後妻, 生象. 父頑母嚚, 象傲. 常欲殺舜, 舜避逃, 克諧以孝, 瞽瞍亦允若. 帝求賢德, 可以遜位, 群臣擧舜, 帝亦聞之. 於是以二女妻舜, 舜以德率二女, 皆執婦道.

【孝德升聞】 효와 덕으로 널리 소문이 나서 제위에 오름.
【瞽瞍】 '瞽叟'로도 표기하며 순임금의 아버지. 사리 분별이 흐렸으며 장님이었다 함.
【頑】 완고하고 고집이 세며 어리석음.
【嚚】 嚚惡함. 악독하고 완고함. 여인으로서 말이 많고 질투심과 악한 마음을 가진 경우를 말함.
【允若】 그 뜻을 받아들이고 함께함.
【帝】 여기서는 堯임금을 가리킴.
【遜位】 帝王의 지위를 양보하여 물려줌.
【二女】 堯의 딸로서 舜의 아내가 된 두 여인. 娥皇과 女英.

直解(白話文)

고대 우나라 때의 역사 기록이다.

대순(大舜)의 아버지는 눈이 먼 장님으로 대순은 그의 전처 소생 아들이었다. 순의 어머니가 죽자 고수는 다시 후처 하나를 맞아 아들을 낳았는데 그의 이름은 상이었다.

고수는 우매하고 완고하여 세상 도리를 몰랐고, 후처는 은악하여 어짊이란 없었으며, 배다른 아우 상은 흉포하고 거칠어 그 상황을 어떻게 표현할 수 없을 정도였다.

그들 세 사람은 때때로 순을 죽여 없앨 궁리만 하였다. 순은 이를 알고 여러 대책을 세워 숨고 피한 뒤에야 죽음을 면할 수 있었다. 그럼에도 끝내 감히 부모를 원망하지 않았고 단지 스스로 효도만을 다할 뿐이었다.

시간이 흐르자 가족을 감화시켜 모두가 화목함에 이르게 되었다. 고수는 아들이 이처럼 효순함을 알고 그를 믿고 좋아하게 되었으며 이로써 사람들은 모두 그를 효자라 칭송하게 되었다.

당시 요임금이 마침 어질고 덕 있는 자로서 자신의 제위를 물려줄 만한 자를 찾고 있었다. 그러자 많은 신하들이 그를 추천하였다.

이에 앞서 요임금도 순이 부모형제에게 잘하는 성인임을 이미 알고는 있었다. 그러나 부부 사이라면 어떻게 할지 알 수 없었다. 이에 순을 부른 다음 자신의 두 딸을 그에게 시집보내어 아내가 되도록 하였다.

순은 다시 이 두 여자를 덕으로 감화시켜 잘 거느렸고 부모 앞에서 모두가 능히 며느리로서의 도리를 다하도록 하였다. 요는 이를 바탕으로 드디어 제위를 그에게 물려주었다.

자고로 성현이란 모두가 효행을 근본으로 한다. 부모가 자애로우면 아들이 효순하게 되는 것이며, 이는 오히려 해내기 어려운 것도 아니다. 유

독 순의 부모만은 자애롭지 못하였지만 순은 끝내 그들을 감화시켰다. 당시로서는 해내기 어려운 것이었고 이에 만세를 두고 순을 대효(大孝)라 칭송하는 것이다.

虞史上記: 大舜的父, 是瞽瞍目人, 他前妻生的兒子就是大舜. 舜母故了, 瞽瞍又娶一箇後妻, 生的兒子叫做象.

那瞽瞍愚頑不知道理, 後妻罵惡不賢, 象又凶狠無狀.

他三箇人時嘗商量着要殺舜, 舜知道了, 設法躲避, 然後得免. 然終不敢怨其父母, 只盡自家的孝道. 久之, 感化得一家人都和睦. 瞽瞍見他這等孝順, 也相信歡喜了, 所以人都稱他爲孝子.

當時帝堯要求賢德的人, 可遜以帝位者. 群臣都薦擧他. 比先, 帝堯已知大舜善處父母兄弟, 是箇聖人, 但是不知他處夫婦之間何如. 於是召舜去, 把兩箇女兒

都嫁與他爲妻.

舜又能以德化率這二女, 在他父母前都盡做媳婦的道理. 堯因此遂禪以帝位.

自古聖賢, 皆以孝行爲本, 然父母慈愛而子孝順, 尚不爲難. 獨舜父母不慈, 而終能感化, 所以當時以爲難能, 而萬世稱爲大孝也.

【無狀】그 상황을 표현할 수 없을 정도임.
【商量】궁리함. 서로 상의함.
【知道】'알다'의 白話語.
【設法】방법을 찾아냄. 대책을 세움.
【躱避】숨거나 피함. 백화어.
【自家】'스스로'의 백화어.
【媳婦】'며느리'의 백화어.

참고 및 관련 자료

1. ≪尙書≫ 堯典

岳曰:「瞽子, 父頑, 母嚚, 象傲; 克諧以孝, 烝烝乂, 不格姦.」帝曰:「我其試哉!」女于時, 觀厥刑于二女. 釐降二女于嬀汭, 嬪于虞. 帝曰:「欽哉!」

2. ≪史記≫ 五帝本紀

堯曰:「嗟! 四嶽: 朕在位七十載, 汝能庸命, 踐朕位?」嶽應曰:「鄙德忝帝位.」堯曰:「悉舉貴戚及疏遠隱匿者」衆皆言於堯曰:「有矜在民間, 曰虞舜.」堯曰:「然, 朕聞之. 其何如?」嶽曰:「盲者子. 父頑, 母嚚, 弟傲, 能和以孝, 烝烝治, 不至姦.」堯曰:「吾其試哉.」於是堯妻之二女, 觀其德於二女. 舜飭下二女於嬀汭, 如婦禮. 堯善之, 乃使舜愼和五典, 五典能從. 乃遍入百官, 百官時序. 賓於四門, 四門穆穆, 諸侯遠方賓客皆敬. 堯使舜入山林川澤, 暴風雷雨, 舜行不迷. 堯以爲聖, 召舜曰:「女謀事至而言可績, 三年矣. 女登帝位.」舜讓於德不懌. 正月上日, 舜受終於文祖. 文祖者, 堯大祖也. 於是帝堯老, 命舜攝行天子之政, 以觀天

命. 舜乃在璿璣玉衡, 以齊七政. 遂類于上帝, 禋于六宗, 望于山川, 辯于群神. 揖五瑞, 擇吉月日, 見四嶽諸牧, 班瑞. 歲二月, 東巡狩, 至於岱宗, 祡, 望秩於山川. 遂見東方君長, 合時月正日, 同律度量衡, 脩五禮五玉三帛二生一死爲摯, 如五器, 卒乃復. 五月, 南巡狩; 八月, 西巡狩; 十一月, 北巡狩: 皆如初. 歸, 至于祖禰廟, 用特牛禮. 五歲一巡狩, 群后四朝. 徧告以言, 明試以功, 車服以庸. 肇十有二州, 決川. 象以典刑, 流宥五刑, 鞭作官刑, 扑作教刑, 金作贖刑. 眚災過, 赦; 怙終爲賊, 刑. 欽哉, 欽哉, 惟刑之靜哉! 讙兜進言共工, 堯曰不可而試之工師, 共工果淫辟. 四嶽擧鯀治鴻水, 堯以爲不可, 嶽彊請試之, 試之而無功, 故百姓不便. 三苗在江淮・荊州數爲亂. 於是舜歸而言於帝, 請流共工於幽陵, 以變北狄; 放讙兜於崇山, 以變南蠻; 遷三苗於三危, 以變西戎; 殛鯀於羽山, 以變東夷: 四罪而天下咸服. 堯立七十年得舜, 二十年而老, 令舜攝行天子之政, 薦之於天. 堯辟位凡二十八年而崩. 百姓悲哀, 如喪父母. 三年, 四方莫擧樂, 以思堯. 堯知子丹朱之不肖, 不足授天下, 於是乃權授舜. 授舜, 則天下得其利而丹朱病; 授丹朱, 則天下病而丹朱得其利. 堯曰: 「終不以天下之病而利一人」, 而卒授舜以天下. 堯崩, 三年之喪畢, 舜讓辟丹朱於南河之南. 諸侯朝覲者不之丹朱而之舜, 獄訟者不之丹朱而之舜, 謳歌者不謳歌丹朱而謳歌舜. 舜曰: 「天也」, 夫而後之中國踐天子位焉, 是爲帝舜. 虞舜者, 名曰重華. 重華父曰瞽叟, 瞽叟父曰橋牛, 橋牛父曰句望, 句望父曰敬康, 敬康父曰窮蟬, 窮蟬父曰帝顓頊, 顓頊父曰昌意: 以至舜七世矣. 自從窮蟬以至帝舜, 皆微爲庶人. 舜父瞽叟盲, 而舜母死, 瞽叟更娶妻而生象, 象傲. 瞽叟愛後妻子, 常欲殺舜, 舜避逃; 及有小過, 則受罪. 順事父及後母與弟, 日以篤謹, 匪有解. 舜, 冀州之人也. 舜耕歷山, 漁雷澤, 陶河濱, 作什器於壽丘, 就時於負夏. 舜父瞽叟頑, 母嚚, 弟象傲, 皆欲殺舜. 舜順適不失子道, 兄弟孝慈. 欲殺, 不可得; 卽求, 嘗在側. 舜年二十以孝聞. 三十而帝堯問可用者, 四嶽咸薦虞舜, 曰可. 於是堯乃以二女妻舜以觀其內, 使九男與處以觀其外. 舜居嬀汭, 內行彌謹. 堯二女不敢以貴驕事舜親戚, 甚有婦道. 堯九男皆益篤. 舜耕歷山, 歷山之人皆讓畔; 漁雷澤, 雷澤上人皆讓居; 陶河濱, 河濱器皆不苦窳. 一年而所居成聚, 二年成邑, 三年成都. 堯乃賜舜絺衣, 與琴, 爲築倉廩, 予牛羊. 瞽叟尙復欲殺之, 使舜上塗廩, 瞽叟從下縱火焚廩. 舜乃以兩笠自扞而下, 去, 得不死. 後瞽叟又使舜穿井, 舜穿井爲匿空旁出. 舜旣入深, 瞽叟與象共下土實井, 舜從匿空出, 去. 瞽叟・象喜, 以舜爲已死. 象曰: 「本謀者象」. 象與其父母分, 於是曰: 「舜妻堯二女, 與琴, 象取之. 牛羊倉廩予父母」. 象乃止舜宮居, 鼓其琴. 舜往見之. 象鄂不懌, 曰: 「我思舜正鬱陶!」 舜曰: 「然, 爾其庶矣!」 舜復事瞽叟愛弟彌謹. 於是堯乃試舜五典百官, 皆治. 昔高陽氏有才子八人, 世得其利, 謂之「八愷」. 高辛氏有才子八人, 世謂之「八元」. 此十六族者, 世濟其美, 不隕其名. 至於堯, 堯未能擧. 舜擧八

愷, 使主后土, 以揆百事, 莫不時序. 舉八元, 使布五敎于四方, 父義, 母慈, 兄友, 弟恭, 子孝, 內平外成. 昔帝鴻氏有不才子, 掩義隱賊, 好行凶慝, 天下謂之渾沌. 少皞氏有不才子, 毁信惡忠, 崇飾惡言, 天下謂之窮奇. 顓頊氏有不才子, 不可敎訓, 不知話言, 天下謂之檮杌. 此三族世憂之. 至于堯, 堯未能去. 縉雲氏有不才子, 貪于飲食, 冒于貨賄, 天下謂之饕餮. 天下惡之, 比之三凶. 舜賓於四門, 乃流四凶族, 遷于四裔, 以御螭魅, 於是四門辟, 言母凶人也. 舜入于大麓, 烈風雷雨不迷, 堯乃知舜之足授天下. 堯老, 使舜攝行天子政, 巡狩. 舜得舉用事二十年, 而堯使攝政. 攝政八年而堯崩. 三年喪畢, 讓丹朱, 天下歸舜. 而禹·皋陶·契·后稷·伯夷·夔·龍·倕·益·彭祖自堯時而皆舉用, 未有分職. 於是舜乃至於文祖, 謀于四嶽, 辟四門, 明通四方耳目, 命十二牧論帝德, 行厚德, 遠佞人, 則蠻夷率服. 舜謂四嶽曰:「有能奮庸美堯之事者, 使居官相事?」皆曰:「伯禹爲司空, 可美帝功」舜曰:「嗟, 然! 禹, 汝平水土, 維是勉哉」禹拜稽首, 讓於稷·契與皋陶.」舜曰:「然, 往矣」舜曰:「棄, 黎民始飢, 汝后稷播時百穀」舜曰:「契, 百姓不親, 五品不馴, 汝爲司徒, 而敬敷五敎, 在寬」舜曰:「皋陶, 蠻夷猾夏, 寇賊姦軌, 汝作士, 五刑有服, 五服三就; 五流有度, 五度三居: 維明能信」舜曰:「誰能馴予工?」皆曰垂可. 於是以垂爲共工. 舜曰:「誰能馴予上下草木鳥獸?」皆曰益可. 於是以益爲朕虞. 益拜稽首, 讓于諸臣朱虎·熊羆. 舜曰:「往矣, 汝諧」遂以朱虎·熊羆爲佐. 舜曰:「嗟! 四嶽, 有能典朕三禮?」皆曰伯夷可. 舜曰:「嗟! 伯夷, 以汝爲秩宗, 夙夜維敬, 直哉維靜絜」伯夷讓夔·龍. 舜曰:「然. 以夔爲典樂, 敎稚子, 直而溫, 寬而栗, 剛而毋虐, 簡而毋傲; 詩言意, 歌長言, 聲依永, 律和聲, 八音能諧, 毋相奪倫, 神人以和」夔曰:「於! 予擊石拊石, 百獸率舞」舜曰:「龍, 朕畏忌讒說殄偽, 振驚朕衆, 命汝爲納言, 夙夜出入朕命, 惟信」舜曰:「嗟! 女二十有二人, 敬哉, 惟時相天事」三歲一考功, 三考絀陟, 遠近衆功咸興. 分北三苗. 此二十二人咸成厥功: 皋陶爲大理, 平, 民各伏得其實; 伯夷主禮, 上下咸讓; 垂主工師, 百工致功; 益主虞, 山澤辟; 棄主稷, 百穀時茂; 契主司徒, 百姓親和; 龍主賓客, 遠人至; 十二牧行而九州莫敢辟違; 唯禹之功爲大, 披九山, 通九澤, 決九河, 定九州, 各以其職來貢, 不失厥宜. 方五千里, 至于荒服. 南撫交阯·北發, 西戎·析枝·渠廋·氐·羌, 北山戎·發·息愼, 東長·鳥夷, 四海之內咸戴帝舜之功. 於是禹乃興九招之樂, 致異物, 鳳皇來翔. 天下明德皆自虞帝始. 舜年二十以孝聞, 年三十堯擧之, 年五十攝行天子事, 年五十八堯崩, 年六十一代堯踐帝位. 踐帝位三十九年, 南巡狩, 崩於蒼梧之野. 葬於江南九疑, 是爲零陵. 舜之踐帝位, 載天子旗, 往朝父瞽叟, 夔夔唯謹, 如子道. 封弟象爲諸侯. 舜子商均亦不肖, 舜乃豫薦禹於天. 十七年而崩. 三年喪畢, 禹亦乃讓舜子, 如舜讓堯子. 諸侯歸之, 然後禹踐天子位. 堯子丹朱, 舜子商均, 皆有疆土, 以奉先祀. 服其服, 禮樂如之. 以客見

天子, 天子弗臣, 示不敢專也.

3. ≪孟子≫ 萬章(上)

(1) 萬章問曰:「舜往于田, 號泣于旻天, 何爲其號泣也?」孟子曰:「怨慕也.」萬章曰:「父母愛之, 喜而不忘; 父母惡之, 勞而不怨. 然則舜怨乎?」曰:「長息問於公明高曰:『舜往于田, 則吾旣得聞命矣; 號泣于旻天, 于父母, 則吾不知也.』公明高曰:『是非爾所知也.』夫公明高以孝子之心, 爲不若是恝, 我竭力耕田, 共爲子職而已矣, 父母之不我愛, 於我何哉? 帝使其子九男二女, 百官牛羊倉廩備, 以事舜於畎畝之中. 天下之士多就之者, 帝將胥天下而遷之焉. 爲不順於父母, 如窮人無所歸. 天下之士悅之, 人之所欲也, 而不足以解憂; 好色, 人之所欲, 妻帝之二女, 而不足以解憂; 富, 人之所欲, 富有天下, 而不足以解憂; 貴, 人之所欲, 貴爲天子, 而不足以解憂. 人悅之·好色·富貴, 無足以解憂者, 惟順於父母, 可以解憂. 人少, 則慕父母; 知好色, 則慕少艾; 有妻子, 則慕妻子; 仕則慕君, 不得於君則熱中. 大孝終身慕父母. 五十而慕者, 予於大舜見之矣.」

(2) 萬章問曰:「詩云:『娶妻如之何? 必告父母.』信斯言也, 宜莫如舜. 舜之不告而娶, 何也?」孟子曰:「告則不得娶. 男女居室, 人之大倫也. 如告, 則廢人之大倫, 以懟父母, 是以不告.」萬章曰:「舜之不告而娶, 則吾旣得聞命矣; 帝之妻舜而不告, 何也?」曰:「帝亦知告焉, 則不得妻也.」萬章曰:「父母使舜完廩, 捐階, 瞽瞍焚廩. 使浚井, 出, 從而揜之. 象曰:『謨蓋都君咸我績. 牛羊父母, 倉廩父母, 干戈朕, 琴朕, 弤朕, 二嫂使治朕棲.』象往入舜宮, 舜在牀琴. 象曰:『鬱陶思君爾.』忸怩. 舜曰:『惟玆臣庶, 汝其于予治.』不識舜不知象之將殺己與?」曰:「奚而不知也? 象憂亦憂, 象喜亦喜.」曰:「然則舜僞喜者與?」曰:「否. 昔者, 有饋生魚於鄭子産, 子産使校人畜之池. 校人烹之, 反命曰:『始舍之, 圉圉焉, 少則洋洋焉, 攸然而逝.』子産曰:『得其所哉! 得其所哉!』校人出, 曰:『孰謂子産智? 予旣烹而食之, 曰: "得其所哉! 得其所哉!"』故君子可欺以其方, 難罔以非其道. 彼以愛兄之道來, 故誠信而喜之, 奚僞焉?」

(3) 萬章問曰:「象日以殺舜爲事, 立爲天子, 則放之, 何也?」孟子曰:「封之也, 或曰放焉.」萬章曰:「舜流共工于幽州, 放驩兜于崇山, 殺三苗于三危, 殛鯀于羽山, 四罪而天下咸服, 誅不仁也. 象至不仁, 封之有庳. 有庳之人奚罪焉? 仁人固如是乎? 在他人則誅之, 在弟則封之.」曰:「仁人之於弟也, 不藏怒焉, 不宿怨焉, 親愛之而已矣. 親之欲其貴也, 愛之欲其富也. 封之有庳, 富貴之也. 身爲天子, 弟爲匹夫, 可謂親愛之乎?」「敢問或曰放者, 何謂也?」曰:「象不得有爲於其國, 天子使吏治其國, 而納其貢稅焉, 故謂之放. 豈得暴彼民哉? 雖然, 欲常常而見之, 故源源而來.『不及貢, 以政接于有庳』, 此之謂也.」

4. ≪列女傳≫⑴「有虞二妃」

有虞二妃者, 帝堯之二女也: 長娥皇·次女英. 舜父頑, 母嚚; 父號瞽叟. 弟曰象, 敖游於 嫚, 舜能諧柔之; 承事瞽叟以孝. 母憎舜而愛象; 舜猶內治, 靡有姦意. 四嶽薦之於堯, 堯乃 妻以二女, 以觀厥內. 二女承事舜於畎畝之中, 不以天子之女故, 而驕盈怠嫚, 猶謙謙恭儉, 思盡婦道. 瞽叟與象, 謀殺舜, 使塗廩. 舜歸告二女曰:「父母使我塗廩, 我其往.」二女曰:「往 哉!」舜旣治廩, 乃捐階; 瞽叟焚廩, 舜往飛出. 象復與父母謀, 使舜浚井. 舜乃告二女, 二女 曰:「兪, 往哉!」舜往浚井, 格其出入, 從掩, 舜潛出. 時旣不能殺舜, 瞽叟又速舜飮酒, 醉將 殺之. 舜告二女, 二女乃與舜藥, 浴汪遂往, 舜終日飮酒不醉. 舜之女弟繫憐之, 與二嫂諧. 父母欲殺舜, 舜猶不怨, 怒之不已. 舜往於田, 號泣日呼旻天, 呼父母, 惟害若玆, 思慕不已, 不怨其弟, 篤厚不怠. 旣納於百揆, 賓於四門, 選於林木, 入於大麓, 堯試之百方, 每事常謀 於二女. 舜旣嗣位, 升爲天子, 娥皇爲后, 女英爲妃; 封象於有庳, 事瞽叟猶若初焉, 天下稱 二妃聰明貞仁. 舜陟方死於蒼梧, 號曰重華. 二妃死於江湘之間, 俗謂之湘君. 君子曰:「二 妃德純而行篤.」詩云:「不顯惟德, 百辟其刑之.」此之謂也. 頌曰:「元始二妃, 帝堯之女, 嬪 列有虞, 承舜於下. 以尊事卑, 終能勞苦. 瞽叟和寧, 卒享福祜.」

5. ≪十八史略≫⑴

帝舜有虞氏: 姚姓, 或曰名重華, 瞽瞍之子, 顓頊六世孫也. 父惑於後妻, 愛少子象, 常欲 殺舜. 舜盡孝悌之道, 烝烝乂不格姦. 畊歷山, 民皆讓畔; 漁雷澤, 人皆讓居; 陶河濱, 器不苦 窳. 所居成聚, 二年成邑, 三年成都. 堯聞之聰明, 舉於畎畝, 妻以二女, 曰娥黃·女英, 釐降 于嬀汭. 遂相堯攝政. 放驩兜, 流共工, 殛鯀, 竄三苗. 舉才子八元八愷. 命九官, 杏十二牧. 四海之內, 咸戴舜功. 彈五絃之琴, 歌南風之詩, 而天下治, 詩曰:『南風之薰兮, 可以解吾民 之慍兮! 南風之時兮, 可以阜吾民之財兮!』時景星出, 卿雲興. 百工相和而歌曰:『卿雲爛兮, 禮縵縵兮. 日月光華, 旦復旦兮.』舜子商均不肖, 乃薦禹於天. 舜南巡狩, 崩於蒼梧之野. 禹 卽位.

6. ≪二十四孝≫ 孝感動天

虞舜, 瞽瞍之子, 性至孝. 父頑母嚚, 弟象傲. 舜耕於歷山, 有象爲之耕, 有鳥爲之耘, 其孝 感如此. 帝堯聞之, 事以九男, 妻以二女. 遂以天下讓焉. 系詩頌之, 詩曰:『隊隊耕春象, 紛 紛耘草禽. 嗣堯登寶位, 孝感動天心.』

004(上-4)

게기구언(揭器求言)
하(夏) 우왕(禹王)

여러 악기를 걸어 놓고 훌륭한 말을 구한 우임금

고대 하(夏)나라 때 역사 기록이다.

대우(大禹)는 종(鐘), 고(鼓), 경(磬), 탁(鐸), 도(鞀) 등의 악기를 매달아 놓고, 사방의 선비들을 기다리며 이렇게 말하였다.

"나를 도(道)로써 가르쳐 줄 자는 북을 치고, 의(義)로써 깨우쳐 줄 자는 종을 칠 것이며, 사업을 일러 줄 자는 탁을 흔들고, 근심을 털어놓을 자는 경을 칠 것이며, 송사에 불만이 있는 자라면 도를 흔드시오."

夏史紀: 大禹懸鐘・鼓・磬・鐸・鞀, 以待四方之士, 曰:「敎寡人以道者, 擊鼓; 諭以義者, 擊鐘; 告以事者, 振鐸; 語以憂者, 擊磬, 有獄訟者, 搖鞀.」

─────────
【揭器求言】악기를 걸어 놓고 좋은 의견이 나오도록 유도함.
【禹】姒姓이며 夏后氏의 수령. 舜에게 천하를 이어받아 제위에 올라 나라 이름을 夏라 하고 중국 역사상 최초의 世襲王朝를 세움. '大禹'라 부름. ≪史記≫ 夏本紀 참조. ≪十八史略≫(1)에 "夏后氏禹: 姒姓, 或曰名文命, 鯀之子, 顓頊孫也. 鯀湮洪水, 舜擧禹代鯀, 勞身焦思, 居外十三年, 過家門不入. 陸行乘車, 水行乘船, 泥行乘樏, 山行乘樺, 開九州, 通九道, 陂九澤, 度九山"라 함.
【鐘, 鼓, 磬, 鐸, 鞀】고대의 악기 이름. '鐸'은 구리로 만든 것으로 안에 방울을 달았으며 '鞀'는 주위에 방울을 달아 흔들어 소리를 내는 작은북을 말함.
【士】일반 사람들. 나라에 도움이 될 인재들.
【寡人】임금이 자신을 낮추어 부르는 칭호. '寡德之人'의 준말.

直解(白話文)

고대 하나라 때의 역사 기록이다.
대우가 이윽고 제위에 오르자 자기 스스로 도에 대하여 밝지 못함이 있을 것이며, 의에 대하여 미숙함이 있을 것이며, 혹 사무에 대하여 정당한 판단을 하지 못하는 경우가 있을 것이며, 혹 백성이 근심이 있는데 이를 알아주지 못함이 있을 것이며, 혹 소송에 제대로 판단하지 못함이 있을 것임에도 사방 원근의 백성들이 그 사정을 제대로 말할 수 없을 것이라

걱정하였다. 이에 종, 북, 경, 탁, 도 등 다섯 가지 악기를 문밖에 걸어 두었다. 그리고 신하와 백성들에게 이렇게 널리 알렸다.

"나에게 도로써 고해 줄 것이 있는 자라면 북을 치시오. 나에게 의로써 깨우쳐 줄 일이 있는 자라면 종을 치시오. 그리고 사무의 잘잘못을 일러 줄 자라면 탁을 흔드시오. 근심을 털어놓을 것이 있는 자라면 경을 두드리시오. 그리고 소송의 문제에 고민하는 자라면 작은북을 흔드시오."

이리하여 우임금이 안에서 어떤 악기의 소리인지를 듣게 되면, 어떤 사정을 가지고 찾아온 자인지 알 수 있었으며, 곧바로 그를 불러들여 마음 놓고 하고 싶은 말을 다 할 수 있도록 하였던 것이다.

무릇 우임금은 큰 성인이요 그 총명함은 보통 사람은 따를 수 없었다. 그럼에도 능히 이와 같이 직접 만나고 묻고 하였다면 천하의 사무에 대

하여 그 어느 한 건이라도 알지 못할 것이 있겠으며, 사방 백성의 사정이 털끝만큼이라도 옹폐(壅蔽)됨이 있겠는가?

이것이 우임금의 지혜이니 그 때문에 위대한 것이요, 하나라의 왕업이 이로써 흥하게 된 것이다.

우임금(夏禹王)

夏史上記: 大禹旣居帝位, 恐自家於道有未明, 義有未熟, 或事務有不停當處, 或有可憂而不知, 或獄訟之未斷, 四方遠近的人, 無由得盡其言. 於是將鐘·鼓·磬·鐸·鞀五樣樂器掛在外面.

告諭臣民, 說道:「有來告寡人以道者, 則擊鼓; 諭以義者, 則撞鐘; 告以事者, 則振鐸; 語以憂者, 則敲磬; 有獄訟者, 則搖鞀.」

禹在裏面, 聽見有那一件聲響, 便知是哪一項人到, 就令他進見盡言.

夫禹是大聖, 聰明固以過人, 而又能如此訪問, 則天下事務, 豈有一件不知; 四方民情豈有一毫壅蔽?

此禹之智, 所以爲大; 而有夏之業, 所由以興也.

【停當】옳고 바른 판단. 정당한 일 처리. 連綿語임.

【聰明】원래는 귀로 듣고 잘 알아차리는 똑똑함을 '聰'이라 하고, 눈으로 보아 민첩하게 깨닫는 것을 '明'이라 하였으나 이를 묶어 사리에 밝고 靈敏함을 뜻하는 말로 쓰임. ≪尙書≫ 堯典에 "昔在帝堯, 聰明文思, 光宅天下"라 하였고, 孔穎達의 疏에 "言聰明者, 據人近驗, 則聽遠爲聰, 見微爲明. ……以耳目之聞見, 喩聖人之智慧, 兼知天下之事"라 함.

【訪問】직접 만나서 묻고 그 사정을 들어줌.

【壅蔽】 막히고 덮여 전혀 알 수 없는 상황이나 상태.

참고 및 관련 자료

1. ≪鬻子≫ 上 禹政

　禹之治天下也, 以五聲聽, 門懸鐘鼓鐸磬而置鞀, 以得四海之士. 爲銘于簨簴, 曰:「敎寡人以道者擊鼓, 敎寡人以義者擊鐘, 敎寡人以事者振鐸, 語寡人以憂者擊磬.」 此之謂五聲. 是以禹嘗據一饋而七十起, 日中而不暇飽食, 曰:「吾猶恐四海之士留於道路.」 是以四海之士皆至, 是以禹當朝廷間也, 可以羅爵.

005(上-5)

하거읍죄(下車泣罪)
하(夏) 우왕(禹王)

수레에서 내려 죄인을 보고 울음을 터뜨린 우임금

고대 하(夏)나라 때 역사 기록이다.

대우(大禹)가 순수(巡狩)를 나섰다가 죄인을 보게 되자 수레에서 내려 눈물을 흘렸다. 좌우 신하들이 말하였다.

"죄인이란 법을 제대로 지키지 않아 그렇게 된 것입니다. 왕께서 어찌 그리 애통해하십니까?"

우는 이렇게 말하였다.

"요순(堯舜) 때의 백성들은 모두가 요순의 마음을 자신의 마음으로 삼았다. 그런데 내가 임금이 되자 백성들이 각기 자신의 마음을 마음으로 삼고 있다. 이것을 두고 애통해하는 것이다."

夏史紀: 大禹巡狩, 見罪人, 下車而泣之.
左右曰:「罪人不順道, 君王何爲痛之?」
王曰:「堯舜之人, 皆以堯舜之心爲心; 我爲君, 百姓各以其心爲心, 是以痛之.」

【下車泣罪】죄인을 보고 수레에서 내려 울음을 터뜨림.
【巡狩】제왕이 각지를 순찰하며 민정이나 행정을 살피는 것.
【不順道】'道'는 法令이나 政令 따위를 말함. 지켜야 할 規律.
【堯舜之心】堯舜의 德化에 의해 행동하며 자신의 마음을 기준으로 하지는 않음.

直解(白話文)

고대 하나라 때의 역사 기록이다.

대우가 제후국들을 순행하다가 길에서 범죄를 저지른 자들을 만나게 되었다. 그러자 차마 그대로 지나칠 수가 없어 곧 수레에서 내려 그들이 죄를 범하게 된 이유를 묻고는 이로 인해 애통해하며 눈물을 떨구었다.

좌우 사람들이 물었다.

"이자가 범죄자가 된 것은 법령을 따르지 않았기 때문입니다. 마땅히 형벌을 가해야 합니다. 그런데 임금께서 어찌 그들을 두고 애통해하고 안

타까워하십니까?"

우임금은 이렇게 말하였다.

"내 생각하기에 요순께서 임금이 되셨을 때는 능히 덕으로써 교화를 펴, 천하 사람들이 모두 요순의 마음을 체험하여 이를 자신의 마음으로 삼았으므로 예를 지켜 자기 분수에 만족하여 저절로 법을 범하지 않을 수 있었다. 그런데 지금 내가 임금이 되고 나서 능히 덕으로써 교화를 펴지 못하니 이들 백성이 사람마다 각기 자신의 마음을 기준으로 하여 법이나 정령을 따르지 않다가 그 때문에 죄를 범하게 된 것이다. 이렇게 죄를 범한 것은 비록 백성이지만 실제로는 내가 부덕하기 때문에 이렇게 된 것이며 이는 내가 그렇게 하도록 유도한 셈인 것이다. 그러므로 내가 이렇게 애통해하는 것은 저 범죄를 저지른 사람을 안타까워하는 것이 아니라 나의 덕이 요순에 미치지 못함을 두고 애통해하는 것이다."

대우가 죄인을 두고 악하다 여긴 것이 아니라 부덕한 자신을 두고 스스로 애통해함이 이와 같았다면 그 덕을 더 수양하여 증익시킬 수 있어 마침내 형벌을 받을 자가 없도록 할 수 있을 것이며 나아가 이루지 못할 것이 없게 될 것이다.

夏史上記: 大禹巡行諸侯之國, 路上遇見一起犯罪的人, 心中不忍, 便下車來, 問其犯罪之由, 因而傷痛垂泣.

左右的人問說: 「這犯罪之人, 所爲不順道理, 正當加以刑罰. 君王何故痛惜他?」

禹說: 「我想堯舜爲君之時, 能以德化人, 天下的人都體着堯舜的心爲心, 守禮安分, 自不犯刑法. 今我爲君, 不能以德化人, 這百姓, 每各以其心爲心, 不順道理, 所以犯罪. 是犯罪者, 雖是百姓, 其實由我之不德, 有以致之. 故我所以傷痛者, 不是痛那犯罪之人, 盖痛我德衰於堯舜也.」

大禹不以罪人可惡, 而以不德自傷如此, 則所以增修其德, 而期於無刑者, 無所不至矣.

【諸侯】 당시 지방 정권을 말하며 우임금 때는 아직 제후를 봉하는 제도가 제대로 실행되지 않았으므로 여기서는 서로 연맹을 맺은 각 부락 단위를 말함.

【一起】 '함께'의 뜻. '一齊'와 같음. 백화어. 여기서는 죄인의 무리를 만난 것임을 암시한 것.

【期】 바람. 희망함. 기대함.

참고 및 관련 자료

1. ≪說苑≫ 君道篇
　禹出見罪人, 下車問而泣之, 左右曰:「夫罪人不順道, 故使然焉, 君王何爲痛之至於此也?」禹曰:「堯舜之人, 皆以堯舜之心爲心, 今寡人爲君也, 百姓各自以其心爲心, 是以痛之.」書曰:『百姓有罪, 在予一人.』

2. ≪十八史略≫(1)
　出見罪人, 下車問而泣曰:「堯舜之人, 以堯舜之心爲心; 寡人爲君, 百姓各自以其心爲心, 寡人痛之.」

006(上-6)

계주방미(戒酒防微)
하(夏) 우왕(禹王)

술을 경계하고 미세한 조짐을 미리 방비한 우임금

고대 하(夏)나라 때 역사 기록이다.

우임금 때 의적(儀狄)이라는 자가 술을 빚었는데 우임금이 이를 마셔 보고 아주 달게 여겼다.

드디어 의적을 멀리하고 좋은 술을 끊은 다음 이렇게 말하였다.

"후세에 틀림없이 이 술로 인하여 나라를 망칠 자가 있을 것이다!"

夏史紀: 禹時儀狄作酒, 禹飮而甘之.
遂疏儀狄, 絶旨酒, 曰:「後世必有以酒亡國者!」

【戒酒防微】술을 경계하여 미세한 조짐을 미리 방비함.
【儀狄】우임금 때 술을 최초로 만든 사람. 그러나 曹操의 <短歌行>에는 "何以解憂? 惟有杜康"이라 하여 杜康이 술을 처음 만든 것으로 여겼음.
【疏】소원히 함. 멀리함. '疏, 疎'와 같음.
【旨酒】훌륭한 술. 좋은 술.

直解(白話文)

하나라 때의 역사 기록이다.
대우 때에 의적이라는 사람이 술을 잘 빚었다. 그는 이 술을 진상하였고 우임금은 그 술을 마시고는 심히 훌륭한 맛이라 여겼다. 그리고 이렇게 말하였다.
"후세 사람으로서 틀림없이 이러한 술에 방종하다가 나라를 망치는 지경에 이를 자가 있게 될 것이다."
이에 의적을 멀리하고 다시는 술을 바치는 일로 자신을 찾아오지 못하도록 하였다. 그리고 좋은 술을 막고 없애 버린 채 술을 자신에게 올리지 않도록 끊어 버렸다.
무릇 술이란 제사와 연향(燕饗)에 바쳐 올리는 것으로, 예에는 없어서는 안 될 물건이다. 다만 마구 마셔 도를 넘어선다면 안으로는 몸에 질병이

생길 것이요, 밖으로는 정사 업무가 황폐해져서 혼란과 멸망의 화가 될 것이니 형세로 보아 틀림없이 그러한 지경에 이르고 말 것이다.

그러므로 성인께서 그 시작을 삼가고 희미한 것이지만 잘못된 길로 갈 일을 염려하여 미리 경계로 삼은 것이니 어찌 하나라 말세에 후손 걸(桀)이 나타나 술로 못을 파고 소처럼 엎드려 마시는 것을 즐거움으로 삼다가 마침내 멸망에 이를 것을 알고서 그렇게 말한 것이겠는가!

오호라! 조종(祖宗)의 가르침을 어찌 지키지 않을 수 있으리오!

夏史上記: 大禹之時, 有一人叫做儀狄, 善造酒.
他將酒進上大禹, 禹飮其酒, 甚是甘美.
遂說道:「後世之人, 必有放縱於酒, 以致亡國者.」
於是疏遠儀狄, 再不許他進見; 屛去旨酒, 絶不以之進御.

夫酒以供祭祀・燕饗, 禮所不廢. 但縱飮過度, 則內生疾病, 外廢政務, 亂亡之 禍, 勢所必至.

故聖人謹始慮微, 預以爲戒, 豈知末世孫桀, 乃至以酒池牛飮爲樂, 卒底滅亡!

嗚呼! 祖宗之訓, 可不守哉!

【燕饗】 잔치, 연회. '燕'은 '宴'과 같음.
【謹始慮微】 시작을 신중히 하고, 미세한 부분을 염려함.
【桀】 夏나라의 마지막 임금. 이름은 履癸. 妹喜에게 빠져 酒池肉林으로 虐行을 저질렀음. 殷나라 湯王에게 나라를 잃음. 暴惡無道하였으며 흔히 商(殷)의 末王 紂와 더불어 폭군으로 널리 지칭됨.
【牛飮】 소처럼 머리를 숙여 술을 마심. 손을 사용하지 아니하고 술을 마시는 모습으로 歡樂과 怪行을 일삼은 것.
【卒底】 마침내, 종당에는.
【祖宗之訓】 여기서는 하나라의 첫 임금 禹가 술조차 멀리하는 등 그토록 신중하였으나 말왕 桀이 이를 지키지 않아 나라를 망친 것임을 뜻함.

참고 및 관련 자료

1. ≪戰國策≫ 魏策(2)

梁王魏嬰觴諸侯於范臺. 酒酣, 請魯君擧觴. 魯君興, 避席擇言曰:「昔者, 帝女令儀狄作酒而美, 進之禹, 禹飮而甘之, 遂疏儀狄, 絶旨酒, 曰:『後世必有以酒亡其國者.』齊桓公夜半不嗛, 易牙乃煎敖(熬)燔炙, 和調五味而進之, 桓公食之而飽, 至旦不覺, 曰:『後世必有以味亡其國者.』晉文公得南之威, 三日不聽朝, 遂推南之威而遠之, 曰:『後世必有以色亡其國者.』楚王登强臺而望崩山, 左江而右湖, 以臨彷徨, 其樂忘死, 遂盟强臺而弗登, 曰:『後世必有以高臺陂池亡其國者.』今主君之尊, 儀狄之酒也; 主君之味, 易牙之調也; 左白台而右閭須, 南威之美也; 前夾林而後蘭臺, 强臺之樂也. 有一於此, 足以亡其國. 今主君兼此四者, 可無戒與!」梁王稱善相屬.

2. ≪十八史略≫(1)
　　古有醴酪, 至禹時, 儀狄作酒, 禹飮而甘之, 曰:「後世必有以酒亡國者.」遂疏儀狄.
3. 劉恕 ≪資治通鑑外紀≫(2)에도 전재되어 있음.

007(上-7)

해망시인(解網施仁)
상(商) 탕왕(湯王)

새 그물을 풀어 어짊을 베푼 탕임금

상(商)나라 때 역사 기록이다.

탕(湯)임금이 외출하여 들에 새그물을 친 자를 보게 되었다. 그는 사면 모두 그물을 쳐 놓은 다음 이렇게 축원하는 것이었다.

"하늘 아래 사방 모든 새들은 모두가 내 그물로 들어오느라!"

탕은 이렇게 말하였다.

"아하! 모든 새가 다 사라지겠구나!"

그리고 그 삼면을 풀어 주면서 축원의 말을 바꾸어 이렇게 말하였다.

"왼쪽으로 갈 자는 왼쪽으로, 오른쪽으로 갈 자는 오른쪽으로, 높이 날 자는 높이 날고, 낮게 날 자는 낮게 날아 내리려무나. 내 명령을 듣지 않는 놈만 내 그물로 들어오너라!"

탕임금(商王成湯)

한수(漢水) 남쪽의 제후국들이 이를 듣고 이렇게 말하였다.

"탕의 덕은 지극하도다. 금수에게까지 미치는구나!"

그리하여 일시에 상나라에 귀의해 온 자들이 36개 나라나 되었다.

商史紀: 湯出, 見網於野者, 張其四面而祝之曰:「自天下四方, 皆入吾網!」

湯曰:「嘻! 盡之矣!」

解其三面, 而更其祝曰:「欲左, 左; 欲右, 右; 欲高, 高; 欲下, 下. 不用命者, 乃入吾網!」

漢南諸侯聞之, 曰:「湯德至矣, 及禽獸!」

一時歸商者, 三十六國.

【解網施仁】 새그물을 풀어 주어 어짊을 베풂.

【湯】 夏나라 桀王을 멸하고 殷(商)을 세운 개국 군주. '成湯, 商湯'으로도 부르며 儒家에서 聖人으로 존중함. 子姓, 이름은 履. ≪十八史略≫(1)에 "殷王成湯: 子姓, 名履. 其先曰契, 帝嚳子也. 母簡狄, 有娀氏女, 見玄鳥墮卵呑之, 生契. 爲唐虞司徒, 封於商, 賜姓"라 함. ≪史記≫ 殷本紀 참조.

【祝】 기도함. 기원함.
【用命】 명령을 따름. 말을 들음.
【漢南】 漢水의 남쪽. 아직 湯에게 귀속되지 않고 있던 部族(部落)들.

直解(白話文)

상나라 때의 역사 기록이다.

성탕(成湯)은 임금이 되어 관대하고 어질었다. 한번은 교외에 나갔다가 어떤 사람이 사면에 참새를 잡는 그물을 펼치고 입으로 이렇게 기도하는 것을 보게 되었다.

"하늘로부터 아래로 떨어지는 것, 동서남북 사방으로부터 날아오는 것은 모두 내 그물로 떨어지려무나!"

탕은 이를 듣고 차마 그럴 수 없다고 여겨 탄식하며 이렇게 말하였다.

"이렇게 했다가는 저 참새들이 하나도 도망쳐 나가지 못하겠구나. 어찌 사물의 목숨을 해쳐 불인한 짓을 저지르기가 이 같을 수가 있는가!"

이에 따르는 신하를 시켜 그물의 삼면을 풀어 버리고 단지 한쪽만 남겨 두도록 하였다. 그리고 다시 그를 대신해 이렇게 빌었다.

"새들아, 왼쪽으로 갈 놈은 왼쪽으로 가거라. 오른쪽으로 가려던 놈은 오른쪽으로 가거라. 그리고 높이 날고자 하던 놈은 그대로 높이 날고 낮게 날고자 하던 놈은 낮게 날아 너희들이 날고 싶은 바대로 하여라. 다만 생명을 버리고 죽기를 바라는 놈만 내 그물에 떨어져라."

무릇 탕임금의 미물에 대해 차마 해치지 못함이 이와 같았으니 백성을 차마 해치지 못함은 가히 알 수 있을 것이다. 그 때문에 당시 강한(江漢) 남쪽의 여러 제후국들이 탕의 이러한 한 가지 일을 듣고 모두 이렇게 칭송하였다.

"탕의 인덕은 지극하다 할 것이다. 비록 금수 같은 미물일지라도 역시 그가 덕을 미치게 하거늘 하물며 사람에게 있어서랴?"

이에 서른여섯 나라가 일시에 상나라에 귀의하였던 것이다. 대체로 그가 미물을 사랑하는 것으로써 그가 능히 백성에게 인을 베풀 것임을 안 것이니 그 때문에 그에게 귀의한 이들이 많았던 것이다.

商史上記: 成湯爲君寬仁, 嘗出至野, 見有人四面張着羅網打鳥雀, 口裡禱祝說:「從天上墜下的, 從東西南北四方飛來的, 都要落在我網裡!」

湯聞之不忍, 嘆息說:「這等, 是那鳥雀一箇也逃不出去了. 何傷害物命不仁如此!」

於是使從人將那網解去三面, 止存一面.

又從新替他禱祝, 說道:「鳥之欲左者左, 欲右者右, 欲高者高, 欲下者下, 任從

你飛翔; 只是捨命要死的, 乃落吾網中.」

夫湯之不忍於害物如此, 其不忍於害民可知. 所以當時漢江之南, 列國諸侯, 聞湯這一事, 都稱說:「湯之仁德, 可謂至矣. 雖禽獸之微, 亦且及之, 而況於人乎?」

於是三十六國, 一時歸商. 盖卽其愛物, 而知其能仁民, 故歸之者衆也.

〈野菊飛鳥七寶琺瑯瓶〉(淸) 부분

【打鳥】 '捕鳥'와 같음. 새를 포획함. '打'는 모든 행동에 대신하여 사용하는 代動詞.
【止存一面】 '止'는 '只'와 같음.
【從新】 白話語 '重新'과 같음. 다시 함.
【替他】 '그를 대신하다'의 백화어.

참고 및 관련 자료

1. ≪史記≫ 殷本紀

湯出, 見野張網四面, 祝曰:「自天下四方皆入吾網.」湯曰:「嘻, 盡之矣!」乃去其三面, 祝曰:「欲左, 左. 欲右, 右. 不用命, 乃入吾網.」諸侯聞之, 曰:「湯德至矣, 及禽獸.」當是時, 夏桀爲虐政淫荒, 而諸侯昆吾氏爲亂. 湯乃興師率諸侯, 伊尹從湯, 湯自把鉞以伐昆吾, 遂伐桀.

2. ≪新序≫ 雜事(5)

湯見祝網者置四面, 其祝曰:「從天墜者, 從地出者, 從四方來者, 皆離吾網.」湯曰:「嘻! 盡之矣, 非桀其孰爲此?」湯乃解其三面, 置其一面, 更敎之祝曰:「昔蛛蝥作網, 今之人循序, 欲左者左, 欲右者右; 欲高者高, 欲下者下, 吾取其犯命者.」漢南之國聞之曰:『湯之德及禽獸矣.』四十國歸之. 人置四面, 未必得鳥, 湯去三面, 置其一面, 以網四十國, 非徒網鳥也.

3. ≪新書≫(賈誼) 卷七 諭誠

湯見設網者, 四面張, 祝曰:「自天下者, 自地出者, 自四方至者, 皆羅我網!」湯曰:「嘻! 盡之矣. 非桀, 其孰能如此?」令去三面, 舍一面而敎. 祝之曰:「蛛蝥作網, 今之人脩緒, 欲左者左, 欲右者右, 欲高者高, 欲下者下. 吾請受其犯命者.」士民聞之曰:「湯之德, 及於禽獸矣, 而況我乎!」於是下親其上.

4. ≪呂氏春秋≫ 異用篇

湯見祝網者, 置四面, 其祝曰:「從天墜者, 從地出者, 從四方來者, 皆離吾網!」湯曰:「嘻! 盡之矣. 非桀, 其孰爲此也?」湯收其三面, 置其一面, 更敎祝曰:「昔蛛蝥作網罟, 今人之學紓, 欲左者左, 欲右者右, 欲高者高, 欲下者下. 吾取其犯命者.」漢南之國聞之曰:「湯之德, 及禽獸矣.」四十國歸之.

5. ≪十八史略≫(1)

湯出, 見有張網四面而祝之曰:「從天降, 從地出, 從四方來者, 皆罹吾網.」湯曰:「嘻! 盡之矣.」乃解其三面, 改祝曰:「欲左左, 欲右右. 不用命者, 入吾網.」諸侯聞之曰:「湯德至矣, 及禽獸.」

6. ≪說苑≫ 尊賢篇

湯去張網者之三面, 而夏民從, 越王不隳舊塚, 而吳人服, 以其所爲之順於民心也.

7. ≪新書≫(賈誼) 胎敎篇

文王請除炮烙之刑而殷民從. 湯去張網者之三面而二垂至. 越王不頹舊冢而吳人服. 以其所爲而順於人也.

8. ≪大戴禮記≫ 保傅篇

文王請除炮烙之刑而殷民從. 湯去張網者之三面而二垂至. 越王不頹舊冢而吳人服. 以其所爲愼於人也.

008(上-8)

상림도우(桑林禱雨)
상(商) 탕왕(湯王)

상림에서 비를 내려 주기를 기도한 탕임금

상(商)나라 때 역사 기록이다.

성탕(成湯) 때 몇 해를 두고 오랫동안 큰 가뭄이 들었다. 태사(太史)가 점을 치고 나서 이렇게 풀이하였다.

"마땅히 사람을 제물로 써서 기도해야 합니다."

탕은 이렇게 말하였다.

"내가 비를 내려 달라고 비는 것은 사람을 위해서이다. 만약 반드시 사람을 희생으로 해야 한다면 내가 그 희생이 되겠노라."

드디어 재계하고 머리를 깎고 손톱을 깎고 흰 수레에 백마를 준비하고, 흰 띠풀을 몸에 묶고 스스로 희생이 되어 상림(桑林)의 들판으로 나갔다.

그리고 여섯 가지 일로써 스스로의 책임을 물어 하늘에 고하였다.

"정치에 절도가 없습니까? 백성들이 생업을 잃었습니까? 궁실이 너무 높습니까? 여인들의 알현이 너무 성합니까? 뇌물 보따리가 횡행하고 있습니까? 참부(讒夫)들이 창궐하고 있습니까?"

그러자 말이 미처 끝나기도 전에 큰비가 사방 수천 리에 내렸다.

商史紀: 成湯時, 歲久大旱. 太史占之曰: 「當以人禱.」

湯曰: 「吾所爲請雨者, 人也. 若必以人, 吾請自當.」

遂齋戒・剪髮・斷爪, 素車白馬, 身嬰白茅, 以爲犧牲, 禱于桑林之野.

以六事自責曰: 「政不節與? 民失職與? 宮室崇與? 女謁盛與? 包苴行與? 讒夫昌與?」

言未已, 大雨方數千里.

【桑林禱雨】 상림의 들에서 비를 내려 달라고 기도함.
【成湯】 湯임금. '成'은 '郕'으로도 쓰며 원래 지명. 탕이 처음 발원하여 봉을 받은 곳.
【太史】 고대에 나라의 큰일을 두고 점을 쳐서 길흉을 예견하던 직책. 흔히 史官이나 曆官이 이 일을 맡았음.
【齋戒】 '齋'는 '齋室'에서 근신하며 기도하는 것. '戒'는 일상생활에서 경계해야 할 일들을 근신함. 경건한 마음으로 신에게 기도함을 말함.
【剪髮・斷爪】 머리를 깎고 손톱을 깎아 몸을 단정하고 정결하게 함.

【素車白馬】 죄인임을 표시하는 흰색 수레와 흰색의 말. 탕이 자신의 정치가 잘못되어 가뭄이 들었다고 스스로를 죄인으로 낮춘 것.
【嬰】 '목이나 몸에 걸치다, 몸에 묶다' 등의 뜻.
【白茅】 흰색의 茅草. 茅草는 띠풀. 스스로 소박함과 죄인임을 드러낸 것. ≪十八史略≫ 등에는 '白茆'로 되어 있음.
【犧牲】 조상신이나 천신, 지신 등에게 바치는 제물.
【桑林】 殷나라 도읍 교외의 어느 곳. 지명.
【女謁】 궁중 비빈들이 총애를 믿고 행정을 마음대로 펴는 것. 여인들의 알현을 받고 행정을 결정하여 일반 백성들에게 해를 입히는 행위를 말함.
【包苴】 원래는 보따리. 여기서는 이익을 얻기 위해 아랫사람이 바치는 뇌물 보따리를 말함.
【讒夫】 서로 헐뜯고 비방하여 화목을 이루지 못하는 신하.
【方】 사방.

直解(白話文)

상나라 때의 역사 기록이다.

성탕 때에 몇 해를 두고 오랫동안 비가 내리지 않았다. 이렇게 천하에 큰 가뭄이 들자 영대(靈臺)의 관리 태사가 점을 쳐 본 다음 이렇게 말하였다.

"이 가뭄의 재앙에는 반드시 사람을 죽여 기도를 해야 비를 내리게 할 수 있습니다!"

그러자 성탕은 이렇게 말하였다.

"내가 비를 내려 달라고 비는 것은 바로 살아 있는 사람을 구제하기 위한 것이다. 그런데 어찌 차마 사람을 죽이면서 기도를 한다는 것이냐? 만약 반드시 사람으로써 기도를 해야 한다면 차라리 내가 스스로 그 희생의 당사자가 되리라."

그리하여 드디어 몸과 마음을 재계하고, 손톱과 머리를 자르고, 흰 수레에 백마를 타고 임금을 위한 여러 물건과 사람을 줄이고 몸에 백모초(白茅草)를 걸쳐 제사를 위한 희생의 모습을 그대로 갖추었다. 이에 상림의 들로 나가 기도하였다.

자신의 책무를 여섯 가지로 들어 이렇게 말하였다.

"변고는 이유 없이 발생하는 것이 아니라 반드시 무언가 감응하여 불러오게 마련입니다. 지금 하늘께서 재이(災異)를 내려 나를 경계시켜 주십니다. 혹 제가 정령(政令)을 내는 것이 절도에 맞지 않는 것이 있습니까? 혹 백성을 부림에 절도가 없어 그들이 생업을 잃고 있습니까? 혹 제가 살고 있는 궁실이 지나치게 높습니까? 혹 궁궐 안의 부녀들이 지나치게 번성합니까? 혹 뇌물 보따리가 영리를 위해 횡행하고 있습니까? 혹 말을 만들고 일을 만드는 참인(讒人)들이 불꽃처럼 창궐하여 정치에 해를 입히고 있습니까? 만약 이 중 단 한 가지라도 있다면 차라리 재앙을 내 한 몸에 내려 주시고 백성들로 하여금 그 재앙을 입도록 하지는 말아 주십시오."

탕이 당시 이 말을 하면서 일념으로 정성을 다하여 하늘을 감동시켰다. 그리하여 말이 미처 끝나기도 전에 큰비가 사방 수천 리의 넓은 지역에 내렸다.

대체로 "보통 사람으로도 선한 생각을 가지면 하늘이 반드시 그의 뜻을 따라 준다" 하였는데 하물며 임금은 하늘의 아들이다. 그 말 한마디, 행동 하나하나마다 하느님께서는 강림하여 살피는 것이니 재앙을 상서로움으로 바꾸어 주는 것은 이치로 보아 필연적으로 그렇게 되는 것이리라.

商史上記: 成湯之時, 歲久不雨, 天下大旱. 靈臺官太史占候說:「這旱災, 須是殺箇人祈禱, 乃得雨!」

成湯說:「我所以求雨者, 正是要救濟生人, 又豈忍殺人以爲禱乎? 若必用人禱, 寧可我自當之.」

遂齋戒身心, 剪斷爪髮, 素車白馬, 減損服御, 身上披着白茅草, 就如祭祀的犧牲模樣, 乃出禱於桑林之野.

以六件事自責, 說道:「變不虛生, 必有感召. 今天降災異以儆戒我: 或者是我政令之出, 不能中節歟? 或使民無道, 失其職業歟? 或所居的宮室, 過於崇高歟? 或宮闈的婦女, 過於繁盛歟? 或苴之賄賂, 得行其營求歟? 或造言生事的讒人, 昌熾而害政歟? 有一於此, 則寧可降災於我之一身, 不可使百姓每受厄.」

湯當時爲此言, 一念至誠, 感動上天, 說猶末了, 大雨卽降, 方數千里之廣.

盖「人有善念, 天必從之.」況人君爲天之子, 一言一動, 上帝降臨, 轉災爲祥, 乃理之必然也.

【靈臺官】靈臺는 고대에 천문 기상을 관찰하던 樓臺. 별자리의 변화로 길흉을 점쳤으며 이는 국가 대사의 중요한 임무였음. 官은 이를 맡은 관직, 즉 太史.
【占候】점을 쳐서 살피고 그 변화를 기다림.
【減損服御】'服御'는 천자가 신하와 아랫사람들의 각종 복무. 이들을 줄이고 덜어 검소하게 함을 뜻함.
【變不虛生】변고나 재앙은 이유 없이 생기는 것이 아님. 고대 '天人感應說'을 말함.
【宮闈】궁궐. 궁궐을 사사롭게 여겨 많은 비빈들을 거느림을 말함.
【未了】아직 끝나지 않음.
【人有善念, 天必從之】중국 속담. ≪昔時賢文≫에 "人有善念, 天必佑之"라고도 하였으며, ≪韓詩外傳≫(7)에 "爲善者天報之以福, 爲不善者天報之以賊"이라 한 말과 같음.

참고 및 관련 자료

1. ≪荀子≫ 大略篇
　湯旱而禱曰:「政不節與? 使民疾與? 何以不雨至斯極也! 宮室榮與? 婦謁盛與? 何以不雨至斯也! 苞苴行與? 讒夫興與? 何以不雨至斯極也!」

2. ≪淮南子≫ 主術訓
　湯之時, 七年旱, 以身禱於桑林之際, 而四海之雲湊, 千里之雨至.

3. ≪說苑≫ 君道篇
　湯之時大旱七年, 雒坼川竭, 煎沙爛石, 於是使人持三足鼎, 祝山川, 敎之. 祝曰:「政不節耶? 使人疾耶? 苞苴行耶? 讒夫昌耶? 宮室營耶? 女謁盛耶? 何不雨之極也?」蓋言未已而天大雨, 故天之應人, 如影之隨形, 響之效聲者也. 詩云:『上下奠瘞, 靡神不宗.』言疾旱也.

4. ≪十八史略≫(1)
　伊尹相湯伐桀, 放之南巢, 諸侯尊湯爲天子. 大旱七年, 太史占之, 曰:「當以人禱」湯曰:「吾所爲請者, 民也. 若必以人禱, 吾請自當」遂齋戒剪爪斷髮, 素車白馬, 身嬰白茅, 以身爲犧牲, 禱于桑林之野, 以六事自責曰:「政不節歟? 民失職歟? 宮室崇歟? 女謁盛歟? 苞苴行歟? 讒夫昌歟?」言未已, 大雨數千里.

덕멸상상(德滅祥桑)
상(商) 중종(中宗)

덕을 없애고 상수를 상서롭게 변화시킨 상나라 중종 태무

상(商)나라 때 역사 기록이다.

태무(太戊) 때에 요상한 징조가 나타났다. 뽕나무와 곡수(穀樹)가 조정에 함께 합하여 자라나 하루저녁 사이에 한 아름이나 되도록 커지는 것이었다. 태무는 두려웠다.

이에 이척(伊陟)이 말하였다.

"아무리 요괴라 할지라도 덕을 이기지는 못합니다. 임금께서 펴시는 행정에 혹 빠뜨린 것이 있어서 그런 것일까요?"

태무는 이에 선왕의 행정을 잘 이어받아 닦고 노인을 봉양해야 할 예를 명확히 하였으며 아침 일찍 조정에 나와 저물어야 퇴근하였으며 병든 자를 위문하고 상을 당한 집안을 조문하였다.

이렇게 사흘이 지나자 요상스럽던 뽕나무는 말라 죽고 말았으며, 3년이 지나자 먼 곳에서 거듭된 통역을 거쳐 찾아오는 자들이 일흔여섯 나라나 되었으며 상나라의 도는 다시 부흥하였다.

商史紀: 太戊時, 有祥, 桑與穀合生於朝, 一暮大拱, 太戊懼.

伊陟曰:「妖不勝德, 君之政, 其有闕與?」

太戊於是修先王之政, 明養老之禮, 早朝晏退, 問疾弔喪.

三日而祥桑枯死; 三年遠方重譯而至者, 七十六國, 商道復興.

【德滅祥桑】 덕이 요상한 뽕나무를 소멸시켜 줌.
【太戊】 殷나라 제10대 군주. 雍己의 아우. 德政을 베풀어 中宗으로 불림.
【祥】 요괴함을 상징하는 것. 두 나무가 합하여 났으므로 불길한 징조로 여김. 재앙과 상서로움을 함께 두고 표현한 것.
【桑與穀】 '桑'은 뽕나무. '穀'은 '楮樹, 构樹'라고도 하며 잎은 마치 뽕나무와 같다 함.
【拱】 한 아름. 두 손으로 둘러쌀 수 있는 정도의 굵기.
【伊陟】 伊尹의 아들. 태무 때의 대신이며 보필 신하.
【闕與】 '闕'은 빠뜨린 것. 꼭 갖추어야 할 덕행이 빠졌음을 말함. '與'는 '歟'와 같음. 반어법 의문종결사로 쓰임.
【先王】 은나라 시조 湯. 그의 덕을 이어받아 잘 수행함.
【早朝晏退】 아침 일찍 일어나 朝會를 열고 저녁 늦게 퇴근함. 정사에 부지런함을 의

미함.
【問疾弔喪】 병든 이에게 문안을 가고 상사에는 조문을 함. 백성의 고통을 늘 함께하며 위로함을 말함.
【重譯】 몇 단계의 통역을 거쳐 의사를 소통함.

直解(白話文)

상나라 때의 역사 기록이다.
중종(中宗) 태무 때에 어떤 요상한 뽕나무와 곡수가 있어 이 두 가지 서로 다른 나무가 합해서 조정에 생겨나더니 하룻밤 사이에 한 아름 껴안을 정도로 커진 것이다. 중종은 이 괴이한 일을 보고 마음속에 두려움을 느껴 자신의 재상인 이척에게 물어보았다.
그러자 이척은 이렇게 말하였다.
"이 뽕나무는 본래 들에 자라는 물건으로 조정에는 날 수 없는 것입니다. 지금 합해서 조정에 났으며 게다가 하룻밤 사이에 한 아름이나 자랐으니 진실로 요사스럽고 괴이합니다. 그러나 아무리 요괴스러운 것이라 해도 덕을 이길 수는 없습니다. 지금 조정에 이런 요물이 자라고 있으니 임금께서 펴시는 정사에 혹 어떤 것을 빠뜨린 것이 있어서 그런 것은 아닐지요? 임금께서는 단지 마땅히 덕을 닦아 이를 이겨 내시기만 한다면 요괴는 저절로 소멸될 것입니다."
중종은 이에 이척의 말을 듣고 조종의 정사를 잘 닦고 양로(養老)의 예절을 밝히고, 아침 일찍 조정에 나와 정치에 근면히 하였고, 날이 저물어야 퇴조(退朝)하였으며, 백성들 중에 질병의 고통이 있는 자는 위문을 하고, 상을 당한 자는 조문하였다.
태무가 이와 같은 덕정을 펴자 과연 요물은 더 이상 기승을 부리지 못

하였다. 사흘 사이에 그 뽕나무와 곡수는 저절로 말라 죽고 말았으며, 3년이 지난 뒤 먼 곳 외국 사람들이 그의 덕과 의를 사모하여 여러 단계의 거듭된 통역을 거쳐 그의 조정으로 찾아왔는데 무려 일흔여섯 나라나 되었다. 상나라의 도는 이전에는 쇠퇴하고 있었으나 이때에 이르러 다시 부흥하게 되었다.

무릇 요괴스러움이란 저절로 생겨나는 것이 아니며 반드시 그를 불러들이는 이유가 있다. 그러나 덕이란 본래 닦아야 하는 것이니 이것이 어찌 요괴스러움을 기다리기 위한 것이겠는가? 태무 때 요상한 뽕나무가 스스로 말라 죽은 것을 보면 요괴가 덕을 이길 수 없으며, 백성의 임금이 된 자라면 하루라도 덕을 닦지 않아서는 안 된다는 것을 더욱 확실히 믿을 수 있도다!

商史上記: 中宗太戊之時, 有妖祥之桑樹與穀樹, 二物相合生於朝中, 一夜之間, 就長得大如合抱. 中宗見其怪異, 心中恐懼, 以問其相臣伊陟.

伊陟說道:「這桑穀本在野之物, 不宜生於朝. 今合生於朝, 又一夜卽大如拱, 誠爲妖異. 然妖不勝德, 今朝中生這妖物, 君之政, 或事有闕失與? 君但當修德以勝之, 則妖自息矣.」

中宗於是聽伊陟之言, 修祖宗的政事, 明養老的禮節, 早朝勤政, 日晏纔退, 百姓們有疾苦問之, 有喪者弔之.

太戊有這等德政, 果然妖物不能勝. 三日之間, 那桑與穀, 自然枯死; 三年之後, 遠方外國的人, 慕其德義, 經過幾重通事譯語來朝他的, 有七十六國. 商道前此中衰, 至此而復興焉.

夫妖不自作, 必有所召. 然德本當修, 亦豈待妖? 觀太戊之祥桑自枯, 益信妖不足以勝德, 而爲人君者, 不可一日不修德也!

【闕失與】 '빠뜨리거나 놓친 것이 있습니까?'의 뜻. '與'는 '歟'와 같음.
【自息】 스스로 사라짐. 저절로 소멸됨. '息'은 '熄'과 같음.
【纔】 백화어 '才'와 같음. 강조법 문장에 쓰이며 '그제야'의 뜻.
【這等】 이와 같음. 백화어 '如此'와 같음. '這'는 '此', '等'은 '如'와 같음.

참고 및 관련 자료

1. ≪史記≫ 殷本紀
  帝太戊立, 伊陟爲相. 亳有祥桑穀共生於朝, 一暮大拱. 帝太戊懼, 問伊陟. 伊陟曰:「臣聞妖不勝德, 帝之政其有闕與? 帝其修德.」太戊從之, 而祥桑枯死而去.
2. ≪說苑≫ 君道篇

殷太戊時, 有桑穀生於庭, 昏而生, 比旦而拱, 史請卜之湯廟, 太戊從之, 卜者曰:「吾聞之, 祥者, 福之先者也, 見祥而爲不善, 則福不生; 殃者, 禍之先者也, 見殃而能爲善, 則禍不至.」
於是乃早朝而晏退, 問疾弔喪, 三日而桑穀自亡.

3. ≪呂氏春秋≫ 制樂篇

故成湯之時, 有穀生於庭, 昏而生, 比旦而大拱. 其史請卜其故. 湯退卜者曰:「吾聞祥者福之先者也, 見祥而爲不善, 則福不至; 妖者禍之先者也, 見妖而爲善, 則禍不至.」於是早朝晏退, 問疾弔喪, 務鎭撫百姓, 三日而穀亡.

4. ≪韓詩外傳≫(3)

有殷之時, 穀生湯之廷, 三日一大拱. 湯問伊尹曰:「何物也?」對曰:「穀樹也.」湯問:「何爲而生於此?」伊尹曰:「穀之出澤, 野物也, 今生天子之庭, 殆不吉也.」湯曰:「奈何?」伊尹曰:「臣聞: 妖者, 禍之先; 祥者, 福之先. 見妖而爲善, 則禍不至; 見祥而爲不善, 則福不臻.」湯乃齋戒靜處, 夙興夜寐, 弔死問疾, 赦過賑窮, 七日而穀亡, 妖孽不見, 國家昌. 詩曰:『畏天之威, 于時保之.』

5. ≪孔子家語≫ 五義解篇

哀公問於孔子曰:「夫國家之存亡禍福, 信有天命, 非唯人也.」孔子對曰:「存亡禍福, 皆己而已, 天災地妖, 不能加也.」公曰:「善! 吾子之言, 豈有其事乎?」孔子曰:「昔者, 殷王帝辛之世, 有雀生大鳥於城隅焉. 占之曰:『凡以小生大, 則國家必王而名必昌.』於是帝辛介雀之德, 不修國政, 亢暴無極, 朝臣莫救, 外寇乃至, 殷國以亡, 此卽以已逆天時, 詭福反爲禍者也. 又其先世殷王太戊之時, 道缺法圮, 以致夭孽, 桑穀於朝, 七日大拱. 占之者曰:『桑穀野木, 而不合生朝, 意者國亡乎!』太戊恐駭, 側身修行, 思先王之政, 明養民之道, 三年之後, 遠方慕義. 重譯至者, 十有六國, 此卽以已逆天時, 得禍爲福者也. 故天災地妖, 所以儆人主者也; 寤夢徵怪, 所以儆人臣者也. 災妖不勝善政, 寤夢不勝善行, 能知此者, 至治之極也. 唯明王達此.」公曰:「寡人不鄙固, 此亦不得聞君子之敎也.」

6. ≪論衡≫ 感類篇

太戊之時, 桑穀生朝, 七日大拱. 太戊思政, 桑穀消亡.

7. ≪漢書≫ 郊祀志

後八世, 帝太戊有桑穀生於廷, 一暮大拱, 懼, 伊陟曰:「妖不勝德」, 太戊脩德, 桑穀死.

8. ≪漢書≫ 五行志(下)

書序曰: 伊陟相太戊, 亳有祥桑穀共生. 傳曰: 俱生乎朝, 七日而大拱, 伊陟戒而修德, 而木枯.

9. ≪尙書大傳≫(1)

戊丁之時, 桑穀俱生於朝, 七日而大拱. 戊丁召其相而問焉. 其相曰:「吾雖知之, 吾不能言也.」問諸祖己, 曰:「桑穀, 野草也. 野草生於朝, 亡乎!」戊丁懼, 側身脩行, 思昔先王之政, 興滅國, 繼絶世, 擧逸民, 明養老之禮. 重譯來朝者六國.

10. ≪論衡≫ 無形篇

傳稱高宗有桑穀之異, 悔過反政, 享福百年, 是虛也.

11. ≪論衡≫ 異虛篇

殷高宗之時, 桑穀俱生於朝, 七日而大拱. 高宗召其相而問之, 相曰:「吾雖知之, 弗能言也.」問祖己. 祖己曰:「夫桑穀者, 野草也, 而生於朝, 意朝亡乎?」高宗恐駭, 側身而行道, 思索先王之政, 明養老之義, 興滅國, 繼絶世, 擧佚民, 桑穀亡. 三年之後, 諸侯以譯來朝者六國, 遂享百年之福.

12. ≪十八史略≫(1)

自太甲, 歷沃丁・太庚・小甲・雍己, 至太戊. 亳有祥, 桑穀共生于朝, 一日暮大拱, 伊陟曰:「妖不勝德, 君其修德.」太戊修先王之政, 二日而祥桑枯死, 殷道復興, 號稱中宗.

몽재량필(夢賚良弼)

상(商) 고종(高宗)

꿈에 훌륭한 보필을 얻은 상나라 고종

상(商)나라 때 역사 기록이다.

고종(高宗)이 공경과 묵언을 지키며 나라를 어떻게 다스릴까 생각에 잠기자 꿈에 하느님이 훌륭한 보필을 내려 주시는 것이었다. 이에 그 형상을 그림으로 그려 널리 천하에서 그를 찾아내도록 하였다.

상 고종(武丁)

열(說)이라는 사람이 부암(傅巖)의 들에서 성 쌓는 일을 하고 있었는데 오직 그의 모습이 그림과 똑같아 이에 그를 세워 재상을 삼게 되었다.

고종은 그에게 이렇게 명하였다.

"아침저녁으로 나로 하여금 가르침을 받아들이도록 하여 나를 덕으로써 보필하라. 나의 마음을 열도록 하여 나의 마음을 풍성히 적셔 주어라!"

부열은 백관을 총괄하고 무정(武丁)이 상나라 왕업을 중흥시키는 일을 성취하도록 보좌하였다.

商史紀: 高宗恭默思道, 夢帝賚良弼, 乃以形旁求於天下.

說築傅巖之野, 惟肖, 爰立作相.

命之曰:「朝夕納誨, 以輔台德. 啓乃心, 沃朕心!」

說總百官, 佐成商家中興之業.

【夢賚良弼】 꿈에 훌륭한 보필을 하늘이 보내 주심. '賚'는 사람이나 물건을 보내 줌을 뜻함.

【高宗】 商(殷)나라 제23대 군주 武丁. 傅說을 얻어 은나라를 다시 부흥시켜 중흥주가 되어 高宗이라 불림.

【恭默】 공경히 하면서 침묵을 지킴. ≪論語≫ 憲問篇을 볼 것. 武丁이 아버지(小乙) 상을 당하여 3년 동안 아무 말도 하지 않은 채 모든 政事를 총재에게 맡겼음을 말함.

【旁求】 두루 널리 찾아보도록 함.

【說】 傅說. 원래 築版에 붙어 노역을 하던 노예. 高宗의 꿈에 나타나 발탁되어 그를

보좌하여 殷나라를 중흥시킨 賢臣. '說'은 '열'로 읽음.
【傅巖】 지명. 지금의 山西省 平陸縣 동쪽이었다 함. 그러나 절벽 암벽에 붙어 노역을 하던 모습을 설명한 것으로 보기도 함.
【命之曰】 이 구절은 ≪尙書≫ 商書 說命(上)에 들어 있음.
【納誨】 자신으로 하여금 가르침을 받아들일 수 있도록 열심히 해 줄 것을 부탁한 것.
【台德】 台는 '太, 泰'와 같음.
【總百官】 모든 관리를 총괄하는 冢宰의 일. 고종이 아버지 거상 중에 모든 일을 부열에게 맡겨 일을 처리하도록 하였음.

直解(白話文)

상나라 때의 역사 기록이다.

상나라 고종이 처음 제위에 올라 양암[諒陰]의 기간이었을 때, 공경히 침묵을 지키며 말을 하지 않은 채 천하를 다스리는 도리만을 생각하고 있었다. 이에 지성이 천지를 감동시켰다. 어느 날 꿈에 하느님이 나타나 그에게 한 충신보좌를 내려 주었다. 그가 꿈에서 깨어나 곧 꿈에서 본 그의 모습을 사람으로 하여금 그림으로 그리도록 하여 온 땅을 두루 돌아다니며 찾아보도록 하였다. 그리하여 부암의 들에서 이름을 부열(傅說)이라 하는 사람을 만났는데 그는 그곳에서 담을 쌓는 일을 하고 있었다. 그는 그림에 있는 그 모습과 거의 같았다. 그를 불러 그와 함께 치도를 강론해 보았더니 과연 현인이었다. 고종은 곧 그를 임용하여 재상으로 삼았다.

그리고 그에게 이렇게 명하였다.

"너는 조석으로 내 곁에 있으면서 나에게 좋은 말을 해 올려 나의 덕을 보필하도록 하라. 마땅히 너의 마음을 다 열어야 하며 감추거나 꺼려서는 안 된다. 나의 마음에 물을 붓듯이 하여 나로 하여금 덕치가 생겨나도록

하라."

　부열이 이윽고 고종의 명을 이어받아 백관을 통솔하며 명령하였으며 고종에게 권하여 간언을 따를 것, 학문을 즐겨 할 것, 조상을 법으로 여길 것, 하늘을 법으로 여길 것 등을 권하였다.

　고종은 능히 그의 말을 따랐으며 드디어 상나라의 중흥주(中興主)가 되었다. 이 이야기는 ≪상서(尙書)≫ 열명(說命) 3편에 상세히 실려 있으니 그 곳을 보라.

　商史上記: 商高宗初卽帝位, 在諒陰之時, 恭黙不言, 想那治天下的道理. 於是至誠感動天地. 一日夢見上帝, 賜他一箇忠臣輔佐他, 醒來就把夢中所見的人, 使人畵影圖形, 徧地裡去訪求. 至於傅巖之野, 見一箇人叫做傅說, 在那裡築墻, 却與畵上的人一般模樣. 召來與他講論治道, 果然是箇賢人, 於是就用他做宰相.

命他說:「你朝夕在我左右, 進納善言, 以輔我之德. 當開露你的心, 不可隱諱, 灌漑我的心, 使有生發.」

傅說旣承高宗之命, 統領百官, 勸高宗從諫・好學・法祖・憲天.

高宗能用其言, 遂爲商家中興之主. 詳見《尙書》說命三篇.

【諒暗】諒陰. 天子나 임금이 부모의 죽음에 守孝를 위해 喪中에 있음을 뜻함. 혹은 居喪中인 상태. '諒闇, 亮陰'으로도 씀. 3년의 喪期 동안 政令을 내지 않음을 말함. 《尙書》無逸篇에 "乃或亮陰, 三年不言"이라 되어 있음. 이에 대해 馬融은 "信黙不言"하는 것이라 하였고, 鄭玄은 凶廬(居喪하는 곳)라 하였음. 참고란의 《論語》憲問篇을 볼 것. '양암'으로 읽음.
【上帝】중국인이 말하는 하느님. 天帝.
【你】백화어의 '너'. 2인칭 대명사.
【說命】'열명'으로 읽으며 《尙書》의 편명. 上中下 3편으로 되어 있음.

참고 및 관련 자료

1. 《尙書》商書 說命 3篇
    (1) <說命>(上)
    王宅憂, 亮陰三祀. 旣免喪, 其惟弗言. 羣臣咸諫于王曰:「嗚呼! 知之曰明哲, 明哲實作則, 天子惟君萬邦, 百官承式, 王言惟作命, 不言, 臣下罔攸稟令.」王庸作書以誥曰:「以台正于四方, 惟恐德弗類, 玆故弗言, 恭黙思道, 夢帝賚予良弼, 其代予言.」乃審厥象, 俾以形旁求于天下, 說築傅巖之野, 惟肖. 爰立作相, 王置諸其左右. 命之曰:「朝夕納誨, 以輔台德. 金, 用汝作礪, 若濟巨川, 用汝作舟楫, 若歲大旱, 用汝作霖雨. 啓乃心, 沃朕心. 若藥弗瞑眩, 厥疾弗瘳. 若跣弗視地, 厥足用傷. 惟暨乃僚, 罔不同心, 以匡乃辟, 俾率先王, 迪我高后, 以康兆民. 嗚呼, 欽予時命, 其惟有終.」說復于王曰:「惟木從繩則正, 后從諫則聖, 后克聖, 臣不命其承, 疇敢不祇若王之休命.」

(2) <說命>(中)

　　惟說命總百官. 乃進于王曰:「嗚呼! 明王奉若天道, 建邦設都. 樹后王君公, 承以大夫師長. 不惟逸豫, 惟以亂民. 惟天聰明, 惟聖時憲, 惟臣欽若, 惟民從乂. 惟口起羞, 惟甲胄起戎, 惟衣裳在笥, 惟干戈省厥躬. 王惟戒玆, 允玆克明, 乃罔不休. 惟治亂在庶官, 官不及私, 昵惟其能, 爵罔及惡, 德惟其賢. 慮善以動, 動惟厥時. 有其善, 喪厥善, 矜其能, 喪厥功. 惟事事乃其有備, 有備無患. 無啓寵納侮. 無恥過作非. 惟厥攸居, 政事惟醇. 黷于祭祀, 時謂弗欽, 禮煩則亂, 事神則難.」王曰:「旨哉! 說乃言惟服. 乃不良于言, 予罔聞于行.」說拜稽首曰:「非知之艱, 行之惟艱, 王忱不艱, 允恊于先王成德, 惟說不言有厥咎.」

(3) <說命>(下)

　　王曰:「來汝說. 台小子舊學于甘盤. 旣乃遯于荒野, 入宅于河. 自河徂亳, 曁厥終罔顯. 爾惟訓于朕志, 若作酒醴, 爾惟麴蘖, 若作和羹, 爾惟鹽梅. 爾交修予, 罔予棄. 予惟克邁乃訓.」說曰:「王人求多聞, 時惟建事, 學于古訓, 乃有獲, 事不師古, 以克永世, 匪說攸聞. 惟學遜志, 務時敏, 厥修乃來. 允懷于玆, 道積于厥躬. 惟斅學半, 念終始典于學, 厥德修罔覺. 監于先王成憲, 其永無愆. 惟說式克欽承, 旁招俊乂, 列于庶位.」王曰:「嗚呼! 說四海之內, 咸仰朕德, 時乃風. 股肱惟人, 良臣惟聖. 昔先正保衡, 作我先王. 乃曰:『予弗克俾厥后惟堯舜, 其心愧恥, 若撻于市, 一夫不獲, 則曰時予之辜, 佑我烈祖』, 格于皇天, 爾尙明保予, 罔俾阿衡, 專美有商. 惟后非賢不乂, 惟賢非后不食, 其爾克紹乃辟于先王, 永綏民.」說拜稽首曰:「敢對揚天子之休命.」

2. ≪史記≫ 殷本紀

　　帝小乙崩, 子帝武丁立. 帝武丁卽位, 思復興殷, 而未得其佐. 三年不言, 政事決定於冢宰, 以觀國風. 武丁夜夢得聖人, 名曰說. 以夢所見視群臣百吏, 皆非也. 於是迺使百工營求之野, 得說於傅險中. 是時說爲胥靡, 築於傅險. 見於武丁, 武丁曰是也. 得而與之語, 果聖人, 擧以爲相, 殷國大治. 故遂以傅險姓之, 號曰傅說. 帝武丁祭成湯, 明日, 有飛雉登鼎耳而呴, 武丁懼. 祖己曰:「王勿憂, 先修政事」祖己乃訓王曰:「唯天監下典厥義, 降年有永有不永, 非天夭民, 中絶其命. 民有不若德, 不聽罪, 天旣附命正厥德, 乃曰其奈何. 嗚呼! 王嗣敬民, 罔非天繼, 常祀毋禮于棄道.」武丁修政行德, 天下咸驩, 殷道復興. 帝武丁崩, 子帝祖庚立. 祖己嘉武丁之以祥雉爲德, 立其廟爲高宗, 遂作高宗肜日及訓.

3. ≪十八史略≫(1)

　　自盤庚, 歷小辛・小乙, 至武丁. 夢得良弼曰說, 說爲胥靡, 築于傅巖, 求得之, 立爲相. 武丁祭湯, 有飛雉, 升鼎而雊. 武丁懼而反己, 殷都復興, 號稱高宗.

4. ≪論語≫ 憲問篇

 子張曰:「書云:『高宗諒陰, 三年不言.』何謂也?」子曰:「何必高宗, 古之人皆然. 君薨, 百官總己以聽於冢宰三年.」

011(上-11)

택급고골(澤及枯骨)
주(周) 문왕(文王)

마른 해골까지 은덕이 미치게 한 주나라 문왕

주(周)나라 때 역사 기록이다.

문왕이 한때 야외에 나갔다가 마른 해골을 보고 관리로 하여금 이를 묻어 주도록 명하였다. 그러자 관리가 말하였다.

"이 백골은 주인이 없습니다."

문왕이 말하였다.

"천하를 가진 자는 천하의 주인이요, 하나의 나라를 가진 자는 한 나라의 주인이다. 나는 바로 이 나라의 주인이다."

이리하여 장례를 치러 주었다. 천하가 이를 듣고 이렇게 말하였다.

"서백(西伯)의 은택은 마른 해골에까지 미치니 하물며 사람에게랴?"

주 문왕(姬昌)

周史紀: 文王嘗行於野, 見枯骨, 命吏瘞之.

吏曰:「此無主矣.」

王曰:「有天下者, 天下之主; 有一國者, 一國之主. 我固其主矣.」

葬之. 天下聞之, 曰:「西伯之澤, 及於枯骨, 況於人乎?」

【澤及枯骨】은택이 마른 해골에게까지 미침.
【周】고대 나라 이름. B.C. 11세기쯤에 지금의 陝西 岐縣의 周原에서 발흥하였으며 시조는 后稷. 古公亶父 때에 岐山으로 옮겨 비로소 초보적인 조직을 갖추었음. 고공단보의 아들 泰伯, 虞仲, 季歷 중 계력이 어질고 똑똑하여 지위를 이어받았으며 그 지위가 文王, 武王으로 이어졌음. 武王 때 殷을 멸하고 천하를 차지하여 아버지를 文王으로 추존하고 아우 周公(姬旦)이 文物制度를 완비, 최초의 명실상부한 封建國家를 이룩하였음. ≪史記≫ 周本紀 참조.
【文王】周나라 초기 임금. 季歷의 아들이며 이름은 昌. 殷나라 말기 서쪽의 지도자가 되어 흔히 '西伯'으로 불렸으며 儒家의 聖人으로 존중받음. 그 아들 武王(姬發)이 殷나라 末王 紂를 멸하고 천하를 차지함.
【瘞】'葬, 埋'와 같음. '묻다'의 뜻. 음은 '예'.

直解(白話文)

주나라 때의 역사 기록이다.

문왕이 처음에 서백이 되어 있을 때, 하루는 교야(郊野)에 행차하였다가 죽은 사람의 마른 뼈가 들에 그대로 드러나 있는 모습을 보고는 관리에 명하여 이를 묻어 주도록 하였다. 관리가 이렇게 대꾸하였다.

"이 마른 뼈는 모두가 아주 오래전에 이미 죽어 후손도 끊어진 사람의 것입니다. 이미 주인도 없습니다."

문왕이 말하였다.

"천자는 천하를 가지고 있으니 바로 천하의 주인이다. 제후는 하나의 나라를 가지고 있어 그 한 나라의 주인이다. 지금 이 마른 해골은 내가 곧 그의 주인이다. 어찌 저렇게 드러난 모습을 보고 차마 이를 덮어 주지 않

을 수 있겠느냐?"

이에 장례를 치러 덮어 주었다.

당시 천하 사람들이 문왕의 이러한 음덕(陰德)을 듣고 모두가 이렇게 말하였다.

"서백의 은택은 비록 아무것도 모르는 마른 해골에게도 미치고 있는데 하물며 살아 있는 사람에게 있어서랴?"

무릇 문왕이 정치를 펴서 어짊을 베풂에는 단지 살아 있는 백성에게만 그 은택이 미칠 뿐 아니라 마른 해골에까지 두루 미쳤던 것이다. 소위 '백성의 임금이 된 자는 인을 베푸는 경지까지 가서야 그친다'라 한 것이 바로 이러한 경우이다. 어찌 천하를 가진 자가 마땅히 법으로 본받아야 할 예가 아니겠는가?

周史上記: 文王初爲西伯時, 一日出行於郊野之外, 見死人的枯骨, 暴露於野, 因分付吏人以土瘞埋之.

吏人對說:「這枯骨都是年久死絶的人, 已無主了.」

文王說道:「天子有天下, 就是天下的主; 諸侯有一國, 就是一國的主. 今此枯骨, 我就是他的主了. 何忍視其暴露, 而不爲掩藏之乎?」

乃葬而掩之. 時天下之人, 聞文王這等陰德, 都說道:「西伯的恩澤, 雖無知之枯骨, 亦且霑及, 況有生之人乎?」

夫文王發政施仁, 不惟澤被於生民, 而且周及於枯骨. 所謂'爲人君, 止於仁'者, 此類是也, 豈非有天下者之所當取法哉?

【暴露】 그대로 드러나 햇볕을 쬐고 있음. 거두어 묻어 주는 자가 없음.
【分付】 '吩咐'와 같음. 아랫사람에게 시킴. 雙聲連綿語.

【陰德】겉으로 드러내지 아니하고 베푸는 덕.
【止於仁】인을 베푸는 것을 최고의 덕목으로 삼음. 인을 베푸는 경지에 이른 다음에야 그침. '止於至善'과 같음.

참고 및 관련 자료

1. ≪呂氏春秋≫ 異用篇

周文王使人担地, 得死人之骸. 吏以聞於文王, 文王曰:「更葬之」吏曰:「此無主矣.」文王曰:「有天下者, 天下之主也. 有一國者, 一國之主也. 今我非其主也?」遂令吏以衣棺更葬之. 天下聞之曰:「文王賢矣. 澤及髊骨, 又況於人乎?」或得寶以危其國. 文王得朽骨以喩其意. 故聖人於物也無不材.

2. ≪新序≫(5) 雜事

周文王作靈臺, 及爲池沼, 掘地得死人之骨, 吏以聞於文王. 文王曰:「更葬之」吏曰:「此無主矣.」文王曰:「有天下者, 天下之主也; 有一國者, 一國之主也. 寡人固其主, 又安求主?」遂令吏以衣棺更葬之. 天下聞之, 皆曰:「文王賢矣. 澤及枯骨, 又況於人乎?」或得寶以危國, 文王得朽骨, 以喩其意, 而天下歸心焉.

3. ≪賈誼新書≫(7) 諭誠篇

文王晝臥夢, 人登城而呼己曰:「我東北陬之槁骨也. 速以王禮葬我!」文王曰:「諾」覺召吏視之, 信有焉. 文王曰:「速以人君葬之」吏曰:「此無主矣. 請以五大夫」文王曰:「吾夢中已許之矣. 奈何其倍之也?」士民聞之曰:「我君不以夢之故, 不倍槁骨, 況於生人乎?」於是下信其上.

4. ≪太平御覽≫(84)

≪賈誼書≫曰: 文王晝臥夢, 人登城而呼己曰:「我東北陬之腐骨也. 速以人君葬我!」文王曰:「諾」覺召吏視之, 信有焉. 文王曰:「速以人君葬之」吏曰:「此無主. 請以五大夫」文王曰:「吾夢中已許之矣. 奈何其背也?」士民聞之曰:「我君不以夢之故, 不背腐骨, 況於生人乎?」

5. ≪資治通鑑外紀≫(2)에도 전재되어 있음.

012(上-12)

단서수계(丹書受戒)
주(周) 무왕(武王)

≪단서≫를 통해 계율을 받은 주나라 무왕

주(周)나라 때 역사 기록이다.

무왕(武王)이 사상보(師尙父)를 불러 물었다.

"아주 간단히 줄여 몸에 지니고 있으면서 행동으로 옮겨도 쉽게 실천할 수 있는 것으로써 만세를 두고 자손에게 항상 나라를 지켜 낼 수 있도록 할 만한 것이 있습니까?"

사상보가 말하였다.

"≪단서(丹書)≫라는 책에 있지요. 왕께서 들어 보고자 하신다면 우선 재계부터 하시지요."

사흘이 지나 무왕은 면류관을 단정히 쓰고 당 아래로 내려와 남면(南面)하고 섰다. 그러자 사상보가 말하였다.

"선왕의 도를 적은 책이니 책을 가진 자가 북면(北面)하여 신하의 지위를 취할 수 없습니다."

무왕은 드디어 동면(東面)하여 섰고, 사상보는 서면(西面)하여 책에 실린 구절을 말하였다.

"공경이 태만함보다 앞서는 자는 창성할 것이요, 태만함이 공경함보다 앞서는 자는 망할 것이다. 의가 욕심을 이겨 내는 자는 순조로울 것이요, 욕심이 의를 이겨 내는 자는 흉사를 만나리라.' 아주 줄인 말로서 몸에 지닐 수 있으며, 행동으로 옮기면 이로운 것으로서 자손으로 하여금 항상 지켜 내도록 할 만한 것이란 이 말을 두고 말한 것입니다."

무왕은 이를 듣고 이를 자리, 궤, 거울, 세숫대야, 쟁반, 기둥, 지팡이, 허리띠, 신발, 술잔, 제사용 상, 문지게, 창문, 칼, 활, 창에 모두 새겨 넣어 경계의 말로 삼았다.

周史紀: 武王召師尚父而問曰:「惡有藏之約, 行之行, 萬世可以爲子孫常者乎?」

師尚父曰:「在≪丹書≫. 王欲聞之, 則齋矣.」

三日, 王端冕, 下堂南面而立. 師尚父曰:「先王之道不北面.」

王遂東面立, 師尚父西面, 道書之言, 曰:「敬勝怠者, 昌; 怠勝敬者, 亡; 義勝欲者, 從; 欲勝義者, 凶.' 藏之約, 行之利, 可以爲子孫常者, 此言之謂也.」

王聞之而書于席·几·鑑·盥·盤·楹·杖·帶·履·觴·豆·戶·牖·劒·弓·矛, 皆爲銘焉.

【丹書受戒】≪단서≫에 실려 있는 계명을 받음.
【丹書】고대에 붉은 글씨로 써서 후손의 경계로 삼도록 한 책. ≪大戴禮記≫ 武王踐阼篇에 그 내용이 전함.
【武王】文王의 아들이며 周公(姬旦), 召公(姬奭)의 형. 이름은 姬發. 아버지 문왕의 덕을 이어받아 殷의 末王 紂를 없애고 周나라를 세움. 儒家에서 聖人으로 존중함.
【師尙父】姜尙. 자는 子牙. 흔히 姜太公, 呂尙으로 불림. 師는 높임의 뜻. 父 역시 문왕이 그를 아버지 항렬로 존경하여 부른 것으로 '甫'와 같으며 남자의 美稱. 문왕을 도와 주를 멸하였고 뒤에 齊나라에 봉해져 제나라의 시조가 됨. ≪史記≫ 齊太公世家 참조.
【惡】'오'로 읽으며 의문문을 구성함.
【藏之約】줄여서 짧게 하여 몸에 늘 지니고 있음. 외우기 쉽고 알기 쉬운 구절을 말함.
【行之行】이를 행동을 옮겨도 쉽게 실천할 수 있음.
【萬世】'世'는 '代'와 같음. 후손 만대.
【常】언제나 같음. 나라가 망하지 아니하고 계속 이어짐. 혹 자손만대를 두고 그러한 계율을 항상 지니고 있으면서 실천해 냄.
【齋】齋戒. 齋室에서 기도하고 경계하며 근신하여 경건한 마음과 몸으로 큰일을 준비함.
【端冕】'冕'은 고대에 임금이 쓰는 모자. 모자를 단정하게 쓰고 경건한 태도를 취함.
【南面】제왕의 위치. 남쪽 방향을 향해 서거나 앉는 것. 문왕이 제왕의 지위를 그대로 취한 것으로 이는 ≪丹書≫라는 책을 신하로 본 것임.
【不北面】≪丹書≫를 일러 줄 때 신하의 지위로 北面하지 않음. 그만큼 중요한 의식이므로 동등한 지위의 위치에 서야 함을 말함.
【東面, 西面】서로 동등한 위치임을 말함.
【几】几案. 앉을 때 곁에 팔을 기대는 기구.
【盥】세숫대야. '관'으로 읽음.

【豆】제사를 올릴 때 제물을 차려 놓는 큰 상.
【銘】石物, 銅器, 나무 등 器物에 글자를 새겨 경계로 삼는 것.

直解(白話文)

주나라 때의 역사 기록이다.

무왕이 즉위한 초기에 노신 사상보 강태공에게 물었다.

"무릇 앞사람이 나라의 기초를 닦아 창업하여 장차 후손들로 하여금 세세토록 이를 지켜 내도록 하셨습니다. 그러나 능히 이를 지켜 내는 자는 아주 적습니다. 아주 간단히 줄여 이를 행동에 옮기면 순리롭고도 이로워 자손만대를 두고 항상 지켜 낼 수 있는 무슨 명구나 도리 같은 것은 없을까요?"

사상보가 대답하였다.

"책이 한 권 있지요. 이름을 ≪단서≫라 하지요. 이러한 도리가 모두 그 책에 들어 있습니다. 왕께서 들어 보시려면 반드시 먼저 그 일을 크게 여기셔서 재계하신 다음에야 가능합니다."

무왕은 이에 사흘을 재계하고 관면(冠冕)을 단정히 쓰고, 감히 위에 앉을 수 없다고 여겨 당에서 내려와 남면하고 서서 공경을 다하고 예를 다하여 ≪단서≫를 받을 참이었다.

그러자 사상보가 이렇게 말하는 것이었다.

강태공(呂尙, 子牙)

"남면은 임금의 위치이며 북면은 신하의 위치입니다. 왕께서 남면하여 서시면 ≪단서≫는 북면하여 드려야 하는 위치가 됩니다. 선왕의 도는 지극히 큰 것인데 어찌 가히 북면하여 주고받을 수 있는 것이겠습니까?"

왕이 드디어 동면하여 섰으니 이는 감히 임금의 지위일 수 없었기 때문이었으며, 사상보는 서면하여 섰으니 역시 신하의 지위일 수 없었기 때문이었다.

이에 ≪단서≫에 실려 있는 구절을 이렇게 일러 주었다.

"무릇 임금 된 자로서 '경외(敬畏)'가 태홀(怠忽)보다 앞서게 되면 그 나라가 틀림없이 흥창(興昌)할 것이며, 태홀이 경외보다 앞서게 되면 그 나라는 틀림없이 멸망할 것이다. 공의를 사욕보다 앞세우면, 하는 일이 반드시 순조로울 것이나, 사욕이 공의보다 앞서게 되면 일은 틀림없이 역흉(逆凶)하게 되리라.' 이러한 도리는 단지 '경(敬)'과 '공(公)' 두 글자를 힘써야 할

주 무왕(姬發)

대상으로 삼는 데에 있을 뿐이니, 이를 몸에 지니고 있기가 얼마나 간단히 줄인 것이며, 행동에 옮기기에 얼마나 순조로운 것입니까? 가히 자손만대가 항상 지켜 낼 수 있는 것이란 이것 외에는 더 있을 수 없습니다."

무왕은 공경히 여기며 이를 믿었다. 그리하여 드디어 이 네 구절의 뜻을 융합하여 앉는 자리에, 기대는 궤에, 거울에, 세숫대야에, 기둥에, 지팡이에, 허리띠에, 신발에, 술잔에, 제사용 상에, 창문에, 칼에, 활에, 모창(矛鎗)에 일일이 그 말을 새겨 넣었다. 이는 자기 스스로 어디에서나 눈에 띌 때마다 마음에 경계로 삼을 뿐만 아니라 자손들로 하여금 이를 보고 대대로 지켜 잊지 않도록 하기 위함이었다.

무릇 무왕은 성군으로서 능히 그 존귀함을 굽혀 노신에게 계명을 받아 이를 새김 말로 삼아 후세에 전하도록 하였으니, 주나라가 8백 년을 이어 가장 장구한 기간을 누리게 된 것은 바로 이러한 계율을 능히 지켜 내었기 때문이 아니겠는가!

周史上記: 武王卽位之初, 向老臣師尙父問說:「凡前人創造基業, 將使後人世世守之也, 而能世守者甚少. 不知有什麼道理, 藏之簡約, 行之順利, 而可以爲萬世子孫常守者乎?」

師尙父對說:「有一卷書, 叫做≪丹書≫, 這箇道理皆在其中. 王欲聞之, 必須重其事, 齋戒而後可.」

武王於是齋戒了三日, 端正冠冕, 不敢上坐, 下堂南面而立, 致敬盡禮, 求受≪丹書≫.

師尙父說:「南面是君位, 北面是臣位. 王南面而立, 則≪丹書≫當北面而授, 先王之道至大, 豈可北面而授受乎?」

王遂東面而立, 不敢居君位; 師尙父西面而立, 亦不居臣位.

乃述≪丹書≫中的言語, 說道:「凡爲君者, '敬畏勝怠忽, 國必興昌; 怠忽勝敬畏, 國必滅亡; 公義勝私欲, 事必順從; 私欲勝公義, 事必逆凶.' 這箇道理, 只要在 '敬'·'公'二字上做工夫, 藏之何等簡約, 行之何等順利? 可以爲子孫萬世常守者, 不外乎此矣.」

武王敬而信之, 遂融化這四句的意思, 於凡那席上, 几上, 鏡子上, 洗面盆上, 殿柱上, 杖上, 帶, 履上, 觴, 豆上, 門窓上, 劍, 弓, 矛鎗上, 一一作爲銘詞, 不但自家隨處接目警心, 要使子孫看見, 也都世守而不忘焉.

夫武王是箇聖君, 能屈尊老臣受戒, 作爲銘詞, 傳之後世. 周家歷年八百, 享國最爲長久, 非以其能守此道也哉!

【矛鎗】'矛'는 창. '鎗'은 총과 같이 탄환을 쏠 수 있는 무기의 일종. '鎗'의 우리 속음은 '쟁'임.
【接目警心】 눈에 띄는 대로 보아 경계심을 가짐.
【屈尊】 자신의 높은 신분을 스스로 낮추어 겸손히 함.
【八百】 周나라는 역대 왕조 가운데 그 기간이 가장 길어 흔히 약 8백 년을 이어 온 것으로 거론됨.

참고 및 관련 자료

1. ≪大戴禮記≫ 武王踐阼篇
武王踐阼三日, 召士大夫而問焉, 曰:「惡有藏之約, 行之行, 萬世可以爲子孫常者乎?」諸

大夫對曰:「未得聞也.」然後召師尙父而問焉, 曰:「昔黃帝顓頊之道存乎? 意亦忽不可得見與?」師尙父曰:「在≪丹書≫, 王欲聞之, 則齊矣!」王齊三日, 端冕, 師尙父(亦端冕)奉書而入, 負屛而立, 王下堂, 南面而立, 師尙父曰:「先王之道不北面!」王行(西)折而(南)東面(而立), 師尙父西面道書之言曰:「敬勝怠者吉, 怠勝敬者滅, 義勝欲者從, 欲勝義者凶, 凡事, 不强則枉, 弗敬則不正, 枉者滅廢, 敬者萬世. 藏之約, 行之行, 可以爲子孫常者, 此言之謂也! 且臣聞之, 以仁得之, 以仁守之, 其量百世. 以不仁得之, 以仁守之, 其量十世. 以不仁得之, 以不仁守之, 必及其世.」

2. ≪小學≫ 內篇 敬身

≪丹書≫曰:「敬勝怠者, 吉; 怠勝敬者, 滅; 義勝欲者, 從; 欲勝義有, 凶.」

013(上-13)

감간근정(感諫勤政)
주(周) 선왕(宣王)

왕후의 간언에 감동하여 정치에 근면을 다한 주나라 선왕

주(周)나라 때 역사 기록이다.

강후(姜后)는 어질고 덕이 있었다. 선왕이 항상 일찍 잠자리에 들고 아침 늦게 일어나자 이에 강후는 비녀와 귀고리를 벗어 버리고 영항(永巷)에서 자신의 죄를 기다리며, 부모(傅母)로 하여금 왕에게 이렇게 통고하도록

하였다.

"첩은 재능이 없어 임금으로 하여금 예를 잃고 아침 늦어서야 조회에 나갈 수 있도록 하였으니 감히 죄목(罪目)을 청합니다."

왕은 이렇게 말하였다.

"과인이 부덕한 탓이오. 내 스스로 허물을 지은 것이지 부인의 죄가 아니오."

그리고 드디어 정사에 부지런함을 다하여 아침 일찍 조회에 나오고 저녁 늦어서야 퇴청하면서 문왕과 무왕의 남긴 업적을 계승하여 주나라 중흥의 업을 이루어 주나라 세종(世宗)이 되었다.

周史紀: 姜后賢而有德. 王嘗早臥而晏起. 后乃脫簪珥, 待罪於永巷, 使其傅母通言於王曰:「妾不才, 至使君王失禮而晏朝, 敢請罪.」

王曰:「寡人不德, 實自生過, 非夫人之罪也.」

遂勤於政事, 早朝晏退, 繼文武之迹, 成中興之業, 爲周世宗.

【感諫勤政】왕후의 간언에 감동하여 정치에 근면을 다함.
【姜后】宣王의 正妻. 王后. '姜'은 齊나라 출신임을 뜻함. 아래 解文과 ≪列女傳≫ 등에 宣王이 늦잠을 자자 자신의 색에 빠져 정사를 돌보지 않는다고 여겨 자신의 비녀를 뽑고 간언한 것으로 되어 있음.
【王】宣王을 가리킴. 폭군 厲王의 아들로 그 뒤를 이어 왕이 되어 周나라를 中興시킴. 이름은 姬靜. 廟號는 世宗. 46년간 재위(B.C. 827~B.C. 782)함. 그러나 그의 뒤를 이은 幽王(姬宮涅) 때 褒姒의 일로 西周가 망하고, 平王(姬宜臼)이 도읍을 洛邑으로 옮겨 東周가 시작됨.
【嘗】원래는 '어느 한때'를 뜻하는 副詞지만 古文에 '常'과 같은 뜻으로도 쓰임.
【早臥晏起】일찍 잠자리에 들고 아침 늦어서야 겨우 일어남. 매우 게으름을 뜻함. '早朝晏退'의 상대어. 색에 탐닉하여 늦게 일어나는 것을 말함.

【永巷】 궁중 后妃가 거주하는 곳. '深巷, 長巷'이라고도 하며 궁중에서 많은 사람들이 볼 수 있는 가장 공개적인 장소라는 뜻으로 쓴 것임.
【傅母】 임금의 젖어미. 임금을 키웠던 保姆(保母).
【文武】 주나라 초기 文王과 武王. 훌륭한 聖君이었음을 말함. 그들의 위업을 이어받아 주나라를 중흥시킴.
【世宗】 선왕의 업적을 높이 평가하여 廟號를 世宗이라 정한 것.

直解(白話文)

주나라 때의 역사 기록이다.
주 선왕의 왕후 강씨는 현명하고 덕이 있었다.
선왕은 항상 일찍 잠자리에 들고 일어나기는 너무 늦었다. 강후는 그가 정사에 그릇됨이 있을까 염려하여 그에게 권간(勸諫)할 참이었다. 이에 먼저 스스로 낮추고 덜어 머리 위의 비녀와 귀고리를 벗어 버린 다음 궁중의 긴 거리에서 죄를 기다리며 보모로 하여금 왕에게 이렇게 말을 전하도록 하였다.
"저는 덕이 없어 능히 예로써 임금을 섬기지 못하여 왕으로 하여금 여색에 탐닉하고 안일에 빠져 헤어 나오지 못한 채 아침 일찍 조회를 열지 못하는 지경에 이르도록 하였습니다. 이는 저의 잘못이니 청컨대 왕께서는 저에게 죄를 더해 주시기 바랍니다."
선왕은 이 일로 인해 깨달은 바가 있어 이렇게 말하였다.
"이는 내 스스로 게을러 이러한 과실을 지은 것으로 부인의 죄가 아니오."
이로부터 선왕은 드디어 정사에 부지런함을 다하여 매일 아침 일찍 조회에 나가 살피며 군신들에게 치도를 강구하도록 하였고, 저녁 늦어서야

바야흐로 퇴청하였다. 그리하여 그 다스림의 흔적은 족히 위로 조상 문왕과 무왕의 업을 계승하여, 비록 아버지 여왕(厲王) 때에 국세가 점차 쇠약해졌었으나 이때에 이르러 다시 능히 부흥시킬 수 있었던 것이다. 선왕의 이와 같은 공과 업적에 의해 주나라에서 그의 묘호를 정할 때 그를 세종이라 칭하게 된 것이다.

옛날 후비부인(后妃夫人)은 임금의 잠자리를 모실 때에는 모든 면에 절도가 있었다. 매번 이른 아침이 되어 여사(女史)가 <계명(鷄鳴)>의 시를 연주하면 부인은 방중에서 패옥(佩玉)을 울려 일어나 물러나야 함을 일러 드려 예로써 스스로를 방비해 임금으로 하여금 색에 너무 빠지지 않도록 하였다. 그러므로 능히 안으로 임금으로 하여금 일탈과 욕망을 막아 임금이 부지런한 정치의 아름다움을 성취시키도록 해 주었다.

<계명>의 시에는 "벌레 벌써 웅웅 대며 날아오르네. 그대 나와 함께 더

자고 싶겠지만, 이러다가 조회 장차 끝나겠네. 신하들 나 때문에 그대까지 미워하지 않게 되기를"이라고 노래하였다.

이는 "날이 장차 밝아 온갖 벌레들이 날아오르기 시작하고 있는데 내 어찌 그대와 동침하며 꿈속에 있음을 즐겁게 여기지 않으리오? 그러나 여러 신하들 이미 조회에서 기다리고 있으니, 임금께서 만약 나가지 않는다면 저들은 장차 흩어져 돌아가고 말 것이다. 어찌 나 때문에 사람들로 하여금 그대까지 아울러 미워하도록 해서야 되겠는가?"라고 말한 것이다. 강후의 이러한 간언은 옛날의 예이다. 선왕이 주나라 왕업을 중흥시킬 수 있었던 것은 대체로 내조가 많았기 때문이었을 것이다.

周史上記: 周宣王的后姜氏, 賢而有德. 宣王嘗有時睡得太早, 起得太遲. 姜后恐他誤了政事, 要勸諫他. 乃先自貶損, 脫去頭上的簪珥, 待罪於宮中長街上, 使其保母傳言於王, 說道:「我無德, 不能以禮事王, 致使王耽於女色, 溺於安逸, 失早朝之禮. 這是我的罪過, 請王加我以罪.」

王因此感悟說:「這是我自家怠惰, 有此過失, 非夫人之罪也.」

自此以後, 宣王遂勤於政事, 每日早起視朝, 與群臣講求治道, 至晏方退. 其致治之迹, 足以上繼他祖文王・武王, 雖其父厲王時, 勢漸衰弱, 至此復能中興. 因宣王有這等功業, 所以周家的廟號, 稱他爲世宗.

古者后妃夫人進御侍寢, 皆有節度, 每至昧旦, 女史奏≪鷄鳴≫之詩, 則夫人鳴佩玉於房中, 起而告退, 以禮自防, 不淫於色. 故能內銷逸欲, 以成其君勤政之美.

<鷄鳴>之詩云:『蟲飛薨薨, 甘與子同夢. 會且歸矣, 無庶予子憎.』

言:「日將旦而百蟲飛作, 我豈不樂與子同寢而夢哉? 但群臣候朝已久, 君若不出, 彼將散而歸矣. 豈不以我之故而使人幷憎惡於子乎?」姜后之進諫, 古禮也. 宣王中興周業, 蓋得之內助爲多.

【夫人】 왕후를 부른 말. 원본 夾註에 "古時稱后妃都叫做夫人"라 함.
【厲王】 周나라 군주로 宣王의 아버지. 이름은 姬胡. 간신 榮夷公을 執政大臣으로 삼았다가 그에게 농락을 당하였으며, 결국 그에게 彘(지금의 山西 霍縣)로 쫓겨나 유폐되었다가 그곳에서 죽음. 그 뒤를 이은 것이 바로 宣王임.
【廟號】 제왕이 죽은 뒤 太廟에 그를 모셔 제사를 올릴 때 그의 생전 업적에 따라 神主의 號를 정함.
【昧旦】 어둠이 가시고 날이 밝아 오는 새벽.
【女史】 관직 이름. 后妃의 儀禮와 內室의 업무를 돕는 일을 하는 女官.
【鷄鳴】 ≪詩經≫ 齊風의 편명. 새벽에 임금을 깨우는 賢妃의 노래라 함.
【佩玉】 '珮玉'과 같음. 몸에 차고 다니는 옥으로 딸랑딸랑 소리를 냄.

참고 및 관련 자료

1. ≪列女傳≫(2) 賢明傳 周宣姜后

周宣姜后者, 齊侯之女也. 賢而有德. 事非禮不言, 行非禮不動. 宣王嘗早臥晏起, 后夫人不出房, 姜后脫簪珥, 待罪於永巷, 使其傅母通言於王曰:「妾不才, 妾之淫心見矣, 至使君王失禮而晏朝, 以見君王樂色而忘德也. 夫苟樂色, 必好奢窮欲, 亂之所興也. 原亂之興, 從婢子起, 敢請婢子之罪.」王曰:「寡人不德, 實自生過, 非夫人之罪也.」遂復姜后. 而勤於政事: 早朝晏退, 卒成中興之名. 君子謂「姜后善於威儀而有德行」夫禮, 后夫人御於君, 以燭進, 至於君所. 滅燭適房中, 脫朝服, 衣褻服, 然後進御於君. 雞鳴, 樂師擊鼓以告旦, 后夫人鳴佩而去. 詩曰:『威儀抑抑, 德音秩秩.』又曰:『隰桑有阿, 其葉有幽, 旣見君子, 德音孔膠.』夫婦人以色親, 以德固, 姜氏之德行, 可謂孔膠也. 頌曰:『嘉玆姜后, 厥德孔賢. 由禮動作, 匡配周宣. 引過推讓, 宣王悟焉, 夙夜崇道, 爲中興君.』

2. ≪文選≫(11) 景福殿賦 注

≪列女傳≫曰: 周宣王姜后者, 齊侯之女, 宣王之后也. 宣王嘗夜臥而晏起, 后夫人不出於房. 姜后旣出, 乃脫簪珥待罪於永巷, 使其傅母通言於王曰:「妾不才, 妾之淫心見矣, 致君王失禮而晏朝.」

3. ≪文選≫(3) 京都賦 注

　≪列女傳≫曰: 周宣王姜后曰:「好奢必樂, 窮樂者亂之所興.」

4. ≪文選≫(6) 魏都賦 注

　≪列女傳≫曰: 姜后待罪永巷.

5. ≪文選≫(13) 鷦鷯賦 注

　≪列女傳≫, 姜后曰:「雎鳩之鳥, 猶未常見其乘居而匹遊. 翩翩然有以自樂也.」

6. ≪文選≫(49) 後漢書皇后紀論 注

　≪列女傳≫曰: 姜后者, 齊侯之女, 宣王之后也. 宣王嘗夜臥而晏起, 后夫人不出於房. 姜后旣出, 乃脫簪珥, 待罪於永巷, 曰:「妾不才, 妾之淫心見矣, 至使君王失禮而晏朝. 及周室東遷, 禮序凋缺. 諸侯僭縱, 軌制無章.」

7. ≪幼學瓊林≫ 朝廷篇

　「姜后脫簪而待罪, 世稱哲后; 馬后練服以鳴儉, 共仰賢妃.」

8. ≪詩經≫ 齊風 鷄鳴

　雞旣鳴矣, 朝旣盈矣. 匪雞則鳴, 蒼蠅之聲. 東方明矣, 朝旣昌矣. 匪東則明, 月出之光. 蟲飛薨薨, 甘與子同夢. 會且歸矣, 無庶予子憎.

014(上-14)

입관약법(入關約法)
한(漢) 고조(高祖)

관중에 들어가 법을 줄여 준 한나라 유방

한(漢)나라 때 역사 기록이다.

고조(高祖, 劉邦)가 처음에 패공(沛公)의 신분으로 관중(關中)으로 들어가, 여러 현의 부로(父老)와 호걸들을 불러 모아 놓고 이렇게 말하였다.

"부로들께서는 진(秦)나라의 가혹한 법에 고통을 받은 지가 오래되었습니다. 즉 '비방하는 자는 멸족한다. 짝을 이루어 여론만 조성해도 기시(棄市)에 처한다'는 법이었지요. 내가 만약 관중의 왕이 된다면 부로들과 약속하건대 법은 오직 삼장(三章)으로만 하겠습니다. 즉 '사람을 죽인 자는 사형에 처하고, 사람을 상하게 한 자와 도적질한 자는 그에 맞게 죄를 묻는다'일 뿐입니다. 그 나머지 진나라의 가혹한 법은 모두 없애 버릴 것입니다."

그리고 다시 사람들과 진나라에서 관리를 지냈던 이들을 시켜 각 현과 향, 읍을 다니면서 이 사실을 널리 알리도록 하였다. 진나라 백성들은 크게 환호하면서 서로 다투어 소와 양을 잡아 주식(酒食)을 가지고 패공의 군사들에게 실컷 먹여 주었다. 그러면서 오직 패공이 진왕(秦王)이 되지 않으면 어쩌나 걱정할 뿐이었다.

漢史紀: 高祖初爲沛公, 入關, 召諸縣父老豪傑, 謂曰:「父老苦秦苛法久矣, '誹謗者族; 偶語者棄市.' 吾當王關中, 與父老約, 法三章耳: '殺人者死, 傷人及盜抵罪.' 餘悉除去秦苛法.」

又使人與秦吏行縣鄕邑告諭之. 秦民大喜, 爭持牛羊酒食獻享軍士, 惟恐沛公不爲秦王.

【入關約法】劉邦이 關中(咸陽, 秦나라 都邑)에 들어가 그곳을 평정하자 秦나라의 가혹한 법에 고통을 당한 백성들을 위해 법을 줄여 세 가지로만 할 것임을 약속함.
【漢】중국 秦나라 다음 楚漢戰을 거쳐 세워졌던 제국. 高祖 劉邦으로부터 孺子 嬰까지의 B.C. 202년부터 A.D. 8년까지를 西漢(前漢)이라 하며 이때 도읍은 長安(지금의 陝西 長安)이었음. 그 뒤 王莽이 新을 세웠다가 光武帝 劉秀에 의해 망한 25년부터 獻帝(劉協)가 魏 文帝 曹丕에게 나라를 잃었던 220년까지를 東漢(後漢)이라 하며 이때 도읍은 洛陽(지금의 河南 洛陽)이었음.

【高祖】 劉邦(B.C. 259~B.C. 195), 이름은 季. 沛縣(지금의 江蘇 沛縣) 豐邑 中陽里 출신으로 泗水亭長의 낮은 벼슬이었으나 秦나라 말 농민군을 이끌고 起兵하여 項羽와 함께 秦을 멸한 뒤 漢中王(漢王)에 봉해짐. 이로써 한나라가 되었으며 뒤에 항우를 멸하고 漢帝國을 세움. B.C. 206년에서 B.C. 195년까지 재위하였으며 廟號는 高皇帝(高帝). ≪史記≫ 및 ≪漢書≫ 高祖本紀 참조.
【沛公】 劉邦이 沛縣 출신이어서 楚人들이 그를 '沛公'이라 불렀음. 황제에 오르기 전의 칭호이며, 項羽로부터 漢中王에 봉해져 '漢王'으로도 불렸음.
【父老豪傑】 父老는 나이 많은 노인들. 豪傑은 영향력을 가진 인물들.
【族】 진나라 때의 가혹한 형벌의 하나. 가족 중 한 사람만 죄를 지어도 父族, 母族, 妻族을 멸하는 連坐法.
【偶語】 서로 모이거나 짝을 이루어 여론을 퍼뜨림.
【棄市】 형법 이름. 반역죄 등을 저지른 자에게 사형을 내린 다음 그 시신을 저잣거리에 걸어 많은 사람들이 보고 공포를 느끼도록 함.
【抵罪】 죄에 상응하는 형벌을 가함.
【縣鄕邑】 秦나라 때의 행정조직은 郡, 縣, 鄕(邑), 亭, 里, 什伍(統班)의 순서로 되어 있었음.

直解(白話文)

서한(西漢) 때의 역사 기록이다.

고제(高帝)가 처음 기병하여 진나라 정벌에 나섰을 그때는 칭호가 그저 패공이었다. 이윽고 요관(嶢關)을 깨뜨리고 진나라 도읍 함양(咸陽)에 이르자 각 현의 나이 많은 부로들과 그곳의 영향력 있는 호걸들을 불러 모았다. 그리고 모두들 그들 면전으로 다가가 위로를 하며 이렇게 말하였다.

"진나라 임금은 무도하고 법령은 번거롭고 가혹하였습니다. 백성들은 매번 피해를 입은 지가 오래되었습니다. '단지 시정(時政)을 거론하기만 해

도 그를 비방하는 자라 하여 멸족의 형벌을 내리고, 두 사람이 함께 한곳에서 말을 나누고 있어도 무슨 모략을 꾸미는 자라 하여 기시의 형벌을 가한다'는 법이 있습니다. 그 포학함이 이와 같습니다. 저는 여러 제후들과 약속하기를 '먼저 관중에 들어가 진나라를 깨뜨리는 자는 그곳의 왕으로 삼는다'라 하였습니다. 지금 내가 제일 먼저 관중에 들어왔으니 의당 이곳 관중의 왕이 될 것입니다. 내 그대들의 왕이 될 것입니다. 오늘 부로들과 약속하건대 나의 법률은 오직 세 조항일 뿐입니다. 즉 '오직 사람을 죽인 자라야 그에게 똑같이 자신의 목숨으로 보상한다. 만약 남에게 상처를 입히거나 도적질을 한 자는 단지 각기 그에 상응하는 죄명으로 다스릴 뿐 사형에 처하지는 않는다'입니다. 이것 외의 일체 가혹한 법은 모두 폐기하고 쓰지 않을 것입니다."

그리고 다시 먼 곳에 처하는 자들이 모두 이 사실을 알 수 없을 것이라

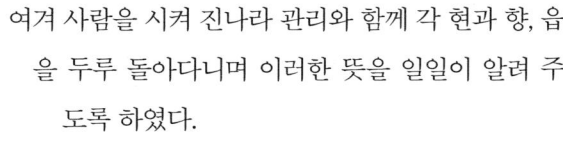

한 고조(劉邦)

여겨 사람을 시켜 진나라 관리와 함께 각 현과 향, 읍을 두루 돌아다니며 이러한 뜻을 일일이 알려 주도록 하였다.

그때에 백성들은 진나라의 해악으로 고통을 받고 있었기 때문에 하루아침에 이러한 말을 듣자 마치 자신들을 물불의 고통에서 건져 주는 듯이 여겨 환희에 차서 뛰어오르지 않는 자가 없었다. 그리하여 다투어 소와 양을 잡고 술과 음식을 마련하여 패공의 군사들을 위로하였다. 그들은 다만 패공이 진왕이 되지 않으면 어쩌나 걱정할 뿐이었다. 이로써 가히 알 수 있듯이 백성이란 위무(慰撫)하면 제왕이 될 수 있는 것이요, 이것이 한나라가 흥한 까닭이다. 백성이란 학대하면 그들의 원수가 되는 것이니 진나라가 천하를 잃은 까닭이다.

천하를 가진 자는 마땅히 관대함과 인자함을 귀한 것으로 여겨야 하는 것이다.

西漢史上記: 高帝初起兵伐秦, 那時猶號爲沛公, 旣破了嶢關, 到咸陽地方, 因呼喚各縣裡年高的父老, 與那有本事的豪傑, 都到面前慰勞之, 說道:「秦君無道, 法令煩苛, 你百姓每被害久矣, '但凡言時政的, 他就說人誹謗, 加以滅族之罪; 兩人做一處說話的, 他就說人有所謀爲, 加以棄市之刑.' 其暴虐如此. 從諸侯有約: '先人關破秦者, 王之.' 今我先入關, 當王關中, 與你百姓每做王. 今日就與父老相約, 我的法度, 只有三條: '惟是殺了人的, 纔着他償命. 若打傷人及爲偸盜的, 止各坐以應得的罪名, 不加以死.' 此外一切苛法, 都革去不用.」

又恐遠處不能盡知, 使人同着秦吏, 遍行到各縣鄉邑中, 將這意思都一一曉諭.

那時百姓每被秦家害得苦了, 一旦聞這言語, 如拔之於水火之中, 莫不歡喜踴躍, 爭持牛羊酒食, 犒享沛公的軍士, 只恐怕沛公不做秦王. 此可見撫之則后, 漢之所以興也; 虐之則讐, 秦之所以亡也. 有天下者, 當以寬仁爲貴矣.

【西漢】 高祖(劉邦)로부터 12대 孺子 嬰까지이며 도읍지가 장안(지금의 陝西 西安)이었으며 지리적으로 서쪽이어서 '西漢'이라 하며 시기적으로 앞선 조대라 하여 '前漢'이라고도 함. 그 뒤 王莽의 '新'을 거쳐 光武帝(劉秀)가 洛陽에 도읍을 정하여 이를 '東漢' 혹은 '後漢'이라 부름.
【嶢關】 崤關, 殽關. 關中의 咸陽으로 들어가는 동쪽 要塞이며 關門.
【咸陽】 秦나라 때의 도읍. 지금의 陝西 咸陽市 동북.
【本事】 영향력을 가지고 있음. 대체로 토호를 일컫는 말.
【百姓每】 '百姓們'과 같음. 원전의 '每' 자는 백화어 '們' 자를 대신하여 표기한 것이며, 본 책 모두 이와 같음. '們'은 백화어에서 複數 '들'을 뜻하는 말임.
【着他】 '그로 하여금 ~하도록 하다(시키다)'의 構文. '着'은 '使, 敎, 讓, 俾, 叫, 令' 등 使役形 助動詞로 쓰였음. 明代 白話語의 한 유형임.
【歡喜踴躍】 즐거워 뛰어오름. '歡喜'와 '踊躍' 모두 雙聲連綿語임.
【犒享】 음식으로 군사들을 대접하여 그들을 위로함을 말함.
【可見】 '가히 알 수 있다'의 백화어 표현.
【撫之則后】 백성이란 慰撫하면 그들의 왕후가 될 수 있음. '后'는 '王后, 王侯, 君侯, 帝王'과 같음.

참고 및 관련 자료

1. ≪史記≫ 高祖本紀
　漢元年十月, 沛公兵遂先諸侯至霸上. 秦王子嬰素車白馬, 係頸以組, 封皇帝璽符節, 降軹道旁. 諸將或言誅秦王. 沛公曰:「始懷王遣我, 固以能寬容; 且人已服降, 又殺之, 不祥.」

乃以秦王屬吏, 遂西入咸陽. 欲止宮休舍, 樊噲・張良諫, 乃封秦重寶財物府庫, 還軍霸上. 召諸縣父老豪桀曰:「父老苦秦苛法久矣, 誹謗者族, 偶語者棄市. 吾與諸侯約, 先入關者王之, 吾當王關中. 與父老約, 法三章耳: 殺人者死, 傷人及盜抵罪. 餘悉除去秦法. 諸吏人皆案堵如故. 凡吾所以來, 爲父老除害, 非有所侵暴, 無恐! 且吾所以還軍霸上, 待諸侯至而定約束耳.」乃使人與秦吏行縣鄕邑, 告諭之. 秦人大喜, 爭持牛羊酒食獻饗軍士. 沛公又讓不受, 曰:「倉粟多, 非乏, 不欲費人.」人又益喜, 唯恐沛公不爲秦王.

2. ≪漢書≫(1) 高祖紀

元年冬十月, 五星聚于東井, 沛公至霸上. 秦王子嬰素車白馬, 係頸以組, 封皇帝璽符節, 降枳道旁. 諸將或言誅秦王, 沛公曰:「始懷王遣我, 固以能寬容, 且人已服降, 殺之不祥.」遂西入咸陽, 欲止宮休舍, 樊噲・張良諫, 乃封秦重寶財物府庫, 還軍霸上. 蕭何秦收秦丞相府圖籍文書. 十一月, 召諸縣豪桀曰:「父老苦秦苛法久矣, 誹謗者族, 耦語者棄市. 吾與諸侯約, 先入關者王之, 吾當王關中. 與父老約, 法三章耳: 殺人者死, 傷人及盜抵罪. 餘悉除去秦法. 吏民皆按堵如故. 凡吾所以來, 爲父兄除害, 非有所侵暴, 毋恐! 且吾所以軍霸上, 待諸侯至而定要束耳.」乃使人與秦吏行至縣郡邑告諭之. 秦民大喜, 爭持牛羊酒食獻享軍士. 沛公讓不受, 曰:「倉粟多, 不欲費民」民又益喜, 唯恐沛公不爲秦王.

3. ≪漢書≫(23) 刑法志

漢興, 高祖初入關, 約法三章曰:「殺人者死, 傷人及盜抵罪」蠲削煩苛, 兆民大說. 其後四夷未附, 兵革未息, 三章之法不足以禦姦, 於是相國蕭何攈摭秦法, 取其宜於時者, 作律九章.

4. ≪十八史略≫(2)

破秦入關, 降秦王子嬰, 旣定秦, 還軍霸上. 悉召諸縣父老豪傑, 謂曰:「父老苦秦苛法久矣. 吾與諸侯約, 先入關中者王之, 吾當王關中, 與父老約, 法三章耳: 殺人者死, 傷人及盜抵罪, 餘悉除去秦苛法.」秦民大喜.

5. ≪蒙求≫(031-1)「蕭何定律」

前漢, 高祖初入關, 約法三章. 曰:「殺人者死, 傷人及盜抵罪」蠲削煩苛, 秦民大說. 其後四夷未附, 兵革未息, 三章之法, 不足以禦姦. 於是相國蕭何, 攈摭秦法, 取其宜於時者, 作律九章. 高祖布衣時, 何數以吏事護高祖, 高祖爲沛公, 何嘗爲丞督事. 沛公至咸陽, 諸將皆爭走金帛財物之府, 分之. 何獨先入, 收秦丞相・御史律令圖書藏之. 沛公具知天下阨塞, 戶口多少强弱處, 民所疾苦者, 以何得秦圖書也. 高祖卽位, 論功行封, 以何功最盛, 先封酇侯.

015(上-15)

임용삼걸(任用三傑)
한(漢) 고조(高祖)

한나라 삼걸을 임용한 한 고조 유방

한(漢)나라 때 역사 기록이다.

고제가 낙양 남궁에 주연을 차려 놓고 이렇게 물었다.

"통후(通侯)와 여러 장수들, 시험 삼아 내가 천하를 얻은 까닭은 무엇이며, 항우가 천하를 잃은 이유는 무엇인지 말해 보시오!"

초패왕 항우(項籍)

고기(高起)와 왕릉(王陵)이 대답하였다.

"폐하께서는 부하로 하여금 성을 공격하고 땅을 공략하도록 한 다음 이렇게 얻은 땅을 그들에게 나누어 주어 그 이익을 천하와 함께하였습니다. 그러나 항우는 똑똑하고 능력이 있는 자를 미워하고 질투하며 전투에 승리를 거두고 나서도 그 공을 남과 나누지 않았으며 땅을 얻어도 그 이익을 남과 함께하지 않았습니다. 이것이 바로 천하를 잃은 이유입니다."

그러자 고조가 말하였다.

"그대는 하나는 알고 둘은 모르는구려. 무릇 막사에서 작전을 짜서 천리 밖에서 승리를 결판 짓도록 하는 일에는 나의 자방(子房)만 못하고, 나라를 안정시켜 다스리고 백성을 위무하며 군량 보급이 끊어지지 않도록 하는 일은 나의 소하(蕭何)만 못하며, 백만 군사를 연합시켜 싸웠다 하면 반드시 승리하고 공략했다 하면 반드시 취하는 일이라면 나의 한신(韓信)만 못하다. 이 세 사람은 걸출한 인물들이다. 내 이들을 능히 활용하였으니 이것이 천하를 얻은 이유이다. 그러나 항우는 범증(范增) 한 사람이 있었지만 그를 잘 활용하지도 못하였다. 이것이 그가 나에게 붙들린 이유이다."

여러 신하들이 모두 즐거움에 탄복하였다.

漢史紀: 高帝置酒洛陽南宮, 曰:「通侯諸將, 試言吾所以有天下者何, 項氏之所以失天下者何!」

高起・王陵對曰:「陛下使人攻城略地, 因以與之, 與天下同其利; 項羽妬賢嫉能, 戰勝而不與人功, 得地而不與人利, 此其所以失天下也.」

上曰:「公知其一, 未知其二. 夫運籌帷幄之中, 決勝千里之外, 吾不如子房; 鎭國家, 撫百姓, 給餽餉不絶, 吾不如蕭何; 連百萬之衆, 戰必勝, 攻必取, 吾不如韓信. 三者皆人傑, 吾能用之, 此所以取天下者也. 項羽有一范增而不能用, 此所以爲我擒也.」

群臣悅服.

【任用三傑】漢 高祖 劉邦이 張良, 蕭何, 韓信 등 걸출한 세 사람을 믿고 임용하여 大業을 이루었음을 말함.

【洛陽】지금의 河南 洛陽. 여러 朝代의 도읍지였던 곳.

【通侯】'徹侯, 列侯'와 같음. 秦漢 때 爵位 12등급 중 가장 높은 지위였음. 뒤에 武帝 劉徹의 이름을 피하여 通侯라 한 것임. ≪漢書≫ 注에 "應劭曰:「舊曰徹侯, 避武帝諱曰通侯. 通亦徹也. 通者, 言其功德通於王室也.」張晏曰:「後改爲列侯. 列者, 見序列也.」"라 함.

【項氏】項羽.

【高起】衍文. 잘못 끼어든 것임. ≪史記會注考證≫ 참조.

【王陵】沛縣 사람으로 劉邦이 기병할 때 함께 나서서 공을 세운 다음 漢나라 때 安國侯에 봉해졌으며 右丞相에 오름.

【攻城略地】흔히 '攻城略池'라 하여 '地'는 '池'로 표기함.

【項羽】B.C. 232년~B.C. 202년. 이름은 籍. 下相(지금의 江蘇 宿遷) 출신으로 숙부 項梁과 함께 기병하여 가장 큰 反秦勢力으로 성장함. 항량이 죽은 뒤 스스로 자립하여 西楚霸王에 올랐으나 뒤에 劉邦과 烏江 垓下(지금의 安徽 靈壁縣)에서의 최후 결전에 패하자 자결함. ≪史記≫ 項羽本紀 참조.

【運籌】계획을 짜고 작전을 세움.

【帷幄】천막. 여기서는 전장에 상대되는 말로 작전 회의를 하는 군영 막사.

【子房】張良(?~B.C. 186). 자는 子房. 韓나라 출신으로 漢 高祖의 중요한 참모. 뒤에 留侯에 봉해졌으며 黃石公으로부터 兵法書를 받은 고사로도 유명함. ≪史記≫ 留侯世家 및 ≪漢書≫ 張良傳 참조.

【餽餉】 군량미. 군인들을 먹여 싸움을 계속할 수 있도록 보급을 이어 감을 말함.
【蕭何】 ?~B.C. 193년. 沛縣 사람으로 고조 유방을 따라 나서서 韓信을 추천하여 대장으로 삼았으며 뒤에 關中을 지켜 군량을 조달하는 임무를 완수함. 酇侯에 봉해졌으며 丞相에 오름. ≪史記≫ 蕭相國世家 참조.
【韓信】 ?~B.C. 196년. 淮陰 출신으로 처음에는 項羽를 따랐으나 뒤에 劉邦에게 옮겨 감. 유방을 도와 항우를 패퇴시키고 齊王에 봉해졌다가 다시 淮陰侯로 강등되었으며 呂后와의 알력으로 간계에 걸려 죽임을 당함. ≪史記≫ 淮陰侯韓信列傳 참조.
【范增】 B.C. 227년~B.C. 204년. 秦末 居鄛(지금의 安徽 桐城) 출신으로 項羽의 최고 참모. 항우가 그를 亞父로 불렀을 정도였지만 鴻門宴 기회에 유방을 죽여 없앨 것을 권했으나 이를 듣지 않자 포기하고 돌아가다가 도중에 병으로 죽음.

直解(白話文)

서한 때의 역사 기록이다.

고제 유방이 이윽고 천하를 평정하자 낙양의 남궁에 술자리를 마련하여 그 기회에 여러 신하들에게 물었다.

"너희 통후들과 여러 장수들, 내가 천하를 얻은 것이 무슨 이유에서이며, 항우가 천하를 잃은 것이 무슨 까닭에서인지 시험 삼아 말해 보시오!"

그러자 고기와 왕릉 두 사람이 일제히 이렇게 대답하였다.

"폐하께서는 사람을 시켜 성과 못을 공격하고 토지를 공략하여 취하면서 이를 얻고 나면 곧 그 공을 세운 사람을 그곳에 봉해 주어 그 이익을 천하와 함께하였습니다. 이 때문에 사람마다 자신의 힘을 다해 전투에 임하여 공과 상을 얻고자 합니다. 이것이 폐하께서 천하를 얻게 된 이유입니다. 그러나 항우는 그렇지 않습니다. 똑똑한 사람을 질투하고 능력 있는 자를 미워하여 비록 전투에 승리를 하였다 해도 그 공을 기록해 주지

아니하고, 비록 땅을 얻었다 해도 그 이익을 나누어 주지 않습니다. 이 때문에 사람마다 원망을 하게 되고 그를 대신하여 힘을 내놓으려 하지 않습니다. 이것이 항우가 천하를 잃게 된 이유입니다."

고제가 말하였다.

"그대들은 단지 하나만 알 뿐 둘은 모르는구려. 무릇 계획과 모책을 운용함에 군영 막사에서 계모를 결정하고, 천 리 밖 전장에서 승리를 결판내는 일, 이러한 일이라면 나는 장자방(張子房)만 못하고, 이미 점령한 나라를 진압하여 지켜 내고 그곳 백성을 위로하고 안정시키며 군량미를 공급하여 모자라거나 끊어짐이 없도록 하는 일, 이러한 일이라면 나는 소하만 못하며, 백만 대군을 통솔하여 싸웠다 하면 반드시 승리를 이끌어 내고, 공략했다 하면 반드시 취하고 마는 것, 이러한 일이라면 나는 한신만 못하다. 장자방, 소하, 한신 이 셋은 모두가 사람 중에 호걸이다. 내 능히 일일이 이들을 믿고 활용하여 이 세 사람의 도움을 받았다. 이것이 바로 천하를 취할 수 있었던 까닭이다. 항우는 다만 모신 범증 한 사람만 있었으나 그나마 일마다 그를 의심하여 능히 그를 믿고 활용하지 못하였다. 이는 한 사람의 도움도 없었던 셈이다. 이것이 바로 마침내 나에게 사로잡히고 만 이유이다."

여러 신하들 가운데 고제의 말을 듣고 즐거운 마음으로 경탄해 굴복하지 않는 이가 없었다.

무릇 사람을 활용하는 자는 항상 여유가 있게 마련이며, 자신만을 활용하는 자는 항상 부족하게 마련이다. 한 고조로서는, 당시 만약 용맹하고 싸움 잘하며 땅이 넓고 군사가 강한 면을 논한다면 항우에 미치지 못함이 아주 현격하였다. 그럼에도 끝내 능히 승리를 이룰 수 있었던 것은 단지 사람을 능히 잘 활용했기 때문이다. 그러므로 지혜로운 자는 그를 위해 모책을 짜 주었고, 용맹한 자는 그를 위해 힘을 다 내놓을 수 있어 천하의 공이 모두 그에게 돌아가게 되었던 것이다. 한 고조가 스스로 그러한 신하들만 못하다 한 그 말이 바로 능히 한 시대의 영웅호걸을 타고 부릴 수 있었던 이유이다.

西漢史上記: 高帝旣定天下, 置酒宴群臣於洛陽之南宮, 因問群臣說:「爾通侯諸將等, 試說我所以得天下者何故; 項羽所以失天下者何故!」

高起·王陵二人齊對說:「陛下使人攻打城池, 略取土地, 旣得了, 就封那有功之人, 與天下同其利, 因此人人盡力戰爭, 以圖功賞, 此陛下之所以得天下也; 項羽則不然, 妬賢嫉能, 雖戰勝而不錄人之功, 雖得地而不與人同利, 因此人人怨望, 不肯替他出力, 此項羽之所以失天下也.」

高帝說:「公等但知其一, 未知其二. 夫運籌策, 定計謀於帷幄之中, 而決勝於千里之外, 這事我不如張子房; 鎭守國家, 撫安百姓, 供給軍餉, 不至乏絶, 這事

我不如蕭何; 統百萬之兵, 以戰則必勝, 以攻則必取, 這事我不如韓信. 張子房·蕭何·韓信三人, 都是人中的豪傑, 我能一一信用他, 得此三人之助, 此所以取天下者也. 項羽只有一箇謀臣范增, 而每事猜疑, 不能信用, 是無一人之助矣, 此所以終被我擒獲者也.」

群臣聞高帝之說, 無不欣悅敬服.

夫用人者恒有餘, 自用者恒不足. 漢高祖之在當時, 若論勇猛善戰, 地廣兵強, 不及項羽遠甚, 而終能勝之者, 但以其能用人故耳. 故智者爲之謀, 勇者盡其力, 而天下歸功焉. 漢高自謂不如其臣, 所以能駕馭一時之雄傑也.

【爾】 '你'와 같음. 이인칭대명사.
【齊】 '一齊, 一起'의 줄인 말. '함께, 똑같이, 한꺼번에'의 뜻.
【城池】 성과 그 둘레를 친 방어용 못. 해자. 흔히 전투에서 공격 대상임을 말함.

참고 및 관련 자료

1. ≪史記≫ 高祖本紀

漢四年, 韓信破齊而欲自立爲齊王, 漢王怒. 張良說漢王, 漢王使良授齊王信印, 語在淮陰事中. 其秋, 漢王追楚至陽夏南, 戰不利而壁固陵, 諸侯期不至. 良說漢王, 漢王用其計, 諸侯皆至. 語在項籍事中. 漢六年正月, 封功臣. 良未嘗有戰鬪功, 高帝曰:「運籌策帷帳中, 決勝千里外, 子房功也. 自擇齊三萬戶.」良曰:「始臣起下邳, 與上會留, 此天以臣授陛下. 陛下用臣計, 幸而時中, 臣願封留足矣, 不敢當三萬戶.」乃封張良爲留侯, 與蕭何等俱封. (六年)上已封大功臣二十餘人, 其餘日夜爭功不決, 未得行封. 上在雒陽南宮, 從復道望見諸將往往相與坐沙中語. 上曰:「此何語?」留侯曰:「陛下不知乎? 此謀反耳.」上曰:「天下屬安定, 何故反乎?」留侯曰:「陛下起布衣, 以此屬取天下, 今陛下爲天子, 而所封皆蕭·曹故人所親愛, 而所誅者皆生平所仇怨. 今軍吏計功, 以天下不足遍封, 此屬畏陛下不能盡封, 恐又見疑平生過失及誅, 故卽相聚謀反耳.」上乃憂曰:「爲之柰何?」留侯曰:「上平生所憎, 群

臣所共知, 誰最甚者?」上曰:「雍齒與我故, 數嘗窘辱我. 我欲殺之, 爲其功多, 故不忍.」留侯曰:「今急先封雍齒以示群臣, 群臣見雍齒封, 則人人自堅矣.」於是上乃置酒, 封雍齒爲什方侯, 而急趣丞相‧御史定功行封. 群臣罷酒, 皆喜曰:「雍齒尙爲侯, 我屬無患矣.」……太史公曰: 學者多言無鬼神, 然言有物. 至如留侯所見老父予書, 亦可怪矣. 高祖離困者數矣, 而留侯常有功力焉, 豈可謂非天乎? 上曰:「夫運籌策帷帳之中, 決勝千里外, 吾不如子房.」余以爲其人計魁梧奇偉, 至見其圖, 狀貌如婦人好女. 蓋孔子曰:「以貌取人, 失之子羽.」留侯亦云.

2. ≪漢書≫ 高帝紀

帝置酒雒陽南宮, 上曰:「通侯諸將, 毋敢隱朕, 皆言其情. 吾所以有天下者何, 項氏之所以失天下者何!」高起‧王陵對曰:「陛下嫚而侮人, 項羽仁而敬人. 然陛下使人攻城略地, 所降下者, 因以與之, 與天下同其利也; 項羽妒賢嫉能, 有功者害之, 賢者疑之, 戰勝而不與人功, 得地而不與人利, 此其所以失天下也.」上曰:「公知其一, 未知其二. 夫運籌帷幄之中, 決勝千里之外, 吾不如子房; 塡國家, 撫百姓, 給餽餉, 不絶糧道, 吾不如蕭何; 連百萬之衆, 戰必勝, 攻必取, 吾不如韓信. 三者皆人傑, 吾能用之, 此吾所以取天下也. 項羽有一范增而不能用, 此所以爲我禽也.」群臣說服.

3. ≪史記≫ 留侯世家

(六年)上已封大功臣二十餘人, 其餘日夜爭功不決, 未得行封. 上在雒陽南宮, 從復道望見諸將往往相與坐沙中語. 上曰:「此何語?」留侯曰:「陛下不知乎? 此謀反耳.」上曰:「天下屬安定, 何故反乎?」留侯曰:「陛下起布衣, 以此屬取天下, 今陛下爲天子, 而所封皆蕭‧曹故人所親愛, 而所誅者皆生平所仇怨. 今軍吏計功, 以天下不足遍封, 此屬畏陛下不能盡封, 恐又見疑平生過失及誅, 故卽相聚謀反耳.」上乃憂曰:「爲之柰何?」留侯曰:「上平生所憎, 群臣所共知, 誰最甚者?」上曰:「雍齒與我故, 數嘗窘辱我. 我欲殺之, 爲其功多, 故不忍.」留侯曰:「今急先封雍齒以示群臣, 群臣見雍齒封, 則人人自堅矣.」於是上乃置酒, 封雍齒爲什方侯, 而急趣丞相‧御史定功行封. 群臣罷酒, 皆喜曰:「雍齒尙爲侯, 我屬無患矣.」

4. ≪漢書≫(40) 張良傳

良嘗閒從容步游下邳圯上, 有一老父, 衣褐, 至良所, 直墮其履圯下, 顧謂良曰:「孺子下取履!」良愕然, 欲毆之. 爲其老, 乃彊忍, 下取履, 因跪進. 父以足受之, 笑去. 良殊大驚. 父去里所, 復還, 曰:「孺子可敎矣. 後五日平明, 與我期此.」良因怪(之), 跪曰:「諾.」五日平明, 良往. 父已先在, 怒曰:「與老人期, 後, 何也? 去, 後五日蚤會.」五日, 雞鳴往. 父又先在, 復怒曰:「後, 何也? 去, 後五日復蚤來.」五日, 良夜半往. 有頃, 父亦來, 喜曰:「當如是.」出一編

書, 曰:「讀是則爲王者師. 後十年興. 十三年, 孺子見我. 濟北穀城山下黃石卽我已.」遂去不見. 旦日視其書, 乃太公兵法. 良因異之, 常習[讀]誦.

5. ≪新序≫ 善謀(下)

漢六年, 正月, 封功臣, 張子房未嘗有戰鬪之功. 高皇帝曰:「運籌策帷幄之中, 決勝千里之外, 子房功也. 子房自擇齊三萬戶」良曰:「始臣起下邳, 與上會留, 此天以臣授陛下. 陛下用臣計, 幸而時中, 臣願封留足矣, 不敢當齊三萬戶」乃封良爲留侯, 及蕭何等. 其餘功臣, 皆未封. 群臣自疑, 恐不得封, 咸不自安, 有搖動之心. 於是高皇帝在雒陽南宮上臺, 見群臣往往相與坐沙中語. 上曰:「此何語?」留侯曰:「陛下不知乎? 謀反耳.」上曰:「天下屬安, 何故而反?」留侯曰:「陛下起布衣, 與此屬定天下, 陛下已爲天子, 而所封皆蕭曹故人, 所誅皆平生怨仇. 今軍吏計功, 以天下不足以徧封, 此屬畏陛下不能盡封, 又見疑平生過失及誅, 故卽聚謀反耳.」上乃憂, 曰:「爲將奈何?」留侯曰:「上平生所憎, 群臣所共知, 誰最甚者?」上曰:「雍齒與我有故, 數窘辱我, 欲殺之, 爲其功多, 故不忍.」留侯曰:「今急, 先封雍齒, 以示群臣. 群臣見雍齒得封, 卽人人自堅矣.」於是上置酒, 封雍齒爲什方侯, 而急詔趣丞相御史定功行封, 群臣罷酒, 皆喜:「雍齒且侯, 我屬無患矣.」還倍畔之心, 銷邪道之謀, 使國家安寧, 累世無患者, 張子房之謀也.

6. ≪十八史略≫(2)

上已封大功臣, 餘爭功不決. 上從複道上望見, 諸將往往, 坐沙中相與語. 上問張良, 良曰:「陛下以此屬取天下, 令所封皆故人親愛; 所誅皆平生仇怨, 此屬畏不能盡封, 又恐見疑平生過失及誅, 故相聚謀反耳.」上曰:「奈何?」良曰:「陛下平生所憎, 羣臣所共知, 誰最甚者?」上曰:「雍齒.」良曰:「急先封雍齒.」於是封齒爲什方侯, 而急趣丞相御史, 定功行封, 羣臣皆喜曰:「雍齒且侯, 吾屬無患矣.」詔定元功十八人位次, 賜丞相何, 劍履上展殿, 入朝不趨.

7. ≪蒙求≫(052-2)「雍齒先侯」

前漢, 高祖居雒陽南宮, 從復道望見, 諸將往往偶語. 上問張良. 良曰:「陛下起布衣, 與此屬取天下. 今已爲天子, 而所封皆蕭曹故人所親愛, 所誅者皆平生仇怨. 此屬畏陛下不能盡封, 又恐見疑過失及誅. 故相聚謀反耳. 上平生所憎, 羣臣所共知. 誰最甚者?」上曰:「雍齒與我有故怨, 數窘辱我. 我欲殺之, 爲功多不忍.」良曰:「今急先封齒以示群臣, 則人人自堅矣.」於是上置酒, 封齒爲什方侯, 而急趣丞相御史, 定功行封. 群臣罷酒皆喜曰:「雍齒且侯, 我屬無患矣.」

과로사성(過魯祀聖)

한(漢) 고조(高祖)

노나라에 들러 성현에게 제사를 올린 한 고조 유방

한(漢)나라 때 역사 기록이다.

고제가 회남왕(淮南王) 경포(黥布)의 난을 격파한 다음 돌아오는 길에 노(魯)나라에 들러 태뢰(太牢)로써 공자의 사당에 제사를 올렸다.

漢史紀: 高帝擊淮南王黥布, 還過魯, 以太牢祀孔子.

【過魯祀聖】 高祖 劉邦이 경포의 난을 직접 나서서 진압한 다음 돌아오는 길에 魯나라 曲阜에 들러 聖人 孔子에게 제사를 올림.

【黥布】 원래 이름은 英布(?~B.C. 195). 六縣(지금의 安徽 六安) 출신. 젊을 때 죄를 지어 墨刑을 받은 다음 이름을 黥布로 바꿈. 원래 項羽를 따라 나섰으나 뒤에 유방에게 옮겨 와 공을 세워 淮南王에 봉해짐. 뒤에 유방에게 반기를 들자 고조가 직접 토벌에 나서서 江南으로 쫓겨 갔으며 결국 長沙王에게 죽임을 당함. 이로써 경포의 난이 끝난 것임. 《史記》 黥布列傳 참조.

【太牢】 고대 帝王이나 諸侯가 社稷이나 산천 제사, 연회 등에 소, 양, 돼지 三牲을 잡아 올리는 큰 잔치를 말함.

直解(白話文)

서한 때의 역사 기록이다.

한 고제가 회남왕 경포의 모반이 일어나자 직접 나서서 군사를 이끌고 정벌에 나서서 경포를 사로잡았다. 이렇게 승리를 하고 돌아오는 길에 산동(山東) 곡부현(曲阜縣)에 들렀다. 이곳은 지난날 노나라였으며, 바로 공자가 태어난 곳으로 공자의 무덤이 있었다. 고제는 태뢰의 예물을 갖추고 친히 제사를 올렸다. 무릇 공자는 비록 큰 성인이었지만 그 관직은 노나라의 대부에 불과하였

한 고조(劉邦)

다. 공자가 죽은 뒤 전국 시대 임금들은 모두가 공자의 도를 존신(尊信)할 줄 몰랐으며 심지어 진 시황에 이르러서는 그 책조차 불태웠다. 고제는 천하의 귀한 존재로서 바야흐로 무력을 써서 정벌을 하는 즈음임에도 유가를 존중하고 유도를 존중할 줄 알았으며 게다가 태뢰로써 마치 사직과 종묘의 제사와 똑같이 받들어 모셨던 것이다. 후세 임금들이 공자를 존경하게 된 것은 실로 고제로부터 시작된 것이다. 그가 정대함을 좋아하고 숭상하기가 이와 같았으니 하나의 큰 창업의 군주가 되기에 마땅하였던 것이다.

西漢史上記: 漢高帝因淮南王黥布謀反, 自領兵征之, 擒了黥布, 得勝回還, 經過山東曲阜縣, 乃舊魯國, 是孔子所生的地方, 有孔子的墳墓, 高帝具太牢牲禮, 親拜祭之. 夫孔子雖是大聖, 其官不過魯國的大夫, 自孔子歿後, 戰國之君, 皆不

知尊信其道, 及秦始皇又焚燒其書. 高帝以天下之尊, 方用兵征伐之際, 就知崇儒重道, 且用太牢, 與社稷宗廟的祭禮一樣. 後世人君尊敬孔子, 實自高帝始. 其好尙正大如此, 宜其爲一大創業之君也.

【曲阜】지금의 山東 曲阜市. 고대 魯나라 땅이었으며 儒家의 大成 孔子가 살던 三孔(孔府, 孔林, 孔廟)이 그대로 남아 있음.

【大夫】공자는 지극히 학문이 높은 성인이었으나 노나라 大司寇 벼슬 정도에 그쳤음. ≪史記≫ 孔子世家 참조.

【戰國】東周 시대 전반을 春秋 시대(공자 생존 시기), 후반부 秦 始皇의 통일 전까지를 戰國 시대라 하며 이때에는 秦, 齊, 楚, 燕, 韓, 魏, 趙 등 소위 戰國七雄이 모두가 富國强兵을 부르짖어 儒家의 孔子를 숭상할 겨를이 없었음.

【秦始皇】전국 말 중국을 통일하여 秦帝國을 세운 임금. 嬴政. 莊襄王 子楚의 아들. 실제로는 呂不韋와 첩 사이에 태어남. 方士를 믿어 徐市 등 동남동녀를 東海로 보내어 不老草, 不死藥을 구해 오도록 하는 등 많은 일화와 고사를 남김. ≪史記≫ 秦始皇本紀 등 참조.

【焚書】진 시황이 諸子百家들이 왕실을 비판하는 것을 못마땅하게 여겨 法家書와 農書 외에 모든 典籍을 불태워 없앴으며 학자들도 구덩이에 묻어 죽임. 이를 焚書坑儒라 함. 「阬儒焚書」(089) 참조.

【社稷】土地神과 穀神을 뜻하며 이를 모신 사당을 세워 왕들이 제사를 올림. 이에 따라 흔히 나라를 대신하는 말로 쓰임.

【宗廟】천자와 제후들이 조상의 위패를 모신 사당. 역시 국가를 대신하는 말로 흔히 쓰임.

참고 및 관련 자료

1. ≪漢書≫ 高祖紀

漢別將擊布軍洮水南北, 皆大破之, 追斬布番陽. ……十一月, 行自淮南還. 過魯, 以大牢

祠孔子.

2. ≪史記≫ 孔子世家

　　孔子葬魯城北泗上, 弟子皆服三年. 三年心喪畢, 相訣而去, 則哭, 各復盡哀; 或復留. 唯子贛廬於冢上, 凡六年, 然後去. 弟子及魯人往從冢而家者百有餘室, 因命曰孔里. 魯世世相傳以歲時奉祠孔子冢, 而諸儒亦講禮鄕飮大射於孔子冢. 孔子冢大一頃. 故所居堂・弟子內, 後世因廟, 藏孔子衣冠琴車書, 至于漢二百餘年不絶. 高皇帝過魯, 以太牢祠焉. 諸侯卿相至, 常先謁然後從政.

017(上-17)

각천리마(却千里馬)
한(漢) 문제(文帝)

천리마를 거절한 한나라 문제

한(漢)나라 때 역사 기록이다.

문제(文帝) 때 어떤 이가 천리마를 바쳤다. 문제는 이렇게 말하였다.

"내가 행차할 때면 난기(鸞旗)가 앞에 있고 속거(屬車)가 뒤를 따른다. 길 행(吉行)에는 하루 5십 리, 사행(師行)에는 하루 3십 리면 족한데 내가 천리마를 타고 홀로 먼저 앞서서 어디를 간단 말이냐?"

그리고 조서를 내려 받지 않도록 하였다.

漢史紀: 文帝時, 有獻千里馬者.

帝曰:「鸞旗在前, 屬車在後, 吉行五十里; 師行三十里. 朕乘千里馬, 獨先安之?」

下詔不受.

【却千里馬】어떤 사람이 천리마를 바쳐 오자 한 문제가 이를 물리치고 받지 않음.
【文帝】西漢의 제3대 황제. 이름은 劉恒. 漢 高祖의 넷째 아들로 薄太后에게서 태어남. 惠帝(劉盈)를 이어 제위에 오름(재위 B.C. 179~B.C. 157). 원래 대왕에 봉해졌다가 周勃 등이 呂氏의 난을 평정한 다음 옹위하여 황제가 됨. 한나라 초기 文帝와 景帝 때 흥성한 토대를 이루어 흔히 이 시기를 '文景之治'라 함. ≪史記≫ 孝文帝本紀와 ≪漢書≫ 文帝紀를 볼 것.
【鸞旗】난새의 장식을 한 儀仗 깃발. 황제의 出次 앞에서 인도함.
【屬車】황제 행렬의 뒤를 따르는 호위 수레들.
【吉行】喜慶事가 있어 出行하는 것. 평상시의 巡狩나 訪問 등.
【師行】군대가 출정할 때의 행진. 군대는 하루 30리를 행진하며 이를 '一舍'라 함.

直解(白話文)

서한 때의 역사 기록이다.

문제 때 어떤 사람이 말 한 필을 진상하였는데 하루에 천 리를 달릴 수 있는 것이었다. 문제가 말하였다.

"천자가 행차할 때 난새를 그린 깃발이 앞에서 인도하고 속거가 뒤를

호위한다. 혹 순수(巡狩)를 하면서 그것이 길행일 경우 하루에 불과 5십 리일 뿐이며 혹 정벌을 위해 사행을 나설 때라면 하루에 3십 리를 넘지 않아 멈추게 된다. 내가 이 천리마를 타고 홀로 먼저 앞선들 어디로 갈 수 있겠는가?"

이에 조칙을 내려 거절하며 받지 않은 채 그 말을 바쳤던 자로 하여금 끌고 되돌아가도록 하였다.

무릇 천리마는 양마(良馬)이다. 그러나 문제는 천자에게 마땅한 용도가 아니라고 여겼으며 게다가 받지도 않았으니 하물며 그 밖의 주옥이나 보배, 진기한 새나 기이한 짐승으로 임금의 일상생활에 절실하지 않은 것이라면 어찌 그의 마음을 움직일 수 있었겠는가?

≪서(書)≫에 "무익한 것으로써 유익한 것을 해치지 않는다면 이로써 공은 이루어질 것이며, 기이한 물건으로써 일상에 필요한 물건을 천하게

상편 • 성철방관 151

여기지 않는다면 백성들은 만족할 것이다"라 하였는데 이 말이야말로 문제를 두고 이른 것이다.

西漢史上記: 文帝時, 有人進一匹馬, 一日能行千里. 文帝說道:「天子行幸, 有鸞旗導引於前, 有屬車擁護於後; 或巡狩而吉行, 一日不過五十里而止; 或征伐而師行, 一日不過三十里而止. 朕騎着這千里馬, 獨自箇先往何處去?」

한 문제(劉恒)

於是下詔拒而不受, 還着那進馬的人牽回去了.

夫千里馬, 是良馬也. 文帝以爲非天子所宜用, 尙且不受, 況其他珠玉寶貝, 珍禽奇獸, 不切於人主日用者, 又豈足以動其心乎?

≪書≫曰:『不作無益害有益, 功乃成; 不貴異物賤用物, 民乃足.』正文帝之謂也.

【寶貝】 우리말의 '보배'.
【書】 ≪尙書≫ 周書 旅獒의 구절.

참고 및 관련 자료

1. ≪漢書≫(64下) 賈捐之傳

賴聖漢初興, 爲百姓請命, 平定天下. 至孝文皇帝, 閔中國未安, 偃武行文, 則斷獄數百, 民賦四十, 丁男三年而一事. 時有獻千里馬者, 詔曰:「鸞旗在前, 屬車在後, 吉行日五十里, 師行[三]十里, 朕乘千里之馬, 獨先安之?」於是還馬, 與道里費, 而下詔曰:「朕不受獻也, 其令四方毋求來獻.」當此之時, 逸游之樂絶, 奇麗之賂塞, 鄭衛之倡微矣. 夫後(官)[宮]盛色則賢者隱處, 佞人用事則諍臣杜口, 而文帝不行, 故諡爲孝文, 廟稱太宗.

2. ≪十八史略≫(2)

時有獻千里馬者, 帝曰:「鸞旗在前, 屬車在後, 吉行日五十里, 師行日三十里. 朕乘千里馬, 獨先安之?」於是還其馬, 與道里費, 而下詔曰:「朕不受獻也. 其令四方毋來獻.」

3. ≪尙書≫ 周書 旅獒

惟克商, 遂通道于九夷八蠻, 西旅底貢厥獒, 太保乃作旅獒, 用訓于王. 曰:「嗚呼! 明王愼德, 四夷咸賓, 無有遠邇, 畢獻方物, 惟服食器用. 王乃昭德之致于異姓之邦, 無替厥服, 分寶玉于伯叔之國, 時庸展親, 人不易物, 惟德其物. 德盛不狎侮, 狎侮君子, 罔以盡人心, 狎侮小人, 罔以盡其力. 不役耳目, 百度惟貞. 玩人喪德, 玩物喪志. 志以道寧, 言以道接. 不作無益害有益, 功乃成; 不貴異物賤用物, 民乃足. 犬馬, 非其土性不畜; 珍禽奇獸, 不育于國. 不寶遠物, 則遠人格, 所寶惟賢, 則邇人安. 嗚呼. 夙夜罔或不勤. 不矜細行, 終累大德, 爲山九仞, 功虧一簣. 允迪玆, 生民保厥居, 惟乃世王.」

018(上-18)

지연수언(止輦受言)
한(漢) 문제(文帝)

수레를 멈추고 간언을 들은 한 문제

한(漢)나라 때 역사 기록이다.

문제는 매번 조정에서 낭(郞)이나 종관(從官)의 낮은 직책이 올리는 상서나 상소문일지라도 한 번도 수레를 멈추고 그 말을 들어 보지 않은 적이 없었다.

가히 쓸 만하지 못한 말이면 이를 그대로 두었으며, 쓸 만한 의견일 경우 이를 채납하면서 한 번도 칭찬을 하지 않은 적이 없었다.

漢史紀: 文帝每朝, 郎從官上書疏, 未嘗不止輦受其言.
言不可用, 置之; 可用, 采之; 未嘗不稱善.

【止輦受言】 수레를 멈추고 간언이나 건의를 들음.
【郎】 관직 이름. 秦漢 시대 궁중의 宿衛를 맡았던 직책. 郎中令에 속하였으며 近衛官이었음.
【從官】 역시 황제의 측근으로 근위관.
【書疏】 上書와 上疏. 임금에게 올리는 建議 문서. '疏'는 '疎, 疏' 등으로도 표기함.
【輦】 임금이 타는 수레로 앞에 두 사람이 끎.

直解(白話文)

서한 때의 역사 기록이다.

문제는 매번 조정에 나가 정사를 살피면서 단지 낭이나 종관의 낮은 지위일지라도 그들이 올리는 상서나 진언에 대하여 비록 길을 가던 중에 우연히 만났더라도 반드시 수레를 멈추고 그 말을 들어주었다.

설령 그의 말이 도리에 맞지 않아 쓸 수 없는 것이라 해도 다만 이를 방치하여 실행하지 않을 뿐 그에게 견책을 가하는 일은 없었다. 그런가 하면 만약 그 말이 백성을 살리는 데 유익한 것이며, 동시에 치도(治道)에 보탬이 되는 것이라면 서둘러 그것을 채택하여 차례를 정해 실행하였으며, 아울러 그때마다 그 훌륭한 의견에 대해 칭찬을 아끼지 않았으니 대체로

단지 그 의견만을 채납한 것에 그치는 정도가 아니었던 것이다.

일찍이 듣건대 임금의 덕이란 말을 들어주는 것보다 더 귀히 여길 것은 없다 하였다. 진(秦)나라는 두 사람이 짝을 지어 말을 나누는 것조차 금지하자 천하가 말하는 것 자체를 꺼려하여 결국 이 때문에 멸망에 이르렀음에도 깨닫지도 못하였다. 문제께서 마음을 비우고 남의 말을 들어주고 용납함이 이와 같음을 보건대 비록 대순(大舜)이 눈을 밝히고 귀가 밝았다 하였고, 성탕(成湯)이 간언을 듣고 위배됨이 없다 하였으나 어찌 그에 뒤질 것이 있겠는가!

西漢史上記: 文帝每出視朝, 但有郎從等官上書陳言者, 雖正遇行路之時, 亦必駐了輦, 聽受其言. 縱使所言沒有道理不可用, 但置之不行而已, 亦不加譴責; 如其言有益於生民, 有補於治道, 則必亟加採擇, 次第行之; 又每每稱道其所言

之善, 盖不但采取之而已.

　嘗聞人君之德, 莫貴於聽言. 自秦禁偶語, 天下以言爲諱矣, 是以底於滅亡而不悟也. 觀文帝之虛懷聽納如此, 雖大舜之明目達聰, 成湯之從諫弗咈, 亦何讓焉!

【諱】꺼림. '忌憚'과 같음.
【底】바닥에 이름. '마침내 ~에 이르다'의 뜻.
【成湯】湯임금. 殷나라 시조. 자신을 낮추어 간언을 잘 청취하였던 임금.
【咈】위배됨. 저촉됨. 잘못됨.
【何讓】'어찌 양보하겠는가? 그에게 뒤질 것이 있겠는가? 그만 못할 것이 있겠는가?'의 뜻.

참고 및 관련 자료

1. ≪史記≫(101) 袁盎晁錯列傳

　袁盎卽跪說曰:「君爲丞相, 自度孰與陳平・絳侯?」丞相曰:「吾不如.」袁盎曰:「善, 君卽自謂不如. 夫陳平・絳侯輔翼高帝, 定天下, 爲丞相, 而誅諸呂, 存劉氏; 君乃爲材官蹶張, 遷爲隊率, 積功至淮陽守, 非有奇計攻城野戰之功. 且陛下從代來, 每朝, 郎官上書疏, 未嘗不止輦受其言, 言不可用置之, 言可受採之, 未嘗不稱善. 何也? 則欲以致天下賢士大夫. 上日聞所不聞, 明所不知, 日益聖智; 君今自閉鉗天下之口而日益愚. 夫以聖主責愚相, 君受禍不久矣.」丞相乃再拜曰:「嘉鄙野人, 乃不知, 將軍幸教.」引入與坐, 爲上客.

2. ≪漢書≫(49) 爰盎傳

　盎卽起說曰:「君爲相, 自度孰與陳平・絳侯?」丞相曰:「不如.」盎曰:「善, 君自謂弗如. 夫陳平・絳侯輔翼高帝, 定天下, 爲將相, 而誅諸呂, 存劉氏; 君乃爲材官蹶張, 遷爲隊帥, 積功至淮陽守, 非有奇計攻城野戰之功. 且陛下從代來, 每朝, 郎官者上書疏, 未嘗不止輦受. 其言不可用, 置之; 言可采, 未嘗不稱善. 何也? 欲以致天下賢英士大夫, 日聞所不聞. 以益聖. 而君自閉箝天下之口, 而日益愚. 夫以聖主責愚相, 君受禍不久矣.」丞相乃再拜曰:「嘉鄙人, 乃不知, 將軍幸教.」引與入坐, 爲上客.

019(上-19)

납간사금(納諫賜金)
한(漢) 문제(文帝)

간언을 채용하고 금을 하사한 한 문제

한(漢)나라 때 역사 기록이다.
　문제가 패릉(霸陵)에서 서쪽으로 가파른 내리막길을 그대로 내달려 내려가려 하자 중랑장(中郞將) 원앙(袁盎)이 수레 곁에 말을 탄 채 수행하고 있다가 문제의 수레 고삐를 잡아당겨 멈추었다.

임금이 물었다.

"장군께서는 겁이 나오?"

원앙이 말하였다.

"제가 듣기로 성스러운 임금은 위험한 것을 타지 않는다 하였습니다. 요행을 바랄 수 없습니다. 지금 폐하께서 여섯 마리 나는 듯한 준마가 끄는 수레를 타고 내리막길을 내달려 내려가려 하시니 만약 말이 놀라 수레가 엎어지는 일이 있다면 폐하께서 비록 가벼운 일이라 여긴다 해도 고묘(高廟)나 태후(太后)께서는 어찌 되겠습니까?"

문제는 그 말에 그만두었다.

다시 상림원(上林苑)에 행차할 때 신부인(愼夫人)이 함께 수레에 앉는 것이 예법에 어긋난다고 상주(上奏)하여 그런 일이 없도록 하였다.

임금은 이를 즐겁게 여겨 원앙에게 금 50근을 하사하였다.

漢史紀: 文帝從霸陵上, 欲西馳下峻阪, 中郞將袁盎騎並車, 擥轡.

上曰:「將軍怯耶?」

盎曰:「臣聞聖主不乘危, 不僥幸. 今陛下騁六飛馳下峻阪, 有如馬驚車敗, 陛下縱自輕, 奈高廟·太后何?」

上乃止.

又從幸上林, 奏却愼夫人坐.

上說, 賜盎金五十斤.

【納諫賜金】 간언을 듣고 이를 가상히 여겨 황금을 내려 줌.
【霸陵】 秦나라 때 芷陽縣. 漢 文帝 9년(B.C. 171) 이곳에 霸陵(文帝의 능)이 들어섬으로써 지명이 바뀜. 지금의 陝西 西安市 동북.

【峻阪】험준하고 가파른 내리막길.
【中郞將】軍職. 武官. 궁중 宿衛와 황제의 出行을 모시고 호위하는 임무를 맡음.
【袁盎】'爰盎'으로도 표기하며 西漢 때의 大臣. 자는 絲. 楚나라 출신. 문제 때 中郞將을 지냈으며 直言을 잘 하였음. ≪史記≫ 袁盎傳 및 ≪漢書≫ 爰盎傳 참조.
【並車】夾註에 '並音傍'이라 하여 '방거'로 읽도록 했으며 임금의 수레 곁에 말을 탄 채 따르고 있었음을 말함.
【擥轡】'擥'은 '攬'과 같음. '轡'는 수레의 고삐.
【六飛】나는 듯이 빠른 여섯 마리 駿馬.
【高廟】漢 高祖 劉邦의 위패를 모신 사당. 여기서는 한 고조를 가리킴.
【太后】文帝의 생모 薄太后. 高祖 유방의 后妃였음.
【上林】한나라 때의 後園. 황제의 御苑. 온갖 동물과 식물을 모아 기르면서 임금의 놀이와 휴식, 사냥 등에 활용하던 곳. 원래 秦 始皇 때 조성하였으며 지금의 陝西 西安 서쪽으로부터 戶縣, 至縣, 渭水, 終南山을 걸친 주위 2백여 리였다 함.
【愼夫人】文帝의 后妃. 文帝에게 지극한 총애를 받고 있었음. 夫人은 궁중 妃嬪의 품계에 따른 칭호. 그가 임금의 수레에 함께 올라 皇后와 同席을 하자 원앙이 이를 예법에 어긋난다고 간언하여 고치도록 함. 참고란을 볼 것.
【賜盎金五十斤】≪史記≫와 ≪漢書≫에는 임금이 아니라 신부인이 내린 것으로 되어 있음.

直解(白話文)

서한 때의 역사 기록이다.

문제가 패릉에 갔다가 서쪽을 지나면서 수레를 몰고 높은 언덕 내리막길을 내달리려 하였다. 수레를 수행하던 이는 중랑장으로 성은 원(袁), 이름은 앙(盎)이었다. 그는 수레 곁에 말을 탄 채 수행하고 있다가 급히 수레의 고삐를 잡아 멈추고 급히 내달리지 못하도록 하였다.

문제가 말하였다.

"장군께서 설마 담이 약해 겁을 먹은 것은 아니겠지요? 어찌 이토록 두려워하오?"

원앙이 말하였다.

"제가 듣기로 명석하고 성스러운 군주는 위험한 지역을 수레를 타고 나서지 않는다 하였습니다. 무릇 거동은 반드시 안전해야 하며, 요행으로 면하려는 생각을 가져서는 안 됩니다. 이 몸이 매인 바가 아주 막중함을 아셔야 합니다. 지금 폐하께서 여섯 마리 준마가 끄는 수레를 몰아 가파른 내리막길을 내달리다가 곧 아무 일이 없다 해도 이 역시 위험한 수레를 타다가 요행으로 면한 것일 뿐입니다. 만약 혹 한순간에 말이 놀라 수레가 엎어져 갑자기 예측하지 못한 변고라도 당한다면 후회한들 어찌 미치겠습니까? 폐하께서는 비록 스스로 그 자신을 가볍게 여긴다 해도 부친 고조(高祖)께서 부탁하신 이 나라와 어머니 박태후(薄太后)께서 그토록 촉망하던 아들로서 어찌 되겠습니까?"

문제는 그 말을 듣고 수레를 멈추고 내려가지 않았다.

뒤에 원앙이 다시 문제를 수행하여 상림원에 가게 되었다. 황제가 총애하는 신부인이 있었는데 이가 황후와 자리를 같이하여 앉는 것이었다. 원앙은 이는 예에 어긋난다고 임금께 말씀을 올려 신부인을 퇴각시키도록 하였다. 문제는 그가 여러 차례 충성되고 믿음직스러운 말을 올린다고 기뻐하여 그에게 금 50근을 하사하였다.

무릇 신하로서 간언을 올릴 때는 단지 그 임금으로 하여금 위험에 빠지지 않도록 하고 과실이 없도록 하면 그뿐, 상을 받을 생각으로 하는 것은 아니다. 지금 문제는 그의 말을 들어주었고, 나아가 중한 상을 이처럼 내려 주었으니 대체로 그의 말이 유익함을 깊이 알았고 게다가 다른 사람들로 하여금 직언을 하도록 권유하고자 함이었을 뿐이다. 선한 뜻을 따름이 어찌 이토록 간절하였던가!

西漢史上記: 文帝到霸陵上面, 過西邊, 欲馳車下高峻的坡阪, 有隨駕的中郎將, 姓袁名盎, 騎着馬傍車而行, 急忙挽住了車轡, 不肯馳驟.

文帝說:「將軍莫非膽氣怯耶? 何乃懼怕如此?」

袁盎說:「臣聞明聖之主, 不肯乘垂危之地, 凡有舉動, 必要萬全, 不圖僥倖而免. 知此身所係甚重也. 今陛下駕六馬之車, 馳騁而下峻阪, 就是無事, 亦乘危僥免耳. 儻或一時馬驚車敗, 卒有不測之變, 悔將何及? 陛下縱然自輕其身, 其如高祖之付託, 太后之屬望何?」

帝聽其言, 停車不下.

後袁盎又隨文帝往上林, 帝有箇寵愛的愼夫人, 與皇后同席而坐, 袁盎以爲非

禮, 奏使愼夫人退卻. 文帝喜其屢進忠信, 賜他金五十斤.

夫人臣進諫, 只要其君免於危險, 無有過失, 非圖賞也. 今文帝旣聽其言, 又加重賞如此, 盖深知其言之有益, 且欲以勸他人之直言耳. 從善之意, 何其切哉!

【黨】 가정법 문장을 만드는 語頭詞.
【縱然】 '비록 ~할지라도'의 문장을 구성함.
【付託】 나라를 잘 이끌어 가도록 부탁을 남김.
【屬望】 '囑望'과 같음. 문제의 어머니 薄太后는 어머니로서 아들 문제가 나라를 잘 이끌어 줄 것을 위촉하고 기대함.

참고 및 관련 자료

1. ≪史記≫(101) 袁盎傳

文帝從霸陵上, 欲西馳下峻阪. 袁盎騎, 並車擥轡. 上曰:「將軍怯邪?」盎曰:「臣聞千金之子坐不垂堂, 百金之子不騎衡, 聖主不乘危而徼幸. 今陛下騁六騑, 馳下峻山, 如有馬驚車敗, 陛下縱自輕, 柰高廟・太后何?」上乃止.

上幸上林, 皇后・愼夫人從. 其在禁中, 常同席坐. 及坐, 郎署長布席, 袁盎引卻愼夫人坐. 愼夫人怒, 不肯坐. 上亦怒, 起, 入禁中. 盎因前說曰:「臣聞尊卑有序則上下和. 今陛下旣已立后, 愼夫人乃妾, 妾主豈可與同坐哉? 適所以失尊卑矣. 且陛下幸之, 卽厚賜之. 陛下所以爲愼夫人, 適所以禍之. 陛下獨不見『人彘』乎?」於是上乃說, 召語愼夫人. 愼夫人賜盎金五十斤.

2. ≪漢書≫(49) 爰盎傳

上從霸陵上, 欲西馳下峻阪, 盎擥轡. 上曰:「將軍怯邪?」盎言曰:「臣聞千金之子不垂堂. 百金之子不騎衡, 聖主不乘危, 不徼幸. 今陛下騁六飛, 馳不測山, 有如馬驚車敗, 陛下縱自輕, 柰高廟・太后何?」上乃止.

上幸上林, 皇后・愼夫人從. 其在禁中, 常同坐. 及坐, 郎署長布席, 盎引卻愼夫人坐. 愼夫人怒, 不肯坐. 上亦怒, 起. 盎因前說曰:「臣聞尊卑有序則上下和, 今陛下旣以立后, 愼夫

人乃妾, 妾主豈可以同坐哉! 且陛下幸之, 則厚賜之. 陛下所以爲愼夫人, 適所以禍之也. 獨不見人豕乎?」於是上乃說, 入語愼夫人. 愼夫人賜盎金五十斤.

3. ≪蒙求≫(042-1)「袁盎卻坐」

　　前漢, 袁盎字絲, 安陵人. 孝文時爲中郎將. 上幸上林, 皇后・愼夫人從. 其在禁中, 常同坐. 及坐郎署, 盎引卻夫人坐. 夫人怒不肯坐, 上亦怒起. 盎因前說曰:「臣聞尊卑有序, 則上下和. 今陛下旣已立后, 夫人迺妾. 主豈可同坐哉? 且陛下幸之則厚賜之. 陛下所以爲愼夫人, 適所以禍之也. 獨不見人豕乎?」上迺說, 入語愼夫人. 夫人賜盎金五十斤. 然亦以數諫不得久居中.

020(上-20)

불용리구(不用利口)
한(漢) 문제(文帝)

감언이설을 물리친 한 문제

한(漢)나라 때 역사 기록이다.
 문제가 호랑이 우리에 구경을 나섰다가 상림위(上林尉)에게 여러 새와 짐승의 장부에 대하여 물었지만 대답을 하지 못하는 것이었다. 그런데 호랑이 우리의 색부(嗇夫)가 그 곁에 있다가 상림위를 대신하여 대답을 하였

는데 아주 자세하였다.

　문제가 장석지(張釋之)에게 이렇게 조칙을 내렸다.

　"색부를 상림령(上林令)으로 승진시키시오."

　장석지는 이렇게 말하였다.

　"주발(周勃)이나 장상여(張相如)는 모두가 어른답다 칭송을 받고 있는 자입니다. 그 두 사람은 자신들의 언사를 일찍이 입 밖으로 낸 적이 없습니다. 어찌 그들이 이 색부처럼 재잘재잘 말 잘하고 민첩한 것을 흉내 내어 그런 칭찬을 받는 것이겠습니까? 지금 색부가 말을 잘한다고 여겨 상도를 뛰어넘어 승진을 시킨다면 천하 사람들이 바람에 풀이 눕듯이 이를 따라 하여 다투어 말만 잘하고 실질은 없는 풍조가 만연할까 두렵습니다."

　문제가 말하였다.

　"훌륭하오!"

漢史紀: 文帝登虎圈, 問上林尉諸禽獸簿, 尉不能對. 虎圈嗇夫從旁代尉對甚悉.

帝詔張釋之:「拜嗇夫爲上林令.」

釋之曰:「周勃·張相如, 稱長者, 兩人言事曾不出口, 豈效此嗇夫喋喋利口捷給哉? 今以嗇夫口辯而超遷之, 恐天下隨風而靡, 爭爲口辯而無實也.」

帝曰:「善!」

【不用利口】 말 잘하는 자의 의견을 들어주지 않음. '利口'는 말을 아주 잘하는 것을 말함.

【圈】 동물이나 가축을 가두어 기르는 우리.

【上林尉】 上林(궁중 후원 동식물원)을 관리하는 책임자.

【嗇夫】 동물 등을 전문적으로 관리하는 책임자. 동물을 조련하거나 사육하는 낮은 직책의 명칭.

【張釋之】 자는 季. 堵陽(지금의 河南 方城) 사람으로 직위가 廷尉에 이르렀음. ≪史記≫ 張釋之傳 참조.

【拜】 배수함. 높은 자리로 승진시켜 줌.

【周勃】 ?~B.C. 169년. 劉邦과 함께 沛縣 출신으로 그를 따라 기병하여 공을 세움. 뒤에 絳侯에 봉해졌으며 呂后에게 발탁되어 太尉에 올랐다가 여후가 죽은 다음 呂氏들이 난을 일으키자 이를 제압하고 대왕이었던 문제를 옹위하여 제위에 오르게 함. 뒤에 右丞相을 지냄. ≪漢書≫(40) 周勃傳 참조.

【張相如】 劉邦을 도와 천하를 잡은 다음 그 공으로 東陽侯에 봉해졌으며 문제 때 大將軍과 太子太傅에 오름.

【喋喋】 재잘거림. 끝없이 말을 이어 감.

【捷給】 민첩하고 주도면밀함. 敏捷辯給의 준말.

【超遷】 특출하게 상도를 초월하여 승진을 시킴.

【隨風而靡】 바람에 풀이 눕듯이 쉽게 풍조를 이룸. ≪論語≫ 顔淵篇에 "君子之德風, 小人之德草. 草上之風, 必偃"이라 함.

直解(白話文)

서한 때의 역사 기록이다.

문제가 하루는 상림원에 유행하여 호랑이를 기르는 우리에 올랐다. 그때 상림원의 동물 장부를 관리하는 관원에게 물었다.

"이 동물원의 각종 새와 짐승들은 그 수가 얼마나 되는가?"

그 관리는 즉시 대답을 하지 못하였다. 그러자 호랑이 우리를 관리하는 색부가 곁에 있다가 그를 대신하여 일일이 대답을 하였는데 아주 상세하였다. 문제는 그가 마음에 들어 마침내 신하 장석지에게 이렇게 지시하였다.

"이 색부는 재능이 있소. 그를 상림령으로 삼을 만하오."

그러자 장석지가 이렇게 대답하였다.

"지금 조정에 주발이나 장상여 같은 분이 있습니다. 이 두 사람은 덕을 갖춘 어른으로 능히 조정의 큰일을 맡고 있지요. 그러나 그들은 자신들의 언사를 입 밖에 내지 않습니다. 대체로 덕이 있는 사람은 저절로 그 기량이나 그릇 됨이 깊고 침착하여 언어가 간단하면서도 합당합니다. 어찌 이 색부처럼 재잘거리며 빠른 입놀림이나 민첩한 답변을 흉내 내어 그런 것이겠습니까? 지금 만약 색부의 말솜씨를 바탕으로 그를 특별히 승진시킨다면 천하가 이러한 풍문을 듣고 미연(靡然)히 이를 본받을까 두렵습니다. 그들이 단지 그 말솜씨의 능란함만 따라 하여 성실함은 힘쓰지 않는다면 풍속은 천박해지고 인심은 흐트러지고 말 것입니다."

문제는 장석지의 말이 이치에 합당하다고 여겨 드디어 색부를 승진시키는 일을 중지하였다.

이 한 가지 일을 본다면 사람을 쓰는 것이 부당하다면 단지 장석지의 그 말만 취하면 그만이었지만 문제는 그의 간언이 훌륭하다 여겨 들어주었음을 여기에서 알 수 있다. 그는 한나라 조대에서 일대(一代)의 현군이 되기에 합당하도다!

西漢史上記: 文帝一日遊幸上林苑, 登養虎的虎圈, 因問上林苑管簿籍的官說: 「這苑中各樣的禽獸, 有多少數目?」

這官人一時答應不來. 有箇管虎圈的嗇夫, 在旁邊替那官人一一答應, 甚是詳悉. 文帝喜他, 遂詔侍臣張釋之說: 「這嗇夫有才能, 可就着他做上林苑令.」

釋之對說: 「如今朝中如周勃・張相如, 這兩箇人是有德的長者, 能任朝廷大事, 然其言事皆說不出口. 盖有德的人, 自然器宇深沉, 言語簡當, 豈學這嗇夫喋喋然用快利之口・便捷以辭給哉? 今若因嗇夫口辯, 就超遷他, 恐天下聞此風聲, 而靡然倣傚, 都只學說辯能言, 不務誠實, 則風俗簿而人心漓矣.」

文帝以張釋之所言當理, 遂止不用嗇夫.

觀此一事, 則用人者不當, 但取其言. 而文帝從諫之善, 亦於此可見矣. 宜其爲漢朝一代之賢君也歟!

【上林苑】秦 始皇 35년(B.C. 212) 朝宮을 上林苑에 지었으며 阿房宮은 그 조궁의 前殿이었음. 漢나라가 들어섰을 때 폐허가 되어 있어 武帝 때 宮苑을 다시 지었으며 주위 2백여 리 苑內에 禽獸를 길러 놀이 및 사냥터로 사용함. 지금의 陝西 西安 및 周至縣, 戶縣 일대였음.
【數目】숫자. 수효.
【着他】'그로 하여금 ~하도록 하다(시키다)'의 構文. '着'은 '使, 敎, 讓, 俾, 叫, 令' 등 使役形 助動詞로 쓰였음. 明代 白話語의 한 유형임.
【器宇】도량과 그릇 됨.

【學】 '배우다'의 뜻 외에 '흉내 내다, 본받다(效, 倣傚)'의 뜻으로도 쓰임.
【辯給】 말솜씨가 뛰어나고 대답이 민첩함. 대개 佞人의 말솜씨를 표현할 때 사용함.
【漓】 淋漓를 줄여서 한 말. 흐드러짐. 마루 흘러내리거나 샘. 부정적인 의미로 쓰임.

참고 및 관련 자료

1. ≪史記≫(102) 張釋之傳
   釋之從行, 登虎圈. 上問上林尉諸禽獸簿, 十餘問, 尉左右視, 盡不能對. 虎圈嗇夫從旁代尉對上所問禽獸簿甚悉, 欲以觀其能口對響應無窮者. 文帝曰:「吏不當若是邪? 尉無賴!」乃詔釋之拜嗇夫爲上林令. 釋之久之前曰:「陛下以絳侯周勃何如人也?」上曰:「長者也.」又復問:「東陽侯張相如何如人也?」上復曰:「長者.」釋之曰:「夫絳侯·東陽侯稱爲長者, 此兩人言事曾不能出口, 豈斅此嗇夫諜諜利口捷給哉! 且秦以任刀筆之吏, 吏爭以亟疾苛察相高, 然其敝徒文具耳, 無惻隱之實. 以故不聞其過, 陵遲而至於二世, 天下土崩. 今陛下以嗇夫口辯而超遷之, 臣恐天下隨風靡靡, 爭爲口辯而無其實. 且下之化上疾於景響, 擧錯不可不審也.」文帝曰:「善.」乃止不拜嗇夫.

2. ≪漢書≫(50) 張釋之傳
   從行, 上登虎圈, 問上林尉禽獸簿, 十餘問, 尉左右視, 盡不能對. 虎圈嗇夫從旁代尉對上所問禽獸簿甚悉, 欲以觀其能口對嚮應亡窮者. 文帝曰:「吏不當如此邪? 尉亡賴!」詔釋之拜嗇夫爲上林令. 釋之前曰:「陛下以絳侯周勃何如人也?」上曰:「長者.」又復問:「東陽侯張相如何如人也?」上復曰:「長者.」釋之曰:「夫絳侯·東陽侯稱爲長者, 此兩人言事曾不能出口, 豈效此嗇夫喋喋利口捷給哉! 且秦以任刀筆之吏, 爭以亟疾苛察相高, 其敝徒文具, 亡惻隱之實. 以故不聞其過, 陵夷至於二世, 天下土崩. 今陛下以嗇夫口辯而超遷之, 臣恐天下隨風靡, 爭口辯, 亡其實. 且下之化上, 疾於景嚮, 擧錯不可不察也.」文帝曰:「善.」乃止不拜嗇夫.

021(上-21)

노대석비(露臺惜費)
한(漢) 문제(文帝)

노대를 지으면서 비용을 아낀 한 문제

한(漢)나라 때 역사 기록이다.

문제가 일찍이 노대(露臺)를 지으려고, 장인을 불러 비용을 계산하도록 하였더니 백 금이 든다는 것이었다.

문제는 이렇게 말하였다.

"백 금이라면 중산층 열 가구의 재산이다. 나는 선제(先帝)께서 내려 주신 이 궁실을 받들고 사는 것만으로도 상상 두렵고 부끄러운데 누대를 지어 무엇에 쓰겠는가?

漢史紀: 文帝嘗欲作露臺, 召匠計之, 値百金.

上曰:「百金, 中人十家之産也. 吾奉先帝宮室, 常恐羞之, 何以臺爲?」

【露臺惜費】문제가 노대를 지으려다 그 비용을 아깝게 여김.
【露臺】露天에 세우는 높은 누대.
【匠】工匠. 匠人. 건축 공사를 담당한 목수장이 책임자.
【百金】1백 兩의 白銀.
【中人】보통의 서민. 중산층.
【羞之】부끄럽게 여김. 자신은 선대 임금들만큼 덕이나 치적도 없으면서 이 큰 궁궐을 차지하고 있음이 도리어 부끄럽다는 뜻.

直解(白話文)

서한 때의 역사 기록이다.
문제가 일찍이 여산(驪山)에 높이 솟은 누대 하나를 지으려고 공장(工匠)으로 하여금 비용이 얼마나 드는지 계산해 보도록 하였다.
공장이 계산을 해 본 다음 말하였다.
"마땅히 백 금은 들어야 할 것입니다."
문제가 말하였다.
"백 금의 비용이라면 만약 민간의 중간급으로 사는 사람들 가구 재산

으로 계산하면 가히 열 가구의 재산을 모두 긁어모아야 할 금액이다. 지금 누대 하나 짓겠다고 백성 열 가구의 재산을 모두 써야 한다면 어찌 아깝지 않겠는가! 게다가 나는 선제의 궁실을 물려받아 자꾸 더 넓히지 않은 곳이 없어 항상 스스로 덕이 없으면서 선제의 덕에 흠과 욕됨만 끼친 것이 아닌가 두려워하고 있던 차에 다시 어찌 백성의 재물을 마구 써 가면서 이 무익한 공사를 할 수 있겠는가?"

이에 노대 짓는 공사를 중지하고 다시는 더 공사를 벌이거나 새로 짓는 일을 하지 않았다.

무릇 문제는 부유하기는 사해(四海)를 다 가지고 있고, 하물며 승평무사(承平無事)한 시대를 이어받아 재용도 여유가 있었다. 그러나 백 금밖에 되지 않는 미미한 금액도 오히려 아까워하고 가볍게 비용을 쓰기를 즐겨 하지 않기가 이와 같았으니 비록 요순(堯舜)의 흙섬돌이나 대우(大禹)의 낮은 궁궐인들 어찌 이를 넘어서리오!

　대저 임금이 백성을 사랑하는 마음을 중히 여기면 자신을 봉양하고자 하는 염원은 가벼워지게 마련이다. 무릇 누대 하나 짓는 공사에 드디어 백성 열 가구의 재산이 든다면, 만약 진 시황의 아방궁(阿房宮)이나 여산의 별궁, 송 휘종의 용강(龍江)이나 간악(艮嶽)은 그 비용이 또한 몇천만 가구의 몫이 되었는지 알 수 없다. 백성의 재물을 궁하게 하면서 자기 자신 한 사람의 욕구를 채우려 하다가 하루아침에 백성이 궁한 나머지 도적이 되어 일어나 사직이 폐허가 되고 만다면 비록 누대를 짓고 못을 파서 새와 짐승을 기른들 어찌 능히 즐길 수 있겠는가? 후세의 임금은 진실로 의당 한 문제를 법으로 삼아 작고 작은 건물이니 그 비용도 적다고 여겨 드디어 마구 제멋대로 하는 일은 없어야 할 것이다.

　　西漢史上記: 文帝嘗欲在驪山上造一露頂高臺, 使工匠計筭所費幾何.
　　工匠計筭說: 「該用百金.」
　　文帝說: 「百金之資財, 若以民間中等的人家計之, 可勾十戶人家的產業. 今築一箇臺, 就破費了十家的產業, 豈不可惜! 且我承繼着先帝的宮室, 不爲不廣, 常恐自己無德, 玷辱了先帝, 又豈可糜費民財, 而爲此無益之工作乎?」
　　於是停止露臺之工, 不復興造.
　　夫文帝富有四海, 況當承平無事之時, 財用有餘, 然百金之微, 猶且愛惜, 不肯輕費如此, 雖堯舜之土堦·大禹之卑宮, 何以過之哉!
　　大抵人主愛民之心重, 則自奉之念輕. 夫以一臺之工, 遂至費百姓十家之產, 若如秦皇之阿房·驪山, 宋徽之龍江·艮嶽, 其所費又不知其幾千萬家矣. 窮萬民之財, 以供一己之欲, 一旦民窮盜起, 社稷邱墟, 雖有臺池鳥獸, 豈能獨樂哉? 後世人主, 誠當以漢文爲法, 毋以小小營建爲費少, 而遂恣意爲之也.

【驪山】 지금의 陝西 臨潼 동남쪽. 당시 離宮, 外宮이 있던 곳.

【計筭】 '計算'과 같음. '筭'은 '算'의 이체자.

【勾】 갈고리로 긁어모아야 할 양이나 금액.

【産業】 생업으로 벌어들이는 재산.

【破費】 그 정도의 비용을 모두 다 써야 함.

【堯舜之土墭】 '墭'는 '階'와 같음. 요순은 궁궐 계단을 흙으로 세 층밖에 하지 않았다 함. ≪史記≫ 太史公自序에 "墨者亦尙堯舜道, 言其德行曰:「堂高三尺, 土階三等, 茅茨不翦, 采椽不刮. 食土簋, 啜土刑, 糲粱之食, 藜藿之羹. 夏日葛衣, 冬日鹿裘」"라 함.

【大禹之卑宮】 우임금은 궁실을 아주 낮게 지었음. 검소함을 말함. ≪史記≫ 夏本紀에 "乃勞身焦思, 居外十三年, 過家門不敢入. 薄衣食, 致孝于鬼神. 卑宮室, 致費於溝淢. 陸行乘車, 水行乘船"이라 함.

【阿房】 阿房宮. 진 시황 35년(B.C. 212) 건축한 것으로 지극히 크고 화려하였음. 뒤에 項羽가 불을 질러 석 달 열흘 동안 탔다 함. 지금의 陝西 西安 阿房宮村(郿鄔嶺)에 遺址가 있음.「大營宮室」(090) 참조.

【宋徽】 북송의 徽宗(재위 1100~1125). 이름은 趙佶. 사치와 놀이로 北宋의 멸망을 재촉함.「應奉花石」(116)과「任用六賊」(117) 참조.

【龍江】 宋 徽宗이 만들었던 강.「任用六賊」(117) 참조.

【艮嶽】 宋 徽宗 政和 7년(1117) 東京 汴梁(지금의 河南 開封) 景龍山 곁에 쌓았던 土山. 주위가 10여 리나 되었으며 동서 두 봉우리를 만들어 그 높이가 90척이나 되었다 함. 궁궐에서 東北 방향(艮方)에 있어 이름을 '艮嶽'이라 하였음.「任用六賊」(117) 참조.

【邱墟】 '丘墟'와 같음. 언덕으로 변하여 폐허가 됨.

【營建】 건물을 짓거나 토목공사를 벌임.

참고 및 관련 자료

1. ≪史記≫ 孝文帝本紀

孝文帝從代來, 卽位二十三年, 宮室苑囿狗馬服御無所增益, 有不便, 輒弛以利民. 嘗欲

作露臺, 召匠計之, 直百金. 上曰:「百金中民十家之産, 吾奉先帝宮室, 常恐羞之, 何以爲!」上常衣綈衣, 所幸愼夫人, 令衣不得曳地, 幃帳不得文繡, 以示敦朴, 爲天下先. 治霸陵皆以瓦器, 不得以金銀銅錫爲飾, 不治墳, 欲爲省, 毋煩民. 南越王尉佗自立爲武帝, 然上召貴尉佗兄弟, 以德報之, 佗遂去帝稱臣. 與匈奴和親, 匈奴背約入盜, 然令邊備守, 不發兵深入, 恐煩苦百姓. 吳王詐病不朝, 就賜几杖. 群臣如袁盎等稱說雖切, 常假借用之. 群臣如張武等受賂遺金錢, 覺, 上乃發御府金錢賜之, 以愧其心, 弗下吏. 專務以德化民, 是以海內殷富, 興於禮義.

022(上-22)

견행사상(遣倖謝相)
한(漢) 문제(文帝)

총애하는 신하를 내보내면서 재상에게 사죄한 한 문제

한(漢)나라 때 역사 기록이다.

문제가 신도가(申屠嘉)를 승상으로 삼았다. 당시 문제는 등통(鄧通)에 대해서는 총애가 더없이 지극하였다. 신도가가 한번은 조정에 들어갔더니 등통이 임금 곁에 앉아 있는 모습이 아주 거만하였다. 신도가가 말하였다.

"폐하께서 여러 신하들을 사랑하심에 그들을 부귀하게 해 주시는 것이면 됩니다. 그러나 조정에서 갖추어야 할 예의는 엄숙하지 않으면 안 됩니다."

조회가 끝나자 신도가는 승상부(丞相府)에서 격문을 작성하여 등통을 불렀다. 만약 등통이 오지 않을 경우 그를 참수할 참이었다. 등통은 두려움에 떨며 임금에게 이를 알렸다.

임금이 말하였다.

"너는 그에게 가 있어라."

이에 등통이 승상을 찾아가 관을 벗고 맨발로 머리를 조아리며 사과하였다. 신도가는 이렇게 문책하였다.

"등통, 너는 작은 신하로서 임금의 궁전에서 제멋대로 하였으니 크게 불경한 짓을 한 것이다. 마땅히 참수하리라!"

그리고 관리에게 그를 참수하도록 하였다. 등통은 피가 나도록 머리를 찧으며 빌었지만 용서를 받지 못하였다. 임금은 사신에게 부절을 주어 등통을 구해 오도록 하고, 대신 승상에게 사과를 하자 그제야 신도가는 등통을 풀어 주었다.

등통이 돌아와 임금을 뵙자 눈물을 흘리며 이렇게 말하였다.

"승상이 하마터면 저를 죽일 뻔했습니다!"

漢史紀: 文帝以申屠嘉爲丞相, 對鄧通愛幸無比.

嘉嘗入朝, 通居上旁怠慢, 嘉曰:「陛下愛幸群臣, 卽富貴之. 至於朝廷之禮, 不可不肅」

罷朝, 嘉坐府中, 爲檄召通, 不來, 且斬通. 通恐, 言上.

上曰:「汝第往.」

通詣丞相, 免冠, 徒跣, 頓首謝.

嘉責曰:「通小臣戲殿上, 大不敬, 當斬!」

語吏令斬之. 通頓首出血, 不解. 上使使持節召通, 而謝丞相, 嘉乃解.

通還見上, 流涕曰:「丞相幾殺臣!」

【遣倖謝相】문제가 가장 아끼는 신하 등통을 파견하여 재상 신도가에게 사죄를 함.

【申屠嘉】서한 때의 丞相. '申徒嘉'로도 표기함. 아주 강직하여 서한의 대표적인 명신으로 널리 알려짐. ≪史記≫(96) 및 ≪漢書≫(43) 申屠嘉傳 참조.

【鄧通】서한 때 蜀郡 南安(지금의 四川 樂山) 사람으로 黃頭郞으로 文帝에게 눈에 들어 上大夫에 오름. 男色으로 문제를 섬겨 銅山의 구리로 마음대로 동전을 주조해 쓰는 등 총애를 입었으나 景帝가 즉위한 뒤 재산을 몰수하자 구걸하다가 굶어 죽음. ≪史記≫ 및 ≪漢書≫ 佞幸傳, ≪西京雜記≫ 등을 참조할 것. 참고란을 볼 것.

【府】丞相府. 승상이 업무를 보는 부서.

【檄】고대 官署에서 백성들에게 알리기 위해 써 붙이는 포고문이나 선전문.

【第】≪漢書≫에는 '弟'로 되어 있음. 즉 "汝弟往, 吾今使人召若"이라 하여 뒤에 구절이 더 있으며, '弟' 자의 顔師古 주에 "弟, 但也"라 하여 "너는 단지 가 있어라. 내 곧 사람을 시켜 너를 다시 불러오겠다"라 함.

【大不敬】고대 罪目 이름. 황제에게 불손하게 굴었을 때의 죄목이며 十惡의 하나로 사면을 받지 못함.

【節】임금의 명령임을 알리는 符節.

直解(白話文)

서한 때의 역사 기록이다.

문제가 신도가를 승상으로 삼았다. 신도가는 사람됨이 정직하여 문제가 심히 중시하고 있었다. 당시 낭관 등통이라는 자가 있어 문제에게 사

랑을 받고 있었는데 그 총애는 어디에도 비길 데가 없을 정도였다.

신도가가 조정에 들어갔다가 등통이 문제 곁에서 은총을 믿고 친압하며 거만한 모습을 하고 있음을 보게 되었다.

신도가가 즉시 이렇게 상주하였다.

"폐하께서 여러 신하를 사랑하심에 단지 그에게 재물로 상을 내려 그로 하여금 부유하게 해 주는 것이면 족합니다. 조정에서의 예의라면 엄숙하지 않으면 안 됩니다."

조회가 끝나자 신도가는 승상부로 돌아가 자리에 앉은 다음, 문서를 작성하여 등통에게 보내면서 이렇게 말하였다.

"만약 그가 저항하며 오지 않으면 곧바로 참수시킬 것이다."

등통은 두려움에 떨며 문제에게 구해 달라고 하였다. 문제는 승상이 집행하고자 하는 것은 조정의 예에 관한 것이며 등통이 죄를 지은 것임을 알고는 곧 등통으로 하여금 승상을 찾아가 뵙도록 하였다. 등통이 승상부를 찾아가 관을 벗고 맨발로 머리를 조아리며 죄를 빌었다.

신도가는 이렇게 그를 문책하였다.

"조정은 예법이 있는 곳이다. 너는 하나의 말단 신하로서 감히 궁전에서 친압하고 시시덕거렸으니 크게 불경의 죄를 범한 것이다. 죄를 논하건대 마땅히 참수에 해당한다."

그러고는 관리를 시켜 그를 끌고 가 목을 치도록 하였다. 등통은 머리를 찧으며 죄를 빌어 피가 흐를 지경이었다. 그래도 신도가의 노기는 풀리지 않았다.

문제는 등통이 승상부에서 그를 모시고 자신의 죄가 무엇인지 알았을 때쯤 되었다고 헤아린 다음, 곧 사신에게 부절을 주어 등통을 불러오고 승상에게는 사과를 전하도록 하였다. 신도가는 그제야 그를 보내 주었다.

등통은 돌아가 문제 앞에 이르자 눈물을 흘리며 이렇게 말하였다.

"승상이 하마터면 저를 죽일 뻔했습니다."

무릇 문제는 등통을 사랑하여 그가 감히 임금 앞에서 마음대로 거만을 떠는 지경에 이르도록 하였으니 그 시초는 진실로 잘못을 저지르지 않은 것은 아니다. 그러나 신도가가 바른말로 곧은 논리를 펴자 문제도 대체로 한쪽에 치우치게 변호하지 않았고 즉시 그를 보내어 죄를 인정하도록 하였으며 대신에게는 그 법을 그대로 적용하도록 하여 아무리 사랑을 독차지한다 해도 감히 마구 그 은혜에 친압할 수 없음을 일러 준 것이다. 성군이 아니면 어찌 능히 이와 같을 수 있겠는가!

西漢史上記: 文帝以申屠嘉爲丞相, 嘉爲人正直, 文帝甚重之. 時有簡郎官叫做鄧通, 得幸於文帝, 寵愛無比. 嘉嘗入朝, 見鄧通在文帝旁邊, 狎恃恩寵, 有怠慢之狀.

嘉卽奏說:「陛下愛幸群臣, 只好賞賜他財物, 使之富費足矣. 至於朝廷上的禮儀, 則不可不嚴肅.」

及罷朝, 回坐於丞相府中, 寫文書去提鄧通, 說道:「他若抗拒不來, 便當處斬.」

鄧通恐懼, 求救於文帝. 文帝知丞相所執者是朝廷之禮, 鄧通委的有罪, 就着他去見丞相. 通到府中, 取了冠, 跣足, 頓首謝罪.

申屠嘉責他說:「朝廷乃禮法所在, 你一箇小臣, 敢狎戲於殿, 犯了大不敬, 論罪當斬.」

因使吏拿出斬之. 通叩頭謝罪, 至於出血, 嘉怒猶不解.

文帝料鄧通已在丞相處陪話知罪了, 乃使人持節召通, 而致謝丞相, 申屠嘉乃遣之. 鄧通回去, 到文帝面前流涕說道:「丞相幾乎殺了臣.」

夫文帝寵倖鄧通, 致敢於怠慢, 其始固不能無過. 然申屠嘉正言直論, 而帝略不偏護, 卽遣令就罪, 使大臣得伸其法, 而嬖倖不敢狎恩. 非聖君而能若是哉!

【狎恃】 믿는 바가 있다고 마구 친압하여 절도나 예절이 없음.

【怠慢】 거만함. 흐트러진 모습을 그대로 보임.

【富費】 부유하게 해 주고 돈을 마음대로 쓸 수 있도록 함. 문제가 등통을 아껴 동산의 구리를 마음대로 동전으로 주조하여 쓰도록 한 일을 빗댄 것. 참고란을 볼 것.

【着他】 '그로 하여금 ~하도록 하다(시키다)'의 構文. '着'은 '使, 敎, 讓, 俾, 叫, 令' 등 使役形 助動詞로 쓰였음. 明代 白話語의 한 유형임.

【跣足】 맨발.

【嬖倖】 지극히 사랑하고 아낌. 사사롭게 임금이 신하나 후궁을 사랑함을 뜻하며 대체적으로 부정적인 의미를 내포하고 있음.

참고 및 관련 자료

1. ≪史記≫(96) 張丞相列傳(申屠嘉)

　　嘉爲人廉直, 門不受私謁. 是時太中大夫鄧通方隆愛幸, 賞賜累巨萬. 文帝嘗燕飮通家, 其寵如是. 是時丞相入朝, 而通居上傍, 有怠慢之禮. 丞相奏事畢, 因言曰:「陛下愛幸臣, 則富貴之; 至於朝廷之禮, 不可以不肅!」上曰:「君勿言, 吾私之.」罷朝坐府中, 嘉爲檄召鄧通詣丞相府, 不來, 且斬通. 通恐, 入言文帝曰:「汝第往, 吾今使人召若.」通至丞相府, 免冠, 徒跣, 頓首謝. 嘉坐自如, 故不爲禮, 責曰:「夫朝廷者, 高皇帝之朝廷也. 通小臣, 戲殿上, 大不敬, 當斬. 吏今行斬之!」通頓首, 首盡出血, 不解. 文帝度丞相已困通, 使使者持節召通, 而謝丞相曰:「此吾弄臣, 君釋之.」鄧通旣至, 爲文帝泣曰:「丞相幾殺臣.」

2. ≪史記≫(125) 佞幸傳(鄧通)

　　孝文時中寵臣, 士人則鄧通, 宦者則趙同・北宮伯子. 北宮伯子以愛人長者; 而趙同以星氣幸, 常爲文帝參乘; 鄧通無伎能. 鄧通, 蜀郡南安人也, 以濯船爲黃頭郞. 孝文帝夢欲上天, 不能, 有一黃頭郞從後推之上天, 顧見其衣裻帶後穿. 覺而之漸臺, 以夢中陰目求推者郞, 卽見鄧通, 其衣後穿, 夢中所見也. 召問其名姓, 姓鄧氏, 名通, 文帝說焉, 尊幸之日異. 通亦愿謹, 不好外交, 雖賜洗沐, 不欲出. 於是文帝賞賜通巨萬以十數, 官至上大夫. 文帝時時如鄧通家遊戱. 然鄧通無他能, 不能有所薦士, 獨自謹其身以媚上而已. 上使善相者相通, 曰「當貧餓死」. 文帝曰:「能富通者在我也. 何謂貧乎?」於是賜鄧通蜀嚴道銅山, 得自鑄錢, 「鄧氏錢」布天下. 其富如此. 文帝嘗病癰, 鄧通常爲帝唶吮之. 文帝不樂, 從容問通曰;「天下誰最愛我者乎?」通曰:「宜莫如太子.」太子入問病, 文帝使唶癰, 唶癰而色難之. 已而聞鄧通常爲帝唶吮之, 心慙, 由此怨通矣. 及文帝崩, 景帝立, 鄧通免, 家居. 居無何, 人有告鄧通盜出徼外鑄錢. 下吏驗問, 頗有之, 遂竟案, 盡沒入鄧通家, 尙負責數巨萬. 長公主賜鄧通, 吏輒隨沒入之, 一簪不得著身. 於是長公主乃令假衣食. 竟不得名一錢, 寄死人家.

3. ≪漢書≫(42) 張周趙任申屠傳(申屠嘉)

　　申屠嘉, 梁人也. 以材官蹶張從高帝擊項籍, 遷爲隊率. 從擊黥布, 爲都尉. 孝惠時, 爲淮陽守. 孝文元年, 擧故以二千石從高祖者, 悉以爲關內侯, 食邑二十四人, 而嘉食邑五百戶. 十六年, 遷爲御史大夫. 張蒼免相, 文帝以皇后弟竇廣國賢有行, 欲相之, 曰:「恐天下以吾私廣國.」久念不可, 而高帝時大臣餘見無可者, 乃以御史大夫嘉爲丞相, 因故邑封爲故安侯. 嘉爲人廉直, 門不受私謁. 是時太中大夫鄧通方愛幸, 賞賜累鉅萬. 文帝常燕飮通家, 其(見)寵如是. 是時嘉入朝, 而通居上旁, 有怠慢之禮. 嘉奏事畢, 因言曰:「陛下幸愛羣臣則富

貴之, 至於朝廷之禮, 不可以不肅!」上曰:「君勿言, 吾私之.」罷朝坐府中, 嘉爲檄召通詣丞相府, 不來, 且斬通. 通恐, 入言上. 上曰:「汝弟往, 吾今使人召若.」通至(詣)丞相府, 免冠, 徒跣, 頓首謝嘉. 嘉坐自如, 弗爲禮, 責曰:「夫朝廷者, 高皇帝之朝廷也, 通小臣, 戱殿上, 大不敬, 當斬. 史今行斬之!」通頓首, 首盡出血, 不解. 上度丞相已困通, 使使持節召通, 而謝丞相:「此吾弄臣, 君釋之」鄧通旣至, 爲上泣曰:「丞相幾殺臣.」嘉爲丞相五歲, 文帝崩, 孝景卽位. 二年, 鼂錯爲內史, 貴幸用事, 諸法令多所請變更, 議以適罰侵削諸侯. 而丞相嘉自絀, 所言不用, 疾錯. 錯爲內史, 門東出, 不便, 更穿一門, 南出. 南出者, 太上皇廟堧垣也. 嘉聞錯穿宗廟垣, 爲奏請誅錯. 客有語錯, 錯恐, 夜入宮上謁, 自歸上. 至朝, 嘉請誅內史錯. 上曰:「錯所穿非眞廟垣, 乃外堧垣, 故冗官居其中, 且又我使爲之, 錯無罪.」罷朝, 嘉謂長史曰:「吾悔不先斬錯乃請之, 爲錯所賣.」至舍, 因歐血而死. 諡曰節侯. 傳子至孫虫, 有罪, 國除. 自嘉死後, 開封侯陶靑·桃侯劉舍及武帝時柏至侯許昌·平棘侯薛澤·武彊侯莊靑翟·商陵侯趙周, 皆以列侯繼踵, 齷齪廉謹, 爲丞相備員而已, 無所能發明功名著於世者. 贊曰: 張蒼文好律曆, 爲漢名相, 而專遵用秦之≪顓頊曆≫, 何哉? 周昌, 木強人也. 任敖以舊德用. 申屠嘉可謂剛毅守節, 然無術學, 殆與蕭·曹·陳平異矣.

4. ≪西京雜記≫(3)

文帝時, 鄧通得賜蜀銅山, 聽得鑄錢, 文字肉好, 皆與天子錢同, 故富侔人主. 時吳王亦有銅山鑄錢, 故有吳錢, 微重, 文字肉好, 與漢錢不異.

5. ≪蒙求≫(262-2)「申嘉私謁」

前漢, 申屠嘉梁人. 以材官蹶張, 從高祖擊楚. 孝文時稍遷至丞相. 爲人廉直, 門不受私謁. 時鄧通方愛幸, 居上旁, 有怠慢之禮. 嘉奏曰:「陛下幸愛群臣, 則富貴之. 至於朝廷之禮, 不可以不肅.」罷朝坐府中, 爲檄召通, 詣丞相府, 不來且斬通. 通恐入言上, 上曰:「汝第往. 吾今使人召若.」通至, 免冠徒跣, 頓首謝嘉. 嘉責曰:「夫朝廷者高皇帝之朝廷也. 通小臣戱殿上, 大不敬. 當斬!」通頓首出血不解. 上度丞相已困通, 使使持節召通而謝丞相:「是吾弄臣也.」乃釋之.

굴존로장(屈尊勞將)
한(漢) 문제(文帝)

임금으로서 존귀한 신분을 굽혀 장수를 위로한 한 문제

한(漢)나라 때 역사 기록이다.

문제 때에 흉노(匈奴)가 대거 변방을 침입하였다.

이에 유례(劉禮)를 패상(霸上)에, 서려(徐厲)를 극문(棘門)에, 주아부(周亞夫)를 세류(細柳)에 주둔시켜 흉노를 방비하도록 하였다. 문제가 직접 세류의 주아부 군대에 위문을 나섰다. 앞서 연락 신하가 이르렀을 때 들여보내 주지 않자 그가 말하였다.

"천자께서 곧 이르실 것이다!"

그러자 군문도위(軍門都尉)가 말하였다.

"병영에서는 장군의 명령을 듣는다. 천자의 조칙은 듣지 않는다."

임금이 이에 사자에게 부절을 주어 장군에게 조칙을 내렸다.

"내 병영에 들어가 군사들을 위로하고자 하노라."

주아부가 이에 명령을 전달하여 벽문(壁門)을 열어 주도록 하였다.

천자가 들어오자 벽문군사(壁門軍士)가 말하였다.

"장군과의 약속에 병영 안에서는 말을 몰아 달릴 수 없습니다."

이에 천자는 고삐를 잡고 천천히 들어섰다.

병영에 이르자 주아부는 무기를 그대로 소지한 채 임금에게 읍(揖)을 하면서 이렇게 말하였다.

"갑옷과 투구를 쓴 병사는 배례(拜禮)를 하지 않습니다. 청컨대 군례(軍禮)로 인사 드립니다."

임금은 용모를 고치고 수레에서 식(式, 軾)을 하고 사람을 시켜 사례를 표하였으며 예를 마치고 그 자리를 떠났다.

그리고 문제는 이렇게 감탄하였다.

"아! 이는 진짜 참된 장군이로다! 지난날 패상과 극문에서 본 것은 어린아이들 놀이였을 뿐이다. 그런 장수라면 진실로 누구나 습격을 하여도 사로잡을 수 있을 것이다. 주아부의 이 군대라면 누가 그들을 침범할 수 있겠는가!"

漢史紀: 文帝時, 匈奴大入邊.

使劉禮屯霸上, 徐厲屯棘門, 周亞夫屯細柳, 以備胡. 上自勞軍細柳.

先驅至, 不得入. 曰:「天子且至!」

軍門都尉曰:「軍中聞將軍令, 不聞天子詔.」

上乃使使持節詔將軍:「吾欲入營勞軍.」

亞夫乃傳言開壁門.

壁門軍士曰:「將軍約, 軍中不得馳驅.」

於是天子按轡徐行.

至營, 亞夫持兵揖, 曰:「介胄之士不拜, 請以軍禮見.」

上改容式車, 使人稱謝, 成禮而去.

曰:「嗟乎! 此眞將軍矣! 向者, 霸上・棘門如兒戲耳, 其將固可襲而虜也. 至於亞夫, 可得而犯耶!」

【屈尊勞將】 높은 천자의 지위를 낮추어 장수의 노고를 위로함.
【匈奴】 고대 중국 북방의 이민족. 胡, 獫狁(獫狁) 등으로 불리다가 秦나라 때 匈奴로 불렸으며 漢나라 때 가장 세력이 극성하여 북방을 자주 침략함. 훈족의 뿌리가 바로 이 흉노였으며 서쪽으로 이동하여 그 일부가 동유럽 헝가리(匈牙利)로 들어감.
【劉禮】 漢 文帝 때의 장군.
【霸上】 지명. 劉禮가 군대를 모아 주둔하던 곳.
【徐厲】 역시 한 문제 때의 장군.
【棘門】 역시 지명. 원래 秦나라 때 궁문이었으며 지금의 陝西 咸陽 동북.
【周亞夫】 ?~B.C. 143년. 西漢의 名將. 周勃의 아들. 처음 條侯에 봉해졌다가 文帝 때 장군, 景帝 때 太尉가 되었으며 吳楚七國의 난을 평정하고 丞相에 오름. ≪漢書≫ (40) 周勃傳 참조.
【細柳】 지명. 지금의 陝西 咸陽 서남쪽.
【先驅】 앞서 말을 몰아 황제가 곧 도착하실 것임을 알리는 자.
【軍門都尉】 軍營의 문을 지키는 하급 병사.
【壁門】 군영의 문.

【揖】 두 손을 모아 쥐고 예를 표하는 것. 비교적 가벼운 예에 해당함.
【式】 '軾'과 같음. 수레에 올라 있은 채 橫木을 잡고 예를 표하는 것.
【向者】 지난번. 방금 전. 이미 문제가 패상과 극문의 군대를 순시하고 마지막으로 주아부의 병영에 들른 것임.

直解(白話文)

서한 때의 역사 기록이다.

문제 때 북쪽 오랑캐 흉노가 변방을 침입하여 노략질을 하였다. 문제는 유례, 서려, 주아부 세 사람을 함께 장군으로 배수하여 각기 병마를 거느리고 서울을 출발하여 맡은 곳을 나누어 지키도록 하였다. 그리하여 유례는 패상에, 서려는 극문에, 주아부는 세류에 주둔하게 되었다.

문제는 친히 각 병영에 들러 장군과 병사들 위문을 나섰다. 처음에 패상과 극문 두 병영에 들렀을 때 그곳에서는 말을 탄 채 곧바로 들어가도 아무런 제지도 받지 않았다. 마지막으로 세류의 병영을 향해 가게 되었다. 문제 행렬을 이끄는 앞의 대열이 이미 병영 문에 이르렀으나 군사들의 저지를 받아 들어갈 수가 없었다.

이에 그들 군사에게 이렇게 말하였다.

"성상께서 말을 타고 곧 도착하실 것이다. 어서 급히 병영 문을 열어라!"

그러자 군문도위는 이렇게 대꾸하는 것이었다.

"우리 군대 안에서는 단지 장군의 명령만 알 뿐 천자의 조칙은 알지 못한다."

잠시 후 문제의 행렬이 도착하였지만 그래도 문을 열어 주지 않는 것이었다. 문제가 이에 사람에게 부절을 주어 주아부를 불러 이렇게 말하였다.

"짐은 들어가 군인들을 위문하고자 하오."

주아부는 그제야 명령을 전달하여 병영의 문을 열고 수레를 맞아들이도록 하였다.

문을 막 들어설 때 수문군사(守門軍士)가 다시 이렇게 말씀을 올렸다.

"장군의 명령에 의해 군중에서는 말을 몰아 달리는 것이 허락되지 않습니다."

문제는 이에 수레 고삐를 잡고 천천히 들어갔다.

중군영(中軍營)에 이르자 주아부가 나와 맞았는데 손에는 병기를 그대로 쥔 채 단지 국궁(鞠躬)하여 읍만 하면서 이렇게 말하였다.

"몸에 갑주(甲冑)를 그대로 갖추어 감히 무릎을 꿇는 배례를 하지 못합니다. 신은 군례로써 참견하기를 청합니다."

문제는 이를 듣고 송연(悚然)히 용모를 고치고 몸을 굽혀 수레에서 식을 하였다. 그리고 사람을 시켜 주아부에게 고생한다는 말을 이렇게 전하도록 하였다.

"황제께서 장군의 노고에 경의를 표하십니다."

그리고 예를 다 마친 다음 그 자리를 떠났다.

문제는 병영문을 나서면서 주아부의 훌륭함에 탄복하며 이렇게 말하였다.

"이야말로 진짜 참 장군이로다! 앞서 본 패상과 극문 두 병영 같은 경우라면 거칠고 엉성하여 마치 어린아이 장난과 같았다. 만약 허점을 노려 병영을 겁탈하는 일이 있다면 그 장수는 진실로 가히 단번에 습격하여 사로잡을 수 있을 것이다. 그러나 주아부와 같은 이러한 기율(紀律)이라면, 가히 가볍게 침범할 수 있겠는가?"

일찍이 옛일을 상고해 보건대 임금이 장군에게 명령을 내릴 때는 친히 그 수레를 밀어 주고 월(鉞)을 건네주면서 이렇게 분부한다.

"궁궐 밖의 일은 장군이 주지하시오. 조정의 제시를 따르지 않아도 되오. 대체로 장군의 권력이 중하지 않으면 군대의 명령이 엄하지 않고, 병사들은 목숨을 바치지 않는 법이오."

그러므로 사마양저(司馬穰苴)는 제왕(齊王)이 아끼는 신하 하나를 죽여 버렸고, 손무(孫武)는 오왕(吳王)의 총희(寵姬)를 참수한 뒤에야 능히 그 무리를 부려 대공(大功)을 성취할 수 있었던 것이다.

주아부의 이토록 엄격하고 명확한 기율을 보면 진실로 한 시대의 명장이었다. 그러나 문제가 성명함을 가지고 그 권위를 높여 주고 예로써 그를 우대하지 않았다면 주아부는 장차 자신의 죄를 용서해 달라고 빌기에도 겨를이 없었을 터인데 하물며 능히 절충(折衝)하여 나라의 치욕을 막아 주는 일을 어찌 바랄 수 있었겠는가! 후세의 임금으로서 장수를 다스림은 의당 문제를 법으로 삼아야 할 것이다.

西漢史上記: 文帝時, 北虜匈奴入邊爲寇. 文帝拜劉禮・徐厲・周亞夫三人俱爲將軍, 各領兵馬出京, 分布防守. 劉禮屯于霸上, 徐厲屯于棘門, 亞夫屯于細柳.

文帝親到各營撫勞將士. 初到霸上・棘門二營, 車駕徑入, 沒些阻當. 末後往細柳營. 導駕的前隊, 已到營門, 被軍士阻住不得入.

與他說:「聖駕就到, 可速開營門!」

那軍門都尉對說:「我軍中只知有將軍的號令, 不知有天子的詔旨.」

少間文帝的駕到了, 還不開門. 文帝乃使人持節召亞夫說:「朕要進營勞軍.」

亞夫纔傳令開營門接駕. 臨進門時, 守門軍士又奏說:「將軍有令: 軍中不許馳驅走馬.」

文帝乃按住車轡, 徐徐而行. 到中軍營, 亞夫出迎, 手執着兵器, 只鞠躬作揖, 說道:「甲胄在身, 不敢拜跪. 臣請以軍禮參見.」

文帝聽說, 悚然改容, 俯身式車, 使人傳旨致謝亞夫, 說:「皇帝敬勞將軍.」

成禮而去.

文帝出營門, 歎美亞夫說道:「這纔是箇眞將軍! 恰纔見霸上・棘門二營, 那樣疎略, 如兒戲一般, 萬一有乘虛劫營之事, 其將固可掩襲而擄也. 至如亞夫這等紀律, 可得而輕犯耶?」

嘗考古者人君命將, 親推其轂, 授之以鉞, 曰:「閫以外, 將軍主之, 不從中制也. 蓋將權不重, 則軍令不嚴, 士不用命.」

故穰苴戮齊王之嬖臣, 孫武斬吳王之寵姬, 而後能使其衆, 以成大功.

觀周亞夫之紀律嚴明, 誠爲一時名將. 然非文帝之聖明, 重其權而優其禮, 則亞夫將求免罪過之不暇, 況望其能折衝而御侮哉! 後世人君御將, 宜以文帝爲法.

【守門軍士】병영의 문을 수비하는 병사. 앞의 壁門士와 같음.
【中軍營】가운데에 위치하여 지휘관이 있는 병영.

【鞠躬】 허리를 굽혀 하는 예. 원래 무릎을 꿇고 황제에게 예를 표하여야 하나 주아부는 국궁하고 읍만 한 것임.

【轂】 수레바퀴의 중심축. 굴대. 수레를 대신하는 말로 쓰였음. 장수의 군대가 출정할 때 황제가 그 굴대를 한번 밀어 주는 의식을 통해 격려하고 사기를 고무시킴.

【鉞】 고대 의식용 병기. 지휘와 대권을 상징함.

【閫】 원래는 門檻을 가리키나 여기서는 궁궐을 대신하는 말로 쓰였음.

【穰苴】 司馬穰苴. 춘추 시대 齊나라의 유명한 장수. 齊 景公을 섬겼으며 軍律이 엄격하였음. 그가 병권을 위임받자 경공의 총애하는 신하 莊賈를 자신의 부관으로 삼아 줄 것을 요구함. 이에 먼저 군영을 설치하고 장가와 약속된 시간을 기다리다가 장가가 늦게 나타나자 그를 죽여 군의 기율을 확보한 고사가 유명함. 《史記》에 "穰苴曰:「臣素卑賤, 君擢之閭伍之中, 加之大夫之上, 士卒未附, 百姓不信, 人微權輕, 願得君之寵臣, 國之所尊, 以監軍, 乃可」 於是景公許之, 使莊賈往. 穰苴旣辭, 與莊賈約曰:「旦日日中會於軍門」 穰苴先馳至軍, 立表下漏待賈. 賈素驕貴, 以爲將己之軍而己爲監, 不甚急; 親戚左右送之, 留飮. 日中而賈不至. 穰苴則仆表決漏, 入, 行軍勒兵, 申明約束. 約束旣定, 夕時, 莊賈乃至. 穰苴曰:「何後期爲?」 賈謝曰:「不佞大夫親戚送之, 故留」 穰苴曰:「將受命之日則忘其家, 臨軍約束則忘其親, 援枹鼓之急則忘其身. 今敵國深侵, 邦內騷動, 士卒暴露於境, 君寢不安席, 食不甘味, 百姓之命皆懸於君, 何謂相送乎!」 召軍正問曰:「軍法期而後至者云何?」 對曰:「當斬」 莊賈懼, 使人馳報景公, 請救. 旣往, 未及反, 於是遂斬莊賈以徇三軍. 三軍之士皆振慄"이라 함. 武經七書의 하나인 《司馬法》은 그가 지은 것으로 알려지기도 함. 《史記》(64) 司馬穰苴列傳 및 《晏子春秋》, 《司馬法》 등을 참조할 것.

【孫武】 춘추 시대 저명한 병법가. 武經七書의 대표적 병서인 《孫子》를 남김. 齊나라 출신으로 吳王 闔廬에게 병법의 시범을 보일 때 궁녀들로 하여금 연습을 시키는데 궁녀들이 장난처럼 여기며 이를 따라 하자 왕 앞에서 寵姬의 목을 벤 사건으로 유명함. 《史記》에 "孫子武者, 齊人也. 以兵法見於吳王闔廬. 闔廬曰:「子之十三篇, 吾盡觀之矣, 可以小試勒兵乎?」 對曰:「可」 闔廬曰:「可試以婦人乎?」 曰:「可」 於是許之, 出宮中美女, 得百八十人. 孫子分爲二隊, 以王之寵姬二人各爲隊長, 皆令持戟. 令之曰:「汝知而心與左右手背乎?」 婦人曰:「知之」 孫子曰:「前, 則視心; 左, 視左手; 右, 視右手; 後, 卽視背」 婦人曰:「諾」 約束旣布, 乃設鈇鉞, 卽三令五申之. 於是鼓之右,

婦人大笑. 孫子曰:「約束不明, 申令不熟, 將之罪也.」復三令五申而鼓之左, 婦人復大笑. 孫子曰:「約束不明, 申令不熟, 將之罪也; 既已明而不如法者, 吏士之罪也.」乃欲斬左右隊長. 吳王從臺上觀, 見且斬愛姬, 大駭. 趣使使下令曰:「寡人已知將軍能用兵矣. 寡人非此二姬, 食不甘味, 願勿斬也.」孫子曰:「臣既已受命爲將, 將在軍, 君命有所不受.」遂斬隊長二人以徇. 用其次爲隊長, 於是復鼓之. 婦人左右前後跪起皆中規矩繩墨, 無敢出聲. 於是孫子使使報王曰:「兵既整齊, 王可試下觀之, 唯王所欲用之, 雖赴水火猶可也.」吳王曰:「將軍罷休就舍, 寡人不願下觀.」孫子曰:「王徒好其言, 不能用其實.」於是闔廬知孫子能用兵, 卒以爲將. 西破彊楚, 入郢, 北威齊晉, 顯名諸侯, 孫子與有力焉"이라 함. ≪史記≫(65) 孫子吳起列傳 및 ≪孫子≫ 참조.

【折衝】 적진에 돌진하여 들어가 그들을 꺾고 충돌함. 전투에서 용맹을 다하여 승리를 이끌어 냄을 말함.

【禦侮】 '禦侮'와 같음. 나라에 모욕을 주는 적을 막아 냄. 國防을 의미함.

참고 및 관련 자료

1. ≪史記≫(10) 孝文帝本紀

後六年冬, 匈奴三萬人入上郡, 三萬人入雲中. 以中大夫令勉爲車騎將軍, 軍飛狐; 故楚相蘇意爲將軍, 軍句注; 將軍張武屯北地; 河內守周亞夫爲將軍, 居細柳; 宗正劉禮爲將軍, 居霸上; 祝茲侯軍棘門: 以備胡. 數月, 胡人去, 亦罷.

2. ≪史記≫(57) 絳侯周勃世家

文帝之後六年, 匈奴大入邊. 乃以宗正劉禮爲將軍, 軍霸上; 祝茲侯徐厲爲將軍, 軍棘門; 以河內守亞夫爲將軍, 軍細柳: 以備胡. 上自勞軍. 至霸上及棘門軍, 直馳入, 將以下騎送迎. 已而之細柳軍, 軍士吏被甲, 銳兵刃, 彀弓弩, 持滿. 天子先驅至, 不得入. 先驅曰:「天子且至!」軍門都尉曰:「將軍令曰'軍中聞將軍令, 不聞天子之詔'.」居無何, 上至, 又不得入. 於是上乃使使持節詔將軍:「吾欲入勞軍.」亞夫乃傳言開壁門. 壁門士吏謂從屬車騎曰:「將軍約, 軍中不得驅馳.」於是天子乃按轡徐行. 至營, 將軍亞夫持兵揖曰:「介冑之士不拜, 請以軍禮見.」天子爲動, 改容式車. 使人稱謝:「皇帝敬勞將軍.」成禮而去. 既出軍門, 群臣皆驚. 文帝曰:「嗟乎, 此眞將軍矣! 曩者霸上·棘門軍, 若兒戲耳, 其將固可襲而虜也. 至於亞夫,

可得而犯邪!」稱善者久之. 月餘, 三軍皆罷. 乃拜亞夫爲中尉.

3. ≪漢書≫(40) 張陳王周傳(周勃(周亞夫)傳)

　　文帝後六年, 匈奴大入邊. 以宗正劉禮爲將軍軍霸上, 祝玆侯徐厲爲將軍軍棘門, 以河內守亞夫爲將軍軍細柳, 以備胡. 上自勞軍, 至霸上及棘門軍, 直馳入, 將以下騎出入送迎. 已而之細柳軍, 軍士吏被甲, 銳兵刃, 彀弓弩, 持滿. 天子先驅至, 不得入先驅曰:「天子且至!」軍門都尉曰:「軍中聞將軍之令, 不聞天子之詔.」有頃, 上至, 又不得入. 於是上使使持節詔將軍曰:「吾欲勞軍.」亞夫乃傳言開壁門. 壁門士請車騎曰:「將軍約, 軍中不得驅馳.」於是天子乃按轡徐行. 至中營, 將軍亞夫揖, 曰:「介胄之士不拜, 請以軍禮見.」天子爲動, 改容式車. 使人稱謝:「皇帝敬勞將軍.」成禮而去. 旣出軍門, 羣臣皆驚. 文帝曰:「嗟乎, 此眞將軍矣! 鄕者霸上·棘門如兒戲耳, 其將固可襲而虜也. 至於亞夫, 可得而犯邪!」稱善者久之. 月餘, 三軍皆罷. 乃拜亞夫爲中尉.

4. ≪幼學瓊林≫

　　漢馮異當論功, 獨立大樹下, 不誇己績; 漢文帝嘗勞軍, 親幸細柳營, 按轡徐行.

024(上-24)

포륜징현(蒲輪徵賢)
한(漢) 무제(武帝)

수레바퀴를 부드럽게 하고 어진 이를 모셔 오도록 한 한 무제

한(漢)나라 때 역사 기록이다.

무제(武帝)는 유술(儒術)을 훌륭히 여겨 좋아하였다. 그리하여 조관(趙綰)을 어사대부(御史大夫)로, 왕장(王臧)을 낭중령(郎中令)으로 삼았다.

두 사람이 자신들의 스승 신공(申公, 申培公)을 추천하자 무제는 사신을

보내 안거(安車)의 바퀴를 부들로 엮어 진동이 심하지 않도록 배려한 다음, 속백(束帛)에 벽옥(璧玉)을 더하여 예물로 드리면서 그를 받들어 모셔 오도록 하였다.

이윽고 그가 이르자 그를 대중대부(大中大夫)로 삼고 노왕부(魯王父)에 집을 마련해 주었다.

무제가 그에게 치도(治道)를 자문하자 그는 이렇게 말하였다.

"다스림이란 말이 많은 데에 있지 않습니다. 힘써 실천할 수 있을지를 살펴볼 뿐입니다."

漢史紀: 武帝雅嚮儒術, 以趙綰爲御史大夫, 王臧爲郞中令.

二人薦其師申公, 上使使者奉安車蒲輪, 束帛加璧, 迎之.

旣至, 以爲大中大夫, 舍魯邸.

上問以治道, 對曰:「爲治不在多言, 顧力行何耳.」

【蒲輪徵賢】부들로 수레바퀴를 감아 흔들리지 않도록 배려한 다음 학자들을 불러 모시고 오도록 함.

【武帝】劉徹(B.C. 156~B.C. 87). 景帝의 아들로 B.C. 140년부터 B.C. 87년까지 재위하면서 국내외적으로 많은 업적과 일화를 남김. ≪史記≫(12) 孝武本紀 참조.

【雅嚮】아름답게 여겨 그쪽으로 향함.

【儒術】儒家의 학술. 孔子, 孟子, 荀子 등의 학술. 여기서는 특히 당시 유가의 五經을 가리킴.

【趙綰】武帝 때의 御史大夫. 明堂의 문제를 건의했다가 竇太后의 미움을 받아 옥에 갇히자 자살함. ≪史記≫ 儒林列傳을 볼 것.

【御史大夫】진나라 때 설치하였으며 승상 아래의 직책으로 彈劾, 糾察, 監察 등을 담당함. 당시 丞相, 太尉와 함께 三公의 높은 직책이었음.

【王臧】무제 때의 郞中令. 趙綰과 함께 당시 유명한 학자였음.

【郞中令】 관직 이름. 궁중의 宿衛를 담당함.
【申公】 申培公. 魯나라 사람으로 今文 ≪詩≫에 조예가 깊어 魯詩學의 창시자가 됨. 文帝 때 博士에 오름. 楚元王(劉交)의 스승이기도 하며 신배공이 나이가 들자 劉交가 그를 매일 술과 음식으로 극진히 모신 일화가 ≪漢書≫ 楚元王傳 등에 널리 실려 있음.
【安車】 작은 수레. 편안히 앉아 이동할 수 있음.
【蒲輪】 수레바퀴를 부들로 칭칭 감아 흔들리거나 덜커덩거리지 않도록 함. 노인의 수레 이동을 세심하게 배려하였음을 말함.
【束帛】 고대 예물을 뜻하는 말. 속은 비단 다섯 필을 한 묶음으로 한 것.
【大中大夫】 관직 이름. 행정의 논의를 담당함. 太中大夫와 같음.
【魯邸】 魯王府의 저택. 신배공이 曲阜 출신이었으므로 연고가 있는 노왕의 저택에 살도록 한 것. 당시 魯王에 봉해진 자는 武帝의 아들 恭王 劉餘였음.

直解(白話文)

서한 때의 역사 기록이다.
무제는 평소 유가의 학술을 좋아하였다. 그리하여 당시 유명한 유학자를 거용하여 조관을 어사대부로, 왕장을 낭중령으로 삼았다. 조관과 왕장은 다시 자신들의 스승인 신배공을 추천하면서 그의 학문이 훨씬 높다고 말하였다.
무제는 이를 듣고 즉시 사신을 파견하여 그를 초빙해 오도록 하였다. 그리고 신공이 나이 많은 노인이라는 소리를 듣고 그가 오는 도중에 피로를 느끼면 어쩌나 해서 안거 하나를 보내어 그를 맞이해 오되 부들로 그 수레바퀴를 묶어 부드럽게 해 그가 오는 길에 앉은 자리가 편하도록 해 주었다. 그리고 다시 폐백 한 묶음에 옥벽 하나를 더하여 빙례(聘禮)를 삼았다. 신공은 무제가 이처럼 예를 다함에 감격하여 드디어 사신을 따라

서울에 도착하였다. 무제는 그에게 대중대부의 직책을 주고 노왕부에 저택을 마련하여 편히 기거할 수 있도록 하였다.

왕이 자문을 구하였다.

"천하를 다스리는 도리는 어떠해야 합니까?"

신배공이 대답하였다.

"다스림이란 역시 많은 말에 있는 것이 아닙니다. 단지 실행에 옮기면 그것이 곧 훌륭한 것일 뿐입니다."

대체로 논의만 많으면 마음과 뜻이 미혹하게 되는 것이니, 빈말에 의탁하기보다는 차라리 여러 행동과 일에 유익함이 드러나도록 하는 것이 낫다는 뜻이다.

무릇 천하의 치란이란 현인의 거류(去留)에 달려 있다. 이 까닭으로 옛날

의 명석한 임금은 자신을 굽혀 현인에게 낮춤으로써 일을 훌륭하게 풀어
내었으며 친히 만승의 높은 지위를 굽혀 예를 다하여 형문(衡門)과 위포(韋
布)의 천한 자에게 찾아간 경우가 자주 있었다. 한나라가 흥한 이래 비록
옛 법에 제대로 미치지는 못하였지만 무제의 이러한 사례는 오히려 옛사
람의 뜻에 거의 가까운 예라 할 수 있다. 신배공이 힘써 실천하도록 하라
고 한 이 한마디는 역시 천하를 다스리는 또 하나의 요도(要道)이다.

西漢史上記: 武帝素喜好儒者的學術, 因擧用當時名儒, 以趙綰爲御史大夫, 王臧爲郎中令. 趙綰·王臧又擧薦他師傅申公, 說他的學問更高. 武帝聞說, 卽遣使去徵聘他. 又聞申公年老, 恐其途中受勞, 因駕一輛安車去迎接申公, 又用蒲草裹了車輪, 使其行路軟活, 坐的自在; 又用幣帛一束, 加上玉璧, 以爲聘禮. 申公感武帝這等盡禮, 遂隨聘到京. 武帝授以大中大夫之職, 安置在魯王府裡居住.

問他:「治天下的道理何如?」

申公對說:「爲治也不在多言, 只是着實行將去便好.」

盖議論多, 則心志惑, 與其託之空言, 不若見諸行事之
爲有益也.

夫天下之治亂, 係賢人之去留. 是以古之明君, 以
屈己下賢爲盛事, 而親枉萬乘, 以盡禮于衡門韋布
之賤者, 往往有之. 漢興以來, 雖不逮古, 而武帝
此擧, 猶庶幾古人之意. 至申公力行一言, 則
又治天下之要道也.

한 무제(劉徹)

【魯王府】魯王은 당시 漢나라 郡國制에서 魯나
라에 봉해진 恭王 劉餘. 고대 魯나라였던 지금

의 山東 曲阜를 봉지로 받은 왕의 저택에 신공이 살 수 있도록 주거지를 마련해 줌. 서울에 거주하면서 봉지의 행정을 처리하는 부서를 '王府'라 함.

【與其~不若】 '~하는 것은 차라리 ~함만 못하다'의 백화어 구문.

【去留】 떠나 버림과 머물러 있음. 관여함과 관여하지 않음. 존재의 여부.

【衡門】 나무를 대강 비껴 대문을 삼음. 隱者나 學者의 누추한 집을 의미함. ≪詩經≫ 陳風에 "衡門之下, 可以棲遲. 泌之洋洋, 可以樂飢"라 함.

【韋布】 가죽 허리띠와 베로 짠 옷. 빈천한 학자의 복장을 말함.

【不逮】 거기에 충분히 미치지는 못함.

참고 및 관련 자료

1. ≪史記≫ 儒林列傳

及今上卽位, 趙綰・王臧之屬明儒學, 而上亦鄕之, 於是招方正賢良文學之士. 自是之後, 言≪詩≫於魯則申培公, 於齊則轅固生, 於燕則韓太傅. 言≪尙書≫自濟南伏生. 言≪禮≫自魯高堂生. 言≪易≫自菑川田生. 言≪春秋≫於齊魯自胡毋生, 於趙自董仲舒. ……申公者, 魯人也. 高祖過魯, 申公以弟子從師入見高祖于魯南宮. 呂太后時, 申公游學長安, 與劉郢同師. 已而郢爲楚王, 令申公傅其太子戊. 戊不好學, 疾申公. 及王郢卒, 戊立爲楚王, 胥靡申公. 申公恥之, 歸魯, 退居家敎, 終身不出門, 復謝絶賓客, 獨王命召之乃往. 弟子自遠方至受業者百餘人. 申公獨以≪詩≫經爲訓以敎, 無傳(疑), 疑者則闕不傳. 蘭陵王臧旣受≪詩≫, 以事孝景帝爲太子少傅, 免去. 今上初卽位, 臧迺上書宿衛上, 累遷, 一歲中爲郎中令. 及代趙綰亦嘗受≪詩≫申公, 綰爲御史大夫. 綰・臧請天子, 欲立明堂以朝諸侯, 不能就其事, 乃言師申公. 於是天子使使束帛加璧安車駟馬迎申公, 弟子二人乘軺傳從. 至, 見天子. 天子問治亂之事, 申公時已八十餘, 老, 對曰:「爲治者不在多言, 顧力行何如耳」是時天子方好文詞, 見申公對, 黙然. 然已招致, 則以爲太中大夫, 舍魯邸, 議明堂事. 太皇竇太后好老子言, 不說儒術, 得趙綰・王臧之過以讓上, 上因廢明堂事, 盡下趙綰・王臧吏, 後皆自殺. 申公亦疾免以歸, 數年卒. 弟子爲博士者十餘人: 孔安國至臨淮太守, 周霸至膠西內史, 夏寬至城陽內史, 碭魯賜至東海太守, 蘭陵繆生至長沙內史, 徐偃爲膠西中尉, 鄒人闕門慶忌爲膠東內史. 其治官民皆有廉節, 稱其好學. 學官弟子行雖不備, 而至於大夫・郎中・掌

故以百數. 言≪詩≫雖殊, 多本於申公.

2. ≪漢書≫(88) 儒林傳(申公)

　　弟子自遠方至受業者千餘人, 申公獨以詩經爲訓故以教, 亡傳, 疑者則闕弗傳. 蘭陵王臧旣從受詩, 已通, 事景帝爲太子少傅, 免去. 武帝初卽位, 臧乃上書宿衛, 累遷, 一歲至中令. 及代趙綰亦嘗受≪詩≫申公, 爲御史大夫. 綰·臧請立明堂以朝諸侯, 不能就其事, 乃言師申公. 於是上使使束帛加璧, 安車以蒲裹輪, 駕駟迎申公, 弟子二人乘軺傳從. 至, 見上, 上問治亂之事. 申公時已八十餘, 老, 對曰:「爲治者不至(在)多言, 顧力行何如耳.」是時上方好文辭, 見申公對, 黙然. 然已招致, 則以爲太中大夫, 舍魯邸, 議明堂事. 太皇竇太后喜老子言, 不說儒術, 得趙綰·王臧之過以讓上曰:「此欲復爲新垣平也.」上因廢明堂事, 下綰·臧吏, 皆自殺. 申公亦病免歸, 數年卒. 弟子爲博士者十餘人: 孔安國至臨淮太守, 周霸至膠西內史, 夏寬城陽內史, 碭魯賜至東海太守, 蘭陵繆生長沙內史, 徐偃膠西中尉, 鄒人闕門慶忌膠東內史. 其治官民皆有廉節 稱, 其學官弟子行雖不備, 而至於大夫·郞中·掌故以百數.

025(上-25)

명변사서(明辨詐書)
한(漢) 소제(昭帝)

거짓 문서를 명확히 변별한 한 소제

    한(漢)나라 때 역사 기록이다.
    소제(昭帝) 때 갑장공주(蓋長公主)와 좌장군(左將軍) 상관걸(上官桀) 및 그 아들 안(安), 그리고 상홍양(桑弘羊) 등이 거짓으로 사람을 시켜 연왕(燕王) 유단(劉旦)의 글이라 하여 황제에게 이렇게 상서하였다.

"대장군(大將軍) 곽광(霍光)이 자신의 막부에 막부교위(幕府校尉)를 제멋대로 임명하는 등 전권을 자의적으로 행사하고 있습니다."

글이 올라오자 소제는 이에 대한 처리를 보류시킨 채 묵혀 두고 있었다.

이튿날 아침, 곽광이 이 소문을 듣고 차마 조정에 들어오지 못하였다.

소제가 조서를 내려 대장군을 불러오도록 하자 곽광이 들어와 관을 벗고 머리를 조아렸다.

소제가 말하였다.

"장군께서는 관을 쓰시오. 짐은 이 글이 거짓임을 알고 있소. 장군께서 임명한 교위는 아직 열흘도 되지 않았는데 멀리 있는 연왕이 어찌 이를 알 수 있겠소?"

이 당시 소제는 나이 열네 살이었다. 상서(尙書)와 좌우들이 모두 놀랐고 글을 올렸던 자들은 과연 도망치고 말았다.

뒤에 상관걸의 무리들이 다시 곽광을 참훼하자 소제는 노하여 이렇게 말하였다.

"대장군은 충성된 신하요. 선제(先帝)께서 나를 보필하도록 유촉하신 분이오. 감히 헐뜯는 자가 있으면 죄를 물을 것이오!"

상관걸 등은 그제야 감히 더 이상 말을 꺼내지 못하였다.

漢史紀: 昭帝時, 蓋長公主・左將軍上官桀及其子安, 及桑弘羊等, 詐令人爲燕王旦上書, 言「大將軍霍光, 擅調幕府校尉, 專權自恣」.

書奏, 帝留中.

明旦, 光聞之, 不入. 有詔召大將軍, 光入, 免冠頓首.

上曰:「將軍冠. 朕知是書詐也. 將軍調校尉未十日, 燕王何以知之?」

是時帝年十四. 尙書左右皆驚, 而上書者果亡.

後桀黨有譖光者, 上怒曰:「大將軍忠臣, 先帝所屬以輔朕身, 敢有毀者, 坐之!」

桀等乃不敢復言.

【明辨詐書】거짓 문서를 정확하게 변별함.
【昭帝】西漢 제6대 황제. 武帝의 아들 劉弗陵(B.C. 94~B.C. 74). 무제와 趙婕妤 사이에서 태어남. 황태자 戾太子(劉據)가 일찍 죽자 武帝를 이어 제위에 오름. B.C. 86년~B.C. 74년 재위.
【蓋長公主】'갑장공주'로 읽으며 무제의 누나 鄂邑公主를 가리킴. 昭帝의 고모에 해당함.
【左將軍】군직 명칭. 將軍의 아래 左將軍과 右將軍이 있어 장군을 보좌하였음.
【上官桀】인명. 上官은 성, 桀은 이름. 일찍이 霍光과 함께 武帝로부터 어린 임금(昭帝)을 보좌할 것을 위촉받았으나 소제를 폐위하고 燕王(劉旦)을 세우고자 모의하다가 사전에 누설되어 멸족을 당하였고 연왕 역시 자살함.
【桑弘羊】B.C. 152년~B.C. 80년. 洛陽 사람으로 무제 때 治粟都尉, 大司農 등을 역임함. 뒤에 霍光과 함께 昭帝를 보필하여 御史大夫에 올랐으나 곽광과의 권력 다툼에 실패하고 피살됨.
【燕王】劉旦. 무제와 李姬 사이에 태어난 아들로 燕王(剌王)에 봉해짐. 배다른 아우 劉弗陵가 제위에 오르자 이에 불만을 품고 상관걸의 유혹에 빠져 모반을 꿈꾸다가 일이 탄로 나자 자살함. ≪漢書≫ 燕剌王劉旦 참조.
【霍光】?~B.C. 68년. 자는 子孟, 霍去病의 異腹동생. 武帝 때 奉車都尉를 지냈으며 昭帝 때 大司馬大將軍이 됨. 河東 平陽(지금의 山西 臨汾) 사람. 무제로부터 遺囑을 받아 大將軍에 올랐으며 소제 다음의 宣帝(劉詢)를 옹립하고 정권을 잡아 20여 년간 독단을 부리기도 하였음. ≪漢書≫(68) 霍光傳 참조.
【調】調任함. 인원을 늘리거나 보충하여 임명함.
【幕府】대장군이 군영에서 행정을 보는 곳. 곽광의 막부를 가리킴.
【留中】상소문 등을 임금이 받은 다음 결재를 하지 아니하고 그대로 지체시키는 것.
【尙書】관직 이름. 秦나라 때 설치하였으며 궁중의 文書와 奏章 등을 관리하는 관서.
【坐之】어떤 사건에 連坐하여 죄를 물음.

直解(白話文)

서한 때의 역사 기록이다.

소제는 어린 나이에 등극하여 대장군 곽광이 무제의 유촉을 받아 보좌하고 있었다. 그때 갑장공주와 좌장군 상관걸, 그리고 그 아들 상관안 및 상홍양 등은 각기 곽광에게 사사로운 원한을 가지고 있었다. 그리고 연왕 유단은 소제의 형이면서 천자가 되지 못한 이유로 역시 소제에게 원한을 품고 있었다. 이에 상관걸 등은 나이 어린 소제를 속일 모략을 꾸미며 곽광을 배척하고 모함할 계획을 세웠다. 이리하여 사람을 시켜 연왕의 신하라 임시로 집어넣고 곽광을 탄핵하는 문서를 만들어 올렸다. "그는 제 뜻대로 막부 교위를 임명하여 사람 수를 늘렸으며 권력을 제멋대로 하여 궤도에 어긋난 일을 도모하고 있다"는 것이었다.

소제는 이 글을 보고 자신의 자리에 머물러 둔 채 아래로 내려 보내지 않았다. 곽광이 이를 듣고 밖에서 죄를 기다리며 감히 조정에 들어오지 못하고 있었다. 소제는 사람을 시켜 곽광을 불러 들어오도록 하였다. 곽광이 들어와 황제를 뵙자 모자를 벗고 머리를 조아리며 처분을 기다렸다.

소제는 이렇게 말하였다.

"장군께서는 모자를 쓰시오. 짐은 이 글이 거짓이라는 것을 알고 있소. 장군께서 교위를 보충한 지는 미쳐 열흘이 되지 않고 연왕은 서울에서 수천 리 먼 곳에 있는데 그가 어찌 이러한 일을 알 수 있겠소? 이로써 거짓임을 알 수 있는 것이오."

당시 소제는 겨우 열네 살이었다. 좌우의 사람들이 황제의 명찰함을 보고 서로 돌아보며 놀라워하지 않는 자가 없었다. 그 글을 올린 사람은 남의 눈에 띌세라 도망가고 말았다.

그 뒤에 상관걸의 무리 가운데 다시 곽광을 참훼하는 자가 나타나자

소제는 즉시 화를 내며 이렇게 말하였다.

"대장군은 한 분의 충성스러운 신하요. 선제께서 짐이 어림을 걱정하셔서 그에게 짐을 보필하도록 부탁하셨소. 다시 말을 꺼내는 자가 있다면 무거운 죄로 다스릴 것이오!"

이로부터 상관걸 등은 두려워하며 감히 다시는 더 이상 말을 꺼내지 못하였다. 그리고 곽광은 소제를 보필하여 마침내 훌륭한 임금으로 성장시켰다. 만약 상관걸 등의 참언을 곧이듣고 이를 행동으로 옮겼다면 곽광의 참화는 진실로 말을 기다릴 필요도 없었을 것이며 한나라의 종실과 사직 역시 위험에 빠지고 말았을 것이다. 아! 어린 나이를 부탁하고 목숨을 맡긴다는 것이 어찌 쉬운 일이겠는가?

西漢史上記: 昭帝年幼登極, 大將軍霍光受遺詔輔政. 那時蓋長公主·左將軍上官桀, 與其子上官安, 及桑弘羊等, 各以私恨霍光, 而燕王旦以帝兄不得立爲天子, 亦懷怨恨. 於是上官桀等, 欺昭帝年小, 設謀要排陷霍光. 教人假充做燕王的人, 上本劾奏霍光. 說「他擅自更調幕府校尉, 加添人數, 專權自恣, 圖謀不軌」.

昭帝覽奏, 留中不下. 霍光聞之, 待罪于外, 不敢入朝. 帝使人召光入, 光見帝, 取了冠帽, 叩頭伏罪.

昭帝說: 「將軍戴起冠. 朕知這本是假的. 將軍調校尉還未滿十日, 燕王離京數千里, 他怎麼便就得知? 可見是詐」

那時, 昭帝年纔十四歲. 左右之人, 見帝這等明察, 莫不相顧驚駭, 那上書的人, 果然涉虛逃走.

以後上官桀的黨類, 又有譖毀霍光者, 昭帝卽發怒說: 「大將軍是个忠臣, 先帝因朕年幼, 託他輔朕. 再有言者, 卽坐以重罪!」

自是桀等懼怕, 不敢復言. 而霍光輔相昭帝, 竟爲賢主. 若使上官桀等之讒得行, 則霍光之禍固不待言, 而漢家宗社亦危矣! 於戲! 托孤寄命, 豈易事哉?

【假充】임시로 그의 신하인 것처럼 명단에 이름을 보충해 넣음.
【不軌】軌度(常軌), 常道에 어긋난 일.
【不下】아래로 내려보내지 않음. 결재를 하지 않음.
【涉虛】'슬며시, 몰래, 황급히, 남이 모르게, 남의 눈에 띨세라'의 뜻.
【宗社】종묘와 사직. 국가의 운명.
【於戲】'오호'로 읽음. 감탄사.
【托孤寄命】황제가 임종 때 어린 아들의 계승을 염려하여 믿는 신하에게 뒷일을 부탁하는 것. 霍光 같은 경우 어린 劉弗陵(昭帝)을 맡아 그 운명을 책임짐. 혹은 황제의 입장에서 그러한 처지나 경우에 해당하는 위치가 됨을 뜻하기도 함.

참고 및 관련 자료

1. ≪漢書≫(63) 武五子傳(燕刺王劉旦)

　　久之旦姊鄂邑蓋長公主·左將軍上官桀父子與霍光爭權有隙, 皆知旦怨光, 卽私與燕交通. 旦遣孫縱之等前後十餘輩, 多齎金寶走馬, 賂遺蓋主. 上官桀及御史大夫桑弘羊等皆與交通, 數記疏光過失與旦, 令上書告之. 桀欲從中下其章. 旦聞之, 喜, 上疏曰:「昔秦據南面之位, 制一世之命, 威服四夷, 輕弱骨肉, 顯重異族, 廢道任刑, 無恩宗室. 其後尉佗入南夷, 陳涉呼楚澤, 近狎作亂, 內外俱發, 趙氏無炊火焉. 高皇帝覽蹤迹, 觀得失, 見秦建本非是, 故改其路, 規土連城, 布王子孫, 是以支葉扶疏, 異姓不得間也. 今陛下承明繼成, 委任公卿, 羣臣連與成朋, 非毀宗室, 膚受之愬, 日騁於廷, 惡吏廢法立威, 主恩不及下究. 臣聞武帝使中郎將蘇武使匈奴, 見留二十年不降, 還賣爲典屬國. 今大將軍長史敞無勞, 爲搜粟都尉. 又將軍都郎羽林, 道上移蹕, 太官先置. 臣旦願歸符璽, 入宿衛, 察姦臣之變」是時昭帝年十四, 覺其有詐, 遂親信霍光, 而疏上官桀等. 桀等因謀共殺光, 廢帝, 迎立燕王爲天子. 旦置驛書, 往來相報, 許立桀爲王, 外連郡國豪桀以千數. 旦以語相平, 平曰:「大王前與劉澤結謀, 事未成而發覺者, 以劉澤素夸, 好侵陵也. 平聞左將軍素輕易, 車騎將軍少而驕, 臣恐其如劉澤時不能成, 又恐旣成, 反大王也」旦曰:「前日一男子詣闕, 自謂故太子, 長安中民趣鄉之, 正讙不可止, 大將軍恐, 出兵陳之, 以自備耳. 我帝長子, 天下所信, 何憂見反?」後謂羣臣:「蓋主報言, 獨患大將軍與右將軍王莽. 今右將軍物故, 丞相病, 幸事必成, 徵不久」令羣臣皆裝.

2. ≪漢書≫(68) 霍光傳

　　燕王旦自以昭帝兄, 常懷怨望. 及御史大夫桑弘羊建造酒榷鹽鐵, 爲國興利, 伐其功, 欲爲子弟得官, 亦怨恨光. 於是蓋主·上官桀·安及弘羊皆與燕王通謀, 詐令人爲燕王上書, 言「光出都肄郎羽林, 道上稱蹕, 太官先置. 又引蘇武前使匈奴, 拘留二十年不降, 還乃爲典屬國, 而大將軍長史敞亡功爲搜粟都尉. 又擅調益莫府校尉. 光專權自恣, 疑有非常. 臣旦願歸符璽, 入宿衛, 察姦臣變」候司光出沐日奏之. 桀欲從中下其事, 桑弘羊當與諸大臣共執退光. 書奏, 帝不肯下. 明旦, 光聞之, 止畫室中不入. 上問「大將軍安在?」左將軍桀對曰:「以燕王告其罪, 故不敢入」有詔召大將軍. 光入, 免冠頓首謝, 上曰:「將軍冠. 朕知是書詐也, 將軍亡罪」光曰:「陛下何以知之?」上曰:「將軍之廣明, 都郎屬耳. 調校尉以來未能十日, 燕王何以得知之? 且將軍爲非, 不須校尉」是時帝年十四, 尙書左右皆驚, 而上書者果亡, 捕之甚急. 桀等懼, 白上小事不足遂, 上不聽. 後桀黨與有譖光者, 上輒怒曰:「大將

軍忠臣, 先帝所屬以輔朕身, 敢有毀者坐之.」自是桀等不敢復言, 乃謀令長公主置酒請光, 伏兵格殺之, 因廢帝, 迎立燕王爲天子. 事發覺, 光盡誅桀·安·弘羊·外人宗族. 燕王·蓋主皆自殺. 光威震海內. 昭帝旣冠, 遂委任光, 訖十三年, 百姓充實, 四夷賓服.

3. ≪漢書≫ 昭帝紀

九月, 鄂邑長公主·燕王旦與左將軍上官桀·桀子票騎將軍安·御史大夫桑弘羊皆謀反, 伏誅. 初, 桀·安父子與大將軍光爭權, 欲害之, 詐使人爲燕王旦上書信光罪. 時上年十四, 覺其詐. 後有譖光者, 上輒怒曰:「大將軍國家忠臣, 先帝所屬, 敢有譖毀者, 坐之.」光由是得盡忠.

026(上-26)

포장수령(褒獎守令)
한(漢) 선제(宣帝)

수령에게 상을 내려 장려한 한 선제

　한(漢)나라 때 역사 기록이다.
　선제(宣帝) 때에는 수령(守令)이라는 직책을 극히 중시하였다. 일찍이 선제는 이렇게 여겼다.
　"태수야말로 백성을 다스리는 관리 중에 근본이니 이를 너무 자주 바꾸면 아래 백성들이 편안하지 못하다. 백성들이 그가 오랫동안 임직할 것임을 알게 되면 감히 그를 속이지 못할 것이며 이로써 그의 교화를 믿고 복종할 것이다."

그러므로 이천 석의 수령으로 다스림의 효과를 얻고자 곧바로 옥새와 국서로써 이들을 면려하였으며, 그들 중 뛰어난 자를 승격시키기도 하고 금을 하사하기도 하며, 그로 인해 혹 작위를 관내후(關內侯)까지 올려 준 자도 있었다.

그리고 공경(公卿)의 숫자에 결원이 생기면 그들이 올린 여러 표장을 근거로 선발 순서에 따라 임용하기도 하였다. 이 까닭으로 한나라 때는 양리(良吏)가 풍성하게 배출되어 중흥을 이루었다고 칭송을 하고 있는 것이다.

漢史紀: 宣帝時, 極重守令. 嘗以爲: 「太守吏民之本, 數變易則下不安. 民知其將久, 不敢欺罔, 乃服從其敎化.」

故二千石有治理效, 輒以璽書勉勵, 增秩賜金, 或爵至關內侯.

公卿缺, 則選諸所表, 以次用之. 是故漢世良吏於是爲盛, 稱中興焉.

【襃獎守令】 수령의 직책을 중시하여 그들에게 포상을 내려 장려함.
【宣帝】 서한 제7대 황제 劉詢(B.C. 91~B.C. 49). 본명은 劉病已, 자는 次卿. 戾太子(劉據)의 아들인 史皇孫(劉進)의 아들. 여태자가 일찍 죽어 그 뒤를 昭帝(劉弗陵)가 이었으며 그 뒤 霍光이 여태자의 아들 사황손을 옹립하여 제위에 오름. B.C. 74년~B.C. 49년 재위.
【吏民】 백성들의 관리가 되어 그들을 다스리고 보살핌.
【二千石】 漢나라 때 郡守나 守令의 봉록이 이천 석이어서 흔히 이들을 지칭하는 말로 쓰였음.
【關內侯】 漢나라 때 12등급의 작위 중 徹侯 다음으로 關中 내에 봉을 받은 侯를 의미함.

【良吏】循吏. 酷吏에 상대되는 말. ≪漢書≫(89)에 循吏傳이 있음.

直解(白話文)

서한 때의 역사 기록이다.

선제는 관리를 선발 임용하면서 지부(知府), 지현(知縣)의 두 관직을 지극히 중시하였다.

일찍이 그는 이렇게 말하였다.

"각 부(府)의 태수야말로 백성에게 가장 가까운 관리이며 제일 요긴한 자리이다. 만약 임지에 이른 지 얼마 되지도 않아 곧바로 자리를 옮겨 떠난다면 백성들은 그의 은혜를 입을 수 없고 게다가 새 사람을 맞이하고 옛 사람을 보내느라 한갓 노고와 번잡함만 당하게 된다. 반드시 임지에 오래 있은 연후에야 민정(民情)과 토속, 백성의 감고(甘苦)에 대해 모두 알게 될 것이며, 그리하여 그가 베푸는 은혜와 정사의 시책도 역시 머리에 그대로 밝히 알아, 그곳 백성들도 그를 속일 수가 없는 것이다. 이렇게 되면 자연스럽게 그의 교화를 받아들여 순종하게 될 것이다."

한 선제(劉詢)

그래서 선제 때에는 태수를 맡은 자로서 봉록이 이천 석인 자는 모두가 오랫동안 그 직책을 맡았다. 만약 임기가 오래되지 않은 자로 공로가 있으면 그를 다른 곳으로 옮기지는 않고 다만 칙서(勅書)를 내려보내 그 공을

장려하고 칭찬하거나 혹 관의 직급을 올려 주거나 혹 금백(金帛)을 상으로 하사하거나 혹 관내후의 작위 급수를 하사할 뿐 여전히 옛 관직의 업무를 계속하도록 하였다. 그러다가 기간이 매우 오래되어, 삼공(三公)과 구경(九卿)의 결원이 생기는 기회를 만나면 이전에 정표(旌表)가 좋은 태수는 순서를 뛰어넘어 발탁해 등용하였다. 이를테면 황패(黃霸)는 영천태수(潁川太守)에서 바로 태자태부(太子太傅)에 올랐고, 조광한(趙廣漢)의 경우 영천태수에서 경조윤(京兆尹)에 올랐다. 선제의 수령에 대한 관심이 이와 같았기 때문에 당시 관직에 오른 이들은 사람마다 부지런히 하였고 좋은 관리가 많이 배출되어, 천하태평과 중흥의 아름다움은 후세에도 그에 미칠 만한 때가 적었다.

무릇 관직은 오래 있으면 위아래가 서로 안정되어 백성에게는 편안함을 주게 될 것이요, 세월이 오래된 뒤에 그 관리를 특별히 발탁하게 되면 관직에 적체가 없어 관직에도 편리함을 주게 될 것이다. 이는 사람을 잘 활용하고 백성을 보호하는 좋은 방법이다. 그 뒤로는 과목(科目)이 너무 번잡해졌고 관리의 수도 날로 증가하여 승진과 전보는 가히 매일 기다려야 할 정도였으며 앉은 자리가 따뜻해지기도 전에 문득 이미 다른 자리로 옮겨야 할 지경이었다. 그리하여 관직 보기를 마치 잠깐 쉬어 가는 여관처럼 여기고, 백성 보기를 마치 길을 오가는 사람처럼 여길 뿐이었으니 그렇게 하고서야 어찌 천하를 다스릴 수 있었겠는가!

西漢史上記: 宣帝選用官員, 極重那知府知縣兩樣官.

嘗說道:「各府太守, 最是親民之官, 第一要緊. 若是到任不久, 就遷轉去, 百姓便不得蒙其恩惠, 且迎新送舊, 徒見勞擾. 必須做得年久, 然後民情土俗, 百姓甘苦, 他都知道, 施些恩惠, 行些政事, 也都曉得頭腦; 那百姓也欺哄不得. 自然順從他的教化.」

所以宣帝時做守相, 食二千石俸的, 都要久任. 若是歷任未久, 就有功勞, 也只降勅書獎勵, 或就彼加陞官級, 或賞賜金帛, 或賜以關內侯的爵級, 仍令照舊官事. 到做的年歲深了. 遇三公九卿有缺, 卽把向前旌表的好太守不次擢用, 如黃霸以潁川太守入爲太子太傅, 趙廣漢以潁川太守入爲京兆尹. 宣帝之留心守令如此, 所以那時做官的, 人人勉勵, 好官甚多, 而天下太平・中興之美, 後世鮮及焉.

夫官惟久任, 則上下相安, 旣便于民; 日久超擢, 則官不淹滯, 亦便于官. 此用人保民之善法也. 後來科目太繁, 額數日增; 陞轉之期, 計日可俟; 席不暇煖, 輒已他遷. 視其官如傳舍, 視百姓如路人而己, 其何以治天下哉!

【知府】漢나라 때 州에는 府를 설치하여 관서로 삼았으며 이를 관장하는 최고 행정 책임자를 知府, 혹 太守라 하였음.

【知縣】 縣令과 같음. 한 縣의 최고 책임자.

【黃霸】 자는 次公(?~B.C. 51). 淮陽 陽夏(지금의 河南 太康) 사람으로 宣帝 때 揚州刺史, 潁川太守, 御史大夫, 丞相 등을 역임함. 建成侯에 봉해졌으며 당시 循吏의 대표적인 인물 중 하나. ≪史記≫(96) 張蒼傳 및 ≪漢書≫(89) 循吏傳 참조.

【趙廣漢】 ?~B.C. 65년. 涿郡 蠡吾(지금의 河北 博野) 사람으로 宣帝 때 潁川太守를 역임하였으며 그곳의 호족 原氏, 褚氏 등을 죽여 없앴음. 뒤에 京兆尹으로 발탁됨. ≪漢書≫(76) 趙廣漢傳 참조.

【傳舍】 여관. 숙소.

참고 및 관련 자료

1. ≪漢書≫(89) 循吏傳

孝宣常稱曰:「庶民所以安其田里而亡歎息愁恨之心者, 政平訟理也. 與我共此者, 其唯良二千石乎!」以爲太守, 吏民之本, 數變易則下不安, 民知其將久, 不可欺罔, 乃服從其敎化. 故二千石有治理效, 輒以璽書勉勵, 增秩賜金, 或爵至關內侯. 公卿缺, 則選諸所表, 以次用之. 是故漢世良吏, 於是爲盛, 稱中興焉.

027(上-27)

조유강경(詔儒講經)
한(漢) 선제(宣帝)

유학자를 불러 경학을 강의토록 한 한 선제

한(漢)나라 때 역사 기록이다.

선제 때에 조서를 내려 여러 선비를 불러 오경(五經)에서 서로 같고 다른 부분을 강의하도록 하면서 소망지(蕭望之) 등으로 하여금 그 토론 내용을 상주(上奏)하도록 하였다. 그리고 임금이 친히 임하여 그 판단을 결재하였다. 이에 양구하(梁邱賀)의 ≪역(易)≫과 하후승(夏侯勝)과 하후건(夏侯建) 두 사람의 ≪상서(尙書)≫, 그리고 곡량적(穀梁赤)의 ≪춘추(春秋)≫에 대해서는 박사 제도를 두었다.

漢史紀: 宣帝時, 詔諸儒講'五經同異', 蕭望之等評奏其議.
上親稱制臨決焉. 乃立梁邱≪易≫, 大小夏侯≪尙書≫, 穀梁≪春秋≫博士.

【詔儒講經】 조서를 내려 유학자를 불러 경서를 강의토록 함.
【五經】 유가의 경전은 원래 六經이었으나 ≪樂經≫은 문자로 전해지지 않아 나머지 ≪易≫, ≪詩≫, ≪書≫, ≪春秋≫, ≪禮≫를 기본으로 國學을 설치, 五經博士를 두고 경학을 가르치고 연구하도록 하였음.
【同異】 秦 始皇의 焚書坑儒로 인해 서적이 사라지자 한나라 때 이르러 齊魯(지금의 山東) 지역 노인들의 口誦을 당시 통행문자 隸書로 받아 적은 것을 '今文經'이라 하여 이를 국학에 들여와 敎學하였음. 뒤에 공자의 구택 벽에서 古文(大篆, 籒書)으로 된 경서가 쏟아져 나와 이를 '古文經'이라 하였음. 그러나 이 두 경서의 문자에 차이가 있어 논란이 벌어졌으며 이를 두고 '五經異同'이라 하였음.
【蕭望之】 ?~B.C. 47년. 서한 때의 학자. 선제 때 太子太傅가 되었으며 甘露 3년(B.C. 51) 石渠閣에서 학자들이 모여 五經異同을 토론할 때 이를 주재하기도 함. ≪漢書≫ (78) 蕭望之傳 참조.
【稱制】 황제가 可否의 결재를 함. 결정을 내림.
【梁邱】 梁丘賀(梁邱賀), 자는 長翁. 서한 때의 유명한 經學者로 ≪易經≫에 밝았음. 少傅에 오름. ≪漢書≫(88) 儒林傳 참조.
【大小夏侯】 夏侯勝(자는 長公)과 夏侯建(長卿). 둘은 사촌 형제로 모두 ≪尙書≫에 밝아 博士에 들었으며 관직은 太子太傅에 오름. ≪漢書≫(75)와 ≪漢書≫(88) 儒林傳 참조.
【穀梁】 穀梁赤(穀梁俶). 戰國 시대 魯나라 사람으로 ≪春秋穀梁傳≫의 저자.
【博士】 원래 秦나라에 두었던 제도로 漢나라 때도 그대로 이어짐. 敎授官을 가리킴.

直解(白話文)

　서한 때의 역사 기록이다.

　문제는 글을 좋아하였다. 그는 오경에 쓰여 있는 말을 보았더니 모두가 수신(修身)과 천하를 다스리는 큰 도리였다. 진(秦)나라 때 한바탕 불을 지른 사건이 있고 나서 지금에 이르러 유학을 표창한 뒤로 비록 이미 점차 유가의 경전을 찾아내기는 하였지만 그래도 여러 유가들이 전수하면서 서로 달라 하나로 귀결되지 못하고 있었다. 그리고 여러 학자들의 전(傳)과 주(註)도 각각 자신들의 이론이 옳다고 하여 일정하게 확정된 설이 없었다. 이에 조칙을 내려 여러 유생들을 불러 오경의 같고 다른 부분을 강론하고 연구하되 만약 경문(經文)에 서로 다른 것이 있으면 곧바로 누구의 것이 옳고 진실된 전본(傳本)인지, 누구의 것이 착오를 일으키고 있는지를 찾아내고, 나아가 어떤 사람의 설이 경서의 뜻과 부합하는지 어떤 사람의 설이 경서의 뜻과 서로 어긋나는지를 알아보고자 하였다. 그리하여 소망지 등에게 다른 사람들이 강론하고 연구한 것 중에 누가 옳고 누가 그른지 평론하도록 명하였다.

　이를 임금에게 상주하여 올리면 임금이 직접 임하여 이를 살펴보고 가부를 결재하였다. 이렇게 하여 오경 중에 앞선 학자 양구하가 전수한 ≪역경≫과 하후승, 하후건이 전수한 ≪상서≫, 곡량숙이 전수한 ≪춘추≫를 진실되고 합당한 것이라 판단하였다. 이에 이들을 각각 박사의 관직으로 세워 그들로 하여금 제자들을 가르치고 익혀 그 전이 널리 퍼지도록 하였다. 그중 ≪시(詩)≫와 ≪예(禮)≫ 두 개의 경은 거의 이미 그 이전에 정론이 난 것이므로 더 이상 논술하지 않았다. 선제 이래로 오경은 마치 해가 하늘 가운데에 떠 있듯이 만세를 두고 전해져서 천하를 다스리는 자의 준칙(準則)이 되었으니 그의 공이 역시 크다 할 것이다.

　西漢史上記: 宣帝好文, 見得'五經'所言, 都是修身治天下的大道理. 自經秦人燒燬一番, 到今表彰之後, 雖已漸次尋出, 但諸儒傳授互有異同, 不得歸一; 而諸家傳註, 亦且各以爲是, 無一定之說. 因此詔諸儒臣講究五經同異, 如經文有不同的, 便要見誰是眞傳, 誰是錯誤, 傳註有不同的; 便要見某人說的與經旨相合, 某人說的與經旨相悖. 又命蕭望之等評論他每講究的誰是誰非.

　奏聞於上, 上親稱制臨視, 而裁決其可否. 這五經中, 定以先儒梁邱賀傳授的《易經》, 夏侯勝·夏侯建傳授的《尙書》, 穀梁淑傳授的《春秋》爲眞當. 於是將這三經, 各立博士之官, 着他敎習弟子, 以廣其傳. 其《詩》·《禮》二經, 蓋先已有定論, 故不述也. 自宣帝以來, 五經如日中天, 傳之萬世, 爲治天下者之準則, 其功亦大矣.

【傳註】經書의 내용을 다시 부연하여 설명하는 것을 '傳'이라 함. 예로 ≪春秋≫의 경우 ≪左傳≫, ≪穀梁傳≫, ≪公羊傳≫ 등 三傳이 있으며 ≪詩≫의 경우 ≪毛詩傳≫, ≪韓詩外傳≫ 등이 있음. '注'는 글자나 구절 등에 주석을 더하여 내용을 알기 쉽게 정리하는 것. 한나라 때 경학의 傳註 작업이 아주 활발하였으며 송나라 때 이르러 十三經으로 확정된 것임.

【穀梁淑】'穀梁俶'의 오기. 穀梁赤을 가리킴. ≪穀梁傳≫을 쓴 학자.

【着他】'그로 하여금 ~하도록 하다(시키다)'의 構文. '着'은 '使, 敎, 讓, 俾, 叫, 令' 등 使役形 助動詞로 쓰였음. 明代 白話語의 한 유형임.

참고 및 관련 자료

1. ≪漢書≫ 宣帝紀

詔諸儒講'五經同異', 太子太傅蕭望之等平奏其議. 上親稱制臨決焉. 乃立梁丘≪易≫, 大小夏侯≪尙書≫, 穀梁≪春秋≫博士.

028(上-28)

집함정직(葺檻旌直)
한(漢) 성제(成帝)

부서진 난간을 그대로 두어 정직한 신하를 표창한 한 성제

한(漢)나라 때 역사 기록이다.

성제(成帝) 때 장우(張禹)의 당파들이 왕씨(王氏)를 싸고돌았다. 그 때문에 괴리(槐里)의 현령 주운(朱雲)이 글을 올려 임금을 뵙기를 요구하였다. 공경 대신들이 앞에 도열하고 있는데도 주운은 이렇게 말하였다.

"원컨대 상방(尙方)의 참마검(斬馬劒)을 내려 주시면 아첨하는 신하 하나의 목을 잘라 그 나머지들을 격려코자 합니다!"

성제가 물었다.

"그게 누구요?"

주운이 대답하였다.

"안창후(安昌侯) 장우입니다."

임금이 크게 노하여 말하였다.

"하찮은 신하가 조정에서 나의 스승을 욕하다니, 그 죄는 사형에 처하여 용서해 주지 않으리라."

어사(御史)가 주운을 끌어내리려 하자 주운은 궁전의 난간을 잡고 늘어졌고 결국 난간이 부러지고 말았다.

주운은 이렇게 소리쳤다.

"저는 저 관룡봉(關龍逄)과 비간(比干)을 따라 지하에 노닐 수 있으니 이로써 만족합니다! 그런데 임금께서는 앞으로 어찌 될지 알기나 하십니까?"

좌장군 신경기(辛慶忌)가 대신 관을 벗고 머리를 조아리며 그를 용서해 주도록 청하자 임금이 노기가 풀어져 그쯤에서 그칠 수 있었다.

그 뒤 난간을 다시 수리하고자 할 때 임금은 이렇게 말하였다.

"교체하지 마라. 기운 채로 두어 곧은 신하를 칭송하는 상징으로 두어라!"

漢史紀: 成帝時, 張禹黨護王氏. 故槐里令朱雲, 上書求見, 公卿在前, 雲曰:「臣願賜尙方斬馬劒, 斷佞臣一人頭, 以勵其餘!」

上問:「誰也?」

對曰:「安昌侯張禹.」

上大怒曰:「小臣廷辱師傅, 罪死不赦.」

御史將雲下, 雲攀殿檻, 檻折.

雲呼曰:「臣得從龍逢·比干遊於地下足矣! 未知聖朝何如耳.」

左將軍辛慶忌, 免冠叩頭力救, 上意解, 得已.

及後當治檻, 上曰:「勿易, 因而葺之, 以旌直臣!」

【葺檻旌直】난간을 수리하지 않고 기운 채로 두어 이로써 정직한 신하를 기리도록 함. '葺'은 '기울다, 건물이나 집을 수리하다'의 뜻. 여기서는 '주운이 끌려가지 않기 위해 잡고 버텨 그 난간이 기울다'로 보았음.

【成帝】서한 제9대 황제 劉驁(B.C. 51~B.C. 7). 元帝를 이어 제위에 오름. B.C. 32년~B.C. 7년 재위. 趙飛燕과의 사랑 고사로도 유명함.

【張禹】자는 子文. 河平 연간에 丞相에 올랐으며 安昌侯에 봉해짐. 성제의 스승이었으며 성격이 우유부단하여 외척의 발호를 보고도 제대로 대처하지 않음. 이 때문에 주운이 그를 지목한 것임. ≪漢書≫(81) 및 ≪後漢書≫(44) 참조.

【王氏】成帝의 외척. 성제의 어머니는 王政君(元帝의 皇后, 成帝가 제위에 오르자 太后가 됨)이었으며 외삼촌 王譚, 王商, 王立, 王根, 王逢時 등이 동시에 侯爵 벼슬을 받아 '王氏五侯라' 하였음(092 참조). 이들이 세도를 부려 권세가 외척에게 귀속됨. 왕황후의 아우 王曼이 일찍 죽었음에도 그를 新都侯로 추봉하였고 그 아들 王莽이 이를 이어 받았다가 뒤에 유자영에 이르러 禪讓의 형식을 취해 한나라 왕통이 끊어짐.

【槐里】지명. 지금의 陝西 興平縣 동남쪽.

【朱雲】자는 游. 西漢 때의 魯(지금의 山東省 남부) 땅 출신. 뒤에 平陵(지금의 陝西 咸陽)으로 옮겨 살았음. 처음 任俠을 좋아하였으나 나이 마흔에 ≪周易≫, ≪論語≫를 공부하여 元帝 때 五鹿充宗과 ≪周易≫에 대한 토론을 벌여 博士가 됨. 성격이 강직하여 벼슬에서 물러나 제자를 가르침. ≪漢書≫(67)에 傳이 있음.

【尙方】天子의 器物을 관리하는 곳.

【斬馬劍】말도 죽일 수 있는 예리하고 큰 칼.

【龍逢】關龍逢. 夏나라 桀王 때의 충신으로 直諫을 하다가 桀에게 죽임을 당함. 판본

에 따라 關龍逄으로도 표기함.≪史記≫ 夏本紀 참조.
【比干】殷나라 末王 紂의 숙부. 少師였으며 紂의 학정과 무도함을 비판하다가 죽임을 당함.≪史記≫ 殷本紀 및 ≪論語≫ 微子篇 등 참조.
【辛慶忌】張掖太守, 酒泉太守 등을 역임하였으며 뒤에 左將軍에 오른 인물. 주운을 적극 변호하고 나섰음.

直解(白話文)

서한 때의 역사 기록이다.

성제 때 외척 왕씨들이 권력을 독점하여 정치를 어지럽히고 있었다. 안창후(安昌侯) 장우는 원래 성제에게 경학을 가르쳐 준 스승이었다.

성제는 스승을 모시는 예로 그를 대접하였다. 장우는 경학을 공부한 사람이었지만 그 성격이 부드럽고 아첨을 잘하였으며 게다가 나이가 많아 그저 자신의 명예와 직위를 지키는 것으로 만족하였다. 그리하여 왕씨의 권위가 극성함을 보고 마침내 그 당파를 감싸고돌아 나라를 그릇된 길로 몰고 가는 불충의 죄가 아주 컸다.

당시 원래 괴리의 현령이었던 주운은 사람됨이 강직하여 장우의 이와 같은 행동을 증오하고 있었다. 그리하여 글을 올려 천자를 직접 만나 이런 일을 말해야겠다고 나섰다.

공경들이 모두 임금의 앞에 도열한 가운데 주운은 임금에게 곧바로 이렇게 말하였다.

"원컨대 상방의 참마검을 저에게 내려 주십시오. 아첨하는 신하 하나의 머리를 잘라 그 나머지 신하들을 경계시키겠습니다!"

성제가 물었다.

"아첨하는 신하란 누구요?"

주운이 대답하였다.

"바로 안창후 장우입니다!"

성제가 크게 노하여 말하였다.

"하찮은 신하가 감히 이 큰 조정에서 나의 스승을 욕보이다니, 그 죄는 마땅히 사형에 해당하며 사면도 시켜 줄 수 없다."

어사가 드디어 주운을 궁전 아래로 끌어내리려 하자 주운은 궁전 앞의 난간에 올라 이를 붙잡고 늘어져 난간이 뜯어지도록 죽어도 놓지 않겠다고 버텼다. 어사는 급히 그를 끌어내리다 결국 난간이 뜯어져 부러지고 말았다.

주운은 이에 이렇게 크게 소리를 질렀다.

"옛날 걸(桀)은 관룡봉을 죽였고, 주(紂)는 왕자 비간을 죽였습니다. 저는 지금 직간을 한다는 이유로 죽임을 당하여 그 두 신하와 함께 지하에서 놀며 충의의 귀신이 될 수 있으니 바라던 대로 만족합니다. 그러나 안타까운 것은 임금께서는 간신과 아첨하는 이들에게 농락을 당하고 있으니 뒤에 어떤 변고를 만나게 될 지 알 수 없다는 것일 뿐입니다!"

조정의 반열 중에 좌장군의 직함을 가진 신경기가 모자를 벗고 머리를 조아리며 대신 빌었다.

"이 신하는 평소 광간하고 직설적인 인물로 널리 알려져 있습니다. 의당 용서를 베풀어 주십시오."

이에 성제의 노기가 풀려 주운은 그제야 죽음을 면하게 되었다.

뒤에 난간을 수리하게 되자 성제가 말하였다.

"이 난간은 새것으로 교체할 필요가 없다. 단지 부러진 곳을 보수하여 그 흔적을 그대로 남겨 두어 사람들로 하여금 주운이 분지른 것임을 알도록 하여 직언하는 신하를 표창하는 징표로 삼도록 하라."

무릇 국가의 불행에는 간신의 권력 놀이가 있다. 그리고 사악하고 아첨하는 소인들은 그들에게 빌붙어 아부하며 서로 합해 임금의 총명함을 막고 가리고 한다. 믿을 바는 충의의 선비로 그들은 발분하여 직언을 퍼부음으로써 보이지 않게 그들의 기를 꺾고 그 당파를 소멸시킨다. 그런데 그런 자에게 죄를 가한다면 천하는 다시는 그릇된 간신들의 권한을 감히 제거할 수 없으며 임금은 위에서 더욱 고립을 면치 못하게 된다. 성제는 이윽고 주운의 곧음을 깨달았고 드디어 그를 죽음에서 용서하였으며 게다가 부러진 난간을 남겨 두어 이로써 표창을 삼았으니 대체로 역시 이러한 예로 보건대 가히 임금으로서의 도량을 가진 자라 할 만하다. 그 때문에 역사를 기록하는 신하가 이를 기록하여 칭송한 것이다.

西漢史上記: 成帝時, 外戚王氏專權亂政.

安昌侯張禹, 原授成帝經, 成帝以師禮待之. 禹爲人有經學, 但其性柔佞, 又年

老, 要保全名位, 因見王氏威權盛, 遂黨護之, 其誤國不忠之罪大矣.

那時有原任槐里縣令朱雲, 爲人剛直, 惡張禹如此, 乃上書求面見天子言事.

公卿都侍立在前, 朱雲上前直說: 「願賜尙方斬馬劒與臣, 斬一箇佞臣的頭, 以儆其餘!」

成帝問: 「佞臣是誰?」

朱雲對說: 「是安昌侯張禹!」

成帝大怒說: 「小臣敢當大廷中辱我師傅, 其罪該死, 不可赦宥.」

御史遂拿朱雲下殿去, 朱雲攀扯殿前欄干, 死不肯放, 御史拿急, 遂將欄干扯斷了.

朱雲乃大呼說: 「昔桀殺關龍逄, 紂殺王子比干. 臣今以直諫被戮, 得從二臣遊於地下, 爲忠義之鬼, 其願足矣. 但惜聖朝爲奸佞所誤, 不知後來變故何如耳!」

朝班中有左將軍辛慶忌, 取去冠帽叩頭說: 「此臣素稱狂直, 宜賜優容.」

於是成帝怒解, 朱雲纔得免死.

到後來修理欄干, 成帝說: 「此欄干不必改換新的, 只把這折處葺補, 留箇遺迹, 使人知道是朱雲所折, 以旌表直言之臣.」

夫國家不幸有奸臣弄權, 邪佞小人, 又從而阿附之, 相與壅蔽人主之聰明; 所賴忠義之士, 發憤直言, 以陰折其氣而消其黨. 苟加之罪, 則天下莫敢復忤權奸, 而人主益孤立於上矣. 成帝旣悟朱雲之直, 遂有其死, 且留檻以旌之, 蓋亦有見於此, 可謂有人君之度者, 故史臣紀而稱之.

【柔佞】 부드럽기만 하며 아첨을 잘함. '佞'은 아첨하며 윗사람의 비위를 잘 맞추는 행동을 뜻함.
【赦宥】 사면하여 용서해 줌.
【攀扯】 뜯어지도록 올라타 붙들고 늘어짐.
【朝班】 朝廷의 班列. 직책이나 직급, 작위 등을 말함.

【狂直】 狂簡하고 直說的임. 앞뒤를 가리지 않고 대드는 성격. 긍정적인 뜻으로 흔히 쓰임.

【優容】 너그럽게 용서함.

【復忤權奸】 잘못된 것을 돌려 회복하고 간신들의 권한을 되찾아 임금의 권위를 세움.

참고 및 관련 자료

1. ≪漢書≫(67) 朱雲傳

朱雲字游, 魯人也, 徙平陵. 少時通輕俠, 借客報仇. 長八尺餘, 容貌甚壯, 以勇力聞. 年四十, 乃變節從博士白子友受≪易≫, 又事前將軍蕭望之受≪論語≫, 皆能傳其業. 好倜儻大節, 當世以是高之. 元帝時, 瑯邪貢禹爲御史大夫, 而華陰守丞嘉上封事, 言「治道在於得賢, 御史之官, 宰相之副, 九卿之右, 不可不選. 平陵朱雲, 兼資文武, 忠正有智略, 可使以六百石秩試守御史大夫, 以盡其能.」上乃下其事問公卿. 太子少傅匡衡對, 以爲「大臣者, 國家之股肱, 萬姓所瞻仰, 明王所愼擇也. 傳曰下輕其上爵, 賤人圖柄臣, 則國家搖動而民不靜矣. 今嘉從守丞而圖大臣之位, 欲以匹夫徒(走)[步]之人而超九卿之右, 非所以重國家而尊社稷也. 自堯之用舜, 文王於太公, 猶試然後爵之, 又況朱雲者乎? 雲素好勇, 數犯法亡命, 受≪易≫頗有師道, 其行義未有以異. 今御史大夫禹絜白廉正, 經術通明, 有伯夷·史魚之風, 海內莫不聞知, 而嘉[猥]稱雲, 欲令爲御史大夫, 妄相稱擧, 疑有姦心, 漸不可長, 宜下有司案驗以明好惡.」嘉竟坐之. 至成帝時, 丞相故安昌侯張禹以帝師位特進, 甚尊重. 雲上書求見, 公卿在前. 雲曰:「今朝廷大臣上不能匡主, 下亡以益民, 皆尸位素餐, 孔子所謂『鄙夫不可與事君』, 『苟患失之, 亡所不至』者也. 臣願賜尙方斬馬劍, 斷佞臣一人以厲其餘.」上問:「誰也?」對曰「安昌侯張禹.」上大怒, 曰:「小臣居下訕上, 廷辱師傅, 罪死不赦.」御史將雲下, 雲攀殿檻, 檻折. 雲呼曰:「臣得下從龍逢·比干游於地下, 足矣! 未知聖朝何如耳?」御史遂將雲去. 於是左將軍辛慶忌免冠解印綬, 叩頭殿下曰:「此臣素著狂直於世. 使其言是, 不可誅; 其言非, 固當容之. 臣敢以死爭.」慶忌叩頭流血. 上意解, 然後得已. 及後當治檻, 上曰:「勿易! 因而輯之, 以旌直臣.」雲自是之後不復仕, 常居鄠田, 時出乘牛車從諸生, 所過皆敬事焉. 薛宣爲丞相, 雲往見之. 宣備賓主禮, 因留雲宿, 從容謂雲曰:「在田野亡事, 且留我東閣, 可以觀四方奇士.」雲曰:「小生乃欲相吏邪?」宣不敢復言. 其敎授, 擇諸生, 然

後爲弟子. 九江嚴望及望兄子元, 字仲, 能傳雲學, 皆爲博士. 望至泰山太守.

2. ≪蒙求≫(205-1)「朱雲折檻」

　　前漢, 朱雲字游, 魯人. 容貌甚壯, 以勇力聞. 好偶儻大節, 當世高之. 擧方正, 爲槐里令, 坐廢錮. 成帝時, 張禹以帝師位特進, 甚尊重. 雲上書求見, 公卿在前, 雲曰:「今朝廷大臣, 上不能匡主, 下亡以益民, 皆尸位素餐. 臣願賜尙方斬馬劍, 斷佞臣一人, 以厲其餘.」上問:「誰也?」對曰:「安昌侯張禹.」上大怒曰:「小臣居下訕上, 廷辱師傅, 罪死不赦.」御史將雲下, 雲攀殿檻, 檻折, 呼曰:「臣得下從龍逢·比干遊於地下足矣. 未知聖朝何如耳.」御史遂將雲去. 於是左將軍辛慶忌免冠, 解印綬, 叩頭殿下曰:「此臣素著狂直於世. 使其言是, 不可誅; 其言非, 固當容之. 臣敢以死爭.」慶忌叩頭流血, 上意解, 然後得已. 及後當治檻, 上曰:「勿易. 因而輯之, 以旌直臣.」雲自是不復仕.

3. ≪十八史略≫(2)

　　安昌侯張禹, 以帝師傅, 每有大政, 必與定議. 時史民多上書言:「災異王氏專政所致.」上至禹第, 辟左右親以示禹. 禹自見年老子孫弱, 恐爲王氏所怨, 謂上曰:「春秋日食地震, 或爲諸侯相殺, 夷狄侵中國. 災變之意, 深遠難見. 故聖人罕言命, 不語怪神. 性與天道, 自子貢之屬不得聞, 何況淺見鄙儒之所言? 新學小生, 亂道誤人, 宜無信用.」上雅信愛禹, 由是不疑王氏. 故槐里令朱雲, 上書求見:「願賜尙方斬馬劍, 斷佞臣一人頭, 以厲其餘.」上問:「誰也?」對曰:「安昌侯張禹.」上大怒曰:「小臣居下, 廷辱師傅, 罪死不赦.」御史將雲下, 雲攀殿檻, 檻折. 雲呼曰:「臣得下從龍逢比干, 遊於地下足矣. 未知聖朝何如耳.」左將軍辛慶忌, 叩頭流血爭之, 上意乃解. 及當治檻, 上曰:「勿易因而輯之, 以旌直臣.」

029(上-29)

빈례고인(賓禮故人)
한(漢) 광무(光武)

옛 친구를 예로써 대한 후한 광무제

한(漢)나라 때 역사 기록이다.

광무제(光武帝)는 어릴 때 엄광(嚴光)과 동문수학하였다. 즉위하고 나서 그의 어짊을 생각하여 각지를 돌아다니며 그를 찾아보도록 하였다. 그런데 어떤 남자 하나가 양 갖옷을 걸치고 제(齊)나라 땅 못에서 낚시를 하고 있다는 것이었다. 광무제는 그가 엄광일 것으로 여겨 곧바로 안거(安車)와 현훈(玄纁)을 예물로 하여 사신을 파견, 그를 초빙해 오도록 하였다. 그러나 세 번을 반복하여 다녀온 뒤에야 그를 모셔 올 수 있었다. 광무제는 그가 도착한 날 바로 그가 머물고 있다는 숙소로 달려갔다. 그랬더니 엄광은 누운 채 일어나지도 않는 것이었다. 광무제는 엄광의 배를 쓰다듬으며 이렇게 말하였다.

"쯧쯧, 자릉(子陵)이여, 재상이 되어 나를 좀 도와줄 수 없겠는가?"

엄광은 눈을 부릅뜨고 한참을 쳐다보더니 이렇게 말하는 것이었다.

"옛날 당요(唐堯)는 덕으로 드러났었지. 그러나 그가 천하를 물려주겠다는 말에 소부(巢父)는 귀를 씻었지. 선비란 뜻을 가졌기에 그럴 수 있는 것, 어찌 재상 따위로 나를 이렇게 핍박하는가!"

광무제는 탄식하고 자리를 떴다. 뒤에 다시 엄광을 불러 그가 궁궐로 들어오자 옛날 어릴 때 친구로 지내던 이야기로 꽃을 피우며 며칠을 그렇게 마주하였다. 그리하여 잠자리까지 함께하게 되었는데 엄광이 발을 광무제의 배에 올려놓고 잠에 곯아떨어졌다.

이튿날 태사가 이렇게 보고하였다.

"객성(客星)이 제좌성(帝座星)을 침범하였는데 아주 급하더이다!"

광무제는 웃으며 이렇게 말하였다.

"짐은 옛 친구 엄자릉과 함께 누워 있었을 뿐이다."

漢史紀: 光武少與嚴光同學, 及卽位, 思其賢, 令以物色訪之. 有一男子披羊裘釣齊澤中, 帝疑其光, 乃備安車玄纁, 遣使聘之, 三反而後至. 車駕卽日幸其館. 光臥不起, 帝撫光腹曰:「咄咄子陵, 不可相助爲理耶?」

光張目熟視曰:「昔唐堯著德, 巢父洗耳. 士故有志, 何至相迫乎!」

帝嘆息而去.

復引光入, 論舊故, 相對累日. 因共偃臥, 光以足加帝腹.

明日太史奏:「客星犯帝座甚急!」

帝笑曰:「朕與故人嚴子陵共臥爾.」

【賓禮故人】光武帝가 황제에 올랐으면서도 옛 친구 嚴光을 손님의 예로써 극진히 대접함.

【光武帝】世祖 光武皇帝 劉秀(재위 25~57). 東漢(後漢)의 첫 황제. 자는 文叔. 長沙 定王 劉發의 후손. 漢 景帝가 유발을 낳고, 유발이 舂陵節侯 劉買를 낳았으며 뒤에 封地가 南陽 白水鄕으로 옮겨져 그곳을 舂陵이라 하고 가문을 이루었음. 그리고 유매의 막내아들이 劉外였으며 그가 劉回를 낳았고, 유회가 南頓令 劉欽을 낳았으며 유흠이 유수를 낳았음. 이가 동한을 일으켜 洛陽에 도읍하고 劉氏 왕조를 이은 것이며 이를 東漢(後漢)이라 부름.

【嚴光】자는 子陵. 동한 會稽 餘姚(지금의 浙江 餘姚) 사람으로 어릴 때 劉秀와 함께 공부하였으며 劉秀가 제위에 오르자 이름을 숨기고 은거함. 뒤에 유수가 이를 찾아 궁중으로 불러 諫議大夫를 주고자 하였으나 끝까지 사양하고 浙江 富春山으로 다시 숨어들어 낚시질로 일생을 보냄. ≪後漢書≫(83) 逸民傳 참조.

【玄纁】검은색의 폐백. 고대 제왕이 賢士를 초빙할 때 관례로 주던 예물.

【咄咄】'돌돌'로 읽으며 안타깝거나 서운함이 있을 때 혀를 차는 소리. ≪世說新語≫ 黜免篇에 "殷中軍被廢, 在信安, 終日恆書義空作字. 揚州吏民尋義逐之, 竊視, 唯作「咄咄怪事」四字而已"라 함.

【巢父】'소보'로 읽음. 堯임금 때의 隱者. 나무에 둥지를 짓고 살아 巢父라 불렀으며 요임금이 천하를 그에게 물려주려 하였으나 거절함. 참고란을 볼 것.

【洗耳】요임금이 다시 천하를 許由에게 물려주려 하자 허유가 潁水(淸冷水)로 도망하여 귀를 씻었다 함. 역시 참고란을 볼 것.

【客星】떠돌이 별. 이 별이 帝座星(황제를 상징하는 별자리)을 침범하여 황제의 권위에 손상을 입힘.

直解(白話文)

동한(東漢) 때의 역사 기록이다.

광무제는 어린 시절 일찍이 처사 엄광과 함께 공부하였다. 뒤에 광무제가 제위에 오르자 엄광은 도망하여 숨어 나타나기를 거부하였다. 광무제는 그가 어질고 똑똑하였음을 생각하고 사람들로 하여금 그의 모습을 가지고 각처를 돌아다니며 그를 찾아보도록 하였다. 그런데 어떤 한 남자가 양 갖옷을 걸친 채 제나라 못에서 낚시질을 하고 있다는 것이었다.

광무제는 이가 곧 엄광임을 알고 이에 안거와 현훈을 폐백으로 하여 사자를 파견, 그를 모셔 오도록 하였다. 세 번을 갔다 오고 나서야 그는 겨우 응하는 것이었다. 그가 서울에 도착하자 광무제는 그날 즉시 수레를 몰아 그가 머물고 있는 곳을 찾았다.

엄광은 잠이 들어 일어나지 않고 있었다. 광무제는 곧바로 그의 침상 앞으로 다가가 손으로 그의 배를 쓰다듬으면서 그의 자(字)를 칭하여 이렇게 말하였다.

"쯧쯧, 자릉이여, 나를 도와 나라 다스리는 일을 함께할 수 없겠는가?"

엄광은 눈을 부릅뜨고 광무제를 쳐다보며 이렇게 말하였다.

"옛날 당요는 천자로서 그 덕이 천하에 드러났다. 은사 소보는 그의 부탁에 홀로 물가로 가서 귀를 씻고 세상의 일에 대해서는 듣지 않았다. 요는 그러한 이를 용납하고 그에게 관직에 나서라고 핍박하지 않았다. 선비란 각기 뜻을 가지고 있다. 내 이미 벼슬길에 나서기를 원치 않는다고 하였는데 어찌 괴롭게 이처럼 핍박하는가?"

광무제는 그가 더 이상 굽히지 않을 것임을 알고 탄식하며 물러섰다.

그리고 다시 엄광을 궁궐로 불러 이번에는 지난 날 옛 친구로서의 정담을 화제로 나누면서 며칠을 이렇게 마주하였다. 이리하여 그와 잠자리까지 함께하게 되었다. 엄광은 자신도 모르는 사이 광무제의 배에 발을 올려놓고 잠에 곯아떨어졌다. 그 신분을 잊기가 이와 같았던 것이다.

이튿날 영대관(靈臺官)이 이렇게 보고하였다.

"어젯밤 어떤 객성이 제좌성을 아주 급하게 침범하더이다!"

광무제는 웃으며 말하였다.

"이는 이변이 아니다. 바로 짐과 옛 친구 엄자릉이 함께 잠을 잤을 뿐이다."

무릇 광무제가 이윽고 천하의 제왕이 되었다면 엄광은 초야의 한 백성일 뿐인데 광무제는 단지 그를 현사(賢士)로 여겼고, 또한 친구라 하여 드디어 삼빙(三聘)의 예를 더하여 만승

동한 광무제(劉秀)

의 높은 지위를 낮추었으며, 게다가 눈을 부릅뜨고 질
타하는 소리를 그대로 두어 오만하다 여기지 않
았고, 나아가 그가 배에 발을 올려놓는 것조차
용납하여 모욕이라 여기지 않고 은근함과 다
독거림을 다하면서 다시는 더 높고 낮은 지위
로 구분하지 않았다. 이렇게 보면 그 풍성한 덕
과 남을 포용하는 정도가 얼마나 대단하였는
가! 그러므로 선대의 유학자들은 광무제의 도량을

엄광(嚴道, 子陵)

두고 천지 밖까지 포함하였다 하였으니 이는 지나친 찬사가 아니었다.

그 뒤 동한 2백 년은 인심과 풍속에 있어서 모두 절의(節義)가 높았다.
이는 광무제가 현인을 존경하고 선비에게 겸손히 하여 인심과 풍속을 감
발(感發)시켜 흥기하도록 한 면이 있었기 때문이었다.

東漢史上記: 光武少時, 曾與處士嚴光同學讀書. 到後來光武卽帝位, 嚴光逃
匿不肯見, 光武思念他賢, 使人把他的模樣, 去各處訪求. 聞說有一男子披着羊
裘, 釣魚於齊國之澤中. 光武知是嚴光, 乃備安車及玄纁幣帛, 遣使者聘請之. 三
次往返, 然後肯來. 到京師, 光武車駕卽日帝到他下處看他.

嚴光睡着不起, 光武直到他牀前, 以手撫摩其腹, 稱他的字說;「咄咄子陵, 不可
扶助我爲治耶?」

嚴光張目看着光武說道:「古時唐堯爲天子, 著德於天下. 隱士巢父獨臨水洗耳,
不聞世事. 堯也相容, 不逼他做官. 士人各有志願, 我旣不願出仕, 何苦相逼迫乎?」

光武知其不可屈, 歎息而去.

又復引嚴光入禁中, 與他論說往年故舊之情, 相對累日, 因與他共睡, 嚴光不覺
以足加在光武腹上, 其忘分如此.

明日靈臺官奏說:「昨夜有一客星, 犯帝座星甚急!」

光武笑說;「這非干變異, 乃朕與故人嚴子陵共睡耳.」

　夫光武旣帝天下, 則嚴光乃草野中之一民耳, 光武只爲他是賢士, 又是故人, 遂加三聘之禮, 親屈萬乘之尊, 任其張目疾言, 而不以爲傲; 容其加足於腹, 而不以爲侮, 殷勤款曲, 不復知有崇卑之分, 此其盛德含容爲何如哉! 所以先儒說光武之量, 包乎天地之外, 非過美矣.

　後來東漢二百年, 人心風俗, 皆以節義相高. 寔光武之尊賢下士, 有以感發而興起之也.

【靈臺官】靈臺는 고대 천문을 관측하던 관청. 관상감.
【三聘之禮】세 번이나 사신을 보내어 그를 초빙한 것을 말함.
【二百年】東漢은 光武帝 劉秀의 建武 원년(25)부터 獻帝 建安 25년(220)까지 약 2백여 년을 지속하였음.

참고 및 관련 자료

1. ≪後漢書≫(83) 逸民傳(嚴光)

　嚴光字子陵, 一名遵, 會稽餘姚人也. 少有高名, 與光武同遊學. 及光武卽位, 乃變名姓, 隱身不見. 帝思其賢, 乃令以物色訪之. 後齊國上言:「有一男子, 披羊裘釣澤中.」帝疑其光, 乃備安車玄纁, 遣使聘之, 三反而後至. 舍於北軍, 給牀褥, 太官朝夕進膳. 司徒侯霸與光素舊, 遣使奉書. 使人因謂光曰:「公聞先生至, 區區欲卽詣造, 迫於典司, 是以不獲. 願因日暮, 自屈語言.」光不答, 乃投札與之, 口授曰:「君房足下: 位至鼎足, 甚善. 懷仁輔義天下悅, 阿諛順旨要領絶.」霸得書, 奉奏之. 帝笑曰:「狂奴故態也.」車駕卽日幸其館, 光臥不起, 帝卽其臥所, 撫光腹曰:「咄咄子陵, 不可相助爲理邪?」光又眠不應, 良久, 乃張目熟視曰:「昔唐堯著德, 巢父洗耳. 士故有志. 何至相迫乎?」帝曰:「子陵, 我竟不能下汝邪?」於是乘輿歎息而去. 復引光入, 論道舊故, 相對累日. 帝從容問光曰:「朕何如昔時?」對曰:「陛下差增於往.」因共偃臥, 光以足加帝腹上. 明日, 太史奏:「客星犯帝坐甚急.」帝笑曰:「朕故人子陵共臥耳.」除諫議大夫, 不屈. 乃耕於富春山. 後人名其釣處爲嚴陵瀨焉. 建巫十七年, 復特徵,

不至. 年八十, 終於家. 帝傷惜之, 詔下郡縣賜錢百萬・穀千斛.

2. ≪蒙求≫(274-2)「嚴陵去釣」

後漢, 嚴光字子陵, 會稽餘姚人, 少與光武同遊學. 光武卽位, 乃變名姓, 隱身不見. 帝思其賢, 乃令以物色訪之. 後齊國上言:「有一男子, 披羊裘釣澤中.」帝疑其光, 乃備安車玄纁聘之, 三反而後至. 舍於北軍, 給牀褥, 太官進膳, 車駕幸其館, 光臥不起, 帝卽臥所, 撫光腹. 良久乃張目, 熟視曰:「昔唐堯著德, 巢父洗耳. 士故有志. 何至相迫乎?」帝歎息而去. 復引入, 論道舊故, 相對累日. 因共偃臥, 光以足加帝腹上. 明日太史奏:「客星犯帝坐甚急.」帝笑曰:「朕故人子陵共臥耳.」除諫議大夫不屈. 乃耕於富春山. 後人名其釣處爲嚴陵瀨焉.

3. ≪十八史略≫(3)

處士嚴光, 與上嘗同游學, 物色得之齊國, 披羊裘釣澤中. 徵至, 亦不屈. 上與光同臥, 以足加帝腹. 明日太史奏:「客星犯御座甚急.」上曰:「朕與故人嚴子陵共臥耳.」拜諫議大夫不肯受, 去耕釣, 隱富春山中終. 漢世多淸節士子此始.

4. ≪高士傳≫(上) 巢父・許由

巢父者, 堯時隱人也. 山居不營世利. 年老以樹爲巢, 而寢其上, 故時人號曰巢父. 堯之讓許由也, 由以告巢父. 巢父曰:「汝何不隱汝形, 藏汝光? 若非吾友也」擊其膺而下. 由悵然不自得. 乃過淸冷之水, 洗其耳, 拭其目, 曰:「向聞貪言, 負吾之友矣.」遂去, 終身不相見.『巢父鳥棲, 不營棟宇. 由進塵言, 嚴揮不與. 乃臨其淸, 乃洗其耳. 箕穎高風, 千齡無已.』

許由, 字武仲, 陽城槐里人也, 爲人據義履方, 邪席不坐, 邪膳不食. 後隱於沛澤之中. 堯讓天下於許由曰:「日月出矣, 而爝火不息, 其於光也, 不亦難乎? 時雨降矣, 而猶浸灌, 其於澤也, 不亦勞乎? 夫子立而天下治, 而我猶尸之. 吾自視缺然, 請致天下」許由曰:「子治天下, 天下旣已治矣. 而我猶代子, 吾將爲名乎? 名者, 實之賓也. 吾將爲賓乎? 鷦鷯巢於深林, 不過一枝; 偃鼠飮河, 不過滿腹. 歸休乎君, 予無所用天下爲. 庖人雖不治庖, 尸祝不越樽俎而代之矣.」不受而逃去. 齧缺遇許由曰:「子將奚之?」曰:「將逃堯」曰:「奚謂邪?」曰:「夫堯知賢人之利天下也, 而不知其賊天下也. 夫唯外乎賢者知之矣.」由於是遁耕於中岳潁水之陽箕山之下, 終身無經天下色. 堯又召爲九州長, 由不欲聞之, 洗耳於潁水之濱. 時其友巢父牽犢欲飮之, 見由洗耳, 問其故. 對曰:「堯欲召我爲九州長, 惡聞其聲, 是故洗耳.」巢父曰:「子若處高岸深谷, 人道不通, 誰能見子? 子故浮游欲聞, 求其名譽, 污吾犢口.」牽犢上流飮之. 許由沒, 葬箕山之巓, 亦名許由山, 在陽城之南十餘里. 堯因就其墓, 號曰箕山公神, 以配食五嶽, 世世奉祀, 至今不絶也.『武仲潔脩, 毫邪不處. 黃屋將歸, 紫芳高擧. 潁汲箕田, 羞頹汙鄙. 俎豆公神, 綿綿無已.』

030(上-30)

거관사포(拒關賜布)
한(漢) 광무(光武)

관문을 막고 들어오지 못하도록 한 신하에게 베를 상으로 내린 후한 광무제

한(漢)나라 때 역사 기록이다.

광무제가 한번은 사냥을 나갔다가 수레를 몰고 밤에 귀환하였다. 그런데 궁궐로 들어오려 하자 상동문(上東門) 문지기 질운(郅惲)이 관문에서 거부하며 문을 열어 주지 않는 것이었다.

광무제는 종자(從者)로 하여금 문 사이로 얼굴을 보여 주도록 하였다. 그러자 질운은 이렇게 말하였다.

"밤이라 불을 밝혀도 희미하여 자세히 알 수 없소이다."

그러고는 임금의 명령임을 확인할 수 없다고 입궐을 거부하였다.

광무제는 할 수 없이 멀리 돌아 동중문(東中門)을 통해 들어왔다.

이튿날, 질운이 글을 올려 이렇게 간언하였다.

"폐하께서 멀리 산림으로 사냥을 나가서 밤에 시작하여 낮까지 하신다니 그렇게 되면 사직과 종묘는 어떻게 되겠습니까?"

글이 올라오자 황제는 질운에게 베 백 필을 하사하고 동중문 문지기는 멀리 참봉현(參封縣) 현위(縣尉)로 강등시켜 보내 버렸다.

漢史紀: 光武嘗出獵, 車駕夜還, 上東門候郅惲, 拒關不開.

上令從者見面於門間, 惲曰:「火明遼遠.」

遂不受詔. 上乃回, 從東中門入.

明日, 惲上書諫曰:「陛下遠獵山林, 夜以繼晝, 如社稷宗廟何?」

書奏, 賜惲布百疋, 貶東中門候爲參封尉.

【拒關賜布】 궁궐 관문을 막고 들어오지 못하도록 막은 질운에게 도리어 옷감을 상으로 내림.

【光武】 光武帝 劉秀. 東漢의 개국 군주.

【上東門候】 洛陽 宮闕의 동문. ≪漢書≫에는 '上東城門候'로 되어 있으며 주에 "洛陽城東面北頭門也"라 하였음.

【候】 門候. 候는 '기다리다, 살피다'의 뜻이 있음. 문지기. 東漢 시대 洛陽城에 열두 개의 문이 있었으며 각 문에 門候를 두어 봉록이 6백 석이었다 함.

【郅惲】 자는 君章. 동한 汝南 西平(지금의 河南 西平縣) 사람으로 ≪韓詩外傳≫과 ≪春

秋公羊傳≫을 익혀 江夏(지금의 湖北 武昌)敎授가 되었다가 郡에서 孝廉으로 천거하여 洛陽 上東門의 門候가 됨. 뒤에 長沙太守에 오름. ≪後漢書≫(29) 郅惲傳 참조.
【火明遼遠】 밤이라 불을 밝혀도 문틈 사이로 비치는 불빛과의 거리가 멀어 자세히 보이지 않음. 아무리 황제라 해도 밤에는 그 신분을 밝게 확인할 수 없다고 핑계를 댄 것.
【中東門】 ≪漢書≫ 주에 "東面中門也"라 함.
【參封尉】 參封은 현 이름. 琅琊郡에 속하였음. 지금의 山東. 尉는 縣尉. 縣令의 아래 직급. ≪漢書≫ 주에 "參封, 縣, 屬琅邪郡"이라 함.

直解(白話文)

동한 때의 역사 기록이다.

광무황제가 어느 날 사냥을 나갔다가 깊은 밤이 되어서야 바야흐로 돌아오게 되었다. 그때 성문은 이미 닫혀 있었으나 광무제는 상동문에 이르렀다. 그런데 문을 지키는 관리 질운이라는 자가 문을 닫은 채 열지 않아 그들 일행의 진입을 허락하지 않는 것이었다. 광무제는 우리가 누구인지 알지 못하기 때문이라 말하면서 좌우에 수종하는 사람들로 하여금 문틈 사이로 얼굴을 보여 주어 그로 하여금 우리 신분을 알 수 있도록 하라고 하였다.

그러자 질운은 이렇게 대답하였다.

"이렇게 깊은 밤에 불빛과 멀리 있으니 어떻게 진위를 변별할 수 있겠습니까?"

그러고는 끝내 문을 열어 주지 않는 것이었다.

광무제는 어쩔 수 없이 동중문을 돌아 궁궐로 진입하여 돌아올 수 있었다.

이튿날 이른 아침, 질운은 다시 글을 올려 이렇게 간언하였다.

"폐하께서 만승의 높은 지위로 멀리 산림으로 사냥을 나가 낮으로도 부족하여 밤까지 이어 즐기십니다. 폐하께서는 비록 스스로를 가볍게 보시지만 사직과 종묘에서 부탁하신 선조들의 임무는 얼마나 중한지 알고나 계십니까? 저는 진실로 그러한 행동이 옳게 보이지는 않습니다."

글이 올라오자 광무제는 그 말을 가상히 여겨 베 백 필을 하사하고 반대로 중동문을 지키던 문지기는 참봉현의 현위로 강등시켰다. 성문을 열고 닫는 것을 엄격하게 지키지 않았기 때문에 그를 폄직시킨 것이다.

대체로 황성(皇城)의 문이란 가장 엄격하고 주의해야 할 대상이다. 특히 심야에 열고 닫는 일은 비상사태가 벌어진 것으로 의심을 받게 된다. 하물며 천자란 만승의 지존으로서 출입에는 어떠한 경우에도 마땅히 경계와 대비를 갖추어야 한다. 그 때문에 질운은 관문을 닫은 채 들여보내지 않은 것이니 어찌 그것이 광무제임을 알아보지 못해서 그렇게 한 것이겠는가? 이는 아마 이러한 일을 통해 그에게 경계의 중함을 보여 주기 위한 것일 뿐이었으리라. 광무제는 동한의 창업지주로서 평소 신변의 방비에 주의를 기울여 왔다. 그 때문에 질운에 대하여 죄를 묻지 않은 것뿐만 아니라 나아가 상을 내린 것이다.

만약 후세 아무 일 없는 시대의 견해라면 중동문 문지기는 틀림없이 임금의 뜻에 순응하였다고 상을 받았을 것이요, 도리어 질운은 임금 뜻을 어겼다고 죄를 입었을 것이다.

東漢史上記: 光武皇帝, 一日曾出去打獵, 偶至夜深方回. 那時城門已閉, 光武至上東門, 有箇守門官姓郅名惲, 閉門不開, 不放車駕進入. 光武道他不認得, 着左右隨從的人, 見面於門間, 使他識認.

郅惲對說:「這等夜深, 火光遼遠, 怎麼辨得眞僞?」

終不開門.

光武不得已, 轉從東中門, 進入回宮.

至次日早, 郅惲又上書諫說:「陛下以萬乘之尊, 遠獵山林, 晝日不足, 以夜繼之. 陛下縱自輕, 其如社稷宗廟付託之重何? 臣誠未見其可也.」

書奏, 光武深嘉其言, 賜布百疋, 反將中東門的門官, 降爲參封縣尉, 以其啓閉不嚴, 故貶之.

蓋皇城門禁, 最宜嚴謹, 深夜啓閉, 疑有非常. 況天子以萬乘之尊, 出入尤當戒備. 故郅惲之閉關不納, 他豈不認的是光武? 蓋欲因此以示儆耳. 光武是創業之主, 素謹周身之防, 故於郅惲, 不惟不罪, 且加賞焉.

若如後世尋常之見, 則中東門候必以順意蒙賞, 而郅惲必以忤旨見罪矣.

【怎麽】'어찌 ~하겠는가?'의 백화어 의문문을 구성함.
【儆】儆責. 경계하여 깨닫도록 함.
【尋常】아무 일이 없는 시대. 평온하고 일상이 안정되며 안전한 상황.
【忤旨】황제의 명령이나 뜻을 거역함.

참고 및 관련 자료

1. ≪後漢書≫(29) 郅惲傳

　　郅惲字君章, 汝南西平人也. 年十二失母, 居喪過禮. 及長, 理≪韓詩≫·≪嚴氏春秋≫, 明天文歷數. 王莽時, 寇賊羣發, 惲乃仰占玄象, 歎謂友人曰: 「方今鎭·歲·熒惑並在漢分翼·軫之域, 去而復來, 漢必再受命, 福歸有德. 如有順天發策者, 必成大功」時左隊大夫逯並素好士, 惲說之曰: 「當今上天垂象, 智者以昌, 愚者以亡. 昔伊尹自鬻輔商, 立功全人. 惲竊不遜, 敢希伊尹之蹤, 應天人之變. 明府儻不疑逆, 俾成天德」並奇之, 使署爲吏. 惲不謁, 曰: 「昔文王拔呂尙於渭濱, 高宗禮傅說於巖築, 桓公取管仲於射鉤, 故能立弘烈, 就元勳. 未聞師相仲父, 而可爲吏位也. 非闚天者不可與圖遠. 君不授驥以重任, 驥亦倦首褰足而去耳」遂不受署. 惲遂客居江夏敎授, 郡擧孝廉, 爲上東城門候. 帝嘗出獵, 車駕夜還, 惲拒關不開. 帝令從者見面於門閒. 惲曰: 「火明遼遠」遂不受詔. 帝乃迴從東中門入. 明日, 惲上書諫曰: 「昔文王不敢槃于游田, 以萬人惟憂. 而陛下遠獵山林, 夜以繼晝, 其如社稷宗廟何? 暴虎馮河, 未至之戒, 誠小臣所竊憂也」書奏, 賜布百匹, 貶東中門候爲參封尉. 後令惲授皇太子≪韓詩≫, 侍講殿中. 及郭皇后廢, 惲乃言於帝曰: 「臣聞夫婦之好, 父不能得之於子, 況臣能得之於君乎? 是臣所不敢言. 雖然, 願陛下念其可否之計, 無令天下有議社稷而已」帝曰: 「惲善恕己量主, 知我必不有所左右而輕天下也」后旣廢, 而太子意不自安, 惲乃說太子曰: 「久處疑位, 上違孝道, 下近危殆. 昔高宗明君, 吉甫賢臣, 及有纖介, 放逐孝子. ≪春秋≫之義, 母以子貴. 太子宜因左右及諸皇子引愆退身, 奉養母氏, 以明聖敎, 不背所生」太子從之, 帝竟聽許. 惲再遷長沙太守. 先是長沙有孝子古初, 遭父喪未葬, 鄰人失火, 初匍匐柩上, 以身扞火, 火爲之滅. 惲甄異之, 以爲首擧. 後坐事左轉芒長, 又免歸, 避地敎授, 著書八篇. 以病卒. 子壽.

2. ≪蒙求≫(199-2)「君章拒獵」

　　後漢, 郅惲字君章, 汝南平西人, 明天文歷數. 王莽時, 寇賊群發. 惲至長安上書. 莽大怒, 收繫詔獄, 劾以大逆. 猶以惲據經讖, 難卽害之, 使近臣脅, 令自告狂病不覺所言. 惲乃瞋目詈曰:「所陳皆天文聖意, 非狂人所能道.」會赦出. 乃南遁蒼梧. 建武中爲上東城門候. 帝嘗出獵夜還, 惲拒關不開, 不受詔, 帝乃廻從東中門入. 明日惲上書諫曰:「昔文王不敢槃于游田, 以萬民惟憂, 而陛下遠獵山林, 夜以繼晝, 其如社稷宗廟何?」書奏, 賜布百匹. 貶東中門候, 爲參封尉, 再遷長沙太守.

031(上-31)

야분강경(夜分講經)
한(漢) 광무(光武)

밤 시간을 쪼개어 경학을 공부한 후한 광무제

한(漢)나라 때 역사 기록이다.

광무제는 자주 공경과 낭장을 이끌고 경학의 이론을 함께 강론하면서 밤 시간을 나누어 겨우 잠자리에 들곤 하였다.

황태자가 부왕이 이토록 부지런하면서도 태만하지 않음을 보고 틈을 보아 이렇게 간언하였다.

"폐하께서는 우임금이나 탕임금처럼 명철하오나 황로(黃老)의 양성술(養性術)과 같은 복은 놓치고 계십니다. 원컨대 정신을 이양(頤養)하시고 유유자적하셔서 스스로 평강함을 찾으십시오."

황제가 말하였다.

"나는 이로써 즐거움을 느끼고 있으며 피로한 줄은 모른단다."

漢史紀: 光武數引公卿郞將, 講論經理, 夜分乃寐. 皇太子見帝勤勞不怠, 乘間諫曰: 「陛下有禹・湯之明, 而失黃老養性之福, 願頤養精神, 優游自寧.」

帝曰: 「我自樂此, 不爲疲也.」

【夜分講經】 밤 시간을 쪼개어 틈을 내어 경학을 공부함.
【數】 '삭'으로 읽으며 副詞로 '자주'의 뜻.
【公卿郞將】 公卿大夫들과 郞, 將軍들. 모든 백관을 뜻함.
【皇太子】 여기서는 光武帝 劉秀의 아들 劉莊을 가리킴. 뒤에 明帝가 되었으며 현명하고 똑똑하여 東漢 중흥을 이룸. 역사상 그다음의 章帝와 더불어 '明章之治'라 불림.
【禹湯】 大禹와 成湯. 禹는 夏나라의 시조. 湯은 殷(商)의 시조. 모두가 개국 군주이면서 명철하였음. 황태자가 아버지 광무제(유수)를 그에 빗댄 것.
【黃老】 黃老術. 동한 때 성행한 黃帝와 老子의 사상. 無爲而治와 養生 등 道敎의 保養身體, 壽命延長, 長生不老 등을 주로 다루며 연구하고 실천함.
【養性】 養生과 같음. 道家에서 주장하는 長壽와 健康의 수련법 등을 말함.

동한 장제(劉炟)

【頤養】 몸을 잘 보양함. 雙聲連綿語. '이양'으로 읽음.
【優游】 悠悠自適함. 雙聲連綿語.

直解(白話文)

동한 때의 역사 기록이다.

광무황제는 조회를 물러난 후엔 언제나 공경과 낭장으로서 경학을 아는 자들을 이끌고 그들과 더불어 경서의 의리를 강론하면서 한밤중에 이르러서야 바야흐로 쉬는 것이었다.

황태자가 임금이 강론에 노고로움을 보고 정신에 지나칠까 두려워 틈을 보아 이렇게 간언하였다.

"폐하께서 온갖 정성을 다해 치도를 도모하심은 진실로 대우(大禹)나 성탕(成湯)과 같이 명철하시나 육체와 정신의 과로하심은 황제(黃帝)나 노자(老子)의 양생술을 누리던 복에 어둡습니다. 원컨대 옥체의 정신을 잘 기르시고 아끼시기를 바랍니다. 그리하여 항상 유유자적하셔서 평강을 찾아 지나친 노고로움과 혹사하심은 없도록 하셔야 할 것입니다."

광무제는 이렇게 말하였다.

"경서에 들어 있는 의리와 지취는 깊고 훌륭하여 나는 그저 이런 일을 보는 것만으로도 즐겁단다. 그 때문에 항상 여러 신하들과 강론을 하는 것이며 피곤함은 느끼지 않는단다."

대체로 천하를 다스리는 도는 모두가 경서에 갖추어져 있으며 천하에 즐거움을 삼을 수 있는 것으로 학문에 힘쓰는 것보다 더한 것은 없다. 광무제는 비록 정벌을 통해 중흥을 이루었지만 치도를 강론하여 밝혔다. 그렇지 않았다면 그가 비록 천하를 가지고 있다 해도 쉽게 지켜 내지 못하였을 것이다. 오직 광무제는 이에 대한 식견이 있었기에 강론하여 찾는 일을 서둘렀던 것이다. 그러므로 능히 스스로 태평을 이루었고, 동한 2백년 왕업에 그의 영향이 끼쳐진 것은 바로 이 경학의 이치에 많은 도움을 받은 것이다.

東漢史上記: 光武皇帝退朝之後, 常常引公卿及郎將之有經學者, 與之講論經書中之義理, 至於夜半, 方去歇息.

皇太子見帝講論勞苦, 恐過用了精神, 乘空進諫說:「陛下勵精圖治, 固有大禹・成湯之明, 而形神過勞, 昧於黃帝・老子養性之福, 願頤養愛恤此身之精神, 使常優游自寧, 不可過於勞役.」

光武說:「經書中義趣深長, 我只見得這件事可樂. 故常與群臣講論, 不爲疲倦也.」

蓋治天下之道, 具於經書, 而天下之可樂, 莫如務學. 光武雖以征伐中興, 然非講明治道, 則雖有天下, 未易守也. 惟光武有見於此, 而急於講求. 故能身致太平, 而遺東漢二百年之業, 其得於經理之助多矣.

【形神】形體(肉體)와 精神.
【黃帝】고대 軒轅氏. 중국 각 부락의 공동 시조이며 道敎에서 시조로 여김.
【老子】李耳. 道家에서 가장 높이 여기는 鼻祖. ≪老子(道德經)≫에 5천여 언을 남김. ≪史記≫ 老子列傳 참조.
【頤養愛恤】잘 보양하고 불쌍히 여김. 몸을 아껴 보양하도록 함을 말함.
【中興】흔히 끊어진 조대를 다시 이어 같은 성씨의 왕통을 재건함을 뜻함. 따라서 여기서는 광무제가 망한 西漢을 다시 일으켜 東漢을 세웠음을 지칭하는 것임.

참고 및 관련 자료

1. ≪後漢書≫ 光武帝紀(下)

　初, 帝在兵閒久, 厭武事, 且知天下疲耗, 思樂息肩. 自隴蜀平後, 非儆急, 未嘗復言軍旅. 皇太子嘗問攻戰之事, 帝曰:「昔衛靈公問陳, 孔子不對, 此非爾所及.」每旦視朝, 日仄乃罷. 數引公卿郎將, 講論經理, 夜分乃寐. 皇太子見帝勤勞不怠, 承間諫曰:「陛下有禹·湯之明, 而失黃老養性之福, 願頤養精神, 優游自寧.」帝曰:「我自樂此, 不爲疲也.」雖身濟大業, 兢兢如不及, 故能明愼政體, 總攬權綱, 量時度力, 擧無過事. 退功臣而進文吏. 戢弓矢而散馬牛, 雖道未方古, 斯亦止戈之武焉.

2. ≪十八史略≫(3)

　方天下未平, 上已有志文治, 首起太學, 稽式古典, 修明禮樂. 晚歲起明堂·靈臺·辟雍, 粲然文物可述. 每旦視朝, 日昃乃罷. 引公卿郎將, 講論經理, 夜分乃寐. 皇太子乘閒諫曰:「陛下有禹湯之明, 而失黃老養性之道.」上曰:「我自樂此, 不爲疲也.」在位三十三年, 身致太平.

032(上-32)

상강항령(賞强項令)
한(漢) 광무(光武)

목이 뻣뻣한 관리에게 상을 내린 동한 광무제

한(漢)나라 때 역사 기록이다.

광무제 때 동선(董宣)이 낙양령(洛陽令)이었다. 당시 호양공주(湖陽公主)의 노비가 살인을 하고 공주의 집에 숨어 있었다. 그런데 공주가 외출할 때 그 노비를 곁수레에 태우고 나선 것이었다.

동선은 수레를 멈추고 그 말을 두드리며 칼로 땅에 금을 긋고는 큰 소리로 공주의 실책을 따졌으며 노비에게 소리를 질러 수레에서 내리게 한 다음 쳐서 죽여 버렸다.

공주가 되돌아와서 황제에게 호소하였다. 황제는 크게 노하여 동선을 불러 채찍질을 하고자 하였다. 그러자 동선은 머리를 조아리며 이렇게 말하였다.

"폐하께서는 성스러운 덕으로 중흥을 이루셨습니다. 그런데 사람을 죽인 노예를 놓아 주신다면 장차 어떻게 천하를 다스릴 수 있겠습니까? 저에게 채찍질은 필요 없습니다. 제 스스로 죽겠습니다."

그러고는 즉시 머리를 기둥에 들이받았다.

황제는 사람을 시켜 그를 붙들어 끌어내고 공주에게 머리를 조아려 사과하도록 하였다. 그러나 동선은 듣지 않았다. 강제로 머리를 숙이도록 하자 동선은 두 손을 땅에 대고 버티며 끝내 숙이려 들지 않는 것이었다.

황제가 명하였다.

"목이 뻣뻣한 저자를 낙양령으로 내보내라!"

그러고는 그에게 삼십만 냥의 돈을 하사하였다. 서울에 놀라 떨지 않는 이가 없었다.

漢史紀: 光武時, 董宣爲洛陽令, 湖陽公主蒼頭殺人, 匿主家. 及主出, 以奴驂乘, 宣駐車叩馬, 以刀畫地, 大言數主之失, 叱奴下車, 格殺之.

主還訴帝, 帝大怒, 召宣欲箠之. 宣叩頭曰:「陛下聖德中興, 而縱奴殺人, 將何以治天下乎? 臣不須箠, 請自殺.」

卽以頭擊楹.

帝令人持之, 使宣叩頭謝主, 宣不從, 强使頓之, 宣兩手據地, 終不肯俯.

帝勅:「彊項令出!」

賜錢三十萬, 京師莫不震慄.

【賞强項令】목을 뻣뻣이 세우고 절대 굴복하지 않는 관리에게 상을 내림.
【强項令】목이 뻣뻣하여 머리를 숙이지 않는 영(令, 洛陽令)이라는 뜻. 董宣의 기개와 굽힘이 없는 점을 높이 여겨 부른 별명. '强'은 '彊'과 같음. '項'은 목.
【董宣】자는 少平. 東漢 陳留 圉(지금의 河南 杞縣) 사람으로 北海相과 江夏太守 등을 거쳐 뒤에 洛陽令에 오름. 법 집행에 너무 엄격하여 '强項令, 臥虎' 등으로 불림. ≪後漢書≫(77) 酷吏傳 참조.
【湖陽公主】東漢 光武帝 劉秀의 누나. 建武 2년(26) 湖陽公主로 봉해졌음. 일찍 과부가 되어 宋弘과의 사이에 "貧賤之交不可忘, 糟糠之妻不下堂"의 고사를 남긴 공주.
【蒼頭】노예. 당시 머리에 파란 수건을 쓰고 있었기 때문에 그렇게 불렀음.
【驂乘】주인의 행차에 곁에 따르며 호위하는 수레.
【畫地】땅에 금을 그어 그 이상 움직이거나 넘어오지 못하도록 한 것.
【言數】말로 상대의 잘못을 따져 물음. '數'는 '따지다, 죄목을 일러 주다'의 뜻.
【格殺】'擊殺'과 같음. 몽둥이나 무기로 쳐서 죽임.
【箠】태형의 일종. 채찍이나 몽둥이로 치는 것. 笞刑과 杖刑을 함께 이른 말.
【京師】서울. 낙양현은 경사에 소속되어 있었음.
【震慄】겁을 내어 무서움에 떪.

直解(白話文)

동한 때의 역사 기록이다.

광무제 때 성이 동이요 이름이 선인 자가 서울 낙양의 현령으로 있었다. 황제의 누나 호양공주 집에 소속된 사람이 대낮에 사람을 죽이고는 공주의 집 안에 숨어 있어 관부(官府)에서도 그를 잡아낼 수가 없었다. 그러던 어느 날 공주가 외출할 때 이 노비가 공주의 수레에 있었다. 동선은

길에서 공주의 수레를 가로막고 말을 두드리며 지나갈 수 없도록 칼로 땅에 금을 그었다. 그리고 큰 소리로 공주의 과실을 따지면서 노비에게 수레에서 내려오라고 호통을 친 다음 직접 그를 쳐서 죽여 버렸다.

공주는 즉시 궁궐로 돌아가 광무제에게 호소하였다.

광무제는 크게 노하여 동선을 잡아 오도록 했다. 곧 그를 쳐 죽일 참이었다.

그러자 동선은 머리를 조아리며 이렇게 말하였다.

"폐하께서 성스러운 덕으로써 중흥을 이루셨으니 의당 법도에 의거하여 천하를 다스려야 할 것입니다. 만약 사람을 죽인 노비를 놓아주셔서 그로 하여금 목숨에 대해 배상하지 않아도 되는 듯이 한다면 이는 법도가 없는 것이 됩니다. 집안 노비가 법을 범한 것도 제대로 처리하지 못하면서 장차 어떻게 천하를 다스릴 수 있다는 것입니까? 저는 채찍이나 태장 따위는 필요 없습니다. 청컨대 스스로 죽으면 그만입니다."

그러고는 곧바로 머리를 기둥에 들이받았다. 광무제는 그의 말에 이치가 있다고 여겨 사람을 시켜 그를 잡아 안정시키고는 다만 그로 하여금 공주에게 머리를 조아려 사죄하는 것으로써 그를 용서할 셈이었다. 그러나 동선은 이를 듣지 않았다. 광무제는 강제로 사람을 시켜 그의 머리를 누르도록 하였다. 동선은 두 팔로 땅을 짚고 버티면서 목을 그대로 뻣뻣하게 세웠다.

광무제는 그의 그토록 뻣뻣하고 곧음을 보고 도리어 그가 좋아졌다. 명령을 내려 이 목이 뻣뻣한 관리를 내보내도록 하였다. 그리고 돈 30만 냥을 하사하여 그를 포상하였다. 이에 경사 내외에서는 놀라 두려움에 떨지 않는 자가 없었으며 자신의 부귀나 권세를 믿고 감히 법을 범하는 자가 없게 되었다.

≪서(書)≫에 "대대로 녹을 먹는 집안일수록 예를 제대로 지키는 자가 적도다" 하였는데 어찌 본성과 사람의 신분이 이렇게 다를 수가 있는가! 선량한 백성들은 부유하고 권세 있는 높은 사람일수록 나라 법이 두려운지 모르는 듯하다고 여긴다. 그러나 노복(奴僕)이나 머슴 따위가 도리어 주인의 강함을 믿고 세력을 행사하여 일을 만들고 사람을 해치는데도 역시 이를 바로잡을 줄 모르는 주인을 모시고 있는 경우도 있다. 만약 그러한 일을 근거로 제재를 가하고 억제하여 지극한 공의가 무엇인지를 보여주며 그로 하여금 경계를 삼도록 하지 않아 교만이 가득 차고 제멋대로 하다가 결국 그 자신도 법에 걸려들어 형벌을 받게 된다면 조정에서 비록 관대함을 베풀고자 한들 역시 헤어 나올 수가 없는 것이다.

광무제가 동선을 가상히 여겨 상을 내린 뜻이 아마 여기에 있었을 것이다. 그러므로 마침내 광무제와 명제(明帝), 장제(章帝)의 세대에 귀척과 비빈, 공주의 집안에서는 모두가 예를 지키고 법을 받들 줄 알아 그 세록과 지위를 보전할 수 있었으니, 어찌 후손에게 넘겨주는 모책으로 훌륭한 것이 아니었겠는가!

　　東漢史上記: 光武時, 有姓董名宣者, 做在京洛陽縣令, 帝姊湖陽公主, 有家人白日殺人, 藏躱在公主家裡, 官府拏他不得. 一日公主出行, 此奴在公主車上, 董宣于路攔着公主的車, 叩着馬不放過去, 以刀畫地, 大言數說公主的過失, 喝奴下車, 親手擊殺之.

　　公主卽時還宮, 告訴光武.

　　光武大怒, 拏得董宣來要打殺他, 宣叩頭說:「陛下聖德中興, 當以法度治天下. 若縱奴殺人, 不使償命, 是無法度也. 家奴犯法, 尙不能治, 將何以治天下乎? 臣不須箠杖, 請自殺便了.」

　　卽以頭撞柱. 光武見他說得有理, 令人持定他, 不要他撞柱, 只着他與公主叩頭謝罪, 就饒他. 宣不肯從, 光武彊使人將頭按下, 宣只兩手撑定, 彊直了項, 終不肯叩頭. 光武見他耿直, 反因此喜他, 傳旨着這彊項令且出. 又賜錢三十萬以奬勵之. 於是京師內外, 莫不震慄, 無敢倚恃豪强, 以犯法者.

　　≪書≫曰:『世祿之家, 鮮克由禮.』豈其性與人殊哉! 良人習見富勢之爲尊, 不知國法之可畏. 而奴僕莊佃之人, 倚强使勢, 生事害人, 亦有其主不及知者, 若不因事裁抑, 示以至公. 使之知儆, 至於驕盈縱肆, 身陷刑憲, 則朝廷雖欲從寬, 亦不可得矣. 光武之嘉賞董宣, 意蓋以此. 故終光武明章之世, 貴戚妃主之家, 皆知守禮奉法, 保其祿位, 豈非以貽謀之善哉!

【饒】 '용서하다'의 백화어.
【書】 ≪尙書≫ 畢命의 구절. "世祿之家, 鮮克由禮, 以蕩陵德. 實悖天道, 化奢麗, 萬世

同流"라 함.
【莊佃】장원의 머슴. 남 밑에서 천한 일을 하는 자.
【刑憲】형벌과 헌법.
【明章之世】東漢 光武帝 다음의 明帝(劉莊, 재위 58~75)와 章帝(劉炟, 재위 76~88) 시대. 동한의 帝業 기반을 튼튼히 하여 '明章之治'라 함.
【貽謀】후손에게 훌륭한 모책을 넘겨줌. 모범을 보여 훌륭한 영향을 끼침.

참고 및 관련 자료

1. ≪後漢書≫(77) 酷吏傳(董宣)

　　董宣字少平, 陳留圉人也. 初爲司徒侯霸所辟, 擧高第, 累遷北海相. 到官, 以大姓公孫丹爲五官掾. 丹新造居宅, 而卜工以爲當有死者, 丹乃令其子殺道行人, 置屍舍內, 以塞其咎. 宣知, 卽收丹父子殺之. 丹宗族親黨三十餘人, 操兵詣府, 稱冤叫號. 宣以丹前附王莽, 慮交通海賊, 乃悉收繫劇獄, 使門下書佐水丘岑盡殺之. 青州以其多濫, 奏宣考岑, 宣坐徵詣廷尉. 在獄, 晨夜諷誦, 無憂色. 及當出刑, 官屬具饌送之, 宣乃厲色曰:「董宣生平未曾食人之食, 況死乎!」乘車而去. 時同刑九人, 次應及宣, 光武馳使騶騎特原宣刑, 且令還獄. 遣使者詰宣多殺無辜, 宣具以狀對, 言水丘岑受臣旨意, 罪不由之, 願殺臣活岑. 使者以聞, 有詔左轉宣懷令, 令青州勿案岑罪. 岑官至司隸校尉. 後江夏有劇賊夏喜等寇亂郡境, 以宣爲江夏太守. 到界, 移書曰:「朝廷以太守能禽姦賊, 故辱斯任. 今勒兵界首, 檄到, 幸思自安之宜.」喜等聞, 懼, 卽時降散. 外戚陰氏爲郡都尉, 宣輕慢之, 坐免. 後特徵爲洛陽令. 時湖陽公主蒼頭白日殺人, 因匿主家, 吏不能得. 及主出行, 而以奴驂乘, 宣於夏門亭候之, 乃駐車叩馬, 以刀畫地, 大言數主之失, 叱奴下車, 因格殺之. 主卽還宮訴帝, 帝大怒, 召宣, 欲箠殺之. 宣叩頭曰:「願乞一言而死.」帝曰:「欲何言?」宣曰:「陛下聖德中興, 而縱奴殺良人, 將何以理天下乎? 臣不須箠, 請得自殺」卽以頭擊楹, 流血被面. 帝令小黃門持之, 使宣叩頭謝主, 宣不從, 彊使頓之, 宣兩手據地, 終不肯俯. 主曰:「文叔爲白衣時, 臧亡匿死, 吏不敢至門. 今爲天子, 威不能行一令乎?」帝笑曰:「天子不與白衣同.」因勅彊項令出. 賜錢三十萬, 宣悉以班諸吏. 由是搏擊豪彊, 莫不震慄. 京師號爲「臥虎」. 歌之曰:『枹鼓不鳴董少平.』在縣五年, 年七十四, 卒於官. 詔遣使者臨視, 唯見布被覆屍, 妻子大哭, 有大麥數斛, 敝車一乘. 帝

傷之, 曰:「董宣廉潔, 死乃知之!」以宣嘗爲二千石, 賜艾綬, 葬以大夫禮. 拜子並爲郞中, 後官至齊相.

2. ≪蒙求≫(089-1)「董宣彊項」

後漢, 董宣字少平, 陳留圉人. 光武時爲洛陽令. 時湖陽公主蒼頭, 白日殺人, 匿主家, 吏不能得. 及主出, 以奴驂乘. 宣候之, 駐車叩馬, 大言數主之失, 叱奴下車, 因格殺之. 主訴帝, 帝怒召宣, 欲箠殺之. 宣叩頭曰:「願一言而死.」曰:「陛下聖德中興. 而縱奴殺良人, 何以理天下? 臣不須箠請自殺.」卽以頭擊楹, 流血被面. 帝使宣謝主, 宣不從. 強使頓之, 兩手據地, 終不肯俯. 主曰:「文叔爲白衣時, 藏亡匿死, 吏不敢至門. 今爲天子, 威不能行一令乎?」帝笑曰:「天子不與白衣同.」因勅:「強項令出!」賜錢三十萬, 宣悉以班諸吏. 由是搏擊豪强, 京師號爲臥虎. 歌之曰:「枹鼓不鳴董少平.」文叔光武字也.

3. ≪十八史略≫(3)

主有蒼頭殺人匿主家, 吏不能得. 洛陽令董宣, 候主出行, 奴驂乘, 叱下車, 挌殺之. 主入訴, 上大怒, 召宣欲捶殺之. 宣曰:「縱奴殺人, 何以治天下? 臣不須捶, 請自殺.」卽以頭叩楹, 流血被面. 上令小黃門持之, 使叩頭謝主. 宣兩手據地, 終不肯. 上勅:「強項令出」賜錢三十萬.

임옹배로(臨雍拜老)

한(漢) 명제(明帝)

벽옹에 행차하여 노인들에게 절을 올린 동한 명제

한(漢)나라 때 역사 기록이다.

명제(明帝)는 친히 벽옹(辟雍)에 행차하여, 처음으로 양로(養老)의 예를 행하고 이궁(李躬)을 삼로(三老)로, 환영(桓榮)을 오경(五更)으로 삼았다. 예를 마치자 환영과 그 제자들을 이끌고 당으로 올라가 직접 경학에 대한 변론을 펴면서 여러 유생들은 그 앞에서 경에서 어려운 부분을 질문하도록 하였다. 관대(冠帶)와 진신(搢紳)의 백관 등 원교(圜橋)의 문에서 이를 구경하고 듣고 하는 자가 대체로 억만을 헤아릴 정도였다.

孔廟 大成殿(山東 曲阜)

漢史紀: 明帝幸辟雍, 初行養老禮, 以李躬爲三老, 桓榮爲五更. 禮畢, 引桓榮及弟子升堂, 上自爲辯說, 諸儒執經問難於前. 冠帶搢紳之人, 圜橋門而觀聽者, 蓋億萬計.

【臨雍拜老】황제가 직접 벽옹에 임하여 노인들에게 절을 올림.
【明帝】光武帝(劉秀)의 넷째 아들 劉莊. 총비 陰麗華와의 사이에서 났으며 동한 제2대 황제(재위 58~75)에 오름.
【辟雍】원래 周나라 때 귀족 자제들을 가르치기 위해 세웠던 太學. 주위에 물길을 파서 둘레를 쳤으며 원형의 모습을 이루어 '벽옹'이라 불렀음.
【養老禮】고대 老人이나 賢者를 대접하는 儀禮. 酒食으로 잔치를 열어 존경의 표시를 하며 漢나라 때에는 三老와 五更의 제도를 두어 이들을 벽옹에 모셨으며 郡縣에서는 學敎에서 鄕飮酒의 연회를 베풀었음.
【李躬】永平 연간에 三老로 추천되어 2천 석으로 종신토록 봉양을 받음.
【桓榮】동한 때 沛郡 龍亢(지금의 安徽 懷遠縣) 사람으로 光武帝 때 太學博士, 太常이 되어 劉莊(明帝)이 太子였을 때 가르쳤음. 《後漢書》明帝紀에 "師事博士桓榮, 學通尙書"라 함. 유장이 帝位에 오르자 五更으로 추천됨.
【三老】중국 고대부터 鄕, 縣 등에 경험과 학식이 있는 노인을 지정하여 이들로 하여금 그 고을의 교화를 담당하게 했던 직책(명예직). 《漢書》高帝紀(上)에 "擧民年五十以上, 有修行, 能帥衆爲善, 置爲三老, 鄕一人. 擇鄕三老一人爲縣三老"라 함.

【五更】卿大夫를 지냈던 사람 다섯을 모셔 이들을 '五更'이라 하여 나라의 元老로 대접함.

【冠帶搢紳】'冠帶'는 벼슬하는 사람의 복장으로 관을 쓰고 띠를 매는 것. 높은 벼슬을 의미함. '搢紳'은 홀을 허리띠에 꽂음을 말하며 역시 조정의 높은 신하들을 말함.

【圜橋】東漢 때 洛陽 辟雍으로 들어가는 다리들. 벽옹은 둥글게 되어 있어 그 안으로 들어가는 여러 다리 역시 둥글게 배치되어 있어 이렇게 표현한 것임.

直解(白話文)

동한 때의 역사 기록이다.

명제가 처음 등극하자마자 벽옹에 행차하여 예로부터 있었던 양로의 예를 거행하였다. 벽옹이란 지금의 국자감(國子監)이며 예로부터 노인을 봉양하는 예로는 삼로와 오경이라는 것이 있었다. '삼로'란 나이가 많고 덕이 있는 이를 임명함을 말하며, '오경'이란 이전 세대의 벼슬 경력이 있는 사람을 지정함을 말한다. 명제가 이 고례(古禮)를 행하여 현신 이궁을 삼로로 삼고, 자신의 스승이었던 환영을 오경으로 삼았다. 이윽고 행사를 다 마치자 환영 등과 벽옹에서 공부하고 있던 생도 제자들을 이끌고 당상으로 들어가 직접 그들과 경서의 의리에 대하여 강론하고 해석하는 순서를 가졌다. 여러 제자들 역시 손에 경서를 들고 황제를 향하여 그 앞에 앉아 의문 나는 것이나 어려운 부분을 질문하였다. 그때에 관대와 진신 등 대신들이 벽옹의 다리의 문 밖에 나열하여 그 고례 행사를 보고 강론하는 것을 듣고 한 자들이 억만 명이나 되었으니 교화를 숭상

동한 명제(劉莊)

하고 사람을 마음으로 감동시킨 것이 이와 같았던 것이다.

　東漢史上記: 明帝初登極時, 幸辟雍, 行古養老之禮. 辟雍卽是今之國子監, 古來養老, 有三老・五更名色. 三老, 是年高有德的; 五更, 是更歷世事的. 明帝擧行古禮, 以其賢臣李躬爲三老, 以其師傅桓榮爲五更. 行禮旣畢, 乃引桓榮等, 及辟雍中的生徒弟子, 進入堂上, 親與他講解經義. 諸弟子亦手執經書, 向帝坐前, 問所疑難.

　其時冠帶搢紳之人, 羅列在辟雍橋門外, 觀禮聽講者, 有億萬多人, 其崇尙敎化, 而感動人心如此.

【國子監】옛날 서울에 두었던 국립대학. 귀족 자제를 가르치던 교육기관.

【疑難】 경서에서 의심나고 뜻을 알기에 난해한 부분.

참고 및 관련 자료

1. ≪後漢書≫ 顯宗孝明帝紀

冬十一月壬子, 幸辟雍, 初行養老禮. 詔曰:「光武皇帝建三朝之禮, 而未及臨饗. 眇眇小子, 屬當聖業. 閒暮春吉辰, 初行大射; 令月元日, 復踐辟雍. 尊事三老, 兄事五更, 安車軟輪, 供綏執授. 侯王設醬, 公卿饌珍, 朕親袒割, 執爵而酳. 祝哽在前, 祝噎在後. 升歌<鹿鳴>, 下管<新宮>, 八佾具脩, 萬舞於庭. 朕固薄德, 何以克當? ≪易≫陳負乘, ≪詩≫刺彼己, 永念厥咎, 無忘厥心. 三老李躬, 年耆學明. 五更桓榮, 授朕≪尙書≫. ≪詩≫曰:『無德不報, 無言不酬.』其賜榮爵關內侯, 食邑五千戶. 三老五更皆以二千石祿養終厥身. 其賜天下三老酒人一石, 肉四十斤. 有司其存者耆, 恤遺孤, 惠鰥寡, 稱朕意焉.」

2. ≪後漢書≫ 志(4) 禮儀(上) 養老

明帝永平二年三月, 上始帥羣臣躬養三老五更于辟雍. 行大射之禮. 郡縣道行鄕飮酒于學校, 皆祀聖師周公·孔子, 牲以犬. 於是七郊禮樂三雍之義備矣.

3. ≪資治通鑑≫(44) 漢紀(36)

三月, 臨辟雍, 初行大射禮. 冬, 十月, 壬子, 上幸辟雍, 初行養老禮; 以李躬爲三老, 桓榮爲五更. 三老服都紵大袍, 冠進賢, 扶玉杖; 五更亦如之, 不杖. 乘輿到辟雍禮殿, 御坐東廂, 遣使者安車迎三老·五更於太學講堂, 天子迎于門屛, 交禮; 道自阼階, 三老升自賓階, 至階, 天子揖如禮. 三老升, 東面, 三公設几, 九卿正履, 天子親袒割牲, 執醬而饋. 執爵而酳, 祝鯁在前, 祝饐在後, 五更南面, 三公進供, 禮亦如之, 禮畢, 引桓榮及弟子升堂, 上自爲下說, 諸儒執經問難於前, 冠帶縉紳之人圜橋門而觀聽者, 蓋億萬計.

4. ≪十八史略≫(3)

永平二年, 臨辟雍行養老禮. 以李躬爲三老, 桓榮位五更, 三老東面, 五更南面, 上親袒割牲, 執醬而饋, 執爵而酳. 禮畢, 引榮及弟子升堂, 諸儒執經問難, 冠帶搢紳之人, 圜橋門而觀聽者億萬計.

애석랑관(愛惜郞官)
한(漢) 명제(明帝)

낭관의 벼슬을 아깝게 여긴 동한 명제

한(漢)나라 때 역사 기록이다.

명제 때 관도공주(館陶公主)가 자신의 아들에게 낭(郞) 벼슬자리를 내려 달라고 부탁했지만 명제는 허락하지 않고 대신 돈 천만 금을 하사하였다.

그리고 여러 신하들에게 이렇게 말하였다.

"낭관이라면 위로는 열수(列宿)에 응하고, 벼슬길에 나서서는 백 리를 관장하는 자리이다. 진실로 그에 걸맞은 사람이 아니라면 백성이 그로 인해 재앙을 입는다. 그 때문에 그에게 주기 어렵다."

漢史紀: 明帝時, 館陶公主爲子求郎, 帝不許, 而賜錢千萬.
謂群臣曰:「郎官上應列宿, 出宰百里. 苟非其人, 民受其殃, 是以難之.」

【愛惜郎官】낭관의 낮은 직책조차도 아까운 것이므로 공주의 아들이라 해서 마구 임명할 수 없음을 말함.
【館陶公主】이름은 紅夫, 光武帝의 딸이며 明帝의 누나. 建武 15년(39) 陶館公主에 봉해짐. 駙馬都尉 韓光에게 시집갔음.
【郎】낭관. 한대 중앙정부의 관직으로 봉록이 6백 석이었으며 큰 지위는 아님.
【列宿】'宿'는 '수'로 읽음. 하늘의 별자리. 太微宮 성수 뒤쪽의 25개 별은 郎位星으로 낭관을 상징함. ≪後漢書≫ 주에 "≪史記≫曰: 太微宮後二十五星, 郎位也"라 함.
【宰】主宰함. 직접 나서서 행정을 맡아 자신의 관할 구역을 다스림.

直解(白話文)

동한 때의 역사 기록이다.
명제의 누나 관도공주가 명제에게 은덕을 요구하며 낭관 벼슬자리를 자신의 아들에게 제수해 달라고 하였다. 명제는 허락하지 않았다. 공주의 신분이기에 직접 거절하기 어려웠으므로 이에 그에게 동전 천만 개를 상으로 하사하여 그에게 후하게 해 준다는 뜻을 보인 것이다.
공주가 물러나자 명제는 여러 신하들에게 이렇게 말하였다.

"하늘 위에는 낭위성(郞位星)이 있는 것으로 보아, 낭관의 직책도 별자리에 응하고 있음을 알 수 있다. 그가 나가서 행정을 주재하게 되면 백 리 지역을 관할하게 되니 그 책임이 가볍다 할 수 없다. 어찌 쉽게 할 수 있는 일이겠는가? 반드시 그에 맞는 사람이어야 그에게 직책과 임무를 줄 수 있다. 만약 잘못하여 재능이 그에 맞지 않는 사람을 쓴다면 이는 백성들에게 그가 저지르는 재해를 입히는 것이 된다. 그러니 이것이 어찌 백성의 부모 된 자의 뜻이겠는가! 지금 공주의 아들은 어짊의 여부에 대하여 아직 알 수 없어 나는 그 때문에 쉽게 허락하지 않은 것이다."

무릇 조정에서 관직을 설정하여 직책을 나누는 것은 그 근본이 백성을 위한 것이지 인정에 따라 마구 남에게 주기 위한 것이 아니다. 명제가 관도공주의 아들에 대하여 차라리 천만 전을 하사하여 그의 부유함을 더

보태어 줄지언정 가볍게 직책을 주어 백성에게 해를 끼치는 일은 없기를 바란 것이다. 진실로 성스러운 임금이 관작(官爵)을 중시하고 명기(名器)를 아까워하는 뜻이었다. 역사가들이 당시를 칭하되 "관리는 그 관직에 걸맞았고, 백성은 자신의 생업에 안락함을 얻었다"라 하였는데 그럴 만한 이유가 있었도다!

東漢史上記: 明帝的姊館陶公主, 在明帝上乞恩, 要將他的兒子除授郞官. 明帝不許, 以公主的分上, 不好直拒, 乃賞賜他銅錢一千萬, 以見厚他的意思.

公主退後, 明帝向群臣說:「天上有箇郞位星, 可見這郞官之職, 上應列宿, 出去爲宰, 管着百里地方, 責任非輕, 豈是容易做的? 必得其人, 方可授之. 若錯用了一箇不才的人, 叫那百姓每都受他的害, 豈我爲民父母之意哉! 今公主之子, 賢否未知, 我所以不肯容易許之也.」

夫朝廷設官分職, 本以爲民, 不是可以做人情濫與人的. 明帝於館陶公主之子, 寧可以千萬錢賜之以益其富, 不肯輕授一職以遺害於民, 誠得聖王重官爵, 惜名器之意, 史稱當時「吏稱其官, 民安其業」, 有由然哉!

【除授】 옛 관직을 벗고 새로운 관직에 임명함.
【百姓每】 '每'는 '們'과 같음. 복수를 나타내는 백화어. 명대에 '們' 자를 쓰는 것이 일반화되어 있지 않아 임시로 '每' 자로 쓴 것으로 보임.
【賢否】 어짊의 與否. '賢'은 의미상 '똑똑하고 현명하다'의 뜻에 가까움. '否'는 앞 글자의 可否나 與否를 함께 포함하는 표현임.
【未知】 아직 검증되지 않아 현명한지의 여부를 알 수 없음.
【名器】 옛날 신분과 등급에 따른 칭호와 그에 따른 衣服과 車馬 등 여러 가지 제도.
【吏稱其官】 ≪後漢書≫에 明帝 때 사회가 정의롭고 건강하였음을 기술한 구절. 본문 원문 다음에 이어진 구절임. 참고란을 볼 것.

참고 및 관련 자료

1. ≪後漢書≫ 顯宗孝明帝紀

　帝遵奉建武制度, 無敢違者. 後宮之家, 不得封侯與政. 館陶公主爲子求郞, 不許, 而賜錢千萬. 謂群臣曰:「郞官上應列宿, 出宰百里. 有非其人, 則民受其殃, 是以難之.」故吏稱其官, 民安其業, 遠近肅服, 戶口滋殖焉.

군신수어(君臣水魚)

한(漢) 소열제(昭烈帝)

임금과 신하는 물과 물고기 같다고 여긴 촉한의 유비

삼국(三國) 시대의 역사 기록이다.

제갈량은 양양(襄陽)의 융중(隆中)에 은거하고 있었으며 왕도와 패도의 큰 지략을 가지고 있었다.

선주(先主) 유비(劉備)가 그의 이름을 듣고 친히 수레를 타고 찾아갔다.

무릇 세 번을 찾아가서야 겨우 그를 만날 수 있었다.

제갈량은 선주에게 조조(曹操)를 방어하고, 형주(荊州)를 취하며, 파촉(巴蜀)을 근거지로 하는 책략을 말해 주었다.

선주는 그 말을 깊이 새겨 받아들였으며 이리하여 서로의 감정이 날로 친밀해졌다.

그러자 관우(關羽)와 장비(張飛)가 그들이

제갈량(孔明)

가까워지는 것을 달갑게 여기지 않았다. 선주는 이렇게 해명해 주었다.

"나에게 제갈공명이 있음은 마치 물고기가 물을 얻은 것과 같다오. 원컨대 그대들은 다시 더 말을 꺼내지 말아 주시오!"

三國史紀: 諸葛亮隱於襄陽隆中, 有王霸大略.

劉先主聞其名, 親駕顧之, 凡三往, 乃得見.

亮因說先主以拒曹操, 取荊州, 據巴蜀之策.

先主深納其言, 情好日密.

關羽·張飛不說, 先主解之曰:「孤之有孔明, 猶魚之有水也, 願諸君勿復言!」

【君臣水魚】 昭烈帝 劉備가 諸葛亮을 두고 둘 사이는 물과 물고기 같다고 한 것.

【三國史】 정사 삼국지의 역사. 陳壽(233~297)의 《三國志》 중 <蜀書>에 실려 있으며, 魏나라를 정통으로 보아 <촉서>(30권)는 列傳으로 처리되어 있음.

【諸葛亮】 자는 孔明(181~234). 삼국시대 蜀漢의 승상. 瑯琊 陽都(지금의 山東 沂南) 사람으로 처음에는 삼촌 諸葛玄을 따라 荊州의 劉表에게 의지하였으나 제갈현이 죽자 襄陽(지금의 湖北 襄陽)의 隆中에 은거하여 臥龍先生이라 불렸음. 蜀漢 劉備의 三顧草廬로 불려가 天下三分之策을 정하고 유비를 도와 荊州와 益州를 차지하여 吳, 蜀, 魏

삼국정립을 이루었음. 유비의 遺囑에 의해 그 아들 劉禪을 도와 <出師表>를 쓰고 북벌을 시도했으나 五丈原에서 생을 마침. 죽은 뒤 武鄕侯에 봉해졌으며 시호는 忠武. ≪三國志≫(35)에 전이 있음.

【隆中】襄陽의 지명. 제갈량이 은거하던 곳.

【王霸】천하에 王道와 霸道를 펼 수 있는 큰 智略.

【劉先主】昭烈帝 劉備(161~223)를 가리킴. 자는 玄德. 幽州 涿郡(지금의 河北 涿縣) 출신으로 삼국 시대 蜀漢을 세움(재위 221~223). ≪三國志≫(32) 蜀書 先主備 참조.

【曹操】자는 孟德(155~220). 漢末 沛國 譙(지금의 河北 涿縣) 사람으로 建安 13년(208) 赤壁戰에서 孫權과 劉備에게 패하였으며 죽은 뒤 아들 曹丕가 獻帝로부터 나라를 선양받고 曹操를 武帝로 추존함.

【荊州】지금의 湖北 襄陽. 東漢 12州의 하나로 劉表가 당시 荊州牧이었음.

【巴蜀】巴郡과 蜀郡. 지금의 四川 전역. 東漢 때 益州라 불렀으며 東漢 말 劉璋이 益州牧이었음. 치소는 지금의 成都.

【關羽】?~219년. 蜀漢의 대장. 자는 雲長. 河東 解縣(지금의 山西 臨猗) 사람으로 유비를 따라 起兵하여 형제처럼 가까이 지냈음.

【張飛】?~221년. 역시 蜀漢의 대장. 자는 翼德. 涿郡 출신. 역시 유비를 도와 촉한을 건국하는 데에 큰 공을 세웠던 인물.

【孤】임금이 자신을 낮추어 부르는 말. ≪老子≫(39)에 "故貴以賤爲本, 高以下爲基. 是以侯王自謂孤·寡·不穀, 此非以賤爲本邪? 非歟?"라 함.

直解(白話文)

삼국 때의 역사 기록이다.

제갈량은 처음에 양양의 융중이라는 곳에 은거하고 있었다. 그는 왕도를 부흥시키고 천하를 제패할 재략을 가지고 있었지만 나아가 벼슬하는 것은 달갑게 여기지 않았다. 사람들은 그를 와룡(臥龍)이라 불렀다. 촉의 선주 유비가 그의 명성을 듣고 이에 친히 수레를 몰아 그를 찾아갔으나 무릇 세 번을 가서야 겨우 만나 볼 수 있었다.

제갈량은 도로써 자중하고 있었으며 벼슬길을 구하려 들지 않았지만 선주가 귀한 신분을 낮추었고 도를 중시하며 성의를 이토록 간절히 함을 보고는 감격하여 드디어 몸을 맡겨 그의 신하가 되었다.

이로 인해 선주에게 조조를 거부하고 형주를 취할 것이며 파촉 지역을 근거지로 할 것을 계책으로 제시하였다. 선주는 이러한 계책이 매우 훌륭하다고 여겨 그의 말을 깊이 받아들였으며 이로 인해 그와의 관계가 좋은 감정으로 날로 친밀하게 되었다.

당시 선주에게는 의형제를 맺은 두 사람이 있었다. 바로 관우와 장비였다. 이 둘은 선주가 하루아침에 제갈량과 이토록 친밀해지는 것을 보고 마음속으로 달갑게 여기지 않았다. 그러자 선주가 그들에게 이렇게 해명해 주었다.

촉한 소열제(劉備)

위 태조(曹操)

"나에게 제갈공명이 있음은 마치 물고기에게 물이 있는 것과 같다오. 물고기에게 물이 없으면 살아갈 수가 없듯이 나에게 공명이 없으면 제업(帝業)을 이룰 수가 없소. 여러분들이 이미 나와 마음을 같이하여 한실(漢室)을 부흥시키기로 약속하였으니 이 사람과 친히 하고 후하게 해 주지 않으면 안 될 것이오. 원컨대 제군들은 다시는 이 문제를 거론하지 말아 주시오!"

　무릇 선주가 공명을 신임하여 비록 평소 마치 관우나 장비에게 하듯이 지극히 후하게 한다 해도 역시 그들을 이간(離間)시킬 수 없음이 이와 같았던 것이다. 그 때문에 공명은 그 재능을 마음대로 펼 수 있어 오(吳)나라와 결합하여 위(魏)나라를 막아 내고 촉을 취할 수 있었으며, 한나라 국운이 쇠미해지고 있던 당시 천하를 셋으로 나누어 정립(鼎立)의 형세를 이룰 수 있었던 것이다.
　그 뒤 다시 백제성(白帝城)에서 어린 유선(劉禪)을 부탁받았다. 그의 전후 두 편의 <출사표(出師表)>를 보면 천고의 세월이 흘러오면서 이를 읽는 사람으로 하여금 눈물을 흘리게 한다. 대체로 그의 심정은 진실로 선주의 은혜와 대우에 감격하였던 것이다. 그러므로 몸을 굽혀 몸이 말라 죽도록 어떤 일도 사양하지 않았던 것이다. 후세 임금과 신하 사이 서로 친하고 서로 믿는 관계를 칭할 때면 반드시 '수어(魚水)'를 비유하는 것은 대체로 이 고사에서 비롯된 것이라고들 말하고 있다.

　三國史上記: 諸葛亮初隱居于襄陽之隆中地方, 有興王定霸的才略, 不肯出仕, 人稱他爲臥龍. 蜀先主劉備聞其名, 乃親自枉駕去見他, 凡去三次, 纔得相見.

　亮以道自重, 本不求仕進, 見先主屈尊重道, 誠意懇切如此, 心懷感激, 遂委質爲臣. 因說先主以拒曹操, 取荊州, 據巴蜀的計策. 先主以這計策甚善, 深納其言, 與他相處, 情好日益親密.

　當時先主有兩箇結義的兄弟, 叫做關羽・張飛, 見先主一旦與亮這等親密, 心中不善.

　先主勸解說:「孤之有孔明, 如魚之有水一般. 魚非水, 無以遂其生; 我非孔明, 無以成帝業. 諸君旣與我同心要興復漢室, 不可不親厚此人也. 願諸君勿再以爲言!」

　夫先主信任孔明, 雖平日極相厚如關・張, 亦離間他不得如此. 故孔明得展其才, 結吳拒魏取蜀, 當漢祚衰微之時, 成三分鼎立之勢.

　其後又於白帝託孤, 輔佐後主. 觀其前後出師二表, 千古之下, 讀之使人垂涕. 蓋其心, 誠感激先主之恩遇. 故鞠躬盡瘁而不辭也. 後世稱君臣之間相親相信者, 必以'魚水'爲比, 蓋本諸此云.

【白帝託孤】 章武 3년(223) 유비가 白帝城(지금의 四川 奉節縣)에서 임종할 때 제갈량에게 아들 劉禪(後主)을 부탁한 일. 만약 여의치 않으면 제갈량 스스로 황제에 오를 것을 권유하기도 하였음.

관우(雲長)

【前後出師二表】 제갈량이 建興 5년(227) 漢中을 출발하여 북벌(曹魏 토벌)에 나설 때 올린 <出師表>와 이듬해 다시 올린 <後出師表>. 제갈량이 후주 유선에게 간언한 내용과 충절을 담고 있음.

참고 및 관련 자료

1. ≪三國志≫(35) 蜀書 諸葛亮傳

　諸葛亮字孔明, 琅邪陽都人也. 漢司隷校尉諸葛豐後也. 父珪, 字君實, 漢末爲太山郡丞. 亮早孤, 從父玄爲袁術所署豫章太守, 玄將亮及亮弟均之官. 會漢朝更選朱皓代玄. 玄素與荊州牧劉表有舊, 往依之. 玄卒, 亮躬耕隴畝, 好爲<梁父吟>. 身長八尺, 每自比於管仲・樂毅, 時人莫之許也. 惟博陵崔州平・潁川徐庶元直與亮友善, 謂爲信然. 時先主屯新野. 徐庶見先主, 先主器之, 謂先主曰:「諸葛孔明者, 臥龍也, 將軍豈願見之乎?」先主曰:「君與俱來.」庶曰:「此人可屈致也. 將軍宜枉駕顧之」由是先主遂詣亮, 凡三往, 乃見. 因屛人曰:「漢室傾頹, 姦臣竊命, 主上蒙塵. 孤不度德量力, 欲信大義於天下, 而智術淺短, 遂用猖獗, 至于今日, 然志猶未已, 君爲計將安出?」亮答曰:「自董卓已來, 豪傑並起, 跨州連郡者不可勝數. 曹操比於袁紹, 則名微而衆寡, 然操遂能克紹, 以弱爲强者, 非惟天時, 抑亦人謀也. ……」先主解之曰:「孤之有孔明, 猶魚之有水也. 願諸君勿復言」羽・飛乃止.(下略)

2. ≪蒙求≫(002-1)「孔明臥龍」

　≪蜀志≫: 諸葛亮字孔明, 琅邪陽都人. 躬耕隴畝, 好爲梁父吟, 每自比管仲・樂毅, 時人莫之許. 惟崔州平・徐庶與亮友善, 謂爲信然. 時先主屯新野, 徐庶見之謂曰:「諸葛孔明臥龍也. 將軍豈願見之乎? 此人可就見, 不可屈致. 宜枉駕顧之」先主遂詣亮, 凡三往乃見. 因屛人與計事善之. 於是情好日密. 關羽・張飛等不悅. 先主曰:「孤之有孔明, 猶魚之有水也. 願勿復言」及稱尊號, 以亮爲丞相. ≪漢晉春秋≫曰:「亮家南陽鄧縣襄陽城西, 號曰『隆中』.」

3. ≪十八史略≫(3)

　琅琊諸葛亮, 寓居襄陽隆中, 每自比管仲・樂毅. 備訪士於司馬徽, 徽曰:「識時務者在俊傑. 此間自有伏龍・鳳雛. 諸葛孔明・龐士元也.」徐庶亦謂備曰:「諸葛孔明臥龍也.」備三往乃得見亮. 問策, 亮曰:「操擁百萬之衆, 挾天子令諸侯, 此誠不可與爭鋒. 孫權據有江東, 國險而民附, 可與爲援, 而不可圖. 荊州用武之國, 益州險塞, 沃野千里, 天府之土. 若跨

有荊益, 保其巖阻, 天下有變, 荊州之軍向宛洛. 益州之衆出秦川, 孰不簞食壺漿, 以迎將軍乎?」備曰:「善!」與亮情好日密, 曰:「孤之有孔明, 猶魚之有水也.」

4. <前出師表>(諸葛亮)

　先帝創業未半, 而中道崩殂. 今天下三分, 益州疲弊. 此誠危急存亡之秋也. 然侍衛之臣, 不懈於內, 忠志之士, 忘身於外者, 蓋追先帝之殊遇, 欲報之於陛下也. 誠宜開張聖聽, 以光先帝遺德, 恢弘志士之氣. 不宜妄自菲薄, 引喩失義, 以塞忠諫之路也. 宮中府中, 俱爲一體. 陟罰臧否, 不宜異同. 若有作奸犯科, 及爲忠善者, 宜付有司, 論其刑賞, 以昭陛下平明之理. 不宜偏私, 使內外異法也. 侍中侍郞, 郭攸之費褘董允等, 此皆良實, 志慮忠純. 是以先帝簡拔, 以遺陛下. 愚以爲, 宮中之事, 事無大小, 悉以咨之, 然後施行, 必能裨補闕漏, 有所廣益. 將軍向寵, 性行淑均, 曉暢軍事. 試用於昔日, 先帝稱之曰能. 是以衆議, 擧寵爲督. 愚以爲, 營中之事, 事無大小, 悉以咨之, 必能使行陣和睦, 優劣得所也. 親賢臣, 遠小人, 此先漢所以興隆也. 親小人, 遠賢臣, 此後漢所以傾頹也. 先帝在時, 每與臣論此事, 未嘗不歎息痛恨於桓靈也. 侍中尙書長史參軍, 此悉貞亮死節之臣. 願陛下親之信之, 則漢室之隆, 可計日而待也. 臣本布衣, 躬耕南陽. 苟全性命於亂世, 不求聞達於諸侯. 先帝不以臣卑鄙, 猥自枉屈, 三顧臣於草廬之中, 咨臣以當世之事. 由是感激, 遂許先帝以驅馳. 後値傾覆, 受任於敗軍之際, 奉命於危難之間. 爾來二十有一年矣. 先帝知臣謹愼. 故臨崩寄臣以大事也. 受命以來, 夙夜憂嘆, 恐託付不效, 以傷先帝之明. 故五月渡瀘, 深入不毛. 今南方已定, 兵甲已足. 當獎率三軍, 北定中原, 庶竭駑鈍, 攘除姦凶, 興復漢室, 還于舊都. 此臣所以報先帝, 而忠陛下之職分也. 至於斟酌損益, 進盡忠言, 則攸之褘允之任也. 願陛下託臣以討賊興復之效. 不效則治臣之罪, 以告先帝之靈. 若無興德之言, 責攸之褘允等之咎, 以彰其慢. 陛下亦宜自謀 以諮諏善道, 察納雅言, 深追先帝遺詔. 臣不勝受恩感激, 今當遠離, 臨表涕泣, 不知所云.

5. <後出師表>(諸葛亮)

　先帝慮漢賊不兩立, 王業不偏安. 故託臣以討賊也. 以先帝之明, 量臣之才. 固知臣伐賊, 才弱敵强也. 然不伐賊, 王業亦亡. 惟坐而待亡, 孰與伐之. 是故託臣而弗疑也. 臣受命之日, 寢不安席, 食不甘味. 思惟北征, 宜先入南. 故五月渡瀘, 深入不毛, 幷日而食. 臣非不自惜也. 顧王業 不可得偏安於蜀都. 故冒危難, 以奉先帝之遺意. 而議者謂爲非計. 今賊適疲於西, 又務於東. 兵法 乘勞. 此進趁之時也. 謹陳其事如左. 高帝明幷日月, 謀臣淵深. 然涉險被創, 危然後安. 今陛下未及高帝. 謀臣不如良平. 而欲以長策取勝, 坐定天下. 此臣之未解一也. 劉繇王朗各據州郡. 論安言計, 動引聖人. 群疑滿腹, 衆難塞胸. 今歲不戰, 明年不征,

使孫策坐大, 遂幷江東. 此 臣之未解二也. 曹操智計殊絶於人. 其用兵也, 髣髴孫吳. 然困於南陽, 險於烏巢, 危於祁連, 偪於黎陽, 幾敗北山, 殆死潼關. 然後僞定一時爾. 況臣才弱, 而欲以不危而定之. 此臣之未解三也. 曹操五攻昌霸不下. 四越巢湖不成. 任用李服, 而李服圖之. 委任夏侯, 而夏侯敗亡. 先帝每稱操爲能, 猶有此失. 況臣駑下. 何能必勝. 此臣之未解四也. 自臣到漢中, 中間朞年耳. 然喪趙雲陽群馬玉閣芝丁立白壽劉郃鄧銅等, 及曲長屯將七十餘人, 突將無前, 賨叟青羌, 散騎武騎一千餘人. 此皆數十年之內, 所糾合, 四方之精銳, 非一州之所有. 若復數年, 則損三分之二也. 當何以圖敵. 此臣之未解五也. 今民窮兵疲. 而事不可息. 事不可息, 則住與行, 勞費正等, 而不及蚤圖之, 欲以一州之地與賊持久. 此臣之未解六也. 夫難平者事也. 昔先帝敗軍於楚. 當此時, 曹操拊手謂, 天下已定. 然後先帝東連吳越, 西取巴蜀, 擧兵北征. 夏侯授首. 此操之失計, 而漢事將成也. 然後吳更違盟, 關羽毀敗. 秭歸蹉跌, 曹丕稱帝. 凡事如是難可逆見. 臣鞠躬盡瘁, 死而後已. 至於成敗利鈍, 非臣之明所能逆覩也.

분구시검(焚裘示儉)
진(晉) 무제(武帝)

갖옷을 태워 검소함을 보인 진 무제

진(晉)나라 때 역사 기록이다.

무제(武帝) 때 태의사마(太醫司馬) 정거(程據)가 치두구(雉頭裘)라는 좋은 갖옷을 바치자 무제는 이를 궁전 앞에서 태워 버리도록 명하였다.

그리고 안팎으로 이렇게 조칙을 내렸다.

"지금으로부터 기이한 기교를 부리거나 이상한 모습으로 만든 의복은 헌상하지 말라!"

晉史紀: 武帝時, 太醫司馬程據獻雉頭裘, 命焚之於殿前.
詔中外:「自今毋獻奇技異服!」

【焚裘示儉】司馬 程據가 바친 雉頭裘를 궁궐 뜰에서 태워 없애며 검소함을 보임.
【晉】司馬氏가 曹魏를 이어 세운 왕조로 洛陽을 도읍으로 하였던 기간을 西晉(265~317)이라 하며 武帝(司馬炎), 惠帝(司馬衷), 懷帝(司馬熾), 愍帝(司馬鄴)으로 이어짐. 永嘉의 난으로 서진이 멸망하자 元帝(司馬睿)가 建業(지금의 南京)으로 도읍으로 옮겨 왕조를 다시 이어 간 기간을 東晉(317~420)이라 함. 원제를 이어 明帝(司馬紹), 成帝(司馬衍), 康帝(司馬岳), 穆帝(司馬聃), 哀帝(司馬丕), 海西公(司馬奕), 簡文帝(司馬昱), 孝武帝(司馬曜), 安帝(司馬德宗), 恭帝(司馬德文)로 이어지다 南朝 宋의 劉裕에게 넘어감.
【武帝】晉 武帝 司馬炎(236~290). 西晉의 개국 군주. 司馬昭의 長子. 자는 安世. 咸熙 2年(265)에 魏나라로부터 禪讓의 형식으로 나라를 이어받아 晉나라를 세우고 洛陽을 도읍으로 함. 26년간 재위(265~290). 廟號는 世祖. ≪晉書≫(3)에 紀가 있음.
【太醫司馬】황제의 주치의. 관직 이름.
【程據】晉 武帝의 태의. 咸寧 4년(278) 11월 치두구를 바쳤음.
【雉頭裘】꿩 머리 부분의 깃으로 짠 외투. 아주 비싼 옷임.

直解(白話文)

진나라 때의 역사 기록이다.
　무제가 처음 즉위하였을 때에 태의사마였던 정거라는 자가 꿩의 머리 깃털로 짜서 만든 외투를 헌납하였다. 그러자 무제는 그것이 화려함을 보

고 사치의 풍조를 조장할까 염려하여 사람을 시켜 이를 궁전 앞에서 불태워 버리도록 하여 자신은 기이한 물건을 귀히 여기지도 않으며 복장의 장식을 숭상하지도 않음을 보였다.

그리고 다시 안팎으로 이렇게 조칙을 내렸다.

"지금부터 다시는 기이하고 기교한 방법으로 만든 물건이나 화려하고 아름답고 이상한 모양을 한 의복을 헌상하는 것을 허락하지 않는다."

대체로 임금이 좋아하고 숭상하면 천하가 그를 법으로 여겨 얽매이게 되는 것이니 삼가지 않을 수 없다. 진 무제가 위(魏)나라로부터 제위를 선양받은 초기에는 위나라 사치 풍조의 뒤를 이어받았다. 그 때문에 절검(節儉)한 풍조로 고치려 한 것이다. 따라서 다른 곳에서 이를 태우지 아니하고 궁전 앞에서 불을 질러 많은 사람들로 하여금 이를 함께 보도록 한 것

진 무제(司馬炎)

일 뿐이다.

그러나 그 의도가 지극한 정성에서 우러나온 것은 아니었다. 그 때문에 얼마 되지 않아 사치 풍조로 변하여 요얼(妖孼)의 가후(賈后)가 나타나 정치를 혼란으로 몰아넣었고, 다섯 왕들이 참칭하고 사치를 부려 진나라 왕실은 남천(南遷)해야 하는 지경에 빠지고 말았다.

맹자(孟子)가 "공검(恭儉)이라는 것이 어찌 성음(聲音)이나 소모(笑貌)로써 할 수 있는 일이랴!"라고 하였는데 바로 이를 두고 한 말이다.

晉史上記: 武帝初卽位時, 有太醫司馬程據者, 以雉頭羽毛, 織成裘襖來獻. 帝見其過於華麗, 恐長奢靡之風, 命人以火焚之於殿前, 以示己之不貴異物・不尙服飾也.

又詔中外:「自今以後, 再不許將奇異技巧之物, 及華美異樣的衣服來獻.」

蓋人主之好尙, 乃天下觀法所繫, 不可不愼也. 晉武禪位之初, 承魏氏奢侈之後, 欲矯以節儉. 故不焚於他所, 而焚於殿前, 要令衆庶共見之耳. 然其意不出於至誠, 故未久卽變, 孼后亂政, 五王僭侈, 以晉室南遷矣.

孟子說:『恭儉豈可以聲音笑貌爲哉!』正此之謂也.

【禪位】司馬炎이 魏나라 元帝 曹奐으로부터 제위를 선양받아 晉나라를 세움.

【魏氏】삼국의 曹魏를 말함. 文帝(曹丕)로부터 元帝(曹奐)에 이르기까지 5대 46년간(220~265)임.

【孼后亂政】晉 司馬炎의 아들 惠帝(司馬衷)는 중국 역대에 가장 천치였던 임금으로

널리 알려졌으며 그의 황후 賈后(南風, 256~300)은 平陽 襄陵(지금의 山西 襄汾) 출신으로 惠帝가 천치인 점을 악용하여 권력을 휘두르며 악독한 짓을 저지름.

【五王】西晉 八王之亂을 가리킴. 趙王(司馬倫), 齊王(司馬冏), 成都王(司馬穎), 河間王(司馬顒), 東海王(司馬越) 등 다섯 왕들과 이에 서로 얽히고설킨 長沙王(司馬乂), 汝南王(司馬亮), 楚王(司馬瑋) 등이 뒤섞여 권력을 놓고 치열하게 다투며 난을 일으켜 잔혹한 내전이 일어났던 사건. 그 과정에서 趙王이 가후를 살해하였으며, 최후로 東海王이 혜제를 독살하고 懷帝(司馬熾)를 세워 권력을 독단하기에 이름.

【南遷】西晉 愍帝(司馬鄴)가 永嘉의 난을 만나 망하자 瑯琊王(司馬睿)가 永嘉 원년(307) 남쪽 建康(지금의 南京)으로 내려가 다시 東晉 정권을 건립(317)한 것을 가리킴. 이로써 북쪽 중원은 五胡十六國이 점거하고 뒤이어 남쪽의 宋, 齊, 梁, 陳의 南朝와 북쪽의 北魏(東魏, 西魏 포함), 北齊, 北周 등 北朝의 南北朝 대치 시대를 형성함.

【孟子】이 구절은 ≪孟子≫ 離婁(上)에 실려 있음. "孟子曰:「恭者不侮人, 儉者不奪人. 侮奪人之君, 惟恐不順焉, 惡得爲恭儉? 恭儉豈可以聲音笑貌爲哉?」"라 함.

참고 및 관련 자료

1. ≪晉書≫(3) 武帝紀

　四年十一月辛巳, 太醫司馬程據獻雉頭裘, 帝以奇技異服典禮所禁, 焚之於殿前.

2. ≪十八史略≫(3)

　晉代魏十有六年, 至太康元年而滅吳, 又十年帝崩, 帝初卽位, 嘗焚雉頭裘於太極殿前, 以示儉.

유납계사(留衲戒奢)
송(宋) 고조(高祖)

해진 옷을 그대로 두어 후손의 사치를 경계한 남조 송나라 고조

송(宋, 南朝)나라 때 역사 기록이다.

고조(高祖, 劉裕)가 미천할 때에 한때 스스로 신주(新洲)에서 갈대를 베었는데 그때의 기워 입은 중의적삼과 외투는 당시 아내 장황후가 손수 지은 것이었다.

이윽고 귀한 신분이 되자 이를 장녀 회계공주(會稽公主)에게 보내어 갈무리하도록 하면서 이렇게 말하였다.

"뒷날 교만과 사치를 부리며 절약할 줄 모르는 후손이 있으면 이 옷을 보여 주어라."

宋史紀: 高祖微時, 嘗自於新洲伐荻, 有衲布衫襖, 臧皇后手所作也.
旣貴, 以付其長女會稽公主曰:「後世有驕奢不節者, 可以此衣示之.」

【留衲戒奢】 고생할 때 입었던 거친 중의적삼을 남겨 놓아 후손의 사치에 대한 경계로 삼음.
【宋】 남조 宋나라. 東晉의 뒤를 이어 劉裕가 세운 나라. 흔히 南朝 宋, 혹은 劉宋이라 부름. 420년부터 479년까지 60년간 존속하였으며 도읍은 建康(지금의 南京). 뒤에 蕭道成의 齊에게 망함.
【高祖】 남조 송나라를 세운 劉裕(363~422). 東晉이 淝水之戰 이후 더욱 부패하였고 뒤에 桓玄이 자립하자 劉裕가 起兵하여 이를 죽인 다음 다시 恭帝를 폐하고 자신이 나라를 차지한 다음 국호를 宋이라 함.
【新洲】 지금의 남경 북쪽 長江 가운데에 있는 三角洲. 幕府山과 대치하고 있으며 일명 萍家洲라고도 함.
【衲】 이리저리 꿰매어 입은 중의적삼. ≪宋書≫에는 '納'으로 되어 있음.
【臧皇后】 劉裕가 미천할 때의 아내. 이름은 愛親. 東莞 莒(지금의 山東 莒縣) 출신으로 會稽公主를 낳았음. 義熙 4년(408) 48세로 죽었으며 劉裕가 황제로 등극한 다음 敬皇后로 추존함.
【會稽公主】 劉裕의 장녀. 이름은 興弟. 徐逵之의 아내가 되어 徐湛之를 낳음. ≪宋書≫(71) 徐湛之傳 참조. 뒤에 아들 서담지가 죄를 지어 文帝(太祖, 高祖 劉裕의 아들 劉義隆. 회계공주의 아우. 재위 423~453)가 형을 내리려 하자 그 옷을 들고 궁궐로 찾아가 보여 주며 호통을 친 고사가 있음. 참고란을 볼 것.

直解(白話文)

　　육조(六朝) 송나라 때의 역사 기록이다.
　　고조 유유는 당초 미천하던 시기에 집안이 가난하여 항상 스스로 신주라는 곳에서 갈대를 베는 일을 하였다. 그때 입었던 헐어 꿰맨 적삼은 바로 그 아내 황후 장씨가 손수 바느질하여 만든 것이었다.
　　그가 고조로 제위에 등극하여 지난날 겪었던 고생을 생각하며 제업을 창건하고 나서 보니 자손이 이를 모른 채 능히 지켜 내지 못하면 어쩌나 하였다.
　　이에 그 낡은 옷을 그의 장녀 회계공주에게 갈무리하도록 보내면서 이렇게 부탁하였다.
　　"뒷날 나의 자손으로서 만약 교만하고 방자하며 사치에 빠져 절약과 검소함을 모르는 자가 있다면 너는 이 옷을 그에게 보여 주어라. 그로 하여금 내가 일찍이 이러한 옷을 입었음을 알고 지나치게 화려하거나 아름다움을 추구하지 않도록 하라."
　　대저 창업의 군주는 몸소 온갖 고난을 겪어 백성들의 의식에 대한 어려움을 알기 때문에 아끼고 절약하며 남들도 또한 그를 속일 수가 없게 된다. 이 까닭으로 백성으로부터 취하는 것에 대하여 절제하지만 그래도 자신의 일상생활에는 도리어 여유가 있다. 그 뒤의 자손들은 부귀함 속에 성장하기 때문에 만약 그들 중 총명하고 특별히 뛰어난 자가 아니면 쉽게 사치와 화려함에 휩쓸리게 되며, 재물을 가볍게 여겨 남들도 그를 쉽게 속일 수가 있다.
　　그리하여 파탄을 무릅쓰고 침탈하고 빼앗아 백성들로부터 취하는 것이 날로 많아져도 도리어 부족하게 되며, 심지어 마구 포악하게 거두어 백성이 궁해지면 도적으로 변하여 나라를 위기로 몰아넣게 된다. 이것이

송 고조가 경계를 보인 뜻이다. 그 뒤를 이은 군주라면 능히 조종(祖宗)을 법으로 삼아, 자신에게 복종하는 가까운 신하로부터 일마다 필요한 비용에 이르기까지 반드시 조상이 창업할 때의 옛 규정을 찾아보되 그 창업 초기 수입과 지출이 얼마였는지, 그 뒤로 매년 수입과 지출이 얼마인지, 그리고 그 전에는 어찌하여 여유가 있었는지, 그 뒤로 어찌하여 부족한지를 알아보고자 해야 한다. 그리하여 날로 증가하는 비용을 하나씩 개혁하고 제거한다면 재용은 저절로 충적(充積)하게 될 것이며 부렴(賦斂)은 간단히 하여 줄일 수 있을 것이다. 이렇게 되면 백성은 모두 자신의 생업에 대하여 안락함을 누리게 되어 그 임금을 추대하기를 좋아할 것이요 태평은 가히 길이 보장받을 수 있을 것이다.

六朝宋史上記: 高祖劉裕起初微賤時, 其家甚貧, 常親自在新洲上砍斫蘆荻. 那時穿一件碎補的衲襖, 乃其妻皇后臧氏親手縫成的. 及高祖登了帝位, 思想平生受了許多艱苦, 創下基業, 恐子孫不知, 不能保守.

乃將這衲襖付與他的長女會稽公主收藏, 囑付她說:「後來我的子孫, 若有驕恣奢侈, 不知節儉的, 你可把這衣與他看. 使他知我平素曾穿這等衣服, 不得過求華美也.」

大抵創業之君, 親歷艱苦, 知民間衣食之難, 愛惜撙節, 人又瞞他不得. 是以取於民者有制, 而用常有餘. 後來子孫, 生長富貴, 若非聰明特達者, 易流於奢靡; 輕用財帛, 而人又欺瞞得他. 冒破侵剋, 取於民者日多, 而用反不足, 至於橫征暴斂, 民窮盜起, 危其國家, 此宋高祖示戒之意也. 繼體之君, 若能取法祖宗, 自服御之近, 以至一應費用, 必考求創業時舊規, 要見當初每年進出幾多, 後來每年進出幾多; 在前爲, 何有餘; 後來爲, 何不足. 把那日漸加增之費, 一一革去, 則財用自然充積, 賦斂可以簡省, 民皆安生樂業, 愛戴其上, 而太平可長保矣.

【六朝】지금의 南京에 도읍을 두었던 여섯 조대. 吳, 東晉과 남조 네 나라(宋, 齊, 梁, 陳)를 합하여 지칭함.

【愛惜撙節】아끼고 애석히 여기며 욕심을 눌러 줄이고 절약함.

【繼體之君】직접 그 뒤를 이은 군주. 창업주의 뒤를 이어 왕위를 이어 가는 임금들.

【進出】수입과 지출. 궁궐의 재정.

【充積】충분하여 재물이 축적됨.

【賦斂】부세. 세금. 백성들로부터 거두어들이는 재용.

【簡省】간략히 하고 줄임.

참고 및 관련 자료

1. ≪宋書≫(71) 徐湛之傳

   初, 高祖微時, 貧陋過甚, 嘗自往新洲伐荻, 有納布衫襖等衣, 皆敬皇后手自作, 高祖既貴, 以此衣付公主, 曰:「後世若有驕奢不節者, 可以此衣示之.」湛之爲大將軍彭城王義康所愛, 與劉湛等頗相附協. 及劉湛得罪, 事連湛之, 太祖大怒, 將致大辟. 湛之憂懼無計, 以告公主. 公主卽日入宮, 旣見太祖, 因號哭下牀, 不復施臣妾之禮. 以錦囊盛高祖納衣, 擲地以示上曰:「汝家本貧賤, 此是我母爲汝父作此納衣. 今日有一頓飽食, 便欲殘害我兒子!」上亦號哭, 湛之由此得全也.

2. ≪南史≫(15) 徐羨之傳(徐湛之)

   初, 高祖微時, 貧陋過甚, 嘗自往新洲伐荻, 有納布衣襖衣, 皆敬皇后手自作, 武帝既貴, 以此衣付公主曰:「後世若有驕奢不節者, 可以此衣示之.」湛之爲大將軍彭城王義康所愛, 與劉湛等頗相附. 及得罪, 事連湛之, 文帝大怒, 將致大辟. 湛之憂懼無計, 以告公主. 公主卽日入宮, 及見文帝, 因號哭下牀, 不復施臣妾之禮. 以錦囊盛高祖納衣, 擲地以示上曰:「汝家本賤賤, 此是我母爲汝父作此納衣. 今日有一頓飽食, 便欲殘害我兒子!」上亦號哭, 湛之由此得全.

홍문개관(弘文開館)
당(唐) 태종(太宗)

홍문관을 열어 학문 풍토를 일으킨 당 태종

당(唐)나라 때 역사 기록이다.

태종(太宗, 李世民)은 홍문전(弘文殿)에 사부(四部)의 도서 20만여 권을 모으고 홍문관(弘文館)을 그 전각 곁에 설치하였다.

그리고 천하 문장과 학문에 뛰어난 선비 우세남(虞世南), 저량(褚亮), 요사렴(姚思廉), 구양순(歐陽詢), 채윤공(蔡允恭), 소덕언(蕭德言) 등을 엄정하게 선발하여 본관의 직급에 학사(學士)의 업무를 겸하게 하였다. 아울러 이들로 하여금 윤번으로 날짜를 정해 숙직을 하며 조정에 보고하는 틈틈이 이들을 내전(內殿)으로 안내하여, 책 속 옛사람들의 훌륭한 언행을 강론하고 당시 정사의 잘잘못을 평가하기도 하였다. 이러한 일은 깊은 밤까지 이어진 다음에야 파하곤 하였다.

唐史紀: 太宗於弘文殿, 聚四部書, 二十餘萬卷, 置弘文館於殿側.
精選天下文學之士虞世南・褚亮・姚思廉・歐陽詢・蔡允恭・蕭德言等, 以本官兼學士, 令更日宿直, 聽朝之隙, 引入內殿, 講論前言往行, 商確政事, 或至夜分乃罷.

【弘文開館】 홍문관을 열어 학자들과 책을 모아 학풍을 진작시킴.
【唐】 隋나라 이후의 조대로 高祖 李淵이 개국하여 20대 昭宣帝(李柷)이 後梁(朱溫)에게 망하기까지가 618년부터 907까지임.
【太宗】 李世民. 중국 역대에 가장 영명한 임금으로 널리 알려짐. 高祖 李淵의 둘째 아들로 아버지를 도와 제국 건설에 지대한 공로를 세움. 뒤에 玄武門에서 태자 李建成과 齊王 李元吉을 죽이고 아버지로부터 제위를 물려받음. 재임 중에 房玄齡, 魏徵, 杜如晦 등을 임용하여 제국의 기반을 다졌으며 학문을 일으키고 산업을 발전시켰음. 재위 기간 연호를 貞觀이라 하였으며 이 기간을 가리켜 '貞觀之治'라 함. 특히 그의 정치술과 업적을 對話體로 기술한 ≪貞觀政要≫가 유명함.
【四部書】 經史子集 네 종류의 책들. 모든 도서를 뜻함.
【弘文館】 唐 高祖 武德 4년(621) 門下省에 修文館을 설치하였으며 武德 9년 太宗이 즉위하여 이를 弘文館으로 개칭함.
【虞世南】 558년~638년. 자는 伯施. 唐 越州 餘姚(지금의 浙江 餘姚) 사람으로 隋나라 때 秘書郞, 起居舍人 등을 지냈으며 唐이 들어서자 秘書監, 弘文館學士 등을 역임

함. 文學과 書藝에 능하였으며 歐陽詢과 병칭하여 '歐虞'라 불리기도 함. ≪舊唐書≫(72)와 ≪新唐書≫(102)에 전이 있음.

【褚亮】 자는 希明. 杭州 錢塘(지금의 浙江 杭州) 사람으로 褚遂良의 아버지. 隋나라 때 東宮學士, 太常博士를 지냈으며 唐이 들어서자 秦王府의 文學館學士에 오름. 杜如晦, 房玄齡, 于志寧, 薛收, 姚思廉, 陸德明, 孔穎達 등과 함께 文學館學士로 이름을 날렸으며 모두가 貞觀 초 弘文館學士임. ≪舊唐書≫(72)와 ≪新唐書≫(102)에 전이 있음.

【姚思廉】 557년~637년. 자는 簡之. 唐初 史學者. 雍州 萬曆(지금의 陝西 西安) 사람으로 隋나라 때 代王(楊侑)의 侍讀이었으며, 唐이 들어서자 秦王府의 文學館學士에 오름. 貞觀 초에 著作郞, 弘文館學士가 됨. ≪梁書≫ 50권과 ≪陳書≫ 30권을 편찬함. ≪舊唐書≫(73)와 ≪新唐書≫(102)에 전이 있음.

【歐陽詢】 557년~641년. 당대 유명한 서예가. 潭州 臨湘(지금의 湖南 長沙) 사람으로 隋나라 때 太常博士였으며 唐나라 때 太子率更令, 弘文館學士를 지냄. ≪舊唐書≫(189)와 ≪新唐書≫(198)에 전이 있음.

【蔡允恭】 荊州 江陵(지금의 湖北 江陵) 사람으로 詩에 능하였음. 隋나라 때 著作佐郞, 起居舍人이었으며 唐나라 때 秦王府의 參軍兼文學館學士, 貞觀 때에 太子洗馬와 弘文館學士를 지냄. ≪舊唐書≫(190)와 ≪新唐書≫(201)에 전이 있음.

【蕭德言】 ?~654년. 자는 文行. 雍州 長安(지금의 陝西 西安) 사람. 아버지와 조부가 대대로 梁, 陳에서 벼슬하여 당시 이름이 높았으며 貞觀 때에 著作郞, 弘文館學士, 秘書少監 등을 역임함. ≪舊唐書≫(189)와 ≪新唐書≫(189)에 전이 있음.

【聽朝】 조정에서 행정 업무의 보고를 들음. 신하들이 보고함을 말함.

【商確】 '商榷, 商推'으로도 표기하며 '상각'으로 읽어야 함. 어떠한 일을 商量하여 평가함. '確'은 '榷, 推' 자를 가차하여 쓴 것이며 원래는 되에 곡식을 될 때 위를 밀어 평평하게 하는 밀대를 뜻함. 따라서 '어떠한 일을 조정하고 확정하다'의 뜻임.

直解(白話文)

당나라 때의 역사 기록이다.

태종은 홍문전 안에 경사자집(經史子集)의 사부 여러 책 20만여 권을 모아들였다. 그리고 홍문전 곁에 하나의 관을 개설하고 이름을 홍문관이라 하여 천하의 문학지사 우세남, 저량, 요사렴, 구양순, 채윤공, 소덕언 등을 엄정하게 선발하여 그들로 하여금 각기 원래의 관직에 홍문관학사를 겸하도록 하였다. 그리고 그 관사에 처하면서 그들로 하여금 윤번으로 숙직을 하되 매번 조회가 끝나면 곧 그들 우세남 등을 이끌고 내전으로 들어가 그들과 함께 책에 있는 구절과 옛사람들의 행동이나 사건을 강론하기도 하고, 혹은 당시 정사를 의당 어떻게 처리하였는가 등에 대하여 상량하기도 하였다. 이렇게 하여 항상 깊은 밤이 되어서야 겨우 끝내곤 하

였다.

 무릇 태종은 무력으로 천하를 평정하였지만 문(文)을 좋아하기가 이와 같았으니 대체로 혼란을 없애는 데는 무력을 사용하였지만 천하를 다스리기는 문으로써 한 것이다. 그 때문에 능히 몸소 태평을 이루어 일대의 영명한 군주가 된 것이다.

 唐史上記: 太宗於弘文殿內, 聚經史子集書四部, 有二十餘萬卷. 又於殿旁開設一館, 就叫做弘文館, 精選天下文學之士虞世南·褚亮·姚思廉·歐陽詢·蔡允恭·蕭德言等, 各以原官兼弘文館學士, 處之館中, 還教他輪番宿直, 每朝罷, 便引世南等到內殿, 與他講論那書中的言語, 古人的行事, 或商量那時的政事該何如處, 常至夜半纔罷.

 夫太宗以武定天下, 而好文如此, 蓋戡亂用武, 致治以文, 太宗有見於此, 故能身致太平, 而爲一代之英主也.

【經史子集】 '經'은 經學, 즉 五經(뒤의 十三經) 등 儒家의 경전과 그에 관련된 책들. '史'는 史學, 즉 正史와 編年史 등 역사에 관련된 책들. '子'는 子學, 즉 儒家, 道家, 墨家, 法家, 陰陽家, 農家, 名家, 雜家, 小說家, 從橫家 등 九流十家의 諸子學 관련 도서. '集'은 文學, 즉 개인 문집이나 문학에 관한 도서들. 뒤에(淸代) 이를 기준으로 모아 편찬한 책을 '四庫全書'라 함.

【行事】 행동과 사건들.

【商量】 '商確, 商榷, 商推'와 같음.

【戡亂】 혼란을 평정하여 없애 버림.

참고 및 관련 자료

1. ≪舊唐書≫(189) 儒學傳
　(太宗)及卽位, 又於正殿之左, 置弘文學館, 精選天下文儒之士虞世南・褚亮・姚思廉等, 各以本官兼署學士, 令更日宿直, 聽朝之暇, 引入內殿, 講論經義, 商略政事, 或至夜分乃罷.

2. ≪新唐書≫(198) 儒林傳
　(太宗)旣卽位, 殿左置弘文館, 悉引內學士番宿更休, 聽朝之閒, 則與討古今, 道前王所以成敗, 或日昃夜艾, 未嘗少怠.

3. ≪資治通鑑≫(192) 唐紀(8)
　上於弘文殿置四部書二十餘萬卷, 置弘文館於殿側, 精選天下文學之士虞世南・褚亮・姚思廉・歐陽詢・蔡允恭・蕭德言等, 以本官兼學士, 令更日宿直, 聽朝之隙, 引入內殿, 講論前言往行, 商榷政事, 或至夜分乃罷. 又取三品已上子孫充弘文館學士.

4. ≪貞觀政要≫ 崇儒學
　太宗初踐阼, 卽於正殿之左, 置弘文館, 精選天下文儒, 令以本官兼署學士, 給以五品珍膳, 更日宿直, 以聽朝之隙引入內殿, 討論≪墳典≫, 商略政事, 或至夜分乃罷. 又詔勳賢三品已上子孫爲弘文學生.

039(上-39)

상서점벽(上書黏壁)
당(唐) 태종(太宗)

상서문을 벽에 붙여 놓고 경계를 삼은 당 태종

당(唐)나라 때 역사 기록이다.

태종이 재상 배적(裵寂)에게 이렇게 말하였다.

"근래에 글을 올려 정사를 말해 주는 이들이 많소. 짐은 이들을 모두 드나들 때 살펴보기에 편하도록 벽에 붙여 놓고 자주 치도를 생각하다가 깊은 밤이 되어서야 겨우 잠자리에 들곤 한다오. 그대들도 응당 각기 맡은 직책과 업무를 잘 처리하여 나의 뜻에 부응하도록 해 주시오!"

唐史紀: 太宗謂裴寂曰:「比多上書言事者, 朕皆黏之屋壁, 得出入省覽, 數思治道, 或深夜方寢. 公輩亦當恪勤職業, 副朕此意!」

【上書黏壁】 상서문을 벽에 붙여 놓고 늘 경계로 삼음.
【裴寂】 570년~632년. 자는 玄眞, 蒲州 桑泉(지금의 山西 臨晉) 사람으로 隋나라 때 親衛, 侍御史, 晉陽宮副監을 지냈으며 隋末 晉陽宮의 副監으로서 그곳에 저장되어 있던 식량과 무기를 꺼내어 李淵을 도운 공으로 尙書右僕射, 晉州道行軍總官 등에 오름. ≪唐律≫ 5백 조를 제정하였으며 뒤에 司空이 되었으나 태종 3년(629)에 면직되어 귀향. 뒤에 태종이 후회하고 다시 불렀으나 이미 죽은 뒤였음. ≪舊唐書≫(57)와 ≪新唐書≫(88)에 전이 있음.
【比】 '근래, 근간에'의 뜻.
【副】 付(符)와 같음. 副應(符應)함. 뜻에 맞추어 줌.

直解(白話文)

당나라 때의 역사 기록이다.

태종이 어느 날 사공(司空) 배적에게 이렇게 말하였다.

"근래 이르러 글을 올려 정사를 말해 주는 자들의 각기 조건이 심히 많소. 짐은 각 아문(衙門)에서 진술해 올린 장주(章奏)들 가운데 그 말이 이치에 맞은 것을 골라 모두 벽에 붙여 놓아 한번씩 드나들 때마다 항상 눈에 띄어 곧 아침저녁으로 살펴보고자 하오. 매번 생각하기에 천하는 지극히

크고 이를 다스리기는 심히 어려워 어떻게 해야 백성에게 유리할 것이며 어떻게 했다가는 나라를 병들게 하는지 생각에 잠기기만 하면 잠을 이룰 수 없소. 그래서 혹 깊은 밤이 되어서야 겨우 편히 쉴 수가 있다오. 이는 짐이 단 한 가지 생각도 감히 태만히 하거나 황망한 마음을 가져서는 안 되기 때문이오. 그대들은 나라의 대신으로서 많은 업무를 나누어 다스리면서 역시 의당 이른 아침이나 늦은 밤에도 게으름이 없이 맡은 일에 최선을 다하여 짐의 이처럼 다스림에 대한 각별한 뜻에 부합되도록 해야 옳을 것이오."

옛날 공자는 "임금 노릇 하기 어렵고 신하 노릇 하기도 쉽지는 않다"라 하였고, 옛말에도 "요(堯)는 긍긍(兢兢)히 하였고, 순(舜)은 업업(業業)이 하였다"라고 하였다.

무릇 천하는 넓고 백성은 많다. 만약 임금 된 자가 근심과 부지런함으로 척려(惕厲)하여 임금은 위에서 다스리고, 신하 된 자는 충성과 힘을 다하여 그 아래에서 나누어 다스려 치평(治平)을 구하고자 하지 않는다면 어찌 가능하겠는가! 태종이 배적에게 이른 말을 살펴보건대 이것이 바로 우순(虞舜)이 조정에서 임금과 신하가 서로 경계한 뜻이니 그가 정관(貞觀)의 태평성대를 이룬 것이 마땅하도다!

　　唐史上記: 太宗一日向司空裴寂說道:「近日以來, 上書奏事者, 條件甚多. 朕將各衙門條陳的章奏, 取其言之當理者, 都黏在墻壁上, 庶一出一入, 常接於目, 便於朝夕省覽. 每思天下至大, 治之甚難, 如何纔有利於民, 如何纔不病於國, 思想起來, 至不能寐, 或到深夜時分纔去安歇, 此朕一念不敢怠荒之心也. 公等爲國大臣, 分理庶政, 亦當夙夜罔懈, 恪供職事, 以副朕惓惓圖治之意可也.」
　　昔孔子說:『爲君難, 爲臣不易.』古語說:『堯兢兢, 舜業業.』
　　夫以天下之廣・兆民之衆, 若非爲君者憂勤惕厲, 主治於上, 爲臣者竭忠盡力, 分治於下, 欲求治平, 豈可得哉! 觀唐太宗告裴寂之言, 卽虞庭君臣交相儆戒之意也, 其致貞觀太平之盛也, 宜哉!

──────
【庶政】 행정의 온갖 잡무.
【孔子說】 ≪論語≫ 子路篇에 "定公問:「一言而可以興邦, 有諸?」孔子對曰:「言不可以若是其幾也. 人之言曰:『爲君難, 爲臣不易.』如知爲君之難也, 不幾乎一言而興邦乎?」曰:「一言而喪邦, 有諸?」孔子對曰:「言不可以若是其幾也. 人之言曰:『予無樂乎爲君, 唯其言而莫予違也.』如其善而莫之違也, 不亦善乎? 如不善而莫之違也, 不幾乎一言而喪邦乎?」"라 함.
【古語】 戰戰兢兢하며 일에 온 힘을 쏟아 열심을 다함. ≪尙書≫ 皐陶謨에 "無敎逸欲有邦, 兢兢業業. 一日二日萬幾. 無曠庶官. 天工人其代之"라 함.
【兆民】 億兆蒼生. 아주 많은 천하 백성들을 의미함.

【惕厲】걱정이 아주 심함. ≪周易≫ 乾卦 九三 爻辭에 "九三, 君子終日乾乾, 夕若惕, 厲, 无咎"라 함.

【虞庭】舜임금의 조정. ≪尙書≫ 皐陶謨에 舜과 大禹, 皐陶 등이 정치에 관하여 토론한 기사가 실려 있음.

【貞觀】唐 太宗의 연호. 627년부터 649년까지 23년간이며 唐代에 가장 발전했던 시기.

참고 및 관련 자료

1. ≪貞觀政要≫ 求諫篇
　　貞觀三年, 太宗謂司空裴寂曰:「比有上書奏事, 條數甚多, 朕總黏之屋壁, 出入觀省. 所以孜孜不倦者, 欲盡臣下之情. 每一思政理, 或三更方寢. 亦望公輩用心不倦, 以副朕懷也.」

040(上-40)

납잠사백(納箴賜帛)
당(唐) 태종(太宗)

<대보잠>을 받고 비단을 하사한 당 태종

당(唐)나라 때 역사 기록이다.

태종이 즉위하자 장온고(張蘊古)가 <대보잠(大寶箴)>이라는 글을 올렸다. 그 대략은 다음과 같다.

"오늘날로부터 옛날까지 숙여 살펴보고 우러러 쳐다보아도 오직 임금만이 복을 지을 수 있으나 임금 노릇 하기란 실로 어려운 것입니다. 성인은 천명을 받아 백성을 형둔(亨屯)으로 구제해 주면서도 모든 죄는 자신에게 있다고 여기며, 백성의 마음을 모든 결정의 기준으로 삼아야 합니다. 일월처럼 큰 밝음이란 사사로운 곳을 비추지 않으며 지극한 공의는 친한 사람이라 해서 사사롭게 하지 않습니다. 그 때문에 한 사람이 천하를 다스리는 것이지 천하가 한 사람을 떠받드는 것이 아닙니다. 알지 못했노라 말하지 말아야 합니다. 높은 곳에 있을수록 낮은 곳의 의견을 들어야 하기 때문입니다. 무슨 손해가 되겠느냐고 말하지 말아야 합니다. 작은 것이 쌓이면 큰 것이 되기 때문입니다. 즐거움이란 끝까지 누려서는 안 됩니다. 즐거움이 끝까지 가면 슬픔이 생기는 법입니다. 욕심은 마구 풀어 놓아서는 안 됩니다. 욕심을 마구 풀어 놓으면 재앙이 생기는 법입니다.

 안에서는 구중궁궐의 장엄한 곳에 살지만 그 거처하는 것은 그저 무릎을 용납할 정도를 넘지 않아야 하건만 저 옛날 혼암하고 무지한 걸주(桀紂)는 그 누대를 구슬로 장식하고 방을 구슬로 꾸몄습니다.

 앞에 팔진미(八珍味)의 성찬이 차려져 있다 해도 먹는 것은 그저 입에 맞으면 그만일 뿐이건만, 미쳐 날뛰던 저 걸주는 술지게미로 언덕을 만들고 술로 못을 만들었습니다.

 안으로 여색에 황폐하게 굴지 말 것이며, 밖으로 새를 잡으러 다니느라 황폐해져도 안 되며, 얻기 어려운 재물을 귀히 여기지 말 것이며, 나라를 망치는 음악을 듣지 마십시오. 내가 높은 지위라 해서 어진 이에게 오만하게 굴거나 선비를 깔보는 일이 있어서는 안 됩니다. 내가 지혜롭다고 해서 간언을 거부하고 내 꾀를 자랑하지 마십시오. 반대하고 옆으로 나가는 자를 편안하게 해 주기를 마치 봄볕이나 가을 서리처럼 해 주십시오. 우뚝하고 시원하기를 마치 한(漢) 고조(高祖)와 같은 큰 도량으로 하시고, 많은 일을 어루만져 위로해 주시되 마치 살얼음 밟듯, 깊은 물 앞에 임하듯이 하실 것이며, 전전율률(戰戰慄慄)하시되, 주(周) 문왕(文王)처럼 조심하십시오.

≪시(詩)≫에는 "깨닫지도 못하고 알지도 못하네"라 하였고, ≪서(書)≫에는 "치우침도 없이 하고, 당파도 짓지 말라" 하였습니다. 모든 사람들이 더 이상 어쩔 수 없다고 한 이후에 형벌을 내리시고, 모든 사람이 다 기꺼워한 다음에야 상을 내리십시오. 물을 휘저어 혼탁하게 하지 말 것이며, 밝은 것도 더 밝게 하여 맑게 보이려 들지 말 것이며, 어두운 것을 더 어둡게 하려 들지 말 것이며, 밝히 드러난 일을 더 밝혀내려 들지도 말 것입니다. 비록 면류(冕旒)로써 눈을 가리고 있다 하나 형체 없는 물건까지 보아야 하며, 비록 주광(黈纊)으로써 귀를 막고 있다 하나 소리 없는 소리까지 들어야 합니다."

태종은 이를 가상히 여겨 그에게 속백(束帛)의 선물을 내리고 그를 대리승(大理丞)으로 임명하였다.

唐史紀: 太宗卽位, 張蘊古上≪大寶箴≫.
其略曰:『今來古往, 俯察仰觀, 惟辟作福, 爲君實難. 聖人受命, 拯溺亨屯, 歸罪于己, 因心于民. 大明無私照, 至公無私親. 故以一人治天下, 不以天下奉一人. 勿謂無知, 居高聽卑; 勿謂何害, 積小就大. 樂不可極, 樂極生哀; 欲不可縱, 縱欲成災. 壯九重於內, 所居不過容膝, 彼昏不知, 瑤其臺而瓊其室; 羅八珍於前, 所食不過適口, 惟狂罔念, 邱其糟而池其酒. 勿內荒於色, 勿外荒於禽, 勿貴難得貨, 勿聽亡國音, 勿謂我尊, 而傲賢慢士, 勿謂我智, 而拒諫矜己. 安彼反側, 如春陽秋露, 巍巍蕩蕩, 恢漢高大度; 撫茲庶事, 如履薄臨深, 戰戰慄慄, 用周文小心.
≪詩≫云:『不識不知.』≪書≫云:『無偏無黨.』衆棄而後加刑, 衆悅而後行賞. 勿渾渾而濁, 勿皎皎而淸, 勿汶汶而闇, 勿察察而明. 雖冕旒蔽目, 而視於無形; 雖黈纊塞耳, 而聽於無聲.』

上嘉之, 賜以束帛, 除大理丞.

【納箴賜帛】 장온고의 <大寶箴>을 받고 비단을 상으로 내려 줌.

【張蘊古】 唐나라 때 相州 洹水(지금의 山西 黎城) 사람으로 박학다식하였으며 幽州總官府記室兼值中書省을 지냄. <대보잠>을 지어 太宗에게 바친 다음 大理寺丞에 오름. ≪舊唐書≫(190)에 전이 있음.

【大寶箴】 '大寶'는 황제의 지위. 그러한 지위에 있을 때 반드시 지켜야 할 내용을 箴言으로 지은 글.

【惟辟作福】 ≪尙書≫ 洪範에 실려 있음. '辟'은 임금을 뜻함. 임금만이 복을 지을 수 있음.

【亨屯】 위난에서 벗어나 구제를 받음. ≪周易≫ 屯卦에 "象曰: 屯, 剛柔始交而難生; 動乎險中, 大亨貞. 雷雨之動滿盈, 天造草昧; 宜建侯而不寧"이라 함.

【大明】 진짜 큰 밝음. 해와 달을 의미함.

【瑤臺瓊室】 고대 夏나라 말왕 桀이 瑤臺를 짓고, 殷나라 말왕 紂가 瓊室을 지어 사치를 부렸음을 말함. 「脯林酒池」(083) 참조.

【八珍】 八珍味. 흔히 淳熬, 淳母, 炮豚, 炮牂, 擣珍, 漬, 熬, 肝膋 등 여덟 가지 아주 진기한 맛을 가리킴.

【邱糟池酒】 '丘糟池酒'로도 표기하며 桀紂의 '酒池肉林'을 말함. 역시 083 참조.

【貴難得貨】 貴難得之貨의 줄인 말. ≪老子≫(3)에 "不尙賢, 使民不爭; 不貴難得之貨, 使民不爲盜; 不見可欲, 使民心不亂"이라 함.

【漢高】 漢 高祖 劉邦. 도량이 넓어 결국 項羽를 이기고 천하를 차지함.

【履薄臨深】 ≪詩經≫ 大雅 小旻에 "戰戰兢兢, 如臨深淵, 如履薄冰"이라 한 말을 줄인 것.

【周文小心】 ≪詩經≫ 大雅 大明에 "惟此文王, 小心翼翼"이라 함.

【不識不知】 ≪詩經≫ 大雅 皇矣에 "不識不知, 順帝之則"이라 함.

【無偏無黨】 ≪尙書≫ 洪範에 "無偏無黨, 王道蕩蕩"이라 함.

【汶汶】 昏暗하여 명석하지 못한 상태.

【冕旒】 황제의 모자에 눈앞으로 늘어뜨린 술. 20줄. 오색을 넣어 남이 그 표정을 자

세히 알 수 없도록 하며 황제로 하여금 사물을 너무 자세히 보지 않도록 하기 위한 것이라 함.
【黈纊】 '주광'으로 읽으며 임금의 귀마개. 면류관의 귓바퀴 밑으로 늘어뜨린 黃綿. 혹은 귀를 직접 틀어막는 것이라고도 함. 남의 말을 쉽게 듣지 않도록 하기 위한 것.
【大理丞】 大理寺의 우두머리.

直解(白話文)

당나라 때의 역사 기록이다.
태종이 처음 등극하였을 때 서기관(書記官) 장온고가 <대보잠>이란 한 편의 글을 올렸다. '대보'란 임금이 차지하고 있는 보위(寶位)이며, '잠'이

란 경계하는 내용을 담은 글이다. 신하로서 감히 직설로 천자에게 잠언으로 규제하는 말을 할 수 없어 그 때문에 '대보'로써 잠언의 글 이름을 삼은 것이다. 이 잠언의 언어는 글자마다 진실하고 핍절하며 구절마다 맛이 있다. 이를 따르면 요순(堯舜)이 되려니와 이에 반대로 하였다가는 걸주(桀紂)가 되고 만다. 임금은 존귀하여 대보에 임하니 모름지기 이 구절의 말들을 상상 눈에 담고 하나의 잠규(箴規)로 삼아야 바야흐로 가히 길이 그 지위를 지켜 낼 수 있다. 그 때문에 이름을 <대보잠>이라 한 것이다.

태종은 장온고의 말들을 아주 훌륭하다 여겨 그에게 속백을 상으로 내리고 그를 대리시승(大理寺丞)으로 승격시켰다. 태종은 훌륭한 말을 받아들이기가 이와 같이 신속하였기에 당나라의 훌륭한 임금이 된 것이며 정관지치(貞觀之治)를 이룰 수 있었던 것이며 대체로 이 잠언으로부터 얻은 것이 많았을 것으로 여겨진다.

唐史上記: 太宗初登極時, 有一書記官張蘊古, 上<大寶箴>一篇. 大寶, 是人君所居的寶位; 箴, 是儆戒之辭. 人臣不敢直說是箴規天子, 故以大寶名箴. 這箴中的言語, 字字眞切, 句句有味. 從之則爲堯舜, 反之則爲桀紂. 人君尊臨大寶, 須把這段說話, 常常在目, 做个箴規, 方可以長保此位, 所以名<大寶箴>.

太宗深以蘊古之言爲善, 賜他束帛, 陞他做大理寺丞. 觀太宗納善之速如此, 其所以爲唐之令主, 而成貞觀之治者, 蓋得于是箴爲多.

【大理寺丞】'寺'는 '시'로 읽으며 관청을 의미함. 오늘날의 秘書官과 같음. 임금의 문서를 관장하는 직책. 태종이 즉시 장온고를 大理寺의 책임자로 승격시킴.
【貞觀之治】당 태종이 사용한 연호가 貞觀(627~649)이었으며 그 23년간은 중국 역사상 가장 안정되고 발전했던 시기로 널리 칭송됨.

참고 및 관련 자료

1. ≪舊唐書≫(190上) 文苑傳(上) 張蘊古傳

　張蘊古, 相州洹水人也. 性聰敏, 博涉書傳, 善綴文, 能背碑覆局, 尤曉時務, 爲州閭所稱. 自幽州總管府記室直中書省. 太宗初卽位, 上<大寶箴>以諷. 其詞曰: 「略 <大寶箴>本文」 太宗嘉之, 賜以束帛, 除大理丞. 初, 河內人李好德, 素有風疾, 而語涉妄妖. 蘊古究其獄, 稱好德癲病有徵, 法不當坐. 治書侍御史權萬紀劾蘊古家住相州, 好德之兄厚德爲其刺史, 情在阿縱, 奏書不實. 太宗大怒, 曰: 「小子乃敢亂吾法耶!」 令斬於東市. 太宗尋悔, 因發制, 凡決死者, 命所司五覆奏, 自蘊古始也.

2. ≪貞觀政要≫ 刑法篇

　貞觀五年, 張蘊古爲大理丞. 相州人李好德素有風疾, 言涉妖妄, 詔令鞫於獄. 蘊古言: 「好德癲病有徵, 法不當坐.」 太宗許將寬宥, 蘊古密報其旨, 仍引與博戱. 持書侍御史權萬紀劾奏之, 太宗大怒, 令斬於東市. 旣而悔之, 謂房玄齡曰: 「公等食人之祿, 須憂人之憂, 事無巨細, 咸當留意. 今不問則不言, 見事都不諫諍, 何所輔弼? 如蘊古身爲法官, 與囚博戱, 漏泄朕言, 此亦罪狀甚重, 若據常律, 未至極刑. 朕當時盛怒, 卽令處置, 公等竟無一言, 所司又不覆奏, 遂卽決之, 豈是道理?」 因詔曰: 「凡有死刑, 雖令卽決, 皆須五覆五奏.」 五覆奏, 自蘊古始也. 又曰: 「守文定罪, 或恐有冤, 自今以後, 門下省覆, 有據法令合死而情可矜者, 宜錄奏聞.」 蘊古, 初以貞觀二年自幽州總管府記室兼直中書省, 奏上<大寶箴>, 文義甚美, 可爲規誡. 其詞曰:

　『今來古往, 俯察仰觀; 惟辟作福, 爲君實難. 宅普天之下, 處王公之上; 任土貢其所有, 具僚和其所唱. 是故恐懼之心日弛, 邪僻之情轉放. 豈知事起乎所忽, 禍生乎無妄? 固以聖人受命, 拯溺亨屯; 歸罪於己, 推恩於民. 大明無偏照, 至公無私親; 故以一人治天下, 不以天下奉一人. 禮以禁其奢, 樂以防其佚. 左言而右事, 出警而入蹕. 四時調其慘舒, 三光同其得失. 故身爲之度, 而聲爲之律. 勿謂無知, 居高聽卑; 勿謂何害, 積小成大. 樂不可極, 極樂成哀; 欲不可縱, 縱欲成災. 壯九重於內, 所居不過容膝; 彼昏不知, 瑤其臺而瓊其室. 羅八珍於前, 所食不過適口; 惟狂罔念, 丘其糟而池其酒. 勿內荒於色, 勿外荒於禽, 勿貴難得之貨, 勿聽亡國之音. 內荒伐人性, 外荒蕩人心; 難得之物侈, 亡國之聲淫. 勿謂我尊而傲賢侮士, 勿謂我智而拒諫矜己. 聞之夏后, 據饋頻起, 亦有魏帝, 牽裾不止. 安彼反側, 如春陽秋露; 巍巍蕩蕩, 推漢高大度. 撫茲庶事, 如履薄臨深, 戰戰慄慄, 用周文小心. ≪詩≫云: 『不識不知.』 ≪書≫曰: 『無偏無黨.』 一彼此於胸臆, 捐好惡於心想. 衆棄而後加刑, 衆悅而後命賞.

弱其强而治其亂; 伸其屈而直其枉. 故曰:『如衡如石, 不定物以數, 物之懸者, 輕重自見; 如水如鏡, 不示物以形, 物之鑒者, 姸蚩自露.』勿渾渾而濁, 勿皎皎而淸, 勿汶汶而闇, 勿察察而明, 雖晃旒蔽目, 而視於未形; 雖黈纊塞耳, 而聽於無聲. 縱心乎湛然之域, 遊神於至道之精. 扣之者, 應洪纖而效響; 酌之者, 隨淺深而皆盈. 故曰:『天之淸, 地之寧, 王之貞.』四時不言而代序, 萬物無爲而受成, 豈知帝有其力, 而天下和平. 吾王撥亂, 戡以智力. 人懼其威, 未懷其德. 我皇撫運, 扇以淳風; 民懷其始, 未保其終. 爰述金鏡, 窮神盡性. 使人以心, 應言以行. 包括理體, 抑揚辭令. 天下爲公, 一人有慶. 開羅起祝. 援琴命詩. 一日二日, 念玆在玆. 惟人所召, 自天祐之. 爭臣司直, 敢告前疑.』太宗嘉之, 賜帛三百段, 仍援以大理寺丞.

3. 張蘊古 <大寶箴>

今來古往, 俯察仰觀, 惟辟作福, 爲君實難. 主普天之下, 處王公之上, 任土貢其所求, 具寮陳其所唱. 是故恐懼之心, 日弛, 邪僻之情, 轉放, 豈知事起乎所忽, 禍生乎無妄. 固以聖人受命, 拯溺亨屯, 歸罪於己, 因心於民. 大明無私照, 至公無私親. 故以一人治天下, 不以天下奉一人. 禮以禁其奢, 樂以防其佚, 左言而右事, 出警而入蹕, 四時調其慘舒, 三光同其得失. 故身爲之度, 而聲爲之律. 勿謂無知. 居高聽卑, 勿謂何害. 積小就大. 樂不可極, 樂極生哀, 欲不可縱, 縱欲成災. 壯九重於內, 所居不過容膝, 彼昏不知, 瑤其臺而瓊其室, 羅八珍於前, 所食不過適口, 唯狂罔念, 丘其糟而池其酒. 勿內荒於色, 勿外荒於禽, 勿貴難得貨, 勿聽亡國音. 內荒伐人性, 外荒蕩人心, 難得之貨侈, 亡國之音淫. 勿謂我尊而傲賢慢士, 勿謂我智而拒諫矜己. 聞之夏后 據饋頻起, 亦有魏帝牽裾不止. 安彼反側, 如春陽秋露, 巍巍蕩蕩, 恢漢高大度, 撫玆庶事, 如履薄臨深, 戰戰慄慄, 用周文小心. 詩云『不識不知』, 書曰『無偏無黨』, 一彼此於胸臆, 損好惡於心想, 衆棄而後加刑, 衆悅而後行賞, 弱其强而治其亂, 伸其屈而直其枉. 故曰「如衡如石」, 不定物以限, 物之懸者, 輕重自見, 如水如鏡, 不示物以情, 物之鑑者, 姸媸自生. 勿渾渾而濁, 勿皎皎而淸, 勿汶汶而闇, 勿察察而明. 雖晃旒蔽目, 而視於未形, 雖黈纊塞耳, 而聽於無聲. 縱心乎湛然之域, 遊神於至道之精, 知之者應洪纖而效響, 酌之者隨淺深而皆盈. 故曰, 天之經, 地之寧, 王之貞. 四時不言而代序, 萬物無言而化成, 豈知帝力而天下和平! 吾王撥亂, 戡以智力, 民懼其威, 未懷其德, 我皇撫運, 扇以淳風, 民懷其始, 未保其終. 爰述金鏡, 窮神盡聖, 使人以心, 應言以行, 包括治體, 抑揚詞令. 天下爲公, 一人有慶. 開羅起祝, 援琴命詩, 一日二日, 念玆在玆. 惟人所召, 自天祐之. 爭臣司直, 敢告前疑.

종작훼소(縱鵲毀巢)

당(唐) 태종(太宗)

까치를 풀어 주고 둥지를 부순 당 태종

당(唐)나라 때 역사 기록이다.

태종 때 한번은 흰 까치가 왕의 침전 위에 둥지를 지었는데 두 둥지가 서로 합하여 마치 허리가 가는 장구 모습처럼 되어 있었다. 좌우 신하들이 이를 상서롭다고 여겨 태종에게 축하의 말을 올렸다.

그러자 태종은 이렇게 말하였다.

"나는 늘 수(隋)나라 임금이 상서로움만 좋아하다가 나라를 망친 예를 비웃어 왔다. 상서로움이란 현명한 사람을 얻는 데에 있는 것이다. 까치가 집을 지은 것이 어찌 축하할 일이겠는가?"

그리고 그 까치집을 부수고 까치는 야외에 가서 놓아주도록 명하였다.

唐史紀: 太宗時, 嘗有白鵲構巢於寢殿之上, 合歡如腰鼓.

左右稱賀.

上曰:「我常笑隋帝好祥瑞, 瑞在得賢, 此何足賀?」

命毁其巢, 縱鵲於野外.

【縱鵲毁巢】 까치를 풀어 주고 그 둥지를 허물어 버림.
【合歡】 두 개의 둥지가 서로 마주 보고 사랑하는 모습을 하고 있음.
【腰鼓】 허리가 가는 북. 장고. 까치 둥지 두 개가 그런 모습으로 이어져 있음.
【隋帝】 수나라 황제. 여기서는 隋 文帝(楊堅)를 가리킴. 祥瑞의 미신을 믿고 정치는 바르게 하지 못하다가 아들 煬帝(楊廣)에게 시살을 당함. 太宗은 수나라의 멸망 원인을 늘 거론하였으며 天人感應說을 믿었음. ≪貞觀政要≫ 참조.

直解(白話文)

당나라 때의 역사 기록이다.

태종 때에 한번은 흰 까치가 임금의 침전 위에 둥지를 지었는데 두 개의 둥지가 합하여 하나가 되었으며 합환의 형태였고, 양 머리 쪽은 크고 중간 허리는 가늘어 마치 악기 가운데 허리가 가는 북의 모습이었다.

좌우 신하들은 모두 이렇게 말하였다.

"무릇 물건이란 서로 마주하면 서로 용납하지 않는 법인데 지금 두 마리 까치가 둥지를 지으면서 합하여 하나가 되었으니 그 형상이 보통과 아주 달라 실로 희한한 경우입니다. 이는 아마 하늘과 땅의 화기(和氣)가 모여든 것으로 임금의 성덕(聖德)이 감응한 것이니 이치로 보아 마땅히 축하를 올려야 합니다!"

그러자 태종은 이렇게 말하였다.

"그렇지 않다. 옛날 수나라 임금은 현명한 사람은 좋아하지 않고 도리어 상서로운 것만 좋아하다가 나라를 망치는 지경에 이르러 나는 일찍이 이를 비웃어 왔다. 내가 보기에는 단지 어진 신하를 얻어 정사를 잘 이끌고 백성을 안정시켜 천하로 하여금 태평하게 하는 것, 이것이 바로 진정한 상서로움이다. 진기한 새나 기이한 짐승은 한 물건의 이상스러운 현상에 지나지 않을 뿐이다. 어찌 족히 상서롭다 여겨 축하할 일이겠는가!"

드디어 사람을 시켜 그 둥지를 헐어 버리고 흰 까치는 야외에서 풀어주도록 하였다.

무릇 천지 사이 초목이나 조수(鳥獸)는 형질(形質) 간에 아주 특이한 것이 있으나 이는 모두가 기(氣)가 화(化)하여 우연히 그렇게 된 것으로 족히 기이하게 여길 것이 아니다. 임금으로서 살피지 않으며 드디어 이를 상서로운 징조라 여기게 된다. 이에 소인배들은 그러한 틈을 기회로 여겨 거짓 참언을 올려 임금으로부터 기쁨을 얻고자 한다. 심지어 공작새를 난봉(鸞鳳)이라 하여 임금을 속여 자신의 사사로운 이익을 챙기기도 한다. 그러니 임금이 좋아하며 숭상하는 것을 가히 삼가지 않을 수 있겠는가! 당태종이 까치를 놓아주고 둥지를 헐어 버린 것은 진실로 세상을 초월하는 견해이며, 나아가 현명한 사람을 얻는 것이 곧 상서로움이라 한 것은 더욱이 만세를 두고 임금이라면 귀감(龜鑑)으로 삼아야 할 것이다.

唐史上記: 太宗時, 嘗有白鵲結窩於寢殿之上, 其巢兩箇合而爲一, 有合歡之形, 又兩頭大, 中腰小, 恰似那樂器中腰鼓的模樣.

左右侍臣都說道:「凡物相並, 則不能相容, 今兩鵲爲巢, 合而爲一, 形狀殊常, 實爲稀有. 此蓋天地和氣所鍾, 主上聖德所感, 理當稱賀!」

太宗說:「不然, 昔隋帝不好賢人, 而好祥瑞, 至于亡國, 我嘗笑他. 以我看來, 只是得賢臣, 理政事, 安百姓, 使天下太平, 這纔是眞正的祥瑞. 至於珍禽奇獸, 不過一物之異耳. 何足爲瑞而稱賀哉!」

遂令人毀其窩巢, 而縱放白鵲於野外.

夫天地之間, 草木鳥獸, 形質間有殊異者, 皆氣化偶然, 不足爲奇. 人主不察, 遂以爲瑞. 於是小人乘機獻諂, 取悅於上, 至有以孔雀爲鸞鳳, 而誣上行私者矣.

人主好尙, 可不謹哉! 唐太宗縱鵲毀巢, 誠爲超世之見, 而瑞在得賢, 尤萬世人君之龜鑒也.

【鍾】 동사로 '모이다, 합치다, 하나에 집중되다'의 뜻.
【窩巢】 둥지.
【鸞鳳】 난새와 봉황. 태평성대에 나타나 祥瑞를 보여 준다는 길조.
【龜鑑】 龜는 占卜에 쓰이며, 鑑은 거울. 늘 경계로 삼음을 말함.

참고 및 관련 자료

1. ≪舊唐書≫(37) 五行志

貞觀初, 白鵲構巢于寢庭之槐樹, 其巢合歡如腰鼓, 左右稱賀. 太宗曰:「吾常笑隋文帝言好祥瑞, 瑞在得賢, 白鵲何益於事?」命㧙之, 送于野.

2. ≪資治通鑑≫(193) 唐紀(9)

上曰:「比見羣臣屢上表賀祥瑞, 夫家給人足而無瑞, 不害爲堯舜; 百姓愁怨而多瑞, 不害桀紂. 後魏之世, 吏焚連理木, 煮白雉而食之, 豈足爲至治乎!」丁未, 詔:「自今大瑞聽表聞, 自外諸瑞, 申所司而已.」嘗有白鵲構巢於寢殿槐上, 合歡如腰鼓, 左右稱賀. 上曰:「我常笑隋煬帝好祥瑞. 瑞在得賢, 此何足賀!」命毀其巢, 縱鵲於野外.

042(上-42)

경현회요(敬賢懷鷂)
당(唐) 태종(太宗)

어진 이를 공경하느라 새매를 품에 숨긴 당 태종

당(唐)나라 때 역사 기록이다.

태종이 한번은 좋은 새매를 얻어 이를 팔뚝에 앉혀 두고 있었다. 그런데 저쪽에서 위징(魏徵)이 오는 것을 보고 그 새를 품속에 넣어 감추었다.

위징은 태종에게 사안을 보고하면서 고의로 시간을 끌며 그치지를 않아 새매는 결국 품속에서 죽고 말았다.

　唐史紀: 太宗嘗得佳鷂, 自臂之, 望見魏徵來, 匿懷中.
　徵奏事故久不已, 鷂竟死懷中.

【敬賢懷鷂】 어진 위징을 공경하느라 익더귀를 품에 숨겨 죽이고 말았음을 뜻함.
【鷂】 새매의 암컷을 일컫는 말로 우리말로 '익더귀'라 함. 사냥에 활용하며 주인의 팔뚝에 앉아 있기를 잘함.
【魏徵】 자는 玄成(580~643). 당나라 초기의 名臣으로 직언으로 太宗을 보필한 것으로 유명함. 北周 靜帝 大象 2년(580) 襄國郡 鉅鹿縣에서 태어나 어릴 때 고아가 되어 떠돌다가 道士라 속이고 李密의 瓦崗軍과 竇建德의 河北義軍에 들어가 공을 세움. 태종이 즉위하여 諫議大夫와 尙書右丞을 겸하였음. 다시 貞觀 3년(629)에 秘書監이 되어 국정에 참여하였으며 정관 7년(633) 侍中이 되어 鄭國公에 봉해졌음. 정관 17년(643) 병으로 長安에서 죽음. 시호는 文貞. 昭陵 곁에 묻혔음. ≪舊唐書≫에 太宗과의 관계에 대하여 "討論政術, 往復應對, 凡數十萬言"이라 함. ≪舊唐書≫(71)와 ≪新唐書≫(97)에 전이 있음.

直解(白話文)

당나라 때의 역사 기록이다.
태종이 하루는 지극히 좋은 한 마리 새매를 얻어 아주 마음에 들어 하였다. 그리하여 스스로 이를 팔뚝에 올려놓고 있었다. 위징은 평소 직언과 극간을 잘하여 태종은 그를 공경하면서도 꺼리고 있었다. 그런데

위징(玄成)

 태종이 새매를 팔뚝에 앉혀 놓고 있는 그때 공교롭게도 위징이 일을 보고하고자 다가오는 것이었다. 태종은 그가 자신의 모습을 볼까 두려워 새매를 자신의 품에 감추었다. 위징은 태종이 새매를 품고 있는 것을 알고 고의로 보고하는 일에만 관여하며 그치지를 않아 그 새매는 너무 오래 갇혀 있어 끝내 품에서 죽고 말았다.
 무릇 태종은 존귀하기가 천자이면서 우연히 새매를 팔뚝에 올려놓는 실수를 저질렀다. 그러다가 정직한 신하가 나타나자 곧바로 부끄럽고 기가 꺾여 마치 두려워하듯 하였다. 대체로 그는 본래 영명한 군주로서 스스로도 그러한 자신의 행동이 예에 맞지 않음을 알고는 있었다. 그 때문에 깊이 계면쩍게 느껴 차라리 아끼는 물건이 다칠지라도 이를 불쌍히 여기지 않은 것이리라. 팔뚝에 새매를 올려놓은 것은 그의 실수였지만 이를

품속에 감춘 것은 그의 명석한 처리 방법이었다.

　　唐史上記: 太宗一日得箇極好的鷂子, 心上喜愛, 親自在臂膊上駕着. 魏徵平日好直言極諫, 太宗嘗敬憚他. 當駕着鷂子的時節, 恰好魏徵走來奏事, 太宗恐怕他看見, 將鷂子藏在自己懷裡. 魏徵曉得太宗懷着鷂子, 故意只管奏事不止, 那鷂子藏的時候久了, 畢竟死於懷中.
　　夫太宗尊爲天子, 偶有臂鷂之失, 見了正直的臣, 便慙沮掩蔽, 如害怕的一般. 蓋他本是箇英明之主, 自知所爲的非禮, 故深以爲歉, 寧壞了所愛的物而不恤也. 臂鷂是他差處, 匿於懷中, 是他明處.

【鷂子】 새매.
【臂膊】 팔뚝.
【敬憚】 공경하면서도 한편으로는 꺼림.
【恰好】 '공교롭게도'의 뜻을 나타내는 백화어.
【慙沮】 부끄럽게 여겨 기세가 꺾임.
【歉】 안타깝게 여김. 못마땅하게 여김.
【差處】 잘못된 일. 실수를 저지른 것.
【明處】 현명한 점. 명석하게 처리한 일.

참고 및 관련 자료

1. ≪**資治通鑑**≫(193) 唐紀(9)
　　上嘗得佳鷂, 自臂之, 望見徵來, 匿懷中; 徵奏事固久不已, 鷂竟死懷中.
2. 唐, 劉餗 ≪**隋唐嘉話**≫에도 실려 있음.

남도금장(覽圖禁杖)
당(唐) 태종(太宗)

인체 그림을 보고 태장을 금지시킨 당 태종

당(唐)나라 때 역사 기록이다.

태종이 ≪명당침구도(明堂鍼灸圖)≫를 보았더니 사람의 오장(五臟)은 그 계통이 모두가 등에 매여 있는 것이었다. 그리하여 조칙을 내려 그로부터는 죄수의 등을 태질하는 일은 없도록 하였다.

唐史紀: 太宗覽≪明堂鍼灸圖≫, 人五臟之系, 咸附于背. 詔自今毋得答囚背.

【覽圖禁杖】≪명당침구도≫를 본 후 태장을 금함.
【明堂鍼灸圖】鍼灸에 관한 책. 四庫全書에 ≪明當鍼經≫이라는 책이 들어 있으며 여기에 그림까지 더한 것.
【五臟】사람의 다섯 가지 장기. 흔히 心臟, 肺, 肝, 脾, 腎을 가리킴.
【笞】고대 형벌의 한 종류. 唐律에 笞, 杖, 徒, 流, 死 다섯 종류의 벌칙이 있었으며 그 중 笞는 竹杖이나 荊條 등으로 죄인의 등이나 臀部를 치는 것. 형벌 중에 비교적 가벼운 것임. 여기서는 등을 태질하면 오장이 상하게 됨을 안타깝게 여긴 것임.

直解(白話文)

당나라 때의 역사 기록이다.
태종이 하루는 ≪명당침구서≫라는 책을 보게 되었다. 이 책은 의가(醫家)의 침과 뜸의 치료 방법을 적은 것으로 그 안에는 그림이 있었다. 거기에는 사람 뱃속의 심장, 간, 비장, 허파, 콩팥 등 오장의 연결 계통이 그려져 있었는데 모두가 등뼈에 붙어 있다고 설명되어 있었다. 태종은 이 그림을 보고 사람의 등을 때리면 오장이 진동하여 혹 생명을 잃을 수도 있을 것이라는 생각이 떠올랐다. 그리하여 드디어 조칙을 내려 천하에 형벌을 고문하는 관서에서 그 이후로는 죄인의 등을 태장(笞杖)으로 때리는 일은 금지시켰다.
대체로 오형(五刑)은 각기 차등이 있으며 태장을 맞는 형벌은 가벼운 것이다. 죄인이 저지른 죄가 당초 사형에 처할 만한 것이라면 진실로 그에 응당한 조건이 있다. 그러나 가벼운 죄를 지었음에도 거듭 등을 태장으로

맞다가 혹 죽음에 이르게 된다면 이는 진실로 있어서는 안 될 일이다.

태종은 하늘로부터 받은 천품이 인자하고 남을 용서할 줄 아는 분이었다. 귀나 눈에 닿는 작은 일로도 백성을 생각하는 일념으로 듣고 보지 않은 경우가 없다. 그 때문에 얼핏 의학서를 한번 보고도 차마 그렇게 해서는 안 될 마음이 싹튼 것이다. 이 조칙이 내려지자 백성들로서 태장을 맞다가 죽음을 면한 자가 그 얼마나 되는지 알 수 없다. 전해 오기를 "태종은 관대함과 인자함으로써 천하를 다스렸으며 형법에 대해서는 더욱 신중히 하였다"라 하였는데 믿을 만하도다!

唐史上記: 太宗一日看《明堂鍼灸書》. 這書是醫家鍼灸治病的方法, 內有箇圖形, 說人腹中心·肝·脾·肺·腎, 五臟的系絡, 皆附貼于脊背. 太宗觀覽此圖,

因想起來, 打人脊背, 則五臟震動, 或致傷
命. 遂下詔, 令天下問刑徛門, 自今以後, 不
許笞杖罪囚的脊背.

　蓋五刑各有差等, 而笞罪爲輕, 彼罪當初
死者, 固自有應得之條矣. 而與輕罪者, 復笞
其背, 使或至於死, 誠爲不可.

　太宗天資仁恕, 耳目所接, 無一念不在生
民. 故一覽醫方, 而不忍之心遂萌. 此詔一出,
民之免斃杖下者, 不知其幾矣. 傳稱太宗以
寬仁治天下, 而於刑法尤謹, 信哉!

───────

【系絡】 어디에 매여 있음. 매달려 연결되어 있
음. '系'는 '繫'와 같음.
【應得之條】 마땅히 그렇게 되어야 할 조건이
나 법조문.

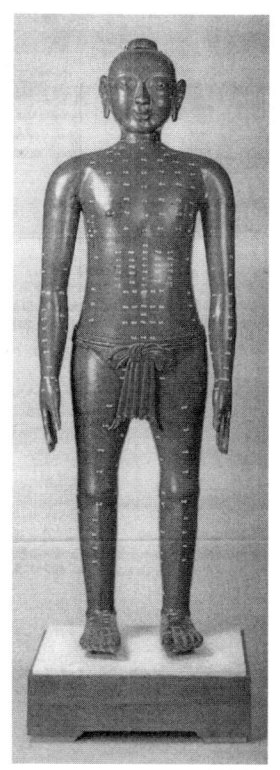

〈鍼灸圖銅人〉(宋)

참고 및 관련 자료

1. ≪新唐書≫(56) 刑法志

　太宗嘗覽≪明堂針灸圖≫, 見人之五藏皆近背, 針灸失所, 則其害致死, 歎曰:「夫箠者,
五刑之輕; 死者, 人之所重. 安得犯至輕之刑而或致死?」遂詔罪人無母鞭背.

044(上-44)

주명신직(主明臣直)
당(唐) 태종(太宗)

임금이 명석하면 신하가 정직하다고 여긴 당 태종

당(唐)나라 때 역사 기록이다.

태종이 한번은 조회를 파하고 돌아와 노기를 풀지 못한 채 이렇게 말하였다.

"잠시 후 반드시 농촌 늙은이 그놈, 죽이고야 말리라!"

황후가 물었다.

"누구를 두고 하는 말씀입니까?"

태종이 말하였다.

"위징(魏徵)이오. 매번 조정에서 나를 모욕하오!"

황후가 물러나 조복(朝服)을 갖추어 입고 다시 태종에게 이렇게 말하는 것이었다.

"제가 듣기로 임금이 명석하면 신하가 정직하다고 하였습니다. 위징이 지금 그렇게 곧을 수 있는 것은 폐하께서 명석하기 때문인데, 제가 감히 축하를 드리지 않을 수 있겠습니까?"

태종은 이에 즐거워하였다.

唐史紀: 太宗嘗罷朝, 怒曰:「會須殺田舍翁!」

后問:「爲誰?」

上曰:「魏徵. 每廷辱我!」

后退, 具朝服, 曰:「妾聞主明臣直. 今魏徵直, 由陛下之明故也, 妾敢不賀?」

上乃悅.

【主明臣直】 임금이 명석하면 신하는 정직하게 마련임.
【會】 백화어 '一會兒'의 줄인 말. '잠시 뒤'의 뜻.
【田舍翁】 '농촌의 무식한 늙은이'라는 뜻으로 심하게 폄하하는 말임. 원본 夾註에 "田舍翁, 卽俗話說的 莊稼佬"라 하여 당시 '莊稼佬'라고도 하였음.
【后】 長孫皇后(?~636)를 가리킴. 隋나라 때 장군 長孫晟의 딸. 어려서 책 읽기를 좋아하고 명석했으며 당이 들어서자 13세에 秦王 李世民의 처가 되어 秦王妃라 하였으며 이세민이 즉위하자 皇后에 봉해짐. 그러나 貞觀 10년(636) 36세의 젊은 나이에 죽자 태종이 "內失一良佐"라 슬퍼함. 시호는 文德皇后, 무덤은 昭陵.「望陵毁觀」(046)

참조.
【朝服】正服. 아주 중요한 일이나 의식이 있을 때 반드시 갖추어 입어야 하는 복장.

直解(白話文)

당나라 때의 역사 기록이다.
태종이 하루는 조회를 파하고 내궁으로 돌아와 갑자기 노기를 발하는 것이었다.
"잠시 후 반드시 이 농촌 늙은이를 죽여 버리리라!"
그때 장손황후(長孫皇后)가 물었다.
"폐하께서는 누구를 죽인다는 것입니까?"
태종이 말하였다.
"위징이오. 이 사람은 꺼릴 줄도 모르고 매번 여러 신하들 앞에서 나의 과실을 공격하여 나에게 모욕을 주고 있소. 내 참느라 참았지만 더 이상은 참을 수 없소. 그 때문에 그를 죽여 버리려 하는 것이오."
황후는 현명하고 덕이 있어 위징이란 자는 충신임을 알고 이에 물러서서 축하할 때 입는 포복(袍服)을 입고 태종에게 다가와 이렇게 말하였다.
"제가 옛사람의 말을 듣기에 '위로 명철한 임금이 있으면 그 아래에는 경직(鯁直)한 신하가 있게 된다'라 하였습니다. 지금 위징이 직언을 하면서 아부를 하지 않는 것은 바로 폐하의 성명(聖明)함이 능히 그를 포용할 수 있기 때문이었습니다. 임금이 명철하고 신하가 곧다면 이는 천재에 만나기 어려운 경우입니다. 국가의 이러한 훌륭한 일을 제가 감히 축하하지 않을 수 있겠습니까?"
태종은 황후의 말을 듣고 그 신선함에 즐거워하였다.

　일찍이 상고하건대 자고로 창업(創業)과 수성(守成)의 훌륭한 임금은 비록 성스럽고 총명함이 하늘을 찌를 듯 훌륭하다 해도 역시 내조(內助)가 있었다. 장손황후가 태종에게 한 예를 보면 비록 하(夏)나라 때의 도산씨(塗山氏)나 주(周)나라 때의 태사(太姒)라 할지라도 이에 넘어서지 못할 것이다. 태종에게는 밖으로는 충신이 있었고, 안으로는 어진 황후가 있었으니 어찌 천하가 태평을 얻지 않을 수 있었겠는가?

唐史上記: 太宗曾一日朝罷還宮, 忽發怒說:「少間定要殺了這箇田舍翁.」

時長孫皇后問說:「陛下要殺誰?」

太宗說:「是魏徵, 此人不知忌諱, 每每當着衆臣僚, 攻我的過失, 羞辱我. 我十分忍受不得, 所以要殺他.」

長孫皇后有賢德, 知道魏徵是箇忠臣, 乃退去, 穿了朝賀的袍服, 來對太宗說:「妾聞古人云『上有明哲之君, 則下有鯁直之臣』. 今魏徵之直言不阿, 由陛下之聖明, 能優容之故也. 君明臣直, 乃千載難逢, 國家盛事, 妾敢不稱賀?」

太宗聞皇后之言, 其新乃悅.

嘗考自古創業守成之令主, 雖聖明天挺, 然亦有內助焉. 觀長孫皇后之於唐太宗, 雖夏之塗山・周之太姒, 無以過之矣. 太宗外有忠臣, 內有賢后, 天下安得不太平?

【少間】 잠시 뒤. 시간을 나타내는 부사. 백화어 '一會兒'와 같음.

【定要】 백화어 '一定要'의 줄인 말. '반드시 ~하겠다'의 의지나 필연을 뜻하는 구문을 형성함.

【十分】 부사로 '아주, 매우' 등의 뜻.

【天挺】 天稟이 탁월함을 뜻함.

【塗山】 塗山氏. 夏나라 禹임금의 아내를 가리킴. 大禹의 아내가 塗山氏 출신이었음. 훌륭한 아내로 널리 칭송됨.

【太姒】 周나라 文王(姬昌)의 아내이며 武王(姬發)의 어머니. 有莘氏의 딸로 太姒라 불렀음. 역시 훌륭한 아내의 표본임. ≪列女傳≫ 참조.

참고 및 관련 자료

1. ≪資治通鑑≫(194) 唐紀(10)

長樂公主將出降, 上以公主, 皇后所生, 特愛之, 敕有司資送倍於永嘉長公主. 魏徵諫曰:「昔漢明帝欲封皇子, 曰:『我子豈得與先帝子比!』皆令半楚・淮陽. 今資送公主, 倍於長主, 得無異於明帝之意乎?」上然其言, 入告皇后. 后歎曰:「妾亟聞陛下稱重魏徵, 不知其故, 今觀其引禮義以抑人主之情, 乃知眞社稷之臣也! 妾與陛下結髮爲夫婦, 曲承恩禮, 每言必先候顏色, 不敢輕犯威嚴; 況以人臣之疏遠, 乃能抗言如是, 陛下不可不從.」因請遣中使齎錢

四百萬緡·絹四百匹以賜徵, 且語之曰:「聞公正直, 乃今見之, 故以相賞. 公宜常秉此心, 勿轉移也.」上嘗罷朝, 怒曰:「會須殺此田舍翁!」后聞:「爲誰?」上曰:「魏徵每廷辱我.」后退, 具朝服立于庭, 上驚問其故, 后曰:「妾聞主明臣直. 今魏徵直, 由陛下之明故也, 妾敢不賀!」上乃悅.

2. 唐, 劉餗 ≪隋唐嘉話≫에도 실려 있음.

045(上-45)

종수귀옥(縱囚歸獄)
당(唐) 태종(太宗)

죄수를 풀어 주었다가 감옥으로 돌아오도록 한 당 태종

당(唐)나라 때 역사 기록이다.

태종이 직접 죄수들의 기록을 심사하면서 마땅히 사형을 받아야 할 자를 보고 불쌍히 여겨 집으로 돌아가도록 풀어 주되 기한을 정하여 다시 되돌아와 가을에 사형 집행을 받도록 하였다.

이리하여 9월이 되자 지난해 풀어 주었던 천하의 사형수들 무릇 390명 전원이 누구도 감독하거나 이끌지도 않았는데 모두가 정해진 기한에 스스로 조정으로 왔으며 한 사람도 도망하거나 숨은 자가 없었다.

태종은 이들을 모두 사면해 주었다.

唐史紀: 太宗親錄繫囚, 見應死者憫之, 縱使歸家, 期以來, 秋來就死. 仍勅天下死囚皆縱遣, 至期來詣京師.

至是九月, 去歲所縱天下死囚, 凡三百九十人, 無人督帥, 皆如期自詣朝堂, 無一人亡匿者. 上皆赦之.

【縱囚歸獄】 죄수를 풀어 주고 약속한 기한 내에 감옥으로 되돌아오도록 함.
【親錄繫囚】 임금이 직접 죄수들 명단과 범죄 내용을 심사하고 살펴봄.
【秋來就死】 가을에 되돌아와서 사형 집행을 받을 것을 말함.
【督帥】 감독하여 인솔함. '帥'은 '率'과 같으며 '솔'로 읽음.

直解(白話文)

당나라 때의 역사 기록이다.

태종이 일찍이 몸소 죄수들의 죄상을 적은 것을 심사하다가 마땅히 사형을 받아야 할 죄수를 보고는 마음속에 연민의 정을 느껴 차마 죽이지 못하고 모두 집으로 돌아가 부모와 처자를 볼 수 있도록 석방하였다. 그리고 다음 해 가을까지 기한을 정하여 스스로 다시 찾아와 형을 받도록 하였다. 이에 법을 맡은 관서에 칙령을 내려 천하의 사형 판결을 받은 자들을 모두 집으로 돌아가도록 잠시 석방하되 이듬해 가을 스스로 서울로

모이도록 하였다.

　그다음 해 가을이 되자 그전에 석방하였던 죄수들 390명 모두가 자신을 죽이지 않은 태종의 은혜에 감사하여 사람들로 하여금 재촉하거나 감독하거나 이끌지도 않았는데 하나씩 그 기한에 맞추어 일제히 조정으로 찾아와 판결을 기다렸으며 한 사람도 도망하거나 숨거나 한 자가 없었다.

　태종은 이들 죄수들이 기한에 맞추어 죽음을 맞이하겠다고 온 것을 보고 끝내 차마 죽이지 못하고 모두 사면해 주었다.

　무릇 죽음이란 사람이면 누구나 심히 두려워하는 것이며, 사람을 죽인 죄를 범한 자라면 틀림없이 천하가 그를 미워하게 되는 것이다. 임금이 한번 은덕을 베풂으로써 드디어 감격이 이런 경지에 이르러 그러한 죽음조차 피하지 않도록 하였다면 이는 사람이란 쉽게 감동시킬 수 있는 대

상임을 알 수 있으며, 나아가 임금의 덕에 보답할 수 있는 길이란 반드시 그러한 감동으로써 하지 않으면 안 되는 것이다. 그렇다면 임금이 천하를 다스림에는 반드시 은덕으로써 하는 것을 임무로 삼아야 하리라!

唐史上記: 太宗嘗親自審錄罪囚, 見那該死的囚犯, 心裏憐憫, 不忍殺他, 都放他回家, 看父母妻子, 限到明年秋間, 着他自來就死. 因此有勅令法司, 將天下死囚, 也都暫放還家, 亦限至明年秋裡自來赴京. 及至次年秋間, 前時所放的罪囚, 共三百九十人, 都感太宗不殺之恩, 不要人催督帥領, 箇箇都照依期限, 齊到朝堂, 聽候處決, 沒每一箇逃亡隱匿下的. 太宗見這些囚犯依期就死, 終不忍殺, 盡皆赦之.

〈七牛虎耳銅貯貝器〉(西漢)

夫死者人之所甚懼, 而犯死之人, 必天下之惡人也. 人君一施恩德, 遂能感激至此, 使其死且不避, 則人之易感者可知, 而凡可報君之德者, 必無所不用其情矣. 然則人君之治天下, 其必以恩德爲務哉!

【心裏】 '마음에, 마음속에, 마음으로'의 뜻을 나타내는 백화어.
【法司】 법을 맡은 기관.
【情】 감정. 정으로 감동하도록 하는 것.

참고 및 관련 자료

1. ≪新唐書≫(56) 刑法志

　(太宗)六年, 親錄囚徒, 憫死罪者三百九十人, 縱之還家, 期以明年秋卽刑. 及期, 囚皆詣朝堂, 無後者, 太宗嘉其誠信, 悉原之. 然嘗謂群臣曰:「吾聞語曰『一歲再赦, 好人喑啞』. 吾有天下未嘗數赦者, 不欲誘民於幸免也.」

2. <縱囚論>(歐陽修)

　信義行於君子, 而刑戮施於小人, 刑入于死者, 乃罪大惡極, 此又小人之尤甚者也, 寧以義死, 不苟幸生, 而視死如歸, 此又君子之尤難者也. 方唐太宗之六年, 錄大辟囚三百餘人, 縱使還家, 約其自歸以就死, 是以君子之難能, 期小人之尤者以必能也. 其囚及期而卒自歸, 無後者, 是君子之所難, 而小人之所易也, 此豈近於人情. 或曰罪大惡極, 誠小人矣, 及施恩德以臨之, 可使變而爲君子, 蓋恩德入人之深而移人之速, 有如是者矣. 曰太宗之爲此, 所以求此名也. 然安知夫縱之去也, 不意其必來以冀免, 所以縱之乎, 又安知夫被縱而去也, 不意其自歸而必獲免, 所以復來乎. 夫意其必來而縱之, 是上賊下之情也, 意其必免而復來, 是下賊上之心也, 吾見上下交相賊, 以成此名也, 烏有所謂施恩德與夫知信義者哉. 不然太宗施德於天下, 於妓六年矣. 不能使小人不 爲極惡大罪, 而一日之恩, 能使視死如歸而存信義, 此又不通之論也. 然則何爲而可. 曰縱而來歸, 殺之無赦, 而又縱之而又來, 則可知爲恩德之致爾. 然此必無之事也. 若夫縱而來, 歸而赦之, 可偶一爲之爾, 若屢爲之, 則殺人者皆不死, 是可爲天下之常法乎. 不可爲常者, 其聖人之法乎. 是以 堯舜三王之治, 必本於人情, 不立異以爲高, 不逆情以干譽.

046(上-46)

망릉훼관(望陵毁觀)
당(唐) 태종(太宗)

황후의 능을 보다가 누대를 부수어 버린 당 태종

당(唐)나라 때 역사 기록이다.

태종이 문덕황후(文德皇后)를 소릉(昭陵)에 안장했다. 태종은 황후에 대한 그리움을 떨쳐 낼 수 없어 궁원 안에 층관(層觀)을 지어 놓고, 거기에 올라 소릉을 바라보곤 하였다. 한번은 위징을 이끌고 함께 올라 위징으로 하여

당 태종(李世民)

금 보도록 하였다. 위징은 자세히 바라본 다음 이렇게 말하는 것이었다.

"신은 눈이 어른거려 보이지 않습니다."

태종이 손가락으로 가리키자 위징은 이렇게 말하였다.

"저는 폐하께서 헌릉(獻陵)을 바라보고 계신 줄로 여겼습니다. 소릉이라면 저도 익숙히 보입니다."

태종은 눈물을 흘리면서 그 층관을 헐어 버렸다.

唐史紀: 太宗葬文德皇后於昭陵, 上念后不己, 乃於苑中作層觀, 以望昭陵.
嘗引魏徵同登, 使視之, 徵熟視之曰:「臣昏眊, 不能見.」
上指示之, 徵曰:「臣以爲陛下望獻陵. 若昭陵, 則臣故見之矣.」
上泣, 爲之毁觀.

【望陵毁觀】 당 태종이 아내 문덕황후의 무덤을 보기 위해 세운 누대를 헐어 버림.

【文德皇后】 長孫皇后. 太宗의 皇后. 36세에 죽어 昭陵에 장례를 치렀으며 태종이 생전에 심히 아끼며 존중하였던 여인. 시호가 文德皇后였음. 「主明臣直」(044) 참조.

【昭陵】 지금의 陝西 醴泉縣 九嵕山에 있음. 貞觀 10년 만들기 시작하여 정관 23년 太宗이 죽기 전까지 축조하여 이곳을 長孫皇后의 능으로 하였음.

【層觀】 층을 이루어 멀리 볼 수 있는 樓觀. 臺觀. 樓臺. 望樓.

【昏眊】 눈이 어두워 잘 보이지 않음.

【獻陵】 高祖 李淵(太宗 李世民의 아버지)의 능. 지금의 陝西 三原縣 동쪽 15리에 있음. 태종으로 하여금 아내 못지 않게 아버지가 중함을 위징이 일깨운 것임.

直解(白話文)

당나라 때의 역사 기록이다.

태종 정관(貞觀) 10년(636) 황후 장손씨가 붕어하여 시호를 문덕황후라 하였으며 소릉에 묻히게 되었다. 태종은 어질고 덕 있던 황후에 대한 그리움을 그칠 수 없었다. 이에 궁궐 안에 지극히 높은 대관(臺觀)을 짓고 때때로 거기에 올라 소릉을 바라보면서 그리움을 풀곤 하였다.

그러던 어느 날, 재상 위징을 이끌고 함께 그 누대에 올라 그로 하여금 소릉을 보도록 하였다. 위징은 태종의 이러한 거동은 마땅히 흠이 있다고 여겼다. 태종의 부친 고조(李淵)는 헌릉에 묻혀 있었다. 그를 위해 애모(哀慕)하고 있다는 말은 들어 보지 못했는데 지금 황후를 그리워함이 끝이 없으며, 심지어 대관을 지어 놓고 바라보고 있다니 이는 황후에게는 후덕하고 아버지에게는 박정하다고 여긴 것이다.

이에 규간(規諫)을 하고자 하면서, 직설적인 말로 하지는 않고 고의로 한참을 자세히 관찰하는 행동을 하면서 이렇게 말하였다.

"이 늙은 신하는 눈이 어질어질하여 보이지 않습니다."

태종은 손가락으로 소릉이 있는 곳을 가리키면서 위징으로 하여금 보도록 하였다. 위징은 이에 이렇게 대답하였다.

"저는 단지 폐하께서 태상황(太上皇)을 사모하여, 그 때문에 이 누대를 지어 멀리 헌릉을 보시는 것으로 여겼습니다. 만약 황후의 무덤 소릉이라면 저는 이미 일찍이 잘 보입니다."

태종은 위징이 부황(父皇)을 거론하자마자 마음속에 감동을 느껴, 자신도 모르게 눈물을 흘리며 자신의 거동이 잘못되었음을 깨달았다. 그리하여 그 누관을 헐어 버리도록 명하고 다시는 오르지 않았다.

무릇 태종은 본래 영명한 군주로서 고조를 섬길 때 평소 효도를 다하

였다. 그러다가 우연히 이러한 한 가지 실수를 저질렀지만 직언하는 신하 위징이 완곡하게 좋은 말로써 간언해 준 덕분에 즉시 느끼고 깨달았던 것이다. 이렇게 허물을 고치는 데에 인색하지 않았으니 진정 풍성한 덕을 갖춘 사례이다.

　唐史上記: 太宗貞觀十年, 皇后長孫氏崩, 諡爲文德皇后, 葬於昭陵. 太宗因后有賢德, 思念不已. 乃於禁苑中起一極高的臺觀, 時常登之以望昭陵, 用釋其思念之意.
　一日引宰相魏徵同登這層觀, 使他觀看昭陵. 魏徵思太宗此擧欠當, 他的父皇高祖葬於獻陵, 未聞哀慕, 今乃思念皇后不已, 至於作臺觀以望之, 是厚於后而薄於父也.

欲進規諫, 不就明言, 先故意仔細觀看良久, 對說:「臣年老眼目昏花, 看不能見.」

太宗因指昭陵所在, 教魏徵看. 魏徵乃對說:「臣只道陛下思慕太上皇, 故作爲此觀以望獻陵. 若是皇后的昭陵, 臣早已看見了.」

太宗一聞魏徵說起父皇, 心裏感動, 不覺泣下, 自知舉動差錯. 遂命拆毀此觀, 不復登焉.

太宗本是英明之君, 事高祖素盡孝道. 偶有此一事之失, 賴有直臣魏徵, 能婉曲以進善言, 太宗卽時感悟, 改過不吝, 眞盛德事也.

【貞觀】 당 태종의 연호. 627년부터 649년까지 23년간이며 중국 역사상 가장 성세를 이룬 것으로 널리 알려져 있는 기간임.

【禁苑】 궁중. 궁중의 공터.

【昏花】 눈이 어질어질하여 사물이 제대로 보이지 않음.

【太上皇】 황제의 아버지. 여기서는 돌아가신 李淵을 가리킴. 唐의 개국 군주.

참고 및 관련 자료

1. ≪資治通鑑≫(194) 唐紀(10)

上念后不已, 於苑中作層觀, 以望昭陵, 嘗引魏徵同登, 使視之. 徵熟視之曰:「臣昏眊, 不能見.」上指示之, 徵曰:「臣以爲陛下望獻陵, 若昭陵, 則臣固見之矣.」上泣, 爲之毀觀.

047(上-47)

철전영거(撤殿營居)
당(唐) 태종(太宗)

짓던 전각의 건축 재료로 위징의 집을 지어 준 당 태종

당(唐)나라 때 역사 기록이다.

　태종은 위징의 집에 당(堂)이 없음을 알고 작은 전각을 헌 자재로 위징의 집에 당을 지어 주도록 하여 닷새 만에 완성을 보았다. 그리고 아울러 위징에게 흰 병풍과 깔고 앉는 자리, 궤, 지팡이 등을 하사하여 소박한 그

의 인품에 맞도록 해 주었다.

그러자 위징이 표(表)를 올려 감사한 뜻을 전하자 태종은 손수 조서를 내렸다.

"그대를 이와 같이 대하는 것은 백성과 국가를 위한 것인데 어찌 지나친 감사를 표할 필요가 있겠소?"

唐史紀: 太宗以魏徵宅無堂, 命輟小殿之材以構之, 五日而成, 仍賜以素屛·褥·几·杖等, 以遂其所尙.

徵上表謝, 上手詔曰: 「處卿至此, 蓋爲黎元與國家, 何事過謝?」

【撤殿營居】 전각을 헐어 살림집을 짓다.
【堂】 神位를 모시거나 손님을 맞이하는 등 의례와 접견을 위한 大廳. 廳堂.
【素屛】 흰색의 병풍. 매우 소박함을 뜻함.
【褥, 几, 杖】 깔개와 案几, 지팡이. 노인들에게 필요한 물건들로 敬老優待를 뜻함.
【所尙】 위징이 숭상하는 소박한 생활.
【黎元】 '黔首'와 같음. '黎'는 '검다', '元'은 '머리'의 뜻. 머리가 검은 사람들. 즉 일반 백성을 가리킴.

直解(白話文)

당나라 때의 역사 기록이다.

태종 때의 대신으로서 위징은 충성을 다하고 직간을 잘하여 태종도 지극히 그를 존경하였다.

어느 날 위징이 살고 있는 집에는 단지 곁방만 있을 뿐 청당(廳堂)이 없

다는 말을 듣게 되었다. 그때 마침 작은 전각을 짓는 중이었는데 건축 재료가 다 갖추어지자 드디어 그 공사를 중지하고 이로써 위징의 청당을 짓도록 명하여 닷새 만에 완성을 보게 되었다. 그리고 다시 위징의 성품이 검소하고 소박함을 좋아한다고 여겨 흰 병풍, 자리, 궤안, 지팡이 등을 하사하여 그가 숭상하는 생활을 할 수 있도록 해 주었다.

위징이 표를 올려 감사의 뜻을 전하자 태종은 손수 이렇게 답신을 써서 보냈다.

"짐이 그대를 이토록 대우하는 것은 모두가 사직과 백성을 위한 계책이라오. 어찌 지나치게 감사의 뜻을 전할 필요가 있겠소?"

무릇 임금의 신분으로서 신하에게 능히 그의 말을 들어주고 그가 일러준 도는 행하면서도 그를 공경과 예로써 다하지 않는다면 이는 박덕함에서 실수를 저지르는 것이요, 그를 후하게 대접하고 예를 융성히 하면서도 간언을 실천하지 않는다면 이는 허명(虛名)으로 실수를 저지르는 것이다. 그에 걸맞은 사람이 아니며 백성과 나라에 도움도 되지 않는 자에게 상을 내린다면 이는 남발하는 일로 실수를 저지르는 것으로서 남이 그를 중히 여기지도 않게 된다. 지금 태종이 위징을 대우하는 것을 보면 아름다운 정(情)과 문(文)이 함께 지극하였으니 진실로 위징의 진충(盡忠)에 대한 보답 의도에 마땅한 것이며, 역사책에서 미담으로 여길 만한 것이다.

唐史上記: 太宗時的大臣, 只有箇魏徵能盡忠直諫, 太宗也極敬重他. 一日聞魏徵所住的私宅, 止有旁屋, 沒有廳堂. 那時正要蓋一所小殿, 村料已具, 遂命撤去, 與魏徵起蓋廳堂, 只五日就完成了. 又以徵性好儉朴, 復賜以素屛·褥·几·杖等物, 以遂所好尙.

徵上表稱謝, 太宗手詔答曰:「朕待卿至此, 蓋爲社稷與百姓計, 何過謝焉?」

夫以君之於臣, 又能聽其言, 行其道, 而不能致敬盡禮者, 則失之薄; 亦有待之厚, 禮之隆, 而不能諫行言聽者, 則失之虛. 又有賞賜及于匪人, 而無益於黎元國家者, 則失之濫, 而人不以爲重矣. 今觀太宗之所以待魏徵者, 可謂情與文之兼至, 固宜徵之盡忠圖報, 而史書之以爲美談也.

【旁屋】 곁방. 이를 손님맞이 장소로 활용함.
【失之薄】 너무 박하게 하여 그것이 본연의 덕을 놓친 것이 됨.

참고 및 관련 자료

1. ≪舊唐書≫(71) 魏徵傳
　其年, 稱綿惙, 中使相望. 徵宅先無正寢, 太宗欲爲小殿, 輟其材爲徵營構, 五日而成, 遣中使齎素褥布被而賜之, 遂其所尙也. 及病篤, 輿駕再幸其第, 撫之流涕, 問所欲言, 徵曰:「嫠不恤緯, 而憂宗周之亡.」後數日, 太宗夜夢徵若平生, 及旦而奏徵薨, 時年六十四.

2. ≪新唐書≫(97) 魏徵傳
　十七年, 疾甚. 徵家初無正寢, 帝命輟小殿材爲營構, 五日畢. 幷賜素褥布被, 以從其尙. 令中郎長宿其第, 動靜輒以聞, 藥膳賜遣無算, 中使者綴道. 帝親問疾, 屛左右, 語終日乃還.

3. ≪貞觀政要≫(2) 任賢篇
　魏徵, 鉅鹿人也, 近徙家相州之內黃. 武德末, 爲太子洗馬. 見太宗與隱太子陰相傾奪, 每勸建成早爲之謀. 太宗旣誅隱太子, 召徵責之曰:「汝離間我兄弟, 何也?」衆皆爲之危懼. 徵慷慨自若, 從容對曰:「皇太子若從臣言, 必無今日之禍.」太宗爲之斂容, 厚加禮異, 擢拜諫議大夫. 數引之臥內, 訪以政術得失. 徵雅有經國之才, 性又抗直, 無所屈撓. 太宗每與之言, 未嘗不悅. 徵亦喜逢和己之主, 竭其力用. 又勞之曰:「卿所諫前後二百餘事, 皆稱朕意, 非卿忠誠奉國, 何能若是?」三年, 累遷秘書藍, 參預朝政, 深謀遠算, 多所弘益. 太宗嘗謂曰:「卿罪重於中鉤, 我任卿逾於管仲, 近代君臣相得, 寧有似我於卿自乎?」六年, 太宗幸九成宮, 宴近臣. 長孫無忌曰:「王珪·魏徵, 往事息隱, 臣見之若讎, 不謂今者又同此宴.」太宗曰:「魏徵往者實我所讎, 但其盡心所事, 有足嘉者. 朕能擢而用之, 何慚古烈? 徵每犯顔切諫, 不許我爲非, 我所以重之也.」徵再拜曰:「陛下導臣使言, 臣所以敢言. 若陛下不受臣言, 臣亦何敢犯龍鱗, 觸忌諱也?」太宗大悅, 各賜錢十五萬. 七年, 代王珪爲侍中, 累封鄭國公. 尋以疾乞辭所職, 請爲散官. 太宗曰:「朕拔卿於讎虜之中, 任卿以樞要之職, 見卿之非, 未嘗不諫. 公獨不見金之在鑛, 何足貴哉? 良冶鍛而爲器, 便爲人所寶. 朕方自比於金, 以卿爲良工. 卿雖有疾, 未爲衰老. 豈得便爾耶?」徵乃止. 後復固辭, 聽解侍中, 授以特進, 仍知門下省事. 十二年, 太宗以誕皇孫, 詔宴公卿, 帝極歡, 謂侍臣曰:「貞觀以前, 從我平定天下, 周旋艱險, 玄齡之功無所與讓. 貞觀之後, 盡心於我, 獻納忠讜, 安國利人, 成我今日功業, 爲天下所稱者, 惟魏徵而已. 古之名臣, 何以加也?」於是親解佩刀以賜二人. 庶人承乾在春宮, 不修德業. 魏王泰寵愛日隆, 內外庶寮, 咸有疑議. 太宗聞而惡之, 謂侍臣曰:「當今朝臣, 忠謇無如魏徵, 我遣傅皇太子, 用絶天下之望.」十七年, 遂授太子太師, 知門下事如故. 徵自陳有疾, 太宗謂曰:「太子, 宗社之本, 須有師傅, 故選中正, 以爲輔弼. 知公疹病, 可臥護

之.」徵乃就職. 尋遇疾. 徵宅內先無正堂, 太宗時欲營小殿, 乃輟其材爲造, 五日而就. 遣中使賜以布被素褥, 遂其所尙. 後數日, 薨. 太宗親臨慟哭, 贈司空, 諡曰文貞. 太宗親爲製碑文, 復自書於石. 特賜其家食實封九百戶. 太宗後嘗謂侍臣曰:「夫以銅爲鏡, 可以正衣冠; 以古爲鏡, 可以知興替; 以人爲鏡, 可以明得失. 朕常保此三鏡, 以防己過. 今魏徵殂逝, 遂亡一鏡矣!」因泣下久之. 乃詔曰:「昔惟魏徵, 每顯予過. 自其逝也, 雖過莫彰. 朕豈獨有非於往時, 而皆是於玆日? 故亦庶僚苟順, 難觸龍鱗者歟! 所以虛己外求, 披迷內省. 言而不用, 朕所甘心. 用而不言, 誰之責也? 自斯已後, 各悉乃誠. 若有是非, 直言無隱.」

048(上-48)

면척녕신(面斥佞臣)
당(唐) 태종(太宗)

아첨하는 신하를 면전에서 물리친 당 태종

당(唐)나라 때 역사 기록이다.

태종이 일찍이 나무 아래에 있으면서 그 나무를 아주 좋아하였다. 우문사급(宇文士及)이 태종을 수행하면서 그 뜻에 영합하여 나무 자랑을 끊임없이 해 대는 것이었다.

그러자 태종은 정색을 하며 말하였다.

"위징이 나에게 영인(佞人)을 멀리하라 하였는데 내 어떤 이를 두고 영인이라 하는지 모르고 있었다. 너 같은 자가 바로 그런 자가 아닐까 의심을 해 왔는데 지금 보니 과연 틀리지 않았구나!"

우문사급은 머리를 조아리며 사죄하였다.

唐史紀: 太宗嘗至樹下, 愛之, 宇文士及從而譽之不已.

太宗正色曰:「魏徵嘗勸我遠佞人, 我不知佞人是誰. 意疑是汝, 今果不謬!」

士及叩頭謝.

【面斥佞臣】 간사한 신하를 면전에서 꾸짖어 쫓음.

【宇文士及】 ?~642년. 자는 仁人. 雍州 長安 사람으로 隋 煬帝의 딸 南陽公主를 아내로 맞음. 唐나라에 항복하여 武德 때 中書令, 凉州都督, 蒲州刺史, 殿中監 등을 지냄. 그는 아버지는 宇文述(隋나라 때의 大將軍으로 자는 伯通. 代郡 武川 출신으로 隋 煬帝 때 左衛大將軍이 되어 許國公에 봉해졌으며 대단한 실권을 쥐고 있었음)이었으며 형은 宇文化及(?~619. 隋 煬帝 때 右屯衛將軍으로 양제의 남방 순시 중 江都에서 煬帝를 시살하고 국호를 許로 稱帝하였으며 연호를 天壽라 함. 뒤에 武德 2년에 竇建德의 義軍에게 살해됨)이었음.

【佞人】 말을 교묘하게 하여 남의 예쁨을 받으려는 자. 便佞한 인물.

直解(白話文)

당나라 때의 역사 기록이다.

태종이 하루는 조회에서 물러나 한가한 틈에 나무 아래에 이르러 그 나무의 가지와 잎이 무성한 것을 보고 마음속으로 자못 좋게 여겼다. 당시

우문사급이 그 곁에 있다가 태종의 뜻에 아부하고자 그 나무를 있는 대로 자랑하면서 그칠 줄 모르는 것이었다. 태종은 이러한 우문사급이 바로 편녕한 사람이라 깨닫고 그를 혐오하였다. 이에 정색을 하고 그를 꾸짖어 말하였다.

"지난날 위징이 나에게 편녕한 사람을 멀리하라 하였는데 내 조정에 어떤 자가 편녕한 사람인지 모르고 있었다. 그러나 마음속으로는 너를 의심하고 있었다. 나무 한 그루의 미물이 그토록 자랑할 만한 것인가? 남의 뜻에 아부하려는 사곡한 뜻이 이와 같은 자를 소위 편녕한 자라 이르는 것이니 바로 네가 아니고 누구이겠느냐? 평소 내 의심하였던 바가 과연 틀리지 않았구나!"

우문사급은 황공하여 머리를 조아리며 죄를 빌었다.

공자는 일찍이 이렇게 말하였다.

"말솜씨 하나로 나라를 엎어 버리는 자를 미워한다."

그리고 또 이렇게 말하였다.

"편녕한 자를 멀리하라."

대체로 편녕한 사람은 오로지 임금의 뜻을 엿보기에만 전념하여 교묘하게 그 의도를 받들고, 임금의 마음에 즐거워하는 것에 맞장구를 쳐서 옳고 그름을 거꾸로 뒤집는다. 그리하여 흑백을 혼란시키고 충신과 양신을 적해(賊害)하며 원수를 만들어 보복한다. 이를테면 비무기(費無忌)나 강충(江充) 같은 무리들은 남의 군신과 부자를 모두 이간시키고 마침내 골육상잔의 지경까지 몰고 가 국가를 뒤엎은 다음에야 끝을 보았다. 이 까닭으로 성인께서 깊이 경계를 삼으셔서 마치 짐독(酖毒)을 마시듯이, 마치 사갈(蛇蝎)을 피하듯이 하여 감히 가까이하지 말도록 한 것이다.

당 태종이 우문사급을 면전에서 꾸짖은 예는 가히 정당하다 할 것이다. 그러나 그렇게 하기만 하고 끝내 그를 막아 버려 멀리하지 않았다면 어찌 강건하고 명철한 군주가 될 수 있었겠는가! 그러나 영인은 역시 판별하기 어렵다. 다만 평소 살펴보아 그 사람됨이 직언과 충간을 즐겨 한다면 이는 정인(正人)이요, 아부와 남의 뜻에 맞추어 주기에 능한 사람이라면 이가 곧 영인이다. 이로써 변별한다면 저절로 실수나 차이가 없게 될 것이다.

唐史上記: 太宗一日退朝之暇, 曾閒行到一樹下, 見其枝葉茂盛, 心頗愛之. 是時宇文士及在旁, 要阿奉太宗的意思, 就將那株樹稱譽不止, 太宗覺得士及是箇便佞的人, 心裏厭他, 因正色面斥之, 說道:「往日魏徵嘗勸我斥遠佞人, 我不知今朝中哪一箇是佞人. 但心裏也疑是你, 自今觀之, 一樹之微, 何足稱譽? 其曲意承順如此, 所謂佞人, 非汝而誰? 平日所疑, 果不謬也!」

士及惶恐叩頭謝罪.

嘗觀孔子有言曰:『惡利口之覆邦家.』

又曰:『遠佞人.』

蓋便佞之人, 專一窺伺人主的意思, 巧於奉承; 哄得人主心裏喜悅, 就顛倒是非, 變亂黑白, 賊害忠良, 報復讐怨, 如費無忌・江充之倫, 把人家君臣父子都離間了, 終至於骨肉相殘, 國家傾敗而後已. 是以聖人深以爲戒, 如飮酖毒, 如避蛇蝎, 不敢近他.

如唐太宗之面斥宇文士及, 可謂正矣. 然終不能屛而遠之, 則亦豈得爲剛明之主哉! 然佞人亦難識, 但看他平日肯直言忠諫的, 就是正人; 好阿於奉承的, 就是佞人, 以此辨之, 自不差矣.

【孔子曰】 ≪論語≫ 陽貨篇의 구절. "子曰:「惡紫之奪朱也, 惡鄭聲之亂雅樂也, 惡利口之覆邦家者.」"라 함.

【遠佞人】 ≪論語≫ 衛靈公篇의 구절. "顔淵問爲邦. 子曰:「行夏之時, 乘殷之輅, 服周之冕, 樂則韶舞. 放鄭聲, 遠佞人. 鄭聲淫, 佞人殆.」"라 함.

【哄】 맞장구를 치며 그 뜻에 영합함. 혹은 시끄럽고 왁자지껄하게 분위기를 만듦.

【費無忌】 春秋 시대 楚나라 대부. 참언을 잘하기로 유명하였음. 伍子胥의 아버지 伍奢는 비무기의 참언에 의해 피살되었으며 형도 피살되자 伍子胥는 吳나라로 도망하였고 나중에 오나라 군사를 몰고 와서 초나라를 뒤집어 놓았음. ≪史記≫ 伍子胥列傳 등 참조.

【江充】 西漢 邯鄲 사람으로 자는 次淸. 漢 武帝에게 戾太子를 誣告하여 죽임. 이 일로 巫蠱之禍가 일어나 한나라 왕실이 骨肉相殘의 내란이 일어남. ≪漢書≫(45) 江充傳 및 「巫女出入」(091)을 참조할 것.

참고 및 관련 자료

1. ≪資治通鑑≫(196) 唐紀(12)

　　冬十月, 丙申, 殿中監郕縱公宇文士及卒. 上嘗止樹下, 愛之, 士及從而譽之不已, 上正色曰:「魏徵常勸我遠佞人, 我不知佞人爲誰, 意疑是汝, 今果不謬!」士及叩頭謝.

2. 唐, 劉餗 ≪隋唐嘉話≫에도 실려 있음.

049(上-49)

전수화약(剪鬚和藥)
당(唐) 태종(太宗)

수염을 잘라 신하의 약으로 쓰도록 한 당 태종

당(唐)나라 때 역사 기록이다.

태종 때에 이세적(李世勣)이 폭질에 걸렸다. 처방문에 "수염을 태워 재를 만들어 약을 지어야 낫는다"라 하였다.

태종은 자신의 수염을 잘라 약 조제 때 함께 넣어 주었다.

이세적은 머리를 조아리고 피눈물을 흘리며 감사를 표하였다.

그러자 태종은 이렇게 말하였다.

"짐은 사직을 위해 그렇게 한 것이지 그대를 위해 그런 것이 아니었다오. 뭐 그리 감사할 일이 있겠소?"

唐史紀: 太宗時, 李世勣常得暴疾, 方云「鬚灰可療」. 上剪鬚爲之和藥.

世勣頓首出血泣謝.

上曰:「朕爲社稷, 非爲卿也. 何謝之有?」

【剪鬚和藥】당 태종이 신하 李世勣의 병을 위해 수염을 잘라 태워 약으로 조제함.

【李世勣】李勣으로도 표기함. 본성은 徐. 자는 懋公(594~669). 曹州 離孤(지금의 山東 東明) 출신으로 처음에 瓦崗農民軍에 참여했다가 뒤에 唐軍에 항복, 李氏 성을 하사받고 공을 세워 英國公에 봉해짐. 당 태종의 謀臣. 高句麗 정벌에 앞장섰던 인물이기도 함. ≪舊唐書≫(67)와 ≪新唐書≫(93)에 전이 있음.

【暴疾】갑작스러운 질환. '暴病'과 같음.

【方】藥方文, 處方箋.

【和藥】이를 넣어 약으로 調劑함.

直解(白話文)

당나라 때의 역사 기록이다.

태종 때 공신 이세적이 폭병에 걸렸는데 의방에서 "사람의 수염을 태워 재를 만들어 이를 약으로 써야 이 병은 낫는다"라고 하였다.

태종은 오직 이세적의 병을 고치겠다는 생각에 자신의 수염을 잘라 그

약에 함께 넣도록 하였다. 이세적은 병이 낫자 황제의 은혜에 감사하여 피가 나도록 머리를 조아리며, 눈물을 흘리며 감사를 표하였다.

그러자 태종은 이렇게 말하였다.

"짐은 경의 도움으로 사직을 안정시키고 있소. 그대가 평안하면 사직도 안전한 것이오. 짐이 수염을 잘라 그대의 병을 치료한 것은 사직을 위한 것이었지 그대 한 사람을 위한 것은 아니었다오. 뭐 그리 감사할 게 있겠소?"

맹자는 이렇게 말하였다.

"군자가 신하를 마치 수족처럼 여기면, 신하는 임금을 배나 심장처럼 여기게 된다."

태종은 이세적의 병을 근심하여 몸소 자신의 수염을 잘라 이를 치료해 주는 데에 이르렀으니 진실로 그저 수족처럼 여기는 정도에 그친 것이 아니다. 그러니 신하 된 자로서 어찌 충성과 힘을 다해 죽음으로써 분발하여 이를 보답하고자 하지 않을 수 있었겠는가?

唐史上記: 太宗時, 有功臣李世勣得箇暴病, 醫方上說「用人鬚燒灰, 可治此病」. 太宗只要世勣的病好, 遂將自己的鬚, 剪與他合藥. 世勣病愈, 感帝之恩, 叩頭出血, 涕泣而謝.

太宗說:「朕賴卿以安社稷. 卿安, 則社稷安矣. 朕剪鬚以治卿病, 乃是爲社稷計, 不爲卿一人之私也, 何謝之有?」

孟子曰:『君子視臣如手足, 則臣視君如腹心.』

太宗憂世勣之病, 至親剪其鬚以療之, 誠不啻若手足之愛矣. 爲之臣者, 安得不竭忠盡力, 奮死以圖報哉?

【孟子曰】 ≪孟子≫ 離婁(下)의 구절. "孟子告齊宣王曰:「君之視臣如手足, 則臣視君如腹心; 君之視臣如犬馬, 則臣視君如國人; 君之視臣如土芥, 則臣視君如寇讎.」"라 함.
【不啻】 다만 ~뿐만으로 여긴 것이 아님. 그 이상으로 여긴 것임.

참고 및 관련 자료

1. ≪舊唐書≫(67) 李勣(李世勣)傳
   勣時遇暴疾, 驗方云「鬚灰可以療之」, 太宗乃自翦鬚, 爲其和藥. 勣頓首見血, 泣以懇謝, 帝曰:「吾爲社稷計耳, 不煩深謝.」

2. ≪新唐書≫(93) 李勣(李世勣)傳
   勣旣忠力, 帝謂可託大事. 嘗暴疾, 巫曰:「用鬚灰可治.」帝乃自取須以和藥. 及愈, 入謝, 頓首流血. 帝曰:「吾爲社稷計, 何謝爲?」後留宴, 顧曰:「朕思屬幼孤, 無易公者. 公昔不遺李密, 豈負朕哉?」勣感涕, 因囓指流血. 俄大醉, 帝親解衣覆之.

3. ≪貞觀政要≫(2) 任賢篇 李勣

　　李勣, 曹州離狐人也. 本姓徐, 初仕李密, 爲左武候大將軍. 密後爲王世充所破, 擁衆歸國, 勣猶據密舊境十郡之地. 武德二年, 謂長史郭孝恪曰:「魏公旣歸大唐, 今此人衆土地, 魏公所有也. 吾若上表獻之, 則是利主之敗, 自爲己功, 以邀富貴, 是吾所恥. 今宜具錄州縣及軍人戶口, 總啓魏公, 聽公自獻, 此則魏公之功也, 不亦可乎?」乃遣使啓密. 使人初至, 高祖聞無表, 惟有啓與密, 甚怪之. 使者以勣意聞奏, 高祖方大喜曰:「徐勣感德推功, 實純臣也.」拜黎州總管, 賜姓李氏, 附屬籍於宗正. 封其父蓋爲濟陰王, 固辭王爵, 乃封舒國公, 授散騎常侍. 尋加勣右武候大將軍. 及李密反伏誅, 勣發喪行服, 備君臣之禮, 表請收葬. 高祖遂歸其屍. 於是大具威儀, 三軍縞素, 葬於黎陽山. 禮成, 釋服而散, 朝野義之. 尋爲竇建德所攻, 陷於建德, 又自拔歸京師. 從太宗征王世充·竇建德, 平之. 貞觀元年, 拜幷州都督, 令行禁止, 號爲稱職, 突厥甚加畏憚. 太宗謂侍臣曰:「隋煬帝不解精選賢良, 鎭撫邊境, 惟遠築長城, 廣屯將士, 以備突厥, 而情識之惑, 一至於此. 朕今委任李勣於幷州, 遂得突厥畏威遠遁, 塞垣安靜, 豈不勝數千里長城耶?」其後幷州改置大都督府, 又以勣爲長史, 累封英國公. 在幷州凡十六年. 召拜兵部尙書, 兼知政事. 勣時遇暴疾, 驗方云鬚灰可以療之. 太宗自剪鬚爲其和藥. 勣頓首見血, 泣以陳謝. 太宗曰:「吾爲社稷計耳, 不煩深謝.」十七年, 高宗居春宮, 轉太子詹事, 加特進, 仍知政事. 太宗又嘗宴, 顧勣曰:「朕將屬以孤幼, 思之無越卿者. 公往不遺於李密, 今豈負於朕哉!」勣雪涕致辭, 因嚙指流血. 俄沈醉, 御服覆之, 其見委信如此. 勣每行軍, 用師籌算, 臨敵應變, 動合事機. 自貞觀以來, 討擊突厥·頡利及薛延陀·高麗等, 並大破之. 太宗嘗曰:「李靖·李勣二人, 古之韓·白, 衛·霍豈能及也!」

4. ≪資治通鑑≫(197) 唐紀(13)

　　李世勣嘗得暴疾, 方云:「鬚灰可療」上自翦鬚, 爲之和藥. 世勣頓首流血泣謝. 上曰:「爲社稷, 非爲卿也, 何謝之有?」世勣嘗侍宴, 上從容謂曰:「朕求群臣可託幼孤者, 無以踰公. 公往不負李密, 豈負朕哉?」世勣流涕辭謝, 齧指出血, 因飲沈醉, 上解御服以覆之.

우물교저(遇物敎儲)
당(唐) 태종(太宗)

사물을 볼 때마다 태자를 가르친 당 태종

당(唐)나라 때 역사 기록이다.

태종이 이치(李治)를 태자로 세우고 나서 사물을 볼 때마다 가르쳐 주었다.

밥상머리라면 이렇게 일러 주었다.

"네가 농사짓는 일의 그 힘든 고통을 안다면 항상 이러한 밥이 있어 너를 먹여 줄 것이다."

말을 탈 때라면 이렇게 일러 주었다.

"말이 이렇게 힘들게 사는 동물이면서 그 자신의 힘을 다한다는 것을 안다면 이 말이 항상 너를 태워 줄 것이다."

배를 탈 때면 이렇게 일러 주었다.

"물은 배를 띄워 주지만 역시 배를 엎기도 한다. 백성은 물과 같고 임금은 배와 같단다."

그리고 나무 밑에서 쉴 때면 이렇게 일러 주었다.

"목재가 먹줄을 따르면 반듯하게 켜지며 제왕이 간언을 따르면 성스러운 임금이 된단다."

唐史紀: 太宗自立太子, 遇物則誨之.

見其飯, 則曰:「汝知稼穡之艱難, 則常有斯飯矣.」

見其乘馬, 則曰:「汝知其勞, 而不竭其力, 則常得乘之矣.」

見其乘舟, 則曰:「水所以載舟, 亦所以覆舟. 民猶水也, 君猶舟也.」

見其息於木下, 則曰:「木從繩則正, 后從諫則聖.」

【遇物敎儲】 사물을 볼 때마다 이를 태자에게 가르침.

【儲】 태자나 세자를 일컫는 말.

【自】 '~로부터'의 뜻. '從'과 같음.

【太子】 唐 太宗 李世民의 아홉째 아들 李治. 처음 晉王에 봉해졌다가 뒤에 태자 李承乾이 폐위되고 대신 태자에 오름. 태종의 뒤를 이어 高宗(재위 650~683)이 됨.

【稼穡】 농사. '稼'는 봄에 씨를 뿌리는 일, '穡'은 가을에 거두는 일.

【艱難】 힘들고 고통스러운 일. 疊韻連綿語.

【水所以載舟】 ≪荀子≫ 王制篇에 "傳曰:「君者, 舟也; 庶人者, 水也. 水則載舟, 水則覆

舟.」此之謂也. 故君人者, 欲安, 則莫若平政愛民矣; 欲榮, 則莫若隆禮敬士矣; 欲立功名, 則莫若尙賢使能矣"라 함. ≪孔子家語≫ 五儀解篇에도 같은 문장이 전재되어 있음. ≪貞觀政要≫(2)에도 "魏徵對曰:「自古失國之主, 皆爲居安忘危, 處理忘亂, 所以不能長久. 今陛下富有天下, 內外淸晏, 能留心治道, 常臨深履薄, 國家曆數, 自然靈長. 臣又聞古語云:『君, 舟也; 人, 水也. 水能載舟, 亦能覆舟.』陛下以爲可畏, 誠如聖旨.」"라 하였음.

【木從繩則正】≪尙書≫ 說命(上)에 실려 있는 말. "說復于王曰:「惟木從繩則正, 后從諫則聖, 后克聖, 臣不命其承, 疇敢不祗若王之休命.」"라 함.

直解(白話文)

당나라 때의 역사 기록이다.

태종이 진왕 이치를 태자로 세우고부터 일물일사(一物一事)를 볼 때마다 반드시 간곡하게 가르치고 깨우쳐 그의 뜻을 계발하였다.

이를테면 태자가 차려진 음식을 보게 되면 곧 이렇게 가르쳤다.

"농부는 한 해를 다 마치도록 힘쓰고 고생하여 밭 갈고 김매고 거두어들인다. 그렇게 해서 심고 가꾼 곡식이 있은 다음에야 이러한 밥이 있게 되는 것이란다. 만약 네가 밥을 먹을 때라면 농사의 힘듦을 염두에 새겨 이 밥이 쉽게 얻어지는 것이 아님을 알아야 한다. 이러한 마음으로써 농부의 고통을 몸으로 체득하여 재정을 아끼고 줄인다면 하느님이 틀림없이 네가 복을 아껴 쓰는 지혜를 살펴 많은 하늘의 복을 내려 줄 것이며 너로 하여금 항상 이러한 밥을 먹을 수 있도록 해 줄 것이다."

그리고 태자가 말을 타게 되면 이렇게 가르쳐 주었다.

"말이란 비록 축물이지만 역시 좋아하고 아끼는 바의 지각을 갖추고 있단다. 네가 만약 이 말을 탈 때 이러한 말의 노고를 염두에 새겨 이를

몰 때도 절도를 지키며 그 말이 힘을 끝까지 궁하도록 하지 않는다면 하느님이 틀림없이 축물도 아끼는 너의 어짊을 살펴 만승의 귀함을 주셔서 너로 하여금 항상 이러한 말을 탈 수 있도록 해 주실 것이다."

태자가 배를 탈 경우에는 이렇게 일러 주었다.

"물이란 본래 배를 싣고 다닌다. 그 때문에 물의 힘을 빌어 운행하는 것이다. 그러나 물이란 능히 배를 엎을 수도 있다. 그렇다면 배란 물에 의지한다는 것이 안전한 것만은 아니다. 저 많은 백성들이란 비유하건대 물과 같고, 임금이란 배와 같다고 할 수 있다. 임금의 은덕이 백성에게 미치면 백성은 그 임금을 추대하지 않을 자가 없지만 만약 백성에게 포악하게 굴면서 그들을 불쌍히 여기지 않는다면 백성은 그를 마치 원수처럼 보아 원망 끝에 반란을 일으킬 것이다. 이를 물에 비유하건대 비록 능히 배를 싣고 띄워 주지만 역시 능히 엎을 수도 있으니 삼가지 않을 수 없는 것이란 다."

그리고 태자가 나무 그늘 아래에 쉴 때라면 이렇게 가르쳐 주었다.

"나무란 태어나면서 굽고 뒤틀림을 면할 수 없다. 오직 목수장이가 이를 먹줄로 튕겨 바로잡은 다음 단정하게 켜고 깎아 이로써 궁실도 짓고 기물도 만들 수 있게 되는 것이다. 임금은 깊은 궁궐에서 태어나고 자라 천하의 많은 일을 두루 알 수 없으니 어찌 일마다 모두 착오가 없을 수 있겠는가? 오직 마음을 비우고 저들 보필하고 간쟁하는 신하들의 간언을 듣고 따른다면 지혜와 생각이 날로 밝아질 것이며, 날로 훈련이 되고 날로 익숙해져서 마침내 두루 알고 널리 살펴 성인처럼 될 수 있는 것이란다. 이는 ≪서경≫에 실려 있는 말이니 알고 있지 않으면 안 된단다."

당 태종이 태자를 가르치고 깨우침에 그 마음 씀의 순절(諄切)함이 이와 같았던 것이다. 대체로 태자는 천하의 근본이니 그 덕을 성취하고자 한다면 오직 가르침이 넓고 자상해야 한다. 그 때문에 당 태종은 여기에 특히 주의를 기울였던 것으로 그 깊은 모책과 원대한 염려는 진실로 가히 만세의 법이 될 만하다.

唐史上記: 太宗自立晉王爲太子, 凡遇一物一事, 必委曲誨諭之, 以啓發他的意志.

如見太子進膳, 就敎之說: 「農夫終歲勤苦, 耕耘收穫, 種得穀成, 方有此飯. 如若用飯之時, 卽念稼穡艱難, 此飯不容易得, 推此心去體恤農夫, 節省用度, 則上天必監汝有惜福之智, 而多降天祿, 使汝常得用此飯矣.」

如見太子乘馬, 就敎之說: 「馬雖畜類, 亦具知覺之性, 所當愛惜. 汝若乘馬之時, 卽念此馬之勞, 馳驅有節, 不盡其力, 則上天必監汝有愛物之仁, 而貴畀萬乘, 使汝常得乘此馬矣.」

如見太子乘舟, 就敎之說:「水本以載舟, 故舟藉水以運. 然而水亦能覆舟, 則舟不可倚水爲安. 那百姓每就譬之水一般, 爲君上的譬之舟一般. 君有恩德及民, 則民莫不戴之爲君; 若是暴虐不恤百姓, 則人亦將視之爲寇讐而怨叛之. 譬之於水, 雖能載舟, 亦能覆舟, 不可不愼也.」

如見太子息陰于木下, 就敎之說:「木生來未免有灣曲處, 惟經匠視繩墨, 則斲削的端正, 可爲宮室器物之用. 人君生長深宮, 未能周知天下之務, 豈能件件不差? 惟虛心聽從那輔弼諫諍之臣, 則智慮日明, 歷練日熟, 遂能遍知廣覽而成聖人矣. 這是≪書經≫上的說話, 不可不知也.」

唐太宗之敎誨太子, 其用心諄切如此. 蓋太子乃天下之本, 欲成就其德, 惟在敎誨周詳, 所以唐太宗特加意於此, 其深謀遠慮, 眞可爲萬世法矣.

【晉王】高宗 李治. 唐 太宗의 아홉째 아들. 貞觀 5년(631) 晉王에 봉해졌다가 貞觀 17년(643) 폐위된 李承乾 대신 태자에 오름. 650년 제위에 올라 연호를 永徽라 함. 683년까지 재위함.
【灣曲】'彎曲'과 같음. 구불구불하고 뒤틀림.
【諄切】타이르고 가르침이 아주 逼切함.
【周詳】周密하고 仔詳함.

참고 및 관련 자료

1. ≪貞觀政要≫(4) 敎戒太子諸王

貞觀十八年, 太宗謂侍臣曰:「古有胎敎世子, 朕則不暇. 但近自建立太子, 遇物必誨諭. 見其臨食將飯, 謂曰:『汝知飯乎?』對曰:『不知.』曰:『凡稼穡艱難, 皆出人力, 不奪其時, 常有此飯.』見其乘馬, 又謂曰:『汝知馬乎?』對曰:『不知.』曰:『能代人勞苦者也. 以時消息, 不盡其力, 則可以常有馬也.』見其乘舟, 又謂曰:『汝知舟乎?』對曰:『不知.』曰:『舟所以比人君, 水所以比黎庶, 水能載舟, 亦能覆舟. 爾方爲人主, 可不畏懼!』見其休於曲木之下, 又

謂曰:『汝知此樹乎?』對曰:『不知.』曰:『此木雖曲, 得繩則正, 爲人君雖無道, 受諫則聖. 此傅說所言, 可以自鑒.』」

2. ≪資治通鑑≫(197) 唐紀(13)

閏月, 辛亥, 上謂侍臣曰:「朕自立太子, 遇物則誨之. 見其飯, 則曰:『汝知稼穡之艱難, 則常有斯飯矣.』見其乘馬, 則曰:『汝知其勞逸, 不竭其力, 則常得乘之矣.』見其乘舟, 則曰:『水所以載舟, 亦所以覆舟. 民猶水也, 君猶舟也.』見其息於木下, 則曰:『木從繩則正, 后從諫則聖.』」

견귀방사(遣歸方士)

당(唐) 고종(高宗)

방사를 믿지 않고 이를 돌려보낸 당 고종

당(唐)나라 때 역사 기록이다.

태종(太宗) 때 천축(天竺)의 방사(方士) 사바매(娑婆寐)가 스스로 자신은 장생술(長生術)을 가지고 있다고 하자 태종은 자못 그를 신임하였다.

그리하여 사자를 풀어 바라문(婆羅門)의 여러 나라에 가서 약을 채집하도록 하였으나 약은 끝내 구할 수 없었다. 이에 사바매를 돌려보내 버렸다.

태종을 이어 고종(高宗)이 즉위하자 그가 다시 장안에 왔다. 그러나 고종은 다시 그를 보내고 재상에게 이렇게 말하였다.

"자고로 신선이라는 것이 어디 있겠소? 진 시황이나 한 무제가 이를 찾았지만 끝내 아무런 성과도 없었소. 과연 사람으로서 죽지 않는 이가 있다면 지금 그들이 어디에 있소?"

재상 이적(李勣)이 대답하였다.

"그 사람이 다시 왔는데 얼굴은 쇠하고 머리카락은 희어졌더이다. 이렇게 이전하고 달라졌으니 그런 자가 어찌 능히 장생불사하겠습니까?"

그는 자신의 나라에 이르기 전에 죽고 말았다.

唐史紀: 太宗時, 天竺方士娑婆寐, 自言有長生之術, 上頗信之. 發使詣婆羅門諸國采藥, 藥竟不就, 乃放還.

高宗卽位, 復詣長安. 上復遣歸, 謂宰相曰:「自古安有神仙? 秦始皇・漢武帝求之, 卒無所成. 果有不死之人, 今皆安在?」

李勣對曰:「此人再來, 容髮衰白, 已改於前, 何能長生?」

竟未及行而死.

【遣歸方士】方士들을 되돌려 보내며 방술을 믿지 않음.
【天竺】印度의 옛 이름. 당나라 때 西行求法을 위해 많은 승려들이 찾아갔으며 그곳 사람들도 중국으로의 왕래가 잦았음.
【娑婆寐】인도 출신의 승려이며 방사로 중국에 와서 살던 사람. '사바매'로 읽음.
【婆羅門】인도 4대 계층의 하나. 종교 귀족으로 고대 인도에서 가장 높은 신분이었음. '바라문'으로 읽음.
【采藥】'采'는 '採'와 같음.

【高宗】 당나라 제3대 황제 李治(재위 650~683). 앞장 참조.
【秦始皇】 전국 말 중국을 통일하여 秦帝國을 세운 임금. 嬴政. 莊襄王 子楚의 아들. 실제로는 呂不韋와 첩 사이에 태어남. 方士를 믿어 徐市 등 동남동녀를 東海로 보내어 不老草, 不死藥을 구해 오도록 하는 등 많은 일화와 고사를 남김. ≪史記≫ 秦始皇本紀 등 참조.
【漢武帝】 漢나라 제5대 황제 劉徹(B.C. 156~B.C. 87). 景帝의 아들로 B.C. 140년부터 B.C. 87년까지 재위하면서 국내외적으로 많은 업적과 일화를 남김. 특히 말년에 방사를 믿었으며 그 일화를 ≪漢武內傳≫ 등이 전함. ≪史記≫(12) 孝武本紀 참조.
【李勣】 594년~669년. 李世勣으로도 알려져 있음. 본래 이름은 徐世勣. 자는 懋功(公). 隋末 翟讓을 따라 봉기, 瓦崗軍에 참가하여 東海郡公에 봉해졌음. 와강군이 와해되자 唐에 귀의하여 여러 차례 공을 세워 李氏 성을 하사받음. 貞觀 3년(629) 李靖과 함께 동돌궐을 깨뜨리고 英國公에 봉해졌으며 高宗 때 司空에 오름.

直解(白話文)

당나라 때의 역사 기록이다.
태종 때에 서역 천축국의 어떤 방외(方外)의 도사 사바매라는 자가 있어 스스로 자신은 장생불로의 비약(秘藥) 처방 기술이 있다고 하였다. 태종은 처음에 그의 말을 신임하여 사람을 풀어 바라문의 여러 나라에 가서 약을 채취하여 그러한 약을 조제하도록 하였다. 그러나 끝내 성공을 거두지 못하자 그를 자신의 본국으로 되돌려 보내 버렸다. 다시 고종이 즉위하자 그 방사는 다시 서울을 찾아와 방술로 임금을 뵈었다.
그러나 고종은 그를 받아들이지 않고 여전히 본국으로 보내면서 재상에게 이렇게 말하였다.
"자고로 태어난 것은 반드시 죽게 마련이오. 신선술이란 모두가 허탄한 것이오. 옛날 진 시황이나 한 무제는 신선을 찾겠다고 일생 마음과 힘을

다 허비하였지만 끝내 그 어떤 효험도 보지 못하였소. 만약 세상에 과연 장생불로하는 사람이 있을 수 있다면 지금 그러한 사람이 어디에 있소?"

재상 이적이 말하였다.

"이 사람이 이번에 올 때는 용모가 쇠로하고 머리카락이 모두 하얗게 변하여 이전에 올 때와 같지 않습니다. 만약 그가 신선술을 가지고 있다면 어찌 자신부터 복식(服食)하여 생명을 연장하지 못하고 그렇게 쇠하고 늙도록 하겠습니까? 그 거짓되고 허탄함을 이로써 가히 알 수 있는 것입니다."

뒤에 과연 그는 자신의 집에 도착하지도 못하고 죽고 말았다.

이로 말미암아 보건대 신선술이란 원래 아첨하는 자들이 임금에게 은총을 얻기 위한 것이다. 천자는 부귀가 이미 극에 달하면 그 뜻을 어떻게 더 이상 움직여 볼 수가 없다. 오직 장생이라는 문제만은 반드시 해결할 수 없으므로 드디어 묘망(渺茫)하고 현원(玄遠)한 논리로 임금의 뜻을 흔쾌히 움직일 수 있다. 이 까닭으로 진 시황이 선약(仙藥)을 구하겠다고 보낸 서복(徐福)의 무리들은 바다로 나갔다가 되돌아오지 않았고, 한 무제가 신선술을 구하겠다고 하여 난대(欒大) 등이 나섰으나 아무런 성공을 거두지 못한 채 죽임을 당하고 말았다.

이 두 가지 사건으로 가히 그 증거는 명확하다. 그러나 청정한 마음에 욕심을 줄이고 음식과 기거(起居)에 절도와 삼감으로써 스스로 정신을 완고히 하면 더욱 장수할 수 있을 것이니 이를테면 오제(五帝), 삼왕(三王) 같은 분들은 나라를 잘 다스리고 장구히 하였으며, 그 이름이 만세에 드리워졌으니 역시 아름답지 않은가!

〈西域人騎駝陶俑〉(부분)

唐史上記: 太宗時, 西域天竺國有籛方外的道士, 叫做娑婆寐, 自己說他有長生不老的藥方. 太宗初信其言, 發人去往婆羅門諸國採取藥物, 着他製藥, 竟不能成, 乃遣他還歸本國.

及至高宗卽位, 這方士又到京師, 以其方術見上. 高宗不納, 仍復遣還, 因與宰相說道:「自古生必有死, 神仙之說都是虛誕. 昔時秦始皇·漢武帝爲求神仙, 費了一生心力, 到底沒一些効驗. 若使世果有長生不老之人, 今皆何在?」

李勣對曰:「此人這一番來, 容貌衰老, 髮盡皓白, 與前次不同. 他若有仙方, 何不自家服食延年, 而衰老如此? 其妄誕可知矣.」

後果不及還家而死.

由此觀之, 神仙之說, 原是諂諛之人, 干求恩寵, 見得天子之富貴已極, 無足以動其意者, 惟有長生一事, 不可必得, 遂托爲渺茫玄遠之說, 以歆動人主之意. 是以爲秦始皇求仙藥者, 有徐福輩, 入海不返; 爲漢武求仙方者, 有欒大等, 無功被誅. 卽此二事, 可爲明驗. 然惟淸心寡慾, 節愼于飮食起居之間, 自可以完固精神, 增益年壽, 如五帝三王, 享國長久, 垂名萬世, 不亦美乎!

【徐福】徐市. 秦 始皇 때의 方士. 일찍이 진 시황에게 바다 가운데 신선들이 사는 三神山이 있으며 불로장생의 약초를 구할 수 있다고 글을 올리자, 진 시황이 이를 믿고 동남동녀 천여 명을 파견했으나 이를 구하지 못하자 우리나라 濟州道와 南海 錦山을 거쳐 사라졌다 함. 일부 주장은 '서복'은 '서불'과 다른 인물이라고도 함.

【欒大】漢 武帝 때의 방사. 무제에게 불사약을 구할 수 있다고 속여 五利將軍에 봉해졌으며 뒤에 무제가 불사약을 구하러 바다로 나가도록 하였으나 구하지 못하고 돌아오자 죽임을 당하였음.

【起居】황제의 궁중 일상생활. 사적인 생활까지 포함한 임금의 생활.

【五帝】여러 가지 설이 있으나 ≪史記≫ 五帝本紀에 黃帝, 顓頊, 帝嚳, 帝堯, 帝舜을 들고 있음.

【三王】夏, 殷(商), 周 三代의 개국 군주. 즉 夏禹, 商湯, 周 文武를 가리킴. 이상 五帝와 三王은 고대 이상적인 통치뿐 아니라 개별적으로도 매우 장수하며 바르게 산 성인들로 늘 추앙을 받고 있음.

참고 및 관련 자료

1. ≪舊唐書≫(198) 西戎傳(天竺)

是時就其國得方士那羅邇婆婆寐, 自言壽二百歲, 云有長生之術. 太宗深加禮敬, 館之於金飇門內, 造延年之藥. 令兵部尙書崔敦禮監主之, 發使天下, 採諸奇藥異石, 不可稱數. 延

歷歲月, 藥成, 服竟不効, 後放還本國.

2. ≪新唐書≫(221 上) 西域傳(天竺)

得方士那邏邇娑婆寐, 自言壽二百歲, 有不死術. 帝改館使治丹, 命兵部尙書崔敦禮護視. 使者馳天下, 采怪藥異石, 又使者走婆羅門諸國. 所謂畔茶法水者, 出石臼中, 有石象人守之, 水有七種色, 或熱或冷, 能銷草木金鐵, 人手入輒爛, 以橐它髑髏轉注瓠中. 有樹名咀賴羅, 葉如梨, 生窮山崖腹, 前有巨虺守穴, 不可到. 欲取葉者, 以方鏃矢射枝則落, 爲羣鳥銜去, 則又射, 乃得之. 其詭譎類如此. 後術不驗, 有詔請還, 不能去, 死長安. 高宗時, 盧伽逸多者, 東天竺烏茶人, 亦以術進, 拜懷化大將軍.

3. ≪資治通鑑≫(201) 唐紀(17)

冬, 十月, 以烏茶國婆羅門盧迦逸多爲懷化大將軍, 逸多自言能合不死藥, 上將餌之. 東臺侍郎郝處俊諫曰:「脩短有命, 非藥可延. 貞觀之末, 先帝服那羅邇娑婆寐藥, 竟無效; 大漸之際, 名醫不知所爲, 議者歸罪娑婆寐, 將加顯戮, 恐取笑戎狄而止. 前鑒不遠, 願陛下深察.」 上乃止.

분금소금(焚錦銷金)
당(唐) 현종(玄宗)

비단을 태우고 금붙이를 녹여 국가 재정으로 충당한 당 현종

당(唐)나라 때 역사 기록이다.

현종(玄宗)은 풍속이 자꾸 사치와 화려함으로 번지는 것을 보고 이렇게 제칙(制敕)을 내렸다.

"궁중에 나를 위한 수레와 복식, 그리고 금은으로 만든 기구와 완상품

은 유사(有司)로 하여금 모두 녹이고 그로부터 나온 재용은 군비와 국가의 재정으로 사용하도록 명한다."

그리고 주옥과 비단은 모두 궁전 앞에서 불태워 버렸으며 후비(后妃) 이하는 누구나 주옥으로 장식하거나 비단으로 만든 옷은 입지 못하게 하였다. 천하에 다시는 주옥을 채집하지 말 것이며, 비단을 짜는 일도 없도록 하였다. 그리고 서경 장안과 동경 낙양에 직금방(織錦坊)도 철거해 버렸다.

唐史紀: 玄宗以風俗奢靡, 制:「乘輿服御, 金銀器玩, 令有司銷毁, 以供軍國之用.」

其珠玉錦繡, 焚於殿前, 后妃以下, 皆毋得服珠玉錦繡. 天下更毋得采珠玉・織錦繡等物. 罷兩京織錦坊.」

【焚錦銷金】비단을 불태우고 금붙이를 녹여 무기로 쓰도록 하면서 검소함을 드러냄.
【玄宗】唐나라 제6대 황제 李隆基(685~762). 睿宗(李旦)의 셋째 아들로 臨淄王에 봉해졌다가 中宗 景龍 4년(710) 정변을 일으켜 韋后를 살해한 다음 아버지 李旦을 옹립하여 즉위시켰고 睿宗 延和 元年(712) 아버지로부터 제위를 물려받음. 재위 43년 동안 초기에는 바른 정치를 펴서 開元之治를 이루었으나 뒤에 楊貴妃와 楊國忠 등의 일로 安祿山의 난을 유발, 결국 아들 肅宗(李亨)에게 제위를 물려줌.
【奢靡】사치 풍조가 심하게 번져 나감.
【制】황제가 명령으로 일을 처리하는 것을 制, 혹은 勅(敕, 勅)이라 함.
【兩京】西京 長安과 東都 洛陽. 당시 당나라는 長安이 도읍이었으며 洛陽을 東都로 삼아 兩京制度를 실시하고 있었음.
【織錦坊】비단을 짜는 집단 수공업 지역.

直解(白話文)

당나라 때의 역사 기록이다.

현종은 초년에 당시 풍속이 사치와 화려함으로 빠져드는 것을 보고 마음속으로 심히 못마땅하게 여겼다. 그리하여 그 폐단을 통렬히 개혁하고자 이렇게 조칙을 내렸다.

"무릇 위로 내가 쓰는 기물과 완상품으로서 금은으로 장식하여 만든 것은 유사에게 명하여 모두 녹여 그 금은을 모두 조정과 군비의 비용으로 충당하라."

그리고 궁궐 안 창고에 쌓아 두었던 주옥과 비단을 모두 궁전 앞에 갖다 놓고 불태워 다시는 이를 사용하지 않을 것임을 보여 주었다. 그리고 후궁에서 먼저 금하지 않으면 밖에 있는 사람들이 큰 효과를 볼 수 없다

당 현종(李隆基)

여겨 이에 다시 후비 이하는 주옥이나 비단으로 만든 복식을 사용하지 말도록 하였다. 그리고 다시 천하 관리와 백성들로 하여금 다시 주옥을 채취하거나 비단을 짜지 않도록 하였다. 옛날 장안과 낙양 두 서울에 직방금을 두었었는데 이 역시 철거하도록 명하여 다시는 비단을 짜지 않도록 하였다.

대체로 주옥과 비단이란 한갓 아름다움을 취하는 것일 뿐 기실 무익한 물건이다. 임금이 이를 좋아하는 마음이 한번 싹트면 반드시 사방에서 이를 구하게 될 것이며 백성을 힘들게 하고 재물을 손상시켜 그 폐해가 이르지 않는 곳이 없다. 게다가 천하 사람들이 이를 흉내 내어 풍습이 사치를 숭상하며 점차 백성이 궁해지고 재물이 바닥나는 지경에 이르러 그 피해가 적지 않다.

현종은 초기에는 각박할 정도로 절약과 검소에 힘쓰기가 이와 같아 그 때문에 개원지치(開元之治)는 가히 볼만하였다. 그러나 후기에 이르면서 그 역시 사치를 벗어나지 못해 실패의 국면으로 빠지고 말았다. 이로써 화려한 물건이란 사람을 쉽게 탐닉하도록 하는 것이니 임금으로서는 뜻을 지속시키되 견고히 하지 않으면 안 됨을 알 수 있다.

唐史上記: 玄宗初年, 因見當時風俗奢侈華靡, 心甚惡之, 欲痛革其弊, 乃詔: 「凡上用服御器玩, 係是金銀粧飾打造的, 令有司盡行銷毀, 却將這金銀就充朝廷軍國的費用.」

其內府所積珠玉錦繡, 都取在殿前用火燒了, 以示不用. 又以後宮不先禁止, 外面人未免效尤. 乃詔后妃以下, 勿得用珠玉錦繡爲服飾. 又詔天下官民人等, 再

不許采取珠玉, 織造錦繡等物. 兩京舊日, 有織錦坊, 也命撤去了, 不復織造.

蓋珠玉錦繡, 徒取觀美, 其實是無益之物. 人君喜好一萌, 必至徵求四方, 勞民傷財, 無所不至. 又且天下化之, 習尙奢侈, 漸至民窮財盡, 貽害不小.

玄宗初年刻勵節儉如此, 所以開元之治, 大有可觀. 到後來還不免以奢取敗. 可見靡麗之物, 容易溺人, 而人主持志不可不堅也.

【內府】 황제 궁궐 안의 창고. 皇家의 器物을 저장, 갈무리하는 곳.
【開元】 당 현종이 즉위한 다음 사용한 연호. 713년부터 741년까지 29년간이었으며 태평성대를 이루었음. 뒤를 이어 天寶(742~756)라는 연호를 썼으며 양귀비에 빠져 국정이 흐려지기 시작하였고 결국 安祿山의 난이 일어남.

참고 및 관련 자료

1. ≪資治通鑑≫(211) 唐紀(27)

上以風俗奢靡, 秋, 七月, 乙未, 制:「乘輿服御‧金銀器玩, 宜命有司銷毀, 以供軍國之用; 其珠玉‧錦繡, 焚於殿前, 后妃以下, 皆毋得服珠玉錦繡.」戊戌, 敕:「百官所服帶及酒器‧馬銜‧鐙, 三品以上, 聽飾以玉, 私品以金, 五品以銀, 自餘皆禁之; 婦人服飾從其夫‧子. 其舊成錦繡, 聽染爲皁. 自今天下更毋得采珠玉, 織錦繡等物, 違者杖一百, 工人減一等.」罷兩京織錦坊.

053(上-53)

위임현상(委任賢相)
당(唐) 현종(玄宗)

어진 재상에게 모든 일을 맡긴 당 현종

당(唐)나라 때 역사 기록이다.

현종은 처음 즉위하여 정치에 온 정성을 쏟았다. 그리하여 요원지(姚元之)를 재상으로 삼고자 매번 일마다 그에게 문의하였으며 원지도 이에 대한 응답이 마치 메아리가 울리듯 정확하여 동료들은 그저 그의 말에 예예

하면서 동조할 뿐이었다. 그 때문에 임금은 모든 일을 오로지 그에게 위임하였다.

그런데 원지가 한번은 낭리(郞吏)의 낮은 벼슬자리의 승진 문제를 들고 보고하면서 허락을 청하였다. 임금은 전각의 지붕을 쳐다보고 있을 뿐 요원지가 세 번을 물어도 응답을 하지 않는 것이었다. 요원지는 두려워 쫓기듯 자리를 떴다.

조회가 파하자 환관 고역사(高力士)가 이렇게 간언하였다.

"폐하께서는 천하의 일을 새롭게 총괄하시면서 재상이 사안을 보고하게 되면 면전에서 가부를 결정해 주심이 의당하온데 어찌 하나도 제대로 살펴보시지 않으십니까?"

현종이 말하였다.

"짐은 요원지에게 온갖 일을 다 맡기고 있소. 큰일이라면 당연히 보고를 받고 함께 상의를 하지만 낭리 같은 낮은 자리를 두고 나를 이렇게 번거롭게 해서야 되겠소?"

마침 고역사가 중서성(中書省)에 일을 알리러 갈 일이 있어 그곳에서 원지에게 임금의 뜻을 설명해 주자 원지는 기뻐하였다.

이를 들은 자들은 임금이 임금으로서의 위치와 존재를 아는 이라고 모두가 탄복하였다.

唐史紀: 玄宗初卽位, 勵精爲治, 以姚元之爲相, 每事訪之, 元之應答如響, 同僚皆唯諾而已, 故上專委任之. 元之嘗奏請序進郎吏, 上仰視殿屋, 再三言之, 終不應. 元之懼, 趨出.

罷朝, 高力士諫曰:「陛下新總萬幾, 宰臣奏事, 當面加可否, 奈何一不省察?」

上曰:「朕任元之以庶政, 大事當奏聞共議, 郎吏卑秩, 乃以煩朕耶?」

會力士宣事至省中, 爲元之道上語, 元之乃喜. 聞者皆服上識人君之體.

【委任賢相】 어진 재상에게 모든 것을 위임함.

【勵精】 정성을 다 쏟고 모든 힘을 다함.

【姚元之】 唐 玄宗 때의 재상 姚崇(650~721). 陝州 硤石(지금의 河南 三門峽) 사람으로 본명은 元崇. 開元 연호의 '元' 자를 피하여 '姚'씨로 바꿈. 武則天 때 鳳閣侍郎, 睿宗과 玄宗 때 中書令을 지냄. 唐代 名相으로 널리 알려짐.

【郞吏】 郞 벼슬 정도의 낮은 관리.

【高力士】 684년~762년. 唐 玄宗 때의 宦官. 高州 良德(지금의 廣東 高州) 사람으로 본성은 馮. 환관 高延福의 양자가 되어 성을 바꿈. 현종의 신임을 받아 권력을 휘둘렀으며 모든 문서는 그의 손을 거쳐 현종에게 전달될 정도였음.

【萬幾】 '萬機'와 같음. 제왕이 매일 처리하는 아주 중요한 업무. 천하의 일을 담당함을 말함.

【省】 三省. 즉 中書省, 門下省, 尙書省. 中書省에는 中書令이 있었으며 이를 右相이라 불렀고, 門下省은 侍中으로 左相이라 불렀으며, 尙書省은 右僕射의 직함에 同中書門下平章事로서 宰相이라 칭하였음.

【人君之體】 임금으로서의 위치와 존재. 임금으로서의 體道.

直解(白話文)

당나라 때의 역사 기록이다.

현종은 즉위 초에는 나라를 잘 다스릴 생각에 온 정성을 쏟았다. 그리하여 요원지가 현명한 신하임을 알고 모든 일마다 그를 찾아 질문하곤 하였다. 요원지는 평소 재능이 있고 정치에 숙달하여 묻는 말에 따라 대답을 하였는데 마치 메아리가 소리에 응하듯 하였다. 동료 관원들은 모두가 그를 따를 수 없어 단지 그의 의견에 그렇다고 할 뿐이었다. 이에 현종은 그에게 모든 것을 맡길 생각을 가지고 있었다.

　그러던 어느 날, 원지가 임금 앞에서 보고를 하면서 낭관의 승진과 전보에 대한 결재를 청하였다. 현종은 그에게 대답을 하지 않은 채 다만 고개를 들어 전각의 지붕만 쳐다볼 뿐이었다. 원지가 재차 삼차 청하였지만 현종은 끝내 대답을 하지 않았다. 원지는 다만 현종이 자신을 탓하는 것이라 여겨 죄를 얻을까 두려워 감히 더는 청하지 못한 채 뛰듯이 그곳을 나오고 말았다.

　조회가 끝나자 내시 고역사가 현종에게 간하였다.

　"폐하께서는 새롭게 천하의 모든 일을 총괄하시면서 재상이 일을 보고하면 그 자리에서 가부를 결정해 주심이 마땅한데 어찌 단지 궁전 지붕만 쳐다볼 뿐 도대체 그를 예로써 상대하지 않으셨습니까?"

　현종이 말하였다.

"내 국가에 관한 일이라면 모두를 요원지에게 부탁하였으니 위임한 것이 대단히 중한 임무라오. 그리하여 다만 대사만은 당연히 보고를 듣고 그와 더불어 상의를 하게 되지요. 지금 낭리 따위의 작은 관직을 가지고 이를 일일이 보고하며 청하고 있으니 번거롭기도 할뿐더러 직책을 더럽히는 일이 아니겠소?"

이는 현종이 재상에게 모든 것을 위임한 뜻을 요원지는 도리어 모르고 있으면서 마음속에 의심과 두려움을 가졌던 것이다. 마침 고역사가 임금의 뜻을 전달하려 중서성에 이르러 현종의 말을 모두 빠짐없이 요원지에게 설명해 주었다. 요원지는 그제야 마음에 기쁨을 갖게 되었다. 여러 신하들은 이를 듣고 모두가 현종은 자질구레한 일은 직접 살피지 않고 모두 재상에게 위임하여 임금으로서의 체도만을 가지고 있었던 것이라 말하였다.

그러나 아무리 임금이라 해도 모름지기 재상의 똑똑한 정도를 정확하게 알고 있어야 가히 그에게 모든 일을 위임하여 성공을 거둘 수 있도록 책임 지울 수 있는 것이며 이로써 힘들이지 않고도 다스릴 수 있는 것이다. 만약 그에 걸맞은 사람을 선택하지 않고 등용과 출면(黜免)에 대한 권한을 가볍게 마구 넘겨주었다가는 장차 임금의 권위가 아래로 내려가게 될 것이니, 간사한 자가 뜻을 얻는다면 그 해가 어찌 얕은 정도에 그치겠는가! 그러므로 제왕의 덕이란 사람을 알아보는 것보다 더 큰 것은 없다. 치란의 기틀은 오직 어떤 것을 위임하는가를 볼 것이니 임금으로서는 주의하지 않을 수 없는 것이다.

唐史上記: 玄宗卽位之初, 勵精圖治, 知道姚元之是箇賢臣, 以他爲宰相, 每事必訪問他. 元之素有才能, 練達政事, 隨問隨答, 如響之應聲. 同僚官皆不能及, 但從後唯諾而已. 於是玄宗專意委任之.

一日元之面奏, 請以次序陞轉郎官. 玄宗不答應他, 只仰面看着殿屋. 元之又再

三奏請, 玄宗終不答應. 元之只說玄宗怪他, 恐有得罪, 不敢再奏, 趨走而出.

及朝罷, 內侍高力士諫說: 「陛下新總萬幾, 宰相奏事, 宜面定可否, 何故只仰看殿屋, 通不禮他?」

玄宗說: 「我將國家的事, 都付託與元之, 委任至重, 惟大事當奏聞, 我與他商議. 今郎吏小官, 也來一一奏請, 豈不煩黷耶?」

這是玄宗專任宰相的意思, 元之却不知, 心懷疑懼. 適遇高力士以傳奉旨意事到中書省中, 將玄宗的言語, 備悉說與元之. 元之心上纔喜. 群臣聞之, 都說玄宗不親細事, 而委任賢相, 得爲君之體也.

然人主須是眞知宰相之賢, 乃可以委任責成, 不勞而治. 若不擇其人, 而輕授以用舍之柄, 將至於威權下移, 奸邪得志, 其爲害又豈淺淺哉! 故帝王之德, 莫大於知人, 而治亂之機, 惟視其所任, 人主不可不愼也.

【煩黷】 번거롭기도 하고 임금의 직책이나 자신의 직책에 모독을 끼치는 일.
【用舍之柄】 '舍'는 '捨'와 같음. 등용하여 쓰는 일과 버려 黜免시키는 일. 그에 대한 권한. '柄'은 물건의 자루로 매우 중한 권한을 뜻함.

| 참고 및 관련 자료 |

1. ≪資治通鑑≫(210) 唐紀(26)
　　上初卽位, 勵精爲治, 每事訪於元之, 元之應答如響, 同僚唯諾而已, 故上專委任之. 元之請抑權幸, 愛爵賞, 納諫諍, 卻貢獻, 不與群臣褻狎; 上皆納之. 乙巳, 車還京師. 姚元之嘗奏請序進郎吏, 上仰視殿屋, 元之再三言之, 終不應. 元之懼, 趨出. 罷朝, 高力士諫曰: 「陛下新總萬機, 宰臣奏事, 當面加可否, 奈何一不省察?」上曰: 「朕任元之以庶政, 大事當奏聞共議之, 郎吏卑秩, 乃一一以煩朕邪?」會力士宣事至省中, 爲元之道上語, 元之乃喜. 聞者皆服上識人君之體.

054(上-54)

형제우애(兄弟友愛)
당(唐) 현종(玄宗)

형제 사이에 우애가 돈독했던 당 현종

당(唐)나라 때 역사 기록이다.

현종은 평소 우애가 깊어 즉위 초에 긴 베개와 큰 이불을 마련하여 형제들과 함께 자며 식사와 기거도 서로 더불어 함께하였다.

막내아우 설왕(薛王) 이업(李業)이 병이 나자 현종은 몸소 약을 달였다.

그런데 불이 그만 현종의 수염을 태우고 말았다. 좌우가 놀라 불을 껐다.

그러자 현종은 이렇게 말하였다.

"다만 설왕으로 하여금 이 약을 먹고 나으면 그만이지 수염을 어찌 아까워하겠는가?"

唐史紀: 玄宗素友愛, 初卽位, 爲長枕大被, 與兄弟共寢, 飮食起居, 相與同之.
薛王業有疾, 上親爲煮藥, 火燃上鬚, 左右驚救之.
上曰:「但使王飮此藥愈, 鬚何足惜?」

【兄弟友愛】 현종은 형제간에 우애가 아주 깊었음.
【薛王業】 睿宗(李旦)의 다섯째 아들. 본명은 李隆業. 玄宗의 이름 李隆基에서 '隆' 자를 피하여 李業이라 불렸음. 학문을 좋아하였고 처음 秘書監에 제수되었다가 太子太保에 올랐으며 薛王에 봉해짐.

直解(白話文)

당나라 때의 역사 기록이다.

현종은 여러 형제 왕들과 아주 우애가 지극하였다. 그는 천자에 오르고서도 변함이 없었다. 처음 황제 자리에 등극한 다음 곧바로 긴 베개와 큰 이불을 만들어 여러 형제들과 한자리에서 자고 쉬고 하였으며 식사나 앉고 움직이고 하는 것도 서로 떨어져 하지 않았다. 막내아우 설왕 이업이 병에 감염되자 현종은 스스로 나서서 그를 위해 약을 달였는데 그때 화로의 불이 바람에 날려 피어올라 그만 현종의 수염을 태우고 말았다. 좌우에서 놀라 황급히 임금 앞의 불을 끄고 구해 내었다.

그러자 현종은 이렇게 말하였다.

"단지 설왕이 이 약을 먹고 병이 낫기를 바랄 뿐, 나의 수염이 어찌 족히 아까워할 것이겠는가?"

그의 우애가 절실하기가 이와 같았던 것이다. 무릇 형제란 본래 같은 태포(胎胞)에서 태어난 것이다. 그 때문에 대순(大舜)은 아우를 대함에 그가 귀해지길 바랐고, 그를 사랑하되 그가 부유해지기를 원했다. 한 가지 걱정, 한 가지 기쁨도 함께하지 않음이 없었던 것이다. 현종은 그 자신이 천자이면서 능히 이처럼 우애를 돈독하게 하였으니 역시 가히 어진 군주라 이를 만하도다!

唐史上記: 玄宗與他兄弟諸王, 極相友愛. 到做了天子, 也不改變. 初登寶

位, 卽製爲長枕大被, 與諸兄弟每一處宿歇, 飮食行坐, 都不相離. 少弟薛王名業, 曾染疾病, 玄宗自己替他煎藥, 罏內火被風吹起來, 燒着玄宗的鬚, 左右驚慌上前救之.

　玄宗說:「但願薛王服了這藥, 病得痊可, 我之鬚何足惜?」

　其友愛之切如此. 夫兄弟本是同胞所生, 故大舜待弟, 親之欲其貴, 愛之欲其富. 至于一憂一喜, 莫不與共. 玄宗身爲天子, 能這等篤于友愛, 亦可謂賢君矣!

【大舜】舜임금의 孝悌 고사. 「孝德升聞」(003)을 참조할 것. ≪孟子≫에도 아주 자세히 실려 있음.

참고 및 관련 자료

1. ≪資治通鑑≫(211) 唐紀(27)
　宋王成器, 申王成義, 於上兄也. 岐王範, 薛王業, 上之弟也. 豳王守禮, 上之從兄也. 上素友愛, 近世帝王莫能及. 初卽位, 爲長枕大被, 與兄弟同寢. 諸王每旦朝於側門, 退則相從宴飮, 鬪雞, 擊毬, 或獵於近郊, 遊賞別墅, 中使存問相望於道. 上聽朝罷, 多從諸王遊, 在禁中, 拜跪如家人禮, 飮食起居, 相與同之. 於殿中設五幄, 與諸王更處其中. 或講論賦詩, 間以飮酒, 博奕, 游獵, 或自執絲竹, 成器善笛, 範善琵琶, 與上更奏之. 諸王或有疾, 上爲之終日不食, 終夜不寢.

소시현령(召試縣令)
당(唐) 현종(玄宗)

현령들을 소집하여 시험을 본 당 현종

당(唐)나라 때 역사 기록이다.

현종이 새롭게 임명을 받은 현령들을 모두 전각의 뜰에 불러 모아 백성을 다스릴 책략에 대한 시험을 보았다. 그들 중 위제(韋濟)가 문장과 이론이 제일이어서 그를 발탁하여 예천(醴泉)현령으로 삼고, 나머지 2백여 명은 불합격하였으나 임시로 현령의 관직으로 나가게 하고 45명은 원래의 관적으로 되돌려 보내 공부를 더 하도록 하였다.

 그리고 다시 경관(京官) 오품(五品) 이상과 외관(外官)의 자사(刺史)에게 칙령을 내려 대기하고 있는 자를 각기 한 사람씩 어느 곳의 현령으로 추천하되 나중에 그들 행정의 선악을 살펴 추천한 자에게 상벌을 내리도록 하였다.

 唐史紀: 玄宗悉召新除縣令至殿庭, 試理人策. 惟韋濟詞理第一, 擢爲醴泉令, 餘二百人不第, 且令之官, 四十五人放歸學問.
 又敕京官五品以上・外官刺史, 各擧縣令一人, 視其政善惡, 爲擧者賞罰.

【召試縣令】현령들을 불러 능력을 시험해 봄.
【新除】새롭게 벼슬자리를 제수한 사람들. '除'는 '除授'. 전에 가지고 있던 직위나 직함을 제하고 새롭게 다른 벼슬자리를 줌을 말함.
【理人策】'治民策'과 같음. 어떻게 백성을 다스릴 것인지에 관한 계획이나 구상 등을 말함.
【韋濟】鄭州 陽武(지금의 河南 原陽) 사람으로 文章과 문서 작성으로 이름이 널리 알려졌음. 開元 초 鄄城令에서 발탁되어 醴泉令에 올랐으며 뒤에 戶部侍郎, 太原尹 등으로 승진함. ≪舊唐書≫(88) 韋思謙傳과 ≪新唐書≫(116) 韋思謙傳에 그의 전이 들어 있음.
【醴泉】지금의 陝西 醴泉縣.

直解(白話文)

당나라 때의 역사 기록이다.

　현종은 현령은 백성에게 가장 가까운 관직으로서 현령이 제대로 하지 못하면 일방적으로 백성만이 피해를 입는다고 여겨 항상 이 관직에 대하여 주의를 기울였다. 이 당시 이부(吏部)에서 새롭게 현령 2백여 명을 선발하자 현종은 이들을 모두 전각 앞으로 불러 직접 시험문제를 내고 그들에게 치민책(治民策)을 물었다. 그들이 대답한 책문(策文) 중에 오직 위제라는 사람의 것이 문장과 이론이 모두 훌륭하여 일등의 자리에 올라 그를 경기 예천현의 현령으로 발탁하였다. 나머지 2백여 명은 문장은 합격점에 이르지 못했지만 고시는 중간급에 들어 임시로 현령으로 부임하되 그 행정의 성적이 어떤지 보기로 하였다. 그리고 45명은 고시가 하등급으로 이들은 원래의 관적으로 돌아가 공부를 더 하도록 하였다. 이들은 현령의 직책을 감당해 낼 수 없어 백성에게 해가 될 것이라 여긴 때문이었다.

그리고 다시 경사에 있는 오품 이상의 높은 관리와 외직으로 있는 자사로 하여금 각기 자신이 알고 있는 한 사람씩 어느 곳의 현령으로 추천하여 임금에게 보고하도록 하였다. 이윽고 그들이 현령이 되어 실적의 훌륭함의 여부를 고찰하여 이를 추천한 자의 상벌 기준으로 삼는다고 칙령을 내렸다. 즉 추천을 받은 자가 잘했으면 추천한 자와 함께 상을 받게 되는 것이요, 만약 추천을 받은 자가 불초하면 추천한 자와 함께 벌을 받는 것이다.

그 때문에 그 당시 현령들은 모두가 그 직책에 걸맞았고 백성들은 모두 그 혜택을 입어 '개원지치(開元之治)'를 이루게 된 것이다. 지금의 '지현(知縣)'이 바로 옛날 '현령'이라 불리던 관직이다. 천하를 안정되게 다스리고자 한다면 이 관직에 대하여 신중히 하지 않으면 안 된다.

唐史上記: 玄宗以縣令系親民之官, 縣令不好, 則一方之人皆受其害, 故常加意此官. 是時有吏部新選的縣令二百餘人, 玄宗都召至殿前, 親自出題考試, 問他以治民之策. 那縣令所對的策, 惟有韋濟詞理都好, 取居第一, 拔爲京畿醴泉縣令, 其餘二百人, 文不中第, 考居中等, 姑令赴任, 以觀其政績何如. 有四十五人, 考居下等, 放回原籍學問, 以其不堪作令, 恐爲民害也.

又敕令在京五品以上官, 及外面的刺史, 各擧他所知的好縣令一人, 奏聞於上. 旣用之後, 遂考察那縣令的賢否, 以爲擧主的賞罰. 所擧的賢, 與之同賞; 所擧的不肖, 與之同罰. 所以那時縣令, 多是稱職, 而百姓皆受其惠, 以成開元之治. 今之知縣, 卽是古之縣令, 欲天下治安, 不可不愼重此官也.

【文·考】 당시 시험은 문장으로 對策을 지어 자신의 계획을 밝히는 '文'과 어떠한 사안이 발생하였을 때 이를 어떻게 처리할 것인가를 대답하는 '考'의 두 가지 유형을 함

께 보았음을 알 수 있음.

【開元之治】開元은 唐 玄宗이 즉위하여 사용했던 연호(713~741). 산업이 발전하고 경제가 번창하여 戶口가 唐初에 비해 무려 네 배나 늘었다 함. 이 시기 발전을 두고 '개원지치'라 함.

【知縣】明淸 때는 '縣令'을 '知縣'이라 하였음. '그 縣에 대하여 소상히 알아 행정을 편다'는 뜻임.

참고 및 관련 자료

1. ≪舊唐書≫(88) 韋思謙傳(韋濟)

濟, 早以辭翰聞. 開元初, 調補鄚城令. 時有人密奏玄宗曰:「今歲吏部選敍太濫, 縣令非材, 全不簡擇」及縣令謝官日, 引入殿庭, 問安人策一道, 試者二百餘人, 獨濟策第一, 或有不書紙者. 擢濟爲醴泉令, 二十餘人還舊官, 四十五人放歸習讀, 侍郎盧從愿・李朝隱貶爲刺史.

2. ≪新唐書≫(116) 韋思謙傳(韋濟)

濟, 開元初, 調鄚城令. 或言吏部選縣令非其人, 旣衆謝, 有詔問所以安人者, 對凡二百人, 惟濟居第一, 不能對者悉免官. 於是擢濟醴泉令, 侍郎盧從愿・李朝隱並貶爲刺史.

3. ≪資治通鑑≫(211) 唐紀(27)

或言於上曰:「今歲選敍大濫, 縣令非才」及入謝, 上悉召縣令於宣政殿庭, 試以理人策. 惟鄚城令韋濟詞理第一, 擢爲醴泉令, 餘二百餘人不入第, 且令之官, 四十五人放歸學問. 吏部侍郎盧從愿左遷豫州刺史, 李朝隱左遷滑州刺史. 從愿典選六年, 與朝隱皆名稱職.

청간산조(聽諫散鳥)
당(唐) 현종(玄宗)

간언을 듣고 새를 풀어 준 당 현종

당(唐)나라 때 역사 기록이다.

현종이 사람을 강남으로 파견하여 그곳의 해오라기(鵁鶄), 비오리, 뜸부기 등을 잡아 이를 궁중 동물원에 풀어 놓았다. 그 사신들이 이르는 지역에서는 이를 충당하느라 번거로움에 소동이 벌어졌다.

변주자사(汴州刺史) 예약수(倪若水)가 이를 보고 상소문을 올렸다.

"지금 농사와 누에치기에 한창 바쁜 시기인데 새를 포획하여 수륙으로 옮기고 있습니다. 길가에서 이를 본 사람들이 어찌 폐하께서는 사람은 천하게 여기면서 새는 귀하게 여긴다고 생각하지 않겠습니까?"

현종은 손수 칙서를 써서 사과하고 그 새들을 모두 풀어 놓아주었다.

唐史紀: 玄宗嘗遣人詣江南, 取鵁鶄・鸂鶆, 欲置苑中, 所至煩擾.

汴州刺史倪若水上言:「今農桑方急, 而羅捕禽鳥, 陸水轉送, 道路觀者, 豈不以陛下爲賤人而貴鳥乎?」

玄宗手敕謝之, 縱散其鳥.

【聽諫散鳥】 간언을 듣고 수집하던 새들을 풀어 놓아줌.
【江南】 지금의 南京, 江蘇省 일대.
【鵁鶄】 물새. 해오라기의 일종. '池鷺'라고도 부름.
【鸂鶆】 모두 오리과의 물새로 비오리와 뜸부기. ≪新唐書≫에는 '溪鵡拭鵡'으로 표기되어 있음.
【汴州】 지금의 河南 開封 일대.
【倪若水】 唐代 恒州 藁城(지금의 河南 藁城) 사람으로 開元 초 中書舍人, 尙書右丞을 거쳐 汴州刺史가 됨. 開元 4년 당 현종이 江南의 물새들을 모아 오도록 하여 이들이 汴州를 지날 때 尙書를 올려 중지시킴. 뒤에 戶部侍郞에 오름. ≪舊唐書≫(185) 良吏傳과 ≪新唐書≫(128)에 전이 있음.

直解(白話文)

당나라 때의 역사 기록이다.

현종이 일찍이 사신을 강남 지방으로 파견하여 해오라기, 비오리, 뜸부기 등 물새를 잡아 와 이를 동물원에서 기르며 마음껏 즐기고 있었다. 당시 사신이 이르는 곳이라면 백성은 그 괴로움과 피해를 이겨 낼 수가 없었다.

그러자 변주자사 예약수가 글을 올려 이렇게 간하였다.

"지금 강남 백성들은 의식도 부족하여 과반수가 기한에 떨면서 바야흐로 농사와 뽕 따기에 매달려 경직(耕織)을 가장 급한 일로 여기고 있습니다. 그런데 조정에서는 그들로 하여금 물새를 잡으라 하고 이를 수륙을 통해 옮기고 있습니다. 멀리 서울까지 이르면서 백성들에게 그 부담과 고통을 지워 지방을 시끄럽게 하고 있습니다. 그들이 지나는 길가에서 이를 본 사람들이 폐하께서는 백성의 목숨은 가볍게 보면서 물새 따위는 중시하니 어찌 사람은 천하게, 그리고 새는 귀하게 여긴다고 생각하지 않겠습니까? 무슨 까닭으로 급하지도 않은 이런 일을 벌이시고, 아무런 이익도 되지 않는 이런 물건을 좋아하셔서 임금의 성덕에 손상을 입히고 계십니까?"

현종은 예약수의 이 말을 듣고 마음 깊이 자신의 뜻과 같다고 여겨 즉시 직접 칙서를 써서 한마디로 사과하였다. 그리고 그 새들을 풀어 주고 다시는 이들을 포획하지 않도록 하였다.

일찍이 듣건대 옛날 소공(召公)이 무왕(武王)에게 "요상한 물건을 귀히 여기지 않고, 일상 쓰는 물건을 천하게 여기지 않으면 백성들은 풍족하게 된다"라 하였고, 이어서 "진기한 날짐승이나 기이한 길짐승을 나라 안에서 기르지 않는다"라 하였다.

소공(姬奭)

　임금이 좋아하고 숭상하는 것은 깊이 헤아리지 않으면 안 된다.
　현종은 새를 좋아하여 새들이 거의 황폐해질 정도에 이르렀지만 일단 예약수의 말을 듣고 즉시 이들을 놓아주도록 하였으니 가히 간언을 듣기를 물 흐르듯이 했다고 할 수 있다. 그러나 단지 새에 관한 사건뿐만 아니라 무릇 임금이 어떤 한 물건을 좋아하게 되면 즉시 그 지역이 피해를 입게 된다. 대체로 관리들은 임금의 뜻을 받든다는 명분으로 임금이 하나를 손으로 가리키면 이를 기회로 열 가지를 긁어낸다. 그리하여 그렇게 모아들인 것 중 반은 공가(公家)로 들어가고 반은 자신의 사사로운 자루 속으로 들어가며, 심지어 준엄한 형벌을 씌워 재촉하고 가혹하게 뒤흔들어 백성들은 아들딸을 팔고 가산을 탕진하는 지경에 이르게 되니 그 피해를 가히 말로 할 수 있겠는가!

오직 임금이 맑은 마음으로 욕심을 줄여 단 한 가지도 좋아하는 것이 없이 하고 다만 백성들이 바치는 공평한 부세(賦稅)만 사용한다면 백성들은 모두가 휴식을 얻을 수 있어 천하는 저절로 태평하게 될 것이다.

唐史上記: 玄宗嘗遣使臣往江南地方, 采取鵁鶄·鸂鶒等水鳥, 畜養於苑中, 以恣觀翫. 時使臣所到的去處, 百姓每不勝擾害.

有汴州刺史倪若水上書諫說:「如今江南百姓, 衣食不足, 飢寒過半, 方務農採桑, 以耕織爲急. 而朝廷之上, 乃使之羅捕禽鳥, 水陸轉運, 遠至京師, 負累小民, 騷擾地方. 那路上人看見的, 豈不說陛下輕視民命, 重視禽鳥, 爲賤人而貴鳥乎? 何故爲此不急之務, 好此無益之物, 以虧損聖德也?」

玄宗一聞若水之言, 深合於心, 卽發手敕一道謝之. 因縱散其鳥, 不復採捕.

嘗聞召公之訓武王曰:『不貴異物賤用物, 民乃足.』

又曰:『珍禽奇獸, 不育於國.』

人主之好尙, 不可不審也.

玄宗愛鳥, 近於禽荒, 一聞若水之言, 卽命散之, 可謂從諫如流矣. 然不但禽鳥一事, 但凡人主喜好那一件物, 卽爲地方之害. 蓋官吏奉承, 指一科十, 半入公家, 半充私橐, 甚至嚴刑峻罰, 催督苛擾, 百姓每至於鬻兒賣女, 傾家蕩産, 其害可勝言哉! 惟人主淸心寡慾, 一無所好, 只着百姓每納他本等的賦稅, 則黎元皆得休息, 天下自然太平矣.

【百姓每】'百姓們'의 당시 표기. '每'는 현대 백화어의 '們'과 같음.

【召公】周나라 文王의 아들 姬奭. 뒤에 燕나라에 봉해져 시조가 됨. ≪史記≫ 燕召公世家 참조.

【不貴異物】≪尙書≫ 周書 旅獒의 구절. "不作無益害有益, 功乃成; 不貴異物賤用物, 民乃足. 犬馬, 非其土性不畜; 珍禽奇獸, 不育于國. 不寶遠物, 則遠人格, 所寶惟賢, 則

週人安"이라 함.
【鬻兒賣女】 관리들의 가혹한 요구에 맞추기 위해 자신의 아들딸을 팔아 그 돈으로 충당함.
【黎元】 '黎'는 '검다', '元'은 '머리'의 뜻. 즉 '머리가 검은 사람'. '黔首'와 같음. 일반 백성을 뜻함.

참고 및 관련 자료

1. ≪舊唐書≫(185 下) 良吏傳(倪若水)

四年, 玄宗令宦官往江南採鵁鶄等諸鳥, 路由汴州. 若水知之, 上表諫曰:「方今九夏時忙, 三農作苦, 田夫擁耒, 蠶婦持桑. 而以此時採捕奇禽異鳥, 供園池之玩, 遠自江嶺, 達於京師, 水備舟船, 陸倦擔負, 飯之以魚肉, 間之以稻粱. 道路觀者, 豈不以陛下爲賤人貴鳥也? 陛下方當以鳳皇爲凡鳥, 麒麟爲凡獸, 卽鵁鶄·鸂鶒, 曷足貴也? 陛下昔潛龍藩邸, 備歷艱虞. 今氛祲廓淸, 高居九五, 玉帛子女, 充於後庭; 職貢珍奇, 盈於內府, 過此之外, 復何求哉? 臣承國厚恩, 超居重任. 草芥賤命, 常欲殺身以効忠; 葵藿微心, 常願瀝肝以報主. 瞻望庭闕, 敢布腹心, 直言忤旨, 甘從鼎鑊.」手詔答曰:「朕先使人取少雜鳥, 其使不識朕意, 採鳥稍多. 卿具奏其事, 辭誠忠懇, 深稱朕意. 卿達識周材, 義方敬直, 故輟綱轄之重, 委以方面之權. 果能閑邪存誠, 守節彌固, 骨鯁忠烈, 遇事無隱. 言念忠讜, 深用嘉尉. 使人朕已量事決罰, 禽鳥並令放訖. 今賜卿物四十段, 用答至言.」尋入拜戶部侍郎. 七年, 復授尙書右丞卒.

2. ≪新唐書≫(128) 倪若水傳

玄宗遣中人捕鵁鶄·溪鸂南方, 若水上言:「農方田, 婦方蠶, 以此時捕奇犽爲園御之玩, 自江嶺而南, 達京師, 水舟陸齎, 所飼魚蟲·稻粱. 道路之言, 不以賤人貴鳥望陛下邪?」帝手詔褒答, 悉放所玩, 譎使人過取罪, 而賜若水帛四十段.

3. ≪資治通鑑≫(211) 唐紀(27)

上嘗遣宦官詣江南取鵁鶄·鸂鶒等, 欲置苑中, 使者所至煩擾. 道過汴州, 倪若水上言:「今農桑方急, 而羅捕禽鳥以供園池之翫, 遠自江·嶺, 水陸傳送, 食以粱肉. 道路觀者, 豈不以陛下賤人而貴鳥乎? 陛下方當以鳳凰爲凡鳥, 麒麟爲凡獸, 況鵁鶄·鸂鶒, 曷足貴也!」上手敕謝若水, 賜帛四十段, 縱散其鳥.

057(上-57)

담병석복(啗餠惜福)
당(唐) 현종(玄宗)

떡을 먹으면서 복을 아낀 당 현종

당(唐)나라 때 역사 기록이다.

숙종(肅宗)이 태자였을 때 한번은 아버지 현종의 식사를 모시게 되었는데 그때 양 다리 고기가 있었다. 임금이 태자를 돌아보며 이를 먹기 좋게 자르도록 하였다.

숙종은 이윽고 이를 자른 다음 그 나머지 고깃점이 잔뜩 묻은 칼을 떡으로 깨끗이 닦는 것이었다. 임금은 이를 자세히 보다가 떡으로 닦는 것을 못마땅하게 여겼다.

그런데 숙종이 천천히 그 떡을 들어 자신이 먹는 것이었다. 임금은 크게 기꺼워하며 태자에게 이렇게 말하였다.

"복이란 의당 이처럼 아껴 누려야 하는 것이란다!"

唐史紀: 肅宗爲太子, 嘗侍膳, 有羊臂臑.

上顧太子使割, 肅宗旣割, 餘汚漫刃, 以餅潔之, 上熟視不懌.

肅宗徐擧餅啗之, 上大悅, 謂太子曰:「福當如是愛惜!」

【啗餅惜福】 떡으로 고기 살점을 닦아 먹으며 복을 아낌.

【肅宗】 당나라 7대 황제. 玄宗(李隆基)의 셋째 아들이며 현종이 天寶 14년(755) 安祿山의 난으로 四川(成都)으로 피난하였을 때 太子로서 靈武(지금의 寧夏)에서 제위를 물려받고 아버지를 太上皇으로 높임. 이름은 李亨(711~762). 756년~762년 재위.

【羊臂臑】 양 다리 고기. 어깨 아래부터 팔에 해당하는 부위. 가장 맛있는 부위라 함. 解文 夾註에 "臂小節間肥肉也"라 함.

直解(白話文)

당나라 때의 역사 기록이다.

숙종이 태자였을 때 일찍이 궁궐에서 친히 부황(父皇) 현종을 모시고 식사를 올리고 있었다. 대체로 식사를 모시면서 문안을 여쭙는 것은 태자로서의 예절이었다.

그 자리에 한 덩어리의 양 다리 고기가 올라와 있었다. 현종이 이를 먹으려고 태자 숙종을 돌아보며 그로 하여금 직접 이를 자르도록 하였다. 숙종은 아버지의 명령에 따라 칼로 이를 잘랐다. 그런데 칼날에 양고기 기름이 잔뜩 묻어나자 떡을 하나 집어 칼을 그 떡으로 깨끗이 닦았다. 현종은 먹는 떡으로 칼을 씻는 것이 아깝다고 여겨 그를 자세히 지켜보면서 못마땅한 표정을 짓고 있었다.

그런데 숙종은 조용히 그 떡을 들어 자신의 입에 넣는 것이었다. 감히 이를 버리지 않았다.

현종은 그제야 크게 기꺼워하며 드디어 숙종에게 이렇게 말하였다.

"무릇 사람의 복록이란 한계가 있단다. 응당 이처럼 아껴 누려야 하는 것이란다!"

대체로 천자로부터 서민에 이르기까지 복이란 비록 크고 작음은 있으나 모두가 이를 억제하고 아껴 써야 오래갈 수 있다. 그러나 갑자기 다 써 버리거나 흐드러지게 소비해 버리면 반드시 단시간에 없어지고 만다. 이는 비유하건대 우물물이나 샘물은 천천히 길어 쓰면 무궁하여 계속 써도 다함이 없지만 만약 급히 나서서 이를 다 퍼 올린다면 경각(頃刻) 사이에 즉시 다 말라 버리고 마는 것과 같다. 그러므로 자고로 성스럽고 현명한 군주는 비록 그 몸의 지위가 높아 구중궁궐에 살며 부유하기는 사해(四海)를 다 가지고 있어도 항상 옷은 잘 세탁한 것이면 되었고, 진기한 맛은 입에 대지 않았으며 자신을 모시기 위한 물건은 줄이고 덜어 백성의 힘듦을 안타까워하며 그들을 길렀던 것이다. 그 때문에 자신의 수명도 길었고 국가의 운명도 길이 이어져 갈 수 있었다.

저 제(齊)나라 후주(後主) 소보권(蕭寶卷)이나 수(隋)나라 양제(煬帝) 양광(楊廣) 같은 무리들은 만백성의 고혈을 다 짜서 자신 한 사람에게 바치게 하면서도 그것으로 부족하면 어쩌나 하였다. 그리하여 하루아침에 그 복록이 다하여 자신은 죽고 나라는 망하는 꼴을 당하였으니 어찌 슬픈 일이 아니겠는가!

당 현종이 말한 '복은 아껴야 한다'는 뜻의 '석복(惜福)' 두 글자는 진실로 만세 임금이 귀감으로 삼아야 할 말이다.

唐史上記: 肅宗爲太子時, 曾在宮中親侍他父皇玄宗進膳. 蓋問安侍膳, 乃太子之禮也. 那席間有一塊羊臂臑, 玄宗欲食之, 顧視肅宗, 着他親自割切.

肅宗承命, 就用刀割切了. 因刀刃上有些羊脂污漫, 取一塊餅, 將刀揩得潔淨.

玄宗見餅乃食物, 而以之拭刀爲可惜, 注目看着他, 有不悅之色.

肅宗從容擧起那餅, 放在口中喫了, 不敢抛棄. 玄宗方纔大喜, 遂對肅宗說道:「凡人福祿有限, 應當如此愛惜!」

大抵自天子以至庶人, 福分雖有大小, 然皆以撙節愛惜而得長久, 暴殄糜費,

必致短促. 譬之井泉, 徐徐汲取, 則其來無窮, 用之不盡; 若頓行打汲, 則頃刻之間, 立見其乾竭矣. 所以自古聖賢之君, 雖尊居九重, 富有四海, 而常服浣濯之衣, 不食珍奇之味, 減省服御, 愛養民力. 故得壽命延長, 國祚綿遠.

彼齊後主・隋煬帝之流, 竭萬民之膏血, 以供一人之欲, 如恐不足, 一旦福窮祿盡, 身喪國亡, 豈不可悲也哉!

唐玄宗惜福二字, 誠萬世人主之龜鑑也.

【侍膳】 식사를 모심.
【着他】 "그로 하여금 ~하도록 하다(시키다)"의 構文. '着'은 '使, 敎, 讓, 俾, 叫, 令' 등 使役形 助動詞로 쓰였음. 明代 白話語의 한 유형임.
【從容】 疊韻連綿語. 한국어에서 '조용히'로 바뀜.
【喫】 백화어 '吃'. '먹다'의 뜻.
【福分】 '福祿'과 같음.
【撙節愛惜】 억제하고 절약하며 아깝게 여기며 아껴 사용함. '暴殄糜費'의 상대어.
【暴殄糜費】 갑자기 모두 다 써 버리고 흐드러지게 허비함. '撙節愛惜'의 상대어.
【頓行打汲】 아주 급하게 이를 모두 다 퍼냄. '打'는 代動詞.
【頃刻】 아주 짧은 시간.
【齊後主】 남조 齊나라 東昏侯 蕭寶卷(483~501). 南齊 제6대 군주로 재위 기간(499~501) 동안 흉포한 짓을 저질러 결국 部將 蕭衍(梁 武帝)에게 망함.
【隋煬帝】 楊廣(569~618). 隋 文帝(楊堅)의 아들로 隋나라 2대 군주. 재위 기간(604~618) 동안 토목공사를 일으키고 사치를 극에 달하게 부리다가 大業 7년(611) 농민 폭동이 일어났으며 大業 14년(618) 江都에서 귀경하기를 거부하며 주색에 빠졌을 때 결국 部將 宇文化及에 의해 살해되고 말았음.

참고 및 관련 자료

1. 唐, 李德裕 ≪次柳氏舊聞≫에 실려 있음.

소리련구(燒梨聯句)
당(唐) 숙종(肅宗)

배를 익혀 시를 지어 올린 당 숙종

당(唐)나라 때 역사 기록이다.

숙종(肅宗)이 처사 이필(李泌)을 형산(衡山)에서 궁궐로 불러 만나 보았다. 그가 이르자 내정(內庭)에 숙소를 정해 주었다. 그리고 밤에 화롯불 가에 앉아 배 두 개를 구워 이필에게 주었다. 이때 영왕(穎王)은 총애를 믿고 자신에게도 배를 달라고 칭얼거렸지만 숙종은 허락하지 아니하고 이렇게 말하였다.

"너는 고기를 배부르게 먹는다. 그러나 선생께서는 곡식조차 끊으셨으니 어찌 그런 분과 다투려 드느냐?"

당시 여러 왕들이 연구(聯句) 짓기를 청하자 영왕이 이렇게 읊었다.

"선생께서는 연세가 얼마나 되셨기에 얼굴색이 어린아이 같습니까?"

이번에는 신왕(信王)이 받았다.

"밤에는 구선(九仙)의 뼈를 베고 주무시는 도사요, 아침에는 일품의 옷을 걸치는 귀한 신분이십니다."

또 어떤 왕이 이어받았다.

"천자의 천종 속 봉록은 먹지 않으시면서 오직 배 두 개는 잡수시는구려."

마지막으로 임금이 읊었다.

"하늘이 이러한 훌륭한 신하를 내리셨으니 나를 도와 무위의 치도를 실천해 봅시다."

뒤에 숙종이 장안과 낙양 두 서울을 수복할 때 이필의 책략이 아주 많았다. 이필은 덕종(德宗) 때 재상에 올랐으며 당시 사람들은 그를 장량(張良, 子房)에 비유하였다.

唐史紀: 肅宗召處士李泌于衡山, 至, 舍之內庭. 嘗夜坐地爐, 燒二梨以賜李泌, 穎王恃寵固求, 上不許曰:「汝飽食肉, 先生絶粒, 何爭耶?」

時諸王請聯句, 穎王曰:「先生年幾許, 顏色似童兒?」

信王曰:「夜枕九仙骨, 朝披一品衣.」

一王曰:「不食千鍾粟, 惟湌兩顆梨.」

上曰:「天生此間氣, 助我化無爲.」

後肅宗恢復兩京, 泌之策爲多. 至德宗時拜相, 時人方之張子房.

【燒梨聯句】배를 구워 처사 李泌을 대접하며 聯句를 지어 稱誦함.
【處士】벼슬에 나서지 않으면서 고고한 학식과 덕을 가진 선비.
【李泌】자는 長源(722~789). 그 선조는 遼東 襄平(지금의 遼陽) 사람. 뒤에 京兆(長安)로 옮겨 살았으며 唐 玄宗 天寶 때 太子供奉이 됨. 楊國忠의 모함을 입자 벼슬을 버리고 名山을 돌아다님. 肅宗이 즉위하여 그를 궁중으로 불러 銀靑光祿大夫로 삼음. 그러나 다시 湖南 衡山으로 은거하였으며 代宗 때 檢校郎中, 杭州刺史를 지냈고 德宗 때 中書侍郎, 平章事에 오름. 鄴縣侯에 봉해짐. ≪舊唐書≫(130)와 ≪新唐書≫(139)에 전이 있음.
【衡山】중국 五嶽의 하나이며 南嶽에 해당하는 湖南省에 있는 산. 이필이 은거하고 있던 곳.
【燒梨】배는 보통 날것으로 먹는 것이나 당시 이를 익혀 먹은 것으로 보임.
【潁王】李璬 玄宗의 13째 아들. 독서를 좋아하여 文辭에 능하였으며 開元 13년 潁王에 봉해짐.
【絶粒】道家에서 곡류를 끊고 수행하는 것. 이필이 도가에 심취해 있음을 말한 것.
【聯句】賦詩를 각 한 문장씩 지어 이를 합하여 한 篇을 완성하는 것. 본문의 네 구절 "先生年幾許, 顔色似童兒? 夜枕九仙骨, 朝披一品衣. 不食千鍾粟, 惟湌兩顆梨, 天生此間氣, 助我化無爲"가 한 수의 시로 완성됨.
【信王】李瑝. 당 현종의 21째 아들. 처음 이름은 李沔. 개원 23년 信王에 봉해짐.
【九仙骨】도인으로서 아주 높은 경지의 신선의 몸을 말함. 이러한 몸으로 잠을 자지만 낮의 현실 세계에서는 황제를 친구로 둔 귀한 사람임을 말함.
【一王】구체적으로 汴王 李璬을 가리킴. 현종의 30째 아들로 개원 25년 汴王에 봉해졌음. 그러나 이 일은 肅宗이 즉위한 이후 이필을 부른 것으로 이때 변왕은 이미 죽고 없었다 함. ≪鄴侯家傳≫ 참조.
【千鍾粟】봉록이 아주 많은 높은 직위를 가리킴. '鍾'은 고대 용량의 단위로 흔히 6斛4斗를 1종이라 한다 함. 여기서는 임금이 주시는 높은 지위는 마다하면서 배 두 개 주는 것은 받아먹음을 말함.

【間氣】閑氣와 같음. 고대 五行을 人事에 맞추어 帝王의 氣를 正氣, 신하의 氣를 閑氣라 하였음. 여기서는 하늘이 이필 같은 훌륭한 신하를 내려 주셨다고 칭송한 것.
【恢復兩京】安史의 난으로 玄宗이 蜀(四川 成都)으로 피난하였고 肅宗이 즉위한 뒤 곧바로 長安과 洛陽을 수복하였음.

直解(白話文)

당나라 때의 역사 기록이다.

처사 이필은 도사로 돌아다니며 숭산(嵩山)에 은거하고 있었다. 일찍이 숙종을 동궁(東宮)에서 모신 적이 있었다. 숙종이 즉위하자 사람을 각지로 파견하여 그를 찾아보도록 하여 형산에서 그를 찾아낼 수 있었다. 이윽고 그가 궁궐로 오자 그를 빈우(賓友)의 예로 대접하며 찾아보고 자문을 구하기 편하도록 그를 내전에 거주하도록 하였다. 그러던 어느 추운 겨울 밤, 숙종은 화롯가에 앉아 스스로 두 개의 배를 구워 이필에게 주었다. 그런데 영왕이 어린 나이에 숙종의 총애를 믿고 배를 제가 먹겠다고 칭얼대는 것이었다. 숙종은 주지 않으면서 이렇게 말하였다.

"너는 하루 종일 배부르게 고기 맛을 보고 있다. 선생님께서는 곡식도 끊고 불에 익힌 음식은 입에 대지도 않는단다. 그 때문에 내가 이 배를 드리는 것인데 어찌 그런 것을 두고 다투느냐?"

영왕은 이에 그쳤다.

이때 여러 왕들이 연시(聯詩)를 지어 이필에게 드리기로 하였다. 먼저 영왕이 한 연을 읊었다.

"先生年幾許, 顔色似童兒?"

이는 '이필이 나이가 얼마나 되었기에 얼굴색이 아름다워 마치 어린 동자와 같은가'의 뜻으로, 이는 도를 닦고 몸을 잘 보양하여 보통 사람과 다름을 찬미한 것이다.

다음으로 신왕이 다음 구절을 이었다.

"夜枕九仙骨, 朝披一品衣."

이는 '이필이 밤에는 구선의 뼈를 베개 삼아 베고 잠을 자지만 낮이 되면 아주 귀한 의복을 입은 사람임'을 뜻하는 것으로, 그가 은일(隱逸)하고 있지만 아침이 되어 낮이 되면 지극히 존귀한 사람임을 찬미한 것이다.

다시 어떤 한 왕이 다음 구절을 이었다.

"不食千鍾粟, 惟湌兩箇梨."

이는 '이필이 재상의 지위를 고집스럽게 사양하여 천종의 봉록을 받지 않겠다고 하면서, 오늘 밤 임금이 주는 두 개의 배는 받아 잡수신다'는 뜻으로 그의 고상한 뜻을 찬미한 것이다.

이에 숙종이 이를 모아 마지막 구절을 완성하였다.

"天生此間氣, 助我化無爲."

이는 '이필은 비범한 사람으로서 하늘의 간기(間氣)에 의해 태어나신 분이니 나를 도와 무위지화(無爲之化)를 이루게 될 것임'을 말한 것이다.

그 뒤 숙종은 장안과 낙양을 수복하고 안사의 난을 평정하였으며 그때 이필의 모책이 많은 작용을 하였다. 덕종 대에 이르러 그는 재상이 되어 공과 업적이 더욱 드러났다. 당시 사람들은 그를 한나라 때 장자방에 비유하여 그를 신선재상(神仙宰相)으로 여겼다.

무릇 이필은 하나의 산인(山人)일 뿐인데 숙종은 그를 '선생'이라 부르고 '간기'라

당 덕종(李适)

칭하면서 심지어 배를 구워 내려 주었으니 이것이 소위 말하는 '천자로서 필부(匹夫)를 친구로 삼는다'는 말이다.

唐史上記: 處士李泌有道行, 隱居嵩山, 曾侍肅宗於東宮. 及肅宗卽位, 遣人各處求訪, 得之於衡山. 旣到, 待以賓友之禮, 就着他在內殿居住, 便於諮訪. 曾一寒夜, 肅宗坐地爐, 自燒兩箇梨以賜李泌. 穎王年幼, 倚着肅宗寵愛, 要這燒的梨喫. 肅宗不肯與他, 說道:「你終日飽食肉味, 先生休糧絶粒, 不喫煙火食. 故我以此梨賜之, 如何來爭?」

穎王乃止.

此時諸王因請聯詩以贈李泌, 穎王先倡一聯云:「先生年幾許, 顔色似童兒?」

說李泌年紀多少, 而顔色美好, 只如童子一般, 此美其有道養形, 異於常人也.

信王接一聯云:「夜枕九仙骨, 朝披一品衣.」

說李泌夜間則枕九仙的骨睡着, 晝間則穿一品極貴的衣服. 此美其以隱逸而兼尊貴也.

有一王又接一聯云:「不食千鍾粟, 惟飡兩箇梨.」

說李泌固辭相位, 不肯受千鍾俸祿, 惟今夜二梨之賜, 則受而食之. 此美其高尙之志也.

於是肅宗湊成末聯云:「天生此間氣, 助我化無爲.」

說李泌非是凡人, 乃上天間氣所生, 以助我成無爲之化也.

其後肅宗收復兩京平安史之亂, 李泌之謀策居多. 至德宗時爲宰相, 功業尤著. 時人把他比漢時張子房, 爲神仙宰相也.

夫李泌一山人爾, 而肅宗乃呼爲先生, 稱爲間氣, 至燒梨以賜之, 此所謂以天子而友匹夫者也.

【嵩山】중국 五嶽 중 中嶽에 해당하며 河南 登封에 있음. 少林寺와 少室山으로 유명.

【賓友之禮】숙종이 어릴 때였던 唐 玄宗 天寶 때 이필이 太子供奉이었으므로 그를 빈객인 동시에 친구로 대한 것임.

【着他】"그로 하여금 ~하도록 하다(시키다)"의 構文. '着'은 '使, 敎, 讓, 俾, 叫, 令' 등 使役形 助動詞로 쓰였음. 明代 白話語의 한 유형임.

【無爲之化】無爲而治와 같음. 아무런 작위 없이 천하를 태평하게 잘 다스림. 이필이 자신의 재상이 되어 주기를 바라는 말임.

【安史之亂】唐은 변방 이민족의 침략을 방어하기 위하여 節度使 제도를 마련, 현종 때 胡人 安祿山은 현종의 총애로 平虜, 范陽, 河東 三鎭의 절도사가 되어 황하 이북의 군정 대권을 차지하고 있었음. 현종이 양귀비에 빠져 국정이 어지러운 틈을 이용하여 안록산은 楊國忠을 제거한다는 명분으로 반란을 일으켜 순식간에 洛陽을 점거, 자칭 大燕皇帝라 하였으며 현종은 피신 도중 馬嵬坡(지금의 陝西 興平縣)에서 양귀비를 자결토록 하고 양국충을 죽인 다음 서쪽 蜀(지금의 四川 成都)으로 떠남. 안록산

이 長安까지 점령하자 현종은 제위를 아들 李亨에게 선양하였는데 이가 肅宗임. 숙종은 郭子儀, 李光弼 등을 장수로 삼고 回紇(지금의 위구르) 병사를 빌려 반격에 나섬. 이때 반란군 내부에 분규가 일어나 안록산은 아들 安慶緒에게 죽고, 部將 史思明은 조정에 투항함. 이 틈에 정부군은 안경서를 죽이고 장안과 낙양을 수복하여 일단락을 지음. 그러나 사사명이 다시 반란을 일으켜 낙양을 점령하고 역시 大燕皇帝를 자칭하였으나 곧바로 아들 史朝義에게 죽었으며 뒤에 사조의도 당군과 회흘군에게 쫓겨 자살함. 이 전란은 8년간 지속되었으며 역사적으로 이를 '安史之亂'이라 함.

【張子房】張良(?~B.C. 186). 자는 子房. 韓나라 출신으로 漢 高祖의 중요한 참모. 뒤에 留侯에 봉해졌으며 黃石公으로부터 兵法書를 받은 고사로도 유명함. ≪史記≫ 留侯世家 및 ≪漢書≫ 張良傳 참조.

【山人】산속에 은거하여 사는 은자.

【匹夫】벼슬 없는 하찮은 사람. '布衣'와 같음.

참고 및 관련 자료

1. 兩≪唐書≫에는 구체적으로 본 장의 내용이 실려 있지 않음.

2. ≪舊唐書≫(130) 李泌傳

　天寶末, 祿山構難, 肅宗北巡, 至靈武卽位, 遣使訪召. 會泌自嵩潁間冒難奔赴行在, 至彭原郡謁見, 陳古今成敗之機, 甚稱旨, 延致臥內, 動皆顧問. 必稱山人, 固辭官秩, 特以散官寵之, 解褐拜銀靑光祿大夫, 俾掌樞務. 至於四方文狀, 將相遷除, 皆與泌參議, 權逾宰相, 仍判元帥廣平王軍司馬事. 肅宗每謂曰: 「卿當上皇天寶中, 爲朕師友, 下判廣平王行軍, 朕父子三人, 資卿道義.」其見重如此.

3. ≪新唐書≫(139) 李泌傳

　肅宗卽位靈武, 物色求訪, 會泌亦自至. 已謁見, 陳天下所以成敗事, 帝悅, 欲授以官, 固辭. 願以客從. 入議國事, 出陪輿輦, 衆指曰: 「著黃者聖人, 著白者山人.」帝聞, 因賜金紫, 拜元帥廣平王行軍司馬. 帝嘗曰: 「卿侍上皇, 中爲朕師, 今下判廣平行軍, 朕父子資卿道義」云.

4. 李繁 ≪鄴侯家傳≫에도 실려 있음.

059(上-59)

불수공헌(不受貢獻)
당(唐) 헌종(憲宗)

공물이나 헌상품을 받지 않은 당 헌종

당(唐)나라 때 역사 기록이다.

헌종(憲宗)이 처음 즉위하였을 때 승평공주(昇平公主)가 곁에서 심부름할 여자들을 바쳤다.

헌종은 이렇게 말하였다.

"상황께서 받지 않았는데 짐이 어찌 감히 예를 위반하겠는가!"
그러고는 물러나게 하였다.
이번에는 형남 지역에서 나는 모구(毛龜)라는 기이한 거북을 바쳤다.
헌종은 이렇게 조서를 내렸다.
"짐은 길이 사리의 근본을 생각하여 왔다. 보물로 여기는 것이란 오직 어진 이를 얻는 것이다. 가화(嘉禾), 신지(神芝), 진금(珍禽), 기수(奇獸) 따위란 모두가 허상의 아름다움일 뿐이다. 그 때문에 ≪춘추(春秋)≫에는 상서로운 일 따위에 대해서는 기록을 하지 않았다. 지금 이후로는 다시 이런 것을 보고하지도 말고 진기한 물건 역시 나에게 바치지 말라!"

唐史紀: 憲宗初卽位, 昇平公主獻女口.
上曰:「上皇不受獻, 朕何敢違!」
遂却之.
荊南獻毛龜.
詔曰:「朕永思理本, 所寶惟賢, 至如嘉禾・神芝・珍禽・奇獸, 皆虛美爾, 所以≪春秋≫不書祥瑞. 自今勿復以聞, 其有珍奇, 亦毋得進!」

【不受貢獻】 공물이나 헌물을 받지 않음.
【憲宗】 唐 11대 황제 李純(778~820). 順宗(李誦)의 장자. 재위 805년~820년. 즉위 초에는 善政을 베풀어 ≪新唐書≫에 의하면 "憲宗剛明果斷, 自初卽位, 慨然發憤, 志平僭叛, 能用忠謀, 不惑群議, 卒收成功"이라 하였으나 뒤에 方士를 믿고 神仙術에 빠졌다가 환관에게 독살당함. 그 뒤로 당나라는 환관의 전횡 시기로 접어들게 됨.
【昇平公主】 代宗의 장녀. 夫馬都尉 郭曖의 아내. 憲宗 郭妃의 어머니이기도 함.
【女口】 심부름을 맡을 여자아이. 승평공주가 이러한 여자 15명을 축하의 의미로 바쳤음. ≪新唐書≫에는 15명, ≪資治通鑑≫에는 50명으로 되어 있음.

【上皇】 윗대의 황제. 헌종의 아버지는 順宗이었음.
【荊南】 荊州의 남쪽. 荊州는 고대 九州의 하나로 북쪽은 荊山, 남쪽은 衡山 일대. 湖廣行省에 속하였음.
【毛龜】 綠毛龜. 거북의 일종으로 초록색 털이 나 있어 상서롭게 여겼음.
【嘉禾·神芝】 '嘉禾'는 특별하게 자라 상서로움을 표현하는 吉祥의 벼 포기. '神芝'는 靈芝. 역시 瑞草로 여겼음. 이러한 현상이 나타나면 마치 그 시대가 태평인 양 조정에 즉시 보고하여 나라로부터 칭찬을 받고자 한 것을 말함.

直解(白話文)

당나라 때의 역사 기록이다.
헌종이 처음 제위에 오르자 승평공주가 부녀 15명을 후궁의 심부름하는 답응(答應)으로 삼도록 바쳤다.
헌종이 말하였다.
"부황께서 살아 계실 때 남의 공물이나 헌상품은 받지 않으셨다. 짐이 어찌 그 가르침을 감히 위배할 수 있겠는가?"
그리하여 이를 물리고 받지 않았다.
또 형남 지방에서 두 마리의 녹모구(綠毛龜)를 보내오자, 헌종은 받지 않으면서 다시 조서를 내려 이렇게 말하였다.
"짐은 길이 치도의 근본을 생각하여 왔다. 오직 어진 사람만을 보배로 여겨 이를 구해 능히 국가를 안정시키고 백성을 이롭게 하고자 하였다. 이를테면 가화, 영지, 진금, 기수는 모두가 한갓 귀와 눈을 즐겁게 하는 것일 뿐, 어느 하나 쓸모 있는 물건이 아니다. 그런데 어찌 족히 보배로 여기겠는가! 그 때문에 공자는 ≪춘추≫라는 책을 지으면서 결코 상서롭다는 사례에 대해서는 한 건도 기록하지 않았으니 바로 그것은 무익한 것이었기 때문이었다. 지금부터 천하의 유사(有司)들은 다시는 상서로운 일이 일어났다는 등의 보고는 하지 말 것이며, 진기한 새나 기이한 짐승, 이를테면 모구 따위의 물건 역시 궁궐로 바쳐 오는 것을 허락하지 말 것이니라!"

대체로 천하의 물건이란 항시 좋아하는 사람에게 모여들게 된다. 게다가 성색(聲色), 상서, 진기 이 세 가지 것은 더욱이 사람의 정으로 보아 쉽게 빠져들게 마련이다. 임금이 어떤 한 가지를 좋아하게 되면 사악하고 아첨하는 소인들이 드디어 그 틈을 노려 이를 던져 욕심의 한끝을 열도록 한다. 이를테면 제방이 한번 무너지면 다시는 막을 길이 없는 것과 같으니 마침내 그 마음이 고혹(蠱惑)한 지경에까지 이르러 정사가 황폐해지고 만다. 그리하여 자신의 몸을 망치고 국가를 전보시켜 버려도 이를 깨닫지 못하니 슬픈 일이 아니겠는가! 지금 현종은 즉위 초기에 즉시 일체를 거절하기가 이와 같았으니 그 높은 식견과 원대한 뜻은 진실로 일상의 만 가지 사례를 초월한 것이도다!

唐史上記: 憲宗初卽帝位, 昇平公主獻婦女十五人進宮答應.

憲宗說道:「我父皇在時, 不受人的貢獻. 朕何敢違其敎?」

遂却而不受.

又荊南地方獻兩箇綠毛龜, 憲宗又下詔書却之, 說道:「朕長思治道之本, 惟賢人爲可寶, 取其能安國家, 利百姓也. 至如嘉禾・靈芝・珍禽・奇獸, 徒爲耳目觀美, 都是無用之物, 何足寶乎! 所以孔子作《春秋》之書, 並不曾記一件祥瑞, 正以其無益也. 自今以後, 天下有司, 再勿以祥瑞奏聞, 其

당 헌종(李純)

有珍禽・奇獸, 如毛龜之類者, 亦不許進獻!」

蓋天下之物, 恒聚於所好, 而聲色・祥瑞・珍奇三件, 尤人情所易溺者. 人主一有所好, 則邪佞小人, 遂得以乘其隙而投之, 欲端一開, 辟之堤防潰決, 不可復塞, 終至於心志蠱惑, 政事荒怠, 亡身覆國而不悟, 可悲也哉! 今憲宗卽位之初, 卽能一切拒絶如此, 其高識遠志, 誠超出乎尋常萬萬矣!

【答應】女口. 明淸代 궁녀의 칭호. 가장 낮은 지위로 궁녀들의 심부름을 맡음.

참고 및 관련 자료

1. ≪舊唐書≫(14) 憲宗(上)

　　丙午, 昇平公主進女口十五人, 上曰:「太上皇不受獻, 朕何敢違! 其還郭氏.」庚戌, 荊南獻龜二, 詔曰:「朕以寡昧, 纂承丕業, 永思理本, 所寶惟賢. 至如嘉禾神芝, 奇禽異獸, 蓋王化之虛美也. 所以光武形於詔令, ≪春秋≫不書祥瑞, 朕誠薄德, 思及前人. 自今已後, 所有祥瑞, 但令准式申報有司, 不得上聞; 其奇禽異獸, 亦宜停進.」

2. ≪資治通鑑≫(236) 唐紀(52)

　　丙午, 昇平公主進女口五十人, 上曰:「太上皇不受獻, 朕何敢違!」遂卻之. 庚戌, 荊南獻龜二, 上曰:「朕所寶惟賢. 嘉禾·神芝, 皆虛美耳. 所以≪春秋≫不書祥瑞. 自今凡有嘉瑞, 但準令申有司, 勿復以聞. 及珍禽奇獸, 皆毋得獻.」

견사진휼(遣使賑恤)
당(唐) 헌종(憲宗)

사신을 파견하여 백성을 구제한 당 헌종

당(唐)나라 때 역사 기록이다.

헌종(憲宗) 4년(809), 남방에 가뭄과 기한이 들자 좌사낭중(左司郞中) 정경(鄭敬) 등을 강회(江淮), 양절(兩浙), 형호(荊湖), 양악(襄鄂) 등의 각 도 선위사(宣慰使)로 삼아 진휼(賑恤)하도록 명하였다.

이들이 장차 떠날 때 헌종은 이렇게 경계의 부탁을 하였다.

"짐은 궁중에서 비단 한 필을 사용할 때에도 그 수를 모두 장부에 기록하지만 다만 백성을 진휼하는 일이라면 그 비용을 계산하지 아니하고 있다오. 경들은 이러한 나의 뜻을 이해하시어, 반맹양(潘孟陽)이 술이나 마시고 산천이나 유람하던 그런 행동을 흉내 내지 않기를 바랄 뿐이오."

唐史紀: 憲宗四年, 南方旱飢, 命左司郎中鄭敬等, 爲江淮·兩浙·荊湖·襄鄂等道宣慰使, 賑恤之.

將行, 上戒之曰:「朕宮中用帛一匹, 皆籍其數, 惟賙救百姓, 則不計費. 卿輩宜識此意, 勿效潘孟陽飮酒游山而已.」

【遣使賑恤】사신을 보내어 백성들의 가뭄 고생을 진휼함.
【左司郎中】尙書僕射의 하속 관리. 從五品의 벼슬.
【鄭敬】당시 宣慰使 임무를 맡은 사람. 左司郎中이었음.
【江淮】江南과 淮水 일대. 당시 지금의 山東 남부와 江蘇 북부에 심한 가뭄이 들었음.
【兩浙】浙東과 浙西. 지금의 浙江省 일대.
【荊湖】荊州와 湖北. 지금의 湖北省 일대.
【襄鄂】襄州와 鄂州. 지금의 安徽, 湖北 일대.
【宣慰使】唐 憲宗 때 淄平十二州에 宣慰使를 두어 가뭄으로 인한 그곳 백성들의 고통을 살피게 하였음. 非常時 임시로 임명하는 地方 巡察官.
【賙救】물품을 풀어 진휼하여 구제함.
【效】본받음. 흉내를 냄. 따라 함.
【潘孟陽】大曆 말 右庶子를 지냈으며 永貞 원년(805) 8월 憲宗이 즉위하여 度支兼鹽鐵轉運副使로서 江淮 지역을 宣慰하고 아울러 민정을 시찰하도록 보냈으나 데리고 간 3백여 명과 賓客을 불러 음주로 시간을 보내기만 하였음. 元和 원년(806) 3월 조정으로 돌아오자마자 파면되었음. ≪舊唐書≫(162)와 ≪新唐書≫(160)에 전이 있음.

直解(白話文)

당나라 때의 역사 기록이다.

헌종 4년, 남방에 큰 가뭄이 들어 백성들이 주림에 허덕이게 되자 헌종은 좌사낭중 정경 등에게 명하여 강회, 양절, 형호, 양악 등 각 도의 선위사로 삼아 각기 나뉘어 주린 백성을 진휼하도록 하였다. 정경 등이 임금의 명을 받들고 장차 떠나려고 임금에게 인사를 하게 되었다.

그러자 헌종은 이들에게 이렇게 경계하였다.

"짐은 궁중에서 물건을 사용할 때면 비록 하찮은 비단 한 조각일지라도 반드시 그 숫자를 기록하고 있소. 그러면서 오직 낭비하면 어쩌나 하지만 다만 백성을 진휼하는 일이라면 그 수를 계산하지 아니하고 비록 그 비용이 많이 든다 해도 조금도 아깝다는 생각이 들지 않는다오. 대체로 백성의 목숨이 중요한 것이라 여겨 반드시 백성들에게 혜택이 돌아가도록 하면 그뿐, 창고가 차고 비고 하는 것에 대해서는 계산할 겨를이 없었기 때문이었소. 경들은 이번 행차에 의당 짐의 이러한 뜻을 잘 체득하시어 그 기황(飢荒)에 허덕이는 곳에 가시거든 그곳의 심한 정도를 잘 헤아려 호구를 정확히 조사하고, 그에 맞추어 식량을 풀고 배급하되 반드시 백성들로 하여금 개개인이 모두 실제로 혜택을 받도록 해야 할 것이오. 만약 지난번에 파견하였던 반맹양이 저지른 것처럼, 그곳에 가서 그저 술이나 마시고 산천이나 유람하면서 백성을 진휼하는 일은 남에게 맡긴 채, 조정이 백성을 사랑하는 뜻은 전혀 몸으로 느끼지도 않고 자신이 위임받은 업무에 깊이 위배되는 일을 한 예를, 그대들은 절대로 흉내 내어서는 안 될 것이오!"

대체로 나라는 백성에 의지해서 존재하는 것이며 백성은 먹을 것을 의지해 살아가는 것이다. 백성에게 기황이 들도록 해 놓고 이를 진휼하지 않는다면 죽어 가는 자는 진실로 많아질 것이며 그렇게 되면 민심도 역시 떠나가고 말 것이다! 그렇게 되면 장차 어떻게 나라를 다스리겠는가?

헌종은 이러한 것을 보았기에 그 때문에 자신을 봉양하는 일은 박하게 하였고 백성을 구제하는 일에는 후하게 하였으니 가히 재물을 쓰는 도리를 아는 자였으며 나라를 지켜 내는 근본을 터득한 사람이라 할 수 있을 것이다! 그러한 임금은 당나라의 영명한 군주가 되기에 마땅하였도다!

唐史上記: 憲宗四年, 南方大旱, 百姓飢荒. 憲宗命左司郞中鄭敬等, 爲江淮·兩浙·荊湖·襄鄂等處, 各道宣慰使之官, 分頭去賑濟飢民. 鄭敬等奉命將行, 辭朝.

憲宗戒諭他說:「朕於宮中用度, 雖一帛之微, 必登記其數. 惟恐浪費, 獨於賙濟百姓, 則不計所費, 雖多弗惜. 蓋以民命爲重, 必使百姓受惠, 而庫藏盈縮, 所以不

暇計也. 卿等此行, 宜體朕此意, 凡所至飢荒之處, 務要量其輕重, 備查戶口, 逐一散給, 必使百姓每箇箇都霑實惠纔好. 若前此所遣潘孟陽, 出去只飮酒游山, 而以賑濟委之他人, 全不體朝廷愛民之意, 深負委託. 卿等切勿效之!」

蓋國依於民, 而民依於食. 使民有飢荒, 而不爲賑恤, 則死者固多, 而民心亦離散矣! 將何以爲國乎?

憲宗有見於此, 故薄於自奉, 而厚於恤民, 可謂知用財之道, 得保邦之本矣! 宜其爲有唐之令主也歟!

―――――

【盈縮】 창고의 물건이 가득 차는 것과 이를 풀어 써서 줄어드는 것.
【飢荒】 '饑荒'으로도 표기하며 흉년이 들어 굶주림에 허덕이는 것.
【賑濟】 진휼하여 구제함. '賙濟, 賑恤'과 같음.
【離散】 민심이 이반하여 흩어짐.

참고 및 관련 자료

1. ≪舊唐書≫(162) 潘孟陽傳
憲宗每事求理, 常發江淮宣慰使, 左司郎中鄭敬奉使, 辭, 上誡之曰:「朕宮中用度, 一匹已上皆有簿籍, 唯賑卹貧民, 無所計算. 卿經明行修, 今登車傳命, 宜體吾懷, 勿學潘孟陽, 奉使所至, 但務酣飲遊山寺而已.」其爲人主所薄如此!

2. ≪新唐書≫(160) 潘孟陽傳
其後左司郎中鄭敬宣慰江淮, 帝誡曰:「朕宮中用尺寸物皆有籍, 唯賑民無所計. 卿是行, 宜諭朕意, 毋若潘孟陽殫財費酣飲遊山寺而已.」

3. ≪資治通鑑≫(236) 唐紀(52)
辛酉, 遣度支·鹽鐵轉運副使潘孟陽宣慰江·淮, 行視租賦·榷稅利害, 因察官吏否臧, 百姓疾苦.

4. ≪資治通鑑≫(236, 237) 唐紀(52, 53)

潘孟陽所至, 專事遊晏, 從僕三百人, 多納賄賂; 上聞之, 甲辰, 以孟陽爲大理卿, 罷其度支·鹽鐵轉運副使.

061(上-61)

연영망권(延英忘倦)
당(唐) 헌종(憲宗)

연영전에서 공부에 심취하여 피곤함도 잊은 당 헌종

당(唐)나라 때 역사 기록이다.

헌종이 한번은 재상과 함께 연영전(延英殿)에서 다스림의 도를 토론하였는데 날이 저물도록 더위가 심하여, 옷이 땀으로 흠뻑 젖어 들었다. 재상이 임금이 지치고 피곤할 것이라 염려하여 그만 끝내고 궁궐로 돌아갈 것을 청하였다. 그러나 헌종은 그 자리에 머문 채 이렇게 말하였다.

"짐이 궁궐로 돌아가면 접촉하는 사람들이란 궁궐 사람들과 근신들뿐이오. 그 때문에 경들과 이렇게 있는 것이 즐겁소. 게다가 나라 다스림의 요체를 담론하니 더욱더 피곤한 줄 모르겠소."

唐史紀: 憲宗嘗與宰相, 論治道於延英殿, 日旰暑甚, 汗透御服. 宰相恐上體倦, 求退.

上留之, 曰: 「朕入宮中, 所與處者, 獨宮人近侍耳. 故樂與卿等, 且共談爲理之要, 殊不知倦也.」

―――――――

【延英忘倦】 延英殿에서 정치를 위한 토론을 하느라 피곤함도 잊음.
【延英殿】 궁궐 이름.
【日旰】 '旰'은 '간'으로 읽으며 이미 해가 기울었음을 말함.

直解(白話文)

당나라 때의 역사 기록이다.

헌종은 정치를 바르게 하고자 온갖 정성을 다 쏟았다. 한번은 재상과 함께 연영전에서 천하를 다스릴 이론을 강론하다가 해가 저물도록 궁궐로 돌아가지 않고 있었다. 날씨가 아주 더워 땀이 임금의 아끼는 포복(袍服)에 흠뻑 젖어 들었다. 재상 이강(李絳)과 배도(裵度)는 임금의 옥체가 고단하고 지칠까 하여 그만 그치고 돌아갈 것을 청하였다.

헌종은 그대로 머무르며 이렇게 말하였다.

"짐이 궁궐로 돌아가면 접촉하는 자라곤 궁녀나 좌우 근신들일 뿐이오. 어찌 당신들 같은 현사를 마주하여 이런 바른말을 들을 수 있겠소? 그래서 매일 그대들과 함께하는 것을 즐거워하는 것이며 게다가 치도의 중요한 업무를 함께 토론하니 심히 유익하기도 하지요. 피곤한 줄을 모른다오."

무릇 임금은 하루 일과에도 처리해야 할 일이 만 가지이다. 모름지기 늘 어진 신하를 접견하고 조용히 강론하여야 비로소 옳은 판단을 할 수 있다.

그 때문에 요순(堯舜) 때에는 임금과 신하가 한 몸이 되어 한 정당에서 '그렇다'고 의견을 모으기도 하고 또는 '문제가 있다'로 반대하기도 하였던 것이다. 문왕(文王)은 아침부터 해가 중천을 넘어 기울 때까지 식사할 겨를도 없어 만세를 두고 그를 성명(聖明)한 군주라 칭하는 것이다. 지금 헌종이 정사에 근면함이 이와 같았으니 역시 군도(君道)를 아는 자로서 능히 참란(僭亂)을 제거하고 평정하여 그들로 하여금 복속하게 하였으니 전대 임금보다 더욱 빛이 났다고 할 수 있으리라.

唐史上記: 憲宗勵精圖治, 嘗與宰相, 講論治天下的理論於延英殿, 直到日暮尙未還宮, 天氣又甚暑熱, 汗透了上所尙的袍服.

宰相李絳·裵度恐上御體勞倦, 因求退出.

憲宗留之, 說道: 「朕回到宮中, 所與相處者, 不過是宮女及左右近侍耳. 安得對賢士, 聞正言? 所以每日喜與卿等, 且共談論爲治的要務, 甚是有益, 不知疲倦也.」

夫人君一日之間, 事有萬幾. 須是常常接見賢臣, 從容講論, 方得停當.

所以堯舜之時, 君臣一體, 都兪吁咈于一堂之上. 文王自朝至于日中昃, 不遑暇食, 萬世稱爲聖明之君. 今觀憲宗之勤政如此, 亦可謂知君道者, 宜其能削平僭

亂, 所向歸服, 有光于於前烈也!

【李絳】 764년~830년. 趙郡 贊皇(지금의 河北 贊皇) 사람으로 貞元 때 진사에 올라 憲宗 초 監察御史, 翰林學士 등을 거쳐 元和 6년(811) 中書侍郞, 同中書門下平章事에 오름. 재임 기간 동안 藩鎭을 귀속시키는 등의 활약이 있었으며 직간을 잘하였음. ≪舊唐書≫(164)와 ≪新唐書≫(152)에 전이 있음.

【裴度】 765년~839년. 河東 聞喜(지금의 山西) 사람으로 貞元 때 진사에 합격하고 監察御史를 거쳐 御史中丞에 오름. 藩鎭의 난에 여러 차례 출정하여 공을 세워 門下侍郞, 宰相에 오름. 元和 12년(817) 蔡州를 평정하고 吳元濟를 사로잡았으며 이 공으로 晉國公에 봉해짐. ≪舊唐書≫(170)와 ≪新唐書≫(173)에 전이 있음.

【停當】 옳고 바른 판단. 정당한 일 처리. 連綿語임.

【都兪吁咈】 '都兪'는 원래 '그렇다(然)'로 '허가하다'의 뜻임. '吁咈'은 '동의하지 않음,

허가하지 않음'의 뜻. 모두 連綿語.
【僭亂】 질서를 뛰어넘어 혼란이나 난을 일으킴.

참고 및 관련 자료

1. ≪舊唐書≫(164) 李絳傳
　他日延英, 上曰:「朕讀玄宗實錄, 見開元致理, 天寶兆亂. 事出一朝, 治亂相反, 何也?」
2. ≪新唐書≫(152) 李絳傳
　嘗盛夏對延英, 帝汗浹衣, 絳欲趨出, 帝曰:「朕宮中所對, 唯宦官·女子, 欲與卿講天下事, 乃其樂也.」絳或無所論諍, 帝輒詰所以然. 又言:「公等得無有姻故冗食者, 當爲惜官.」
3. ≪資治通鑑≫(238) 唐紀(54)
　上嘗與宰相論治道於延英殿, 日旰, 暑甚, 汗透御服, 宰相恐上體倦, 求退. 上留之曰:「朕入禁中, 所與處者獨宮人·宦官耳, 故樂與卿等且共談爲理之要, 殊不知倦也.」

회채성공(淮蔡成功)

당(唐) 헌종(憲宗)

회채 지역 반란을 진압하여 성공을 거둔 당 헌종

당(唐)나라 때 역사 기록이다.

오원제(吳元濟)가 회서(淮西)에서 반란을 일으키자 헌종이 군대를 풀어 이를 토벌하도록 명하였다. 당시 여러 도의 절도사(節度使) 및 재상 이봉길(李逢吉)은 모두가 오원제와 내통하고 있어 군대를 보내지 말 것을 청하였

배도(中立)

한유(退之, 文公)

지만 오직 배도(裵度)만은 강력하게 반란의 무리를 토벌해야 한다는 의견을 내세웠다.

헌종이 말하였다.

"내 배도 한 사람만으로 족히 이 반란의 무리를 깨뜨리리라!"

그리하여 드디어 배도를 재상으로 삼았다. 그러나 진압군이 몇 년이 되도록 공을 세우지 못하자 배도는 스스로 군영에 나서겠다고 청하였다. 임금이 이를 허락하였다.

배도가 섬돌 아래에서 출행의 인사를 하면서 이렇게 말하였다.

"제가 만약 적을 섬멸하게 되면 천자께 돌아와 인사를 올릴 날을 기약하겠지만 적이 그대로 버티는 한은 궁궐로 돌아올 날이 없을 것입니다!"

임금은 눈물을 흘리면서 통천어대(通天御帶)를 풀어 배도에게 내려 주었다.

배도가 회서에 이르러 자신이 직접 나서서 전투를 독려하였다. 이렇게 되자 여러 장수들이 힘을 다하였고, 이소(李愬)가 밤에 오원제가 있던 채주(蔡州)를 습격, 오원제를 사로잡아 회서는 드디어 평정되었다.

한유(韓愈)는 임금의 명을 받들어 <평회서비(平淮西碑)>를 지었는데 거기에 "무릇 이 채주에서 이룬 공은 오직 황제의 결단으로 인해 성공한 것이다"라 하였다.

唐史紀: 吳元濟反淮西, 憲宗命發兵討之. 是時諸道節度使及宰相李逢吉, 皆與元濟交通, 多請罷兵, 惟裴度力主討賊之議.

上曰:「吾用度一人, 足破此賊!」

遂以度爲相. 師累歲無功, 度請自詣行營, 上許之.

度陛辭, 言曰:「臣若滅賊, 則朝天有期; 賊在, 則歸闕無日!」

上爲之流涕, 解通天御帶以賜之.

度至淮西, 身自督戰. 由是諸將效力, 李愬夜襲州, 擒元濟, 淮西遂平.

韓愈奉詔撰<平淮西碑>曰:『凡此蔡功, 惟斷乃成.』

【淮蔡成功】憲宗이 裴度를 시켜 蔡州의 반란 진압을 성공함.

【吳元濟】783년~817년. 淮西節度使 吳少陽의 아들. 아버지가 죽자 그는 그 사실을 숨긴 채 아버지가 병환 중이니 자신이 군사를 맡겠다고 청함. 조정이 이를 불허하자 元和 9년(814), 군권을 장악하고 蔡州(지금의 河南 汝南)를 점거, 난을 일으킴. 뒤에 李愬의 공격을 받아 포로가 되었으며 長安에서 참수당함. 사건의 경위는 淮西節度使가 蔡州를 다스리면서 申州・光州・蔡州 등 三州로 나누어 버티자 肅宗 寶應 초에 李忠臣이 淮西十一州節度使가 되어 蔡州를 진압하였으나 大曆 말에 軍中에서 쫓겨나고 말았음. 이로부터 李希烈・陳仙奇・吳少誠・吳少陽・吳元濟 등을 거치면서 淮西에 웅거하여 조정의 명을 듣지 아니한 채 50여 년이 흘렀음. 元和 9년에 彰義軍節度使 吳少陽이 죽었지만 그의 아들 吳元濟는 이를 보고하지 않은 채 자신이 군무를 장악하고 원화 10년 正月에 드디어 반기를 들자 5월에 御史中丞 裴度를 파견 淮西를 평정토록 한 것임.

【淮西】淮水의 서쪽. 당시 申州, 光州, 蔡州. 지금의 河南 信陽, 潢川, 汝南 일대. 이곳에 淮西節度使를 두어 다스리도록 하였음.

【李逢吉】隴西 사람으로 元和 때 給事中을 지냈으며 뒤에 門下侍郎, 同中書門下平章事에 오름. 吳元濟와 사사롭게 통하여 憲宗이 이를 알고 劍南東川節度使로 좌천시켰음.

【裴度】765년~839년. 河東 聞喜(지금의 山西) 사람으로 貞元 때 진사에 합격하고 監

察御史를 거쳐 御史中丞에 오름. 藩鎭의 난에 여러 차례 출정하여 공을 세워 門下侍郞, 宰相에 오름. 元和 12년(817) 蔡州를 평정하고 吳元濟를 사로잡았으며 이 공으로 晉國公에 봉해짐. ≪舊唐書≫(170)와 ≪新唐書≫(173)에 전이 있음.

【通天御帶】 황제의 허리띠.

【李愬】 자는 元直(773~821). 洮州 臨潭(지금의 甘肅 臨潭) 사람으로 元和 9년 吳元濟가 申州(지금의 河南 信陽)・光州(潢川)・蔡州 三州에서 반란을 일으키자 관군을 이끌고 토벌에 나섰으나 이기지 못하다가 元和 12년(817) 겨울, 눈이 내린 틈에 채주를 공격하여 吳元濟를 포로로 잡음.

【韓愈】 자는 退之(768~824). 唐代 최고의 古文家. 河南 南陽(지금의 河南 孟縣) 사람으로 어릴 때 고아로 형수 鄭氏에 의해 성장함. 貞元 8년(792) 진사에 올라 吏部侍郞을 역임하여 '韓吏部'라 불림. 아울러 그의 郡望 昌黎(지금의 河北 徐水)의 지명을 따 '韓昌黎'라 불리며 시호에 따라 '韓文公'으로도 불림. 中唐 고문운동의 영수였으며 '文以載道'를 주창하였으며 柳宗元과 병칭하여 '韓柳'로, 그리고 시는 孟郊와 병칭되어 '韓孟'으로 불림. 憲宗 때 불교를 반대하다가 潮州刺史로 폄직되기도 하였으며 만년에 國子祭主를 지내기도 함. 그는 시와 문장에 웅장한 기세를 즐겨 썼으며 유가적 사유에 밝았음. ≪昌黎先生集≫이 있음. ≪新唐書≫(藝文志 4), ≪郡齋讀書志≫(卷4, 上)에는 모두 ≪韓愈集≫ 40卷이 著錄되어 있으며 ≪全唐詩≫에는 그의 詩 10卷(336~345)이 編輯되어 있고 ≪全唐詩外篇≫ 및 ≪全唐詩續拾≫에 詩 12首가 補入되어 있음. 그의 文章은 주로 ≪全唐文≫(卷22)에 실려 있으며 ≪唐詩紀事≫(卷34)에 관련 記錄이 실려 있음. ≪舊唐書≫(160)와 ≪新唐書≫(176)에 전이 있음.

【平淮西碑】 배도가 회서 지역 반란군을 평정한 공을 비석에 새기기 위해 지은 문장. <평회서비>는 東漢 班固의 <燕然山銘>과 병칭될 정도로 널리 알려진 문장임. 元和 12년(817) 10월 憲宗이 재상 裵度로 하여금 군사를 거느리고 淮西節度使 吳元濟를 토벌하도록 하였으며 당시 韓愈는 裵度의 幕府 行軍司馬였음. 진압이 끝나자 한유로 하여금 <平淮西碑>를 짓도록 하였고 한유가 배도의 공적을 추앙하자 李愬가 눈 오는 밤에 찾아와 불만을 토로하였음. 李愬의 처는 마침 德宗의 딸 唐安公主였으며, 자신의 남편 이소의 말을 듣고 궁중을 드나들며 憲宗에게 비문의 내용이 사실이 아니라 호소하여 헌종이 그 비를 철거토록 하고 조서를 내려 段文昌으로 하여금 다시 지어 새기도록 하였음. 그러나 李商隱은 韓愈의 원작 <평회서비>는 天地의 元氣

와 같은 것이라 하여 적극 追崇하며 결국 이 시를 짓게 된 것이며 대략 文宗 開成 4년 (839) 배도가 죽은 뒤에 완성된 작품으로 보고 있음.

直解(白話文)

당나라 때의 역사 기록이다.

회서절도사 오원제가 반란을 일으키자 헌종이 군대를 풀어 그들을 토벌할 것을 명하였다. 당시 여러 도의 절도사들 중 많은 이들이 오원제와 같은 당우(黨羽)였다. 게다가 조정의 재상 이봉길도 오원제와 사사롭게 내통하여 그에게 유리하도록 유세를 펴서 진압군 파병을 그칠 것을 청하기도 하였다. 오직 어사중승(御史中丞) 배도만은 회서는 반드시 되찾을 수 있음을 확신하며 헌종에게 토벌에 나설 것을 강하게 권하였다.

헌종이 말하였다.

"나는 오직 배도 한 사람 희생만으로도 족히 이 적을 깨뜨릴 수 있다. 결코 파병을 철회하지 않을 것이다."

드디어 배도를 재상으로 삼아 급히 적을 토벌하도록 하였다. 그러나 출병한 지 2년이 경과하도록 아무런 성과를 거두지 못하는 것이었다.

그러자 배도 스스로 직접 회서의 군영으로 가서 전투를 감독하겠노라 청하였다. 헌종은 크게 기꺼워하며 곧 그에게 회서선위초토사(淮西宣慰招討使)의 직위를 주었다.

배도는 떠나기 전 임금에게 인사를 드리며 이렇게 말하였다.

"저는 이번에 능히 적을 토멸하고 나서야 돌아와 임금님을 뵙겠습니다. 만약 이들을 깨뜨리지 못한다면 저는 그곳에서 죽을 것이며 끝내 이 궁궐로 돌아올 날은 없을 것입니다!"

헌종은 이 말을 듣고 자신도 모르게 눈물을 쏟으며 자신이 띠고 있던 통천서대(通天犀帶)를 풀어 그에게 주며 그의 출행에 총애를 더해 주었다.

배도가 이윽고 회서에 도착하여 조정의 명령을 널리 알리고 여러 장수들에게 군사를 진격시켜 적을 토벌할 것을 재촉하였다. 이에 여러 장수들은 사람마다 힘을 다하여 전투마다 공을 세우게 되었으며 드디어 오원제를 사로잡게 되었다.

회서의 토벌 작전은 몇 년이 가도록 마무리를 짓지 못하였다. 여러 신하들 중 아예 진압군을 보내지 말 것을 청한 자가 많아 만약 헌종이 명철한 판단으로 홀로 위에서 결단을 내리지 않았거나 배도가 충성심을 다하여 그 아래에서 극력 찬동하지 않았다면 회서의 진압 작전은 성공하지 못하였을 것이다! 그 때문에 한유가 임금의 명을 받들어 <평회서비>의 문자에 그 공을 기록하면서 이러한 구절을 넣은 것이다.

"이 채주의 공은 오직 임금의 결단에 의해 이룬 것이다."

이 말은 대체로 헌종이 능히 결단을 내렸기에 성공을 거둔 것임을 찬미한 것이다. 그러니 임금으로서 큰일을 결정하고 큰 공을 세우고자 한다면 어찌 결단을 내리지 아니할 수 있겠는가!

唐史上記: 淮西節度使吳元濟造反, 憲宗命將發兵去征勦他. 當時諸道節度使, 多有元濟的黨與. 朝中宰相李逢吉, 也與元濟交通, 多替他遊說, 奏請罷兵. 惟有御史中丞裴度, 曉得淮西決然可取, 力勸憲宗討賊.

憲宗說:「我只消用裴度一人, 就足以破此賊, 決不罷兵.」

遂用裴度做宰相, 討賊甚急. 出兵已經二年, 還未見成功. 裴道自願親往淮西營裡督戰. 憲宗大喜, 就命他充淮西宣慰招討使.

裴度臨行辭朝, 而奏說:「臣此去若能滅賊, 纔有回來朝見之期; 若此賊不滅, 臣義在必死, 終無歸闕之日矣!」

憲宗聽說, 不覺爲他流涕. 因解自家束的通天犀帶一條賜他, 以寵其行.

裴度旣到淮西, 宣諭朝廷的威令, 催諸將進兵討賊. 於是, 諸將人人効力, 每戰有功, 遂擒元濟.

淮西用兵, 凡累年而不克. 羣臣請罷兵者甚衆, 若非憲宗之明, 獨斷於上, 裴度之忠, 力贊於下, 則淮西幾無成功矣! 所以韓愈奉詔, 撰<平淮西碑>文紀功, 其詞有云:『凡此蔡功, 惟斷乃成.』

蓋美憲宗之能斷而成功也. 然則人君欲定大事・建大功, 豈可以不斷哉!

【造反】반란을 일으킴.
【征勦】정벌하여 깎아 버림. 賊을 토벌함. '勦'는 '剿'와 같음.

【黨與】'黨羽, 黨友'와 같음. 같은 무리로 함께함.
【蔡功】오원제가 점거하고 있던 蔡州를 평정한 전투의 성공.

> 참고 및 관련 자료

1. ≪舊唐書≫(170) 裴度傳

　　自討淮西, 王師屢敗. 論者以殺傷滋甚, 轉輸不逮, 擬議密疏, 紛紜交進. 度以腹心之疾, 不時去之, 終爲大患, 不然, 兩河之盜, 亦將視此爲高下, 遂堅請討伐, 上深委信, 故聽之不疑. 度旣受命, 召對於延英, 奏曰:「主憂臣辱, 義在必死. 賊滅, 則朝天有日; 賊在, 則歸闕無期.」上爲之惻然流涕. 十二年八月三日, 度赴淮西, 詔以神策軍三百騎衛從, 上御通化門慰勉之. 度樓下銜涕而辭, 賜之犀帶. 度名雖宣慰, 其實行元帥事, 仍以郾城爲治所. 上以李逢吉與度不協, 乃罷知政事, 出爲劍南東川節度.

2. ≪新唐書≫(173) 裴度傳

　　于時, 討蔡數不利, 群臣爭請罷兵, 錢徽·蕭俛尤確苦. 度奏:「病在腹心, 不時去, 此爲大患. 不然, 兩河亦將視此爲逆順.」會唐鄧節度使高霞寓戰卻, 它相揣帝厭兵, 欲赦賊, 鉤上指. 帝曰:「一勝一負, 兵家常勢. 若兵常利, 則古何憚用兵耶? 雖累聖亦不應留賊付朕. 今但論帥臣勇怯·兵彊弱·處置何如耳, 渠一敗便沮成計乎?」於是左右不能容其間. 十二年, 宰相逢吉·涯建言:「餉億煩貴, 宜休師.」唯度請身督戰, 帝獨目度留, 曰:「果爲朕行乎?」度俯伏流涕曰:「臣誓不與賊偕存.」卽拜門下侍郎·平章事·彰義軍節度·淮西宣慰招討處置使. 度以韓弘領都統, 乃上還招討以避弘, 然實行都統事. 又制詔有異辭, 欲激ъ怒弘者, 意弘怏怏則度無與共功. 度請易其辭, 窒疑間之嫌. 於是表馬摠爲宣慰副使, 韓愈行軍司馬, 李正封·馮宿·李宗閔備兩使幕府. 入對延英, 曰:「主憂臣辱, 義在必死. 賊未授首, 臣無還期.」帝壯之, 爲流涕. 及行, 御通化門臨遣, 賜通天御帶, 發神策騎三百爲衛. 初, 逢吉忌度, 帝惡居中橈沮, 出之外.

3. ≪資治通鑑≫(240) 唐紀(56)

　　吳元濟見其下數叛, 兵勢日蹙. 六月, 壬戌, 上表謝罪, 願束身自歸. 上遣中使賜詔, 許以不死; 而爲左右及大將董重質所制, 不得出. ……諸軍討淮·蔡, 四年不克, 饋運疲弊, 民至有以驢耕者. 上亦病之, 以問宰相. 李逢吉等競言師老財竭, 意欲罷兵; 裴度獨無言, 上問之, 對曰:「臣請自往督戰.」乙卯, 上復謂度曰:「卿眞能爲朕行乎?」對曰:「臣誓不與此賊俱生.

臣比觀吳元濟表, 勢實窮蹙, 但諸將心不壹, 不幷力迫之, 故未降耳. 若臣自詣行營, 諸將恐臣奪其功, 必爭進破賊矣.」上悅, 丙戌, 以度爲門下侍郎·同平章事·兼彰義節度使, 仍充淮西宣慰招討處置使. 又以戶部侍郎崔羣爲中書侍郎·同平章事. 制下, 度以韓弘已爲都統, 不欲更爲招討, 請但稱宣慰處置使; 仍奏刑部侍郎馬總爲宣慰副使, 又庶子韓愈爲彰義行軍司馬, 判官·書記, 皆朝廷之選, 上皆從之. 度將行, 言於上曰:「臣若賊滅, 則朝天有期; 賊在, 則歸闕無日.」上爲之流涕. 八月, 庚申, 度赴淮西, 上於通化門送之.

4. ＜平淮西碑＞ 韓退之

天以唐克肖其德, 聖子神孫, 繼繼承承, 於千萬年, 敬戒不怠, 全付所覆; 四海九州, 罔有內外, 悉主悉臣. 高祖太宗, 旣除旣治; 高宗中睿, 休養生息, 至于玄宗, 受報收功, 極熾而豐. 物衆地大, 孽牙其間, 肅宗代宗, 德祖順考, 以勤以容, 大慝適去, 稂莠不薅, 相臣將臣, 文恬武嬉, 習熟見聞, 以爲當然. 睿聖文武皇帝, 旣受群臣朝, 乃考圖數貢, 曰:「嗚呼! 天旣全付予有家, 今傳次在予, 予不能事事, 其何以見于郊廟?」群臣震懾, 犇走率職. 明年平夏, 又明年平蜀, 又明年平江東, 又明年平澤潞, 遂定易定, 致魏博貝衛澶相, 無不從志. 皇帝曰:「不可究武, 予其少息.」九年蔡將死, 蔡人立其子元濟以請, 不許. 遂燒舞陽, 犯葉襄城, 以動東都, 放兵四劫. 皇帝歷問于朝, 一二臣外, 皆曰:「蔡帥之不庭授, 于今五十年. 傳三姓四將, 其樹本堅, 兵利卒頑, 不與他等, 因撫而有, 順且無事.」大官臆決唱聲, 萬口和附, 幷爲一談, 牢不可破. 皇帝曰:「惟天惟祖宗, 所以付任予者, 庶其在此, 予何敢不力? 况一二臣同, 不爲無助.」曰光顏, 汝爲陳許帥, 維是河東魏博郃陽三軍之在行者, 汝皆將之. 曰重胤, 汝故有河陽懷, 今益以汝, 維是朔方義成陝益鳳翔延慶七軍之在行者, 汝皆將之. 曰弘, 汝以卒萬二千, 屬而子公武, 往討之. 曰文通, 汝守壽, 維是宣武淮南宣歙浙西四軍之行于壽者, 汝皆將之. 曰道古, 汝其觀察鄂岳. 曰愬, 汝帥唐鄧隨, 各以其兵, 進戰. 曰度, 汝長御史, 其往視師. 曰度, 惟汝予同, 汝遂相予, 以賞罰用命不用命. 曰弘, 汝其以節度, 都統諸軍. 曰守謙, 汝出入左右, 汝惟近臣, 其往撫師. 曰度, 汝其往, 衣服飮食予士, 無寒無飢, 以旣厥事, 遂生蔡人. 賜汝節斧, 通天御帶, 衛卒三百, 凡玆廷臣, 汝擇自從, 惟其賢能, 無憚大吏. 庚申予其臨門送汝. 曰御史, 予閔士大夫戰甚苦, 自今以往, 非郊廟祭祀, 其無用樂.」顏胤武, 合攻其北, 大戰十六, 得柵城縣二十三, 降人卒四萬; 道古攻其東南, 八戰降卒萬三千, 再入申, 破其外城; 文通戰其東, 十餘遇, 降萬二千; 愬入其西, 得賊將, 輒釋不殺, 用其策, 戰比有功. 十二年八月, 丞相度至師, 都統弘, 責戰益急. 顏胤武, 合戰益用命, 元濟盡幷其衆, 洄曲以備. 十月壬申, 愬用所得賊將, 自文城, 因天大雪, 疾馳百二十里, 用夜半到蔡, 破其門, 取元濟以獻, 盡得其屬人卒. 辛巳, 丞相度入蔡, 以皇帝命, 赦其人, 淮西平. 大饗賚功, 師還之日,

因以其食, 賜蔡人. 凡蔡卒三萬五千, 其不樂爲兵, 願歸爲農者十九, 悉縱之, 斬元濟於京師. 冊功, 弘加侍中, 愬爲左僕射, 帥山南東道; 顏胤皆加司空, 公武以散騎常侍, 帥鄜坊舟延; 道古進大夫, 文通加散騎常侍. 丞相度朝京師, 進封晉國公, 進階金紫光祿大夫, 以舊官相, 而以其副摠, 爲工部尙書, 領蔡任. 旣還奏, 群臣請紀聖功, 被之金石. 皇帝以命臣愈, 臣愈 再拜稽首而獻文. 曰:『唐承天命, 遂臣萬方, 孰居根土, 襲盜以狂? 往在玄宗, 崇極而圮. 河北悍驕, 河南附起, 四聖不宥, 屢興師征, 有不能克, 益戍以兵. 夫耕不食, 婦織不裳, 輸之以車, 爲卒賜糧. 外多失朝, 曠不嶽狩, 百隸怠官, 事亡其舊. 帝時繼位, 顧膽咨嗟, 惟汝文武, 孰恤予家? 旣斬吳蜀, 旋取山東, 魏將首義, 六州降從. 淮蔡不順, 自以爲疆. 提兵叫讙, 欲事故常, 始命討之, 遂連姦鄰, 陰遣刺客, 來賊相臣. 方戰未利, 內驚京師, 群公上言, 莫若惠來. 帝爲不聞, 與神爲謀, 乃相同德, 以訖天誅. 乃勅顏胤, 愬武古通, 咸統於弘, 各奏汝功. 三方分攻, 五萬其師, 大軍北乘, 厥數倍之. 嘗兵洄曲, 軍士蠢蠢. 旣翦陵雲, 蔡卒大窘, 勝之邵陵, 鄖城來降. 自夏及秋, 復屯相望, 兵頓不勵, 告功不時, 帝哀征夫, 命相往釐, 土飽而歌, 馬騰於槽. 試之新城, 賊遇敗逃. 盡抽其有, 聚以防我, 西師躍入, 道無留者. 頷頷蔡城, 其疆千里, 旣入而有, 莫不順俟. 帝有恩言, 相度來宣, 誅止其魁, 釋其下人. 蔡人卒夫, 投甲呼舞, 蔡之婦女, 迎門笑語. 蔡人告飢, 船粟往哺, 蔡人告寒, 賜以繒布. 始時蔡人, 禁不往來, 今相從戲, 里門夜開, 始時蔡人, 進戰退戮, 今旰而起, 左餐右粥. 爲之擇人, 以收餘憊. 選吏賜牛, 敎而不稅. 蔡人有言:「始迷不知, 今乃大覺, 羞前之爲」. 蔡人有言:「天子明聖, 不順族誅, 順保性命.」「汝不吾信, 視此蔡方, 孰爲不順, 往斧其吭. 凡叛有數, 聲勢相倚. 吾强不支, 汝弱奚恃. 其告而長, 而父而兄, 奔走偕來, 同我太平!」淮蔡爲亂, 天子伐之, 旣伐而飢, 天子活之. 始議伐蔡, 卿士莫隨, 旣伐四年, 小大幷疑. 不赦不疑, 由天子明. 凡此蔡功, 惟斷乃成. 旣定淮蔡, 四夷畢來. 遂開明堂, 坐以治之!』

5. <韓碑>(李商隱)

元和天子神武姿, 彼何人哉軒與羲. 誓將上雪列聖恥, 坐法宮中朝四夷. 淮西有賊五十載, 封狼生貙貙生羆. 不據山河據平地, 長戈利矛日可麾. 帝得聖相相曰度, 賊斫不死神扶持. 腰懸相印作都統, 陰風慘澹天王旗. 愬武古通作牙爪, 儀曹外郞載筆隨. 行軍司馬智且勇, 十四萬衆猶虎貔. 入蔡縛賊獻太廟, 功無與讓恩不訾. 帝曰「汝度功第一, 汝從事愈宜爲辭.」愈拜稽首蹈且舞:「金石刻畫臣能爲. 古者世稱大手筆, 此事不係於職司. 當仁自古有不讓.」言訖屢頷天子頤. 公退齋戒坐小閣, 濡染大筆何淋漓! 點竄堯典舜典字, 塗改淸廟生民詩. 文成破體書在紙, 淸晨再拜鋪丹墀. 表曰「臣愈昧死上.」詠神聖功書之碑. 碑高三丈字如斗, 負以靈鼇蟠以螭. 句奇語重喩者少, 讒之天子言其私. 長繩百尺拽碑倒, 麤砂大石相磨

治. 公之斯文若元氣, 先時已入人肝脾. 湯盤孔鼎有述作, 今無其器存其辭. 嗚呼聖皇及聖相, 相與烜赫流淳熙. 公之斯文不示後, 曷與三五相攀追? 願書萬本誦萬過, 口角流沫右手胝. 傳之七十有二代, 以爲封禪玉檢明堂基.

063(上-63)

논자지간(論字知諫)
당(唐) 목종(穆宗)

글씨를 논하면서 그것이 간언하는 것임을 알아차린 당 목종

당(唐)나라 때 역사 기록이다.

목종(穆宗)이 한림학사(翰林學士) 유공권(柳公權)의 글씨 작품을 보고 이를 좋아하여 그에게 물었다.

"그대의 글씨는 어찌 이토록 아름다울 수가 있소?"

유공권이 대답하였다.

"붓을 움직임이 마음속에 있어야 합니다. 마음이 바르면 글씨가 바르게 되지요."

목종은 묵연히 용모를 바로잡았다. 그가 글씨로써 자신에게 간언하는 것임을 알아차린 것이다.

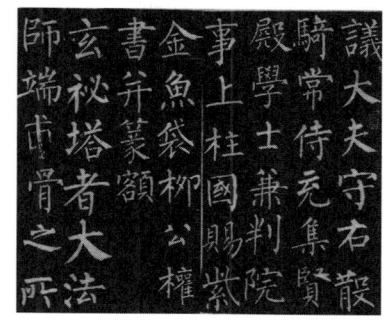

柳公權 글씨

唐史紀: 穆宗見翰林學士柳公權書跡, 愛之, 問曰:「卿書何能如是之善?」

對曰:「用筆在心, 心正則筆正.」

上黙然改容, 知其以筆諫也.

【論字知諫】 글씨 쓰는 것을 논하면서 그것이 간언임을 알아차림.

【穆宗】 唐나라 12대 황제 李恒(795~824). 憲宗의 셋째 아들. 820년~824년 재위. 昏暗하고 덕이 없었으며 무능하였음. 擊毬와 淫樂을 좋아하였고 사치를 부려 政事에는 전혀 관심이 없었음.

【柳公權】 778년~865년. 唐代 유명한 서예가. 京兆 華原(지금의 陝西 耀縣) 사람으로 자는 誠懸. 翰林學士, 太子少傅를 지냈으며 글씨에 뛰어나 顔眞卿과 함께 '顔柳'라 불림. ≪舊唐書≫(163)와 ≪新唐書≫(163) 柳公綽傳에 부록으로 전이 있음.

直解(白話文)

당나라 때의 역사 기록이다.

목종은 글씨 쓰기를 좋아하였다. 한림학사 유공권의 글씨가 아름다운 것을 보고 매우 좋아하여 그에게 물었다.

"그대의 글씨는 어쩌면 이처럼 아름다울 수가 있소?"

유공권이 대답하였다.

"글씨를 쓰는 것은 비록 손으로 하지만 붓을 움직이는 것은 실제 마음에 있습니다. 마음이 단정하면 필획도 저절로 단정해지지요."

유공권은 현신이었다. 목종이 자신에게 글씨 쓰는 법을 묻는 기회에 마음속에 있음을 강조한 것이다. 범사는 모두가 마음속으로부터 나오는 것이다. 하물며 임금의 한 마음은 만 가지 변화의 근원이 된다. 만약 잘 함양된 순정(純正)함을 가지고 정사를 펴지 않는다면 어찌 하나하나가 능히 정당하고 이치에 합당하겠는가? 이것이야말로 붓으로써 풍간(諷諫)한 것이다.

목종은 총명한 임금으로 그가 붓으로 간언하였음을 알고 이를 듣자 묵연히 용모를 바로잡고 공경하는 마음을 보였으니 가히 훌륭한 깨달음이라 할 수 있으리라! 만약 이 말을 아주 가까이 느껴 진실되고 진실되게 그 마음을 바로잡기에 힘써 항상 유공권 같은 사람을 보필의 신하로 삼는다면 실수나 빠뜨림이 적어질 것이며 하는 일마다 잠규(箴規)가 따를 것이니 어찌 일대의 명군이 될 수 없겠는가!

熹平石經(隸書)
東漢 靈帝 熹平 4년

唐史上記: 穆宗性好寫字, 見翰林學士柳公權寫的字好, 愛之. 問說:「卿寫的如何能這等好?」

公權對說:「寫字雖在手, 用筆實在心, 心裏端正, 則筆畫自然端正.」

公權是箇賢臣, 因穆宗問他書法, 就說在心上. 見得凡事都從心裏做出來. 況人君一心, 萬化本源. 若不是涵養的十分純正, 發出來的政事, 豈能一一停當合理? 這正是以筆諷諫.

穆宗是箇聰明之君, 就知他是以筆諫, 聞之, 默然改容起敬, 可謂善悟矣! 若能體貼此言, 眞眞實實務正其心, 常用着柳公權這樣人做輔弼之臣, 少有闕失, 隨事箴規, 豈不成一代之明君乎!

【筆畫】 필획. '畫'은 '劃'과 같음. '획'으로 읽음.
【停當】 옳고 바른 판단. 정당한 일 처리. 連綿語임.
【諷諫】 직접 맞대 놓고 하는 간언이 아니라 비유하여 간언함.
【體貼】 몸에 달라붙듯이 가까이 느끼거나 정을 표시함. 밀착됨.

참고 및 관련 자료

1. ≪舊唐書≫(165) 柳公綽傳(柳公權)

   穆宗政僻, 嘗問公權筆何盡善, 對曰:「用筆在心, 心正則筆正.」上改容, 知其筆諫也.

2. ≪新唐書≫(163) 柳公綽傳(柳公權)

   公權字誠懸, 公綽弟也. 年十二, 工辭賦. 元和初, 擢進士第. 李聽鎭夏州, 表爲掌書記. 因入奏, 穆宗曰:「朕嘗於佛廟見卿筆蹟, 思之久矣.」卽拜右拾遺·侍書學士, 再遷司封員外郞, 帝問公權用筆法, 對曰:「心正則筆正, 筆正乃可法矣.」時帝荒縱, 故公權及之, 帝改容, 悟其以筆諫也.

병서정요(屛書政要)
당(唐) 선종(宣宗)

≪정관정요≫를 병풍에 써서 경계를 삼은 당 선종

당(唐)나라 때 역사 기록이다.

선종(宣宗)은 태종(太宗)이 지은 ≪금경서(金鏡書)≫라는 글을 한림학사 영호도(令狐綯)에게 주어 이를 읽어 보도록 하였다. 그리하여 "난이란 불초한 자를 임용함에서 비롯되지 않음이 없고, 다스림이란 충현(忠賢)을 임용

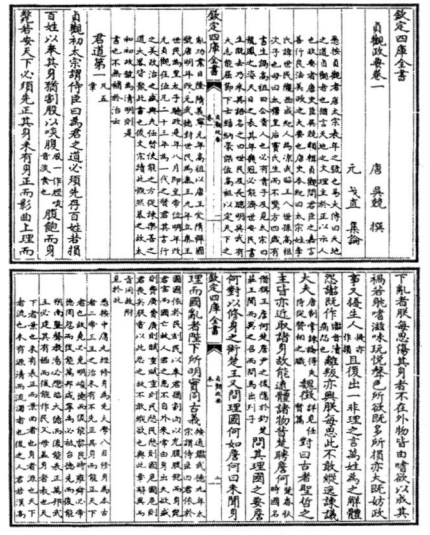

≪貞觀政要≫ 四庫全書本

함으로부터 비롯되지 않음이 없다"라는 말에 이르렀다.

선종은 거기에서 그치도록 하고는 이렇게 말하였다.

"무릇 천하태평을 바란다면 의당 이 말로써 으뜸을 삼아야 하리라!"

그리고 다시 ≪정관정요(貞觀政要)≫를 병풍에 써서 매번 얼굴색을 단정히 하고 두 손을 모은 채 이를 읽곤 하였다.

唐史紀: 宣宗嘗以太宗所撰 ≪金鏡書≫, 授翰林學士令狐綯, 使讀之. 至「亂未嘗不任不肖, 治未嘗不任忠賢」. 上止之, 曰:「凡求致太平, 當以此言爲首!」

又書≪貞觀政要≫於屛風, 每正色拱手而讀之.

【屛書政要】≪貞觀政要≫를 병풍에 써서 경계로 삼음.

【宣宗】唐나라 16대 황제. 이름은 李忱(810~859). 憲宗의 13째 아들. 재위 846년~859년.

【太宗】唐 太宗 李世民을 가리킴. 唐나라 초기 가장 영명한 군주. 貞觀之治를 이루어 중국 역대 최고의 지도자로 늘 거론됨.

【金鏡書】太宗이 지은 것으로 後世에 경계가 될 내용이었다 함. ≪唐書≫ 令狐綯傳에 "它夜, 召與論人間疾苦, 帝出≪金鏡書≫: '此太宗所著也, 卿爲我擧其要.'"라 함.

【令狐綯】자는 子直(795~872). 京兆 華原(지금의 陝西 耀縣) 사람으로 宣宗 때 吳興太

守를 거쳐 재상에 올라 10년 동안 황제를 보필함. 그 뒤로 吏部尙書, 右僕射를 거쳐 涼國公에 봉해짐. ≪舊唐書≫(172)와 ≪新唐書≫(166) 令狐楚傳에 전이 실려 있음.
【貞觀政要】 당대 史學家 吳兢(670~749)이 편찬한 政論書. 唐 太宗의 貞觀 연간 太宗과 魏徵, 房玄齡, 杜如晦 등 大臣 45인과 나눈 정치 문답을 모아 적은 것으로 후대 위정자들의 필독서로 널리 알려짐. 우리나라에서도 조선 시대 과거 및 관리들의 승진 시험에 필수 도서였음. 필자 역주의 ≪정관정요≫를 참조할 것.
【拱手】 두 손을 모아 단정한 모습을 지음.

直解(白話文)

당나라 때의 역사 기록이다.

선종은 조상의 업적을 법으로 삼아 잘 다스리고자 하는 뜻을 가지고 있었다. 그의 조상 태종 이세민은 전대(前代)의 치란흥망에 대한 사적을 바탕으로 한 편의 책을 썼는데 제목을 ≪금경서≫라 하였다.

선종은 어느 날, 이 책을 한림학사 영호도에게 주면서 그로 하여금 자신 앞에서 읽도록 하였다.

이 책에는 다음과 같은 두 구절이 있었다.

"난이란 불초한 자를 임용함에서 비롯되지 않음이 없고, 다스림이란 충현을 임용함으로부터 비롯되지 않음이 없다."

고래로 천하는 무슨 이유로 혼란 끝에 멸망하는가? 단지 조정에서 좋지 않은 이를 잘못 임용하였기 때문이다. 그러한 자는 임금을 속이고 자신의 사욕만을 생각한다. 이러한 사람을 임용

당 선종(李忱)

하고 천하가 어찌 혼란에 빠지지 않을 수 있겠는가? 천하는 무슨 이유로 태평하게 다스려지는가? 오직 조정에서 충성되고 선량한 신하를 임용하기 때문이다. 그러한 사람은 한결같이 충성을 다해 임금을 모시며 하는 행동마다 모두 나라에 복을 주고 백성을 이롭게 하고자 한다. 만약 항상 이러한 사람을 등용한다면 천하가 어찌 다스려지지 않을 수 있겠는가?

선종은 영호도가 이 두 구절을 읽는 것을 듣고 그것이 사리에 절실하게 적중함을 기꺼워하며 곧 그에게 중지시켜 더 읽지 말도록 한 것이다.

그리고 이렇게 말하였다.

"무릇 임금이 태평을 이루고자 한다면 모름지기 이 두 구절을 가장 요긴한 일로 여겨 따져 보고 살펴 누가 군자인지, 누가 소인인지를 변별하여야 한다. 과연 간사한 소인이라면 곧바로 그런 자는 물리쳐 멀리할 것이며 과연 충성되고 현명한 군자라면 곧바로 온 마음을 다해 그를 믿고 맡겨야 한다. 그렇게만 한다면 천하가 어찌 태평하지 않을 이유가 있겠는가?"

그의 선대 조정 태종의 ≪정관정요≫라는 책이 있었다. 이 책은 당시 사신이었던 오긍이 태종과 현신 위징 등이 다스림을 도모하고자 한 사적들을 기술한 것이다. 드디어 이를 병풍에 써서 항상 얼굴색을 단정하게 하고 두 손을 모아 하나씩 읽었다. 대체로 그 내용을 스승과 법으로 삼아 그대로 모방하여 따르기 위한 것이었다.

무릇 선종이 조상을 법으로 여겨 다스림을 이루고자 마음 두기를 이와 같이 절실히 하였으니 진실로 근대 제왕으로서의 훌륭한 사례이다. 그 때문에 당시 그를 두고 '소태종(小太宗)'이라 칭하였으니, 이 말이 어찌 헛된 것이겠는가!

唐史上記: 宣宗有志法祖圖治, 他的祖太宗曾將前代治亂興亡的事跡, 編成一書, 叫做≪金鏡書≫.

宣宗一日將這部書, 授與翰林學士令狐綯, 着他在面前誦讀.

這書中有兩句說道:「亂未嘗不任不肖, 治未嘗不任忠賢.」

說古來天下因甚麽就亂亡? 只爲朝廷錯任用了那不好的人. 他心心念念罔上行私, 行的都是蠹國殃民的事. 用了這樣人, 天下安得不亂? 天下因甚麽就平治? 只爲朝廷能任用着那忠良之臣, 他心心念念, 竭忠事主, 行的都是要福國利民的事. 若常用這樣人, 天下安得不治?

宣宗聽得令狐綯讀到這兩句言語, 喜其切中事理, 就止住他, 且莫讀.

說道:「大凡人君要求致太平, 須要把這兩句說話, 做第一件繁關的事, 着實審察, 辨別其孰爲君子, 孰爲小人? 果然是奸邪的小人, 就當斥遠了他; 果然是忠賢的君子, 就當專心信任他. 天下豈有不太平的道理?」

又見他先朝有≪貞觀政要≫一書, 是當年史臣吳兢, 編載太宗與賢臣魏徵等圖

治的事蹟. 遂把來寫在屏風上, 常時正色拱手, 一一誦讀. 蓋以爲師法而效仿之也.

夫觀宣宗留心法祖圖治, 其切如此, 眞近代帝王盛事. 所以當時稱爲小太宗, 豈虛也哉!

【着他】 "그로 하여금 ~하도록 하다(시키다)"의 構文. '着'은 '使, 敎, 讓, 俾, 叫, 令' 등 使役形 助動詞로 쓰였음. 明代 白話語의 한 유형임.
【罔上】 임금이나 윗사람을 속임. '罔'은 '欺罔하다'의 뜻.
【吳兢】 670년~749년. 汴州 浚儀(지금의 河南 開封) 사람. 武后, 中宗, 高宗, 玄宗 4대에 걸쳐 史官職을 수행함. 神龍 원년(705) 무측천이 하야하고 중종이 복위하자 ≪則天實錄≫의 편수 작업에 참여하였으며 그때 ≪정관정요≫의 저술에 착수하기 시작함. 책의 체재를 정하고 "參詳舊史, 撮其旨要"의 원칙에 따라 완성함. ≪舊唐書≫(102)와 ≪新唐書≫(132)에 전이 있음.
【魏徵】 唐 太宗(李世民) 貞觀 대의 대표적인 良臣.
【小太宗】 太宗 李世民에 비유하여 宣宗을 높이 평가한 것. ≪資治通鑑≫(249) 大中 13년(859)에 "宣宗性明察沉斷, 用法無私, 從諫如流, 重惜官賞, 恭謹節儉, 惠愛民物, 故大中之政, 訖于唐亡, 人思詠之, 謂之小太宗"이라 함.

참고 및 관련 자료

1. ≪新唐書≫(166) 令狐楚傳(令狐綯)

綯字子直, 擧進士, 擢累左補闕·右司郎中. 出爲湖州刺史. 大中初, 宣宗謂宰相白敏中曰:「憲宗葬, 道遇風雨, 六宮百官皆避, 獨見頎而髥者奉梓宮不去, 果誰也?」敏中言:「山陵使令狐楚.」帝曰:「有子乎?」對曰:「緒少風痹, 不勝用. 綯今守湖州.」因曰:「其爲人, 宰相器也.」卽召爲考功郎中, 知制誥. 入翰林爲學士. 它夜, 召與論人間疾苦, 帝出≪金鏡書≫曰: 「太宗所著也. 卿爲我擧其要.」綯摘語曰:「至治未嘗任不肖, 至亂未嘗任賢. 任賢, 享天下之福; 任不肖, 罹天下之禍.」帝曰:「善, 朕讀此常三復乃已.」綯再拜曰:「陛下必欲興王業, 捨

此孰先?≪詩≫曰:『惟其有之,是以似之.』」

2. ≪資治通鑑≫(248) 唐紀(64)

　　二月, 庚子, 以知制誥令狐綯爲翰林學士. 上嘗以太宗所撰≪金鏡≫授綯, 使讀之. 「至亂未嘗不任不肖, 至治未嘗不任忠賢」. 上止之, 曰: 「凡求致太平, 當以此言爲首!」又書≪貞觀政要≫於屛風, 每正色拱手而讀之. 上欲知百官名數, 令狐綯曰: 「六品已下, 官卑數多, 皆吏部注擬; 五品以上, 則政府制授, 各有籍, 名曰具員.」 上命宰相爵≪具員御覽≫五卷, 上之, 常置於案上.

분향독소(焚香讀疏)
당(唐) 선종(宣宗)

향을 피워 놓고 상소문을 읽은 당 선종

당(唐)나라 때 역사 기록이다.

선종(宣宗)은 규간(規諫) 듣기를 좋아하였다. 무릇 간관의 논사나 문하성(門下省)의 봉박(封駁)은 진실로 사리에 합당한 것이면 언제나 자신의 뜻을 굽혀 이를 따랐다.

대신들의 장소(章疏)가 올라오면 반드시 향을 피우고 손을 씻고 나서 이를 읽었다.

唐史紀: 宣宗樂聞規諫. 凡諫官論事, 門下封駁, 苟合於理, 常屈意從之.
得大臣章疏, 必焚香盥手而讀之.

【焚香讀疏】 향을 피워 놓고 상소문을 읽음. '䟽'는 '疏'와 같음.
【門下】 당나라 때 三省의 하나로 中書省은 법령을 내리고 門下省은 이를 封駁하며 尚書省에서 實行에 옮김.
【封駁】 중서성의 법령을 두고 여러 각도로 살펴 거부하기도 하고 반박하기도 하는 국정 활동을 말함.
【章疏】 각 성에서 황제에게 직접 의견이나 건의 사항을 올리는 문서들.
【盥手】 세수와 같음. 손을 씻고 깨끗하고 경건한 자세를 취함.

直解(白話文)

당나라 때의 역사 기록이다.
선종은 다스림을 구하고자 온갖 정성을 다하였으며 신하들의 잠언이나 규간, 쟁언(諍言) 듣기를 좋아하였다. 무릇 간관이 정치에 대하여 논한 것이나 문하성 등 관서의 관원들이 조칙을 받아 불가하다고 여겨 반대 의견을 펴며 봉하여 다시 되돌려 올린 글 중에서 진실로 그 반박하는 논리가 이치에 합당한 것이면 자신이 비록 옳다고 여기는 것일지라도 매번 자신의 뜻을 굽혀 이를 따랐으며 한 번도 치우치게 고집을 부린 적이 없었다.

그리고 대신들이 올린 표장이나 상소의 글을 볼 때면 반드시 향을 피우고 손을 씻고 정성과 공경을 다한 다음 이를 펴서 읽었다.

무릇 충성된 말은 귀에 거슬리게 마련이어서 용렬한 임금이라면 이를 듣기를 즐거워하지 않는다. 그러나 신하로 하여금 규간하도록 하고 이를 들어준다면 그러한 정사는 결함이 없을 것이니 진실로 즐겁게 여길 수 있는 것이다.

선종은 이러한 간언을 들어 자신을 굽혀 남을 따르기를 즐겨 하였으니 가히 명석하다 할 것이다! 대신에 이르러서는 많은 경력과 경험을 가지고 있으며 일을 따져 보는 면에서도 더욱 익숙하여 서관(庶官)에 비교할 바가 아니다. 그 때문에 그들의 표장이나 상소문을 읽을 때는 반드시 정성과 공경을 더하였던 것이다. 대체로 정성과 공경을 다하였다면 정신이 집중될 것이요, 정신이 집중되면 뜻과 견해가 정밀하고 상세하게 되어 가히 그 말의 정당함 여부를 살필 수 있게 된다. 이를 시정에 사용할 것으로 삼는다면 이는 한갓 그 표장과 상소문을 공경하는 것에 그치는 정도가 아닌 것이 된다.

선종이 나라 다스림의 의도가 이와 같았으니 그 때문에 사람들이 대중(大中) 대의 정치를 그리워하고 노래하였으며 태종을 계승한 아름다움이라 여겼으니 어찌 현군(賢君)이 되기에 부족함이 있었겠는가!

唐史上記: 宣宗勵精求治, 樂聞臣下箴規諫諍之言. 凡諫官議論政事, 及門下省給事中等官, 遇詔勅之出, 以爲不可, 而論駁封還者, 苟所論所駁, 有合於理, 則自己雖以爲是, 亦每屈己意以從之, 未嘗偏執.

每得大臣所奏的章疏, 必焚香洗手, 致其誠敬, 以後展讀. 夫忠言逆耳, 庸主所不樂聞. 然使規諫嘗聞, 則政事無缺, 實可樂也.

宣宗樂於聞諫, 屈於從人, 可謂明矣! 至於大臣, 涉歷旣多, 慮事尤熟, 又非庶官之比, 故讀其章疏, 必加誠敬. 蓋誠敬則精神收斂, 精神收斂則意見精詳, 可以察其言之當否. 以爲施用, 非徒敬其章疏而已也.

宣宗圖治若此, 故大中之政, 人思詠之, 以爲繼美太宗, 豈不足爲賢君哉!

【論駁封還】 임금이 어떤 조칙을 마련하여 이를 삼성에 내려보내면 그곳에서 만약 타당하지 않을 경우 이에 반박의 논리를 펴서 이를 봉한 다음 임금에게 되돌려 보냄.
【偏執】 치우치며 고집을 부림. 자신만이 옳다고 고집함.
【忠言逆耳】 ≪說苑≫ 正諫篇에 "孔子曰:「良藥苦於口, 利於病; 忠言逆於耳, 利於行. 故武王諤諤而昌, 紂嘿嘿而亡, 君無諤諤之臣, 父無諤諤之子, 兄無諤諤之弟, 夫無諤諤之婦, 士無諤諤之友; 其亡可立而待. 故曰君失之, 臣得之; 父失之, 子得之; 兄失之, 弟得之; 夫失之, 婦得之; 士失之, 友得之. 故無亡國破家, 悖父亂子, 放兄棄弟, 狂夫淫婦, 絶交敗友.」"라 하였으며, ≪孔子家語≫ 六本篇에도 같은 내용이 실려 있음. 그리고

≪漢書≫ 劉安傳에는 "毒藥苦口利病, 忠言逆耳利行"이라 하였고, ≪昔時賢文≫에는 "良藥苦口利於病, 忠言逆耳利於行"이라 하였으며 ≪明心寶鑑≫ 正己篇에도 "子曰:「良藥苦於口而利於病, 忠言逆於耳而利於行」"이라 함. ≪韓非子≫ 外儲說左上에는 "夫良藥苦於口, 而智者勸而飮之, 知其入而已己疾也"라 함.

【庸主】 용렬한 군주. 賢君, 明主에 상대되는 말.

【庶官】 낮은 직책의 많은 관리들. 大臣에 상대하여 쓴 말.

【收斂】 거두어 모음. 집중함.

【當否】 마땅함의 여부, 정당함의 여부.

【大中】 唐 宣宗 재위 기간 전체의 연호. 847년부터 859년까지 13년간.

참고 및 관련 자료

1. ≪資治通鑑≫(249) 唐紀(65)

上欲幸華淸宮, 諫官論之甚切, 上爲之止. 上樂聞規諫, 凡諫官論事·門下封駁, 苟合於理, 多屈意從之; 得大臣章疏, 必焚香盥手而讀之.

066(上-66)

경수모교(敬受母敎)
송(宋) 태조(太祖)

어머니의 가르침을 공경스럽게 받은 송 태조

송(宋)나라 때 역사 기록이다.

태조(太祖) 조광윤(趙匡胤)이 남군부인(南郡夫人) 두씨를 높여 황태후(皇太后)로 모셨다. 태조가 궁전에 올라 어머니께 배례하자 여러 신하들도 모두 축하를 하였다.

그러자 황태후는 근심 띤 모습으로 즐거워하지 않는 것이었다. 좌우 신하들이 나서서 말씀을 올렸다.

"제가 듣기로 어머니는 아들로 인해 귀하게 된다 하였습니다. 지금 아들이 천자가 되었는데 어찌 즐거운 표정을 짓지 않으십니까?"

황태후는 이렇게 말하였다.

"내 듣기로 '임금 노릇 하기 어렵다'고 하였소. 천자란 그 몸이 억만 백성 위에 있는 것이니 만약 그에 맞는 도로써 다스리면 그 지위가 존경을 받을 것이나 혹여 통제에 실수라도 생긴다면 차라리 필부가 되겠다 해도 그렇게 될 수 없는 것, 이 때문에 내가 근심하는 것이오."

태조는 두 번 절하며 이렇게 말하였다.

"삼가 가르침을 받겠나이다!"

宋史紀: 太祖尊母南郡夫人杜氏爲皇太后. 太祖拜殿上, 群臣稱賀.

后愀然不樂, 左右進曰:「臣聞母以子貴, 今子爲天子, 胡爲不樂?」

后曰:「吾聞'爲君難'. 天子置身兆庶之上, 若治得其道, 則此位可尊. 苟或失馭, 求爲匹夫不可得, 是吾所以憂也.」

太祖再拜, 曰:「謹受敎!」

【敬受母敎】공경히 어머니의 가르침을 받듦.

【宋】五代 이후 중국의 조대. 北宋(960~1127)과 南宋(1127~1279)으로 나뉘며 趙匡胤이 陳橋驛 兵變으로 後周 恭帝(郭宗訓)로부터 나라를 선양받아(960) 건국. 太宗, 眞宗, 仁宗, 英宗, 神宗, 哲宗을 거쳐 徽宗 때 女眞(金)의 침략으로 靖康之禍(1126)를 겪으면서 아들 欽宗 등 종실 2천여 명이 포로가 되어 북쪽으로 끌려감으로써 나라가 망함. 이때까지를 '북송'이라 하며 欽宗의 아우 趙構가 應天府(지금의 河南 商丘)에서 나라를 다시 세웠다가 계속된 금나라 공격을 견디 내지 못하고 멀리 臨安府(지금의 浙江 杭

州)로 옮겨 정식 도읍으로 삼음. 이때부터 '남송'이라 하며 孝宗, 光宗, 寧宗, 理宗, 度宗, 恭帝, 端宗을 거쳐 帝昺 때 몽고군에 의해 나라가 망하고 말았음. 송나라는 북송 때는 거란과 여진, 西夏 등에게 시달림을 당하였고, 남송 때에는 몽고에게 고통을 당하는 등 이민족에게 가장 많은 침략을 받은 왕조였음.

【太祖】 宋 太祖 趙匡胤(927~976). 宋나라를 건국한 황제. 涿州(지금의 河北 涿縣) 사람으로 後周 때 殿前都點檢, 領宋州歸德軍節度使였음. 거란 방어를 위해 陳橋驛(지금의 開封 동북 40리)에 이르렀을 때 부하들이 兵變을 일으켜 趙匡胤에게 黃袍를 입히고 황제로 옹위함. 국호를 자신의 직함 宋州節度使에서 취하여 宋이라 하고 도읍을 後周의 도읍 자리 그대로 汴京(지금의 河南 開封)으로 함. 재위 960년~976년. 建隆(960~962), 乾德(963~967), 開寶(968~976) 등 세 가지 연호를 사용하였음.

【南郡夫人】 성은 杜氏이며 趙匡胤의 어머니. 定州 安喜 사람으로 五代 後周 顯德 연간 조광윤이 宋國軍節度使였을 때 南陽郡夫人으로 봉해져 '남군부인'이라 불렀으며 조광윤이 제위에 오르자 '昭憲太皇后'로 존칭함.

【爲君難】 '임금 역할 하기가 아주 어렵다'는 뜻. ≪論語≫ 子路篇에 "定公問:「一言而可以興邦, 有諸?」孔子對曰:「言不可以若是其幾也. 人之言曰:『爲君難, 爲臣不易.』如知爲君之難也, 不幾乎一言而興邦乎?」曰:「一言而喪邦, 有諸?」孔子對曰:「言不可以若是其幾也. 人之言曰:『予無樂乎爲君, 唯其言而莫予違也.』如其善而莫之違也, 不亦善乎? 如不善而莫之違也, 不幾乎一言而喪邦乎?」"라 한 말에서 따온 것.

【失馭】 '馭'는 말을 몰 때 고삐로 말을 제압함을 말함. 황제의 통치 능력이나 권위를 뜻하며 '失御'와 같음.

【匹夫】 일반 서민. 皇帝에 상대하여 쓴 말.

直解(白話文)

송나라 때의 역사 기록이다.

태조가 이윽고 제위에 오르자 어머니 두씨를 높여 황태후로 모셨다. 태조가 당에 올라 높은 호칭을 드리자 여러 신하들이 모두 축하의 말을 하였다.

태후는 근심 띤 초연(愀然)한 얼굴로 즐겁지 않은 기색이었다.

좌우에 있던 사람들이 물었다.

"제가 듣기로 어머니는 아들을 통해 귀해진다 하였습니다. 이제 아들이 이윽고 천자가 되었습니다. 태후께서는 천자의 어머니가 되셨으니 그 귀함은 더 이상 보탤 것이 없습니다! 그런데 무슨 연고로 도리어 즐거워하지 않으시는 것입니까?"

태후는 이렇게 말하였다.

"내 듣기로 옛날 사람들이 '임금 노릇 하기 어렵다'라 하였소. 대체로 천자란 그 몸이 억조 백성들 위에 있어 만약 이들을 다스리되 도로써 하면 백성들이 모두 그를 사랑하여 추대하니 그 높은 지위를 가히 늘 보전할 수 있소. 그러나 만약 혹 그들을 다스리면서 도를 잃어 억조 백성의 이반(離叛)이 생기게 되면 비록 필부가 되겠노라 원한다 해도 역시 그렇게 될 수 없는 것이오! 지금 내 아들이 비록 천자가 되었다 하나 나는 바로 천자의 지위가 쉽지 않음을 걱정하는 것이니 어찌 즐겁다고만 할 수 있겠소!"

태후의 이 말은 비록 여러 신하들에게 한 것이지만 실제로는 태조를 경계하는 말이었다.

그 때문에 태조가 즉시 두 번 절하며 이렇게 말한 것이다.

"삼가 의당 가르침을 받겠습니다!"

이로부터 즉위한 뒤로는 이른 새벽부터 밤늦도록 두려워하며 욕망을 막고 그릇됨을 방비하며 도를 중히 여기고 유학자를 숭상하였으며, 형벌은 느슨히 하고 덕은 높이 여겨 충후함을 가지고 나라를 세워

송 태조(趙匡胤)

적심(赤心)을 헤아려 사람을 배치하였다. 그 때문에 참란을 평정하고 나라를 창업하여 그 정통을 내려주었던 것이다. 아! 송 태조 같은 경우라면 대효(大孝)라 이를 수 있으리라!

宋史上記: 太祖旣卽帝位, 尊母杜氏爲皇太后. 太祖拜上尊號, 群臣皆稱賀. 太后愀然有憂愁不樂之色.

左右之人問說:「臣聞母以子貴, 今子旣爲天子. 太后爲天子之母, 其貴無以加矣! 何故反有不樂?」

太后說:「吾聞古人說'爲君難'. 蓋爲天子者, 置其身於億兆衆庶之上, 若治之有道, 則民皆愛戴, 而尊位可以常保; 儻或治失其道, 以致兆庶離叛, 則雖求爲匹夫, 亦不可得矣! 今我子雖爲天子, 吾方憂天位之難居, 豈可以爲樂乎!」

太后這說話, 雖是告群臣, 實有儆戒太祖之意.

故太祖卽再拜謝, 說:「謹當受敎!」

自是, 卽位之後, 夙夜畏懼, 窒慾防非, 重道崇儒, 緩刑尙德, 以忠厚立國, 推赤心置人. 故能削平僭亂, 創業垂統. 於戲! 若宋太祖者, 可謂大孝矣!

【緩刑尙德】형벌은 엄격하게 하지 않으면서 대신 덕을 숭상함.
【赤心】사람의 가장 순수한 마음. 인지상정. 혹 '赤子之心', 즉 어린아이 같은 깨끗한 마음.
【於戲】'오희'로 읽으며 감탄사. '嗚呼'와 같음.
【大孝】≪孟子≫ 離婁(下)에 "孟子曰:「天下大悅而將歸己. 視天下悅而歸己, 猶草芥也, 惟舜爲然. 不得乎親, 不可以爲人; 不順乎親, 不可以爲子. 舜盡事親之道而瞽瞍厎豫, 瞽瞍厎豫而天下化, 瞽瞍厎豫而天下之爲父子者定, 此之謂大孝.」"라 함.

참고 및 관련 자료

1. ≪宋史≫(242) 后妃(上) 太祖母昭憲杜太后

太祖母昭憲杜太后, 定州安喜人也. ……周顯德中, 太祖爲定國軍節度使, 封南陽君太夫人. 及太祖自陳橋還京師, 人走報太后曰:「點檢已作天子.」太后曰:「吾兒素有大志, 今果然.」太祖卽位, 尊爲皇太后. 太祖拜太后於堂上, 衆皆賀. 太后愀然不樂, 左右進曰:「臣聞『母以子貴』, 今子爲天子, 胡爲不樂?」太后曰:「吾聞『爲君難』, 天子置身兆庶之上, 若治得其道, 則此位可尊; 苟或失馭, 求爲匹夫不可得, 是吾所以憂也.」太祖再拜曰:「謹受敎.」

067(上-67)

해구사장(解裘賜將)
송(宋) 태조(太祖)

자신의 갖옷을 벗어 장수에게 입혀 준 송 태조

송(宋)나라 때 역사 기록이다.

왕전빈(王全斌)이 촉(蜀)을 정벌하러 나설 때 마침 변경(汴京)에 큰 눈이 내렸다. 태조(太祖)는 강무전(講武殿)에 담요로 휘장을 치고 자초구(紫貂裘)에 모자를 쓰고 시찰에 나섰다.

그때 갑자기 좌우에게 이렇게 말하였다.

"나는 이렇게 좋은 옷을 입고 있어도 오히려 추위를 느끼는데 서쪽으로 정벌을 나설 장군과 병사들이 눈서리를 무릅쓰고 어찌 이런 추위를 감당할까 걱정스럽소."

그리하여 즉시 자신의 갓옷과 모자를 벗어 중사(中使)를 보내어 말을 몰아 달려가 왕전빈에게 건네주도록 하였다.

그러고는 여러 장수들에게 이렇게 일러 주었다.

"두루 모두에게 주지 못하오!"

왕전빈은 받은 물건에 절을 하며 감읍했고 이들은 향하는 곳마다 공을 세웠다.

≪宋朝事實類苑≫(11) 본문 기사

宋史紀: 王全斌之伐蜀也, 屬汴京大雪. 太祖設氈幄于講武殿, 衣紫貂裘帽以視事.

忽謂左右曰:「我被服如此, 體尚覺寒, 念征西將士, 衝冒霜雪, 何以堪處?」

卽解裘帽, 遣中使馳賜全斌.

仍諭諸將曰:「不能遍及也!」

全斌拜賜感泣, 故所向有功.

【解裘賜將】 황제 자신이 입고 있던 갓옷을 벗어 장수에게 입혀 줌.

【王全斌】 908년~976년. 北宋 초 장수. 幷州 太原 사람으로 乾德 2년(964) 겨울 西川行營前軍都部署를 맡아 蜀(五代十國의 後蜀)을 정벌하러 나섰으며 乾德 4년(966) 蜀主

孟昶의 항복을 받아 내어 일을 성사시킴. ≪宋史≫(255)에 전이 있음.
【伐蜀】 五代를 마감하면서 宋나라를 건국한 趙匡胤의 전국 통일 정벌 마지막 단계. 蜀은 五代十國의 後蜀(933~965)을 가리킴. 孟知祥이 지금의 四川 成都에 세웠던 나라로 北宋의 太祖 趙匡胤이 파견한 왕전빈의 군대에 의해 망함.
【汴京】 北宋 때 汴州를 서울로 삼았음. 지금의 河南 開封市.
【氈幃】 털로 짠 천막. 겨울의 임시 군영.
【講武殿】 군대를 단련하고 행사를 하던 곳.
【紫貂裘帽】 자초구와 자초모. 즉 보라색이 나는 담비의 가죽과 털로 만든 갖옷과 모자. 겨울 추위와 눈을 대비하여 따뜻하게 복장을 갖춘 것.
【中使】 주위에 있던 사람 중에 심부름을 시킴.

直解(白話文)

송(宋)나라 때의 역사 기록이다.

태조가 군사를 이끌고 촉을 정벌하도록 대장군 왕전빈을 파견하였다. 당시 겨울이라 날씨가 추웠고 서울에는 큰 눈이 내렸다. 태조는 강무단에 담요로 휘장을 치고 자초구를 입고 머리에 자초모를 쓰고 그 출발을 지켜보고 있었다. 그러다가 홀연히 좌우에게 이렇게 말하였다.

"나는 이렇게 따뜻한 옷을 입고 모자를 쓰고 있어도 몸은 오히려 추위를 느끼고 있소. 저 서쪽으로 원정을 떠나는 장수와 사병들은 서리와 눈을 무릅쓰고 가야 하며 게다가 이처럼 따뜻한 옷도 없으니 어찌 이러한 추위를 견뎌 낼 수 있을까 염려가 앞선다오."

그리하여 즉시 자신이 입고 있던 갖옷과 모자를 벗어 중사를 보내어 곧바로 가지고 가서 왕전빈에게 전해 주도록 하였다.

그리고 그 부하 장수와 병사들에게는 이렇게 일렀다.

"여러 장수들의 추위를 조정에서 염려하지 않는 것이 아니오. 다만 갖옷과 모자가 한없이 있는 것이 아니어서 사람마다 모두에게 두루 돌아가지 못할 뿐이라오."

이에 왕전빈은 받은 물건에 배례를 하고 감격하여 눈물을 흘렸다. 여러 장수들도 모두 감격하여 서로 죽을힘을 다해 보답하겠다고 하였다.

그 때문에 이들은 가는 곳마다 승리를 거두었고 마침내 서촉을 평정할 수 있었다.

무릇 송 태조가 옷을 벗어 준 은혜가 장수에게 미쳐 드디어 죽을힘을 다하여 성공을 거둘 수 있음이 이와 같았던 것이다. 이로써 가히 알 수 있듯이 임금이 변방의 장수에게 큰 공을 세우기를 바란다면 직접 몸으로 그 정을 느끼도록 하고 상을 후하게 주어 이를 권면하지 않으면 안 된다.

宋史上記: 太祖遣大將王全斌帥師征蜀. 時冬月天寒, 京城大雪. 太祖設氈幃于講武殿中, 身穿着紫貂裘, 頭戴着紫貂帽, 臨朝視事. 忽然謂左右說:「我穿戴這般樣溫暖的物, 身上尙覺寒冷. 想那西征的將士, 衝冒霜雪, 又無有這樣衣服, 怎麽當的這等寒冷?」

卽時將所服裘帽解下, 遣中使馬上賚去, 賜與全斌.

又曉諭他部下的將士, 說:「諸將寒苦, 朝廷無不在念, 奈裘帽有限, 不能人人徧及也.」

于是全斌拜受賜物, 感激淚下. 諸將亦皆感激, 相與戮力圖報. 故所向皆捷, 卒能平定西蜀.

夫宋太祖有解衣之恩, 及於將帥, 遂能得其死力, 成功如此. 可見人主要邊將成大功, 不可不體其情, 厚其賞, 以勸之也.

【馬上】 부사로 '즉시, 곧바로'의 뜻을 나타내는 백화어.
【曉諭】 말로 달래어 사정을 설명하여 일러 줌.
【奈】 '那'와 같음. 지시대명사 '그'.
【可見】 '이로써 ~을 알 수 있다'의 백화어 구문을 형성함.
【體其情】 그 정을 직접 몸으로 체감할 수 있도록 해 줌.

참고 및 관련 자료

1. ≪宋史≫(255) 王全斌傳
　全斌之入蜀也, 適屬冬暮, 京城大雪, 太祖設氈帷於講武殿, 衣紫貂裘帽以視事, 忽謂左右曰:「我被服若此, 體尙覺寒, 念西征將衝犯霜雪, 何以堪處!」卽解裘帽, 遣中黃門馳賜全斌, 仍諭諸將, 以不徧及也. 全斌拜賜感泣.
2. ≪宋朝事實類苑≫(1) 祖宗聖訓(太祖)

王全斌伐蜀之時大寒. 太祖著帽絮被裘, 御武殿氈帳, 曰:「此中寒尙不能禦, 況伐蜀將士乎?」卽脫所服裘帽, 遣使持賜全斌.

3. ≪續資治通鑑長編≫(5) 乾德二年十二月

　　是月, 京師大雪, 上設氈帷於講武壇, 衣紫貂裘帽以視事. 忽謂左右曰:「我被服如此, 體尙覺寒, 念西征將帥衝犯霜霰, 何以堪處!」卽解裘帽, 遣中黃門馳驛齎賜全斌, 且諭諸將, 以不能徧及也. 全斌拜賜感泣.

068(上-68)

쇄칠보기(碎七寶器)
송(宋) 태조(太祖)

후촉 군주의 칠보 그릇을 부수어 버린 송 태조

송(宋)나라 때 역사 기록이다.

태조(太祖)가 일찍이 촉의 군주였던 맹창(孟昶)의 보물 장식 요강을 보고 이를 부수어 버리도록 명하였다.

그리고 이렇게 말하였다.

"너는 칠보로 이런 것을 장식하였으니 도대체 밥은 무슨 그릇에 담아 먹었느냐? 하는 짓이 이와 같았으니 망하지 않고 무엇을 기다리겠느냐!"

宋史紀: 太祖嘗見蜀主孟昶寶裝溺器, 命撞碎之.
曰:「汝以七寶飾此, 當以何器貯食? 所爲如是, 不亡何待!」

【碎七寶器】蜀主 孟昶이 사치를 부려 만든 칠보 그릇들을 부수어 버림.
【孟昶】919년~965년. 五代十國의 하나였던 後蜀의 마지막 군주. 사치와 주색에 빠져 나라를 망침. 宋나라 趙匡胤이 보낸 王全斌에 의해 망하였음.
【溺器】'溺'는 '尿'와 같음. 방 안에서 사용하는 요강의 일종.
【撞碎】두드려 부숨. ≪宋史≫에는 '절구에 넣어 찧어 부수었다(椿碎)'고 되어 있음.
【汝】'너'. 여기서는 맹창을 꾸짖기 위해 그가 앞에 있는 듯이 '너'라고 부른 것.
【七寶】아주 훌륭한 일곱 가지 보배. 이로써 각 기구나 그릇을 장식하여 아름답게 꾸밈.

直解(白話文)

송나라 때의 역사 기록이다.
송 태조가 촉을 평정한 뒤, 촉주 맹창이 쓰던 요강을 보게 되었다. 이는 칠보로 장식되어 있는 것이었다. 태조는 이를 보고 크게 노하여 좌우에게 두드려 부수도록 명하였다.
그리고 이렇게 말하였다.
"칠보는 진귀한 물건으로 밥을 담아 먹는 데에 쓰는 기구이며 또한 사치를 부리는 데에는 쓰지 않아야 하는 것! 너는 도리어 이를 요강 장식에

쓰다니 그렇다면 무슨 그릇에 밥을 담아 먹었는지 알 수 없구나. 그러한 사치를 부리는 데 이를 다 써서 이런 지경에 이르렀다니. 그렇게 하고도 집안과 나라가 패망에 이르지 않기를 바랐다면 어찌 가능하겠는가?"

무릇 태조는 창업의 군주로서 그의 말은 진실로 족히 만세에 드리워 전해질 만하다. 임금이 이러한 예를 미루어 일마다 모두 박실하고 소박함을 숭상하는 것이야말로 바로 복록을 아껴 쓰는 것이며 국가를 보전하여 지켜 내는 근본 도리이다.

宋史上記: 太祖平蜀之後, 曾見蜀主孟昶, 有一箇溺器, 是七樣寶貝裝成的. 太祖見了大怒, 命左右打碎之.

說道: 「七寶是珍貴之物, 就做飯食之器, 也是奢侈不該的! 汝却把來裝飾溺器, 不知又用何等的器皿去盛飯食? 其侈用暴殄, 一至於此. 欲家國不至敗亡, 豈可

得乎?」

夫太祖爲創業之君, 其言眞足以垂戒萬世. 人君推此, 件件都該崇尙樸素, 乃爲愛惜福祿, 保守國家之道也.

【寶貝】우리말에서 '보배'로 바뀜.
【侈用暴殄】사치에 사용하여 급하게 모두 소모해 없애 버림.
【樸素】박실한 본래대로의 모습. 검약과 소박함을 말함. ≪莊子≫에 "樸素而天下莫能與之爭美"라 함.

참고 및 관련 자료

1. ≪宋史≫ 太祖本紀(3)
　見孟昶寶裝溺器, 椿而碎之, 曰:「汝以七寶飾此, 當以何器貯食? 所爲如是, 不亡何待!」
2. ≪宋朝事實類苑≫(1) 祖宗聖訓
　太祖平蜀得孟昶七寶裝溺器, 擲之於地, 令杵碎之, 曰:「汝以何器貯食? 似此不亡何待?」

069(上-69)

수언서병(受言書屛)
송(宋) 태조(太祖)

훌륭한 말을 듣고 이를 병풍에 쓰도록 한 송 태조

송(宋)나라 때 역사 기록이다.

태조가 처사 왕소소(王昭素)를 초빙하여 국자박사(國子博士)로 삼아 편전으로 불러 만나 보았다. 그때 그의 나이는 일흔 남짓이었다.

그로 하여금 ≪주역≫의 건괘(乾卦)를 강론하도록 하였더니, 구오(九五)

효(爻)의 '비룡재천(飛龍在天)'에 이르자, 왕소소는 여러 가지 증거를 대어 이를 설명하면서 미지(微旨)로써 풍간하였다.

태조는 크게 즐거워하며 세상을 다스리는 도리와 몸을 수양하는 도술을 질문하였다.

왕소소는 이렇게 대답하였다.

"세상을 다스림에는 백성을 사랑하는 것보다 더 중한 것이 없고, 몸을 보양하는 데에는 욕심을 줄이는 것보다 더한 것이 없습니다."

태조는 그 말을 아주 아껴 이를 병풍과 궤안에 써 두었다.

宋史紀: 太祖徵處士王昭素爲國子博士, 召見便殿. 年七十餘矣.

令講乾卦, 至九五'飛龍在天', 昭素援引證據, 因示諷諫微旨.

太祖大悅, 問治世養身之術.

對曰:「治世, 莫若愛民; 養身, 莫若寡慾.」

太祖愛其言, 書于屛几.

【受言書屛】 훌륭한 말을 듣고 이를 병풍에 써서 경계로 삼음.

【王昭素】 894년~982년. 宋初의 학자. 開封 酸棗(지금의 河南 延津) 사람으로 九經에 박통하고, 老莊에 밝았으며 특히 詩書에 능하였음. 저서로 ≪易論≫ 33편이 있음. 태조가 이를 불러 國子博士로 삼았으나 한 달 만에 낙향, 89세를 일기로 생을 마침. ≪宋史≫(431) 儒林傳을 볼 것.

【國子博士】 國子監의 박사. 국자감은 귀족 자제를 교육하는 국립대학의 일종.

【便殿】 평소 황제가 편히 쉬는 전각. 아주 가까운 사람만이 드나들 수 있음.

【乾卦】 ≪周易≫의 첫 괘. 天, 男, 陽을 상징함.

【九五】 ≪周易≫은 풀이 부분은 卦辭, 彖辭, 爻辭로 구성되어 있으며 부호 부분은 陽爻(-)와 陰爻(--), 그리고 괘를 이루었을 때 小成卦(3개의 효)와 大成卦(6개의 효)로 구분됨. 그중 大成卦의 경우 아래로부터 풀이를 시작하며 맨 아래는 '初'를 맨 위는 '上'

을 넣어 순서와 위치를 삼음. 그리고 陽爻는 '九', 음효는 '六'으로 명칭을 대신함. 따라서 '九五'의 경우 陽爻이면서 아래로부터 5번째인 효를 가리킴. ≪주역≫ 乾卦 九五는 帝王의 상징이며 "九五, 飛龍在天, 利見大人(하늘을 나는 용은 대인을 만남이 이롭다)"임.

【屛几】屛風과 案几. 늘 곁에 두고 보거나 사용하게 되는 물건임을 말함.

直解(白話文)

송나라 때의 역사 기록이다.

태조 때에 처사 왕소소라는 사람이 있었다. 태조는 평소 그가 학문이 높고 덕행이 있음을 알고 그를 초빙하여 국자감의 박사로 삼았다.

이윽고 그가 오자 그를 편전에서 불러 만나 보았다. 이때 왕소소의 나이는 일흔이 넘었었다.

태조는 그에게 명하여 ≪역경≫의 건괘를 강론하도록 하였는데 제5효인 '비룡재천'은 바로 제왕을 상징하는 것이었다. 왕소소는 임금의 도리를 강론하면서 옛날 제왕들의 일을 증거로 하여 드디어 그 속에 숨어 있는 풍간의 뜻으로 태조를 권면하였다.

태조는 그가 충직함을 보고 크게 기꺼워하였다. 그리고 그에게 천하를 다스리는 문제와 몸을 보양하는 도리에 대하여 질문을 하였다.

왕소소는 이렇게 대답하였다.

"천하를 다스림에는 백성을 사랑하고 아끼는 것만 한 것이 없고, 몸을 보양하는 데에는 기욕(嗜慾)을 줄이는 것보다 더 좋은 방법은 없습니다."

대체로 백성이란 나라의 근본이 된다. 근본이 튼튼하면 나라가 안녕을 얻게 되는 것이다. 그 때문에 나라를 다스리는 도란 백성을 사랑하는 것보다 더한 것이 없다. 욕심은 몸을 망치는 것이다. 욕심을 줄이면 몸이 편

안하다. 그 때문에 몸을 보양하는 방법으로 욕심을 줄이는 것보다 더한 것은 없는 것이다.

태조는 그의 말이 이치에 맞음을 좋아하여 그 두 구절을 병풍과 궤안에 적어 두었다. 때때로 이를 경계로 삼아 살펴 잊지 않도록 하기 위함이었다.

욕심을 줄이는 것과 백성을 사랑하는 것은 진실로 모두가 지극한 다스림의 요체이다. 그리하여 욕심을 줄이라는 이 한마디는 백성을 사랑하는 근본이 되기도 한다.

대개 자고로 백성이 편안할 수 없는 경우는 임금이 욕심을 부리는 데에 원인이 있다. 어떤 임금은 토목공사 벌이기를 좋아하고, 어떤 임금은 성색(聲色)을 좋아하여 제멋대로 하며, 혹 어떤 임금은 변방을 넓히는 전쟁을 마구 일으키기도 하며, 또 혹 어떤 임금은 진기한 완상품으로 모셔 주는 것을 좋아하기도 하며, 또 어떤 자는 수레를 몰아 많은 곳을 떠돌며 놀기를 좋아하기도 한다. 이러한 일들은 모두가 백성의 재산에 손상을 입히거나 백성을 힘들게 하지 않는 경우가 없다. 윗사람의 욕심이 끝이 없으면 아래 백성들은 그 수요를 계속 이어 줄 수가 없어 결국 해내에 소동이 일어나며 백성은 원망을 품고 반란을 일으켜 임금은 그 자신의 몸조차 보장을 받을 수 없다! 이런 까닭으로 임금이 반드시 자신의 몸을 아낄 줄 알아야 백성을 사랑할 수 있다. 따라서 백성을 안정시키는 것은 역시 자신의 몸을 편안히 하기 위한 것이기도 하다.

宋史上記: 太祖之時, 有簡處士姓王名昭素. 太祖素知他有學行, 征聘他來做國子監博士. 旣至, 召他進見於便殿. 此時昭素年七十餘歲矣. 太祖命他講≪易經≫的「乾卦」, 至第五爻'飛龍在天', 乃是人君之象. 昭素講論君道, 援引古時帝王以爲證據, 遂陰寓諷動勸諫之意.

太祖見他忠直, 大喜悅他. 就問他治天下與養身的道理.

昭素對說:「治天下, 莫如愛恤百姓; 養身體, 莫如寡少嗜慾.」

蓋民爲邦本, 本固則邦寧. 故治國之道, 莫如愛民也; 慾爲身之害, 慾少則身安. 故養身之道, 莫如寡慾也.

太祖愛他說得有理, 將這兩句言語, 書于屛風及几案上. 欲時時警省, 不致遺忘也.

然寡欲愛民, 固皆致治之要. 而寡欲一言, 又爲愛民之本.

蓋自古百姓不安, 皆因人主多欲. 或好興土木, 或恣意聲色, 或妄開邊釁, 或求珍奇玩好之奉, 或耽馳騁遊幸之娛, 此等事, 皆不免傷民之財・勞民之力. 上之所欲無窮, 下之所需難繼, 以致海內騷然, 百姓怨叛, 而君身不可保矣! 以是知人主必愛身, 乃可以愛民, 而安百姓, 亦所以安其身也.

【嗜慾】 기호와 욕심. 쉽게 벗어나기 어려운 습관이 됨.
【警省】 경계로 삼고 반성거리로 삼음. 경계하고 살펴봄.
【聲色】 음악과 미색.
【邊釁】 변방의 전쟁. 영토를 넓히기 위해 다른 나라를 침범하여 전쟁을 일으킴.
【馳騁遊幸】 말을 몰아 마음 놓고 달려 여러 곳을 돌아다니며 유람을 즐김.

참고 및 관련 자료

1. ≪宋史≫(431) 儒林傳(王昭素)

開寶中, 穆薦之朝, 詔召赴闕, 見於便殿, 時年七十七, 精神不衰. 太祖問曰:「何以不求仕進, 致相見之晩?」對曰:「臣草野惷愚, 無以裨聖化」賜坐, 令講≪易≫乾卦, 召宰相薛居正等觀之, 至「飛龍在天」, 上曰:「此書豈可令常人見?」昭素對曰:「此書非聖人出不能合其象」因訪以民間事, 昭素所言誠實無隱, 上嘉之.

2. ≪續資治通鑑長編≫(11) 開寶三年三月辛亥

辛亥, 以處士王昭素爲國子博士致仕. 昭素, 酸棗人, 少篤學, 有志行. 市物隨所索價償其直, 或以實非本價辭, 則曰:「汝亟受之, 不然, 將爲妄語人矣.」由是人不敢欺, 且相告曰:「王先生市物, 不可虛索其價也.」方治所居室, 積木牆壁間, 有穿窬者爲木所礙, 不得入, 昭素覺之, 盡室所有擲於外, 謂盜曰:「汝速去, 恐捕至者.」盜慙, 委物而遁. 由是邑中無盜. 著≪易論≫三十三篇, 學者多從之遊. 上聞其名, 召見便殿, 時年已七十餘, 上問曰:「何以不仕? 致相見之晩.」昭素謝不能. 上令講<乾卦>, 至「九五飛龍在天」, 則斂容曰:「此爻正當陛下今日之事.」引援證據, 因示風諫微旨. 上心悅, 卽訪以民事, 昭素所言誠實無隱, 上益嘉之. 又問治世養身之術, 昭素曰:「治世莫若愛民, 養身莫若寡欲」上愛其語, 嘗書屛几間. 留月餘, 數求歸, 故有是命. 年八十九, 乃卒於家.

3. ≪周易≫ 乾卦

乾: 元・亨・利・貞. 初九, 潛龍勿用. 九二, 見龍在田, 利見大人. 九三, 君子終日乾乾, 夕惕若, 厲, 无咎. 九四, 或躍在淵, 无咎. 九五, 飛龍在天, 利見大人. 上九, 亢龍有悔. 用九, 見羣龍无首, 吉. 象曰: 大哉乾元! 萬物資始, 乃統天. 雲行雨施. 品物流形. 大明終始, 六位時

成, 時乘六龍以御天. 乾道變化, 各正性命, 保合大和, 乃利貞. 首出庶物, 萬國咸寧. 象曰: 天行健; 君子以自强不息.「潛龍勿用」, 陽在下也;「見龍在田」, 德施普也;「終日乾乾」, 反復道也;「或躍在淵」, 進无咎也;「飛龍在天」, 大人造也;「亢龍有悔」, 盈不可久也;「用九」, 天德不可爲首也.

070(上-70)

계주의취(戒主衣翠)
송(宋) 태조(太祖)

공주의 화려한 옷차림을 보고 이를 경계시킨 송 태조

송(宋)나라 때 역사 기록이다.

영녕공주(永寧公主)가 한번은 옷에 비단을 덧붙이고 비취새 깃털로 장식한 저고리를 입고 궁궐에 들어왔다.

태조가 이를 보고 말하였다.

"너는 마땅히 이를 나에게 맡기려무나. 그리고 지금부터는 이러한 장식을 하지 말아라."

공주가 웃으면서 말하였다.

"여기에 사용한 비취 깃이 얼마나 된다고 그러세요?"

태조가 말하였다.

"그렇지 않다. 황가의 집안에서 이런 복장을 하면 궁궐과 친척들 동네에서 틀림없이 이를 흉내 낼 것이다. 그렇게 되면 서울에 비취 깃털 값이 올라갈 것이다. 소시민은 이익을 좇아 행동하기 마련이니 돌고 돌아 이를 팔고 바꾸고 하다 보면 살아 있는 생명이 널리 침해를 입게 된다. 이는 결국 너로 말미암아 시작되는 것이란다. 너는 부귀한 환경에 태어나고 자랐으니 의당 복을 아낄 줄 알아야 한다. 어찌 이러한 일로 악업의 발단을 짓는단 말이냐?"

공주는 부끄러움을 느껴 사과하였다.

宋史紀: 永寧公主, 嘗衣貼綉鋪翠襦入宮中.

太祖謂曰:「汝當以此與我, 自今勿復爲此飾.」

公主笑曰:「此所用翠羽幾何?」

太祖曰:「不然. 主家服此, 宮闈戚里必相效. 京城翠價高. 小民逐利, 展轉販易, 傷生浸廣, 實汝之由. 汝生長富貴, 當念惜福, 豈可造此惡業之端?」

公主慙謝.

【戒主衣翠】비취 깃으로 장식한 옷을 입은 공주를 경계시킴.

【永寧公主】永慶公主의 오기. 太祖 趙匡胤의 셋째 딸로 陳國大長公主를 가리킴. 開寶 5년(972) 永慶公主로 冊封되었으며 右衛將軍 魏咸信에게 시집을 갔음. 그러나 ≪宋史≫에는 魏國長公主로 되어 있음.

【綉鋪翠襦】 수를 놓아 아름답게 꾸미고 비취의 깃으로 짠 짧은 저고리. 원본 夾註에 "襦, 短衣也"라 함.
【翠羽】 비취새(파랑새, 물총새)의 깃털. 매우 아름다운 청색을 띰.
【主家】 공주의 집안.
【宮闈戚里】 궁궐의 후궁들과 친척들이 사는 마을.
【展轉】 '輾轉'과 같음. 돌고 돌아 비취 깃털 값이 앙등함. 雙聲連綿語.
【惜福】 주어진 복을 아껴 조금씩 누림. 복을 마구 사용하지 않음.

直解(白話文)

송나라 때의 역사 기록이다.

태조의 딸 영녕공주가 한번은 금으로 붙이고 비취 깃털로 장식한 짧은 옷을 입고 궁중으로 들어왔다.

태조는 그 사치스러움을 혐오하여 공주에게 이렇게 말하였다.

"너는 그 옷을 벗어 나에게 주렴. 이제부터는 다시는 이러한 복장을 하지 말아라."

공주가 웃으면서 말하였다.

"이 옷에 사용한 비취 깃털이 얼마나 든다고요. 관가에서 이 정도의 돈이 지나치다고 생각하세요?"

태조가 말하였다.

"내 뜻은 오로지 너의 이 옷 한 벌을 두고 그 비용이 아까워 그런 것이 아니란다. 황가에서 이러한 옷을 입게 되면 궁중의 비빈과 황친, 귀척들이 이를 보고 틀림없이 모두 이를 흉내 낼 것이며 그에 드는 비취 깃털은 틀림없이 많아져 경성의 비취 깃털 값은 틀림없이 앙등하게 될 것이다. 백성들이란 이익을 쫓기 마련이다. 이러한 물건이 이익이 된다고 여기면 틀림

없이 비취새를 잡으러 나설 것이다. 돌고 돌아 이를 팔게 되면 살아 있는 생명을 해치게 되는 것이니 이것이 모두 너의 이 옷으로부터 시작되는 것이다. 그 죄는 크다고 아니할 수 없다. 너는 부귀한 환경에 나고 자라 힘들다는 것이 무엇인지 모른다. 모름지기 너는 네가 받고 있는 복과 쓰는 물건을 장구한 미래를 위해 아끼고 사랑할 줄 알아야 한다. 어찌 이러한 악업의 단서를 지어 스스로의 복을 손상시키려 하느냐?"

공주는 태조의 말에 감격과 절실함을 느껴 황공하게 사죄하였다.

무릇 궁궐에서 좋아하는 것이 있으면 사방에서 이를 보고 법으로 여기게 된다. 옛말에 "궁중에서 높은 트레머리를 좋아하면 사방 백성은 그보다 한 자나 더 높이며, 궁중에서 눈썹을 넓게 그리면 사방 백성은 이마의 반을 눈썹으로 그린다. 궁중에서 긴소매를 좋아하면 사방 백성은 비단 한 필이나 끌리게 한다" 하였다.

이는 좋아하는 것은 삼가지 않으면 안 된다는 말이다. 만약 궁중에서 복장과 장식을 화려하게 하면 천하가 그렇게 변하여 점차 그것이 풍속인 양 자리를 잡게 되어 마침내 풍속을 퇴폐시키고 재물을 소비하여 복을 꺾고 수명을 단축시키니 그 해로움은 말로 다할 수가 없다. 그러니 어찌 단지 송 태조가 말한 살아 있는 생명을 죽이는 것에서 끝나겠는가!

무릇 창업의 군주는 온갖 고생을 다 보고 겪어 왔다. 그래서 오직 누림과 사용이 지나치면 어쩌나 걱정을 하는 것이다. 후세 자손은 도리어 이를 비루하다고 비웃는 자가 있도다! 아, 경계하지 않을 수 있겠는가!

≪宋朝事實類苑≫ (1) 본문 기사

宋史上記: 太祖的女永寧公主, 曾穿一領貼金鋪翠的襦入宮中.

太祖嫌其奢侈, 向公主說道:「汝可解此襦與我. 自今以後, 再不要如此裝飾.」

公主笑說:「此襦所用翠羽幾多, 而官家以爲過費?」

太祖說道:「我之意, 非專爲汝一襦而惜也. 主家旣穿此衣, 宮中妃嬪, 及皇親貴戚每看見, 必都相傚效, 所用翠羽必多. 京城中翠羽之價必貴. 百姓每逐利, 見此物可以取利, 必然都去捕捉那翠鳥. 展轉販賣, 殺生害命, 皆汝此衣有以致之. 其罪過多矣. 汝生長富貴, 不知艱苦, 須當思愛惜受用, 以圖長久. 豈可造此惡業之端, 自損己福耶?」

公主見太祖說得激切, 乃惶恐謝罪.

夫宮闈之好尙, 係四方之觀法. 古語說道:『宮中好高髻, 四方高一尺; 宮中好廣眉, 四方且半額; 宮中好大袖, 四方至足帛.』

言好尙之不可不愼也. 若宮闈之中, 服飾華麗, 用度奢侈, 則天下化之, 漸以成風, 壞風俗・耗財用, 折福損壽, 其害有不可勝言者矣. 豈但如宋祖所謂戕賊害物命已哉! 大抵創業之君, 閱曆艱辛, 唯恐享用太過. 後世子孫, 且有鄙而笑之者矣! 吁! 可不戒哉!

【貴戚每】 '每'는 '們'과 같음. 뒤의 '百姓每'의 '每' 자도 같음.
【戕賊害物命】 살아 있는 생명체를 죽이고 해를 입힘.

참고 및 관련 자료

1. ≪宋史≫ 太祖本紀⑶
　宮中葦簾, 緣用靑布; 常服之衣, 澣濯至再. 魏國長公主襦飾翠羽, 戒勿復用, 又敎之曰: 「汝生長富貴, 當念惜福.」

2. ≪皇朝類苑≫⑴ 祖宗聖訓(太祖)
　魏咸信言: 故魏國長公主在太祖朝, 嘗衣貼繡鋪翠襦入宮中, 太祖見之謂主曰: 「汝當以此與我, 自今勿復爲此飾.」 主笑曰: 「此所用翠羽幾何?」 太祖曰: 「不然. 主家服此, 宮闈戚里皆相效. 京城翠羽價高. 小民逐利, 展轉販易, 傷生寖廣, 實汝之由. 汝生長富貴, 當念惜福, 豈可造此惡業之端?」 主憨謝. 主因侍坐與孝章皇后, 同言曰: 「官家作天子日久, 豈不能用黃金裝肩舁乘以出入?」 太祖笑曰: 「我以四海之富, 宮殿悉以金銀爲飾, 力亦可辦, 但念我爲天下守財耳, 豈可妄用? 古稱『以一人治天下, 不以天下奉一人』. 苟以自奉養爲意, 使天下之人何仰哉! 當勿復言.」

3. ≪續資治通鑑長編≫(13) 太祖開寶五年秋七月
　庚午, 皇第三女封永慶公主. 甲申, 永慶公主出降右衛將軍・駙馬都尉魏咸信. 咸信, 仁浦子也. 公主嘗衣貼繡鋪翠襦入宮中, 上見之, 謂主曰: 「汝當以此與我, 自今勿復爲此飾.」

主笑曰:「此所用翠羽幾何?」上曰:「不然. 主家服此, 宮闈戚里必相効. 京城翠羽價高. 小民逐利, 展轉販易, 傷生寔廣, 實汝之由. 汝生長富貴, 當念惜福, 豈可造此惡業之端?」主慙謝. 主因侍坐, 與皇后同言曰:「官家作天子日久, 豈不能用黃金裝肩輿, 乘以出入?」上笑曰:「我以四海之富, 宮殿悉以金銀爲飾, 力亦可辦, 但念我爲天下守財耳, 豈可妄用? 古稱『以一人治天下, 不以天下奉一人』. 苟以自奉養爲意, 使天下之人何仰哉! 當勿復言.」

경일관서(竟日觀書)
송(宋) 태종(太宗)

하루해가 다 가도록 책을 읽은 송 태종

송(宋)나라 때 역사 기록이다.

태종은 독서에 부지런하였다. 매일 사시(巳時)에 시작하여 신시(申時)가 된 연후에야 책을 놓는 것이었다. 그리고 사관에 명하여 ≪태평어람(太平御覽)≫ 1천 권을 지어 하루에 세 권씩 올리도록 하였다.

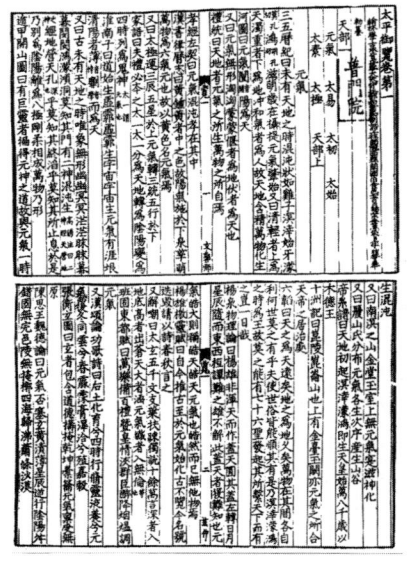

≪太平御覽≫

송기(宋琪)가 황제가 너무 힘들고 지칠 것이라 간언하자 태종은 이렇게 말하였다.

"책을 보는 것은 유익하여 힘들게 느끼지 않는다오. 짐은 일 년이면 이 책을 다 읽을 수 있을 것이오."

그리고 매번 한가한 날이면 시독(侍讀) 여문중(呂文仲)에게는 경의(經義)를, 시서(侍書) 왕저(王著)에게는 필법(筆法)을, 갈단(葛湍)에게는 자학(字學)을 질문하며 공부하였다.

宋史紀: 太宗勤于讀書, 自巳至申, 然後釋卷.

詔史館修≪太平御覽≫一千卷, 日進三卷.

宋琪以勞瘁爲諫, 帝曰:「開卷有益, 不爲勞也. 朕欲周歲讀遍是書耳.」

每暇日, 則問侍讀呂文仲以經義, 侍書王著以筆法, 葛湍以字學.

【竟日觀書】하루 종일 책을 봄.

【太宗】939년~997년. 太祖 趙匡胤의 아우로 처음 이름은 趙匡義. 즉위 다음 해 이름을 趙炅으로 바꿈. 재위 976년~997년. 형의 뒤를 이어 전국 통일 정책을 강하게 펴 五代十國 중 마지막으로 버티던 吳越의 항복을 받고(978) 이어 北漢을 멸하였음(979). 여러 차례 작전을 펴 요나라를 북쪽으로 밀어내기도 함. 과거제도를 확립하고 많은 책을 편찬하는 등 文風政策을 시도하였음. 太平興國(976~983), 雍熙(984~987),

端拱(988~989), 淳化(990~994), 至道(995~997) 등 다섯 연호를 사용함.

【巳】 아침 9시부터 11시 사이. 고대에는 정확한 時刻 개념이 없었으며 대강 2시간을 十二支(子丑寅卯辰巳午未申酉戌亥)에 맞추어 계산하였음.

【申】 오후 3시부터 5시 사이.

【史館】 역사를 편수하는 기관.

【太平御覽】 1천 권의 방대한 類書로 천하의 문물을 각 전적과 기록에서 모아 종류별로 기술한 것. 太平興國 2년(977) 翰林學士 李昉 등에게 편찬을 시작하도록 하여 6년 반이 지나 太平興國 8년(983)에 완성함. 太平興國 연호에 맞추어 처음 이름을 ≪太平總類≫, ≪太平類編≫, ≪太平編類≫ 등으로 하였다가 뒤에 ≪太平御覽≫으로 굳어짐.

【宋琪】 자는 叔寶(917~996). 范陽 薊(지금의 北京 大興 薊縣) 사람으로 太平興國 3년 太子洗馬를 시작으로 太平興國 8년 右諫議大夫, 同判三司를 거쳐 至道 2년 右僕射에 오름. ≪宋史≫(264)에 전이 있음.

【呂文仲】 자는 子臧. 歙州 新安 사람으로 少府監丞으로서 ≪太平御覽≫, ≪太平廣記≫, ≪文苑英華≫의 편집에 참여하여 著作郞에 오름. ≪宋史≫(296)에 전이 있음.

【王著】 자는 知微. 서예에 능하였으며 太平興國 6년 著作郞, 翰林侍書 및 侍讀으로 御書院에 숙직을 함. 太宗이 그에게 서예를 배웠음.

【葛湍】 당시 文字學에 밝았던 인물.

【字學】 文字學. 漢字의 形, 音, 義에 대한 체계적인 이론을 뜻함.

直解(白話文)

송나라 때의 역사 기록이다.

태종은 독서에 근면하여 매일 사시에 책을 보기 시작하여 신시에 이른 연후에야 책을 놓았다. 그리고 사관의 유신에게 명하여 고금의 여러 사적을 채집하여 책 한 질을 편찬하도록 하고 이름을 ≪태평어람≫이라 하

였다. 총 1천 권의 분량으로 매일 세 권씩 읽을 수 있게 올려 바치도록 하였다.

태종이 책을 보는 양이 매일 이와 같이 많자 신하 송기는 책을 보는 것이 힘들고 고통스러워 임금의 몸이 고단할 것이라 여겨 간언하였다.

그러자 태종은 이렇게 말하였다.

"천하 고금의 의리는 모두가 책에 들어 있소. 단지 이를 펴서 보기만 하면 곧 사람을 계발시켜 총명하게 해 주며 식견을 넓혀 주어 지극히 유익한 것이오. 비록 매일 책을 읽는다 해도 스스로 마음이 즐거울 뿐 힘들거나 피로한 줄은 모르겠소. 짐은 일 년 안에 이 1천 권의 책을 모두 독파할 것이오. 그 때문에 모름지기 하루에 세 권씩은 읽어야 모두 다 읽을 수 있는 것이오."

그리고 한가하여 일이 없는 날이면 매번 헛되이 시간을 보내지 않기 위해 곧바로 한림시독(翰林侍讀) 여문중을 불러 경서에 들어 있는 의리를 질문하였고, 시서 왕저를 불러 그에게 글씨 쓰는 법을 질문하였으며, 갈단을 불러 자학의 뜻풀이를 질문하였다.

무릇 자고로 성인은 비록 하늘로부터 그 총명함을 받았다 해도 덕을 이룸에는 학문을 바탕으로 하지 않음이 없었다. 대체로 고금의 치란과 흥쇠, 그리고 천하 민정과 만물의 이치는 반드시 널리 경학과 사학의 책을 보아야 두루 알 수 있다. 그리고 반드시 찾아보고 묻고 하여야 능히 통효(通曉)할 수가 있다. 그러므로 명철한 군주는 학문에 힘쓰는 것을 가장 급하게 여겼으니 바로 이를 위한 것이다.

태종의 학문에 부지런하고 좋아하면서도 이를 수고롭다거나 힘들다 여기지 않은 것을 보면 그는 능히 태평 시대를 성취할 뛰어난 군주이며 문운(文運)을 널리 펴고 열었던 풍성함은 바로 그럴 만한 이유가 있었던 것이로다!

宋史上記: 太宗勤于讀書, 每日從巳時看書起, 直到申時, 然後放下書卷. 詔史館儒臣, 采輯古今事蹟, 纂修成一書, 叫做≪太平御覽≫, 共有一千卷, 每日進三卷.

太宗觀覽, 日日如此. 其臣宋琪以看書勤苦, 恐勞聖體爲勸.

太宗說:「天下古今義理, 盡載書卷中. 但開卷觀看, 就使人啓發聰明, 增長識見, 極有進益. 雖每日讀書, 自是心裡喜好, 不爲勞苦也. 朕要一年之內, 讀完這一千卷書, 故須一日三卷, 乃可讀完耳.」

每週開暇無事日, 還不肯錯過, 就召翰林侍讀呂文仲,

≪宋朝事實類苑≫(2) 본문 기사

問他以經書上的義理; 召侍書王著, 問他以寫字的筆法; 召葛湍, 問他以字學訓解.

　夫自古聖人, 雖聰明出於天賦, 莫不資學問以成德. 蓋古今治亂興衰, 天下民情物理, 必博觀經史, 乃可周知; 必勤于訪問, 乃能通曉. 故明君以務學爲急, 正爲此也.

　觀宋太宗勤學好問, 不以爲勞若此, 其能爲太平令主, 而弘開文運之盛, 有由然哉!

【爲勸】 쉬어 가며 책을 읽을 것을 권함.
【經史】 경학과 사학. 여기서는 모든 고전을 의미함.
【文運】 송 태종은 태조 趙匡胤의 아우로 형의 뒤를 이어 황제에 오른 다음 연호를 太平興國(976~983)으로 삼고 文運을 일으켜 당시 편찬된 책 제목에 주로 '太平'을 넣었음. 이를테면 ≪太平廣記≫(李昉), ≪太平御覽≫(李昉 등), ≪太平寰宇記≫(樂史), ≪太平天日≫(洪仁玕) 등이 있음.

참고 및 관련 자료

1. ≪宋朝事實類苑≫(2) 祖宗聖訓(太宗)
　(1) 太宗詔諸儒編故事一千卷, 曰≪太平總類≫; 文章一千卷, 曰≪文苑英華≫; 小說五百卷, 曰≪太平廣記≫; 醫方一千卷, 曰≪神醫普救≫. 總類成, 帝日覽三卷, 一年而讀周, 賜名曰≪太平御覽≫.
　(2) 太宗銳意文史, 太平興國中, 詔李昉·扈蒙·徐鉉·張洎等, 門類羣書, 爲一千卷, 賜名≪太平御覽≫. 又詔昉等, 撰集野史小說, 爲≪太平廣記≫五百卷. 頗選前代文章, 爲一千卷, 曰≪文苑英華≫. 太宗閱≪御覽≫日三卷, 因事有闕, 則暇日追補之, 嘗曰:「開卷有益, 朕不以爲勞也.」
　(3) 帝語宰相曰:「史館所修≪太平總類≫, 自今日進三卷. 朕當親覽.」宋琪曰:「陛下好古不倦, 觀書爲樂. 然日閱三卷, 恐至罷倦.」帝曰:「朕性喜讀書, 開卷有益, 每見前代興廢,

以爲鑑戒. 雖未能盡記, 其未聞·未見之事, 固以多矣. 此書千卷, 朕欲一年讀徧.」

2. ≪續資治通鑑長編≫(24) 太平興國八年十一月庚辰

　　庚辰, 詔史館: 「所修≪太平總類≫, 自今日進三卷, 朕當親覽.」 宋琪等言: 「窮歲短晷, 日閱三卷, 恐聖躬疲倦.」 上曰: 「朕性喜讀書, 開卷有益, 不爲勞也. 此書千卷, 朕欲一年讀徧, 因思學者讀萬卷書亦不爲勞耳.」 尋改≪總類≫名曰≪御覽≫.

인의용직(引衣容直)
송(宋) 태종(太宗)

옷자락을 끌어당긴 신하를 곧다고 용납한 송 태종

송(宋)나라 때 역사 기록이다.

구준(寇準)이 추밀원(樞密院) 직학사(直學士)가 되어 한번은 궁궐에서 업무를 보고하고 있었다. 그런데 그와 의견이 맞지 않자 태종은 노하여 벌떡 일어나 버렸다.

구준은 문득 황제의 옷을 끌어당기며 다시 앉도록 하고 일을 결정한 다음에야 나갔다.

태종은 그를 훌륭하다 여겨 이렇게 말하였다.

"내가 구준을 얻은 것은 마치 당 태종 문황제가 위징(魏徵)을 얻은 것과 같다."

宋史紀: 寇準爲樞密直學士, 嘗奏事殿中. 語不合, 太宗怒起.

準輒引帝衣, 請復坐, 事決乃退.

太宗嘉之曰: 「朕得寇準, 猶文皇之得魏徵也.」

【引衣容直】 옷자락을 잡아당기며 직언을 용납하도록 함.

【寇準】 자는 平仲(961~1023). 북송의 유명한 정치가. 華州 下邽(지금의 陝西 渭南) 사람으로 太宗 때 樞密院 直學士를 거쳐 眞宗 때 재상에 오름. 당시 眞宗으로 하여금 親征에 나서도록 하여 澶州(지금의 河南 濮陽)에서 遼나라와 담판을 벌인 끝에 澶淵之盟을 맺음. 뒤에 萊國公에 봉해졌으며 ≪寇忠愍公詩集≫이 있음. ≪宋史≫(281)에 전이 있음.

【樞密直學士】 樞密院은 後唐 때 처음 설치하였으며 송나라 때 이를 이어받음. 侍從을 관장하며 應待의 고문을 준비함. 지위는 翰林學士의 아래였음.

【文皇】 唐 太宗(李世民)을 가리킴. 시호가 太宗文皇帝였음.

【魏徵】 자는 玄成(580~643). 唐 초기의 名臣으로 직언으로 太宗을 보필한 것으로 유명함. 北周 靜帝 大象 2년(580) 襄國郡 鉅鹿縣에서 태어나 어릴 때 고아가 되어 떠돌다가 수나라 말 道士라 속이고 李密의 瓦崗軍과 竇建德의 河北義軍에 들어가

송 태종(趙匡義)

공을 세움. 태종이 즉위하여 諫議大夫와 尙書右丞을 겸하였음. 다시 貞觀 3년(629)에 秘書監이 되어 국정에 참여하였으며 정관 7년(633) 侍中이 되어 鄭國公에 봉해졌음. 정관 17년(643) 병으로 長安에서 죽음. 시호는 文貞. 昭陵 곁에 묻혔음. ≪舊唐書≫에 太宗과의 관계에 대하여 "討論政術, 往復應對, 凡數十萬言"이라 함.

直解(白話文)

송나라 때의 역사 기록이다.

송 태종이 구준을 추밀원 직학사로 삼았다. 구준은 사람됨이 충직하여 직언을 잘하였다.

어느 날 궁궐에서 사안을 보고하고 있었다. 그 의견이 태종과 일치되지

않자 태종은 그만 화를 내며 보고도 듣지 않은 채 안으로 들어가려 하였다. 구준은 즉시 태종의 곤포 자락을 잡아 다시 자리에 앉도록 청한 다음 그 일을 결정하고 자신의 의견을 듣도록 한 다음 끝냈다.

태종은 그가 그토록 강직함을 보고 도리어 그를 훌륭하게 여겨 이렇게 말하였다.

"내가 구준을 얻은 것은 당 태종이 위징을 얻은 것과 같구나."

무릇 사람이 신하가 되어 임금의 뜻을 거스르며 심지어 그 옷을 잡아당긴 다음 자신이 하고 싶은 말을 다 한다는 것은, 임금의 입장에서는 만약 그를 충직한 마음에서 나온 것이라 이해해 주지 않는다면 틀림없이 불경하다 여겨 노기로 배척할 대상이다. 지금 태종은 그를 배척하여 뿌리치지

≪宋朝事實類苑≫(6)
본문 기사

않았을 뿐만 아니라 나아가 그를 훌륭하다 감탄까지 하였다. 그가 남을 포용하는 도량이 이와 같았던 것이다. 그 때문에 능히 신하로 하여금 말을 다 할 수 있도록 하여 정사에 허물이 적었으니 송나라의 어진 임금이 될 수 있었던 것이다. 태종 같은 분이라면 진실로 당 태종에게 조금도 부끄러울 것이 없도다!

宋史上記: 宋太宗以寇準爲樞密院直學士. 寇準爲人, 忠直敢言. 一日奏事殿上, 不合太宗的意思, 太宗發怒起去, 欲罷朝回宮. 寇準卽上去扯住太宗的袍服, 請太宗復還御座, 決斷其事, 務要聽其言纔罷.

太宗見他這般鯁直, 反嘉美他說道:「朕得寇準, 如唐太宗之得魏徵也.」

夫人臣奏事忤旨, 至於牽引上衣, 以盡其說. 爲君者若不諒他忠直之心, 必以爲不敬而怒斥之矣. 今太宗不惟不斥, 且歎美之. 其容人之度如此, 所以能使臣下盡言, 政事少過, 而爲宋之賢君也. 如太宗者, 眞無愧於文皇矣!

【鯁直】 생선 뼈처럼 곧고 빳빳함.
【諒】 海諒함. 理解해 줌.
【無愧】 손색이 없음. 부끄러울 것이 없음. 그에 못지않음.

참고 및 관련 자료

1. ≪宋史≫(281) 寇準傳

寇準字平仲, 華州下邽人也. ……嘗奏事殿中, 語不合, 帝怒起, 準輒引帝衣, 令帝復坐, 事決乃退. 上由是嘉之, 曰:「朕得寇準, 猶文皇之得魏徵也.」

2. ≪宋朝事實類苑≫(6) 君臣知遇(寇員外)

太宗時, 寇準爲員外郎, 忤上旨, 拂衣起欲入禁中. 準手引上衣令復坐, 決其事, 然後退. 上由是嘉之. 太宗器重準, 嘗曰:「朕得寇準, 猶唐文皇之得魏鄭公也. 準爲虞部員外郎, 言事召對稱旨.」

개용청강(改容聽講)
송(宋) 인종(仁宗)

자세를 단정히 고치고 강의를 들은 송 인종

송(宋)나라 때 역사 기록이다.

인종(仁宗) 초기에 재상 왕증(王曾)은 황제는 방금 즉위하였으니 의당 스승과 선비들을 가까이해야 한다고 여겨 이에 황제를 숭정전(崇政殿) 서각(西閣)으로 모시고 시강학사(侍講學士) 손석(孫奭), 직학사(直學士) 풍원(馮元)을

송 인종(趙禎)

불러 ≪논어≫를 강의하도록 하였다.

처음에는 이틀에 한 번 임금에게 경연을 열도록 하였으나 이때로부터 매일 열게 되어도 역시 시신들을 불러 강독을 하기로 하였던 것이다.

인종은 경연 자리에서 좌우를 이리저리 훑어보는 등 태도와 몸가짐이 단정하지 못하였다. 그러자 손석은 즉시 손을 모으고 서서 강의를 멈추는 것이었다. 인종은 송연히 태도를 바꾸고 다시 바르게 들었다.

宋史紀: 仁宗初年, 宰相王曾, 以帝初卽位, 宜近師儒, 乃請御崇政殿西閣, 召侍講學士孫奭·直學士馮元講≪論語≫.

初詔雙日御經筵. 自是雖隻日, 亦召侍臣講讀.

帝在經筵, 或左右瞻矚, 及容體不正, 奭卽拱立不講. 帝爲竦然改聽.

【改容聽講】학습 태도를 바꾸고 강의를 들음.
【仁宗】宋나라 4대 황제 趙禎(1010~1063). 眞宗(趙恒)의 아들로 처음 이름은 受益. 그의 재위 기간(1022~1063)은 여러 차례 거란(遼)과 西夏의 침략을 받아 北宋이 점차 쇠약해 가는 시기였음. 성격이 온순하여 역사적으로 "恭儉仁恕, 屈己愛民"이라 평을 받음.
【王曾】자는 孝先(978~1038). 靑州 益都(지금의 山東) 사람으로 景祐 2년(1035) 右僕射를 시작으로 門下侍郎, 平章事, 集賢殿大學士 등을 역임함. 뒤에 沂國公에 봉해짐.
【崇政殿】황제가 행정을 맡아보는 正殿.

【孫奭】 자는 宗古(962~1033). 博州 博平(지금의 山東 荏平) 사람으로 經術로 나섰다가 은거하였으나 仁宗이 즉위하자 이를 불러 翰林侍講學士, 知審官院, 判國子監, 龍圖閣學士 등을 거침. 역사 교훈을 주로 강론한 것으로 유명함. ≪宋史≫(431) 儒林傳에 전이 있음.

【馮元】 당시 翰林學士兼龍圖閣學士였음. 乾興 원년(1022)부터 經筵에 참가하여 侍講을 맡았으며 ≪論語≫, ≪老子≫ 등을 강의함. 국사 편찬에도 참여하였고 ≪易≫에 밝아 당시 孫奭과 함께 大儒로 존경받았음. ≪宋史≫(294)에 전이 있음.

【雙日】 이틀에 한 번씩 경연을 엶.

【經筵】 임금에게 학문을 강설하여 교육하는 일.

【隻日】 하루에 한 번씩 실시함.

直解(白話文)

송나라 때의 역사 기록이다.

인종 초기 재상 왕증은 임금이 새롭게 즉위하였으니 의당 스승과 유학의 관원을 가까이하여 부지런히 학문에 힘써 성덕을 함양해야 한다고 여겼다. 그리하여 황제를 숭정전의 서각으로 모시고 시강학사 손석, 직학사 풍원을 불러 ≪논어≫를 강의하도록 하였다.

처음 시작할 때는 이틀에 한 번씩 경연을 열도록 되어 있었으나 뒤에는 학문이란 중간에 끊어질 수 없다고 여겨 비록 매일이라도 이러한 신하들을 불러 강독을 하도록 하였다.

인종은 경연의 강독 시간에 혹 좌우를 살펴 다른 곳을 보기도 하고 혹 몸가짐이 약간 단정하지 못한 경우가 있었다. 그럴 때면 손석은 즉시 손을 받쳐 들어 모은 채 그대로 서서 하던 강의를 멈추었다. 대체로 임금이 책에 마음을 두지 않은 상태라면 비록 강의를 해 주어도 이익이 없다고

여겼기 때문이다.

　인종은 손석이 이토록 성실하고 간절한 모습을 보고는 태만하고 나태한 생각을 즉시 거두어 모으고 송연한 마음으로 다시 경청하였다.

　무릇 인종은 하늘이 내린 자품이 본시 순수하고 아름다운 분이었으며 거기에 어진 재상이 그를 학문으로 향하도록 인도하였고, 당시 강의하던 자도 다시 온 마음을 다해 그를 열어 주어 조금도 흐트러지거나 허물을 짓지 않도록 하였으며, 인종은 능히 이들을 공경하고 믿으며 듣고 따라 주었던 것이다.

　그 때문에 풍성한 덕을 양성하여 공검인서(恭儉仁恕)함을 시종여일하게 지켜, 송나라 한 시대의 어진 임금이 되었던 것이다.

　宋史上記: 仁宗初年, 宰相王曾, 以帝新卽位, 當親近師儒之官, 讀書勤學, 以

涵養聖德. 乃請臨御崇政殿西閣, 召侍講學士孫奭·直學士馮元進講≪論語≫.

起初, 定以雙日御禦經筵, 後來以學問不宜間斷, 雖是單日, 也召侍臣講讀.

帝在經筵講讀時, 或偶然左右觀看別處, 或容體少有不端, 孫奭卽端拱而立, 停住不講. 蓋恐帝心不在書上, 雖講無益也.

仁宗見奭這等誠懇, 那怠惰的意思, 卽時收斂, 爲之竦然改聽.

夫仁宗天資本是粹美, 又有賢宰相輔導向學, 當時講官, 復盡心開發, 一些不肯放過. 仁宗能敬信而聽從之. 所以養成盛德, 恭儉仁恕, 始終如一, 而爲有宋一代之賢君也.

───────

【端拱】 두 손을 받쳐 올려 앞으로 모음. 황제에게 주의를 주는 동시에 자신의 바른 모습을 보여 준 것.
【誠懇】 정성스럽고 간절함.
【怠惰】 게으르고 태만함. 雙聲連綿語.

참고 및 관련 자료

1. ≪宋史≫(431) 儒林傳(孫奭)
　孫奭字宗古, 博州博平人. ……仁宗卽位, 宰相請擇名儒以經術侍講讀, 乃召爲翰林侍講學士, 知審官院, 判國子監, 修≪眞宗實錄≫. 丁父憂, 起復, 兼判太常寺及禮院, 三遷兵部侍郞·龍圖閣學士. 每講論至前世亂君亡國, 必反覆規諷. 仁宗意或不在書, 奭則拱黙以俟, 帝爲竦然改聽.

2. ≪宋朝事實類苑≫(2) 祖宗聖訓(仁宗)
　天聖末, 孫奭年高, 時昏或陰, 晦卽爲徙御坐於閣外. 奭每講論, 至前世亂君亡國, 必反復規諷. 帝意或不在書, 奭則拱黙以俟, 帝爲竦然改聽. ≪尙書≫無逸圖上之.

수무일도(受無逸圖)
송(宋) 인종(仁宗)

<무일도>를 받고 자신을 경계한 송 인종

송(宋)나라 때 역사 기록이다.

용도각(龍圖閣) 학사 손석이 《상서(尙書)》 무일편(無逸篇)의 내용을 그림으로 그려 인종에게 바쳤다.

인종은 이를 강독각(講讀閣)에 걸도록 하였다.

그리고 이영각(邇英閣)과 연의각(延義閣)을 짓도록 하여 완성되자 다시 채양(蔡襄)에게 명하여 무일편을 병풍에 써서 비치하도록 하였다.

宋史紀: 龍圖閣學士孫奭, 嘗畫≪書≫<無逸>爲圖以進.
上命施於講讀閣. 及作邇英·延義二閣成, 又命蔡襄寫<無逸>篇于屛.

【受無逸圖】 <無逸圖>를 받고 병풍에 무일편을 써서 경계로 삼음.
【龍圖閣】 龍圖閣은 咸平 4년(1001)에 세웠으며 다시 天禧 4년(1020)에 天章閣을 세워 仁宗과 眞宗의 御制, 文集, 御書 등을 소장하기 시작하였음. 이에 待制, 侍講, 學士, 直學士 등의 관직을 두어 藏書 및 학문을 연구하는 기관으로 활용함.
【無逸】 ≪書經≫ 周書의 편명. 周公(姬旦)이 조카 成王(姬誦)에게 높은 지위에 오를수록 安逸에 빠지거나 逸脫의 과오가 있어서는 안 됨을 경계하여 일러 준 내용임.
【講讀閣】 ≪宋朝事實類苑≫(6)에는 '講讀閣'으로 되어 있음.
【邇英·延義】 둘 모두 인종 때 건축한 궁궐 殿閣.
【蔡襄】 자는 君謨(1012~1067). 興化 仙游(지금의 福建) 사람으로 당시 龍圖閣學士. 서예에 능하여 당시 제일로 여겼으며 仁宗 또한 매우 좋아하여 樞密院學士를 거쳐 福州 知州로 부임하자 그곳 사람들이 매우 칭송하여 頌德碑를 세웠음. ≪宋史≫(320)에 전이 있음.

주 성왕(姬誦)

直解(白話文)

송나라 때의 역사 기록이다.
인종 때 용도각 학사 손석은 매일 임금의 모시고 강독을 하였다. 매번

옛 전대의 치란을 거론할 때면 반드시 반복해서 규간하고 일러 주었다. 한번은 ≪서경≫ 무일편에 실려 있는 옛 제왕이 정치에 근면하고 백성을 불쌍히 여긴 사적을 한 폭의 그림으로 그려 이를 <무일도>라 이름 짓고 인종에게 바쳐 이를 법으로 삼도록 일러 주었다. 인종은 기꺼워하며 이를 강독각에 걸어 두도록 하고 날마다 보며 경계로 삼았다.

그 뒤 새롭게 이영각과 연의각 두 전각을 지어 다시 관각교감(館閣校勘) 채양에게 명하여 <무일편>의 글을 두 전각에 병풍으로 써서 비치하여 가는 곳마다 읽고 볼 수 있도록 하였다.

무릇 <무일편>의 글은 주공(周公)이 조카 성왕(成王)에게 일러 준 말로 대의는 성왕으로 하여금 가색(稼穡)의 고통을 알고 정사에 근면할 것과 긍긍업업(兢兢業業)하여 스스로 감히 안일에 빠지지 말 것이며 능히 이와 같이 하면 복록이 계속 길이 이어질 것이나, 만약 이와 같이 하지 않았다가는 수명이 단축된다는 내용이다. 그러면서 상나라의 중종(中宗), 고종(高宗), 조갑(祖甲)과 주(周)나라의 태왕(太王), 왕계(王季), 문왕(文王)을 들어 법으로 삼을 것이며, 상나라의 주(紂)를 경계로 삼도록 하였으며 그 말이 깊고 간절하여 실로 만세를 두고 귀감이 되는 말들이다.

인종은 이미 손석의 그림을 받고 다시 채양에게 이를 글씨로 쓰도록 명하였으니 아마 그 말에 깊은 맛을 가지고 있었으리라! 그렇기에 후원에서 보리 베는 일을 구경한 일과 밤중에 배고픔을 참아 낸 사건은 바로 이 글에서 터득한 것이 아니겠는가? 그 때문에 명철한 군주는 학문에 온 힘을 쏟는 것을 급한 일로 여겼던 것이다.

宋史上記: 仁宗時, 有龍圖閣學士孫奭, 日侍講讀. 每至前代治亂, 必反覆規諷. 嘗取≪書經≫＜無逸＞篇中所載古帝王, 勤政恤民的事蹟, 畫作一圖, 叫做＜無逸圖＞, 進上仁宗, 欲其知所法也. 仁宗喜之, 命掛在講讀閣裡, 日日觀覽.

韓滉〈文苑圖〉(唐)

其後, 新造邇英·延義二閣成, 又命館閣校勘蔡襄, 把＜無逸＞一篇寫在二閣之屛上, 使隨處皆得觀覽.

夫＜無逸＞一書, 乃周公告成王的說話, 大意欲成王知稼穡勤政事. 兢兢業業, 不敢自安, 能如此, 則福祚綿長; 不如此, 則壽命短促. 因擧商中宗·高宗·祖甲·周太王·王季·文王以爲法, 商紂以爲戒, 其言深切懇至, 實萬世人言之龜鑑也.

仁宗旣受孫奭之圖, 又命蔡襄書之, 蓋必有味其言矣! 則其觀後苑之麥·忍中夜之飢, 孰非自此書中得來? 所以明君以務學爲急.

【周公】 周나라 초기의 영명한 인물 姬旦. 文王(姬昌)의 아들이며 武王(姬發)의 아우. 成王(姬誦)의 삼촌. 周初 문물제도를 완비하였으며 儒家에서 성인으로 추앙함. 어린 조카 성왕이 제위에 오르자 이를 보필하여 성장시킨 다음 물러남. 원래 魯(지금의 山東 曲阜) 땅을 봉지로 받아 魯나라의 시조가 되었으나 아들 伯禽을 대신 보냄. ≪史記≫ 周本紀 참조.

【成王】 姬誦. 周나라 초기의 임금. 아버지 武王의 뒤를 이어 어린 나이에 등극하자 周公이 보필함. 주공이 그에게 간곡하게 일러 준 내용이 ≪尙書≫ 周書 無逸篇임.

【兢兢業業】 ≪尙書≫ 皐陶謨에 "無敎逸欲有邦, 兢兢業業. 一日二日萬幾. 無曠庶官. 天工人其代之"라 함. 戰戰兢兢하며 일에 온 힘을 쏟아 열심을 다함.

【商中宗】 商나라 때의 걸출한 임금 太戊. 商(殷)나라 제10대 군주. 雍己의 아우. 德政을 베풀어 中宗으로 불림. 「德滅祥桑」(009) 참조.

【高宗】 殷나라 제23대 군주 武丁. 傅說을 얻어 은나라를 다시 부흥시켜 중흥주가 되어 高宗이라 불림. 「夢賚良弼」(010) 참조.

【祖甲】 殷나라 제25대 군주. 祖庚의 아우로 역시 은나라의 걸출한 군주.

【周太王】 古公亶父를 가리킴. 泰伯, 虞仲, 季歷(王季)의 아버지이며 文王의 조부. 뒤에 太王으로 추존함. 太公으로도 불림. 막내아들 계력을 거쳐 文王(姬昌), 武王(姬發)으로 왕통이 이어지도록 태백과 우중이 남쪽 吳 땅으로 도망함. ≪史記≫ 周本紀 참조.

【王季】 季歷. 고공단보의 막내아들이며 文王(昌)의 아버지. 두 형이 왕위를 고의로 피하여 자신을 거쳐 아들 昌, 손자 發에게 왕통이 이어짐.

【文王】 姬昌. 殷나라 말 紂王과 대립하여 서쪽의 제후가 되어 덕정을 베풀어 西伯으로도 불렸음. 周나라를 일으킨 聖人. 아들 發이 紂를 멸하고 周나라를 건립하여 文王으로 추존함. 그 아들 周公(旦), 召公(奭) 등도 역시 훌륭한 후손으로 널리 칭송됨.

【商紂】 商(殷)의 末王. 帝乙의 아들이며 이름은 帝辛. 처음에는 매우 영명하였으나 姐己의 꾐에 빠져 국정을 어지럽히다가 결국 周 武王 發에게 나라를 망침.

【觀後苑之麥】 인종이 후원에서 보리 베기를 보고 농사의 어려움을 안타깝게 여긴 일. 「後苑觀麥」(079) 참조.

【忍中夜之飢】 인종이 한밤중에 배고픈 것을 참아 내었던 일. 「夜止燒羊」(078) 참조.

> 참고 및 관련 자료

1. ≪宋史≫(431) 儒林傳(孫奭)

嘗畫<無逸圖>上之. 帝施於講讀閣. 時章憲明肅皇后每五日一御殿, 與帝同聽政, 奭言: 「古帝王朝朝暮夕, 未有曠日不朝. 陛下宜每日御殿, 以覽萬機.」奏留中不報. 然帝與皇太后尤愛重之, 每進見, 未嘗不加禮.

2. ≪續資治通鑑長編≫(110) 仁宗天聖九年秋七月癸酉

癸酉, 以翰林侍講學士·兼龍圖閣學士·兵部侍郎孫奭爲工部尙書, 知兗州. 帝每御經筵, 設象架皮書策外向, 以便侍臣講讀. 奭年高視昏, 或陰晦, 卽爲徙御坐於閣外. 奭講至前世亂君亡國, 必反復規諷, 帝竦然聽之. 嘗畫<無逸圖>以進, 帝施於講讀閣. 帝與太后見奭, 未嘗不加禮. 三請致仕, 召對承明殿, 敎諭之, 奭以年逾七十固請, 泣下, 帝亦惻然. 詔與馮元講≪老子≫三章, 各賜帛二百匹. 以不得請, 求近郡, 故優拜焉, 仍詔須宴而後行.

3. ≪宋朝事實類苑≫(6) 祖宗聖訓(仁宗)

(1) 十一月, 甲申, 講≪尙書≫無逸. 帝曰: 「朕深知享國之君, 宜戒逸豫.」楊安國曰: 「舊有<無逸圖>, 疏于屛間」帝曰: 「朕不欲坐席背聖人之言, 當書置之左方」又命丁度取≪孝敬≫之天子孝治聖治廣要道四章, 對爲右圖. 因令王洙書<無逸>, 蔡襄書≪孝敬≫. 又命翰林學士承旨, 王拱辰爲二圖, 序而裏書之.

(2) (孫奭)嘗≪書≫無逸圖上之, 帝施於講讀閣.

4. ≪書經≫ 周書 無逸篇

周公曰: 「嗚呼! 君子所其無逸. 先知稼穡之艱難乃逸, 則知小人之依. 相小人, 厥父母勤勞稼穡, 厥子乃不知稼穡之艱難, 乃逸乃諺既誕. 否則侮厥父母, 曰: 昔之人無聞知」周公曰: 「嗚呼! 我聞曰: 昔在殷王中宗, 嚴恭寅畏, 天命自度, 治民祗懼, 不敢荒寧, 肆中宗之享國七十有五年. 其在高宗時, 舊勞于外, 爰暨小人, 作其卽位, 乃或亮陰, 三年不言. 其惟不言, 言乃雍, 不敢荒寧, 嘉靖殷邦. 至于小大, 無時或怨, 肆高宗之享國五十有九年. 其在祖甲, 不義惟王, 舊爲小人, 作其卽位, 爰知小人之依, 能保惠于庶民, 不敢侮鰥寡, 肆祖甲之享國三十有三年. 自時厥後立王, 生則逸. 生則逸, 不知稼穡之艱難, 不聞小人之勞, 惟耽樂之從, 自時厥後, 亦罔或克壽, 或十年, 或七八年, 或五六年, 或四三年」周公曰: 「嗚呼! 厥亦惟我周太王王季, 克自抑畏. 文王卑服卽康功田功. 徽柔懿恭, 懷保小民, 惠鮮鰥寡. 自朝至于日中昃, 不遑暇食, 用咸和萬民. 文王不敢盤于遊田, 以庶邦惟正之供, 文王受命惟中身, 厥享國五十年」周公曰: 「嗚呼! 繼自今嗣王, 則其無淫于觀于逸于遊于田, 以萬民惟正

之供. 無皇曰: 『今日耽樂.』 乃非民攸訓, 非天攸若, 時人丕則有愆. 無若殷王受之迷亂, 酗于酒德哉!」周公曰: 「嗚呼! 我聞曰: 『古之人猶胥訓告, 胥保惠, 胥教誨, 民無或胥譸張爲幻.』此厥不聽, 人乃訓之, 乃變亂先王之正刑, 至于小大. 民否則厥心違怨, 否則厥口詛祝.」周公曰: 「嗚呼! 自殷王中宗及高宗及祖甲及我周文王, 玆四人迪哲. 厥或告之曰: 『小人怨汝詈汝, 則皇自敬德.』厥愆, 曰: 朕之愆允若時, 不啻不敢含怒. 此厥不聽, 人乃或譸張爲幻. 曰: 『小人怨汝詈汝, 則信之. 則若時, 不永念厥辟, 不寬綽厥心, 亂罰無罪, 殺無辜.』怨有同, 是叢于厥身.」周公曰: 「嗚呼! 嗣王其監于玆.」

075(上-75)

불희주식(不喜珠飾)
송(宋) 인종(仁宗)

후궁들의 구슬 장식을 싫어한 송 인종

송(宋)나라 때 역사 기록이다.

인종의 궁궐 여인들은 자못 진주로 장식하기를 좋아하였다. 그 때문에 서울의 진주 값이 앙등하여 인종은 이를 걱정하고 있었다.

어느 날, 인종이 별전에 비빈들을 모두 모았다. 임금의 총애를 받고 있던 장귀비(張貴妃)도 그곳에 이르렀는데 머리 수식이 온통 진주로 가득하였다.

인종이 멀리 그가 보이자 소매를 들어 얼굴을 가리며 이렇게 말하였다.

"머리 가득 흰색으로 어지럽군. 그러면서 조금도 꺼릴 줄 모르는군."

장귀비는 부끄러워 얼른 머리 수식을 바꾸었다. 임금은 그제야 마음이 풀렸다.

이로부터 궁궐에서는 다시는 진주를 머리 장식으로 삼지 않았으며 진주의 값도 크게 감해졌다.

宋史紀: 仁宗宮中頗好珠飾. 京師珠價騰涌, 上患之.

一日上在別殿, 妃嬪畢集, 所幸張貴妃至, 首飾皆珠.

上望見, 擧袖掩面, 曰:「滿頭白紛紛地, 沒些忌諱」

貴妃慙, 起易之, 上乃悅.

自是禁中更不戴珠, 珠價大減.

【不喜珠飾】구슬로 장식한 모습을 좋아하지 않음. '珠'는 '珍珠'.

【張貴妃】宋 仁宗의 총애를 받았던 貴妃. 慶曆 원년(1041) 河南 永安 사람 才人 張氏가 修媛이 되자 총애가 後庭에서 제일이었으며, 다시 慶曆 8년(1048) 貴妃가 되어 인종의 사랑을 독차지하게 됨. 31세에 죽었으며 시호는 溫成.

【白紛紛地】흰색은 상서롭지 못한 색깔로 여겼음. '紛紛地'는 '紛紛的'과 같음. 매우 어지럽게 뒤얽혀 있음. 백화어 표현.

【沒些忌諱】'沒些'는 '조금도 ~함이 없다'의 백화어 표현. '沒'은 '無'와 같음.

直解(白話文)

송나라 때의 역사 기록이다.

인종 때 궁중 사람들이 진주로 머리 장식 삼기를 좋아하여 진주를 채집하여 파는 자가 매우 많았다. 이로 인해 서울에는 진주 값이 엄청나게 치솟았다. 인종은 궁중에서 이러한 유행이 끊이지 않아 풍속이 사치로 내닫는 것을 걱정하며 혁파해야겠다고 생각하고 있었다. 그러던 어느 날, 별전에 올라 놀이를 할 때 여러 비빈들이 모두 임금 곁에 모였다. 그중 총애하는 장귀비도 그곳에 나타났는데 머리를 온통 진주로 장식하고 있었다.

인종은 멀리 그를 보고 고의로 소매를 들어 얼굴을 가려 그를 쳐다보지도 않으면서 이렇게 말하였다.

"머리 가득 흰색으로 어지럽게 꽂았구나. 상서롭지 못한 모습에 가깝도

다. 그러면서 조금도 꺼리는 기색이 없구나."

장귀비는 부끄럽게 여기고 황망히 물러나 진주 장식을 뽑아 버리고 다른 모습으로 머리를 장식하였다. 인종은 그제야 기꺼워하였다.

이로부터 궁중 사람들은 인종이 싫어하는 이러한 물건을 꺼려 다시는 감히 머리에 꽂지 않았다. 서울의 진주 값 역시 크게 낮아졌다.

무릇 주옥이나 진보(珍寶)는 배가 고파도 먹을 수 없고, 날이 추워도 옷으로 입을 수 있는 것이 아니면서 몇 푼 몇 냥 되지 않는 무게의 값이 싸지 않다. 백성의 재물을 한때의 완상품으로 이렇게 마구 허비하고 있으니 이것을 사용하는 데에 무슨 이익이 되겠는가? 그 때문에 명석한 군주는 오곡을 귀히 여기고 대신 주옥은 천하게 여긴 것이다. 대체로 무익한 것을 위해 유용한 것을 해치지 않고자 함이었다. 그러나 역시 이런 모두는 임금이 무엇을 좋아하고 숭상하는가에 달려 있다. 인종의 이 한마디 말로써 진주 값이 갑자기 낮아졌음을 보건대 어찌 법으로 제재하고 명령으로 금지하기를 기다리겠는가?

宋史上記: 仁宗時, 宮中人好以珠爲首飾, 採買者多. 因此京師中珍珠登時長(漲)起價來. 仁宗恐宮中相尙不已, 風俗趨於侈靡, 思量要革他. 一日在別殿上遊賞, 諸妃嬪每都在左右. 有箇寵幸的張貴妃到來, 頭上的頭飾都是珍珠.

仁宗望見, 故意把袖子遮了臉不看他. 說道: 「滿頭挿得白紛紛地, 近於不祥之象, 好沒些忌諱.」

張貴妃慙愧, 慌忙退去, 摘下珍珠首飾, 換了別樣首飾來, 仁宗方纔喜悅.

從此宮中人只說仁宗厭忌此物, 再不敢戴他. 京師裡珠價, 登時大減.

夫珠玉珍寶, 飢不可食, 寒不可衣. 而銖兩之間, 其價不貲. 糜費民財以供一時之玩, 何益於用? 故明君貴五穀而賤珠玉. 蓋不以無益害有用也. 然亦係於人主之好尙何如. 觀仁宗一言, 而珠價頓減, 豈待於法制禁令哉?

【銖兩】 물건의 무게를 재는 단위. 아주 적은 양을 말함.
【糜費】 흐드러지게 허비함. 마구 소비함.
【頓減】 갑자기 값이 뚝 떨어짐.
【法制禁令】 법이나 명령으로 그렇게 하지 않도록 금지함. 임금의 말 한마디가 법이나 명령보다 훨씬 효과가 있다는 뜻.

참고 및 관련 자료

1. 宋, 胡仔(撰) ≪苕溪漁隱叢話≫ 後集(19)에 실려 있음.
2. 宋, 馬永卿(編) ≪元城語錄解≫(中)에 수록되어 있음.
3. 丁傳靖(輯) ≪宋人軼事滙編≫(1)에도 실려 있음.

납간견녀(納諫遣女)
송(宋) 인종(仁宗)

간언을 받아들여 궁녀를 돌려보낸 송 인종

송(宋)나라 때 역사 기록이다.

인종 때 왕덕용(王德用)이 여자 둘을 임금께 올리자 왕소(王素)가 이를 논박하였다.

임금은 웃으면서 이렇게 말하였다.

"짐은 진종(眞宗)의 아들이요, 그대는 선대의 재상 왕단(王旦)의 아들이니 두 대를 두고 가까운 친구로서 다른 사람에 비할 바가 아니오. 왕덕용이 여자를 바친 것은 사실이오. 그러나 이들이 이미 내 곁에 있으니 어찌하면 좋겠소?"

왕소가 말하였다.

"제가 걱정하는 것은 바로 그들이 폐하의 곁에 있다는 것입니다."

임금은 얼굴이 상기되어 즉시 궁관에게 명하여 두 여인을 보내도록 하였다.

왕소가 말하였다.

"폐하께서 저의 건의를 폐기하지 않은 것이면 되지 어찌 이 자리에서 이토록 급하게 하십니까?"

임금이 말하였다.

"짐은 그들이 떠나지 않겠다고 연연해하는 모습을 보게 되면 능히 보낼 수 없을까 걱정이 되어 그런 것이라오."

잠시 후, 궁관이 두 궁녀가 이미 내동문(內東門)을 나섰다고 보고하자 임금은 그제야 일어섰다.

宋史紀: 仁宗時, 王德用進二女, 王素論之.

上笑曰:「朕眞宗子, 卿王旦子, 有世舊, 非他人比. 德用實進女, 然已在朕左右, 奈何?」

素曰:「臣之憂, 正恐在陛下左右耳.」

上動容, 立命宮官遣女.

素曰:「陛下旣不棄臣言, 亦何遽耶?」

上曰:「朕若見其人留戀不肯行, 恐亦不能出矣.」

頃之, 宮官奏宮女已出內東門, 上乃起.

【納諫遣女】 간언을 받아들여 여인을 되돌려 보냄.

【王德用】 자는 元輔(980~1058). 鄭州 管城(지금의 河南 鄭州) 출신으로 殿前左班都虞侯, 英州團練使 등을 역임하였고 仁宗 즉위 후 領安德軍節度使, 定州路都總管 등을 지냄. 定州에 있을 때 인종에게 두 여자를 바침. ≪宋史≫(278) 王超傳에 그의 전이 함께 실려 있음.

【王素】 자는 仲儀(1007~1073). 大名 莘縣(지금의 山東) 사람으로 眞宗 때 재상 王旦의 막내아들. 慶曆 연간 知諫院이었을 때 두려움 없이 직간하여 仁宗에게 신임을 받았으며 天章閣待制, 淮南都轉運按察使 등으로 발탁됨. ≪宋史≫(320)에 전이 있음.

【眞宗】 北宋 제3대 황제 趙恒. 太宗의 아들로 998년~1022년 재위함.

【王旦】 957년~1017년. 大名 莘縣 사람으로 眞宗 때 同知樞密院事, 參知政事 등을 역임함. 寇準과 대립하여 구준이 항상 그를 비방하였으나 그는 도리어 구준의 장점만을 거론한 일화로도 유명함. 天禧 원년(1017) 재상직에서 파면당하면서도 구준을 적극 추천하기도 하였음. ≪宋史≫(282)에 전이 있음.

【宮官】 궁중에서 임금의 명령을 받아 심부름을 하는 관원.

直解(白話文)

송나라 때의 역사 기록이다.

인종 때에 왕덕용이 판정주(判定州)가 되어 두 여자를 구해 인종의 마음을 즐겁게 하고자 이를 후궁으로 헌납하였다. 인종은 이들을 받아 후궁에 머물게 하였다. 이는 인종이 잘못 일을 처리한 것이었다. 그때 간관 왕소가 이를 듣고 즉시 이 두 여자를 후궁에 머물게 해서는 안 되며 인종에게 이들을 내보낼 것을 권하는 보고를 올렸다.

인종은 왕소를 마주하여 웃으며 이렇게 말하였다.

"짐은 바로 진종의 아들이요, 그대는 재상 왕단의 아들. 그대 아버지께

서는 나의 부황을 보좌하셨으니 임금과 신하가 서로 가깝게 지냈다면 짐과 그대는 대대로 좋은 친구 사이로서 다른 여러 신하들과는 다른 관계요. 그대의 말과 같이 사실이오. 이 두 여자를 맡긴 것은 왕덕용이지만 짐이 이미 잘못 판단하여 받아들여 지금은 내 곁에서 나를 모시고 있소. 어찌 내보낼 수 있겠소?"

왕소가 말하였다.

"폐하께서 이 여자들을 좌우에 두시고 내보낼 수 없다니 제가 근심하는 바를 모르시는군요. 바로 이 두 여자가 폐하의 곁에 있으면서 임금의 마음을 고혹하게 하여 성덕에 누를 끼치면 어쩌나 하는 것일 뿐입니다. 그 때문에 이들을 내보내라고 하는 것입니다."

인종이 이 한마디를 듣자마자 드디어 자신의 과실을 깨닫고 송연히 용모를 바로잡더니 즉시 궁관에게 이들 두 여자를 궁궐에서 내보내도록 명하였다.

왕소가 다시 말씀을 올렸다.

"폐하께서 저의 말을 들어주신다면 잠시 기다렸다가 내실로 돌아가 조용히 이들을 보내어도 무방할 텐데 어찌 이렇게 급히 서두르십니까?"

인종이 말하였다.

"내 내실로 들어갔을 때 만일 이 여자들이 남아 있기를 연연하여 나가지 않는다고 하면 내 그때는 정에 이끌려 그들을 보내는 일이 어긋날까 해서입니다. 그러니 내친 김에 지금 내보내는 것이 쉽겠지요!"

잠시 후 궁관이 와서 아뢰었다.

"두 여자가 이미 내동문을 나서서 갔습니다."

인종은 그제야 조정에서 물러났다.

무릇 궁궐 안의 일이란 임금이 거론하기를 꺼리는 것이며 방 안에서의 애정은 인정에 끌려 연연함을 남기게 마련이다. 지금 인종은 이미 두 여자를 받아들여 이미 자신을 받들도록 하고 있었음에도 하루아침에 왕소가 간언하여 성실하게 직접 일러 줌을 듣고 조금도 거기에 어긋남이 없이 사랑하던 사람을 끊어서 놓아 버리며 조금도 지체하지 않았으니 가히 간언을 신속하게 따르며 허물을 고치기에 용기가 있다고 이를 수 있다. 이는 진실로 풍성한 덕을 표현한 사례이다.

宋史上記: 仁宗時, 王德用判定州, 曾取兩箇女子獻入後宮, 以悅仁宗之心, 仁宗就收留在後宮. 這是仁宗差處. 那時諫官王素聞知, 卽奏此女不可收留, 勸仁宗去之.

仁宗笑對王素說:「朕乃眞宗之子, 卿乃宰相王旦之子. 卿父輔佐我父皇, 君臣相得, 則朕與卿有世好之舊, 與別的群臣不同, 只得實與卿說, 這兩箇女子, 委的是王德用進的. 但朕已誤納, 現在左右服事了, 如何去得?」

王素奏說:「陛下以此女在左右爲不可去, 不知臣之所憂, 正恐此女在陛下左右, 蠱惑聖心, 有累聖德, 所以勸陛下去之耳.」

仁宗一聞此言, 遂自悟其失, 竦然動容, 卽時命宮官打發二女出宮.

王素奏說:「陛下旣已聽臣言, 少待陛下還宮從容遣之, 亦無妨, 何必如此急遽?」

仁宗說道:「待我還宮時, 萬一此女有留戀不肯去的意思, 我那時爲情所牽, 恐也遣她不成了, 不如趁今遣之爲易!」

少時, 宮官來奏:「二女子已出內東門去訖.」

仁宗方纔退朝.

夫宮禁之事, 乃人主之所諱言, 而房帷之愛, 又人情之所牽戀. 今仁宗旣納二女, 已經進御, 一旦聞王素之諫, 卽開誠直告, 略無回互, 割捨所愛, 不少遲留, 可謂從諫之速, 而改過之勇矣. 此眞盛德事也.

【判定州】 定州의 判官. 지방 判定官의 직책.
【差處】 일을 잘못 처리함. 실수를 저지름.
【還宮】 임금과 왕소가 담화를 나누는 곳은 조정의 정당. 두 여인은 궁궐 내실에 있었던 것임.
【趁】 '~하는 김에'의 뜻을 나타내는 백화어.
【訖】 그러한 상황이 끝남.
【房帷】 방 안에서 일어나는 사사로운 남녀의 애정 문제.

참고 및 관련 자료

1. ≪宋史≫(320) 王素傳

王素字仲儀, 太尉旦季子也. ……王德用進二女, 素論之, 帝曰:「朕眞宗皇帝子也, 卿王旦

之子, 有世舊, 非他人比也. 德用實進女, 然已事朕左右, 奈何?」素曰:「臣之憂正恐在左右爾.」帝動容, 立命遣二女出. 賜素銀緋, 擢天章閣侍制・淮南都轉運按察使. 時新置按察, 類多以苛爲明. 素獨不摘細故, 卽有貪刻, 必繩治窮竟, 以故下吏愛而畏之.

2. 王鞏 ≪聞見近錄≫ 및 邵博 ≪聞見後錄≫(1)에도 인용되어 있음.

천장소견(天章召見)
송(宋) 인종(仁宗)

천장각에 문신을 불러 토론을 벌인 송 인종

송(宋)나라 때 역사 기록이다.

인종이 용도각(龍圖閣)과 천장각(天章閣)에 행차하여 손수 보신(輔臣)과 어사중승(御史中丞) 이상에게 명하여 당시 시정의 궐실(闕失)에 대하여 질문하면서 모두에게 붓과 찰(札)을 지급하고 그 자리에서 즉시 대답을 써서 제출하도록 하였다.

당시 한림학사 장방평(張方平)이 네 가지 조목의 사안을 대답하였다. 인종은 이를 보고 놀랍고 기이하여 이튿날 아침, 다시 그에게 수찰(手札)을 내려 미처 언급하지 못한 것이 있는지를 물었다.

그리고 시어사(侍御史) 하담(何郯)이 양제(兩制)의 신료를 두어 지금부터는 행정의 빠뜨림의 문제를 이들에게 보고토록 하고 아울러 임금께 올리는 논의를 차례에 따라 할 수 있도록 할 것을 건의하자 인종은 기꺼이 이 의견을 받아들였다.

宋史紀: 仁宗幸龍圖・天章閣, 以手詔問輔臣及御史中丞以上時政闕失, 皆給筆札, 令卽坐以對.

時翰林學士張方平條對四事, 帝覽奏驚異, 詰旦更賜手札, 問詔所不及者.

侍御史何郯乞詔兩制臣僚, 自今有聞朝政闕失, 並許上章論列. 帝嘉納之.

【天章召見】 仁宗이 天章閣에 대신들을 불러 모아 직접 만나 간언을 청취함.
【龍圖・天章閣】 龍圖閣과 天章閣. 龍圖閣은 咸平 4년(1001)에 세웠으며 天章閣은 天禧 4년(1020)에 세움. 仁宗과 眞宗의 御制, 文集, 御書 등을 소장하기 위한 것이었으며 뒤에 待制, 侍講, 學士, 直學士 등의 관직을 두어 藏書 및 학문을 연구하는 기관으로 활용함.
【御史中丞】 御史臺의 장관.
【筆札】 筆은 붓, 札은 木簡. 기록을 할 수 있는 도구를 뜻함.
【張方平】 자는 安道(1007~1091). 應天 宋城(지금의 河南 商丘) 사람으로 仁宗 때 知諫院, 直集賢院, 知制誥, 權知開封府를 거쳐 翰林學士, 御史中丞에 오름.
【四事】 '汰冗兵, 退剩員, 愼磨勘, 擇將帥' 등 네 가지 사안.
【詰旦】 '詰朝'와 같음. 이튿날 아침.
【手札】 임금이 손으로 직접 쓴 편지나 문서.

【何郯】成都 사람으로 자는 聖從. 景祐 때 진사에 합격하여 監察御史, 殿中侍御史 등을 역임함. 직간을 잘하여 英宗 때 知永興軍 및 河南府 知府에 오름.
【兩制】翰林院에 內外의 知制誥 제도를 두는 문제를 뜻함. 知制誥는 政令의 草案을 만드는 임무를 담당하였음.

直解(白話文)

송(宋)나라 때의 역사 기록이다.

인종이 한번은 용도각과 천장각에 행차하여 자신을 보필하는 대신과 어사중승 이상의 직함을 가진 자들을 모두 불러 손수 조서를 작성하고 여러 신하들에게 그 당시 시책과 행정에 누락된 것이나 잘못된 것을 질문하였다. 그 자리에서 모두에게 종이와 붓을 나누어 주고 그들로 하여금 앉은자리에서 대책을 글로 작성하도록 하였다. 당시 신하들 모두가 답을 써서 보고하였으며 그중 한림학사 장방평은 조목을 나누어 '쓸모없는 병사를 도태시킬 것(汰冗兵)', '남아도는 관원을 퇴출시킬 것(退剩員)', '승진과 전보의 시험을 신중히 할 것(愼磨勘)', '장수를 잘 선발할 것(擇將帥)' 등 네 가지 답안을 작성하여 올렸다. 인종은 그가 말한 바를 보고 치도에 절실하다고 여겨 놀라움과 탄복을 금치 않았다.

이튿날 일찍, 인종은 다시 손수 글을 써서 어제 올린 사안에 미쳐 언급하지 못한 일이 있는지를 묻고 그로 하여금 일일이 보고하도록 하였다.

또 시어사 하담은 한림원에서 관할하는 내외의 문서를 짓는 여러 신하들은 원래 임금의 자문을 대비하여 둔 것으로, 임금이 조문을 지어 올리도록 요구할 때 그에게 설명을 하도록 하기 위한 것이었으나, 지금부터는 단지 조정에서 시행하는 행정에서 빠뜨린 것이 있는지를 따져 그중 사실이 밝혀진 것에 대해서만 상소하여 처리 순서를 허락하되 직언으로 숨김

이 없도록 하여 임금의 교화를 돕도록 하는 임무만 맡을 것을 허락해 달라고 보고하였다. 인종은 하담의 논리가 이치에 맞다고 여겨 이 역시 흔쾌히 들어주었다.

  대체로 인종은 잘 다스리고자 하는 마음이 매우 간절하였다. 그 때문에 여러 신하들을 불러들여 면전에서 자문을 구하였고 그들로 하여금 대책을 답하도록 요구하였으니 이는 다만 충성된 모책과 훌륭한 논리를 가지고 있으면서도 자신에게 전달이 되지 않을까 해서였다. 그리고 장방평 등의 직언을 듣고는 다시 마음을 비우고 연이어 질문을 하면서 가상히 여겨 칭찬하며 들어주었으니 그 때문에 당시 조정이 잘 정비되었고 해내가 평안해졌으며 송나라 조정 수성의 영명한 군주가 된 것이다.

  宋史上記: 仁宗曾臨幸龍圖·天章閣, 召見輔弼大臣, 及御史中丞以上, 因此手

詔, 問諸臣以時政欠闕差失處, 都給與紙筆, 着他就坐上開寫以對. 當時諸臣皆有奏答, 內翰林學士張方平, 條答〈汰冗兵〉, 〈退剩員〉, 〈愼磨勘〉, 〈擇將帥〉四事. 帝見其所言, 切于治道, 深加驚嘆.

明日早, 又賜手勅, 詢問他昨日詔書上所不及的事, 着他一一奏來.

又有侍御史何郯, 上言翰林管內外制文的諸臣, 原是爲備顧問而設, 乞詔諭他, 今後但是朝政有闕失, 得于見聞之眞者, 並許他上疏論列, 直言無隱, 以助聖化. 仁宗因何郯說的有理, 也欣然從之.

蓋仁宗求治之心甚切, 故引見群臣, 面加咨詢, 使之條對, 惟恐忠謀讜論不得上達. 及聞張方平等直言, 又復虛心延訪, 嘉獎聽受, 所以那時朝政修擧, 海內治平, 爲宋朝守成之令主也.

【欠闕差失】흠이 있거나 빠뜨린 것. 또는 착오나 과실.
【着他】"그로 하여금 ~하도록 하다(시키다)"의 構文. '着'은 '使, 敎, 讓, 俾, 叫, 令' 등 使役形 助動詞로 쓰였음. 明代 白話語의 한 유형임.
【磨勘】송대 승진이나 전보 등을 위한 시험 방식을 말함.
【顧問】'諮問'과 같음.
【咨詢】물어봄. 자세히 알아봄.
【忠謀讜論】충성된 모책과 곧은 논의.
【延訪】연이어 尋訪함. '訪'은 '질문하다'의 뜻에 가까움.
【守成】창업에 상대되는 말. 처음 국가나 기업을 창건한 자에 대해 그다음 성취를 지켜 나가는 것. 《貞觀政要》 君道篇에 唐 太宗이 "創業과 守成, 어느 것이 더 어려운가"의 문제를 두고 나눈 유명한 대화가 실려 있음.

참고 및 관련 자료

1. ≪宋史≫(11) 仁宗本紀(3)

　　甲寅, 幸龍圖·天章閣, 詔輔臣曰:「西陲備禦, 兵冗賞濫, 罔知所從, 卿等各以所見條奏.」又詔翰林學士·三司使·知開封府·御史中丞曰:「朕躬闕失, 左右朋邪, 中外險詐, 州郡暴虐, 法令有不便於民者, 朕欲聞之, 其悉以陳.」壬戌, 以霖雨, 錄繫囚. 癸亥, 以朝政得失·兵農要務·邊方備豫·將帥能否·財賦利害·錢法是非與夫讒人害政·姦盜亂俗及防微杜漸之策, 召知制誥·諫官·御史等諭之, 使悉對于篇.

2. ≪續資治通鑑長編≫(163) 仁宗慶曆八年三月甲寅

　　又詔翰林學士·三司使·知開封府·御史中丞曰:「欲聞朕躬闕失, 左右朋邪, 中外險詐, 州郡暴虐, 法令非便民者, 及朝廷幾事, 其悉以陳」皆給筆札, 令卽坐上對. 而宰相陳執中固辭, 上復敦諭, 至於三四, 乃聽兩府歸而上之. 時樞密使夏竦知執中不學少文, 故爲帝謀以策訪大臣, 面使條對, 竦意實欲困執中也. 執中方力辭未許, 參知政事宋庠進曰:「兩漢對策, 本延巖穴草萊之士, 今備爲政府而自比諸生, 非所以尊朝廷, 請至中書合議上對.」許之, 論者以庠爲知體. 時日, 翰林學士張方平旣退朝, 會鎖院草制, 方平卽條對所問. 夜半, 與制書俱上, 曰:「中略」. 帝覽奏驚異, 詰旦, 更賜手札, 問詔所不及者. 方平卽日復上對曰:「中略」. 上覽奏, 益異之, 書「文儒」二字以賜方平.

078(上-78)

야지소양(夜止燒羊)
송(宋) 인종(仁宗)

밤에 양고기 굽는 일을 금지시킨 송 인종

송(宋)나라 때 역사 기록이다.

인종이 한번은 가까운 신하에게 이렇게 말하였다.

"어젯밤 잠도 자지 못하였소. 매우 배가 고팠다오. 구운 양고기 생각이 간절하더이다."

신하가 물었다.

"어찌 달라고 하지 않았습니까?"

인종이 말하였다.

"그랬다가 그것이 상례가 될까 두려워서였소. 그랬다가는 하루 저녁 고픈 배를 참지 못하여 끝없이 양을 죽여야 하는 전례를 열게 되지요."

혹자가 합리(蛤蜊) 28개를 헌상하였는데 그 하나의 값이 무려 1천 문(文)이라는 것이었다. 인종은 이렇게 말하였다.

"젓가락으로 한번 집는 데 2만 8천 문의 돈이 든다니 내 이는 감당할 수 없다."

宋史紀: 仁宗嘗語近臣:「昨因不寐而飢, 思食燒羊.」

曰:「何不取索?」

曰:「恐遂爲例. 可不忍一夕之飢, 而啓無窮之殺.」

或獻蛤蜊二十八枚, 枚千錢, 曰:「一下筯費二十八千, 吾不堪也.」

【夜止燒羊】밤에 배가 고파 구운 양고기를 먹고 싶었으나 이를 중지시킴.
【燒羊】구운 양고기 요리.
【蛤蜊】대합조개와 참조개. 당시 매우 비싼 음식 재료였음을 알 수 있음.
【筯】'箸, 筷'와 같음. 젓가락.

直解(白話文)

송나라 때의 역사 기록이다.

인종이 어느 날 가까운 신하에게 이렇게 말하였다.

"짐은 어젯밤 잠을 이루지 못하였는데 배가 고픔을 느꼈다오. 양고기 구운 것을 먹고 싶은 생각이 절실했지요."

가까운 신하가 여쭈었다.

"어찌 사람을 시켜 가져오도록 하시지 않으셨습니까?"

인종은 이렇게 말하였다.

"선방(膳房)에서 이 일이 정례가 되어 밤마다 양고기를 구워 이를 갖추어 대비하게 되면 틀림없이 생명을 많이 해칠 것이기에 그랬다오. 어찌 배를 채우겠다는 욕심에 그런 일을 마구 저지를 수 있겠소? 하루 저녁 배고픔을 참지 못하여 차마 생명을 죽이는 일이 끝없이 생기도록 할 수 있겠소? 그래서 그만둔 거라오."

또 어느 날, 어떤 자가 대합조개와 참조개 28개를 헌상하였는데 한 개

당 값이 1천 문이라는 것이었다.

인종은 이렇게 말하였다.

"이 젓가락으로 한번 집는 사이에 2만 8천 문의 돈이 든다니 이와 같은 무도(無度)한 누림을 내 어찌 감당하겠는가?"

그러고는 마침내 헌납을 받지 않았다.

인종은 송나라 때에 가장 인자하고 후덕한 군주였다. 그가 차마 사물을 해치지 않음을 보면 백성도 차마 손상시키지 않았음을 알 수 있다. 그때문에 능히 승평(昇平)의 치도를 이룰 수 있어 그 복과 누림이 유구했던 것이다.

宋朝事實類苑(4) 본문 기사

宋史上記: 仁宗一日對近臣說:「朕昨夜因睡不着, 腹中覺飢, 想些燒的羊肉喫.」

近臣因問說:「何不令人取進?」

仁宗說:「恐膳房因此遂爲定例, 夜夜要辦下燒羊, 以備取用, 則傷害物命必多. 豈可恣口腹之欲? 不忍一夕之飢, 而忍於殺害無窮之生命乎? 因此遂止.」

又一日有獻蛤蜊二十八枚者, 說一枚價直錢千文.

仁宗說:「這一下筯之間, 就費了二萬八千文錢, 似此享用無度, 我豈能堪?」

遂不受其獻.

仁宗在宋朝最爲仁厚之主, 觀其不忍害物如此, 則其不忍於傷民可知. 故能致治昇平, 而享祚悠久也.

【膳房】임금의 음식을 마련하여 드리는 주방.

【無度】그 한도가 없음.

【昇平】'升平'으로도 표기하며 太平聖代의 다른 말.

【享祚】임금으로서의 지위를 마음대로 享有할 수 있음.

참고 및 관련 자료

1. ≪宋朝事實類苑≫(4) 祖宗聖訓(仁宗)

一日晨興, 語近臣曰:「昨夕因不寐, 而甚飢, 思食燒羊.」侍臣曰:「何不降旨取索?」仁宗曰:「比聞禁中, 每有取索外面, 遂以爲例. 誠恐自此, 逐夜宰殺, 以備非時供應, 則歲月之久, 害物多矣. 豈可不忍一夕之餒, 而啓无窮之殺也?」時左右皆呼萬歲, 至有减泣者.

2. 北宋, 魏泰 ≪東山筆錄≫(1)과 陳師道의 ≪後山談叢≫(4)에도 실려 있음.

079(上-79)
후원관맥(後苑觀麥)
송(宋) 인종(仁宗)

궁궐 후원에서 보리 베기를 구경한 송 인종

송(宋)나라 때 역사 기록이다.

인종이 후원에 행차하여 보기전(寶岐殿)에서 보리 베는 모습을 구경하면서 보필하는 신하에게 이렇게 말하였다.

"짐이 이 보기전을 지은 것은 화훼를 심고자 한 것이 아니라 해마다 보리를 심어 가색(稼穡)이 쉽지 않음을 알고자 함이었소."

宋史紀: 仁宗幸後苑, 御寶岐殿觀刈麥, 謂輔臣曰:「朕作此殿, 不欲植花卉, 而歲以種麥, 庶知稼穡之不易也.」

【後苑觀麥】 궁중 후원에서 보리 베는 모습을 구경함.
【寶岐殿】 후원에 지은 작은 전각 이름. 보리 줄기 하나에 이삭이 둘 달리는 것을 '岐'라 하였기에 이를 보물로 여긴다는 뜻에 따라 취명한 것.
【輔臣】 보필하는 신하.
【庶知】 거의 알 수 있음.
【稼穡】 농사. '稼'는 봄에 씨를 뿌리는 일, '穡'은 가을에 거두는 일.

直解(白話文)

송나라 때의 역사 기록이다.
인종은 농사에 유의하여 궁중의 후원 빈 터는 모두 사람을 시켜 보리를 심도록 하였다. 그리고 거기에 작은 전각을 짓고 이름을 보기전이라 하였다. 보리 한 줄기에 이삭이 두 개 달리는 것을 일러 '기(岐)'라 하며 이는 풍년을 상징하는 것으로 보물로 여겨 중시하기에 가장 적합하다 여겨 전각의 이름으로 삼은 것이다.
매년 보리가 익을 때면 인종은 친히 그 후원에 행차하여 보기전에 앉아 보리 베는 모습을 지켜보았다. 그리고 수행하는 신하를 이렇게 깨우쳤다.
"궁전 앞은 화훼를 심어 관상용으로 하는 것이 마땅할 듯하나 짐은 이 전각을 짓고 화훼를 심지 않고 해마다 보리를 심도록 하였소. 무슨 까닭

이겠소? 대체로 나는 깊은 구중궁궐에 살아 가색의 어려움을 제대로 알 길이 없소. 그래서 여기에 보리를 심어 저들이 밭 갈고 씨 뿌리고 김매는 것을 보면서 농사짓는 이들의 어려움을 때때로 내 눈에 담고자 하는 것이라오."

대저 사민(四民) 가운데 오직 농민의 일이 가장 고된 것이다. 봄에는 밭을 갈고 여름이면 김을 매어야 하며, 일찍 일을 시작하고 늦은 저녁이 되어서야 쉴 수 있으며 사체가 말라 거칠어지도록 한 해가 다 가도록 부지런히 움직여야 한다. 그렇게 하고서도 한 끼 배불리 먹지도 못하는 자들이다.

옛사람의 시에 이렇게 읊은 것이 있다.

"호미질에 한낮이 되니,
땀방울이 벼 포기 아래로 뚝뚝.

누구라, 밥상 위의 밥 한 그릇,

그 밥알 낟알마다 모두가 고통 속에 나온 것임을 알기나 하는지!"

진실로 가히 격언이라 할 수 있으리라.

옛날 어진 군주는 이를 알았다. 그 때문에 그들을 지극히 불쌍히 여겨 힘써 그들을 진휼하였고, 백성들도 마침내 그가 내리는 복을 받을 수 있었던 것이다. 그러나 후대의 군주들은 부귀한 환경에서 나고 자라 농사가 무엇인지 알지도 못한 채 그저 음란함에 황폐하고 즐기는 일에 정신이 없어, 오직 그렇게 누릴 겨를이 없으면 어쩌나 걱정을 할 뿐 농민을 불쌍히 여길 겨를이 어디에 있었겠는가?

인종은 천자라는 높은 직위임에도 친히 농부의 일에 임하여 농사일이 이처럼 고통스럽다는 것을 정성스럽게 깊이 알고자 하였으니 그 공검인서(恭儉仁恕)함과 근대에 탁월함이 역시 마땅하지 않겠는가!

〈牛耕圖〉畵像石(江蘇 睢寧縣 東漢墓 출토)

宋史上記: 仁宗留意農事, 宮中後苑裡有空地, 都使人種麥. 又於其地建一小殿, 各叫寶岐殿, 麥一莖雙穗謂之岐, 此豊年之祥, 最宜寶重, 故以爲殿名.

每年麥熟時, 仁宗親自臨幸後苑, 坐寶岐殿看人割麥, 諭隨駕的輔臣說道:「宮殿前似當栽植花卉, 以供賞翫. 今朕造此殿, 獨不種花卉, 但年年種麥, 此是何故? 蓋以我深居九重, 無由知稼穡之艱難. 所以種麥於此, 要看他耕種耘鋤, 庶幾農家之苦, 時時在吾目中也.」

大抵四民中, 惟農爲最苦, 春耕夏耘, 早作暮息, 四體焦枯, 終歲勤動, 還有不得一飽食者.

〈耕織圖〉淸 焦秉貞 그림

古人有詩云:『鋤禾日當午, 汗滴禾下土. 誰知盤中飱, 粒粒皆辛苦!』

眞可謂格言矣.

古之賢君知此, 所以極其憫念, 力爲賑恤, 而民卒受其福, 後世人主生長富貴, 不知稼穡爲何物, 荒淫佚樂, 惟恐不暇, 而何暇恤農也?

仁宗以天子之尊, 親臨農夫之事, 知惓惓於稼穡如此, 則其恭儉仁恕, 卓越近代, 不亦宜乎!

【穗】'수'로 읽으며 곡식의 이삭.
【四民】고대 士農工商 네 부류의 생업에 종사하는 백성.
【古人詩】당나라 때 李紳의 시 <憫農>.
【惓惓】'정성스럽다'의 뜻. 남을 배려하는 정성을 뜻함.
【近代】明代 이전은 元이었으며 그전이 宋代였으므로 이렇게 칭한 것.

> 참고 및 관련 자료

1. ≪續資治通鑑長編≫(166) 仁宗皇祐元年五月丙午

　丙午, 幸後苑寶岐殿觀刈麥, 顧謂輔臣曰:「朕新作此殿, 不欲植花卉, 而歲以種麥, 庶知穡事之不易也.」

2. ≪唐文粹≫(16) 李紳 <憫農>

　『鋤禾日當午, 汗滴禾下土. 誰知盤中飱, 粒粒皆辛苦!』

진념류민(軫念流民)

송(宋) 신종(神宗)

유민의 모습을 그린 그림을 보고 슬퍼한 송 신종

송(宋)나라 때 역사 기록이다.

신종(神宗) 때 동북 지역에 큰 가뭄이 들자 조서를 내려 그 사정을 사실대로 알리라 하였다. 그리하여 정협(鄭俠)이 ≪유민도(流民圖)≫를 올리며 그 사정을 보고하자, 신종은 반복해서 그 그림을 보고는 여러 차례 긴 탄식을 하였다. 그리고 소매에 이를 넣고 내실로 들어가 그날 밤 잠을 이루지 못하였다.

이튿날 드디어 개봉부(開封府)에 명하여 신법(新法)의 옳지 못한 점을 직접 조사하여 그중 모두 18가지 조항에 대하여 폐기하도록 하였다. 백성들은 환호성을 지르며 서로 축하하였다.

이날 과연 큰비가 내려 원근 모두를 흡족하게 적셔 주었다.

宋史紀: 神宗時, 東北大旱, 詔求直言, 鄭俠上≪流民圖≫, 疏奏, 帝反覆觀圖, 長吁數四, 袖以入內. 是夕寐, 不能寐.

翌日遂命開封體勘新法不便者, 凡十有八事罷之, 民間讙呼相賀.

是日果大雨, 遠近沾洽.

【軫念流民】비통한 마음으로 유랑민을 염려함. '軫念'은 '슬퍼하다, 남의 고통을 대신 슬퍼하고 안타깝게 여기다'의 뜻.
【神宗】北宋 제6대 황제 趙頊(1048~1085). 英宗의 아들이며 1067년~1085년 재위함. 熙寧 2년(1069) 王安石을 등용하여 新法을 적극 실행, 부국강병을 도모하였으나 반대가 심해 熙寧 7년(1074) 일부를 폐기하였으며 죽고 나서 신법이 모두 폐기됨.
【鄭俠】자는 介夫(1041~1110). 福州 福淸(지금의 福建) 출신으로 光州(지금의 河南 潢川)司法參軍이 됨. 熙寧 7년 가뭄이 심하여 유민들이 고통을 당하자 이를 그림으로 그려 신종에게 바침. 이 일로 왕안석 신법 폐기 여부에 대한 논의가 활발하게 시작되는 계기가 되었음. ≪宋史≫(321)에 전이 있음. 그는 考覈의 임기가 차서 서울로 업무 보고를 가던 길에 이들 유민의 참상을 보고 그림으로 그려 신종에게 보고한 것임.
【流民圖】鄭俠이 당시 가뭄으로 인한 유민들의 처참한 모습을 그림으로 그린 것.
【新法】'變法'이라고도 하며 王安石이 주창한 당시 새로운 개혁의 여러 법률. 仁宗 慶曆 연간에 范仲淹이 재상이 되어 十大改革案을 마련했으나 보수파의 반대에 의해 1년 만에 폐지되고 神宗이 즉위하자 왕안석이 재상에 올라 다시 變法을 마련한 것임.

주된 내용은 (1) 靑苗法: 매년 春窮期에 양식을 대여하고 2할의 이식을 받음. (2) 免役法: 勞役은 貧富에 따라 免役錢을 내면 면제를 받을 수 있음. (3) 墾荒法: 황무지 개간을 적극적으로 실시함. (4) 均稅法: 토지는 토질의 肥瘠 정도에 따라 세금을 차등 부과함. (5) 保甲法: 壯丁이 둘 이상인 가구에서는 그중 하나가 농한기에 군사훈련을 받음. (6) 保馬法: 군사용 말을 민간에 위탁 사육, 전시에 동원함 등이었음. 그러나 15년 뒤 司馬光 등의 보수파에 의해 반대 운동이 벌어졌고 신법 시행 중 온갖 뇌물과 비리가 속출, 결국 민간에게 큰 고통을 주어 신종의 죽음과 함께 완전 폐기되고 말았음. 이로 인해 新黨(왕안석)과 舊黨(사마광)의 갈등을 심화시켜 북송의 쇠락을 가져오게 되었음.

【吁】 크게 한숨을 쉬며 탄식함. 감탄사로도 사용함.
【袖】 그림을 소매 안에 넣음. 혹 '소매를 거두고'의 뜻으로도 볼 수 있음.
【開封】 당시 북송의 도읍 汴京(지금의 河南 開封)에 開封府를 두어 행정을 관할하도록 하였음.
【體勘】 직접 나서서 조사함.
【不便】 그릇됨. 잘못됨. 옳지 못함.
【讙呼】 즐거워 소리를 지름. '歡呼'와 같음. 雙聲連綿語.

直解(白話文)

송(宋)나라 때의 역사 기록이다.

신종 때 왕안석의 신법을 시행하여 백성들이 피해를 입어 살아갈 길이 없었다. 희녕(熙寧) 7년간 큰 가뭄이 들어 해마다 흉년에 기황(飢荒)으로 동북 지역 일대의 백성들은 사방으로 흩어져 유랑하다가 죽거나 가족을 잃어 그 힘들고 고통스러운 참상은 실로 불쌍하기 그지없었다.

그때 광주사법참군(光州司法參軍)의 직함을 가졌던 정협이라는 사람이 고핵을 받을 시기가 차서 서울로 올라오다가 길가에서 유민들의 참담한 모

습을 목격하고는 참을 수 없어 이렇게 말하였다.

"불쌍한 백성의 이와 같은 고통을 조정에서 어떻게 알겠는가?"

이에 그 모습을 그림으로 그리고 이름을 <유민도>라 하였다. 그 그림에는 나뭇잎을 따거나 풀뿌리를 캐어 허기를 채우는 모습, 다 해진 적삼을 걸치고 길가에 늘어서 먹을 것을 구걸하는 이들, 그리고 굶어 죽어 도랑에 버려진 시신들, 늙은이를 부축하며 어린애를 잡은 채 떠돌아다니며 먹는 사람들, 살던 땅에 연연하여 떠나지 못하다가 관가 관리에게 차역(差役)과 요역(徭役)을 수행하지 못했다고 잡혀 족쇄와 차꼬에 묶여 고문을 당하고 매를 맞는 사람들, 마구 헐어 부서진 가옥에서 아들과 딸을 팔아 이를 돈으로 바꾸어 관리에게 바치는 사람들 등이 모두 그림으로 그려져 있었다.

서울에 도착하던 날 이 그림들을 임금 앞에 바치면서 그는 이렇게 보고

하였다.

"다만 왕안석의 신법이 옳지 못하여 백성들을 이러한 지경으로 내몬 것입니다. 천지의 화기(和氣)를 손상시키니 하늘조차 오랫동안 비를 내리지 않아 이처럼 큰 가뭄이 든 것입니다. 지금 만약 하늘이 비를 내려 주기를 바란다면 모름지기 신법부터 폐지해야 옳을 줄 압니다."

신종은 이 그림을 반복해서 여러 번 훑어보고 그제야 신법의 폐해와 민간의 고통이 이와 같음을 알고 심히 안타까워하며 후회하였다. 그리하여 여러 차례 긴 탄식을 하며 소매에 이를 거두어 넣고 궁 안으로 들어가 그날 밤 내내 잠을 이루지 못하였다.

이튿날이 되자 서울의 개봉부에 조서를 내려 신법이 백성에게 끼치는 폐해 18가지를 조사토록 하고 이들을 모두 폐기하고 실시하지 말도록 명하였다.

당시 서울 내외의 백성들은 이 소식을 듣고 이제는 살았

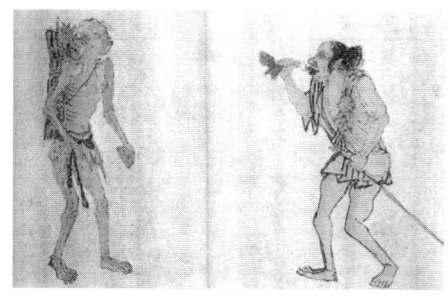

〈流民圖〉 明 周臣 그림

다고 여겨 모두가 환호성을 높이며 경축하였다. 그날 즉시 하늘에서는 과연 큰비를 내려 주어 곳곳마다 농토의 싹들을 모두 흡족히 적셔 주었다.

무릇 임금이 잘못된 행정을 단번에 제거하자 능히 하늘을 감동시키기가 이와 같았던 것이니 농민을 위해 기도하는 자는 실질적인 정책을 어떻게 펴는가에 있지 빈 문장으로 하는 데에 있지 않으며, 선대 임금들의 옛 법을 근본으로 삼아, 삼가 경솔하게 법을 마구 바꾸어서는 안 된다는 것을 알 수 있다.

宋史上記: 神宗時, 行了王安石的新法, 擾害百姓, 民不聊生. 到熙寧七年間, 天又大旱, 年歲飢荒, 東北一帶的百姓, 都流移轉徙, 死亡離散, 其艱難困苦之狀, 實爲可憐.

那時有一箇官是光州司法參軍, 叫做鄭俠, 因考滿赴京, 在路上看見那流民的模樣, 心甚不忍, 說道:「小民這等窮苦, 朝廷如何知道?」

乃照那樣子畫一本圖形, 叫做《流民圖》, 其中有採樹葉, 掘草根充飢的; 有衣衫破碎, 沿途討喫的; 有餓死在溝渠的; 有扶老攜幼, 流移趁食的; 有戀土不去, 被在官公人, 比較差徭, 拷打枷鎖的; 有拆屋御房, 鬻兒賣女, 變價納官的, 一一都畫將出來.

到京之日, 將這圖本進在御前, 奏說:「只因新法不善, 致得百姓這等. 傷了天地的和氣, 所以久旱不雨. 如今要天降雨, 須是把新法革去不行纔好.」

神宗將此圖反復看了幾遍, 纔曉得新法之害, 與民間之苦如此, 甚是感傷懊悔, 長嘆數回, 袖了入宮, 一夜不能睡着.

到明日, 傳旨着在京開封府官, 查那新法爲民害者共有一十八件, 都罷革不行.

當時京城內外的百姓, 聽說如此, 以爲從此得生, 人人讙呼相慶. 卽日天果大雨, 處處田苗俱各沾濡充足.

夫人君一去敝政, 便能感動天地如此, 可見爲民祈禱者, 在實政, 不在虛文, 而祖宗舊法, 愼不可輕變也.

【王安石】 자는 介甫(1021~1086). 撫州 臨川(지금의 江西) 사람으로 慶曆 때 진사에 올랐으며 神宗 때 參知政事, 同平章政事에 오르자 新法을 제정, 적극 시행하였음. 그중 靑苗法과 免役法은 백성들에게 심한 폐해를 입혀 결국 熙寧 7년 停止되고 왕안석은 재상에서 파면되었음. 그 뒤 知江寧을 거쳐 다시 조정에서 불렀으나 퇴사하여 江寧에 은거하다 79세로 일생을 마침. 《西塘先生文集》이 전함. 《宋史》(327)에 전이 있음.

【聊生】 오로지 생업에 힘씀. 믿고 살아갈 방책.

【討喫的】 '討喫'은 '討飯'과 같음. '的'은 '~것'. 여기서는 사람들을 가리킴. 즉 밥을 구걸하는 사람들.

【溝渠】 '溝壑'과 같음. 구렁텅이, 도랑. 시신을 버릴 곳이 없어 그런 곳에 방치함.

【流移趁食】 유랑하여 떠돌면서 밥을 먹음. 집에 앉아서 먹지 못하고 서서 걸어 다니며 먹고 있음.

【比較】 옛 제도에서 官府로부터 賦役을 부과받거나 범죄를 저지르고 도망한 자를 잡아 오는 심부름을 任務로 부여받았을 때 期限 내에 그 임무를 완성하지 못하여 추궁과 문책을 당하는 것을 '比較'라 함.

【差徭】 '差'는 '差役', 즉 심부름. '徭'는 요역.

【枷鎖】 죄인을 묶는 기구. 차꼬와 자물쇠(쇠고랑, 쇠사슬).

참고 및 관련 자료

1. ≪宋史≫(321) 鄭俠傳

　　鄭俠字介夫, 福州福淸人. 治平中, 隨父官江寧, 閉戶苦學. 王安石知其名, 邀與相見, 稱獎之. 進士高第, 調光州司法參軍. 安石居政府, 凡所施行, 民間不以爲便. 光有疑獄, 俠讞議傅奏, 安石悉如其請. 俠感爲知己, 思欲盡忠. 秩滿, 徑入都. 時初行試法之令, 選人中式者超京官, 安石欲使以是進, 俠以未嘗習法辭. 三往見之, 問以所聞. 對曰:「靑苗・免役・保甲・市易數事, 與邊鄙用兵, 在俠心不能無區區也」安石不答. 俠退不復見, 但數以書言法之爲民害者. 久之, 監安上門. 安石雖不悅, 猶使其子雱來, 語以試法. 方置修經局, 又欲辟爲檢討, 更命其客黎東美諭意. 俠曰:「讀書無幾, 不足以辱檢討. 所以來, 求執經相君門下耳. 而相君發言持論, 無非以官爵爲先, 所以待士者亦淺矣. 果欲援俠而成就之, 取其所獻利民便物之事, 行其一二, 使進而無愧, 不亦善乎?」是時, 免役法出, 民商咸以爲苦, 雖負水・捨髮・擔粥・提茶之屬, 非納錢者不得販鬻. 稅務索市利錢, 其末或重於本, 商人至以死爭, 如是者不一. 俠因東美列其事. 未幾, 詔小夫裨販者免征, 商之重者十損其七, 他皆無所行. 是時, 自熙寧六年七月不雨, 至于七年之三月, 人無生意. 東北流民, 每風沙霾曀, 扶攜塞道, 羸瘠愁苦, 身無完衣. 並城民買麻粃麥麩, 合米爲糜, 或茹木實草根, 至身被鎖械,

而負瓦楬木, 賣以償官, 累累不絶. 俠知安石不可諫, 悉繪所見爲圖, 奏疏詣閤門, 不納. 乃假稱密急, 發馬遞上之銀臺司. 其略云:「去年大蝗, 秋冬亢旱, 麥苗焦枯, 五種不入, 羣情懼死; 方春斬伐, 竭澤而漁, 草木魚鼈, 亦莫生遂. 災患之來, 莫之或禦. 願陛下開倉廩, 賑貧乏, 取有司掊克不道之政, 一切罷去. 冀下召和氣, 上應天心, 延萬姓垂死之命. 今臺諫充位, 左右輔弼又皆貪猥近利, 使夫抱道懷識之士, 皆不欲與之言. 陛下以爵祿名器, 駕馭天下忠賢, 以使人如此, 甚非宗廟社稷之福也. 竊聞南征北伐者, 皆以其勝捷之勢·山川之形, 爲圖來獻, 料無一人以天下之民質妻鬻子, 斬桑壞舍, 流離逃散, 遑遑不給之狀上聞者. 臣謹以逐日所見, 繪成一圖, 但經眼目, 已可涕泣. 而況有甚於此者乎! 如陛下行臣之言, 十日不雨, 卽乞斬臣宣德門外, 以正欺君之罪」疏奏, 神宗反覆觀圖, 長吁數四, 袖以入. 是夕, 寢不能寐. 翌日, 命開封體放免行錢, 三司察市易, 司農發常平倉, 三衛具熙河所用兵, 諸路上民物流散之故. 青苗·免役權息追呼, 方田·保甲並罷, 凡十有八事, 民間讙叫相賀. 又下責躬詔求言. 越三日, 大雨, 遠近沾洽. 輔臣入賀, 帝示以俠所進圖狀, 且責之, 皆再拜謝. ……宣和元年, 卒, 年七十九. 里人揭其閭爲鄭公坊, 州縣皆祀之於學. 紹熙初, 詔贈朝奉郎. 官其孫嘉正爲山陰尉.

촉송사신(燭送詞臣)
송(宋) 철종(哲宗)

궁궐 촛불을 밝혀 소동파를 전송한 송 철종

송(宋)나라 때 역사 기록이다.

소식(蘇軾)이 한림학사가 되어 한번은 궁궐에서 숙직을 하고 있다가 편전의 부름을 받았다.

태황태후가 물었다.

"그대는 지금 무슨 관직을 하고 있소?"

소식이 말하였다.

"황공하옵게도 한림에 있습니다."

태황태후가 물었다.

"어찌 그리 급히 그런 자리까지 오르게 되었소?"

소식이 대답하였다.

"태황태후와 황제 폐하(철종)를 만난 덕분입니다."

태황태후가 말하였다.

"그렇지 않소. 이는 선제(신종)의 뜻이었소. 선제께서는 매번 그대의 문장을 외울 때마다 반드시 '기재로다, 기재로다!'라고 감탄을 하였다오. 다만 그대를 진용(進用)시키지 못했을 뿐이오."

소식은 자신도 모르게 울며 실성(失聲)하였다. 태황태후와 황제 역시 울음을 터뜨렸으며 좌우 신하들도 모두 감격하여 눈물을 흘렸다.

잠시 후 소식을 앉도록 하고 차를 내려 주었으며 보좌 앞에 있던 금련촉(金蓮燭)을 내어 소식이 한림원으로 되돌아가는 밤길을 밝혀 주었다.

宋史紀: 蘇軾爲翰林學士, 嘗宿禁中, 召見便殿.

太皇太后問曰:「卿今何官?」

對曰:「待罪翰林.」

曰:「何以遽至此?」

對曰:「遭遇太皇太后皇帝陛下.」

曰:「非也, 此先帝意也. 先帝每誦卿文章, 必嘆曰: '奇才, 奇才!' 但未及進用卿耳.」

軾不覺哭失聲, 太皇太后與帝亦泣, 左右皆感泣. 已而命坐賜茶, 撤御前金蓮燭送歸院.

【燭送詞臣】 촛불로 문학가 소식을 직접 전송함. '詞'는 문학을 대신하는 말. 문학에 뛰어난 신하. 여기서는 구체적으로 蘇軾을 가리킴.

【蘇軾】 자는 子瞻(1037~1101). 宋代 시인이며 문장가. 호는 東坡居士. 북송의 대문호. 眉州 眉山(지금의 四川 眉山) 사람으로 아버지 蘇洵, 아우 蘇轍과 함께 '三蘇'로 널리 불리며 모두 唐宋八大家에 속함. 嘉祐 2년(1057)에 변경으로 올라와 과거에 응하여 당시 시험관 歐陽修의 탄상을 받았으며 神宗 때 祠部員外郎을 시작으로 密州, 徐州, 湖州 등의 州知府를 역임하면서 많은 업적을 남겼음. 王安石의 變法에 반대하다가 黃州로 귀양을 갔으며 哲宗이 즉위하고 太皇太后가 舊黨을 등용하자 소식은 다시 翰林學士를 거쳐 杭州知州로 갔다가 禮部尙書로 상경하게 됨. 얼마 뒤 철종이 親政에 나서 다시 新黨이 정권을 잡자 소식은 惠州, 澹州, 潁州로 밀려났다가 다시 돌아오는 길에 常州에서 죽음. 그는 당시 문단의 영수였으며 박학한 지식과 풍부한 감정으로 詩, 詞, 散文과 書畫 등 예술 전반에 탁월한 경지를 보였음. 특히 서법은 蔡襄, 米芾, 黃庭堅과 합하여 '宋四大家'로 불림. ≪仇池筆記≫, ≪東坡志林≫, ≪東坡全集≫, ≪東坡詞≫ 등이 있으며 ≪宋史≫(338)에 전이 있음.

【禁中】 궁궐 안.

【便殿】 황제가 편안히 쉬거나 개인적인 생활을 할 수 있는 공간.

【太皇太后】 宋 英宗의 高皇后(1032~1093). 亳州 蒙城(지금의 安徽) 출신으로 神宗의 어머니. 神宗이 즉위하여 太皇后로 추존하였으며 哲宗이 즉위하여 太皇太后로 높임. 哲宗은 당시 8세로 태황태후의 수렴청정을 받고 있었음.

【待罪】 '죄를 기다리다'의 뜻으로 '자신은 그 직책을 과분하게 여긴다'는 뜻이 들어있음.

【皇帝陛下】 哲宗을 가리킴.

【先帝】 神宗을 가리킴. 趙頊(재위 1067~1085).

【進用】 進達시켜 등용함.

【金蓮燭】 황금 연꽃 무늬를 넣은 황제가 사용하는 촛대.

直解(白話文)

송나라 때의 역사 기록이다.

소식은 신종 때 소인들의 배척을 받아 계속해서 유배 생활을 하였다. 철종이 등극하자 그제야 겨우 그를 불러 한림학사의 벼슬을 주게 되었다.

송나라 조정의 한림원은 궁궐 안에 있었으며 매일 밤 학사 한 명씩 돌아가며 숙직을 하여 불시의 황제 자문에 대비하도록 되어 있었다.

어느 날 밤 소식이 숙직에 해당되었는데 철종의 조모 태황태후와 철종이 함께 편전에 있다가 소식을 부르자 소식은 들어가 입견하게 되었다.

태황태후가 소식에게 이렇게 물었다.

"그대는 지금 무슨 관직에 있소?"

소식이 대답하였다.

"저는 한림학사의 자리에 있습니다."

'대죄'라 이르며 답한 것은 그가 이러한 관직에 걸맞지 않을 정도로 큰 대접을 받아 오직 직책에 죄를 기다린다는 뜻으로 겸손함을 나타내는 말이다.

태황태후가 다시 물었다.

"학사라면 훌륭한 관직이지요. 그대는 이제껏 강호를 떠돌기만 하다가 어찌 능히 이러한 지위를 얻을 수 있었소?"

소식은 곧바로 그 은혜를 윗사람에게 돌렸다. 그래서 이렇게 말하였다.

소식(東坡)

"신은 운이 좋게도 태황태후와 황제 폐하를 만나게 된 것입니다. 이 때문에 이러한 자리를 얻게 된 것일 뿐입니다."

태황태후가 말하였다.

"내가 그대를 등용한 것이 아니라오. 바로 선제 신종의 뜻이라오. 선제께서는 매번 그대의 주소(奏疏) 문장을 읽을 때마다 반드시 '기재로다, 기재로다!' 하고 감탄하였다오. 그러나 얼마 되지 않아 선제께서는 세상을 뜨셨습니다. 그 때문에 그대를 미처 임용하지 못한 것일 뿐이지요. 지금 내가 그대를 이러한 관직에 임용한 것은 선제의 뜻을 이어받아 그렇게 한 것입니다."

소식은 이 말에 선제가 자신을 그토록 알아주셨음을 알고 자신도 모르게 통곡하며 실성하였다.

태황태후와 철종도 서로 마주하며 눈물을 흘렸다. 그때 좌우의 내신들도 역시 모두가 감격과 슬픔에 젖어 눈물을 흘렸다.

태황태후는 소식을 앉도록 하고 다시 차를 내려 주었으며 그가 물러날 때 어전의 금련촉을 내어 그가 한림원으로 가는 길을 밝혀 주었다.

그때 임금이 신사를 접견하는 모습을 보면 묻고 대답하는 것이 조용하였고 예를 갖춤이 다정하여 애연(藹然)하기가 마치 집안에서의 부자 사이 같았다. 그 때문에 신하된 자가 임금의 은혜에 감격하여 자신도 모르게 울음을 터뜨린 것이었다. 임금과 신하 사이의 이러한 정경을 어디에서 찾아볼 수 있겠는가? 역사는 송나라 황실이 충성과 후덕함으로 나라를 세웠다 하였고, 또 그리하여 마침내 어진 이를 존경하고 선비를 공경한 그 보답을 되돌려 받을 수 있었다 하였는데 어찌 진실로 그렇지 않았겠는가!

宋史上記: 蘇軾在神宗時, 被小人排抑, 一向貶謫在外. 至哲宗登極, 纔取他做翰林學士.

宋朝翰林院設在禁中, 每夜有學士一員輪流直宿, 以備不時顧問.

有一夜遇蘇軾該直, 哲宗的祖母太皇太后, 與哲宗同御便殿, 宣蘇軾入見.

太皇問蘇軾:「卿如今做什麽官?」

蘇軾對說:「待罪翰林學士.」

謂之待罪者, 說他不稱此官, 惟待罪責而已, 謙詞也.

太皇太后又問:「學士是美官, 卿一向流落江湖, 怎能勾到此地位?」

蘇軾乃歸恩於上, 說道:「臣幸遭遇太皇太后及皇帝陛下見知, 故得到此耳.」

太皇太后說:「非我用卿, 乃先帝神宗意也, 先帝每讀卿的奏疏文章, 必歎美說: '奇才奇才!' 不久先帝遂晏駕, 故未及用卿耳. 今我用卿爲此官, 實承先帝之意也.」

蘇軾因此追感先帝知遇, 不覺痛哭失聲.

太皇太后與哲宗, 也相向而泣. 那時左右內臣, 也都感傷流涕.

太皇太后賜蘇軾坐, 又賜他茶喫, 將退時, 撤御前的金蓮燭送他歸院.

看那時人君接見臣下, 問答從容, 禮數款洽, 藹然如家人父子一般, 所以爲臣的感激主恩, 不覺悲泣. 君臣間是何等景象? 史稱宋家以忠厚立國, 又言其竟得尊賢敬士之報, 豈不信矣!

【哲宗】 趙煦(1076~1100). 神宗의 여섯째 아들로 1086년~1100년 재위. 즉위 초에는 나이가 어려 태황태후 고씨의 聽政을 받아 舊黨을 기용하고 新法을 폐지하여 개혁을 시도하였음. 이를 역사적으로는 '元祐更化'라 함. 元祐 8년(1093) 親政體制를 구축하여 다시 新黨을 기용하였음. 元祐(1086~1093), 紹聖(1094~1097), 元符(1098~1100) 등 세 가지 연호를 썼음.

【勾】 갈고리로 후려 내듯 좋은 자리를 차지함. 꿰어서 차지함.

【晏駕】 황제가 세상을 떠남을 표현하는 말.

【藹然】 분위기가 아주 조용하고 화목함.

【景象】 정경, 모습.

참고 및 관련 자료

1. ≪宋史≫(338) 蘇軾傳

軾嘗鎖宿禁中, 召入對便殿, 宣仁后問曰:「卿前年爲何官?」曰:「臣爲常州團練副使.」曰:「今爲何官?」曰:「臣今待罪翰林學士.」曰:「何以遽至此?」曰:「遭遇太皇太后·皇帝陛下.」曰:「非也.」曰:「豈大臣論薦乎?」曰:「亦非也.」軾驚曰:「臣雖無狀, 不敢自他途以進.」曰:「此先帝意也. 先帝每誦卿文章, 必嘆曰『奇才, 奇才!』但未及進用卿耳.」軾不覺哭失聲, 宣仁后與哲宗亦泣, 左右皆感涕. 已而命坐賜茶, 徹御前金蓮燭送歸院.

述語
(上篇 小結)

　　이상은 법으로 삼을 만한 것들 81가지 사례입니다. 저희들은 이윽고 차례에 맞추어 이 편을 마치면서 이렇게 탄식합니다.
　　"아! 맹자는 '오백 년이 지나면 왕도 정치를 훌륭하게 펴실 왕이 흥하리라'라 하였습니다." 그리고 전(傳)에는 "천 년에 하나의 성인만 나타나도 오히려 아침에서 저녁처럼 너무 짧은 시간이다" 하였으니 어찌 미더운 말이 아니겠습니까?
　　무릇 요순(堯舜)으로부터 오늘날에 이르도록 왕조가 그 몇 번이나 바뀌었으며, 임금의 성씨가 그 몇 번이나 바뀌었습니까? 그 많은 임금들 중에 가히 취하여 본받을 만한 자는 30여 임금에 불과하였습니다. 중간에 혹 단순하게 한 가지 훌륭한 점을 거론하기도 하고 그들 행적 중 한 구절만 절록한 것이기는 하나 그들 일생의 처음과 끝을 다 훑어보면 오히려 그보다 더 논의할 만한 일들이 많을 것입니다. 그들의 완선(完善)하고 삭의(鑠懿)한 일들로서 우뚝하여 가히 세상의 모범이 될 만한 것은 겨우 십분의 일 정도일 뿐이니 그들을 따라 한다는 것이 가히 어렵다 하지 않을 수 있겠습니까!

하늘이 우리 명나라를 도와 성스러운 임금들께서 계속 뒤를 잇고 있습니다. 저희들은 일찍이 우리 선대 임금들의 ≪실록(實錄)≫을 읽어 보면서 창업(創業)과 수성(守成)의 넓은 규모를 우러러 살펴보았더니, 옛 역사 속에 성철(聖哲)이라 칭한 사적들을 하나도 갖추지 못한 것이 없었습니다.

대략 그 개황을 거론하면 다음과 같습니다.

태조(太祖, 朱元璋)와 성조(成祖, 朱棣) 두 임금께서는 나라를 개국하셨고 어려운 정난(靖難)을 겪으신 다음 몸소 태평을 이루셨으니 요순이나 탕무(湯武)의 그 공덕을 겸하신 것입니다. 전장 문물과 법칙을 아름답게 후손에 물려주신 것이요, 모책의 훌륭함을 뒷사람에게 열어 주신 것이니 바로 한(漢)나라 기강과 당(唐)나라 법칙을 기본으로 하여 크고 미세한 것을 모두 갖추셨던 것입니다.

소황제(昭皇帝) 인종(仁宗)께서는 넓은 자애로움과 관용을 베푸시고 나라의 맥을 배양하셨으니 탕임금의 해망(解網), 택골(澤骨)과 같은 인자함을 가지셨던 분이십니다.

장황제(章皇帝) 선종(宣宗)께서는 문치를 드높이시고 정치에 온 정성을 쏟으셨으니 당 태종의 홍문(弘文), 당 헌종의 연영(延英)과 궤를 같이하는 것입니다.

예황제(睿皇帝) 영종(英宗)께서는 처사를 예우하고 치도에 대해 물으셨으니 이는 한 무제의 포륜(蒲輪)과 동한 광무제의 현훈(玄纁)의 사례로 거론할 수 있습니다.

순황제(純皇帝) 헌종(憲宗)께서는 친히 여러 왕들을 사랑하시고 성왕(郕王)을 복권하여 주셨으니 형제간에 우애를 돈독하도록 기풍을 일으키신 것입니다.

경황제(敬皇帝) 효종(孝宗)께서는 여러 신하들을 이끌어 접견하시고 옳은 말이라면 곡진하게 받아들이셨으니 우임금의 게기(揭器)와 한 문제의 지연(止輦)과 같은 명철하심이었습니다.

숙황제(肅皇帝) 세종(世宗)께서는 마음을 오직 공경에 두시고 치도의 근본을 농상(農桑)에 두셨으니 주 무왕의 ≪단서(丹書)≫ 고사나 송 인종의 <무일(無逸)> 고사와 같은 잠규(箴規)입니다.

돌아가신 목종(穆宗) 장황제(莊皇帝)께서는 몸소 현묵(玄默)을 수련하시며, 먼 이민족까지 포용하셨으니 이는 옷자락을 늘어뜨리고 간척(干戚)의 춤을 추면서 적을 교화시킨 예와 같습니다.

그 외에 한두 마디 훌륭하셨던 말이나 한두 가지 아름다웠던 사례는 모두 다 진술할 수 없습니다.

대체로 우리 명나라는 건설된 지 겨우 2백여 년밖에 되지 않지만 성현(聖賢)의 임금들은 이 예닐곱 분에 그치는 것은 아닙니다.

이 까닭으로 바야흐로 국내는 잘 다스려져 안정되고 사이(四夷)가 복종하여 찾아오니 찬란함이 겹치고 흡족함이 거듭되며 그 빛이 차례를 이어 나타나며 치도의 아름다움을 이루셨으니 예로부터 비교해도 짝을 이룰 자 드물게 떨쳐 일어나고 있습니다.

아름답고 아름답습니다! 어찌 건곤(乾坤)과 오악(五岳)의 기운 유독 우리 이 밝은 시대에 모여들고, 황하의 맑은 기운과 마을마다 사신(社神)의 징조가 함께 오늘에 응한 것이 아니겠습니까!

≪시(詩)≫에 "아래로 주(周)를 계승한 후손들이여, 대를 이어 명철한 왕들이 나타나리라"라 하였고, "무왕의 덕이 이 호경(鎬京)에 짝을 이루니 대대로 덕을 쌓아 그 공적을 이루리라"라 하였습니다.

우리 명나라는 대대로 덕을 쌓아 왔으니 아마도 옛 주나라보다 더 뛰어나기에 특별히 이처럼 훌륭한 성세(盛世)를 맞이한 것일 것입니다. 지금 황제께서는 총명하고 명철하신 분으로서 우뚝하시며, 황위를 이어 천하를 어루만지고 운용하십니다. 그리고 장차 그 빛을 더욱 드날리시어 멀리 요순 같은 두 제왕이나 하우, 상탕, 주 문무 삼왕의 치적을 넘어서실 것입니다.

저희들은 직접 그러한 성세를 맞아 살고 있으니 얼마나 행복하겠습니까!

右善可爲法者八十一事, 臣等旣論次終篇, 乃作而嘆曰:「嗟乎! 孟軻稱『五百年而後有王者興』」傳曰「千年一聖, 猶旦暮也」, 詎不信哉!

夫自堯舜以至於今, 代更幾世, 主更幾姓矣? 而其可取者, 三十餘君而已. 中間又或單擧一善, 節取一節, 究其終始, 尙多可議. 其完善鑠懿, 卓然可爲世表者, 纔什一耳, 可不謂難哉!

天佑我明, 聖神繼作. 臣等嘗伏讀我祖宗列聖≪實錄≫, 仰稽創守鴻規, 則前史所稱聖哲之事, 無一不備者.

略擧其槪:

如二祖之開基靖難, 身致太平, 則堯舜湯武, 功德兼焉. 典則貽休, 謨烈啓後, 則漢綱唐目, 巨細具焉.

昭皇帝之洪慈肆有, 培植國脉, 則解網·澤骨之仁也.

章皇帝之稽古右文, 勵精圖治, 則弘文·延英之軌也.

睿皇帝之聘禮處士, 訪問治道, 則蒲輪·玄纁之擧也.

純皇帝之親愛諸王, 厚遇郟邸, 則敦睦友于之風也.

敬皇帝之延見群臣, 曲納讜言, 則揭器·止輦之明也.

肅皇帝之心存敬一, 治本農桑, 則≪丹書≫·<無逸>之箴也.

皇考穆宗莊皇帝之躬修玄黙·服戎懷遠, 則垂衣舞干之化也.

其他片言之善, 一事之美, 又不可以殫述.

蓋明興纔二百餘年, 而聖賢之君, 已不啻六七作矣.

以是方內乂安, 四夷賓服, 重熙襲洽, 迭耀彌光, 致治之美, 振古罕儷焉.

猗歟! 休哉! 豈非乾坤光岳之氣, 獨鍾於昭代; 河淸里社之兆, 並應於今日哉!

≪詩≫云:『下武維周, 世有哲王』『王配於京, 世德作求.』

我明世德, 蓋軼有周而特盛矣. 今皇上睿哲挺生, 膺期撫運, 又將觀光揚烈, 以遠追二帝三王之治焉.

臣等何幸, 躬逢其盛!

【右】 고대 책은 右綴이었으므로 '이상 오른쪽 모든 내용'이라는 뜻.
【孟軻】 孟子. 戰國時代 대표적인 儒家. '孟母三遷之敎', '斷機之戒' 등의 고사를 남김. ≪孟子≫ 公孫丑(下)에 "孟子去齊, 充虞路問曰:「夫子若有不豫色然. 前日, 虞聞諸夫子曰:『君子不怨天, 不尤人.』」曰:「彼一時, 此一時也. 五百年必有王者興. 其閒必有名世者. 由周而來, 七百有餘歲矣. 以其數則過矣; 以其時考之則可矣. 夫天, 未欲平治天下也; 如欲平治天下, 當今之世, 舍我其誰也? 吾何爲不豫哉?」"라 함.
【千年一聖, 猶旦暮也】 중국의 속담으로 천 년에 성인 하나만 태어나도 아침저녁 사이처럼 너무 간격이 좁음. 너무 자주 태어남. 한편 ≪戰國策≫ 齊策(3)에는 "淳于一日而見七人於宣王. 王曰:「子來, 寡人聞之, 千里而一士, 是比肩而立; 百世而一聖, 若隨踵而至也. 今子一朝而見七士, 則士不亦衆乎?」"라 함.
【鑠懿】 아주 빛이 나고 훌륭함.
【實錄】 明나라 實錄.
【二祖】 明 太祖 朱元璋(재위 1368~1398)과 成祖 朱棣(재위 1403~1424)를 가리킴. 태조 주원장은 명나라를 세워 王朝의 基業을 開創하여 洪武之治를 실행하였으며, 주체는 靖難에 성공하여 제위를 얻은 다음 永樂의 盛世를 이루었음을 말함. 靖難은 주체가 태자 朱表의 아들 朱允炆이 2대 황제, 즉 惠帝(1399~1402)에 오르자 이를 제거하고 자신이 제위에 오른 사건을 말함.
【湯武】 商나라를 개국한 湯임금과 周나라를 건설한 武王. 주원장과 주체가 이들처럼 명나라를 개국하여 그 공덕이 같음을 칭송한 것.
【漢綱唐目】 중국은 역사상 가장 성했던 조대를 漢唐으로 여겼음. 따라서 漢나라와 唐나라를 紀綱으로 삼아 典章과 制度의 기준으로 함.

【昭皇帝】 '昭'는 4대 황제 仁宗(朱高熾, 재위 1424~1425)의 시호. 朱高熾는 成祖의 장자로 성조를 이어 제위에 올랐으나 1년 만에 죽어 그 뒤를 5대 宣宗이 이음. 인종은 재위 기간이 1년밖에 되지 않았지만 寬仁의 정책을 펴서 형벌을 줄이고 救荒을 구제하여 역사상 '洪慈肆宥'라 평하였음.

【解網】 탕임금이 새 잡는 그물을 풀어 준 고사. 「解網施仁」(007) 참조.

【澤骨】 문왕이 주인 없는 해골을 묻어 준 고사. 「澤及枯骨」(011) 참조.

【章皇帝】 명나라 5대 황제 宣宗(朱瞻基, 재위 1426~1435)의 시호가 '章'이었음. 인종의 장자이며 文治에 힘써 명대 學術을 널리 부흥시켰음.

【弘文】 당 태종이 弘文館을 열어 학술을 진흥시킨 일. 「弘文開館」(038) 참조.

【延英】 당 헌종이 延英殿에서 학자들과 토론하면서 피곤함을 잊었던 고사. 「延英忘倦」(061) 참조.

【睿皇帝】 명나라 6대 황제 英宗(朱祁鎭, 재위 1436~1449, 복위 1457~1464)의 시호가 '睿'였음. 宣宗의 장자이며 處士들을 잘 대우해 준 것으로 널리 알려짐.

【蒲輪】 한 무제가 학자를 부르며 수레바퀴를 부들로 매어 진동을 줄인 고사. 「蒲輪徵賢」(024) 참조.

【玄纁】 동한 광무제가 친구 嚴光을 찾아 현훈을 예물로 모신 것. 「賓禮故人」(029) 참조.

【純皇帝】 명나라 8대 황제 憲宗(朱見深, 재위 1465~1487)의 시호가 '純'이었음. 여러 왕으로 책봉된 동생들을 잘 보살핀 것으로 유명함. 成化 2년(1466) 아우 朱見治를 忻王으로, 朱見沛를 徽王으로 책봉함.

【厚遇郕邸】 成化 11년(1475) 郕王의 王號를 복권시켜 준 사건을 말함. 郕王(朱祁鈺)은 宣宗의 둘째 아들로 英宗이 즉위하자 郕王에 봉해졌으나 正統 14년(1449) 8월 土木之變으로 英宗이 瓦剌에게 포로가 되자 皇太后가 郕王으로 하여금 나라를 감독하게 하였다가 한 달 뒤 皇位에 올라 英宗의 太上皇帝라 존칭하고 이듬해 연호를 景泰(1450)로 바꾸었음. 이가 명나라 제7대 황제 景帝(代宗)임. 그러나 재위 8년째 되던 해인 1457년 英宗이 다시 복위하면서 대종을 폐위하고 성왕의 왕호조차 없앴으며 西內에서 살해하고 말았음. 朱祁鈺은 成化 11년(1475)에야 帝號가 복권되어 諡號를 '景帝', 廟號를 '代宗'이라 하였음.

【敦睦友于】 형제간에 돈독하고 화목함을 뜻함. '友于'는 雙聲連綿語.

【敬皇帝】 명나라 9대 황제 孝宗(朱祐樘, 재위 1488~1505)의 시호가 '敬'이었음. 헌종의

셋째 아들로 명나라 중흥을 이룬 임금. 군신 사이를 원활하게 하였으며 諫言을 적극적으로 수용한 임금이라 함.
【揭器】 각종 악기를 게시하고 훌륭한 말을 찾은 禹王의 고사. 「揭器求言」(004) 참조.
【止輦】 수레를 멈추고 낮은 관리의 말도 들어 준 한 문제의 고사. 「止輦受言」(018) 참조.
【肅皇帝】 명나라 11대 황제 世宗(朱厚熜, 재위 1522~1566)의 시호가 '肅'이었음. 憲宗의 손자이며 興獻王(朱祐枕)의 장자. 武宗(朱厚炤, 재위 1506~1521)이 後嗣 없이 죽자 6촌 아우로서 제위를 이음.
【丹書】 주 무왕이 태공으로부터 ≪丹書≫의 계율을 근엄하게 받은 고사. 「丹書受戒」(012) 참조.
【無逸】 송 인종이 ≪尙書≫ 無逸篇 내용의 그림을 받고 스스로 경계를 삼은 고사. 「受無逸圖」(074) 참조.
【穆宗莊皇帝】 명나라 12대 황제 朱載垕. 시호는 '莊'. 世宗의 셋째 아들. 淸淨無爲의 정치를 실현했다 함.
【玄黙】 도가의 玄學 사상을 말함. 淸淨無爲의 정치를 실현하였음을 말함.
【服戎懷遠】 무력을 쓰지 않고 먼 이민족까지 포용함.
【垂衣舞干】 '垂衣'는 옷을 늘어뜨린 채 전쟁을 시도하지 않음. '舞干'은 '干戚의 춤을 추다'의 뜻. 韶(舜임금 때의 음악)에서 장식용 도끼를 들고 추는 武舞의 일종. 더 이상 전쟁을 하지 않을 것임을 표현하는 것.
【不啻】 다만 ~로써 끝나는 것이 아님. '啻'는 '시'로 읽음.
【詩云】 ≪詩經≫ 大雅 下武의 구절. "下武維周, 世有哲王. 三后在天, 王配于京. 王配于京, 世德作求. 永言配命, 成王之孚. 成王之孚, 下土之式. 永言孝思, 孝思維則. 媚玆一人, 應侯順德. 永言孝思, 昭哉嗣服. 昭玆來許, 繩其祖式. 於萬斯年, 受天之祜. 受天之祜, 四方來賀. 於萬斯年, 不遐有佐"라 함. "下武維周, 世有哲王"은 '능히 선조들의 주나라 창건을 뒷사람이 이어 英明한 군주가 나타나리라'는 찬송이며, "王配于京, 世德作求"는 '武王의 덕이 대대로 鎬京에 배합되어 대를 이어 덕을 쌓고 공을 이룰 것임'을 찬양한 것.
【二帝三王】 堯舜과 夏·殷·周 삼대의 개국 군주들인 禹, 湯, 文武를 가리킴.

下篇

「광우복철(狂愚覆轍)」

미치광이처럼 어리석은 짓을 하며 앞에 넘어진 수레를
그대로 따라 한 임금들 이야기

유전실위(遊畋失位)
하(夏) 태강(太康)

사냥에 나가 놀다가 왕위를 잃은 하나라 태강

하(夏)나라 때 역사 기록이다.

태강(太康)은 즉위하자마자 일락에 황폐하게 빠져 나랏일은 관심에도 없었다. 낙수(洛水)로 사냥을 나가 백 일이 되도록 돌아오지 않았다.

유궁후예(有窮后羿)가 백성들이 원망하고 있음을 기회로 삼아, 이들을 하수(河水)에서 막고 귀국을 허락하지 않았다.

태강의 아우 다섯은 노래를 지어 형을 원망하였다. 태강은 나라를 잃고 양하(陽夏)에 머물 수밖에 없었다.

夏史紀: 太康卽位, 荒逸, 弗恤國事. 畋獵於洛水之表, 十旬弗返.

有窮后羿, 因民之怨, 拒之於河, 弗許歸國.

厥弟五人, 作歌以怨之. 太康失國, 居陽夏.

【遊畋失位】 사냥에 빠져 돌아오지 않다가 제왕의 자리를 잃음.
【太康】 夏나라 제3대 군주. 禹임금의 손자이며 啓의 아들. 포악하게 굴다가 有窮后羿에게 쫓겨났음.
【弗恤國事】 백성들의 삶에 대해서는 조금도 불쌍하게 생각하지 않음.
【洛水】 洛陽 근처를 흐르는 물. 河水의 가장 큰 지류 중 하나.
【有窮后羿】 有窮은 有窮氏. 옛 부족의 이름. 后羿는 그 부락의 영수. 활의 명수로 夏나라를 엎고 太康의 왕위를 빼앗았다가 뒤에 寒浞에게 죽임을 당함. 후예와 관련해 아내 상아가 달의 선녀가 된 이야기(嫦娥奔月), 아홉 개의 해를 쏘아 떨어뜨린 이야기 등 신화적인 고사가 많이 전함.
【陽夏】 옛 지명. 秦나라 때 縣을 설치하였으며 지금의 河南 太康縣. 隋나라 開皇 7년(587)에 지명을 太康으로 바꿈.

直解(白話文)

하나라 때의 역사 기록이다.

태강은 즉위하고 나서 일락으로 황폐하여 나랏일에 대해서는 염두에 두지도 않은 채 단지 밖에 나가 사냥하는 일이나 좋아하였다. 그는 하남

지방을 순유하다가 낙수 가에서 백 일이나 돌아다니며 놀면서 돌아오고 싶어 하지 않았다. 조정의 정사를 모두 황폐하게 내버려 두었고 백성들이 심어 놓은 벼들도 전부 짓밟아 놓아 백성마다 혀를 차며 원망하였다. 당시 후예라는 신하가 있었다. 그는 활을 잘 쏘았다. 백성들이 원망하고 있음을 기회로 그는 군사와 병마를 이끌고 손에 활과 화살을 잡고 하수 가에서 태강을 막고 귀국하지 못하도록 하였다.

태강의 아우 다섯도 그가 황음무도(荒淫無道)할 뿐더러 조종이 닦아 놓은 나라의 기초도 허물어뜨렸다고 원망하였다. 이에 다섯 수의 시를 지어 그들의 조상 대우께서 가르쳐 주었던 훈계를 설명하며 형을 원망하였는데 이를 일러 <오자지가(五子之歌)>라 한다. 태강은 마침내 나라로 돌아오지 못하고 하양이라는 곳에 살다가 죽었다.

무릇 태강은 계(啓)의 아들이다. 계는 능히 우임금의 도를 계승하여 어질고 성스러운 군주가 되었다. 그런데 두 번 왕위가 전해져 태강에 이르러서는 단지 돌아다니며 사냥하는 일만 좋아하여 드디어 나라를 잃고 만 것이다. 아버지와 할아버지의 덕택도 모두가 믿을 것이 못되었던 것이다. 아, 가히 두려워할 일이로다!

　夏史上記: 太康卽位, 荒於逸樂, 不以國事爲念, 只好在外面打獵, 巡遊於河南地方, 洛水之外, 流連百日, 不肯回還. 把朝廷政事, 都荒廢了; 百姓禾稼, 都踐踏了, 民皆嗟怨.
　當時有一箇臣, 叫做后羿, 極善射. 因民之怨, 率領軍馬, 手持弓矢, 拒之河上, 不要他歸國.
　其弟五人, 恨他荒淫無道, 壞了祖宗的基業. 於是, 作詩五章, 稱述其祖大禹的訓辭以怨之, 謂之<五子之歌>. 太康畢竟不得歸國, 居於陽夏之地而死.
　夫太康爲啓之子, 啓能繼禹之道, 賢聖之主也. 再傳太康, 止以好尙遊畋一事, 遂至失國. 父祖之德澤, 皆不足恃矣. 吁! 可畏哉!

【逸樂】즐거움에 빠져 올바른 정치를 하지 않음.
【流連】놀이나 즐거움에 빠져 떠돌아다님. ≪晏子春秋≫(4)에 流連慌亡에 대하여 "夫從下歷時, 而不反謂之流; 從高歷時, 而不反謂之連"이라 함. 합하여 '流連'이라는 雙聲連綿語가 되었으며 "從獸而不歸謂之荒; 從樂而不歸謂之亡"이 합하여 '慌亡'이라는 疊韻連綿語가 되었음.
【禾稼】농사. 먹고살기 위해 키운 곡식을 사냥을 하느라 모두 짓밟아 버림.
【大禹】夏나라를 세운 禹임금.
【五子之歌】≪古文尙書≫에만 실려 있으며 啓의 아들 다섯이 만형 太康이 나라를 잃자 아버지(啓)와 조부(禹)의 가르침을 들어 제위에 있을 때일수록 더욱 겸양을 베풀어야 하며, 아울러 자신들이 형을 잘 보필하지 못한 점을 노래로 읊은 것. 참고란을 볼 것.
【啓】禹임금의 아들이며 夏나라 제2대 임금. 태강의 아버지. 당시는 禪讓 시대로 禹

가 원래 益이라는 자에게 왕위를 물려주려 하였으나 啓가 어질어 많은 이들이 추대하여 아들에게 나라를 물려주게 된 것이며 이로 인해 夏나라는 중국 최초의 世襲王朝가 됨. ≪史記≫ 夏本紀에 "帝禹東巡狩, 至于會稽而崩. 以天下授益. 三年之喪畢, 益讓帝禹之子啓, 而辟居箕山之陽. 禹子啓賢, 天下屬意焉. 及禹崩, 雖授益, 益之佐禹日淺, 天下未洽. 故諸侯皆去益而朝啓, 曰:「吾君帝禹之子也」. 於是啓遂卽天子之位, 是爲夏后帝啓"라 함.

〈狩獵圖〉甘肅 嘉峪關 魏晉 12호 고분벽화

참고 및 관련 자료

1. ≪尙書≫ 夏書 五子之歌

太康尸位以逸豫, 滅厥德. 黎民咸貳, 乃盤遊無度, 畋于有洛之表, 十旬弗反. 有窮后羿, 因民弗忍, 距于河. 厥弟五人, 御其母以從, 徯于洛之汭, 五子咸怨, 述大禹之戒以作歌. 其一曰:「皇祖有訓, 民可近, 不可下. 民惟邦本, 本固邦寧. 予視天下, 愚夫愚婦, 一能勝予, 一人三失, 怨豈在明, 不見是圖. 予臨兆民, 懍乎若朽索之馭六馬, 爲人上者, 柰何不敬.」其二曰:「訓有之內, 作色荒, 外作禽荒. 甘酒嗜音, 峻宇彫牆, 有一于此, 未或不亡.」其三曰:「惟彼陶唐, 有此冀方. 今失厥道, 亂其紀綱, 乃厎滅亡.」其四曰:「明明我祖, 萬邦之君, 有典有則, 貽厥子孫. 關石和鈞, 王府則有, 荒墜厥緖, 覆宗絶祀.」其五曰:「嗚呼! 曷歸, 予懷之悲. 萬姓仇予, 予將疇依. 鬱陶乎予心. 顏厚有忸怩. 弗愼厥德, 雖悔可追.」

2. ≪史記≫ 夏本紀

夏后帝啓, 禹之子, 其母塗山氏之女也. 有扈氏不服, 啓伐之, 大戰於甘. 將戰, 作甘誓, 乃召六卿申之. 啓曰:「嗟! 六事之人, 予誓告女: 有扈氏威侮五行, 怠棄三正, 天用勦絶其命. 今予維共行天之罰. 左不攻于左, 右不攻于右, 女不共命. 御非其馬之政, 女不共命. 用命, 賞于祖; 不用命, 僇于社, 予則帑僇女」. 遂滅有扈氏. 天下咸朝. 夏后帝啓崩, 子帝太康立. 帝太康失國, 昆弟五人, 須于洛汭, 作五子之歌: 太康崩, 弟中康立, 是爲帝中康. 帝中康時, 羲·和湎淫, 廢時亂日. 胤往征之, 作胤征.

083(下-2)

포림주지(脯林酒池)
하(夏) 걸왕(桀王)

주지육림으로 나라를 망친 하나라 걸왕

하(夏)나라 때 역사 기록이다.

걸(桀)이 유시씨(有施氏)를 정벌하고 말희(妹喜)를 얻게 되었다. 걸은 말희를 총애하여 그가 하는 말이라면 모두 들어주어 구슬로 누대를 짓고 상아로 회랑을 만드는 등 온갖 사치를 부렸다. 이리하여 백성의 재물을 모두 탕진하였는데 고기를 쌓아 산을 이루고 포를 매달아 숲을 이룰 정도였다.

 술로 못을 만들어 가히 배를 띄워 운행할 정도였으며 술지게미를 쌓은 제방은 10리 밖에서도 보일 정도였다. 북을 한번 울리면 3천 명이 소처럼 엎드려 술을 마셨다. 말희는 이를 보고 웃으며 즐거움을 삼았다.

〈婦女圖〉
唐 新疆 吐峪溝 출토

 夏史紀: 桀伐有施氏, 得妹喜. 喜有寵,
所言皆從, 爲瑤臺象廊.
 殫百姓之財, 爲肉山脯林.
 酒池可以運船, 糟隄可以望十里, 一鼓而牛飮者三千人. 妹喜笑, 以爲樂.

【脯林酒池】 酒池肉林과 같음. 고기를 포로 떠서 걸어 놓은 것이 숲과 같으며 술로 못을 파서 배를 띄울 수 있을 정도였음.
【桀】 夏나라 末王. 이름은 履癸. 역사상 殷나라 말왕 紂와 함께 포악무도하기로 이름이 나서 흔히 폭군의 대명사로 거론됨. 商나라 湯에게 나라가 망함.
【有施氏】 당시 씨족 부락 명칭. 妹姬의 출신 부족.
【妹喜】 ≪楚辭≫ 天問에는 '妹嬉'로 표기되어 있음. 有施氏의 딸로 桀이 그 부락을 점령하자 이를 바쳐 화해를 구해 걸의 妃가 됨. 상탕이 하나라를 멸하자 남쪽으로 도망하였다가 그곳에서 죽음.
【瑤臺】 아름다운 옥으로 장식한 누대.
【象廊】 상아로 장식한 회랑.
【殫】 재물 등을 모두 다 탕진함.
【牛飮】 소가 엎드려 물을 마시듯이 술을 마시도록 함.

直解(白話文)

하나라 때의 역사 기록이다.

하나라 걸은 무도하여 덕의 정치는 베풀 줄 몰랐다. 유시씨를 정벌하는 과정에서 유시씨가 말희라는 미녀를 바쳤다. 걸은 이 여자를 아주 총애하여 그가 하는 말이라면 무엇이든지 모두 들어주었다. 그리하여 구슬로 누대를 짓고 상아로 회랑을 만드는 등 그 화려함은 극에 달하였다. 이 때문에 백성들의 재력은 모두 탕진하였다. 또 술을 좋아하여 방종하게 놀았다. 스스로 술에 취하는 것을 넘어 각종 새와 짐승의 고기를 산처럼 쌓았고 익혀 포를 만든 것을 수풀처럼 빽빽이 걸었다. 큰 못을 파서 거기에 술을 부어 놓고 그 안에 배를 운행시켰으며, 술을 만들고 남는 지게미는 제방으로 쌓았는데 그 높이는 멀리 10리 밖에서도 보일 정도였다. 한번 북

을 울리면 일제히 그 술못 가로 모여들어
소가 물을 마시는 자세로 술을 마시는 자
가 3천 명이나 되었다. 걸과 말희는 이를 보고
신 나는 웃음을 터뜨렸으며 이로써 즐거움을 삼았
다. 조정의 정치가 황폐해졌음은 알고도 남는다.

무릇 걸의 시조 대우(大禹)는 궁궐을 낮게 짓고,
거친 옷을 입으면서도 부지런함과 검소함을 다하
였다. 술을 마셔 보고 달고 맛이 있자 드디어 술
을 만든 의적(儀狄)을 멀리하였다. 깊은 근심과 먼
염려를 그 얼마나 한 것인가? 이렇게 온갖 고난

〈銅爵〉(商)
河南 安陽 婦好墓 출토

을 참아 내고 부지런히 하여 나라를 세웠건만 걸에 이르러 이토록 방종하
게 굴었으니 망하지 아니하고 무엇을 기다리겠는가!

그로부터 6백 년이 지나 다시 상나라 주가 육림주지(肉林酒池)의 짓을 하
다가 역시 상나라를 망하게 하였다. 술을 좋아하다가 당하는 재앙은 가
히 거울로 삼아야 하리라!

夏史上記: 夏桀無道, 不修德政. 因征伐有施氏之國, 有施氏進了箇美女, 叫作
妹喜. 桀甚是寵愛她, 說的言語, 無不聽從. 造爲瑤臺象廊, 極其華麗. 竭盡了百姓
的財力. 又性嗜酒, 放縱. 不但自家酣飮, 將各樣禽獸之肉堆積如山, 烹熟爲脯者,
懸掛如林. 鑿箇大池注酒, 池中可以行船, 積糟爲隄, 其高可望十里, 擊鼓一通, 則
齊到池邊, 低頭就飮, 如牛之飮水者三千人. 桀與妹喜, 歡笑, 以此爲樂. 朝政之廢
可知矣.

夫桀之始祖大禹, 卑宮室, 惡衣服, 克勤克儉. 因飮酒而甘, 遂疏造酒之儀狄.
何等憂深慮遠? 辛勤創業, 而桀乃放縱如此, 不亡何待! 後六百年, 又有商紂, 亦
爲肉林酒池, 亦亡商國. 嗜酒之禍可鑒也哉!

【烹熟】고기를 포로 만들기 위해 삶아서 익힘.
【齊到】일제히 ~에 이름.
【卑宮室】≪史記≫ 夏本紀에 "乃勞身焦思, 居外十三年, 過家門不敢入. 薄衣食, 致孝于鬼神. 卑宮室, 致費於溝淢. 陸行乘車, 水行乘船"이라 함.
【儀狄】우임금 때 술을 최초로 만든 사람.「戒酒防微」(006) 참조.
【六百年】夏나라 桀이 湯에게 망하고 탕의 殷(商)나라가 6백 년을 존속한 다음 말왕 紂에 이르러 걸과 같이 방탕한 酒池肉林에 빠져 역시 망함. 그 뒤를 周 武王이 이어 周나라가 됨.「妲己害政」(085) 참조.

참고 및 관련 자료

1. ≪國語≫ 晉語(1)

史蘇曰:「昔夏桀伐有施, 有施人以妹喜女焉, 妹喜有寵, 於是乎與伊尹比而亡夏. 殷辛伐有蘇, 有蘇氏以妲己女焉, 妲己有寵, 於是乎與膠鬲比而亡殷. 周幽王伐有褒, 褒人以褒姒女焉, 褒姒有寵, 生伯服, 於是乎與虢石甫比, 逐太子宜臼, 而立伯服. 太子出奔申, 申人·鄫人召西戎以伐周, 周於是乎亡. 今晉寡德而安俘女, 又增其寵, 雖當三季之王, 不亦可乎? 且其兆云:『挾以銜骨, 齒牙爲猾.』我卜伐驪, 龜往離散以應我. 夫若是, 賊之兆也, 非吾宅也, 離則有之. 不跨其國, 可謂挾乎? 不得其君, 能銜骨乎? 若跨其國而得其君, 雖逢齒牙, 以猾其中, 誰云不從? 諸夏從戎, 非敗而何? 從政者不可以不戎, 亡無日矣.」

2. ≪韓詩外傳≫(2)

昔者, 桀爲酒池糟隄, 縱靡靡之樂, 而牛飲者三千. 羣臣皆相持而歌:「江水沛兮! 舟楫敗兮! 我王廢兮! 趣歸於亳, 亳亦大兮!」又曰:「樂兮樂兮! 四牡驕兮! 六轡沃兮! 去不善兮, 善何不樂兮!」伊尹知大命之將至, 擧觴造桀, 曰:「君王不聽臣言, 大命去矣, 亡無日矣.」桀相然而抃, 嗑然而笑, 曰:「子又妖言矣. 吾有天下, 猶天之有日也, 日有亡乎? 日亡, 吾亦亡也.」於是伊尹接履而趣, 遂適於湯, 湯以爲相. 可謂「適彼樂土, 爰得其所」矣. 詩曰:「逝將去汝, 適彼樂土; 樂土樂土, 爰得我所.」

3. ≪新序≫ 刺奢篇

桀作瑤臺罷民力. 殫民財, 爲酒池糟隄, 縱靡靡之樂, 一鼓而牛飮者三千人, 群臣相持歌曰:「江水沛沛兮, 舟楫敗兮, 我王廢兮, 趣歸薄兮, 薄亦大兮.」又曰:「樂兮樂兮, 四牡蹻兮, 六轡沃兮, 去不善而從善, 何不樂兮?」伊尹知天命之至, 擧觴而告桀曰:「君王不聽臣之言, 亡無日矣.」桀拍然而作, 啞然而笑曰:「子何妖言? 吾有天下, 如天之有日也, 日有亡乎? 日亡吾亦亡矣.」於是接履而趣, 遂適湯, 湯立爲相. 故伊尹去官入殷, 殷王而夏亡.

4. ≪列女傳≫「夏桀末喜」

末喜者, 夏桀之妃也. 美於色, 薄於德, 亂孼無道. 女子行, 丈夫心, 佩劍帶冠. 桀旣棄禮義, 淫於婦人, 求美女, 積之於後宮. 收倡優·侏儒·狎徒, 能爲奇偉戲者, 聚之於旁, 造爛漫之樂, 日夜與末喜及宮女飮酒, 無有休時. 置末喜於膝上, 聽用其言, 昏亂失道, 驕奢自恣. 爲酒池, 可以運舟, 一鼓而牛飮者三千人, 齕其頭而飮之於酒池, 醉而溺死者, 末喜笑之以爲樂. 龍逢進諫曰:「君無道, 必亡矣.」桀曰:「日有亡乎? 日亡而我亡.」不聽, 以爲妖言而殺之. 造瓊室瑤臺, 以臨雲雨. 殫財盡幣, 意尚不饜. 召湯, 囚之於夏臺, 已而釋之. 諸侯大叛. 於是湯受命而伐之, 戰於鳴條, 桀師不戰, 湯遂放桀, 與末喜·嬖妾同舟, 流於海, 死於南巢之山. 詩曰:「懿厥哲婦, 爲梟爲鴟.」此之謂也. 頌曰:「末喜配桀, 維亂驕揚. 桀旣無道, 又重其荒. 姦軌是用, 不恤法常. 夏后之國, 遂反爲商.」

5. ≪尙書大傳≫(2) 商書篇

夏人飮酒醉者持不醉者, 不醉者持醉者, 相和而歌曰:「盍歸於亳, 亳亦大矣.」故伊尹退而閑居深德. 樂聲更曰:「覺兮較兮吾大命, 格兮去不善, 而就善何樂兮.」伊尹入告於桀曰:「大命之亡有日矣.」桀啞曰:「天之有日, 猶吾之有民. 日有亡哉? 日亡吾亦亡矣.」是以伊尹遂去夏適湯.

6. ≪十八史略≫(1)

孔甲之後, 歷王皐, 王發, 王履癸, 號爲桀, 貪虐, 力能伸鐵鉤索, 伐有施氏, 有施以末喜女焉, 有寵, 所言皆從, 爲傾宮瑤臺, 殫民財, 肉山脯林, 酒池可以運船, 糟堤可以望十里, 一鼓而牛飮者參千人, 末喜以爲樂, 國人大崩. 湯伐夏, 桀走鳴條而死. 夏爲天子一十有七世, 凡四百三十二年.

7. 기타 참고자료

≪韓詩外傳≫(4)·≪新序≫(7)·≪韓非子≫(喩老, 十過)·≪淮南子≫(本經訓)·≪呂氏春秋≫(過理)·≪史記≫(殷本紀 集解)·≪春秋繁露≫(王道篇)·≪類說≫(38)·≪太平御覽≫(82)·≪群書治要≫(31)

084(下-3)
# 혁낭사천(革囊射天)
상(商) 무을(武乙)

가죽 자루에 피를 담아 쏘며 하늘을 쏘았다고 못된 짓을 한 상나라 무을

상(商)나라 때 역사 기록이다.

무을(武乙)이 무도하여 사람 형상을 만들어 이를 '천신(天神)'이라 하고 그와 더불어 도박을 벌여 천신이 이기지 못하면 죽여 버렸다.

그리고 가죽 주머니에 피를 담아 이를 높이 달아매어 놓고 쳐다보며 활

로 쏘면서 이런 놀이를 '사천(射天)'이라 하였다.

그는 재위 5년째 되던 해 하수(河水)와 위수(渭水) 사이에 사냥을 나갔다가 벼락을 맞고 죽었다.

商史紀: 武乙無道, 爲偶人, 謂之天神. 與博不勝而戮之.
爲革囊盛血, 仰而射之, 謂之射天.
在位五年, 獵於河渭之間, 暴雷震死.

【革囊射天】 가죽 주머니에 피를 담아 이를 활로 쏘고는 하늘을 쏘았다고 못된 짓을 함.
【武乙】 은나라 28대 임금. 庚丁의 아들로 포악한 놀이와 못된 짓을 일삼았음.
【偶人】 허수아비. 인형. 사람 형상을 만들어 놀이 상대로 삼은 것.
【博】 賭博. 내기.
【革囊】 가죽 주머니.
【盛血】 피를 담음. '盛'은 동사로 '담다'의 뜻.
【射天】 '射'는 원음이 '석'이나 일반적인 음에 따라 '사'로 읽음. '하늘(천신)을 쏘다'의 뜻.
【河渭】 河水와 渭水. 河水는 黃河, 渭水는 지금의 陝西 關中을 흐르는 黃河의 지류.

直解(白話文)

상나라 때의 역사 기록이다.

상나라 임금 무을은 무도하여 하늘을 공경하고 땅을 섬길 줄 몰랐다. 나무를 조각하여 사람 모습의 인형을 만들어 이를 '천신'이라 불렀으며 그와 상대하여 도박을 벌였다. 다른 사람으로 하여금 천신을 대신하여 패를 놓도록 하여 만약 천신을 대신한 자가 지면 곧 그 천신의 인형을 부

수어 버려 마치 천신을 죽이는 것과 같은 놀이를 하였다. 그리고 가죽으로 자루를 만들어 그 안에 생피를 담아 공중에 높이 매달아 놓고 이를 쳐다보며 활을 쏘면서 이를 '사천'이라 하였다. 신에게 거만하며 하늘을 모욕하기가 이와 같았던 것이다. 그는 재위 5년째 하수와 위수 사이로 사냥을 나갔다가 벼락을 맞고 죽었다.

무릇 임금으로서 세상 사물에 대하여 공경히 하지 않을 대상이 없으나 그중 하늘을 공경해야 함이 가장 크다.

≪상서(尙書)≫에는 "공경히 하늘의 뜻을 잘 받들어라!" 하였고, ≪시경(詩經)≫에는 "공경하고 공경할지라, 하늘은 진실로 밝으시니 그 천명은 바꾸기 어려우니라!" 하였다.

만약 하늘이 족히 두렵지 않다면 더 이상 두려워할 대상이 없다는 것이 된다.

  무을의 흉악함은 단지 사람을 겁내지 않을 뿐만 아니라 하늘조차 두렵지 않다고 말한 것이다. 그 때문에 허수아비를 만들어 이를 죽이고 피 자루를 만들어 이를 쏘았던 것이다.

  오호라! 하늘에 죄를 얻고서 어찌 도망칠 수 있으리오! 벼락을 맞아 그 몸이 죽었으니 하늘이 징벌을 내렸음이 역시 분명하도다!

  商史上記: 商王武乙無道, 不知敬事天地, 把木雕成人形, 叫做天神. 與之對局而博, 使人代爲行籌. 若是偶人輸了, 就將它斫碎, 恰似殺戮那天神一般. 又將皮革爲囊, 裡面盛着生血, 高懸於空中, 仰而射之, 叫做射天. 其慢神褻天如此. 在位五年, 出畋獵於河渭之間, 着暴雷霹死.

  夫人君無不敬也, 而敬天爲大.

  ≪書≫曰: 『欽若昊天!』

  ≪詩≫曰: 『敬之敬之, 天惟顯思, 命不易哉!』

  若以天爲不足畏, 則無可畏者矣.

  武乙之凶惡, 說他不但不怕人, 連天也不怕. 故爲偶人而戮之, 爲革囊而射之.

  嗚呼! 得罪於天, 豈可逃哉! 震雷殞軀, 天之降罰, 亦甚明矣!

【行籌】 도박이나 내기, 바둑, 장기 등에서 패를 운용함.

【輸】 내기나 경기에서 '지다'의 뜻. 상대어는 '贏'.

【慢神褻天】 신에게 거만하게 굴며 하늘의 신비함을 더럽힘.

【書曰】 ≪尙書≫ 堯典의 구절. '欽若昊天'은 공경하게 하늘의 뜻을 받들어 이를 잘 실행할 것을 권고한 것임. "乃命羲和:「欽若昊天, 厤象日月星辰, 敬授人時!」"라 함.

【詩曰】 ≪詩經≫ 周頌 敬之의 구절. 하늘의 명령은 바꿀 수가 없음을 노래한 것. "敬之敬之, 天維顯思, 命不易哉! 無曰高高在上, 陟降厥士, 日監在玆. 維予小子, 不聰敬

止. 日就月將, 學有緝熙于光明. 佛時仔肩, 示我顯德行"이라 함.
【連~也~】 '~마저도 또한 ~하다'의 뜻을 나타내는 백화어 구문.

참고 및 관련 자료

1. ≪史記≫ 殷本紀

　帝甲崩, 子帝廩辛立. 帝廩辛崩, 弟庚丁立, 是爲帝庚丁. 帝庚丁崩, 子帝武乙立. 殷復去亳, 徙河北. 帝武乙無道, 爲偶人, 謂之天神. 與之博, 令人爲行. 天神不勝, 乃僇辱之. 爲革囊, 盛血, 卬而射之, 命曰「射天」. 武乙獵於河渭之閒, 暴雷, 武乙震死. 子帝太丁立. 帝太丁崩, 子帝乙立. 帝乙立, 殷益衰.

달기해정(妲己害政)
상(商) 주왕(紂王)

달기에 빠져 정치를 그르친 상나라 주왕

상(商)나라 때 역사 기록이다.

주가 유소씨를 정벌하고 달기(妲己)라는 여자를 얻었다. 달기는 주에게 총애를 입으려고 그의 말이라면 무엇이든지 들어주었다. 그리하여 기이한 놀이와 음란한 기교로써 그를 즐겁게 해 주었다.

사연(師延)으로 하여금 <조가(朝歌)>, <북비(北鄙)>라는 음악과 <북리(北里)>라는 무용, <미미(靡靡)>라는 악곡을 짓도록 하였다.

아울러 녹대(鹿臺)를 짓되 구슬로 방을 꾸미고 옥으로 문을 장식하였다. 백성으로부터 세금을 두둑이 거두어 그 녹대를 재물로 채웠으며 거교(鉅橋)라는 창고에는 곡식을 가득 채웠다.

술로 못을 만들고 고기를 매달아 숲을 이루었다.

남녀를 벌거벗겨 서로 뒤쫓는 놀이를 하였으며, 궁궐 안에 아홉 개의 시장을 열어 긴 밤 내내 술 마시며 놀았다.

원망하는 백성들과 배반하는 제후들이 나타나자 달기는 그들에게 내리는 벌이 너무 가벼우면 위엄이 제대로 서지 않는다고 여겼다.

주는 이에 구리 기둥을 만들어 거기에 기름을 칠하고 이를 벌겋게 타는 숯불 위에 설치하였다. 그리고 죄인으로 하여금 그 위를 걷도록 하였다. 죄인은 곧바로 숯불 위를 나뒹굴었으며 이로써 달기의 웃음을 유도하였다. 그러한 형벌을 이름 하여 '포락지형(炮烙之刑)'이라 하였다.

商史紀: 紂伐有蘇, 獲妲己. 妲己有寵, 其言是從, 作奇技淫巧以悅之.

使師延作<朝歌>・<北鄙>之音・<北里>之舞・<靡靡>之樂.

造鹿臺, 爲瓊室玉門. 厚賦斂, 以實鹿臺之財, 盈鉅橋之粟.

以酒爲池, 懸肉爲林.

使男女裸而相逐. 宮中九市, 爲長夜之飮.

百姓怨望, 諸侯有畔者. 妲己以爲罰輕, 威不立.

紂乃爲銅柱, 以膏塗之, 加於炭火之上, 令有罪者行焉. 輒墮炭中, 以取妲己笑. 名曰「炮烙之刑」.

【妲己害政】달기가 정치에 害를 입힘.

【紂】殷(商)나라 말왕. 帝乙의 아들이며 이름은 帝辛.

【有蘇】有蘇氏. 고대 부락 명칭. 妲己의 출신 부족.

【妲己】有蘇氏의 딸로 미색이 뛰어났으며 성은 己, 이름은 妲.

【師延】≪史記≫ 殷本紀에는 '師涓'으로 표기되어 있음. 紂임금 때의 궁중 악관. 靡靡之樂이라는 곡조를 지어 주왕의 음란한 짓을 부추겼음.

司馬遷 ≪史記≫ 殷本紀 부분

【朝歌】옛 지명. 商나라 때의 도읍으로 武乙이 건설하였음. 지금의 河南 湯陰縣 朝歌鎭. 여기서는 당시 음악(곡조)의 이름으로 쓰였음.

【北鄙】'鄙'는 원래 변방 아주 먼 곳을 말함. 따라서 北鄙의 음악이란 북쪽 아주 먼 이민족의 야만스러운 음악임을 말한 것.

【北里】北里는 원래 고대 舞曲의 이름. 魏나라 阮籍의 <詠懷詩>에 "北里多奇舞, 濮上有微言"이라 함.

【靡靡】師延이 지어 바친 음란한 음악.

【鹿臺】누대 이름. 지금의 河南 湯陰縣 朝歌鎭 남쪽에 商나라 紂가 건축했다는 누대가 있음. 주 무왕이 朝歌로 진공하자 주와 달기가 이 누대에 올라 스스로 불에 타 죽음. ≪新序≫ 刺奢篇에 "紂爲鹿臺七年而成, 其大三里, 高千尺, 臨望雲雨"라 함.

【瓊室玉門】구슬로 만든 집과 옥으로 만든 문. 사치를 극도로 부렸음을 말함.

【鉅橋】은나라 때 큰 식량 창고 이름. 지금의 河北 曲周縣 동북에 있었다 함. 紂가 苛斂誅求로 백성들로부터 재물과 양식을 모아 저장하였던 곳.

【炮烙之刑】숯불을 피우고 위에 기름을 바른 구리 기둥을 놓아 그곳을 죄인이 걷도록 하여 미끄러지면 불에 떨어져 타 죽도록 하는 형벌. 가혹한 형벌의 대명사로 늘 거론됨.

直解(白話文)

상나라 때의 역사 기록이다.

주는 무도하여 강한 무력을 믿고 유소씨라는 나라를 정벌하였다. 유소씨는 그 위력이 두려워 달기라는 미녀를 바쳤다.

주는 달기를 아주 총애하였다. 오직 그의 말이라면 모두 들어주어 온갖 기교를 부린 복식과 기물들을 만들어 그의 마음을 사로잡았다.

그리고 악관 사연으로 하여금 <조가>, <북비>의 음악과 <북리>의 춤, <미미>의 악곡을 짓도록 하였는데 모두가 음란한 노래와 춤이었다.

그리고 토목공사를 크게 벌여 '녹대'라는 누대 하나를 짓고 구슬로써 방을 꾸미고 옥으로 문을 만들어 달았다.

백성들로부터 재물을 긁어모아 사사롭게 이를 축적하였다. 그 녹대는 돈과 재물로 가득 채웠고, '거교'라는 창고에는 곡식을 넘치도록 채웠다.

다시 큰 못을 파고 거기에 술을 부었으며 새와 짐승의 고기를 걸어 숲을 만들고 남녀로 하여금 벌거벗은 채 그 사이에서 뒤쫓는 놀이를 하도록 하였다.

궁궐 안에 아홉 개의 시장 점포를 열고 바깥 사람들과 교역과 매매를 하도록 하였으며 임금과 신하가 술에 취해 밤부터 아침까지 즐겼다.

이렇게 백성들의 고혈을 다 짜내고 끝 간 데 모르도록 욕망과 사치를 다 부렸다.

그 때문에 당시 백성들은 누구나 한탄을 하며 원망을 품은 채 어디 기대어 살 길이 없게 되었고, 제후들 중에도 배반하는 자가 나타나게 되었다.

그러자 달기가 이렇게 말하였다.

"제후들이 배반하는 것은 모두가 형벌이 너무 가벼워 임금의 권위가 제대로 세워지지 않았기 때문에 그런 것입니다."

주는 이 말을 듣고 사람을 시켜 구리를 주조하여 기둥을 만들도록 하였다. 그리고 그 기둥에 기름을 바르고 그 아래에는 숯불을 피웠다. 기둥을 타는 숯불 위에 눕히고 죄인으로 하여금 그 기둥 위를 걸어가도록 하였다. 그 구리 기둥은 이미 달아올라 있었고 또한 미끄러웠다. 어찌 사람이 걸어갈 수 있겠는가? 곧바로 모두가 숯불로 떨어져 타 죽을 수밖에 없었다. 달기는 이를 보고 웃음거리와 즐거움으로 삼았다. 이를 이름 하여 '포락지형'이라 하였다.

〈人形銅燈〉(戰國) 山東 諸城 출토

역사를 상고해 보건대 상나라 주

임금은 듣고 보는 것이 아주 총민하였고 타고난 힘이 보통 사람을 뛰어넘었다고 한다. 그가 만약 이러한 재능과 지혜로 능히 어진 신하를 가까이하고 충언을 받아들였다면 어찌 그러한 지경에 이르겠는가?

그는 악후(鄂侯)를 소금에 절이고, 비간(比干)의 배를 갈랐으며, 오직 아녀자의 말만 들어주었으니 망하지 않기를 바란들 가능하겠는가?

만세를 두고 대악(大惡)을 들먹일 때면 반드시 걸주(桀紂)를 칭하고 있다. 여자로 인한 재앙의 맹렬함은 한결같이 이와 같았으니 천하를 가진 자가 경계하지 않을 수 있겠는가!

商史上記: 紂無道, 恃强用兵, 征伐有蘇氏之國. 有蘇氏畏其威力, 進獻箇美女, 叫做妲己. 紂得了妲己, 甚是寵愛她. 但是她說的就聽, 造作奇巧的服飾器物, 以悅其心.

使樂官師延作<朝歌>·<北鄙>之音, <北里>之舞, <靡靡>之樂, 大率都是淫聲.

又窮極土木之工, 造鹿臺一座, 以瓊瑤爲室, 以玉石爲門. 厚斂百姓的財物以爲私積. 那鹿臺之內, 錢財充實; 鉅橋之倉, 粟米盈滿. 又鑿箇大池盛酒, 懸掛鳥獸之肉爲林, 使男女裸體馳逐於其間. 宮中又開設九處店市, 與外人交易買賣. 君臣酣飮, 從夜達旦. 竭民膏血, 極慾窮奢. 所以, 當時的百姓每都興嗟含怨, 困苦無聊. 諸侯有背畔者.

妲己說:「諸侯之畔, 都因罰輕誅薄, 主威不立所致.」

紂聽其言, 使人鑄銅爲柱, 柱上抹上脂油, 下面燒起炭火, 將銅柱加於炭火之上, 使有罪的人, 在柱上行走. 那銅柱旣熱又滑, 人如何行得? 就都墮在炭火中燒死. 妲己看見, 以爲笑樂. 這箇叫做炮烙之刑.

嘗考之於史, 說商紂聞見甚敏, 材力過人. 使其有此才智, 而能親近賢臣, 容納忠言, 則其惡豈至於此哉? 乃醢鄂侯, 剖比干, 而唯婦言是用, 欲不亡得乎?

萬世之下, 言大惡者, 必曰桀紂. 女禍之烈, 一至於此, 有天下者, 可不戒哉!

【瓊瑤】 아주 좋은 구슬.

【百姓每】 '每'는 '們'과 같음.

【鄂侯】 鄂은 지명. 그곳을 봉지로 받았던 제후국의 수령. 紂王의 포악함을 간언하다가 죽임을 당함.

【比干】 殷나라의 왕자. 紂王의 숙부 혹 庶兄이라고도 함. 紂의 포악함을 간언하자 紂가 "성인에게는 심장에 일곱 개의 구멍이 있다더라"라고 하며 칼로 그의 배를 갈라 속이 어떻게 생겼기에 그토록 堅剛한지를 살펴보았다 함.

참고 및 관련 자료

1. ≪史記≫ 殷本紀

紂愈淫亂不止. 微子數諫不聽, 乃與大師・少師謀, 遂去. 比干曰:「爲人臣者, 不得不以死爭.」迺强諫紂. 紂怒曰:「吾聞聖人心有七竅.」剖比干, 觀其心. 箕子懼, 乃詳狂爲奴, 紂又囚之.

2. ≪史記≫ 外戚世家

自古受命帝王及繼體守文之君, 非獨內德茂也, 蓋亦有外戚之助焉. 夏之興也以塗山, 而桀之放也以末喜. 殷之興也以有娀, 紂之殺也嬖妲己. 周之興也以姜原及大任, 而幽王之禽也淫於褒姒. 故易基乾坤, 詩始關雎, 書美釐降, 春秋譏不親迎. 夫婦之際, 人道之大倫也. 禮之用, 唯婚姻爲兢兢. 夫樂調而四時和, 陰陽之變, 萬物之統也. 可不愼與? 人能弘道, 無如命何. 甚哉, 妃匹之愛, 君不能得之於臣, 父不能得之於子, 況卑下乎! 旣驩合矣, 或不能成子姓; 能成子姓矣, 或不能要其終: 豈非命也哉? 孔子罕稱命, 蓋難言之也. 非通幽明之變, 惡能識乎性命哉?

3. ≪韓詩外傳≫(4)

紂作炮烙之刑. 王子比干曰:「主暴不諫, 非忠也; 畏死不言, 非勇也. 見過卽諫, 不用卽死, 忠之至也.」遂諫, 三日不去朝, 紂囚殺之. 詩曰:「昊天太憮, 予愼無辜!」

4. ≪新序≫ 節士篇

紂作炮烙之刑, 王子比干曰:「主暴不諫, 非忠臣也; 畏死不言, 非勇士也. 見過則諫, 不用則死, 忠之至也.」遂進諫, 三日不去朝, 紂因而殺之. 詩曰:「昊天太憮, 予愼無辜.」無辜而死, 不亦哀哉!

5. ≪列女傳≫ 殷紂妲己

妲己者, 殷紂之妃也, 嬖幸於紂. 紂材力過人, 手格猛獸. 智足以距諫, 辯足以飾非. 矜人臣以能, 高天下以聲, 以爲人皆出己之下. 好酒淫樂, 不離妲己. 妲己之所譽, 貴之; 妲己之所憎, 誅之. 作新淫之聲, 北鄙之舞, 靡靡之樂, 收珍物積之於後宮, 諛臣群女, 咸獲所欲. 積糟爲邱, 流酒爲池, 懸肉爲林, 使人裸形相逐其間, 爲長夜之飮. 妲己好之. 百姓怨望, 諸侯有畔者. 紂乃爲炮烙之法, 膏銅柱, 加之炭. 令有罪者行其上, 輒墮炭中, 妲己乃笑. 比干諫曰:「不修先王之典法, 而用婦言, 禍至無日!」紂怒, 以爲妖言. 妲己曰:「吾聞聖人之心有七竅.」於是剖心而觀之. 囚箕子. 微子去之. 武王遂受命興師伐紂, 戰於牧野. 紂師倒戈. 紂乃登廩臺, 衣寶玉衣而自殺. 於是武王遂致天之罰, 斬妲己頭, 懸於小白旗, 以爲亡紂者, 是女也. 書曰:「牝雞無晨, 牝雞之晨, 惟家之索.」詩云:「君子信盜, 亂是用暴. 匪其止共, 維王之邛.」此之謂也. 頌曰:「妲己配紂, 惑亂是修. 紂旣無道, 又重相謬. 指笑炮炙, 諫士剖囚. 遂敗牧野, 反商爲周.」

6. ≪十八史略≫ 卷一

歷太丁・帝乙, 至帝辛, 名受, 號爲紂. 資辯捷疾, 手格猛獸, 智足以拒諫, 言足以飾非, 始爲象箸, 箕子歎曰:「彼爲象箸, 必不盛以土簋; 將爲玉杯, 玉杯象箸, 必不羹藜藿. 衣短褐, 而舍茆茨之下, 則錦衣九重, 高臺廣室, 稱此以求, 天下不足矣」紂伐有蘇氏, 有蘇以妲己女焉, 有寵, 其言皆從, 厚賦稅, 以實鹿臺之財, 盈鉅橋之粟, 廣沙丘苑臺, 以酒爲池, 縣肉爲林, 爲長夜之飮, 百姓怨望, 諸侯有畔者, 紂乃重刑辟, 爲銅柱以膏塗之, 加於炭火之上, 使有罪者緣之, 足滑跌隆火中, 與妲己觀之大樂, 名曰炮烙之刑. 淫虐甚, 庶兄微子數諫, 不從, 去之, 比干諫, 三日不去, 紂怒曰:「吾聞聖人之心有七竅.」剖而觀其心, 箕子佯狂爲奴, 紂囚之, 殷大師, 持其樂器祭器奔周. 周侯昌, 鄂及九侯, 侯, 爲紂三公, 紂殺九侯, 鄂侯爭, 幷脯之, 昌聞而歎息, 紂囚昌, 羑里, 昌之臣散宜生, 求美女珍寶進, 紂大悅, 乃釋昌, 昌退而修德, 諸侯多叛紂歸之, 昌卒, 子發立, 率諸侯伐紂, 紂敗于牧也, 衣寶玉自焚死, 殷亡. 箕子後朝周, 過故殷墟, 傷宮室毀壞生禾黍, 欲哭不可, 欲泣則爲近婦人, 乃作麥秀之歌曰:「麥秀漸漸兮, 禾黍油油兮, 彼狡童兮, 不與我好兮」殷民聞之, 皆流涕. 殷爲天子三十一世, 六百二十九年.

팔준순유(八駿巡遊)
주(周) 목왕(穆王)

팔준마를 타고 돌아다니기만 한 주 목왕

주(周)나라 때 역사 기록이다.

목왕(穆王)의 신하 조보(造父)는 말을 잘 몰았다. 그때 목왕은 팔준마(八駿馬)를 얻게 되었다. 목왕은 조보로 하여금 이를 몰게 하여 서쪽 순행길에 나섰다가 그 즐거움에 빠져 돌아올 생각을 잊게 되었다.

그때 동방의 서이(徐夷)가 그 틈을 타고 난을 일으켜 주나라는 그만 쇠락의 길을 걷게 되었다.

周史紀: 穆王臣造父善御, 得八駿馬. 王使造父御之, 西巡, 樂而忘返. 東方徐夷, 乘間作亂, 周乃中衰.

【八駿巡遊】 팔준마를 타고 천하를 순유하며 정치는 돌보지 않음.
【穆王】 周나라 제5대 군주 姬滿. 昭王의 아들. 말을 타고 서쪽 犬戎, 동쪽 徐夷 등을 유람하기를 좋아하였음. 신화·전설에 穆天子로 알려졌으며 ≪穆天子傳≫은 조보를 마부로 하여 팔준마를 타고 西王母를 만나는 등 기이한 여행을 주제로 기술한 것임.
【八駿馬】 穆王이 즐겨 타던 여덟 필의 준마. ≪穆天子傳≫에 의하면 赤驥, 盜驪, 逾輪, 山子, 渠黃, 華騮, 綠耳, 白犧였다 함.
【造父】 '조보'로 읽으며 고대에 아주 뛰어난 마부. 목왕을 잘 섬겨 趙城을 하사받았으며 이로써 趙氏 성을 취득, 春秋 말 晉나라 六卿의 하나를 거쳐 戰國 시대 趙나라로 발전함. ≪史記≫ 趙世家 참조.
【徐夷】 周나라 때 東方 東夷 여러 부족 중의 하나. 당시 군주는 徐偃王이었으며 목왕이 서쪽 순행에 빠져 나라를 돌보지 않자 모든 제후들이 이 偃王을 추종하였음. 뒤에 목왕이 돌아와 楚나라로 하여금 徐夷를 멸하도록 하였음. ≪搜神記≫ 등에 자세히 실려 있음.
【中衰】 망하지는 않았으나 중간에 쇠락의 길로 빠졌음을 말함.

直解(白話文)

주나라 때의 역사 기록이다.
목왕 때 조보라는 신하가 있어 임금의 수레를 잘 몰았다. 이때 목왕은

잘 달리는 여덟 필의 준마를 얻게 되었다. 이에 조보로 하여금 이 말을 몰게 하여 서쪽으로 순행을 떠났다. 당시 천하는 태평하여 목왕은 그 준마를 타고 마음대로 놀러 다녔다. 그러다 나라로 되돌아올 생각은 하지 않게 되었고 따라서 조정의 정치는 모두 황폐해졌으며 민심은 이반하고 말았다.

동방의 서이라는 나라가 이 틈을 이용하여 반란을 일으키고 서언왕(徐偃王)이라 참칭하자 서나라와 가까운 많은 제후들이 서나라에 조공을 갈 정도였다.

주나라의 왕업은 이때에 이르러 그만 쇠락의 길로 접어들게 되었던 것이다.

무릇 목왕은 초기에는 역시 하나의 영명한 군주였다. 뒤에 단지 조보라는 사람을 임용하여 놀러 다니는 일에 탐닉하다가 그만 정치는 혼란하고 나라는 쇠약해지는 지경에 이른 것이다. 그러니 임금은 거동을 신중히 하지 않을 수가 있겠는가!

周史上記: 穆王時, 有箇臣叫做造父, 善能御車駕馬. 是時穆王得了八匹極善走的駿馬, 使造父駕着, 往西方去巡幸. 當時天下太平, 穆王駕着那駿馬, 任意遨遊, 不思返國, 把朝廷政事都廢了, 民心離叛.

東方有箇徐夷, 因此乘空造反, 僭稱爲徐偃王. 近徐的諸侯, 多有往朝於徐者. 周家的王業到此中衰.

夫穆王初年, 亦是箇英明之主. 後來, 只爲用了造父, 耽於遊幸, 遂致政亂國衰. 然則人君之擧動, 可不慎哉!

【遨遊】 마음대로 떠돌아다니며 구경함. 雙聲連綿語.
【造反】 반란을 꾸밈. 반란을 일으킴.
【僭稱】 자신이 스스로 나서서 나라나 제왕, 연호 등을 칭함.

참고 및 관련 자료

1. ≪史記≫ 趙世家

其玄孫曰中潏, 在西戎, 保西垂. 生蜚廉. 蜚廉生惡來. 惡來有力, 蜚廉善走, 父子俱以材力事殷紂. 周武王之伐紂, 幷殺惡來. 是時蜚廉爲紂石北方, 還, 無所報, 爲壇霍太山而報, 得石棺, 銘曰「帝令處父不與殷亂, 賜爾石棺以華氏」. 死, 遂葬於霍太山. 蜚廉復有子曰季勝. 季勝生孟增. 孟增幸於周成王, 是爲宅皋狼. 皋狼生衡父, 衡父生造父. 造父以善御幸於周繆王, 得驥·溫驪·驊騮·騄耳之駟, 西巡狩, 樂而忘歸. 徐偃王作亂, 造父爲繆王御, 長驅歸周, 一日千里以救亂. 繆王以趙城封造父, 造父族由此爲趙氏. 自蜚廉生季勝已下五世

하편·광우복철 583

至造父, 別居趙. 趙衰其後也. 惡來革者, 蜚廉子也, 蚤死. 有子曰女防. 女防生旁皋, 旁皋生太几, 太几生大駱, 大駱生非子. 以造父之寵, 皆蒙趙城, 姓趙氏.

087(下-6)

희거봉화(戲擧烽火)//
주(周) 유왕(幽王)

포사의 웃음을 자아내려고 놀이 삼아 봉홧불을 올린 주 유왕

주(周)나라 때 역사 기록이다.

유왕(幽王)은 포사(褒姒)라는 여자를 지극히 총애하였다. 그런데 포사는 웃지를 않았다. 임금은 온갖 방법을 동원하였지만 포사는 고의로 웃지 않는 것이었다.

왕은 제후들과 약속하여 만약 이웃 나라 적이 쳐들어올 때 봉화를 올려 신호를 보내면 군대를 모두 동원하여 와서 주나라 왕실을 도와주게 되어 있었다. 왕은 포사를 웃게 하고자 아무런 이유 없이 봉화를 올렸다. 제후들이 모두 모여들었다. 그러나 이르러 보니 적은 없는 것이었다. 포사는 이를 보고 크게 웃었다.

뒤에 과연 견융(犬戎)이 왕궁을 쳐들어왔다. 왕은 봉화를 올려 군사를 모으고자 하였으나 제후의 군사들은 이르지 않았다. 견융은 드디어 왕을 여산(驪山) 아래에서 죽이고 포사를 포로로 잡아 버렸다.

周史紀: 幽王嬖愛襃姒, 襃姒不好笑, 王說之萬方, 故不笑.

王與諸侯約, 有寇至, 擧烽火爲信, 則擧兵來援. 王欲襃姒笑, 乃無故擧火, 諸侯悉至, 至而無寇, 襃姒大笑.

後犬戎伐王, 王擧火徵兵, 兵莫至. 戎遂殺王於驪山下, 虜襃姒.

【戱擧烽火】놀이로 봉화를 올려 제후들로부터 믿음을 잃음.
【幽王】?~B.C. 771년. 宣王의 아들이며 이름은 姬宮湟. 西周의 마지막 임금. 厲王과 더불어 周나라의 대표적인 暴君으로 늘 거론됨. 襃姒를 총애하여 포사가 伯服을 낳자 申后와 태자 宜臼를 폐하고 포사를 后로, 백복을 태자로 삼음. 申后의 부친 申侯가 노하여 犬戎과 연합, 幽王을 공격하여 驪山 아래에서 죽여 버림. 이로써 周나라가 망하자 宜臼가 鎬京에서 도읍을 동쪽 洛邑으로 옮겨 나라를 이었으며 이때부터 東周라 함.
【襃姒】'褒姒'로도 표기하며 襃(褒)나라의 미녀. 幽王이 襃나라를 정벌하자 襃侯가 유왕에게 바쳤으며 유왕의 총애를 입어 伯服을 낳음. 전혀 웃지 않아 '襃姒一笑, 一國傾亡'이라 함.
【犬戎】周나라 때 서쪽의 강대한 이민족.
【驪山】鎬京(지금의 陝西 西安) 남쪽의 산.

直解(白話文)

주나라 때의 역사 기록이다.

유왕이 미녀 포사를 총애하였다. 포사는 웃기를 좋아하지 않는 성격이었다. 왕은 단지 그를 한번 웃게 해 볼 작정으로 온갖 방법을 동원하여 그의 웃음을 이끌어 내고자 하였지만 포사는 고의로 웃지 않는 것이었다.

이에 앞서 왕은 제후들과 이렇게 약속이 되어 있었다. 만약 적의 병사가 이르면 곧바로 봉수대에 봉화를 올려 신호를 보낼 것이니 그렇게 되면 여러 제후국에서는 군사를 일으켜 몰려와 자신을 구원하라는 약속이었다.

이때에 유왕은 포사의 웃음을 더 이상 끌어낼 수 없다고 생각하고 이유 없이 봉화를 올렸다. 제후들은 멀리 그 신호를 보고 적병이 온 것으로 여겨 모두 군사를 이끌고 구원에 나섰다. 일시에 한꺼번에 성 아래에 이

르렀으나 도리어 적병은 보이지 않았다. 포사는 이처럼 많은 제후들이 헛되이 한바탕 몰려들어 왁자지껄한 광경을 보고 자신도 모르게 큰 웃음을 지었다. 그러나 제후들은 이로부터 유왕을 믿지 않게 되었다.

뒤에 견융족이 군대를 동원하여 유왕을 공격해 들어오자 왕은 다시 봉화를 올려 군사를 불렀다. 제후들은 지난번 포사 앞에서 시끌벅적했던 모습을 보여 주었던 것을 두고 이번에는 아무도 나타나지 않았다. 왕은 그만 여산 아래에서 견융에게 살해당하고 포사마저 그들에게 포로가 되어 끌려가고 말았다.

무릇 여색이란 멀리해야 할 일이지 가까이해서는 안 된다. 가까이했다가는 그로부터 미혹을 당하고 게다가 자신의 행동도 신중함을 잃게 되며 그 환난과 피해는 염려도 하지 않게 된다. 유왕은 다만 포사를 즐겁게 해 주기 위해 이유 없이 천하의 병사들을 모아 그녀의 웃음을 한번 끌어내려 하다가 마침내 그 몸도 죽고 나라도 망친 것이니 그 혼암함이 심하도다. 그의 시호를 '유(幽)'라 하였으니 역시 마땅한 것이 아니겠는가!

〈銅馬車〉 陝西 秦始皇陵 출토

周史上記: 幽王寵愛美女襃姒, 襃姒性不好笑. 王只要得她一笑, 設了萬般的方法, 引襃姒笑, 襃姒故意只是不笑.

先是, 王與諸侯相約, 若有賊寇兵至, 就煙墩上擧起烽火爲信, 則列國擧兵來救援. 至是, 王念無可動襃姒笑者, 遂無故擧烽火. 諸侯望見, 只說有賊兵到了, 都領兵來救援, 一時齊到城下, 却不見有賊兵. 襃姒見哄得衆諸侯空來這一遭, 乃不覺大笑. 然諸侯由此不信幽王. 後犬戎調兵伐王, 王復擧火召兵. 諸侯見前次哄了她, 這遭一箇也不來. 王遂被犬戎殺害於驪山之下, 連襃姒也虜去了.

夫女色可遠不可近, 近則爲其所迷, 而擧動不知謹, 患害不知慮. 幽王只爲要褎姒懽喜, 至無故徵天下之兵, 以供其一笑, 卒致身弑國亡, 其昏暗甚矣. 諡之曰'幽', 不亦宜乎!

〈美人紈扇圖〉(明) 작자 미상

【墩】방어 및 적정 관찰을 위한 시설의 높은 누대. 烽燧臺를 말함.
【哄】와자지껄함. 시끌벅적함. 혹은 큰 소리의 웃음.
【調兵】군사를 동원함. 군사를 조달함.
【懽喜】歡喜와 같음. 雙聲連綿語.
【昏暗】어둡고 어리석음.
【幽】≪諡法考≫(淸, 沈薏繢)에 "壅遏不通, 蚤孤鋪位, 動祭亂常曰幽"라 함.

참고 및 관련 자료

1. ≪國語≫ 晉語(1)

史蘇曰:「昔夏桀伐有施, 有施人以妹喜女焉, 妹喜有寵, 於是乎與伊尹比而亡夏. 殷辛伐有蘇, 有蘇氏以妲己女焉, 妲己有寵, 於是乎與膠鬲比而亡殷. 周幽王伐褎, 褎人以褎姒女焉, 褎姒有寵, 生伯服, 於是乎與虢石甫比, 逐太子宜臼, 而立伯服. 太子出奔申, 申人·鄫人召西戎以伐周, 周於是乎亡. 今晉寡德而安俘女, 又增其寵, 雖當三季之王, 不亦可乎? 且其兆云:『挾以銜骨, 齒牙爲猾.』我卜伐驪, 龜往離散以應我. 夫若是, 賊之兆也, 非吾宅也, 離則有之. 不跨其國, 可謂挾乎? 不得其君, 能銜骨乎? 若跨其國而得其君, 雖逢齒牙, 以猾其中, 誰云不從? 諸夏從戎, 非敗而何? 從政者不可以不戎, 亡無日矣.」

2. ≪史記≫ 周本紀

四十六年, 宣王崩, 子幽王宮涅立. 幽王二年, 西周三川皆震. 伯陽甫曰:「周將亡矣. 夫天

地之氣, 不失其序; 若過其序, 民亂之也. 陽伏而不能出, 陰迫而不能蒸, 於是有地震. 今三川實震, 是陽失其所而塡陰也. 陽失而在陰, 原必塞; 原塞, 國必亡. 夫水土演而民用也. 土無所演, 民乏財用, 不亡何待! 昔伊·洛竭而夏亡, 河竭而商亡. 今周德若二代之季矣, 其川原又塞, 塞必竭. 夫國必依山川, 山崩川竭, 亡國之徵也. 川竭必山崩. 若國亡不過十年, 數之紀也. 天之所棄, 不過其紀.」是歲也, 三川竭, 岐山崩. 三年, 幽王嬖愛褒姒. 褒姒生子伯服, 幽王欲廢太子. 太子母申侯女, 而爲后. 後幽王得褒姒, 愛之, 欲廢申后, 幷去太子宜臼, 以褒姒爲后, 以伯服爲太子. 周太史伯陽讀《史記》曰:「周亡矣.」昔自夏后氏之衰也, 有二神龍止於夏帝庭而言曰:「余, 褒之二君.」夏帝卜殺之與去之與止之, 莫吉. 卜請其漦而藏之, 乃吉. 於是布幣而策告之, 龍亡而漦在, 櫝而去之. 夏亡, 傳此器殷. 殷亡, 又傳此器周. 比三代, 莫敢發之, 至厲王之末, 發而觀之. 漦流于庭, 不可除. 厲王使婦人裸而譟之. 漦化爲玄黿, 以入王後宮. 後宮之童妾既齔而遭之, 既笄而孕, 無夫而生子, 懼而棄之. 宣王之時童女謠曰:「檿弧箕服, 實亡周國.」於是宣王聞之, 有夫婦賣是器者, 宣王使執而戮之. 逃於道, 而見鄕者後宮童妾所棄妖子出於路者, 聞其夜啼, 哀而收之, 夫婦遂亡, 奔於褒. 褒人有罪, 請入童妾所棄女子者于王以贖罪. 棄女子出於褒, 是爲褒姒. 當幽王三年, 王之後宮見而愛之, 生子伯服, 竟廢申后及太子, 以褒姒爲后, 伯服爲太子. 太史伯陽曰:「禍成矣, 無可奈何!」褒姒不好笑, 幽王欲其笑萬方, 故不笑. 幽王爲烽燧大鼓, 有寇至則擧烽火. 諸侯悉至, 至而無寇, 褒姒乃大笑. 幽王說之, 爲數擧烽火. 其後不信, 諸侯益亦不至. 幽王以虢石父爲卿, 用事, 國人皆怨. 石父爲人佞巧善諛好利, 王用之. 又廢申后, 去太子也. 申侯怒, 與繒·西夷犬戎攻幽王. 幽王擧烽火徵兵, 兵莫至. 遂殺幽王驪山下, 虜褒姒, 盡取周賂而去. 於是諸侯乃卽申侯而共立故幽王太子宜臼, 是爲平王, 以奉周祀.

3. 《十八史略》(1)

(宣王)崩, 子幽王宮涅立. 初夏后氏之世, 有二龍降于庭, 曰:「予, 褒之二君.」卜藏其漦, 歷夏殷, 莫敢發, 周人發之, 漦化爲黿, 童妾遇之而孕, 生女, 棄之. 宣王時有童謠, 曰:『檿弧箕服, 實亡周國.』適有鬻是器者, 宣王使執之, 其人逃, 於道見棄女, 哀其夜號而取之, 逸於褒. 至幽王之時, 褒人有罪, 入是女於王, 是爲褒姒. 王嬖之, 褒姒不好笑, 王欲其笑, 萬方不笑. 故王與諸侯約, 有寇至, 則擧烽火, 召其兵來援, 乃無故擧火, 諸侯悉至, 而無寇, 褒姒大笑. 王廢申后及太子宜臼, 以褒姒爲后, 其子伯服爲太子. 宜臼奔申, 王求殺之, 弗得, 伐申, 申侯召犬戎攻王. 王擧烽火徵兵, 不至, 犬戎殺王驪山下.

088(下-7)

견사구선(遣使求仙)
진(秦) 시황(始皇)

신선을 찾겠다고 사신을 보냈던 진 시황

진(秦)나라 때 역사 기록이다.
　시황제(始皇帝)가 동쪽 바닷가를 순행하면서 방사 제(齊)나라 사람 서불(徐市) 등으로 하여금 바다로 나가 봉래산(蓬萊山), 방장산(方丈山), 영주산(瀛洲山) 등 삼신산(三神山)을 찾아낼 것이며 아울러 선인들의 불사약(不死藥)을

구해 오도록 하였다.

　서불 등은 시황을 이렇게 속였다.

　"그곳에 능히 가 본 적은 없습니다. 다만 멀리서 바라보았을 뿐입니다. 청컨대 황제께서 재계(齋戒)하시고 동남동녀 및 온갖 일을 할 수 있는 공인(工人)들을 보내시면 마침내 찾아낼 수 있을 것입니다."

　진 시황은 그의 말을 듣고 동남동녀 3천 명과 공인들을 함께 보내었다. 서불은 그곳에 이르러 왕 노릇을 하며 머문 채 돌아오지 않았다.

진 시황(嬴政)

秦史紀: 始皇帝東巡海上, 遣方士齊人徐市等, 入海求蓬萊・方丈・瀛洲三神山, 及仙人不死之藥.

市等詐始皇, 言:「未能至, 望見之焉. 請得齋戒, 與童男女, 及百工之事求之, 既得之矣.」

始皇從其言, 使童男女三千人, 與百工之事偕往. 徐市止, 王不來.

【遣使求仙】 사신을 파견하여 신선의 불로장생약을 찾도록 함.

【始皇】 秦 始皇. 전국 말 중국을 통일하여 秦帝國을 세운 임금. 莊襄王 子楚의 아들 嬴政. 실제로는 呂不韋와 첩 사이에 태어남. 方士를 믿어 徐市 등 동남동녀를 東海로 보내어 不老草, 不死藥을 구해 오도록 하는 등 많은 일화와 고사를 남김. ≪史記≫ 秦始皇本紀 등 참조.

【徐市】 徐福. 秦 始皇 때의 方士. 齊나라 출신. 일찍이 진 시황에게 바다 가운데 신선들이 사는 三神山이 있으며 불로장생의 약초를 구할 수 있다고 글을 올리자, 진 시황이 이를 믿고 동남동녀 삼천여 명을 파견. 그러나 이를 구하지 못하자 우리나라 濟州道 西歸浦를 되돌아가면서 '徐市歸西'라 하였고, 南海 錦山을 지나면서 '西市過此'의

글씨를 바위에 남겨 놓고 사라졌다 함. 일부 주장은 '서복'은 '서불'과 다른 인물이라고도 함.
【三神山】 고대에 동해 가운데에 신선들이 살고 있다고 믿은 蓬萊山, 方丈山, 瀛洲山을 三神山이라 하였음.
【齋戒】 재실에서 기도한 다음 신선에게 바치는 예물을 준비함.

直解(白話文)

진나라 때의 역사 기록이다.

시황제는 신선을 좋아하였다. 그 당시 바다 중간에 세 개의 산이 있어 하나는 봉래산, 하나는 방장산, 하나는 영주산이라 하여 이 세 산은 모두가 신선들이 살고 있다고 여겼다.

진 시황은 동쪽으로 순행하여 바닷가에 이르러 방사 제나라 출신 서불 등을 파견하여 바다로 들어가 이 세 산과 선인들의 장생불사하는 약을 찾아오도록 하였다.

이러한 신선의 이야기는 본래 망령되고 허탄한 거짓말이었다. 서불은 진 시황이 이를 좋아한다는 것을 알고 드디어 이렇게 떠벌렸다.

"바다 가운데에 실제로 삼신산이 있습니다. 저희들은 비록 가 본 적은 없으나 항상 바닷가에서 멀리 보아 왔습니다. 청컨대 재계를 하시고 동남동녀와 온갖 기예를 가진 백공(百工)들을 바다로 보내어 찾으신다면 삼신산은 가히 도달할 수 있을 것이며 불사약도 구할 수 있을 것입니다."

진 시황은 그들이 자신을 속이는 줄도 모르고 드디어 동남동녀 3천 명과 기예의 일을 할 수 있는 백공을 출발시키며 서불 등으로 하여금 바다로 나가 이를 찾아내도록 하였다. 서불은 이 많은 사람들을 얻게 되자 바다로 나가 알맞은 곳을 찾아 그곳에서 왕이 된 채 돌아오지 않았다. 이에

선약도 끝내 구할 수가 없었다.

　진 시황은 여섯 나라를 이미 평정하고 나서 평소에 가지고 있던 뜻과 욕심을 이루지 못한 것이 없었지만 오직 장수하는 것만은 얻을 수가 없었다. 이에 방사의 말을 믿고 불사약을 찾도록 하여 드디어 서불 등에게 속고 말았으니 어찌 그토록 어리석었던가!

　한 무제에 이르러서도 역시 방사를 바다로 보내어 봉래산을 찾도록 하였지만 안기생(安期生)의 무리들은 끝내 찾아내지 못하였다. 무제는 말년에 이르러서야 비로소 방사에게 속은 것을 후회하며 이렇게 말하였다.

　"천하에 어디 선인이 있단 말이냐? 모두가 요망한 것일 뿐이로다!"

　아! 역시 이미 늦은 것이로다! 마땅히 사신(史臣)이 표를 올려 이들을 축출하여 후세 임금들로 하여금 방사에게 미혹됨을 경계해야 했으리라!

秦史上記: 始皇帝好神仙, 說海中有三座山, 一名蓬萊, 一名方丈, 一名瀛洲, 這三座山, 都是神仙所居. 始皇東巡至海上, 遣方士齊人徐市等, 入海訪求此三山, 及仙人長生不死之藥. 這神仙之說, 本是妄誕, 徐市因始皇好之, 遂哄他說:「海中實有三神山, 臣等雖不曾到, 常在海上望見之焉. 請得齋戒, 與童男童女, 及百工技藝之人, 入海求之, 則三山可到, 不死之藥可得也.」

始皇不知其詐, 遂發童男童女三千人, 及百工技藝之事, 使徐市等泛海求之. 徐市得了這許多人, 走在海外尋箇地方, 就在那裏做了王, 不回來, 而仙藥終不可得也.

嘗觀秦始皇旣平六國, 凡平生志欲, 無不遂者, 所不可必得者壽耳. 於是信方士之言, 覓不死之藥, 竟爲徐市等所誑, 何其愚哉!

至漢武帝, 亦遣方士入海, 求蓬萊, 安期生之屬, 終不可得. 迨其末年, 始悔爲方士所欺. 乃曰:「天下豈有仙人? 盡妖妄耳!」

吁! 亦晚矣! 宜史臣表而出之, 以戒後世人主之惑於方士者!

【妄誕】 망령되고 허탄한 거짓.
【漢武帝】 漢나라 때의 영명한 군주 劉徹. 역시 신선술을 깊이 믿었으며 그의 고사를 모은 것으로 ≪漢武內傳≫ 및 ≪漢武外傳≫ 등이 있음.
【安期生】 고대 유명한 方士. 道家의 仙人. 참고란을 볼 것.

참고 및 관련 자료

1. ≪史記≫ 秦始皇本紀
旣已, 齊人徐市等上書, 言海中有三神山, 名曰蓬萊・方丈・瀛洲, 僊人居之. 請得齋戒,

與童男女求之. 於是遣徐市發童男女數千人, 入海求僊人. …… 侯生盧生相與謀曰:「始皇爲人, 天性剛戾自用, 起諸侯, 幷天下, 意得欲從, 以爲自古莫及己. 專任獄吏, 獄吏得親幸. 博士雖七十人, 特備員弗用. 丞相諸大臣皆受成事, 倚辨於上. 上樂以刑殺爲威, 天下畏罪持祿, 莫敢盡忠. 上不聞過而日驕, 下懾伏謾欺以取容. 秦法, 不得兼方不驗, 輒死. 然候星氣者至三百人, 皆良士, 畏忌諱諛, 不敢端言其過. 天下之事無小大皆決於上, 上至以衡石量書, 日夜有呈, 不中呈不得休息. 貪於權勢至如此, 未可爲求仙藥.」於是乃亡去. 始皇聞亡, 乃大怒曰:「吾前收天下書不中用者盡去之. 悉召文學方術士甚衆, 欲以興太平, 方士欲練以求奇藥. 今聞韓衆去不報, 徐市等費以巨萬計, 終不得藥, 徒姦利相告日聞. 盧生等吾尊賜之甚厚, 今乃誹謗我, 以重吾不德也. 諸生在咸陽者, 吾使人廉問, 或爲訞言以亂黔首.」於是使御史悉案問諸生, 諸生傳相告引, 乃自除犯禁者四百六十餘人, 皆阬之咸陽, 使天下知之, 以懲後. 益發謫徙邊. 始皇長子扶蘇諫曰:「天下初定, 遠方黔首未集, 諸生皆誦法孔子, 今上皆重法繩之, 臣恐天下不安. 唯上察之.」始皇怒, 使扶蘇北監蒙恬於上郡.

2. 劉向 ≪列仙傳≫(上)

　安期先生者, 瑯邪阜鄉人也. 賣藥於東海邊, 時人皆言千歲翁. 秦始皇東遊, 請見. 與語三日三夜, 賜金璧度數千萬. 出於阜鄉亭, 皆置去, 留書以赤玉舃一量爲報. 曰:「後數年, 求我於蓬萊山.」始皇卽遣使者徐市・盧生等數百人入海, 未至蓬萊山, 輒逢風波而還. 立祠阜鄉亭海邊十數處云. 寥寥安期, 虛質高淸. 乘光適性, 保氣延生. 聊悟秦始, 遺寶阜亭. 將遊蓬萊, 絶影淸泠.

3. 皇甫謐 ≪高士傳≫(中)

　安期生者, 琅琊人也. 受學河上丈人. 賣藥海邊, 老而不仕, 時人謂之千世公. 秦始皇東遊, 請與語三日三夜, 賜金璧直數千萬, 出置阜鄉亭而去, 留赤玉爲報. 留書與始皇曰:「後數十年, 求我於蓬萊山下.」及秦敗, 安機生與其友蒯通交往. 項羽欲封之, 卒不肯受. 『宏期高蹈, 療俗千祀. 綠海孤遊, 朱顏常駐. 揮璧阜亭, 酬舃始帝. 去矣銀臺, 永遺塵世.』

089(下-8)

갱유분서(阬儒焚書)
진(秦) 시황(始皇)

학자를 구덩이에 묻고 책을 불태워 버린 진 시황

진(秦)나라 때 역사 기록이다.

시황 34년, 이사(李斯)의 말에 따라 ≪시(詩)≫, ≪서(書)≫, 제자백가의 책들을 모두 불태워 버렸다. 그리고 두 사람이 짝을 이루어 ≪시≫나 ≪서≫에 들어 있는 내용을 말로 나누어도 그들을 기시(棄市)의 형벌에 처하였으며 옛날 고사를 들어 당시 정치를 비난하는 자는 멸족의 형을 내렸다. 게다가 관리들이 이를 알고도 검거하지 않으면 그 사례의 죄와 동등하게 죄를 물었다. 다만 없애지 않은 책은 오직 의약이나 복서(卜筮), 그리고 나무를 심는 내용을 담은 책들일 뿐이었다.

후생(侯生)과 노생(盧生)이 이를 두고 진 시황이 잘못을 저지르고 있다고 비난을 하며 도망쳐 사라져 버렸다.

진 시황은 이를 듣고 크게 노하여 이렇게 말하였다.

"선비들이란 요망한 말을 하여 백성을 혼란하게 하는 자들이다."

그리하여 어사로 하여금 이들을 잡아 문초하도록 하였다. 여러 선비들이 서로를 고발하고 끌고 들어와 법을 금한 자가 4백 6십여 명이나 되었다. 이들을 모두 구덩이에 묻어 생매장해 버렸다.

秦史紀: 始皇三十四年, 用李斯之言, 燒≪詩≫·≪書≫·百家語. 有敢偶語≪詩≫·≪書≫者棄市, 以古非今者族, 吏見知不擧者與同罪. 所不去者, 惟醫藥·卜筮·種樹之書.

侯生·盧生相與譏議始皇, 因亡去.

始皇聞之大怒曰:「諸生爲妖言以亂黔首.」

使御史案問, 諸生轉相告引, 犯禁者四百六十餘人, 皆阬之.

【阬儒焚書】'焚書坑儒'와 같음. '阬'은 '坑'의 이체자. 책을 불태워 없애고 학자들을 구덩이에 묻음. 진 시황이 諸子百家들이 왕실을 비판하는 것을 못마땅히 여겨 法家書와 農書 외에는 모든 典籍을 불태워 없앴으며 이를 두고 侯生과 盧生이 자신을 비방을 하며 사라지자 학자들도 구덩이에 묻어 죽임.

【三十四年】B.C. 213년에 해당함. 秦 始皇은 B.C. 221년 천하를 통일하여 스스로 '始皇帝'라 칭하였으며 37년(B.C. 210)에 죽었음. 그 뒤를 이어 二世皇帝(胡亥) 2년, 호해

의 아들 子嬰 1년을 거쳐 나라가 망함.

【李斯】 ?~B.C. 208년. 楚나라 上蔡(지금의 河南 上蔡) 출신으로 秦나라에 들어와 廷尉가 되었으며 천하통일 뒤에 丞相에 오름. 分封制를 반대하고 私學을 금지하였으며 焚書坑儒에 깊이 관여함. 秦 始皇이 죽은 다음 趙高와 함께 가짜 詔書를 만들어 황제의 큰아들 扶蘇를 자살하게 한 다음 胡亥를 二世皇帝로 세움. 뒤에 조고의 미움을 받아 죽임을 당함. 특히 小篆을 개발하였으며 度量衡 등 문물제도의 통일에 큰 사업을 담당하기도 하였음. ≪史記≫ 李斯列傳 참조.

【棄市】 고대에 사형에 처한 다음 그 시신을 거리에 내다 걸어 다른 사람들에게 공포감을 조성하여 반역죄를 저지르지 않도록 하는 것. '梟示'와 같음. ≪禮記≫ 王制에 "刑人於市, 與衆棄之"라 함.

【族】 고대 連坐法의 하나. 국가에 大逆罪를 지었을 경우 그 三族(父族, 母族, 妻族)을 모두 멸하는 가혹한 형벌.

【侯生】 진 시황 당시의 학자. 구체적 이름은 알려져 있지 않음.

【盧生】 역시 당시의 학자로 진 시황의 정책에 극구 반대하던 인물.

【黔首】 일반 백성. 머리가 검은 사람들이라는 뜻으로 진 시황 때 백성을 이렇게 貶下하여 불렀음. ≪史記≫ 秦本紀에 "二十六年, ……更名民曰黔首"라 함.

直解(白話文)

진나라 때의 역사 기록이다.

시황 34년, 승상 이사의 말에 따라 천하의 사람들이 사사롭게 소장하고 있던 ≪시≫, ≪서≫ 및 제자백가의 언어, 문자에 관련된 책은 모두 관가로 보내어 불태워 버리고 다시는 천하 사람들이 책을 읽는 것을 허락하지 않았다.

그리고 두 사람이 짝을 이루어 ≪시≫나 ≪서≫를 담론하는 자는 시장에서 죽여 버리고, 옛일을 인용하여 당시의 일을 비난하는 자는 그 집안

을 모두 사형에 처하며, 관리로서 그러한 자를 발견하여 알고 있으면서도 고발하지 않는 자는 그 죄와 동등하게 처벌하였다. 남겨 놓고 불태우지 않은 것은 오직 의약과 복서, 나무 심는 내용 등 몇 종류의 작은 책에 지나지 않을 뿐이었다.

당시 유학자 후생과 노생 두 사람은 서로 더불어 진 시황이 저지르고 있는 이러한 일이 도리에 맞지 않는다고 비난하다가 죄를 얻을까 두려워 도망해 숨어 버렸다. 진 시황은 이를 듣고 크게 노하여 이렇게 말하였다.

"이들 유생들은 요망한 말을 만들어 인심을 선동하고 미혹하게 하니 죽여 버리지 않을 수 없다."

그리하여 어사로 하여금 유생들을 찾아내어 죄를 씌워 문초하였다. 유생들은 서로 헐뜯고 고발하여 이끌고 연계시켜 무릇 비방을 금지하는 법을 어긴 자가 4백 6십여 명이나 되었다. 이들을 모두 함양(咸陽)에서 구덩이를 파서 묻어 버렸다.

무릇 자고로 제왕으로서 천하를 잘 다스리고자 한다면 유학자를 숭상하고 도를 중시하는 것을 급선무로 삼지 않은 자가 없건만 진 시황만은 오직 그 도리에 거꾸로 하여 전적(典籍)을 모두 불태웠고, 의관을 갖춘 유생들까지 모두 도륙을 당하였으니 그 죄는 말로 다할 수 없을 정도였도다!

한 고조 때에 이르러 노(魯) 땅을 지나면서 대뢰(大牢)로써 공자에게 제사를 올렸고, 문제 때에는 협서(挾書)의 법률을 없애 버렸으며, 무제(武帝) 때에는 육경(六經)을 표장(表章)하여 공손홍(公孫弘)은 유생으로서 재상에 올라 그제야 공씨(孔氏)의 교화가 부흥하게 된 것이다.

무릇 진나라가 망한 까닭과 한나라가 흥한 까닭을 보건대 그 득실의 효과는 이로써 뚜렷하게 드러나 보이도다!

秦史上記: 始皇帝三十四年, 從丞相李斯之言, 天下人但有私藏《詩》·《書》及百家言語文字者, 都着送官, 盡行燒燬, 再不許天下人讀書. 有兩人成偶, 口談《詩》·《書》者, 就戮之於市. 有援引古事, 非毀當今者, 全家處死. 官吏有見知不擧發者, 與之同罪. 所存留不燬者, 只是醫藥與卜筮·種樹這幾種小書而已.

時有儒士侯生·盧生, 兩箇人相與譏議始皇所爲不合道理, 又恐得罪, 因逃去躱避. 始皇聞之大怒說:「這儒生每造爲妖言, 煽惑人心, 不可不誅.」

乃使御史訪察, 案問之. 諸生互相評告, 攀扯連累, 凡犯誹謗之禁者, 四百六十餘人, 皆阬殺於咸陽地方.

夫自古帝王欲治天下, 未有不以崇儒重道爲先務者, 而始皇乃獨反其道, 至使典籍盡爲煨燼, 衣冠咸被屠戮, 其罪可勝言哉!

至漢高帝過魯, 以大牢祀孔子, 文帝除挾書之律, 武帝表章六經, 公孫弘以儒生爲宰相, 而孔氏之敎乃復興.

夫觀秦之所以亡, 與漢之所以興者, 得失之效, 昭然可覩矣!

【躱避】몸을 숨기거나 도망함.

【儒生每】儒生們. '每'는 '們'과 같음.

【煽惑】선동하고 미혹하게 함.

【訐】'알로 읽으며 샅샅이 뒤져 검거함. 남의 작은 잘못도 모두 밝혀냄을 말함. ≪論語≫ 陽貨篇에 "子貢曰:「君子亦有惡乎?」子曰:「有惡: 惡稱人之惡者, 惡居下流而訕上者, 惡勇而無禮者, 惡果敢而窒者.」曰:「賜也亦有惡乎?」「惡徼以爲知者, 惡不孫以爲勇者, 惡訐以爲直者.」"라 함.

【攀扯】붙들어 잡아 끌어당김. 서로가 서로를 고발함.

【誹謗】비난하고 훼방함. 雙聲連綿語.

【咸陽】당시 진나라의 도읍. 지금의 陝西 咸陽.

【煨燼】남김없이 불살라 버림. 잿더미가 됨.

【衣冠】자신들이 믿는 교화에 따라 옷과 관을 갖춤. 여기서는 儒家들을 가리킴.

【屠戮】모두 죽여 없앰.

【高帝過魯】漢 高祖 劉邦이 공자의 고향 魯나라 曲阜에 들러 제사를 올린 일. 「過魯祀聖」(016) 참조.

【挾書之律】진 시황 때 책을 옆구리에 끼고 다니기만 해도 엄벌에 처하던 법률. 漢文帝 때 이르러 이 법을 폐기한다고 천하에 알려 유학을 진흥시키고자 하였음. ≪漢書≫ 藝文志 참조.

【武帝表章六經】漢 武帝가 國學을 세우고 儒學의 진흥을 위해 조칙을 내린 일.

【表章】'表彰'과 같음. 드러내어 장려함.

【公孫弘】자는 季(B.C. 200~B.C. 121). 菑川 薛(지금의 山東 滕縣) 출신. 처음 獄吏였으나 나이 마흔에 ≪春秋公羊傳≫을 공부하여 元光 5년(B.C. 130)에 賢良文學科에 올라 博士가 됨. 뒤에 武帝에게 신임을 얻어 元朔 초에 御史大夫에서 丞相에까지 올랐으

며 平津侯에 봉해짐. ≪史記≫(112)와 ≪漢書≫(58)에 傳이 있음.

참고 및 관련 자료

1. ≪史記≫ 秦始皇本紀

三十四年, 適治獄吏不直者, 築長城及南越地.

始皇置酒咸陽宮, 博士七十人前爲壽. 僕射周靑臣進頌曰:「他時秦地不過千里, 賴陛下神靈明聖, 平定海內, 放逐蠻夷, 日月所照, 莫不賓服. 以諸侯爲郡縣, 人人自安樂, 無戰爭之患, 傳之萬世. 自上古不及陛下威德.」始皇悅. 博士齊人淳于越進曰:「臣聞殷周之王千餘歲, 封子弟功臣, 自爲枝輔. 今陛下有海內, 而子弟爲匹夫, 卒有田常・六卿之臣, 無輔拂, 何以相救哉? 事不師古而能長久者, 非所聞也. 今靑臣又面諛以重陛下之過, 非忠臣.」始皇下其議. 丞相李斯曰:「五帝不相復, 三代不相襲, 各以治, 非其相反, 時變異也. 今陛下創大業, 建萬世之功, 固非愚儒所知. 且越言乃三代之事, 何足法也? 異時諸侯並爭, 厚招游學. 今天下已定, 法令出一, 百姓當家則力農工, 士則學習法令辟禁. 今諸生不師今而學古, 以非當世, 惑亂黔首. 丞相臣斯昧死言: 古者天下散亂, 莫之能一, 是以諸侯並作, 語皆道古以害今, 飾虛言以亂實, 人善其所私學, 以非上之所建立. 今皇帝幷有天下, 別黑白而定一尊. 私學而相與非法教, 人聞令下, 則各以其學議之, 入則心非, 出則巷議, 夸主以爲名, 異取以爲高, 率群下以造謗. 如此弗禁, 則主勢降乎上, 黨與成乎下. 禁之便. 臣請史官非秦記皆燒之. 非博士官所職, 天下敢有藏詩・書・百家語者, 悉詣守・尉雜燒之. 有敢偶語詩書者棄市. 以古非今者族. 吏見知不擧者與同罪. 令下三十日不燒, 黥爲城旦. 所不去者, 醫藥卜筮種樹之書. 若欲有學法令, 以吏爲師.」制曰:「可.」

대영궁실(大營宮室)

진(秦) 시황(始皇)

아방궁을 크게 짓느라 나라를 망친 진 시황

진(秦)나라 때 역사 기록이다.

진 시황은 선대 왕들이 사용하던 궁궐이 작다고 여겨 위수(渭水)의 남쪽 상림원(上林苑)에 조궁(朝宮)을 건설하였다. 먼저 전전(前殿)에 해당하는 아방궁(阿房宮)을 지었는데 동서 길이가 5백 보(步), 남북이 5십 장(丈)이었다.

그 위에는 만 명이 앉을 수 있었으며, 그 아래에는 다섯 길의 깃발을 세울 수 있었다. 둘레에는 말을 탄 채 달릴 수 있는 각도(閣道)를 설치하여 전각 아래로부터 곧바로 남산(南山)까지 이르며 산꼭대기에 대궐의 문을 세웠다. 복도(複道)로는 위수를 건너 함양까지 이를 수 있었다. 궁실을 계산해 보면 모두 3백 개나 되었고 유장(帷帳), 종고(鐘鼓), 미인들로 이를 채워 나갔으며, 각 관서들도 다른 곳으로 이사를 갈 필요가 없었다.

秦史紀: 始皇以先王宮廷小, 乃營朝宮渭南上林苑中.
先作前殿阿房宮, 東西五百步, 南北五十丈. 上可以坐萬人, 下可以建五丈旗.
周馳爲閣道, 自殿下直抵南山, 表山巓以爲闕.
複道渡渭, 屬之咸陽. 計宮三百, 帷帳・鐘鼓・美人充之, 各案署不移徙.

【大營宮室】 크게 궁실을 건축함. '營'은 '造營', 토목공사를 크게 벌임을 말함.
【朝宮】 제후들과 신하들의 조회를 받는 궁. 正宮.
【渭南】 渭水의 남쪽. 지금의 陝西 咸陽 일대.
【上林苑】 秦 始皇 35년(B.C. 212) 朝宮을 上林苑에 지었으며 阿房宮은 그 조궁의 前殿이었음. 漢나라가 들어섰을 때 폐허가 되어 있어 武帝 때 宮苑을 다시 지었으며 주위 2백여 리 苑內에 禽獸를 길러 놀이 및 사냥터로 사용함. 지금의 陝西 西安 및 周至縣, 戶縣 일대였음.
【阿房宮】 진 시황 35년에 건축한 것으로 朝宮의 前殿. 지극히 크고 화려하였으며 뒤에 項羽가 불을 질러 석 달 열흘 동안 탔다고 함. 지금의 陝西 西安 阿房宮村(속칭 郿鄔嶺)에 遺址가 있음.
【閣道】 지붕이 있어 비나 눈을 피할 수 있는 길.
【南山】 終南山. 지금의 서안 남쪽에 있는 산.
【複道】 수레 둘이 엇갈려 갈 수 있을 정도의 넓은 길.
【咸陽】 지금의 陝西 咸陽. 秦나라 때의 도읍지였음.

【案署】 각종 행정 업무를 보는 관서.

直解(白話文)

진나라 때의 역사 기록이다.

시황은 함양을 도읍으로 건설하면서 선대 왕들이 주거하던 궁전이 너무 작아 모든 것을 수용하기에 부족하다고 여겼다. 그래서 위수 남쪽 상림원에 토목공사를 벌여 궁궐을 지었다. 먼저 전면에 하나의 전각을 세워 이름을 아방궁이라 하였다. 이 전각의 규모는 동서로 너비가 5백 보, 남북으로의 깊이가 5십 장이었다. 그 위에는 일만 명의 사람이 앉을 수 있고 그 아래에는 5장 길이의 깃발을 세울 수 있었다. 이 하나의 전각만 해도 그 높이와 크기, 깊이와 너비가 이와 같았으니 나머지는 보지 않고도 가히 알 수 있을 것이다. 주위 사변에는 말을 탄 채 달릴 수 있는 높은 각도(閣道)가 갖추어져 있어 전각 아래에서부터 남산까지 곧바로 내달릴 수 있으며 남산 정상에 대궐의 문을 세웠다.

그 북쪽 머리는 돌을 잘라 복도를 만들어 곧바로 말을 탄 채 위수를 마치 다리처럼 건너 함양 도성에 닿도록 하였다. 건립된 이궁을 계산해 보면 모두 3백여 개로 일일이 모두 유장 등으로 덮었고, 사방의 미녀들을 모아 그 안에 채워 진 시황의 행차를 기다리고 있도록 하였다. 이처럼 가는 곳마다 모든 준비가 다 갖추어져 있어 다른 곳에서 가져오거나 옮겨 올 필요가 없었다.

무릇 자고로 제왕은 모두가 백성의 힘을 중시하여 차마 그들의 노동력을 마구 사용하지 않는다. 민심의 향배(向背)는 바로 천명의 거류(去留)가 거기에 매어 있음을 알기 때문이다.

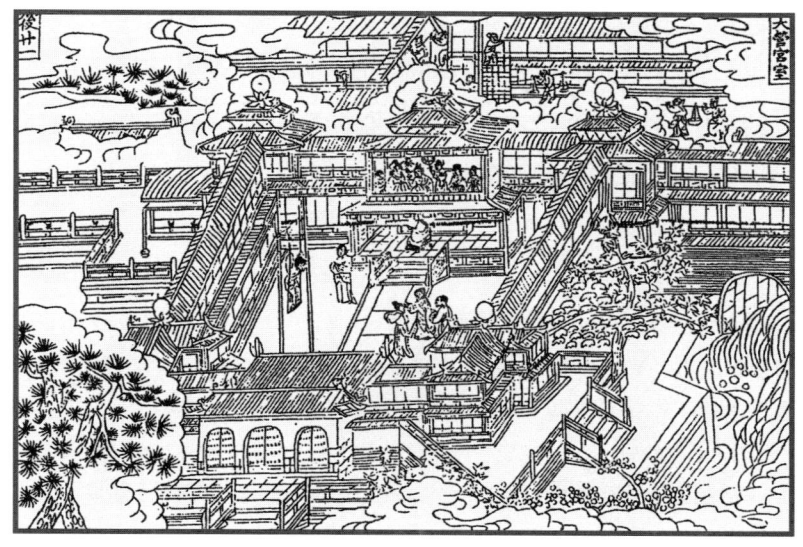

　시황은 천하의 노동력을 모두 탕진하면서 궁실을 지었고 장려함을 지극한 데까지 몰고 가 그렇게 하면 즐거울 것으로 여겼다. 그러나 민심이 이반하여 복멸(覆滅)이 뒤를 따랐다. 결국 항우에 의해 불태워져 모두가 잿더미가 되고 말았다. 아, 가히 거울로 삼을 일이로다!

　秦史上記: 始皇建都咸陽, 以先王所住的宮殿狹小, 不足以容. 乃營建造宮於渭南上林苑中. 先起前面一座殿, 叫做阿房殿. 這殿的規制, 自東至西, 橫闊五百步; 自南至北, 入深五十丈. 上面坐得一萬人, 下面竪立得五丈高的旗. 只這一座殿, 其高大深闊如此, 其他可知矣. 周圍四邊, 俱做可馳走的高閣道, 自殿下直至南山, 就南山頂上竪立闕門. 其北首砌一條複道, 直跨過渭水如橋梁一般, 接着咸陽都城. 計建立的離宮有三百所, 一一都有鋪設的帷帳等物, 作樂的鐘鼓等器, 及

四方美女充實其中, 以待始皇遊幸. 但所到之處, 百事俱備, 不用挪移.

夫自古帝王, 皆以民力爲重, 不忍輕用. 知民心之向背, 乃天命去留所繫也.

始皇竭天下之力, 以營宮室, 極其壯麗, 自謂可樂矣. 而民心離叛, 覆滅隨之, 竟爲項羽所焚, 悉成煨燼. 吁! 可鑑哉!

【營建造宮】 토목공사를 일으켜 궁궐을 지음.
【橫闊】 너비. 가로의 길이.
【那移】 '挪移'와 같음. 끌고 오거나 옮겨 옴.
【項羽】 B.C. 232년~B.C. 202년. 이름은 籍. 秦나라 때 下相(지금의 江蘇 宿遷) 출신으로 숙부 項梁과 함께 기병하여 가장 큰 反秦勢力으로 성장함. 항량이 죽은 뒤 스스로 자립하여 西楚霸王에 올랐으나 뒤에 劉邦과 烏江 垓下(지금의 安徽 靈壁)에서의 최후의 결전에 패하자 자결함. 항우가 유방의 뒤를 이어 함양에 들어와 아방궁을 불질러 석 달 열흘 동안 탔다 함. ≪史記≫ 項羽本紀 참조.

참고 및 관련 자료

1. ≪史記≫ 秦始皇本紀

三十五年, 除道, 道九原抵雲陽, 塹山堙谷, 直通之. 於是始皇以爲咸陽人多, 先王之宮廷小, 吾聞周文王都豐, 武王都鎬, 豐鎬之間, 帝王之都也. 乃營作朝宮渭南上林苑中. 先作前殿阿房, 東西五百步, 南北五十丈, 上可以坐萬人, 下可以建五丈旗. 周馳爲閣道, 自殿下直抵南山. 表南山之顚以爲闕. 爲復道, 自阿房渡渭, 屬之咸陽, 以象天極閣道絶漢抵營室也. 阿房宮未成; 成, 欲更擇令名名之. 作宮阿房, 故天下謂之阿房宮. 隱宮徒刑者七十餘萬人, 乃分作阿房宮, 或作麗山. 發北山石槨, 乃寫蜀·荊地材皆至. 關中計宮三百, 關外四百餘. 於是立石東海上朐界中, 以爲秦東門. 因徙三萬家麗邑, 五萬家雲陽, 皆復不事十歲. 盧生說始皇曰:「臣等求芝奇藥仙者常弗遇, 類物有害之者. 方中, 人主時爲微行以辟惡鬼, 惡鬼辟, 眞人至. 人主所居而人臣知之, 則害於神. 眞人者, 入水不濡, 入火不爇, 陵雲氣, 與天地

久長. 今上治天下, 未能恬倓. 願上所居宮毋令人知, 然后不死之藥殆可得也.」於是始皇曰: 「吾慕眞人, 自謂'眞人', 不稱'朕'.」乃令咸陽之旁二百里內宮觀二百七十復道甬道相連, 帷帳鍾鼓美人充之, 各案署不移徙. 行所幸, 有言其處者, 罪死. 始皇帝幸梁山宮, 從山上見丞相車騎衆, 弗善也. 中人或告丞相, 丞相後損車騎. 始皇怒曰: 「此中人泄吾語.」案問莫服. 當是時, 詔捕諸時在旁者, 皆殺之. 自是後莫知行之所在. 聽事, 群臣受決事, 悉於咸陽宮.

091(下-10)

여무출입(女巫出入)
한(漢) 무제(武帝)

여자 무당을 마음대로 궁중에 드나들도록 한 한 무제

한(漢)나라 때 역사 기록이다.

무제(武帝) 때 여자 무당이 궁중을 드나들면서 미인들에게 액땜을 하는 법을 가르쳤다. 그들이 사는 집에 미워하는 자를 나무 인형으로 만들어 제사를 지내도록 한 것이다. 이로 인해 후궁들이 서로 질투하고 원망하며 꾸짖는 등 싸움이 벌어져 돌아가며 서로 허물을 찾아 고해 바치며 임금을 저주하고 있다고 하였다. 무제는 노하여 많은 사람을 죽이고 말았다. 무제는 마음에 의심을 품고 있던 차에 꿈에 나무 인형 수천 개가 몽둥이를 들고 자신을 공격하려는 꿈을 꾸었다. 이로 인해 몸은 날로 쇠약해져 갔다. 이 틈에 강충(江充)이 자신이 태자로부터 증오를 사고 있음을 감지하고 무제에게 임금의 병은 무고(巫蠱) 때문이라 말하였다. 이에 강충으로 하여금 무고 사건을 낱낱이 조사하도록 하였다.

강충은 이렇게 말하였다.

"태자궁에서는 더 많은 나무 인형을 찾아내었습니다."

태자는 스스로 사실을 밝혀낼 수도 없게 되자 분한 마음을 품고, 이에 무기고에 있던 무기를 풀어 강충을 잡아 죽이고 말았다. 무제는 노하여 사람을 보내어 태자를 체포하도록 하였다. 태자는 그만 스스로 목을 매어 자살하고 말았다.

漢史紀: 武帝時, 女巫往來宮中, 敎美人度厄, 每屋輒理木人祭之. 因妬嫉恚罵, 更相告訐, 以爲呪咀. 上怒, 多所擊殺. 上心旣疑, 嘗夢木人數千, 持杖欲擊上. 因是體不平. 江充自知爲太子所惡, 因言上疾, 崇在巫蠱. 於是使江充治巫蠱獄.

充云:「於太子宮得木人尤多.」

太子憤恨, 無以自明. 於是發武庫兵捕江充誅之. 武帝怒, 使人捕太子. 太子自縊.

【女巫出入】 미신을 미끼로 사람을 현혹시키는 무녀들이 궁중에 드나들면서 巫蠱之禍가 일어남.

【武帝】 西漢 5대 황제 劉徹. 景帝(劉啓)의 아들이며 B.C. 140년부터 B.C. 87년까지 54년간 재위함. 대내외적으로 학술, 강역, 문학 등 여러 방면에 걸쳐 많은 치적을 남겨 강력한 帝國을 건설함.

【女巫】여자 무당. 원본 夾註에 "女巫, 如今師婆之類"라 하여 明代는 '師婆'라 불렀음.
【美人】궁중 후궁들의 칭호. 후궁의 여러 직급 중 비교적 낮은 지위로 임금의 총애를 기다리는 상태에 있는 여인들.
【度厄】액땜. 액을 물리치는 일. 액풀이. '解厄'과 같음.
【理木】'埋木'이어야 함. 인형을 만들어 이를 땅에 묻음.
【恚罵】성내고 욕하며 남을 지극히 원망함. 원한을 품음.
【告訐】고발하고 남의 잘못을 샅샅이 찾아 악담을 함. '訐'은 '알'로 읽으며 《論語》 陽貨篇에 "子貢曰:「君子亦有惡乎?」子曰:「有惡: 惡稱人之惡者, 惡居下流而訕上者, 惡勇而無禮者, 惡果敢而窒者.」曰:「賜也亦有惡乎?」「惡徼以爲知者, 惡不孫以爲勇者, 惡訐以爲直者.」"라 함.
【江充】?~B.C. 91년. 漢 武帝의 신하. 趙國 邯鄲 사람으로 자는 次淸. 武帝의 총애를 받아 水衡都尉를 지냈음. 武帝 征和 2년(B.C. 91)의 巫蠱事件 때 戾太子를 모함하다가 죽임을 당함. 《漢書》(45)에 전이 있으며 본 책 「面斥佞臣」(048)을 참조할 것.
【太子】戾太子 劉據(B.C. 128~B.C. 91). 武帝의 여섯째 아들로 衛皇后 소생. 元狩 원년(B.C. 122) 일곱 살로 皇太子에 책봉되었으나 무제 말 위황후가 총애를 잃자 무고지옥의 사건에 강충의 모함이 있음을 알고 병사를 일으켜 강충을 죽이고 자결함. 그 아들이 史皇孫(劉進)이며 史皇孫의 아들이 宣帝(劉詢)임. 《漢書》 武五子傳 참조.
【巫蠱】'巫'는 무당, '蠱'는 병균처럼 사람에게 감염되어 정신을 혼미하게 하는 것. 呪文 혹은 呪術. 漢 武帝 때 궁중에서 미신을 믿어 이러한 무고가 유행하였는데 江充이 衛太子와의 불화를 빌미로 황제에게 위태자가 어머니 衛皇后와 모의하여 황제의 인형을 만들어 땅속에 묻어 황제를 저주하여 죽이려고 한다고 무고하였음. 황제는 강충의 말을 믿고 태자는 물론 그와 연루된 자들을 모두 투옥시키고 처형하였으며 이것이 '巫蠱事件'임. 《十八史略》(2)에 "征和二年, 巫蠱事作. 帝如甘泉, 以江充爲使者, 治巫蠱獄, 掘太子宮云:「得木人尤多.」太子據懼, 使客佯爲使者, 收捕充斬之, 白母衛皇后. 發中廏車, 載射士, 出武庫兵, 發長樂宮衛卒. 上從甘泉來, 詔發三輔兵, 丞相劉屈氂將之. 太子亦矯制發兵, 逢丞相軍, 兵合戰五日, 死者數萬. 皇后自殺, 太子亡, 至湖自經死. 後有高廟寢郎田千秋, 上書言:「有白頭翁, 敎臣云:『子弄父兵, 罪當笞.』」上悟曰:「此高廟神靈告我也.」知太子無罪, 作歸來望思之臺於湖. 天下聞而悲之"라 함.

直解(白話文)

서한 때의 역사 기록이다.

무제는 민간의 여자 무당이 궁중에 출입하는 것을 마구 허용하였다. 그들은 궁궐 사람들에게 액풀이를 가르쳐 주면서 나무를 깎아 신도의 형상을 만들어 이를 집 안에 묻어 때마다 이에게 기도를 올리며 복을 빌도록 하였다. 이에 궁인들은 피차 투기하며 원망하고 저주하는 자들이 무제에게 고알(誥訐)하며 상대를 헐뜯어 그들은 등뒤에서 나무 인형을 조각하여 마귀를 불러 임금을 짓누르며 저주하고 있다고 말하였다.

무제가 노발대발하여 때려죽인 궁인들이 심히 많았다. 그러면서 무제는 마음속에 의심을 품고 있었는데 한번은 밤에 꿈속에서 나무 인형 수천 개가 몽둥이를 들고 자신을 치려 달려드는 것이었다. 이 때문에 무제는 건강조차 잃어 가고 있었다.

그때 간신 강충이 태자가 자신을 미워함을 알고 무제가 이미 늙어 곧 태자가 왕위에 오르면 자신은 그에게 죽임을 당할 것이라 두려워하였다. 이에 임금에게 이렇게 말하였다.

"임금께서 이러한 질환을 앓으시는 것은 무고(巫蠱)가 마귀를 불러 짓누르기 때문입니다."

무제는 그의 말을 믿고 곧 강충으로 하여금 무고의 옥사(獄事)를 끝까지 추궁하도록 하여 궁중을 두루 파서 묻어 놓은 나무 인형을 찾았다. 강충은 이 기회를 이용하여 태자를 함정에 빠뜨리고자 이렇게 말하였다.

"제가 태자궁에 갔더니 그곳에는 더욱

한 무제(劉徹)

많은 나무 인형이 발굴되었습니다."

무제는 노하였다. 태자는 억울하였지만 어떻게 스스로 해명할 길이 없었고 분함과 원한의 심정을 억누를 수 없어 드디어 무고(武庫)의 무기들을 끌어내어 강충을 체포하여 죽여 버렸다. 무제는 더욱 화를 내며 이렇게 말하였다.

"태자가 모반을 저질렀구나."

그리하여 사람을 시켜 태자를 잡아 오도록 하였다. 태자는 두려워 호현(湖縣)으로 도망하여 스스로 목을 매어 죽어 버렸다.

대저 아녀자란 총애를 질투하여 서로 헐뜯는 것은 평상 있을 수 있는 태도이다. 다만 궁궐 안을 엄밀히 하여 바깥 사람들이 마구 출입할 수 없도록 하고, 비빈들이나 임금을 가까이 모시는 이들은 피차 이유 없이 왕래를 할 수 없도록 하였다면 궁궐 여인들은 자연스럽게 청숙(清肅)하게 되어 헐뜯고 해치는 일이 생기지 않을 것이다. 심지어 무녀의 사술(邪術)은 더욱 가까이해서는 안 된다.

속어(俗語)에 "삼파(三婆)가 문에 드나들지 않으면 곧 그런 집은 훌륭한 집안"이라 하였는데 하물며 천자의 궁궐에 어찌 이러한 무리들의 출입을 용납한단 말인가?

무제는 단지 애초에 이를 능히 금하지 않았다가 그 때문에 스스로 의혹이 생겼고 간악한 자가 그 틈을 노려 재앙을 얽어 골육상잔(骨肉傷殘)을 불러오고 말았다. 뒤에 비록 후회를 하였으나 어찌 미치겠는가! 이는 만세를 두고 마땅히 감계(鑒戒)로 삼아야 할 것이다.

西漢史上記: 武帝縱容民間女巫出入宮中. 教宮人每祈禱解厄, 刻木爲神道形像, 埋在屋裡, 時常禱祀以祈福. 於是宮人每有彼此妬忌怨罵者, 就告訐於武帝, 說他每在背地裡雕刻人形, 魘鎮呪咀主上. 武帝發怒, 打死宮人甚多. 武帝心中旣疑, 嘗夢木人數千, 持杖要來打他. 因此身體欠安.

有奸臣江充, 自知太子惡他. 見帝年老, 恐日後爲太子所誅, 因奏說:「主上這疾, 由巫蠱魘鎮所致.」

武帝信之, 就着江充窮治巫蠱之獄, 徧宮中掘地搜尋木人. 江充就借此傾陷太子, 說:「臣到太子宮中, 掘得木人尤多.」

武帝怒, 太子負屈, 無以自明, 不勝憤恨之心, 遂擅發武庫兵仗, 捕得江充誅之. 武帝愈怒, 說:「太子謀反」使人捉拏太子. 太子惶懼, 走出湖縣, 自縊而死.

大抵婦人妬寵相讒, 乃其常態. 但使宮禁嚴密, 不許外人擅自出入. 妃嬪近幸之人, 不許彼此無事往來, 則閨闈自然淸肅, 讒害不生. 至於女巫邪術, 尤不可近.

俗語云:「三婆不入門, 便是好人家.」

況於天子之宮禁, 而可容此輩出入乎?

武帝只因不能禁絶於初, 故致自生疑惑, 而奸人乘間搆禍, 骨肉傷殘, 後雖追悔, 亦何及哉! 此萬世所當鑒戒也.

【宮人每】 '每'는 '們'과 같음. '他每'도 마찬가지임.
【解厄】 '度厄'과 같음. 액풀이. 궁녀들이 서로 임금의 총애를 얻고자 피차 저주하고 헐뜯으며 모함하고 원한을 품어 질투와 알력이 심한 상태였음.
【魘鎭呪咀】 '魘鎭'은 마귀를 불러 짓누름. '呪咀'는 '詛呪, 咒詛'와 같으며 呪術 등으로 남을 저주하여 해치는 행위.
【傾陷】 쓰러뜨려 함정에 빠지게 함.
【負屈】 '억울한 죄를 뒤집어쓰다'의 뜻.
【三婆】 남의 집 규방을 드나들며 바깥소식을 전하거나 어떠한 일을 거래하는 세 부류의 여인. 즉 무당, 점쟁이, 사람 소개나 물건 매매를 중매하는 노파. 원본 夾註에 "三婆, 謂師婆, 卦婆, 賣婆也"라 함.

참고 및 관련 자료

1. ≪漢書≫(63) 武五子傳(戾太子據)
   戾太子據, 元狩元年立爲皇太子, 年七歲矣. 初, 上年二十九乃得太子, 甚喜, 爲立禖, 使東方朔・枚皋作禖祝. 少壯, 詔受≪公羊春秋≫, 又從瑕丘江公受≪穀梁≫. 及冠就宮, 上爲立博望苑, 使通賓客, 從其所好, 故多以異端進者. 元鼎四年, 納史良娣, 産子男進, 號曰史皇孫. 武帝末, 衛后寵衰, 江充用事. 充與太子及衛氏有隙, 恐上晏駕後爲太子所誅, 會巫蠱事起, 充因此爲姦. 是時, 上春秋高, 意多所惡, 以爲左右皆爲蠱道祝詛, 窮治其事. 丞相公孫賀父子, 陽石・諸邑公主, 及皇后弟子長平侯衛伉皆坐誅語在≪公孫賀≫・≪江充傳≫.

2. ≪漢書≫(45) 江充傳
   江充字次倩, 趙國邯鄲人也. 充本名齊, 有女弟善鼓琴歌舞, 嫁之趙太子丹. 齊得幸於敬肅曰, 爲上客. 久之, 太子疑齊以己陰私告王, 與齊忤, 使吏逐捕齊, 不得, 收繫其父兄, 按驗,

皆棄市. 齊遂絕迹亡, 西入關, 更名充. 詣闕告太子丹與同産姊及王後宮姦亂, 交通郡國豪猾, 攻剽爲姦, 吏不能禁. 書奏, 天子怒, 遣使者詔郡發吏卒圍趙王宮, 收捕太子丹, 移繫魏郡詔獄, 與廷尉雜治, 法至死. 趙王彭祖, 帝異母兄也, 上書訟太子罪, 言「充逋逃小臣, 苟爲姦譖, 激怒聖朝, 欲取必於萬乘以復私怨. 後雖亨醢, 計猶不悔. 臣願選從趙國勇敢士, 從軍擊匈奴, 極盡死力, 以贖丹罪.」上不許, 竟敗趙太子. 初, 充召見犬臺宮, 自請願以所常被服冠見上. 上許之. 充衣紗縠襌衣, 曲裾後垂交輸, 冠襌纚步搖冠, 飛翮之纓. 充爲人魁岸, 容貌甚壯. 帝望見而異之, 謂左右曰:「燕趙固多奇士」旣至前, 問以當世政事, 上說之. 充因自請, 願使匈奴. 詔問其狀, 充對曰:「因變制宜, 以敵爲師, 事不可豫圖.」上以充爲謁者, 使匈奴還, 拜爲直指繡衣使者, 督三輔盜賊, 禁察踰侈. 貴戚近臣多奢僭, 充皆擧劾, 奏請沒入車馬, 令身待北軍擊匈奴. 奏可. 充卽移書光祿勳中黃門, 逮名近臣侍中諸當詣北軍者, 移劾門衛, 禁止無令得入宮殿. 於是貴戚子弟惶恐, 皆見上叩頭求哀, 願得入錢贖罪. 上許之, 令各以秩次輸錢北軍, 凡數千萬. 上以充忠直, 奉法不阿, 所言中意. 充出, 逢館陶長公主行馳道中. 充呵問之, 公主曰:「有太后詔」充曰:「獨公主得行, 車騎皆不得」盡劾沒入官. 後充從上, 甘泉, 逢太子家使乘車馬行馳道中, 充以屬吏. 太子聞之, 使人謝充曰:「非愛車馬, 誠不欲令上聞之, 以敎敕亡素者. 唯江君寬之!」充不聽, 遂白奏. 上曰:「人臣當如是矣.」大見信用, 威震京師. 遷爲水衡都尉, 宗族知友多得其力者. 久之, 坐法免. 會陽陵朱安世告丞相公孫賀子太僕敬聲爲巫蠱事, 連及陽石・諸邑公主, 賀父子皆坐誅. 語在《賀傳》. 後上幸甘泉, 疾病, 充見上年老, 恐晏駕後爲太子所誅, 因是爲姦, 奏言上疾祟在巫蠱. 於是上以充爲使者治巫蠱. 充將胡巫掘地求偶人, 捕蠱及夜祠, 視鬼, 染汙令有處, 輒收捕驗治, 燒鐵鉗灼, 强服之. 民轉相誣以巫蠱, 吏輒劾以大逆亡道, 坐而死者前後數萬人. 是時, 上春秋高, 疑左右皆爲蠱祝詛, 有與亡, 莫敢訟其冤者. 充旣知上意, 因言宮中有蠱氣, 先治後宮希幸夫人, 以次及皇后, 遂掘蠱於太子宮, 得桐木人. 太子懼, 不能自明, 收充, 自臨斬之. 罵曰:「趙虜! 亂乃國王父子不足邪! 乃復亂吾父子也!」太子繇是遂敗. 語在《戾園傳》. 後武帝知充有詐, 夷充三族.

092(下-11)

오후천권(五侯擅權)
한(漢) 성제(成帝)

다섯 제후들이 정권을 휘두르게 한 한 성제

한(漢)나라 때 역사 기록이다.

성제(成帝)는 처음 즉위하여 맏외삼촌 양평후(陽平侯) 왕봉(王鳳)을 대사마대장군(大司馬大將軍)으로 삼아 정치를 보필하도록 하였다. 그리고 그 밖의 외삼촌들 즉 왕담(王譚), 왕상(王商), 왕립(王立), 왕근(王根), 왕봉시(王逢

時)는 같은 날 후(侯)로 봉하여 당시 이들을 '오후(五侯)'라 하였다. 그날, 누런 안개가 사방을 메웠다. 왕상과 왕근은 다시 차례로 왕담을 이어 정권을 잡았다. 이리하여 외척 왕씨 가문에 붉은 바퀴의 화려한 수레를 타는 자들이 무려 25명이나 되었다. 이들은 각 요로의 세력을 거머쥐었으며 조정의 선비들은 모두가 그들 문하 출신으로 사방에서 뇌물이 들어왔다. 오후들은 서로 다투어 사치를 부렸으며 자신들의 저택을 화려하게 지었고 심지어 붉은 섬돌에 푸른 문고리를 하였고, 흙으로 산을 돋우어 점대(漸臺)를 만들어 백호전(白虎殿)을 흉내 내기도 하였다. 그런가 하면 장안성(長安城)의 성벽을 뚫고 풍수(灃水)의 물을 자신의 저택으로 끌어 들이기도 하였다. 여러 신하들과 관리 및 백성들은 아우성을 치며 임금에게 이렇게 글을 올렸다.

"왕씨의 위세가 너무 큽니다!"

그러나 성제는 이런 여론에 전혀 귀를 기울이지 않았다.

이에 왕씨들은 더욱 횡포를 부렸다. 그 뒤 신도후(新都侯) 왕망(王莽)이 드디어 한나라를 찬탈하여 자립하고 말았다.

漢史紀: 成帝初立, 以元舅陽平侯王鳳爲大司馬大將軍輔政. 諸舅譚·商·立·根·逢時, 同日封侯, 世謂之「五侯」. 是日, 黃霧四塞. 商·根又相繼秉政. 王氏一門, 乘朱輪華轂者二十五人. 分據勢要, 朝士皆出其門, 賂遺四面而至. 五侯爭爲奢侈, 大治第室, 至爲赤墀青鎖, 起土山漸臺, 像白虎殿. 穿城引灃水注第中. 羣臣及吏民多上書, 言: 「王氏威權太盛!」

上皆不聽. 於是王氏益橫. 其後新都侯王莽, 遂篡漢自立.

【五侯擅權】 다섯 제후가 권력을 독점하고 횡포를 부림.

【成帝】西漢의 제9대 황제 劉驁(재위 B.C. 32~B.C. 7). 孝成皇帝. 元帝 劉奭의 아들. 趙飛燕과의 연애 고사로 유명함.

【元舅】맏외삼촌. 成帝는 王太后의 아들이었으며 외삼촌이 많았음.

【王鳳】왕실의 외척으로 당시의 권세가. 成帝의 외삼촌이며 大司馬大將軍을 거쳐 尙書에 오름.

【五侯】王商(成都侯), 王譚(平阿侯), 王立(紅陽侯), 王根(曲陽侯), 王逢時(高平侯). 成帝의 외삼촌 王氏 형제 다섯이 같은 날 諸侯의 작위를 받아 이들을 五侯라 불렀음. ≪十八史略≫(2)에 "封舅王崇爲安成侯, 賜譚・商・立・根・逢時爵關內侯, 黃霧四塞"이라 하였고, 그 주에 "譚也, 商也, 立也, 根也, 逢時也, 皆王太后兄弟, 時稱王氏五侯"라 함.

【朱輪華轂】붉은 바퀴에 화려하게 조각한 바퀴 축. 귀인들의 수레를 말함.

【赤墀靑鎖】붉은 계단에 푸른 자물쇠. 부호의 대문 앞 모습을 말함. '靑鎖'는 대문 자물쇠를 푸른색으로 하고 문을 푸른색으로 칠하여 장식함.

【漸臺】漢 武帝가 세운 建章宮의 太液池에 漸臺라는 누대를 세웠음. 높이 20여 장. 왕씨들이 이를 모방하여 자신들도 그러한 누대를 지었음을 말함.

【白虎殿】장안궁의 서쪽에 있던 큰 전각. 학자들을 모아 학술을 토론하는 장소로도 활용되었음.

【灃水】물 이름.

【王莽】자는 巨君(B.C. 45~A.D. 23). 漢 元皇后의 조카. 어려서 고아가 되어 독서 끝에 성망을 얻었음. 뒤에 太傅가 되어 安漢公에 봉해졌으며 平帝가 즉위하자 그를 독살, 겨우 두 살인 孺子 嬰을 옹립하고 자신은 攝皇帝가 되었음. 그리고 곧이어 初始 元年(A.D. 8) 정권을 찬탈, 新을 세워 西漢의 종말을 고함. 그러나 천하의 혼란이 일어나 地皇 4년(23)에 劉玄・赤眉軍・綠林軍이 長安을 점령하였을 때 상인 杜吳에게 살해되고 말았음. ≪漢書≫(99)에 그 傳이 있음.

直解(白話文)

서한 때의 역사 기록이다.

　성제는 처음 즉위하자마자 자신의 외갓집인 왕태후 집안의 왕씨들을 대우하여 그중 맏외삼촌 양평후 왕봉을 대사마대장군으로 삼아 조정의 행정을 독차지하도록 하였다. 그리고 그 외 외삼촌 왕담, 왕상, 왕립, 왕근, 왕봉시 다섯은 모두 열후(列侯)로 봉하였다. 당시 사람들은 이를 '오후'라 불렀다. 봉을 받던 그날 누런 안개가 사방을 메워 하늘도 이를 경계함을 분명히 하였건만 성제는 깨닫지 못하였다.

　뒤에 왕상과 왕근은 왕봉의 뒤를 이어 정권을 잡았다. 왕씨 집안은 귀하게 되어 붉은 바퀴의 화려한 수레를 타고 다니는 자가 무려 25명이나 되었으며 모두가 조정의 중요한 관직을 차지하게 되었다. 조정에서 벼슬하는 관리들은 하나하나 모두가 그들 문하의 사사로운 사람들이었다.

　그들에게 재물과 보물을 갖다 바치는 자들이 사방에서 모여들었다. 오후는 서로 사치를 다투어 저택을 크게 짓고 장대함과 화려함을 끝까지

해 나갔다. 심지어 붉은 흙으로 섬돌을 만들고 문에는 연결된 문고리를 조각하여 푸른색으로 도배를 하였으며 조정의 궁전을 짓는 제도를 마음대로 넘어섰다.

집 안에 원유(園囿)를 만들고 흙을 돋우어 점대를 지어 마치 백호전과 같은 모습을 하였다. 그리고 장안성의 성벽을 뚫어 풍수의 물을 곧바로 자신의 저택으로 끌어 들여 못을 만드는 등 사치와 참월(僭越)함이 이와 같았다.

여러 신하들과 관리 및 백성들은 참다못해 이렇게 글을 올렸다.

"왕씨의 위세와 권력이 지나치게 큽니다. 가히 통제하지 못할까 두렵습니다."

성제는 오직 외갓집에만 빠져 그 밖의 모든 말은 듣지 않았다. 이 때문에 왕씨는 갈수록 횡포를 마구 부려 더 이상 꺼릴 것이 없었다.

그 후 평제(平帝)가 어린 나이로 뒤를 이었고 신도후 왕망이 정권을 독점하여 권세와 위엄은 모두 왕망의 손아귀에 들어가고 말았다. 왕망은 드디어 평제를 독살하고 한나라를 찬탈하여 자립하였다.

무릇 임금의 외척은 진실로 은혜를 베풀 대상이기는 하나 그렇다고 그에게 권력의 자루까지 빌려 주어서는 안 된다. 불행히도 만약 그들이 죄를 지으면 그들 역시 법에 따라 제재를 가해야 하는 것이다. 한 문제는 자신의 황후 두씨의 아우 두광국(竇廣國)이 어짊을 알고도 그를 등용하기를 꺼려하였다. 도리어 자신의 외삼촌 박소(薄昭)가 죄를 짓자 이를 다스리면서 조금도 용서하지 않았다. 이처럼 외척을 멀리한 것으로 후대까지 명석하였다고 칭해지고 있다.

그러나 성제는 조상들이 내려 준 모책은 생각지 아니하고 외삼촌들로 하여금 나라의 정권을 독점하도록 하여 그 자제들이 요직을 점거하여 교만과 방종의 불법을 저질러도 일체 방치한 채 불문에 붙여 나라를 찬탈할 재앙을 키웠던 것이다. 어찌 천고를 두고 감계로 삼을 일이 아니겠는가!

 임금으로서 외가를 보전함에는 오직 물질로 후하게 해 줄 뿐, 조정의 정치에는 간여하지 않도록 한다면 그들은 부귀를 길이 지켜 낼 수 있을 것이다.

 西漢史上記: 成帝初卽位, 待太后家王氏過厚, 用長舅陽平侯王鳳做大司馬大將軍, 專執朝政; 諸舅王譚·王商·王立·王根·王逢時, 五人同日都封爲列侯. 當時人號他做「五侯」. 受封之日, 黃霧四塞, 天戒甚明如此, 而成帝不悟.

 後來王商·王根, 又繼王鳳秉政. 王氏一門貴盛, 乘朱輪華轂之車者, 多至二十五人, 都分占勢要之官. 朝中仕宦, 箇箇是他門下私人. 餽送財寶者, 四面而至. 五侯爭以奢侈相尙, 大起第宅, 窮極壯麗, 至用赤土爲墀, 門戶上刻成連鎖, 而以靑色塗之, 僭擬朝廷宮殿制度. 園中起土山漸臺, 恰似白虎殿一般. 又徑自鑿開長安城墻, 引城外的灃水到他宅裡爲池, 其奢僭如此.

 那時羣臣及官民人等, 多上書說:「王氏威權太盛, 恐不可制.」

 成帝只爲溺愛母家, 都不聽其說. 因此, 王氏越發橫恣, 無所忌憚.

 其後平帝以幼年繼立, 新都侯王莽專政, 權威盡歸其手, 遂毒殺平帝, 纂漢自立.

 夫人君之於外戚, 固當推恩, 但不當假以權柄, 不幸而有罪, 亦宜以法裁之. 漢文帝知后弟竇廣國之賢而不肯用. 誅其舅薄昭之罪而不少貸. 後世稱明焉.

 成帝不思祖宗貽謀之意, 乃使諸舅更執國政. 子弟分據要官, 至於驕縱不法, 一切置而不問, 養成簒弑

〈犀角形玉杯〉廣州 象崗山
西漢 南越王(趙眛)墓 出土

之禍. 豈非千古之鑒戒哉!

　人主欲保全外家, 惟厚其恩賚, 而毋使之干預朝政, 則富貴可以長守矣.

【列侯】'通侯, 徹侯'와 같음. 秦漢 때 爵位 12등급 중 가장 높은 지위였음. 뒤에 武帝 劉徹의 이름을 피하여 通侯라 한 것임. ≪漢書≫ 注에 "應劭曰:「舊曰徹侯, 避武帝諱曰通侯. 通亦徹也. 通者, 言其功德通於王室也.」張晏曰:「後改爲列侯. 列者, 見序列也.」"라 함.

【平帝】西漢 제11대 황제. 원제의 손자로 劉興의 아들이며 이름은 劉衎. 사촌 형 哀帝(劉欣)의 뒤를 이어 어린 나이에 제위에 올라 B.C. 1년부터 A.D. 5년까지 재위하였으나 新都侯 王莽이 그를 살해하고 宣帝(劉詢)의 먼 후손 劉顯의 아들 孺子 嬰을 세웠다가 왕위를 빼앗아 新나라를 세움. 이로써 서한은 종말을 고함.

【權柄】권력의 자루. 대권을 뜻함.

【文帝】西漢 제3대 황제 劉恒(재위 B.C. 179~B.C. 157). 漢 高祖의 셋째 아들로 薄太后에게서 태어남. 惠帝(劉盈)를 이어 제위에 오름. 원래 대왕에 봉해졌다가 周勃 등이 呂氏의 난을 평정한 다음 옹위하여 황제가 됨. 한나라 초기 文帝와 景帝 때 흥성한 토대를 이루어 흔히 이 시기를 '文景之治'라 함. ≪史記≫ 孝文帝本紀와 ≪漢書≫ 文帝紀를 볼 것.

【竇廣國】문제의 황후 竇少君의 아우. ≪史記≫(48) 外戚世家에 "竇皇后兄竇長君, 弟曰竇廣國, 字少君. 少君年四五歲時, 家貧, 爲人所略賣, 其家不知其處. 傳十餘家, 至宜陽, 爲其主入山作炭, (寒)[暮]臥岸下百餘人, 岸崩, 盡壓殺臥者, 少君獨得脫, 不死. 自卜數日當爲侯, 從其家之長安. 聞竇皇后新立, 家在觀津, 姓竇氏. 廣國去時雖小, 識其縣名及姓, 又常與其姊採桑墮, 用爲符信, 上書自陳. 竇皇后言之於文帝, 召見, 問之, 具言其故, 果是. 又復問他何以爲驗? 對曰:「姊去我西時, 與我決於傳舍中, 丐沐沐我, 請食飯我, 乃去.」於是竇后持之而泣, 泣涕交橫下. 侍御左右皆伏地泣, 助皇后悲哀. 乃厚賜田宅金錢, 封公昆弟, 家於長安"이라 함.

【薄昭】문제의 薄太后의 동생. 문제에게는 외삼촌에 해당함. 軹侯에 봉해지는 등 외척의 권세를 믿고 죄를 짓자 용서하지 않음. ≪史記≫(10) 孝文帝本紀 및 ≪史記≫(57) 絳侯周勃世家 참조.

참고 및 관련 자료

1. ≪漢書≫(98) 元后傳

    明年, 河平二年, 上悉封舅: 譚爲平阿侯, 商成都侯, 立紅陽侯, 根曲陽侯, 逢時高平侯. 五人同日封, 故世謂之「五侯」.

2. ≪資治通鑑≫(30) 漢紀(22)

    六月, 上悉封諸舅: 王譚爲平阿侯, 商爲成都侯, 立爲紅陽侯, 根爲曲陽侯, 逢時爲高平侯. 五人同日封, 故世謂之「五侯」.

3. ≪西京雜記≫(2)

    五侯不相能, 賓客不得來往. 婁護豐辯, 傳食五侯間, 各得其歡心, 競致奇膳. 護乃合以爲鯖, 世稱五侯鯖, 以爲奇味焉.

시리미행(市里微行)

한(漢) 성제(成帝)

시정의 마을을 몰래 출입한 한 성제

한(漢)나라 때 역사 기록이다.

성제는 미행에 기문랑(期門郞)이나 사사로운 노비를 따라 나서거나 혹은 작은 수레를 타기도 하고 또는 수행원 모두 말을 타도록 하고 시장이나 마을, 교외의 들판을 출입하였다. 멀리는 이웃 현까지 가서 닭싸움이나 말달리기에 빠졌으며 항상 자신을 부평후(富平侯)의 가족이라 칭하였다. 부평후는 바로 시중 장방(張放)이었다. 당시 그는 성제로부터의 총애가 비길 바 없었다. 그 때문에 거짓으로 그렇게 자신의 신분을 속인 것이다.

漢史紀: 成帝爲微行. 從期門郎, 或私奴, 或乘小車, 或皆騎, 出入市里郊野, 遠至旁縣, 鬪雞走馬, 常自稱富平侯家人. 富平侯, 侍中張放也. 寵幸無比, 故假稱之.

〈陶馬俑〉(北朝)
河北 景縣 封氏墓 출토

【市里微行】 서민들이 사는 마을을 미행하기를 좋아함.

【微行】 황제나 신분이 높은 이들이 자신을 숨기기 위해 의복을 바꾸고 몰래 민간을 드나드는 것.

【期門郎】 줄여서 '期門'이라고도 하며 虎賁郎. 西漢 때 황제 곁에 가장 가까이 호위하는 경호원. 武帝 때 禁軍 중에 六郡의 양가 자제로서 무술과 용맹을 갖춘 자를 선발하여 평복을 입히고 황제 신변을 보호하도록 하였음. 京師의 여러 殿門에 미리 나가 대기하고 있었으며 그 때문에 '期門'이라 함. 뒤에 虎賁郎으로 명칭이 바뀜.

【旁縣】 도읍 가까이 있는 현.

【鬪雞】 닭싸움의 도박. '雞'는 '鷄'와 같음.

【富平侯】 張放. 雍州 杜陵(지금의 西安 동부) 사람으로 張安世의 4세손이며 張臨의 아들. 張臨은 敬武公主에게 장가를 들었으며, 장방은 許皇后의 여동생과 결혼하여 세도를 부림. 성제는 즉위하기 전 장방과 돌아다니며 함께 놀았음. 성제가 즉위하자 역시 그를 좋아하여 侍中郎將으로 삼고 富平侯에 봉한 다음 역시 함께 微行으로 돌아다녔음.

直解(白話文)

서한 때의 역사 기록이다.

성제는 미행을 좋아하였다. 미행이란 사사롭게 밖으로 나돌아 다니면서 그 자신이 천자임을 알지 못하도록 하는 것이다. 그는 이윽고 사사롭게 나서기로 한 이상 임금의 수레도 타지 않았고, 백관들어 그를 모시고 다니지도 못하게 하였다. 다만 몰래 몇몇 호위하는 기문랑이나 혹 항상 곁에서 모시는 노비들로 하여금 따르게 할 뿐이었으며 혹은 작은 수레에 타서 수행원들과 혼동하게 하거나 모두가 똑같이 말을 타고 거리의 시장이나 마을, 황량한 야외를 출입하였고 멀리는 서울 인근의 현이나 읍까지 나가 투계나 말달리기 등으로 놀이를 삼았다. 이 당시 시중 장방이 부평후에 봉해져 임금으로부터 총애를 받아 그 귀함과 사랑은 어디에 비할 바

가 없었다. 성제는 이에 자신을 장방의 집안 사람이라 가장하여 남들로 하여금 그 위세에 복종하게 하면서 자신의 행적은 감추었다.

〈牛耕圖〉(魏晉) 嘉峪關 戈壁灘 출토

무릇 천자의 존귀함이란 드나듦에는 경필(警蹕)을 갖추어 앞뒤에 법대로 수종원이 따르며, 화란(和鸞)과 명패(鳴珮)의 절도가 있다. 이로써 그 등급과 위세를 구별하며 비상사태에 대비하며, 신하들이 엄숙하게 이를 바라보도록 되어 있다. 성제는 자신의 몸을 경홀히 여겨 시장이나 마을을 떠돌았으며 게다가 마구 자신의 신분조차 낮추어 부평후의 집안 사람이라 칭하였다. 종묘와 사직에 흠을 내고 욕되게 함이 이토록 심했으니 어찌 천하의 군주로서 만국에 임할 수 있었겠는가!

西漢史上記: 成帝好微行. 微行, 是私自出外行走, 不使人知其爲天子也. 他旣是私行, 所以不乘輦輅, 也不要百官扈駕. 只悄悄地着幾箇禁衛的期門郎, 或常侍的僕役跟隨着, 或時坐一小車, 或混同隨從人, 都一槩騎馬, 出入街市坊里, 荒郊野外, 遠至隣京縣邑, 鬪雞走馬, 以爲戲樂. 此時, 侍中張放封富平侯, 得寵于上, 貴倖無比. 成帝乃假充做張放的家人, 以震服人心, 泯其形迹.

夫以天子之尊, 出入警蹕, 前後法從, 有和鸞鳴珮之節, 凡以別等威, 備非常, 肅臣下之觀望也. 成帝自輕其身, 遨遊市里, 又妄自貶損, 稱爲富平家人, 其玷辱宗社甚矣, 何以君天下而臨萬國哉!

【輦輅】임금이 타는 수레.
【扈駕】임금의 행차에 백관들이 그 뒤를 따르는 것.
【警蹕】황제의 행차에 일반 사람들이 가까이 접근하지 못하도록 물리는 것. 황제가 출타하는 것을 '警'이라 하고, 들어오는 것을 '蹕'이라 함. 길을 청소하고 사람들을 나오지 못하도록 경계하는 일 등.
【和鸞鳴珮】황제의 행차 의식. 앞에서 난새의 깃발을 세우고 풍악을 울리며 절도를 지키는 것.
【遨遊】떠돌아다님. 마구 쏘다님.
【玷辱】흠을 내고 욕되게 함.
【宗社】종묘와 사직. 국가를 의미함.

참고 및 관련 자료

1. ≪漢書≫(97) 外戚傳(下) 孝成趙皇后

　(趙飛燕)凡立十六年而誅. 先時有童謠曰:『燕燕, 尾涎涎, 張公子, 時常見. 木門倉琅根, 燕飛來, 啄皇孫. 皇孫死, 燕啄矢.』成帝每微行出, 常與張放俱, 而稱富平侯家, 故曰張公子. 倉琅根, 宮門銅鍰也.

2. ≪資治通鑑≫(31) 漢紀(23)

　上始爲微行, 從期門郎或私奴十餘人, 或乘小車, 或皆騎, 出入市里郊野, 遠至旁縣, 甘泉・長楊・五柞, 鬪鷄・走馬, 常自稱富平侯家人. 富平侯者, 張安世四世孫放也. 放父臨, 尙敬武公主, 生放, 放爲侍中・中郎將, 娶許皇后女弟, 當時寵幸無比, 故假稱之.

094(下-13)

총닐비연(寵昵飛燕)
한(漢) 성제(成帝)

조비연에게 미혹하여 정치를 그르친 한 성제

한(漢)나라 때 역사 기록이다.
성제가 미행에 나서 양아공주(陽阿公主)의 집에 들렀다가 그곳에서 노래하며 춤추는 조비연(趙飛燕)을 보고 반해 궁궐로 불러들여 크게 총애하게 되었다. 그 조비연에게는 여동생 합덕(合德)이 있었는데 자태와 성품이 더

욱 농염하고 순수하여 역시 그도 불러들였다.

그러자 피향박사(披香博士) 요방성(淖方成)이 임금 뒤에 있다가 침을 뱉으며 이렇게 말하였다.

"이 재앙은 물이다. 틀림없이 화기는 이들로 인해 멸하고 말 것이다!"

뒤에 자매는 함께 첩여(婕妤)가 되었다.

과연 그들은 허황후(許皇后)를 헐뜯어 임금을 저주하고 있다고 하였다. 성제는 이에 허황후를 폐위하고 조비연을 황후로 삼았다.

漢史紀: 成帝微行, 過陽阿主家, 見歌舞者趙飛燕而悅之, 召入宮, 大幸. 有女弟合德, 姿性尤穠粹, 亦召入.

披香博士淖方成在帝後, 唾曰:「此禍水也, 滅火必矣!」

後姊弟俱立爲婕妤. 果譖告許皇后, 呪詛主上.

帝乃廢許后, 而立飛燕爲后.

【寵昵飛燕】 조비연을 총애하여 지나치게 빠져듦.

【陽阿主家】 陽阿公主. 成帝의 누이.

【趙飛燕】 ?~B.C. 1년. 長安人으로 몸이 나는 제비처럼 가볍다 하여 飛燕이라 하였으며 成帝의 눈에 띄어 총애를 입어 皇后의 지위에까지 올랐음. 그 동생 合德 역시 성제에게 불려가 昭儀가 됨. 뒤에 왕망의 건의로 폐위된 후 자살함. ≪漢書≫(97) 外戚傳 참조.

【合德】 조비연의 여동생. 함께 입궁하여 온갖 음란한 짓을 다 함. ≪西京雜記≫ 등에 자세히 실려 있음.

【穠粹】 농염하고 순수함. 여인의 짙은 아름다움을 말함.

【淖方成】 披香殿(궁중 비빈의 화장품을 관리하며 보관하던 전각)의 博士였음.

【婕妤】 '倢伃'로도 표기하며 궁중 비빈의 칭호. 漢 武帝 때 설치하였으며 列侯에 상응하는 지위임.

【許皇后】成帝의 皇后. 성이 허씨였음.

直解(白話文)

　　서한 때의 역사 기록이다.

　　성제가 미행할 때 하루는 양아공주의 집에 들렀다. 거기에는 노래와 춤을 하는 여자가 있었는데 몸이 아주 가벼워 능히 손바닥 위에서 춤을 출 수 있었으며 이름은 조비연이라 하였다.

　　성제는 이를 보고 마음속으로 아주 반해 곧바로 궁중으로 불러들여 조비연은 크게 총애를 받게 되었다. 조비연에게는 합덕이라는 여동생이 있었는데 자태와 용모, 그리고 성격이 더욱 농염하고 순수하며 아름다워 이 역시 궁궐로 불려들어 가게 되었다.

　　당시 피향전(披香殿)의 요방성이라는 박사는 아주 식견이 있었다. 그는 성제 뒤를 따르다가 조비연 자매의 이러한 모습을 보고 이는 상서롭지 못한 징조임을 알았다. 그리하여 침을 뱉으며 이렇게 말하였다.

　　"한나라는 화덕(火德)으로 천하의 왕이 되었다. 여자가 궁궐로 들어와 틀림없이 나라를 혼란에 빠뜨릴 것이니 이는 바로 물의 재앙이다. 틀림없이 불은 꺼지고 말 것이다!"

　　그 뒤 조비연 자매는 날로 총애를 입었다. 얼마 되지 않아 이들은 함께 첩여에 봉해졌다. 과연 이들은 성제 앞에서 허황후를 참소하면서 그가 임금을 저주하고 있다고 꾸며 댔다.

　　성제는 그 말을 믿고 드디어 허황후를 폐하여 소대궁(昭臺宮)에 유폐시키고, 조비연을 황후로 세워 마침내 덕을 그르치고 정치를 혼란스럽게 하는 짓을 하고 말았다.

무릇 자고로 나라가 망할 때는 어떤 한 가지 일로만 그리 되는 것은 아니지만 여색(女色)이 거의 반을 차지하고 있다. 그러나 어찌 여색이라고 해서 꼭 해가 되는 것이겠는가! 진실로 색만 있고 덕이 없기 때문일 뿐이다. 대체로 부녀자의 덕이란 반드시 곧고 조용하며 유한(幽閑)하고, 단정하고 장엄하며 아름답고 진중해야 한다. 그리고 사악한 교태나 경박하고 방정맞은 태도가 없어야 가히 지존의 배필이 되어 종묘를 받들어 모시며 천하의 어머니로서 모범을 보일 수 있는 것이다.

조비연 자매는 창우(倡優)의 광대요 노래하고 춤추는 천한 사람으로서 임금의 총애를 받아 황후가 되었으니 그를 보건대 걸(桀)이 총애한 말희(妺喜)나 주(紂)가 총애한 달기(妲己)보다 더욱 심한 자이다. 한나라 복이 쇠한 것은 실로 이로부터이니 가히 한탄스럽도다!

西漢史上記: 成帝微行時, 一日到陽阿公主家. 有箇歌舞的女子, 身體最輕, 能爲掌上舞, 名叫趙飛燕. 成帝見了, 甚是喜悅, 就召入宮中, 大得寵幸. 飛燕有箇妹子, 名叫合德, 姿容性格, 更是穠艶粹美, 亦復召入.

時披香殿裏有箇博士, 姓淖名方成, 最有識見. 跟隨成帝之後, 見了飛燕姊妹這等模樣, 知是不祥之兆. 因以口唾之, 說道:「漢家以火德王天下. 此女子入宮, 必亂國家, 乃禍水也. 滅火必矣!」

其後, 飛燕姊妹日見寵幸. 不久, 俱封爲婕妤. 果然在成帝面前讒譖許后, 說他詛呪主上. 成帝信其言, 遂將許后廢處昭臺宮, 而立飛燕爲后, 卒以敗德亂政焉.

夫自古亡國非一, 而女色居其大半, 豈女子有色遂爲害哉! 良以有色無德故耳. 蓋婦德必貞靜幽閑, 端莊雅重, 無邪媚輕佻之態者, 然後可以配至尊, 奉宗廟, 而母儀天下.

飛燕姊妹以倡優歌舞賤人, 而帝乃寵之爲后, 其視桀寵妹喜, 紂寵妲己, 又有甚矣. 漢祚之衰, 實自此始, 可嘆也哉!

〈漢宮春曉〉明 尤求 그림

【粹美】잡티가 없이 깨끗하고 아름다움.
【火德】고대 제왕의 교체는 五行의 순환과 相剋, 相生으로 풀이하였는데 漢나라는 火德으로 제국을 건설하였다 하였음. 이는 陰陽五行家들의 주장임.
【昭臺宮】허황후가 유폐되었던 궁궐 이름.
【輕佻】경박하고 방정맞음.
【倡優】배우. 藝人. 고대에는 이 신분을 매우 천하게 여겼음.

참고 및 관련 자료

1. ≪漢書≫(97, 下) 外戚傳(下) 孝成趙皇后

皇后既立, 後寵少衰, 而弟絶幸, 爲昭儀. 居昭陽舍, 其中庭彤朱, 而殿上髹漆, 切皆銅沓黃金塗, 白玉階, 壁帶往往爲黃金釭, 函藍田璧, 明珠, 翠羽飾之, 自後宮未嘗有焉. 姊弟顓寵十餘年, 卒皆無子.

2. ≪資治通鑑≫(31) 漢紀(23)

其後, 上微行過陽阿主家, 悅歌舞者趙飛燕, 召入宮, 大幸; 有女弟, 復召入, 姿性尤醲粹, 左右見之, 皆嘖嘖嗟賞. 有宣帝時披香博士淖方成帝後, 唾曰:「此禍水也, 滅火必矣!」姊弟俱爲倢伃, 貴傾後宮. 許皇后・班倢伃皆失寵. 於是趙飛燕譖告許皇后・班倢伃挾媚道, 祝詛後宮, 詈及主上, 冬, 十一月, 甲寅, 許后廢處昭臺宮, 后姊謁皆誅死, 親屬歸故郡. 考問班倢伃, 倢伃對曰:「妾聞死生有命, 富貴在天. 脩正尙未蒙福, 爲邪欲以何望! 使鬼神有知, 不受不臣之愬; 如其無知, 愬之何益! 故不爲也.」上善其對, 赦之, 賜黃金百斤. 趙氏姊弟驕妬, 倢伃恐久見危, 乃求共養太后於長信宮. 上許焉.

3. ≪西京雜記≫(1)

趙飛鷰女弟居昭陽殿, 中庭彤朱, 而殿上丹漆, 砌皆銅沓黃金塗, 白玉階, 壁帶往往爲黃金釭, 含藍田璧, 明珠・翠羽飾之. 上設九金龍, 皆銜九子金鈴, 五色流蘇. 帶以綠文紫綬, 金銀花鏤. 每好風日, 幡旄光影, 照耀一殿; 鈴鑷之聲, 驚動左右. 中設木畫屛風, 文如蜘蛛絲縷. 玉几玉床, 白象牙簟, 綠熊席. 席毛長二尺餘, 人眠而擁毛自蔽, 望之不能見, 坐則沒膝, 其中雜熏諸香, 一坐此席, 餘香百日不歇. 有四玉鎭, 皆達照無瑕缺. 窗扉多是綠琉璃, 亦皆達照, 毛髮不得藏焉. 椽桷皆刻作龍蛇, 縈繞其間, 鱗甲分明, 見者莫不兢慄. 匠人丁緩・李菊, 巧爲天下第一, 締構旣成, 向其姊子樊延年說之, 而外人稀知, 莫能傳者.

4. ≪蒙求≫「飛燕體輕」

前漢, 飛燕, 孝成帝趙皇后也. 本長安宮人. 初生, 父母不擧, 三日不死, 遂收養之. 及壯屬陽阿主家學歌舞. 號曰飛燕. 帝嘗微行出, 過主, 作樂, 見而說之, 召入宮, 大幸. 女弟復入, 俱爲倢伃. 貴傾後宮, 立爲皇后. 後寵少衰, 而弟絶幸, 爲昭儀. 姊弟顓寵十餘年, 皆無子. 及帝暴崩, 民間歸罪昭儀, 昭儀自殺. 哀帝立, 尊后爲皇太后. ≪西京雜記≫曰: 飛燕爲皇后, 女弟在昭陽殿. 后體輕腰弱, 善行步進退, 昭儀不能及. 但弱骨豐肌 尤工笑語. 二人竝色如紅玉, 爲當時第一.

5. ≪列女傳≫(8)「趙飛燕姊娣」(孼嬖)

趙飛燕姊娣者, 成陽侯趙臨之女, 孝成皇帝之寵姬也. 飛燕初生, 父母不擧, 三日不死, 乃收養之. 成帝常微行出, 過河陽主, 樂作, 上見飛燕而悅之, 召入宮大幸. 有女弟復召入, 俱爲婕妤, 貴傾後宮, 乃封父臨爲成陽侯. 有頃立飛燕爲皇后, 其娣爲昭儀. 飛燕爲后而寵衰, 昭儀寵無比. 居昭陽舍, 其中廷彤朱, 殿上漆, 砌皆銅沓, 黃金塗, 白玉階, 壁往往爲黃金釭, 函藍田璧玉, 明珠翠羽飾之, 後宮未嘗有焉. 姊娣專寵, 而悉無子, 嬌媚不遜, 嫉妬後宮. 帝幸許美人有子, 昭儀聞之, 謂帝曰:「常給我從中宮來, 今許美人子何從生?」懟手自捯, 以頭擊柱, 從牀上自投地, 涕泣不食曰:「今當安置我? 我欲歸爾!」帝曰:「我欲語之, 反怒爲?」亦不食. 昭儀曰:「陛下自如是, 不食謂何? 陛下常言:『約不負汝』, 今許美人有子, 竟負約謂何?」帝曰:「約以趙氏, 故不立許氏, 使天下無出趙氏之上者, 無憂也.」乃詔許氏夫人, 令殺所生兒, 革篋盛緘之. 帝與昭儀共視, 復緘, 封以御史中丞印, 出埋獄垣下. 中宮史曹宮字偉能, 御幸生子, 帝復用昭儀之言, 勿問男女, 殺之, 宮未殺, 昭儀怒, 掖庭獄丞籍武因中黃門奏事曰:「陛下無繼嗣, 子無貴賤, 唯留意!」帝不聽. 時兒生八九日, 遂取去殺之. 昭儀與偉能書及藥, 令自死. 偉能得書曰:「果欲姊娣擅天下? 且我兒額上有壯髮似元帝, 今兒安在? 已殺之乎?」乃飮藥死. 自後御幸有子者輒死, 或飮藥自墮, 由是成帝無嗣. 成帝旣崩, 援立外藩, 仍不繁育. 君子謂:「趙昭儀之凶劈與褒姒同行, 成帝之惑亂與周幽王同風」詩云:『池之竭矣, 不云自濱; 泉之竭矣, 不云自中.』成帝之時, 舅氏擅外, 趙氏專內, 其自竭極, 蓋亦池泉之勢也.

6. ≪初學記≫(25)

昭陽殿木畫屛風, 如蜘蛛絲縷.

7. ≪十八史略≫(2)

立皇后趙氏, 名飛燕, 女弟合德爲婕妤.

095(下-14)

폐녕륙현(嬖佞戮賢)
한(漢) 애제(哀帝)

아첨하는 남색을 총애하느라 어진 이를 죽인 한 애제

한(漢)나라 때 역사 기록이다.

애제(哀帝) 때 시중 동현(董賢)은 자태와 미모가 수려하며 온화하고 부드러우며 편벽한 재주가 있어 애제로부터 사랑을 받았다. 그의 귀함은 조정을 뒤흔들었으며 상상 애제와 함께 눕고 일어나고 할 정도였다.

애제는 장작대장(將作大匠)에게 동현을 위해 큰 저택을 지어 주도록 하였는데 온갖 기교를 다 부려 화려하게 꾸몄다. 무고(武庫)의 반출이 금지된 병기까지 내려 주었고, 상방(尙方)의 진기한 보물 및 동원(東園)의 비기(秘器) 등 갖추어 주지 않은 것이 없었다.

정숭(鄭崇)이 임금에게 이를 간언하자 임금은 노하여 그를 하옥시켜 그는 끝내 감옥에서 죽고 말았다.

漢史紀: 哀帝時, 侍中董賢姿貌美麗, 以和柔便辟, 得幸於上, 貴震朝廷, 常與上臥起.

詔將作大匠, 爲賢起大第, 窮極技巧.

賜武庫禁兵, 尙方珍寶, 及東園秘器, 無不備具.

鄭崇諫上, 上怒, 下崇獄, 竟死.

【斃佞戮賢】 佞臣에 빠져 어진 신하를 죽이게 됨.
【哀帝】 西漢 제10대 황제 劉欣. 元帝(劉奭)의 둘째 아들인 劉康의 아들. 재위 B.C. 32년~B.C. 1년.
【董賢】 서한 馮翊 사람으로 자는 聖卿(B.C. 23~B.C. 1). 애제 때 男色으로 황문랑이 되어 미모로 총애를 입음. 哀帝와 기거와 출입을 함께할 정도였음. 애제의 소매를 베고 낮잠을 자자 애제가 차마 깨우지 못하고 그 소매를 끊고 일어섰다는 일화가 유명함. 息夫躬이 東平王 誣告의 謀反을 고발한 사건을 동현에게 공을 돌려 萬安侯에 봉해지기도 하였음. 元壽 원년에는 大司馬, 衛將軍, 給事中에 올라 尙書의 일을 총괄하기에 이르렀음. 애제가 죽자 王莽이 太后의 조직을 들어 破官하려 하자 자살함. ≪漢書≫(93) 佞幸傳 참조. ≪十八史略≫(2)에 "帝幸董賢, 元壽元年, 以賢爲大司馬. 二年, 帝崩, 賢自殺"이라 함.
【和柔】 성격이 부드럽고 몸이 유연함. 男色임을 표현한 것.
【便辟】 便佞하고 邪辟함. 아주 잔꾀가 많고 사람을 홀리는 재능이 있음을 말함.

【將作大匠】宗廟・路寢(天子의 正殿)・宮室・陵園의 건축과 수리를 담당하는 직책.
【尙方】天子의 專用 器物을 관리하는 곳. '上方'으로 표기하기도 함.
【東園】왕공 귀족의 葬具 및 묘지 안에 부장할 물건들을 제작, 저장, 관리하는 곳. 東園 秘器는 棺을 뜻하며 동현이 죽은 다음 화려한 사후 세계까지 준비한 것임.
【鄭崇】高密(지금의 山東 高密) 출신으로 자는 子游. 어릴 때 郡의 文學史였으며 丞相 大車屬에 오름. 哀帝 때 尙書僕射로 추천・발탁되었으나 직간을 하다가 애제에게 미움을 받아 사형을 당함. ≪漢書≫(77)에 전이 있음.

直解(白話文)

서한 때의 역사 기록이다.

애제 때 시중 벼슬을 하던 동현이란 자가 있었다. 그는 용모가 미려하고 성격과 몸이 부드러웠으며 게다가 편녕하고 사벽하여 이로써 애제에게 사랑을 받아 심지어 황제와 함께 자고 생활할 정도였다. 그의 존귀한 세도는 조정을 진동하였다.

애제는 집 짓는 일을 총괄하는 장작대장에게 명하여 동현을 위해 큰 저택을 짓되 모든 공교한 기술을 다 동원하여 할 수 없는 것이 없도록 하였다. 게다가 무기고에서 반출이 금지된 병기며 상방의 진기한 보물 및 동원에 비치해 두었던 부장용품 등은 모두가 조정에서 사용하는 것이지만 이를 모두 동현에게 하사하여 그 집에는 갖추지

〈董賢〉 淸 上官周 그림

않은 것이 없었다.

그 당시 신하 정숭이라는 자가 이를 보고 참다못해 이렇게 해서는 안 될 것이라 간쟁을 하였다. 애제는 노하여 정숭을 감옥에 가뒀고 그는 끝내 감옥에서 죽고 말았다.

무릇 애제는 초기에는 몸소 절약과 검소함을 실천하여 정사는 모두 그 자신에게 나와 역시 명석한 군주로 여겼었다. 그러나 뒤에 이르러 동현을 총애하면서부터 드디어 거꾸러져서 미혹함에 빠지더니 다시는 아까운 것을 돌아보지 않아 마침내 멸망을 재촉하고 만 것이다. 임금이 영행(佞倖)을 총애하고 친압함에 그 재앙이 이와 같았던 것이다!

西漢史上記: 哀帝時, 有箇侍中, 叫做董賢. 他容貌美麗, 性體和柔, 而便佞邪

〈斷袖之交〉(漢 哀帝와 董賢) 明 陳洪綬 그림

辟, 以此得帝寵幸, 至與帝同臥起. 其尊貴之勢, 震動朝廷.

帝詔令總管營建的將作大匠, 替董賢起蓋大第宅, 諸般的技能工巧無不做到, 又賜他武庫裡禁兵, 尙方的珍寶, 及東園中葬器, 皆朝廷所用, 俱以賜賢, 無一不備者.

其時, 有箇賢臣鄭崇, 因此諫爭, 以爲不可. 上怒而下崇於獄, 竟死獄中.

夫哀帝初年, 躬行節儉, 政事皆由己出, 亦可以爲明主, 到後來一寵董賢, 遂至顚倒迷惑, 無復顧惜, 卒以促亡. 人君之寵狎佞倖, 其禍如此!

【便佞】 온갖 애교와 예쁨을 갖추어 임금의 사랑을 차지하여 사리를 취하는 것.
【營建】 건물 따위를 짓고 건축하는 일이나 공사.
【葬器】 고대 황실에서는 임금의 붕어에 대비하여 副葬할 좋은 예술품 따위를 갖추어 대비하고 있었으며 이를 비축한 곳이 東園이었음.
【顧惜】 아까운 물건을 돌아봄. 아깝게 여김.

참고 및 관련 자료

1. ≪漢書≫(93) 佞幸列傳(董賢)

董賢字聖卿, 雲陽人也. 父恭, 爲御史, 任賢爲太子舍人. 哀帝立, 賢隨太子官爲郎. 二歲餘, 賢傳漏在殿下, 爲人美麗自喜, 哀帝望見, 說其儀貌, 識而問之, 曰:「是舍人董賢邪?」因引上與語, 拜爲黃門郎, 繇是始幸. 問及其父爲雲中侯, 卽日徵爲霸陵令, 遷光祿大夫. 賢寵愛日甚, 爲駙馬都尉侍中, 出則參乘, 入御左右, 旬日間賞賜累鉅萬, 貴震朝廷. 常與上臥

起. 嘗晝寢, 偏藉上襲, 上欲起, 賢未覺, 不欲動賢, 乃斷襲而起. 其恩愛至此. 賢亦性柔和便
辟, 善爲媚以自固. 每賜洗沐, 不肯出嘗(常)留中視醫藥. 上以賢難歸, 詔令賢妻得通引籍殿
中. 止賢廬, 若吏妻子居官寺舍. 又詔賢女弟以爲昭儀, 位次皇后, 更名其舍爲椒風, 以配椒
房云. 昭儀及賢與妻旦夕上下, 並侍左右. 賞賜昭儀及賢妻亦各千萬數. 遷賢父爲少府, 賜
爵關內侯, 食邑, 復徙爲衛尉. 又以賢妻父爲將作大匠, 弟爲執金吾. 詔將作大匠爲賢起大
第北闕下, 重殿洞門, 木土之功窮極技巧, 柱檻衣以綈錦. 下至賢家僮僕皆受上賜, 及武庫
禁兵, 上方珍寶. 起選物上弟盡在董氏, 而乘輿所服乃其副也. 及至東園祕器, 珠襦玉柙, 豫
以賜賢, 無不備具. 又令將作爲賢起冢塋義陵旁, 內爲便房, 剛柏題湊, 外爲徼道, 周垣數里,
門闕罘罳甚盛.

2. ≪漢書≫(77) 鄭崇傳

鄭崇字子游, 本高密大族, 世與王家相嫁娶. 祖父以眥徙平陵. 父賓明法令, 爲御史, 事貢
公, 名公直. 崇少爲郡文學史, 至丞相大車屬. 弟立與高武侯傅喜同門學, 相友善. 喜爲大司
馬, 薦崇, 哀帝擢爲尙書僕射. 數求見諫爭, 上初納用之. 每見曳革履, 上笑曰:「我識鄭尙書
履聲.」……崇又以董賢貴寵過度諫, 由是重得罪. 數以職事見責, 發疾頸癰, 欲乞骸骨, 不
敢. 尙書令趙昌佞諂, 素害崇, 知其見疏, 因奏「崇與宗族通, 疑有姦, 請治.」上責崇曰:「君門
如市人, 何以欲禁切主上?」崇對曰:「臣門如市, 臣心如水. 願得考覆.」上怒, 下崇獄, 窮治,
死獄中.

3. ≪資治通鑑≫(34) 漢紀(26)

駙馬都尉·侍中雲陽董賢得幸於上, 出則參乘, 入御左右, 賞賜累鉅萬, 貴震朝廷. 常與
上瓦起; 嘗晝寢, 偏藉上袖, 上欲起, 賢未覺, 不欲動賢, 乃斷袖而起. 又詔賢妻得通引籍殿
中, 止賢廬. 又召賢女弟以爲昭儀, 位次皇后. 昭儀及賢與妻旦夕上下, 並侍左右. 以賢父恭
爲少府, 賜爵關內侯. 詔將作大匠爲賢起大第北闕下, 重殿, 洞門, 土木之功, 窮極技巧. 賜
武庫禁兵, 上方珍寶. 其選物上弟盡在董氏, 而乘輿所服乃其副也. 及至東園祕器·珠襦·
玉匣, 豫以賜賢, 無不備具. 又令將作爲賢起冢塋義陵旁, 內爲便房, 剛柏題湊, 外爲徼道,
周垣數里, 門闕罘罳甚盛. 鄭崇以賢貴寵過度諫上, 由是重得罪, 數以職事見責, 發疾頸癰,
欲乞骸骨, 不敢. 尙書令趙昌佞諂, 素害崇; 知見疏, 因奏「崇與宗族通, 疑有姦, 請治.」上責
崇曰:「君門如市人, 何以欲禁切主上?」崇對曰:「臣門如市, 臣心如水. 願以考覆.」上怒, 下
崇獄. 司隸孫寶上書曰:「按尙書令昌奏僕射崇獄, 覆治, 榜掠將死, 卒無一辭; 道路稱冤. 疑
昌與崇內有纖介, 浸潤相陷. 自禁門樞機近臣, 蒙受冤譖, 虧損國家, 爲謗不小. 臣請治昌以
解衆心.」書奏, 上下詔曰:「司隸寶附下罔上, 以春月作詆欺, 遂其姦心, 蓋國之賊也. 免寶爲

庶人.」崇竟死獄中.

4. ≪蒙求≫(248~2)「鄭崇門雜」

前漢, 鄭崇字子游, 高密大族. 世與王家相嫁娶. 徙平陵, 哀帝擢爲尙書僕射, 數求見諫爭. 上初納用之, 每見曳革履, 上笑曰:「我識鄭尙書, 履聲久之.」上欲封祖母傅太后從弟商, 崇諫, 太后大怒. 又諫董賢貴寵過度, 由是重得罪. 尙書令趙昌佞諂害崇, 奏:「與宗族通, 疑有奸請治.」上責曰:「君門如市人, 何以欲禁切主上?」對曰:「臣門如市, 臣心如水. 願得考覈.」上怒, 下崇獄窮治. 竟死獄中.

십시란정(十侍亂政)
한(漢) 환제(桓帝)

열 명의 중상시들이 정치를 어지럽히도록 한 한 환제

한(漢)나라 때 역사 기록이다.

환제(桓帝)가 환자(宦者) 좌관(左悺), 구원(具瑗), 서황(徐璜), 당형(唐衡), 선초(單超)를 열후(列侯)에 봉하였다. 후람(侯覽)이 비단 5천 필을 헌상하자 그를 고향후(高鄕侯)에 봉하였다. 그리고 소황문(小黃門) 여덟 사람은 모두 향후

(鄕侯)에 봉하였다.

좌관 등은 세력을 믿고 권력을 휘둘러 사방에 뇌물이 성행하였다. 특히 오후(五侯)는 더욱 탐람하고 방종하여 내외를 뒤흔들어 엎어 놓았다.

천하 사람들은 이를 두고 이렇게 말하였다.

"좌관은 천자의 뜻을 되돌릴 수 있고, 구원은 모든 자리를 홀로 독차지하였으며 서황은 누워 있는 호랑이요, 당형은 어디로 튈지 모르는 인물이로다."

형제와 인척들조차 주나 군을 제멋대로 차지하게 하는 등, 그들은 도적과 조금도 다를 바가 없었다. 백성들은 목숨을 부지할 수 없게 되자 거의가 도적으로 변하고 말았다.

그 뒤 중상시(中常侍) 조절(曹節)과 왕보(王甫) 및 조충(趙忠), 장양(張讓) 등 열 명의 상시(常侍)들이 서로 이어 가며 정권을 독차지하여 혼탁함과 혼란함이 해내를 휩쓸었다. 얼마 뒤 결국 동탁(董卓)의 난을 불러오게 되었으며 한나라는 이로 인해 멸망하고 말았다.

漢史紀: 桓帝封宦者左悺・具瑗・徐璜・唐衡・單超爲列侯.

侯覽上縑五千匹, 封高鄕侯. 又封小黃門八人俱爲鄕侯.

悺等皆據勢擅權, 交通賄賂. 五侯尤貪縱, 傾動內外.

天下爲之語曰:「左回天, 具獨坐; 徐臥虎, 唐兩墮.」

兄弟姻戚, 宰州臨郡, 與盜賊無異. 民不堪命, 多爲盜賊.

其後中常侍曹節・王甫及趙忠・張讓等十常侍, 相繼專政, 濁亂海內, 尋召董卓之亂. 漢因以亡.

【十侍亂政】열 명의 常侍 벼슬아치들이 정치를 어지럽힘. '常侍'는 벼슬 이름으로 비

교적 높은 지위였음.

【桓帝】 東漢 제11대 황제 劉志(재위 147~167). 章帝의 후손 劉翼의 아들이며 質帝(劉纘)에 이어 제위에 오름.

【宦者】 환관을 말함. ≪後漢書≫ 등에 宦者列傳이 있음.

【左悺】 平陰(지금의 河南 孟津) 사람으로 桓帝 초에 小黃門史였음. 당시 梁冀가 정권을 독점하고 있었는데 이때 桓帝는 左悺, 具瑗, 徐璜, 唐衡, 單超 다섯 사람의 의견을 듣고 양기를 주살함. 이 공으로 左悺은 中常侍에 올라 上蔡侯에 봉해졌으며 뒤에 司隷校尉에 오름. 이들 다섯 사람을 '五侯'라 하였음.

【具瑗·徐璜·唐衡·單超】 역시 桓帝 때 梁冀를 주살한 공으로 列侯에 오른 인물들. '單超'는 '선초'로 읽음.

【列侯】 '通侯, 徹侯'와 같음. 秦漢 때 爵位 12등급 중 가장 높은 지위였음. 뒤에 武帝 劉徹의 이름을 피하여 通侯라 함. ≪漢書≫ 注에 "應劭曰:「舊曰徹侯, 避武帝諱曰通侯. 通亦徹也. 通者, 言其功德通於王室也.」張晏曰:「後改爲列侯. 列者, 見序列也.」"라 함.

【侯覽】 ?~172년. 防東(지금의 山東) 사람으로 桓帝 초 中常侍였으며 교활하고 탐욕이 심해 뇌물을 바쳐 승진을 거듭함. 뒤에 高鄕侯에 봉해졌으며 督郵 張儉의 공문서를 중간에 가로채 李膺, 杜密 등을 모함. 黨錮之禍를 일으켜 천하를 떠들썩하게 하였음. 그러나 熹平 초 죄악이 드러나자 자살함. ≪後漢書≫(78) 宦者列傳에 전이 있음.

【高鄕侯】 高鄕이라는 지명에 侯라는 작위를 내린 것.

【黃門】 皇宮의 문은 노란색으로 서민의 출입이 금지되었음. 뒤에 黃門侍郞을 두어 궁궐 안의 일들을 관장한다는 의미로 쓰였는데 宦官을 뜻하는 말로도 사용됨.

【鄕侯】 列侯의 아래로 鄕 단위의 지역 이름을 빌려 侯爵을 내린 것.

【姻戚】 '姻戚'과 같음. '婣'은 '姻'의 異體字.

【曹節】 ?~181년. 東漢 南陽 新野 사람으로 자는 漢豊. 桓帝 때 환관이 되어 中常侍, 奉車都尉 등을 역임함. 靈帝가 즉위하자 長安鄕侯에 봉해졌으며 竇武와 太傅 陳藩을 모함하여 억울하게 죽임. 이에 다시 育陽侯에 봉해져 형제들이 모두 천하의 영화를 누리며 횡포를 부렸음. 환관 侯覽과 짜고 黨人 李膺, 杜密 등 백여 명을 체포, 獄死시키는 등 黨錮之禍를 일으킴. 뒤에 尙書令에 오르기도 함. ≪後漢書≫(78) 宦者列傳에 전이 있음.

【王甫】 ?~179년. 東漢 靈帝 때 黃門侍郞을 역임한 환관. 曹節과 함께 竇武, 陳藩 등

을 모함하여 살해하고 中常侍에 오름. 曹節과 다시 渤海王(劉悝)이 모반을 꿈꾼다고 무고하여 죽였으며 이를 공으로 인정받아 冠軍侯에 봉해짐. 뒤에 司禮校尉에 올랐으나 陽球가 그의 잘못을 파헤쳐 살해됨. ≪後漢書≫ 宦者列傳 참조.

【趙忠】 당시의 환관. ≪後漢書≫(78) 宦者列傳에 전이 있음.

【張讓】 당시의 환관. ≪後漢書≫(78) 宦者列傳에 전이 있음.

【十常侍】 靈帝 때 환관 ≪後漢書≫(78) 宦者列傳에 의하면 張讓, 趙忠, 夏惲, 郭勝, 孫璋, 畢嵐, 栗嵩, 段珪, 高望, 張恭, 韓悝, 宋典 등 열두 명이 모두 中常侍 벼슬로 侯爵을 받아 권력을 누렸음. 이에 그 자제와 형제조차 州郡을 봉지로 받아 백성을 침탈하여 당시 張鈞이 "宜斬十常侍, 懸頭南郊以謝百姓"이라 할 정도였음. 모두 열두 명이나 편의상 '十常侍'로 부른 것임.

【董卓】 東漢 말 隴西 臨洮 출신으로 자는 仲穎. 어릴 때 羌族과 어울려 涼州의 실력자가 되었으며 靈帝 때 東中郎將이 되어 盧植을 대신하여 黃巾賊을 물리치기도 함. 少帝 때 군사를 이끌고 洛陽에 입성, 소제를 폐하고 獻帝를 옹립한 다음 정권을 농단함. 이에 袁紹 등이 동탁을 성토하여 군사를 일으키자 낙양 궁궐을 불태우고 헌제를 협박, 長安으로 수도를 옮겼으나 王允의 모략에 빠져 자신의 부장 呂布에게 살해되었음. ≪後漢書≫(72) 및 ≪三國志≫ 魏志(6)에 전이 있음.

直解(白話文)

동한 때의 역사 기록이다.

환제가 중관(中官) 벼슬이었던 좌관, 구원, 서황, 당형, 선초 등 다섯 명을 모두 열후로 삼았다. 당시 환제는 바야흐로 작위를 팔고 있었는데 그 기회에 후람도 역시 비단 5천 필을 헌납하자 그도 역시 고향후에 봉하였다. 다시 소황문 벼슬을 하고 있던 여덟 명에게는 모두 향후라는 작위를 주었다.

이로부터 좌관 등은 중요한 자리를 차지하고 위세를 부리고 권력을 휘

둘러 사방과 교통하며 뇌물을 주고받았다. 그중에서도 오후들은 더욱 탐람(貪婪)하고 방종하여 그 불꽃이 훨훨 타오르고 있었다.

당시 민요에 좌관을 '좌회천(左回天)'이라 하였는데 이는 그 세력이 능히 천자의 뜻을 되돌릴 수 있다는 말이었다. 그리고 구원을 두고 '구독좌(具獨坐)'라 하였는데 이는 그의 부귀는 그 누구도 감히 상대할 수 없음을 말한 것이었다. 다음으로 서황은 '서와호(徐臥虎)'라 불렀는데 이는 마치 누워 있는 호랑이처럼 두려운 존재라는 뜻이었다. 그리고 다시 당형은 '당량타(唐兩墮)'라 하였는데 이 뜻은 마구 일을 저질러 동서가 정해지지 않았다는 것이었다.

좌관 등의 형제와 친척들도 거의가 무뢰한 사람들이었으나 모두가 하나씩 마구 관직을 물고 늘어져 어떤 이는 한 주의 방백이 되기도 하고, 어떤 이는 한 군의 태수가 되기도 하는 등 천하에 두루 퍼져 탐욕과 뇌물로 법을 무너뜨리며, 가난한 백성들을 능멸하고 학대하여 도적과 다를 바가 없었다. 백성들은 곤고함에 빠진 채 어디 기댈 데가 없게 되자 거의가 도망을 하여 도적이 되기 일쑤였다.

그 뒤 중상시 조절, 왕보 및 조충, 장양 등 열 명의 상시들도 서로 이어가며 조정의 권력을 제멋대로 휘둘러 당고(黨錮)의 옥사(獄事)를 일으켰다. 그리하여 어진 신하 두무(竇武), 진번(陳蕃), 이응(李膺) 등 백여 명을 죽이고 말았다. 이렇게 제멋대로 횡포를 부리며 해내를 온통 진흙탕 물로 어지럽혔던 것이다. 그리하여 드디어 황건적(黃巾賊)이 들고일어났으며 얼마 되지 않아 동탁이 군대를 일으켜 궁궐로 들어와 천자를 위협하여 장안으로 끌고 가 한나라는 망하고 만 것이다.

<천문지(天文志)>를 상고해 보면 환자(宦者)를 상징하는 네 개의 별은 황제를 뜻하는 별 곁에 있으며 중관과 급사(給事)는 좌우에서 궁궐 안의 일을 받들어 처리하게 되어 있다. 그러므로 왕궁의 제도에 없앨 수는 없는 직위이다. 다만 그들에게 병권을 주어 그들로 하여금 조정을 제멋대로 제압하는 경우는 없도록 해야 할 따름이다.

그 당시를 살펴보면 중상시 여강(呂彊)은 맑고 충성스러우며 직간을 잘하여 가장 선량하였다. 그는 환제로 하여금 좌우 신하들에게 조심하고 단정히 하여 흠이 잡히지 않도록 하였던 인물이다. 만약 여강과 같은 무리들과 그 밖의 현신 이고(李固), 황경(黃瓊) 등을 임용하여 고굉(股肱)과 심려(心膂)로 삼았더라면 한나라는 지금까지 그대로 존속되었을 것이다.

어찌 옛 선조들이 만든 제도를 돌아보지 않고 이 다섯 명을 봉하여 총애하면서 그들에 위엄과 복의 대권을 주었다가 드디어 그들로 하여금 임금의 권위를 넘어뜨리게 하고 그 독소가 온 나라에 흐르게 하였는가!

혼란과 멸망의 화근은 어찌 스스로 불러온 것이 아니겠는가!

東漢史上記: 桓帝封中官左悺・具瑗・徐璜・唐衡・單超五人俱爲列侯. 時帝方賣爵, 因侯覽上縑五千匹, 也封爲高鄉侯. 又封小黃門八人俱爲鄉侯.

由是悺等, 占據勢要, 專擅威權, 交通四方賄賂. 就中五侯尤爲貪婪放縱, 氣焰熏灼.

那時有箇民謠, 叫左悺做「左回天」, 言其勢力能轉動人主的意向也; 叫具瑗做「具獨坐」, 言其豪貴無人敢與相並也; 叫徐璜做「徐臥虎」, 言其如臥虎之可畏也; 叫唐衡做「唐兩墮」, 言其任意妄爲, 東西無定也.

左悺等的兄弟親戚, 又多是無賴之人, 箇箇都叨冒官職, 有做一州方伯的, 有做一郡太守的, 遍布天下, 貪贓壞法, 陵虐小民, 就與盜賊一般. 百姓每困苦無聊, 往往逃亡, 去爲盜賊.

其後有中常侍曹節・王甫及趙忠・張讓等十箇常侍, 相繼專擅朝政, 起黨錮之獄, 弑賢臣竇武・陳蕃・李膺等百餘人. 任意縱橫, 濁亂海內. 遂致黃巾賊起. 未幾, 董卓擧兵內向, 劫遷天子. 漢隨以亡.

按<天文志>: 宦者四星, 在帝座之側, 中官給事左右, 供奉內庭, 蓋王制所不可少者. 但不宜授以兵權, 使得專制朝廷耳.

考之當時, 中常侍呂彊淸忠好直諫, 最爲善良, 使桓帝左右皆小心端恪. 如呂彊之流, 而外任賢臣李固・黃瓊等以爲股肱心膂, 則漢至今猶存可也.

奈何不顧祖制, 寵之以五等之封, 授之以威福之柄, 遂使權傾人主, 毒流海內!

亂亡之禍, 豈非自取之哉!

【貪婪】 탐욕스럽고 일을 제멋대로 함. 疊韻連綿語.

【無賴】 無賴輩. 조금도 믿음이 가지 않는 악한 자들.

【叨冒】 마구 물어 낚아챔. 疊韻連綿語.

【方伯】 지방 州의 최고 책임자.
【貪贓】 탐욕스럽게 뇌물을 갈취함.
【百姓每】 '每'는 '們'과 같음. 複數 형태.
【黨錮之獄】 '黨錮之禍'라고도 하며 後漢 靈帝 때 환관들의 전횡을 비판했던 李膺・范滂 등 7백여 명이 투옥된 사건. 宦官과 黨人들 사이의 치열한 권력 다툼으로 인해 발발되었던 두 차례의 큰 獄事 사건. '黨錮'는 작당한 무리들을 禁錮刑에 처하여 벼슬도 하지 못하고 행동도 마음대로 할 수 없도록 軟禁함을 뜻함. ≪後漢書≫(67) 黨錮傳 참조. ≪十八史略≫(3)에 "會成瑨與太原守劉瓆, 於赦後案殺宦官之黨. 徵下獄, 將棄市. 山陽守翟超, 以張儉爲督郵, 破宦官蹟制冢宅. 東海相黃浮, 亦收宦官家屬犯法者殺之. 宦官訴寃, 皆得罪. 蕃屢爭之, 上不聽. 宦官敎人上書, 告李膺:「養太學遊士, 共爲部黨, 誹訕朝廷, 疑亂風俗」上震怒, 下郡國逮捕黨人. 案經三府, 蕃卻不肯署. 上愈怒, 下膺等北寺獄. 辭連杜密・陳寔・范滂等二百餘人. 使者追捕四出, 蕃又極諫, 上策免之. 朝廷震慄, 莫敢復爲黨人言者. 賈彪曰:「吾不西行, 大難不解」乃入洛陽, 說皇后父竇武, 上疏解之. 膺等獄辭, 又多引宦官子弟. 宦官乃懼, 白上赦黨人二百餘人. 皆歸田里, 書名三府, 禁錮終身"이라 함.
【竇武】 桓帝 때의 大將軍. ≪後漢書≫(69)에 전이 있음. 竇太后와 함께 靈帝를 즉위시켜 정권을 잡아 다시 黨人을 기용하여 환관들을 몰아낼 계획을 세우던 중 사전에 누설되어 두무는 환관에 의해 살해되고 이응 등 백여 명이 하옥됨. 이를 역사상 '第二次 黨錮之禍'라 부름. 이로부터 환관의 득세가 더욱 확고해졌으며 동한의 멸망을 재촉하였음.
【陳蕃】 자는 仲擧(?~168). 汝南人. 太傅에 이르렀으며 桓帝 때 대장군 竇武와 宦官을 탄핵하다가 해를 입었음. ≪後漢書≫(66)에 傳이 있으며 ≪世說新語≫ 등에 그의 일화가 널리 실려 있음.
【李膺】 자는 元禮(110~169). 인물 품평에 가장 뛰어났던 사람. 小時了了, 登龍門 등의 고사를 남김. 뒤에 2차 黨錮의 옥사에 얽혀 자결함. ≪後漢書≫(67)에 전이 있음. ≪世說新語≫ 등을 참조할 것.
【黃巾賊】 靈帝 때 鉅鹿 사람 張角이 ≪太平淸領書≫를 경전으로 '太平道'라는 종교 집단을 만들어 교주가 된 다음, 신도들과 함께 농촌으로 접근하여 병을 고쳐 주며 "蒼天已死, 黃天當立; 歲在甲子, 天下大吉"이라는 주문을 외우도록 함. '蒼天'은 東漢

을, 黃天은 장각 자신을 가리키며 甲子는 184년, 그해에 새로운 나라가 세워질 것이라 하며 백성들을 이끌고 난을 일으킴. 이들은 모두 노란색 두건을 표지로 사용하여 이를 '黃巾'이라 하였음. 미처 1년이 되지 않아 세력이 와해되어 수십 만이 죽었으나 잔여 부대가 황하 유역을 중심으로 20여 년을 버티었으며 이로 인해 董卓의 난을 유발, 東漢 정권은 와해되기 시작하였음.

【天文志】 고대 천문 역법에 관한 기록들을 모은 것. ≪後漢書≫에 <天文志>가 있음.

【宦者四星】 하늘의 별자리에 천자를 상징하는 帝星 곁에 환관을 상징하는 네 개의 별이 있음.

【呂彊】 ?~184년. ≪後漢書≫(78)에는 '呂强'으로 되어 있음. 東漢 河南 成皐 사람으로 자는 漢盛. 어려서 환관이 되어 小黃門이 됨. 靈帝 때 정식 宦者에 봉하려 하였으나 고사하고 黃巾賊의 난이 일어나자 황제에게 측근의 貪濁한 자들부터 제거할 것을 강하게 주장함. 趙忠과 夏惲 등으로부터 모함을 입자 자살함. ≪後漢書≫(78) 宦者列傳에 전이 있음.

【端恪】 단정히 하여 조심함. 환관들에게 흠을 잡히지 않도록 행동을 각별히 유의함.

【李固】 94년~147년. 東漢 漢中 南鄭 사람. 자는 子堅. 李郃의 아들이며 어려서 학문에 뛰어나 京師에 그 이름이 널리 알려졌음. 外戚과 宦官의 발호를 상소하여 議郞, 荊州刺史, 泰山太守 등을 역임함. 冲帝(劉炳) 때 太尉에 올랐으며 質帝(劉纘)가 梁冀에게 독살당하자 淸河王 劉蒜을 지지하다가 梁冀가 지지한 桓帝가 즉위하자 양기의 무고에 의해 옥사함. ≪後漢書≫(63)에 전이 있음.

【黃瓊】 86년~164년. 東漢 江夏 安六 사람. 자는 世英. 효자 黃香의 아들. 여러 차례 조정의 부름을 받았으나 응하지 않다가 李固의 권유로 입궐하여 議郞, 尙書僕射 등에 오름. 梁冀에게 끝까지 반대하며 수차례 탄핵의 상소를 올림. 司空을 역임하였으며 시호는 忠. ≪後漢書≫(61)에 전이 있음.

【股肱】 원래는 팔과 다리. 여기서는 임금의 중요한 보필을 뜻함.

【心膂】 심장과 등뼈의 골. 아주 중요한 보필을 뜻함.

참고 및 관련 자료

1. ≪後漢書≫(78) 宦者列傳(單超)

單超, 河南人; 徐璜, 下邳良城人; 具瑗, 魏郡元城人; 左悺, 河南平陰人; 唐衡, 潁川郾人. 桓帝初, 超璜瑗爲中常侍, 悺衡爲小黃門史. ……於是詔收冀及宗親黨與悉誅之. 悺衡遷中常侍, 封超新豐侯, 二萬戶, 璜武原侯, 瑗東武陽侯, 各萬五千戶, 賜錢各千五百萬; 悺上蔡侯, 衡汝陽侯, 各三千戶, 賜錢各千三百萬. 五人同日封, 故世謂之「五侯」. 又封小黃門劉普·趙忠等八人爲鄕侯. 自是權歸宦官, 朝廷日亂矣. 初病, 帝遣使者就拜車騎將軍. 明年薨, 賜東園祕器, 棺中玉具, 贈侯將軍印綬, 使者理喪. 及葬, 發五營騎士, 將軍侍御史護喪, 將作大將起冢塋. 其後四侯專橫, 天下謂之語曰:「左回天, 具獨坐, 徐臥虎, 唐兩墮」皆競起第宅, 樓觀壯麗, 窮極伎巧. 金銀罽眊, 施於犬馬, 多取良人美女以爲姬妾, 皆珍飾華侈, 擬則宮人. 其僕從皆乘牛車而從列騎. 又養其疏屬, 或乞嗣異姓, 或買蒼頭爲子, 並以傳國襲封. 兄弟姻戚皆宰州臨郡, 辜較百姓, 與盜賊無異.

2. ≪後漢書≫(78) 宦者列傳(侯覽)

侯覽者, 山陽防東人. 桓帝初爲中常侍, 以佞猾進, 倚勢貪放, 受納貨遺以巨萬計. 延熹中, 連歲征伐, 府帑空虛, 乃假百官奉祿, 王侯租稅. 覽亦上縑五千匹, 賜爵關內侯. 又託以與議誅梁冀功, 進封高鄕侯.

3. ≪後漢書≫(78) 宦者列傳(曹節)

曹節字漢豐, 南陽新野人也. 其本魏郡人, 世吏二千石. 順帝初, 以西園騎遷小黃門, 桓帝時, 遷中常侍, 奉車都尉. 建寧元年, 持節將中黃門虎賁羽林千人, 北迎靈帝, 陪乘入宮. 及卽位, 以定策封長安鄕侯, 六百石.

4. ≪後漢書≫(78) 宦者列傳(呂强)

呂强字漢盛, 河南成皐人也. 少以宦者爲小黃門, 再遷中常侍. 爲人淸忠奉公. 靈帝時, 例封宦者, 以强爲都鄕侯.

5. ≪後漢書≫(78) 宦者列傳(張讓)

張讓者, 潁川人, 趙忠者, 安平人也. 少皆給事省中, 桓帝時爲小黃門. 忠以與誅梁冀功封都鄕侯, 延熹八年, 黜爲關內侯, 食本縣租千斛.

097(下-16)

서저륙작(西邸鬻爵)
한(漢) 영제(靈帝)

서저에서 관직과 작위를 팔아 사사롭게 챙긴 한 영제

한(漢)나라 때 역사 기록이다.
　영제(靈帝)는 서저(西邸)를 열어 놓고 관직을 팔았다. 받는 금액은 각각 차이를 두어 이천 석의 군수는 이천만 냥, 사백 석은 사백만 냥이었으며, 덕행이나 차례에 의해 응당 선발되어야 할 사람에게는 그 반을 받았다.

영장(令長)은 부임할 현의 좋고 나쁜 정도와 풍족한 곳인지 빈약한 곳인지의 재정 정도에 따라 값을 매겼다.

부자의 경우 그 돈을 미리 납부하였으며, 가난한 자는 그 관직에 오른 다음 납부하되 대신 두 배로 내야 했다.

그리고 사사롭게 좌우 신하들에게 공경(公卿)의 직위를 팔도록 하였다. 공은 천만 냥, 경은 오백만 냥이었다.

서원(西園)에 창고를 지어 이를 저장하여 사사로운 축적으로 삼았다.

漢史紀: 靈帝開西邸賣官, 入錢各有差: 二千石, 二千萬; 四百石, 四百萬.

其以德次應選者半之. 令長隨縣好醜·豐約有賈.

富者先入, 貧者到官倍輸.

又私令左右賣公卿. 公, 千萬; 卿, 五百萬.

於西園立庫貯之, 以爲私藏.

【西邸鬻爵】서쪽 저택을 열어 놓고 작위를 팔아 돈을 모음. 이 일로 崔烈의 경우 아들이 "아버지 몸에 구리 냄새가 난다"라는 고사를 남기기도 하였음.

【靈帝】東漢 제12대 황제 劉宏(156~189). 재위 168년~189년. 章帝의 현손. 河間王 劉開의 증손, 解瀆亭侯 劉萇의 아들이며 桓帝의 堂侄. 이때 宦官이 專橫을 부렸으며 賣官買爵 행위가 극심하였음. 결국 黨錮의 옥사가 벌어졌고 천하의 불만이 팽배하여 中平 원년(184) 黃巾賊의 난이 폭발하여 한나라는 쇠락의 늪으로 빠져들게 됨.

【二千石】군수·지방장관을 대신하는 말로 쓰임. 祿俸 2천 석이었음.

【好醜】부임할 지역의 환경이 어떠한지에 따라 값이 다름.

【豐約】부임할 지역의 경제 사정이 어떠한지에 따라 역시 값이 다름. '豐'은 풍요로운 지역. '約'은 빈약한 지역.

【倍輸】두 배로 그 값을 치러야 함.

【西園】東漢 洛陽 궁궐의 鴻都門 옆의 靈帝 西邸 곁에 설치한 園邸. 그곳에 창고를 지

어 돈을 비축하였음.

直解(白話文)

동한 때의 역사 기록이다.

영제가 서원에 저택을 마련하여 마치 시장에서 하는 것과 같이 관직과 작위를 팔았다. 관직의 대소에 따라 그 값도 차등을 두었다. 봉록이 2천 석은 지금의 지부(知府) 등에 해당하는 관직으로 이천만 냥을 받았으며 봉록 4백 석은 지금의 지현(知縣) 등에 해당하는 직위로 4백만 냥이었다.

본래 등급을 가지고 있으면서 덕행이나 순서에 따라 승진해야 할 자라도 역시 그 반을 납부해야 관직을 얻을 수 있었다.

영장은 지금의 지현으로 그 지역의 좋고 나쁨에 따라 내야 할 돈의 다과를 살펴 모두가 그에 맞도록 값을 정하였다.

부자의 경우 그 돈을 완납해야만 그에게 관직을 주었으나 가난한 자의 경우 외상으로 하되 그로 하여금 부임할 지역에 이른 다음 두 배의 값을 더 내도록 하였다.

또 사사롭게 좌우 신하들에게도 공경의 작위를 팔도록 하였다. 그중 공경대관의 경우는 반드시 자격과 명망이 그에 걸맞은 자로 하되 그 돈이 근신이나 행신에게 들어가지 못하게 하였으며 역시 편의대로 작위를 줄 수도 없도록 하였다. 그리하여 공은 1천만 냥, 경은 5백만 냥으로 하였다.

이렇게 관직을 팔아 얻은 돈은 모두 서원의 창고에 축적하여 자신의 사사로운 소유로 삼았다.

역사를 상고해 보건대 영제가 처음에 후작으로 있을 때는 항상 고달프고 가난하였다. 즉위한 뒤에 그는 바로 앞선 황제였던 환제(桓帝)가 능히

제 앞가림도 못하였고 사사롭게 돈도 모아 놓지 않았다고 한탄하였다. 그 때문에 이처럼 관작을 팔아 돈을 모아들였던 것이다.

무릇 조정의 관직과 작위란 어진 이와 재능 있는 자를 대우하기 위한 것이다.

≪상서(尙書)≫에 "관직은 사사롭게 사랑하는 사람이라 해서 주어져서는 안 되며, 작위는 악덕한 자에게 주어져서도 안 된다(官不及私昵, 爵罔及惡德)"고 하였다. 이처럼 임의로 남에게 주는 것도 오히려 불가한 일이거늘 하물며 이를 팔아서 자신의 사사로운 저장으로 삼는 것임에랴!

게다가 천자라면 그 부유함이란 사해(四海)를 다 가지고 있는 셈인데 어디 사사롭게 저장할 필요가 있겠는가? 이는 시장 물건 파는 무리들로 하여금 의상을 차려입은 훌륭한 이들을 모욕하도록 하여, 어질고 재능 있는 자들은 관가 근처에는 발도 들여놓지 못한 채 밭둑가에 은거할 수밖에 없도록 하는 것이다. 위로는 조정 명기(名器)의 공의를 파괴하고, 아래로는 백성들에게 각박한 피해를 끼치는 짓이었다.

그로부터 미처 5년이 되지 않아 사방에서 큰 도적들이 일어나 종묘와 사직조차 보전할 수 없었으니 서원에 사사롭게 저장한 그 돈은 과연 어디 남아 있을 수 있겠는가?

이것이야말로 바로 ≪대학(大學)≫에서 말한 바 "한 사람이 탐욕을 부려 못된 짓을 하니 온 나라가 혼란에 휩쓸린다"라는 것이다.

東漢史上記: 靈帝於西園中, 開設邸舍, 如市店一般, 鬻賣官爵, 官有大小, 則納錢有差等. 秩二千石的, 如今之知府等官, 則納錢二千萬; 秩四百石的, 如今知縣令等官, 則納錢四百萬.

就是本等以德行·次序, 應該選除的, 也要他納錢一半, 纔許他作官.

令長, 卽今之知縣, 隨那地方的好歹, 以爲納錢多寡, 都有定價.

富者, 納完了錢, 纔與他官作; 貧者, 賒與他, 着他到地方後, 加倍補納.

又私令左右之人賣公卿. 公卿大官, 必是資望相應的, 然非因近倖入錢, 亦不肯便與.

公, 賣錢一千萬; 卿, 賣錢五百萬.

將這賣官的錢, 都收貯在西園庫裡, 以爲自家的私藏.

考之於史: 靈帝初爲侯時, 常苦貧, 及卽位, 嘆桓帝不能作家計, 無私錢, 故賣官聚錢如此.

夫朝廷官爵, 以待賢才.

≪書≫言: 『官不及私昵, 爵罔及惡德.』任意與人, 猶且不可, 況賣之以爲私藏乎!

且天子富有四海, 安用私藏? 乃使市販之輩, 冒濫冠裳, 賢才之人, 高蹈畎畝.

上壞朝廷名器之公, 下遺百姓剝削之害.

未及五年, 大盜四起, 宗廟社稷, 且不可保, 西園私藏, 果安在哉?

此正≪大學≫所謂:『一人貪戾, 一國作亂』者也.

【鬻賣】'팔다'의 뜻.
【知府】명나라 때의 지방 행정 부서. 州에 牧을 두었으며 행정을 담당하는 官署를 府라 하였고 그 책임자를 '知府'라 함. '知縣' 역시 縣의 최고 행정 책임자를 가리킴.
【選除】선발하여 직급을 除授함. '除'는 기존의 직위에서 면제된 다음 다시 새로운 직급을 받는 것을 말함. 여기서 이미 관직을 가지고 있으면서 행정 능력이나 덕행이 있어 다음 단계로의 승진이 당연한 자에게도 그 반값을 받았음을 말함.
【好歹】좋은 환경과 열악한 조건의 상대적 의미 결합의 어휘. '歹'은 우리 한자음으로는 '알'이나 白話語에서는 'dǎi'로 읽음.
【賒與他】'賒'는 '외상으로 주다'의 뜻.
【着他】"그로 하여금 ~하도록 하다(시키다)"의 構文. '着'은 '使, 教, 讓, 俾, 叫, 令' 등 使役形 助動詞로 쓰였음. 明代 白話語의 한 유형임.
【靈帝初爲侯】靈帝는 桓帝의 뒤를 잇기는 하였으나 그 직계가 아니며 환제 아버지 劉翼의 아우(劉淑)의 손자로서 桓帝의 당질에 해당함. 환제가 죽고 마땅한 후계자가 없어 竇太后가 竇武와 모의 끝에 河間王 劉開의 아들 劉宏을 제위에 올리고 두태후가 垂簾聽政하였으며 두무를 대장군에 올려 보필하도록 하였음. 여기서는 어릴 때 제대로 황실의 대접을 받지 못하였음을 말한 것임.
【桓帝】東漢 제11대 황제 劉志(재위 147~167). 章帝의 후손 劉翼의 아들이며 質帝(劉纘)를 이어 제위에 오름.
【書言】≪尙書≫ 說命(中)의 구절. 원문은 "惟治亂在庶官, 官不及私, 昵惟其能, 爵罔及惡, 德惟其賢"으로 되어 있음.
【私昵】사사롭게 친한 사람. '昵'은 '친숙하다, 사랑하다'의 뜻.
【罔】'勿, 毋, 無, 莫' 등과 같음. 禁止命令語.
【冠裳】'衣冠'과 같음. 관직을 가진 고관대신. 商人들이 이들을 모멸하고 깔보도록 함.

【高蹈畎畝】 덕행이 높으면서 논밭에 묻혀 삶. 농촌에 숨어 사는 덕이 높은 은자를 말함. 돈으로 官爵을 사고 파는 것을 보고 그 근처에 발을 들여놓지 않겠다고 들에 묻혀 사는 뜻 있는 선비들을 말함.

【名器】 국가의 중요한 요직을 뜻함.

【剝削】 가혹하게 깎거나 긁어모음. 백성에게 못된 짓을 함.

【大學】 ≪禮記≫의 편명. 朱熹가 같은 ≪예기≫ 속의 <中庸>과 함께 분리하여 ≪論語≫, ≪孟子≫를 묶어 四書로 편정함. ≪大學≫ 제9장에 "一家仁, 一國興仁; 一家讓, 一國興讓; 一人貪戾, 一國作亂; 其機如此. 此謂一言事, 一人定國"라 함.

【貪戾】 탐욕을 부리며 지독하게 나쁜 짓을 함.

참고 및 관련 자료

1. ≪後漢書≫(8) 孝靈帝紀

初開西邸賣官, 自關內侯・虎賁・羽林, 入錢各差. 使令左右賣公卿, 公千萬, 卿五百萬.

2. ≪後漢書≫(8) 孝靈帝紀 注

≪山陽公載記≫曰:「時賣官, 二千石二千萬, 四百石四百萬, 其以德次應選者半之, 或三分一. 於西園立庫以貯之.」

3. ≪資治通鑑≫(57) 漢紀(49)

是歲, 初開西邸賣官, 入錢各有差: 二千石二千萬, 四百石四百萬, 其以德次應選者半之, 或三分之一. 於西園立庫以貯之. 或詣闕上書占令長, 隨縣好醜, 豐約有賈. 富者則先入錢, 貧者到官然後倍輸. 又私令左右賣公卿: 公千萬, 卿五百萬. 初, 帝爲侯時常苦貧, 及卽位, 每歎桓帝不能作家居, 曾無私錢, 故賣官聚錢以爲私藏.

4. ≪蒙求≫(064~2)「崔烈銅臭」

後漢, 崔烈涿郡安平人. 有重名於北州, 歷郡守九卿. 靈帝時開鴻都門榜賣官爵. 公卿以下皆有差. 富者先入錢, 貧者到官而後倍輸. 或因常侍阿保, 別自通達. 是時段熲等雖有功勳名譽, 然皆先輸貨財而後登公位. 烈因傅母入錢五百萬爲司徒. 嘗問其子鈞曰:「吾居三公, 於議者何如?」鈞曰:「大人少有英稱, 歷位卿守, 人謂當爲三公. 今登其位, 天下失望.」烈曰:「何爲然也?」鈞曰:「論者嫌其銅臭.」後拜太尉, 董卓旣誅, 拜城門校尉.

5. ≪後漢書≫(52) 崔駰傳

寔從兄烈, 有重名於北州, 歷位郡守·九卿. 靈帝時, 開鴻都門榜賣官爵, 公卿州郡下至黃綬各有差. 其富者則先入錢, 貧者到官而後倍輸, 或因常侍·阿保別自通達. 是時段熲·樊陵·張溫等雖有功勤名譽, 然皆先輸貨財而後登公位. 烈時因傅母入錢五百萬, 得爲司徒. 及拜日, 天子臨軒, 百僚畢會. 帝顧謂親倖者曰:「悔不小斬, 可至千萬」程夫人於傍應曰:「崔公冀州名士, 豈肯買官? 賴我得是, 反不知姝邪!」烈於是聲譽衰減. 久之自不安, 從容問其子鈞曰:「吾居三公, 於議者何如?」鈞曰:「大人少有英稱, 歷位卿守, 論者不謂不當爲三公; 而今登其位, 天下失望」烈曰:「何爲然也?」鈞曰:「論者嫌其銅臭」烈怒, 擧杖擊之. 鈞時爲虎賁中郎將, 服武弁, 戴鶡尾, 狼狽而走. 烈罵曰:「死卒, 父檛而走. 孝乎?」鈞曰:「舜之事父, 小杖則受, 大杖則走, 非不孝也」烈慙而止. 烈後拜太尉.

098(下-17)

열사후궁(列肆後宮)
한(漢) 영제(靈帝)

궁궐 뒤편에 가게를 즐비하게 차리고 놀아난 한 영제

한(漢)나라 때 역사 기록이다.

영제(靈帝)가 후궁에 점포를 줄지어 차려 놓고 여러 채녀(采女)들로 하여금 물건을 팔도록 하였다.

그리고 서로 돌아가며 도둑질하고 싸우며 시장 장사꾼들이 하는 짓을 그대로 하도록 하고, 자신도 장사꾼의 복장을 하고 그들을 따라 술 마시며 노는 것을 즐거움으로 삼았다.

漢史紀: 靈帝作列肆於後宮, 使諸采女販賣.
更相盜竊·爭鬪. 帝着商賈服, 從之飮宴爲樂.

【列肆後宮】 궁궐 뒤편에 점포를 줄 세워 차려 놓고 장사하는 놀이를 함.
【采女】 漢나라 때 宮女의 職級名. 皇后, 貴人 외에 美人, 宮人, 采女 등 세 등급의 여인들을 두었음. 采女는 일반 궁녀를 뜻함.
【商賈】 '상고'로 읽으며 장사꾼, 장사하는 사람. '商'은 자리를 옮겨 가며 판매하는 것. '賈'는 자리를 정하여 앉은자리에서 장사하는 것.

直解(白話文)

동한 때의 역사 기록이다.

영제는 후궁에 점포를 만들어 놓고 각양각색의 상품을 쌓아 놓고는 궁중의 채녀들로 하여금 바깥 시정 사람들을 흉내 내어 물건을 팔고 사도록 하였다. 그리고 다시 그들로 하여금 피차 물건을 훔치고 다투며 시끄럽게 떠들어 고의로 시정배들의 모습을 연출해 내도록 하였다.

영제 자신도 바깥 장사꾼들의 더러운 옷을 입고 장사꾼으로 가장하였다. 그리고 궁인들을 따라 그곳 주점에서 술을 마시며 이를 즐거운 놀이로 삼았다.

무릇 영제 때에는 간사한 이들이 조정에 가득하여 권위와 기강이 제대로 잡혀 있지 않아 하늘은 노하고 백성의 원성이 자자하여 재앙과 변고

가 쉴 새 없이 일어나고 있었다. 이를 두려워하고 반성하여 어진 이를 등용하는 등 정치에 힘써야 했건만 이를 깨닫지 못한 채 도리어 궁중에 놀이터를 만들어 상인들이 하는 천한 수작을 달게 여기며 함께하였다. 게다가 개에게 모자를 씌우거나 당나귀를 타고 고삐를 잡고 노는 등 존엄한 지위를 더럽히고 천자로서의 풍도를 허물어뜨리는 놀이를 하면서 못할 짓이 없이 굴었다. 그러니 인심이 어찌 이반하지 않을 수 있었겠으며, 도적이 어찌 일어나지 않을 수 있었겠는가? 동한의 멸망이 어찌 마지막 황제 헌제(獻帝)의 죄이겠는가?

東漢史上記: 靈帝於後宮中, 蓋造鋪店, 積聚各樣貨物, 使宮中采女, 都學外面市井上人, 交易販賣. 又使之彼此偸盜・爭鬪・誼譁, 故意做出那市井上的模

樣來. 靈帝也穿着外面買賣人的褻衣, 裝做商賈. 隨着衆宮人在酒肆中飮宴, 以爲懽樂.

夫靈帝之時, 奸邪滿朝, 權綱不振, 天怒人怨, 灾變疊興, 乃不知恐懼修省, 任賢圖治, 而遊樂宮中, 甘同商賈下賤人的勾當. 兼且弄狗着冠, 駕驢操轡, 褻瀆敗度之事, 無所不爲. 人心如何不離? 盜賊如何不起? 東漢之亡也, 豈獻帝之罪哉?

【學】 '效(効)'와 같음. '흉내 내다'의 뜻.
【褻衣】 더러운 옷. 치부를 드러내는 복장.
【裝做】 역할을 함. 일부러 어떤 짓을 흉내 내어 분장을 하거나 가장함.
【酒肆】 술집.
【灾變】 재앙과 변고. '灾'는 '災'와 같음.
【甘同】 그러한 짓을 달게 여겨 똑같이 함.
【勾當】 짓, 일, 수작.
【弄狗着冠】 靈帝가 개에게 '進賢冠'이라는 모자를 씌우고 직위를 표시하는 허리띠와 印綬를 목에 걸고 사람을 대신하도록 하며 즐기던 놀이. 참고란을 볼 것.
【駕驢操轡】 나귀를 말처럼 타고 고삐를 당기며 이리저리 돌리는 등 희학하는 놀이. 역시 靈帝가 즐기던 놀이. 참고란을 볼 것.
【獻帝】 東漢의 마지막 임금 劉協(재위 189~220). 한말 董卓이 난을 일으켜 군대를 이끌고 洛陽으로 들어와 少帝를 폐위시키고 獻帝를 옹립하였다가 다시 獻帝를 長安으로 끌고 감. 다시 呂布가 동탁을 죽이고 헌제를 洛陽으로 데리고 오자 이번에는 曹操가 헌제를 許昌(지금의 河南 許昌)으로 끌고 가 협박하는 등 왕권은 이미 추락하고 말았음. 뒤를 이어 黃巾賊의 난과 曹操와 袁紹의 결전, 長江 유역의 劉表와 孫權의 발흥, 劉備의 赤壁之戰 등 온갖 혼란을 겪은 뒤 조조의 아들 曹丕(魏 文帝)에 이르러 獻帝를 폐하고 魏나라를 세움(220)으로써 한나라는 완전히 멸망하였고 天下가 三國鼎立의 시기에 들어서게 됨. 본문에서는 비록 헌제가 이렇게 한나라를 잃었으나 그 원인은 이미 靈帝 때부터 시작되었음을 강조한 것임.

참고 및 관련 자료

1. ≪後漢書≫(8) 孝靈帝紀
  是歲帝作列肆於後宮, 使諸采女販賣, 更相盜竊爭鬪. 帝著商估服, 飲宴爲樂. 又於西園弄狗, 著進賢冠, 帶綬. 又駕四驢, 帝躬自操轡, 驅馳周旋, 京師轉相放效.

2. ≪後漢書≫ 靈帝記 注
  ≪三禮圖≫曰:「進賢冠, 文官服之, 前高七寸, 後高三寸, 長八寸.」續漢志曰:「靈帝寵用便嬖子弟, 轉相汲引, 賣關內侯直五百萬. 令長強者貪如豺狼, 弱者略不類物, 實苟而冠也.」昌邑王見狗冠方山冠, 龔遂曰:「王之左右皆狗而冠.」

3. ≪後漢書≫ 靈帝記 注
  ≪續漢志≫曰:「驢者乃服重致遠, 上下山谷, 野人之所用耳, 何有帝王君子而驂駕之乎! 天意若曰, 國且大亂, 賢愚倒植, 凡執政者皆如驢也.」

4. ≪資治通鑑≫(58) 漢紀(50)
  是歲, 帝作列肆於後宮, 使諸采女販賣, 更相盜竊爭鬪. 帝著商賈服, 從之飮宴爲樂. 又於西園弄狗, 著進賢冠, 帶綬. 又駕四驢, 帝躬自操轡, 驅馳周旋, 京師轉相倣效, 驢價遂與馬齊.

099(下-18)

방림영건(芳林營建)
위(魏) 조예(曹叡)

방림원에 큰 토목공사를 벌인 위나라 조예

위(魏)나라 때 역사 기록이다.

명제(明帝)는 토목공사를 벌여 궁전을 크게 짓기를 좋아하였다. 그리하여 해마다 역사를 끊임없이 벌여 쉬는 해가 없었다.

그리고 장안의 종거(鐘簴)며 동타(銅駝), 승로반(承露盤)을 낙양으로 옮겨

다 놓았다.

  구리로 사람 형상을 주조하여 사마문(司馬門) 밖에 진열하였고 다시 황룡, 봉황을 주조하여 내전의 앞에 설치하였다.

  방림원(芳林園)에는 흙을 퍼다 산을 만들었는데, 그때는 공경(公卿)들도 모두 흙을 짊어져서 나르도록 일을 시켰다. 그리고 잡목과 좋은 풀을 심고, 새와 짐승을 잡아 그 안에 풀어 놓았다.

  그러자 광록훈(光祿勳) 고당륭(高堂隆)과 상서 위기(衛覬) 및 사도연(司徒掾) 동심(董尋) 등이 모두 상소하여 극렬히 간언하였으나 들지 않았다.

魏史紀: 明帝好土功, 大營宮殿. 役連歲不休.

徙長安鐘簴・銅駝・承露盤於洛陽.

鑄銅人二, 列司馬門外. 又鑄黃龍・鳳凰, 置內殿前.

起土山於芳林園, 使公卿皆負土. 樹襍木善草, 捕禽獸致其中.

光祿勳高堂隆・尙書衛覬, 及司徒掾董尋, 皆上疏極諫, 不聽.

【芳林營建】방림원에 토목공사를 벌임.
【魏】三國의 曹魏. 文帝(曹丕)로부터 元帝(曹奐)에 이르기까지 5대 46년간(220~265). 洛陽을 도읍으로 하였으며 뒤에 司馬氏에게 나라를 잃어 晉(西晉)으로 이어짐.
【明帝】三國 魏나라 제2대 군주 曹叡(205~239). 曹丕의 아들이며 토목공사를 벌이기를 좋아하였음.
【長安】魏나라 때 都邑은 洛陽이었으며 長安은 漢나라 때 도읍지. 지금의 陝西 西安 長安市.
【鐘簴】鐘, 磬, 鼓 등을 걸어 두는 나무 시렁. 橫木을 '笋'이라 하며 그에 따라 열두 개의 기둥을 세워 六律六呂를 삼아 이를 '簴'라 함. 簴의 양 끝에는 龍鳳을 조각하여 화려하게 꾸밈. '鐘架'로도 부름.
【銅駝】구리로 주조하여 만든 橐駝(駱駝).

【承露盤】漢 武帝가 神仙術과 미신을 믿어 신명이 하늘에서 내려 주는 이슬을 받아 선약과 함께 먹으면 장수한다는 말에 따라 구리로 仙人掌(신선의 손바닥 형상)을 만들어 새벽 이슬을 받아 이를 甘露라 하였음. 그 이슬을 받는 쟁반을 '承露盤'이라 함. ≪西京雜記≫ 및 ≪博物志≫, ≪古今注≫ 등을 참조할 것.
【洛陽】魏나라 때의 도읍. 魏나라는 東漢 때의 도읍 낙양을 그대로 도읍지로 삼았음. 지금의 河南 洛陽市.
【芳林園】원래 동한 때 세운 園林. 魏 明帝의 뒤를 이어 아들 齊王(曹芳)이 즉위하여 이름을 '華林園'으로 바꾸었음. 지금의 洛陽市 동쪽에 遺址가 있음.
【㮴木】'㮴'은 '雜'의 이체자.
【高堂隆】삼국 위나라 때 평양(지금의 山西 臨汾) 사람으로 자는 長平. 散騎常侍에 올랐으며 明帝의 토목공사를 간언하다가 光祿勳으로 좌천됨.
【衛覬】위나라 때 安邑(지금의 山西 夏縣) 사람으로 자는 伯儒. 어려서 才學으로 이름이 났으며 위나라 때 侍中에 오름. 明帝 때 閺鄕侯에 봉해짐.
【董尋】河東(지금의 山西) 사람으로 司徒軍議掾을 역임함. 명제가 長安의 鐘簴와 銅人을 洛陽으로 옮기려 하자 극력 반대하였음.

直解(白話文)

삼국 위나라 때의 역사 기록이다.

명제 조예(曹叡)는 토목공사를 좋아하였다. 그는 즉위하자 곧 궁정을 크게 짓는 공사를 벌였다. 이윽고 허창궁(許昌宮)이 완성되자 다시 낙양궁(洛陽宮)을 짓는 등 공사는 해마다 이어져 쉴 틈이 없었다.

그리고 장안성에 있던 한나라 때 만들어진 종가(鐘架)와 구리로 만든 탁타(橐駝) 및 승로반을 낙양으로 옮겨 왔다.

다시 구리로 두 개의 사람 형상을 크게 만들어 이를 '옹중(翁仲)'이라 부르며 사마문 밖에 진열해 놓았다. 그리고 다시 황룡과 봉황 등을 구리로

주조하여 내전의 앞쪽에 배치하였다.

　방림원에는 흙으로 산을 하나 만들면서 서둘러 완성하고자 공경 대신들로 하여금 직접 흙을 날라 공사를 돕도록 하였다. 이윽고 산이 완성되자 사람들로 하여금 잡목과 좋은 풀을 심도록 하였으며 다시 각양각색의 새와 짐승을 잡아 그 안에 풀어 놓아 마치 진짜 산처럼 만들었다.

　광록훈 고당륭과 상서 위기 및 사도연 동심이 모두 상소문을 올려 그 실책을 간언하였지만 명제는 도통 그들의 말을 듣지 않은 채 여전히 공사를 일으켰다.

　무릇 임금 한 사람이 천하를 다스리는 것이지 천하 사람들이 한 사람을 떠받드는 것이 아니다. 명제 때에는 삼국이 막 정립한 시기로 바야흐로 절약과 검소함에 온 힘을 기울여도 오히려 나라를 제대로 일으키기에 부족하였는데 도리어 급하지도 않은 일에 사람을 동원하여 노고롭게 하였다. 게다가 공경 대신이라면 조정에서 평소 존경하고 예우를 해 주어야 할 사람들인데 심지어 이들로 하여금 흙을 지고 산을 만들도록 하여 손을 더럽히고 발을 진흙에 빠뜨리게 하였으니 더욱더 신하에 대한 예가 아니었다.

얼마 지나지 않아 명제는 어린 나이에 죽어 후사도 없었다. 그렇게 만든 많은 것 중 단 한 가지도 제대로 누려 보지 못한 채, 위나라의 천하는 곧 뒤따른 사마씨(司馬氏)에 의해 찬탈당하고 말았으니 저 동인(銅人)과 토산(土山)은 과연 누구를 위해 만든 것인가!

〈銅琢〉(戰國 兵器 부분) 雲南 江川縣 출토

三國魏史上記: 明帝叡好土木之功. 卽位後, 大營建宮殿. 旣作許昌宮, 又作洛陽宮. 工役連年不得休息.

遷徙長安城中秦漢時所造的鐘架‧銅橐駝, 及承露盤到洛陽來.

用銅鑄兩箇極大的人, 號做「翁仲」, 擺列在司馬門外.

又鑄成黃龍‧鳳凰, 安置在內殿前面.

築一座土山於芳林園, 欲其速成, 乃使公卿大臣每都親自搬土助工. 山旣成了, 使人栽種雜木好草; 又捕捉各樣禽獸, 放在中間, 就與眞山一般.

光祿勳高堂隆‧尙書衛覬及司徒椽董尋, 都上奏疏極諫其失. 明帝通不聽他, 興作如故.

夫人君以一人治天下, 非以天下奉一人也. 明帝之時, 三方鼎立, 力行節儉, 猶恐不足以爲國, 而乃勞人動衆爲不急之務. 且公卿大臣, 朝廷之所素敬禮者, 至使之負土爲山, 沾手塗足, 尤非使臣以禮之道矣.

未幾, 明帝早崩無嗣, 不及一享其樂, 魏之天下, 又隨爲司馬氏所簒, 彼銅人土山之玩, 果爲誰而作哉!

【許昌宮】許昌(지금의 河南 許昌)에 세운 궁궐. 許昌은 원래 曹操가 근거지로 삼았던 곳이며 한때 조조가 獻帝를 강제로 그곳으로 끌고 가 그 위세를 업고 권력을 휘두르기도 하였음.
【叡】魏 明帝의 이름.
【橐駝】등에 주머니가 달렸다 하여 '橐駝'라 하며 駱駝를 가리킴.
【大臣每】'每'는 '們'과 같음.
【三力】三國. 蜀漢, 東吳와 曹魏 세 나라가 鼎立하였던 시기임을 말함.
【早崩無嗣】명제 조예는 자식을 낳지 못한 채 35세에 죽었으며 曹芳이 양자로 들어가 여덟 살에 제위에 올랐음.
【司馬氏】魏나라는 明帝 뒤에 齊王(曹芳), 高貴鄕公(曹髦)을 이어 元帝(曹奐)로 이어졌으나 대신 司馬昭의 손아귀에서 벗어나지 못하다가 사마소의 아들 司馬炎에 이르러 조환을 폐위시키고 스스로 稱帝하여 晉나라가 들어서게 됨.

참고 및 관련 자료

1. ≪三國志≫ 魏志(3) 明帝(裴松之 注)
　≪魏略≫曰:「是歲, 徙長安諸鍾簴・駱駝・銅人・承露盤. 盤折, 銅人重, 不可致, 留于霸城. 大發銅鑄銅人二, 號曰'翁仲', 列坐于司馬門外. 又鑄黃龍・鳳皇各一, 龍高四丈, 鳳高三丈餘, 置內殿前. 起土山于芳林園西北陬, 使公卿羣僚皆負土成山, 樹松竹・雜木・善草於其上; 捕山禽雜獸置其中.」
　≪漢晉春秋≫曰:「帝徙盤, 盤折, 聲聞數十里, 金狄或泣, 因留霸城.」
　≪魏略≫載司徒軍議掾河東董尋上書諫曰:「臣聞古之直士, 盡言於國, 不避死亡. 故周昌比高祖於桀紂, 劉輔譬趙后於人婢. 天生忠直, 雖白刃沸沸, 往而不顧者, 誠爲時主愛惜

天下也. 建安以來, 野戰死亡, 或門殫戶盡, 雖有存者, 遺孤老弱. 若今宮室狹小, 當廣大之, 猶宜隨時, 不妨農務, 況乃作無益之物, 黃龍・鳳皇, 九龍・承露盤, 土山・淵池, 此皆聖明之所不興也. 其功參倍于殿舍. 三公九卿侍中上書, 天下至德, 皆知非道而不敢言者, 以陛下春秋方剛, 心畏雷霆. 今陛下既尊羣臣, 顯以冠冕, 被以紋繡, 載以華輿, 所以異於小人; 而使穿方舉土, 面目垢黑, 沾體塗足, 衣冠了鳥, 毀國之光以崇無益, 甚非謂也. 孔子曰:『君使臣以禮, 臣事君以忠.』無忠無禮, 國何以立! 故有君不君, 臣不臣, 上下不通, 心懷鬱結, 使陰陽不和, 災害屢降, 凶惡之徒, 因間而起, 誰當爲陛下盡言事者乎? 又誰當干萬乘以死爲戲乎? 臣知言出必死, 而臣自比於牛之一毛, 生既無益, 死亦何損? 秉筆流涕, 心與世辭. 臣有八子, 臣死之後, 累陛下矣!」將奏, 沐浴. 既通, 帝曰:「董尋不畏死邪!」主者奏收尋, 有詔勿問. 後爲貝丘令, 清省得民心.

2. ≪資治通鑑≫(73) 魏紀(5)

是歲, 徒長安鍾簴・橐佗・銅人・承露盤於洛陽. 盤折, 聲聞數十里. 銅人重, 不可致, 留于霸城. 大發銅鑄銅人二, 號曰'翁仲', 列坐於司馬門外. 又鑄黃龍・鳳皇各一, 龍高四丈, 鳳高三丈餘, 置內殿前. 起土山於芳林園西北陬, 使公卿羣僚皆負土, 樹松竹・雜木・善草於其上; 捕山禽雜獸置其中. 司徒軍議掾董尋上疏諫曰: ……高堂隆上疏曰:「今世之小人, 好說秦漢之奢靡以蕩聖心; 求取亡國不度之器, 勞役費損以傷德政. 非所以興禮樂之和, 保神明之休也」. 帝不聽. 尚書衛覬上疏曰:「今議者多好悅耳, 其言政治, 則非陛下於堯舜; 其言征伐, 則比二虜於狸鼠. 臣以爲不然, 四海之內, 分以爲三, 羣士陳力, 各爲其主, 是與六國分治無以爲異也. 當今千里無煙, 遺民困苦; 陛下不善留意, 將遂凋敝, 難可復振. ……下略.」

100(下-19)
# 양거유연(羊車遊宴)
진(晉) 무제(武帝)

양이 끄는 수레로 후궁을 찾아다니며 놀이와 잠자리를 정한 진 무제

    진(晉)나라 때 역사 기록이다.
    무제(武帝)가 이윽고 오(吳)나라 마저 평정하자 자못 놀이와 연회에 빠져 들게 되어 정치는 뒷전이 되고 말았다. 액정(掖庭)에는 거의 일만 명의 후궁들이 우글거렸다. 무제는 항상 양이 끄는 수레를 타고 방자하게 그들

을 찾아다니곤 하였다. 그리고 여인들에게 이르면 그곳에서 연회를 벌이고 잠자리를 잡았다. 궁녀들은 서로 경쟁하여 대나무 잎을 문 앞에 꽂고 소금물을 그 앞에 뿌려 황제의 수레를 유인하였다.

　황후의 부친 양준(楊駿)은 이러한 무제를 대신하여 정권을 휘둘러 사방으로부터 뇌물과 청탁이 쇄도하여 그 세도는 내외를 기울였다.

　조정은 크게 허물어졌고 아들 혜제(惠帝)에 이르자 드디어 오호(五胡)가 중원을 치고 들어와 수많은 나라를 세우며 난리를 피우는 재앙이 닥치고 말았다.

　晉史紀: 武帝旣平吳, 頗事遊宴, 怠於政事. 掖庭殆將萬人, 常乘羊車, 恣其所之. 至便宴寢, 宮人競以竹葉揷戶, 鹽汁灑地, 以引帝車.

　而后父楊駿始用事, 交通請謁, 勢傾內外.

　朝政大壞, 至其子惠帝, 遂有五胡亂華之禍.

【羊車遊宴】양이 끄는 수레를 타고 밤에 후궁 나들이를 하며 잔치를 벌임.
【晉】司馬氏가 曹魏를 이어 세운 왕조로 洛陽을 도읍으로 하였던 기간을 西晉(265~317)이라 하며 武帝(司馬炎), 惠帝(司馬衷), 懷帝(司馬熾), 愍帝(司馬鄴)으로 이어짐. 永嘉의 난으로 서진이 멸망하자 元帝(司馬睿)가 建業(지금의 南京)으로 도읍으로 옮겨 왕조를 다시 이어 간 기간을 東晉(317~420)이라 함. 원제를 이어 明帝(司馬紹), 成帝(司馬衍), 康帝(司馬岳), 穆帝(司馬聃), 哀帝(司馬丕), 海西公(司馬奕), 簡文帝(司馬昱), 孝武帝(司馬曜), 安帝(司馬德宗), 恭帝(司馬德文)으로 이어지다 南朝 宋의 劉裕에게 넘어감.
【武帝】晉 武帝 司馬炎(재위 265~290). 西晉의 개국 군주. 司馬昭의 長子. 자는 安世. 咸熙 2년(265)에 魏나라로부터 禪讓의 형식으로 나라를 이어받아 晉나라를 세우고 洛陽을 도읍으로 함. 묘호는 世祖. ≪晉書≫(3)에 紀가 있음.
【平吳】삼국 중 蜀은 263년 後主 劉禪 때 魏나라 大將軍 司馬昭에게 망하였고, 265년 晉 武帝 司馬炎이 魏나라로부터 선양을 받은 다음, 280년 吳나라 孫皓를 멸하고

명실상부한 통일을 이루었음.

【掖庭】 궁전 안에 있는 御殿으로 궁녀가 거처하는 곳. '後庭'이라고도 함.

【宴寢】 연회를 하며 그곳을 잠자리로 정함.

【竹葉揷戸】 궁녀들이 무제를 태운 수레를 끄는 양들이 잎을 먹기 위해 자신의 방 앞에 머물도록 한 것.

【鹽汁灑地】 양들이 소금을 먹기 위해 그 앞에 머물도록 하려고 뿌려 둠.

【楊駿】 武帝의 황후 楊氏의 아버지. 太傅大都督의 요직에 있었으며 太尉에 올랐음.

【惠帝】 西晉의 제2대 황제 司馬衷(재위 290~306). 武帝 司馬炎의 아들이며 중국 역사상 가장 白痴에 가까운 군주로 널리 알려진 인물. 皇后 賈南風에게 조종당하여 나라를 혼란으로 몰아넣었음.

【五胡亂華】 晉 武帝가 죽은 다음 匈奴, 鮮卑, 氏, 羯, 羌 등의 북방의 다섯 소수민족이 차례로 中元을 공격하여 차지한 다음 나라를 세워 무려 16개국이 흥망을 이루었음. 즉 匈奴(前趙, 北凉, 夏), 鮮卑(前燕, 後燕, 西秦, 南凉, 南燕), 羯(後趙), 氏(成漢, 前秦, 後凉), 羌(後秦), 漢(前凉, 西凉, 北燕)이었으며 북방 중원은 이로써 130여 년간 분열 상태에 들어갔음. 이를 '五胡十六國'이라 하며 역사상 '五胡亂華'라 함.

直解(白話文)

진나라 때의 역사 기록이다.

무제는 오나라를 평정한 뒤로 천하는 완전히 통일되었으니 사해는 더 이상 걱정할 것이 없다고 여겨 드디어 교만과 방종, 그리고 일락에 빠져들어 놀이와 연회를 즐기며 정사는 돌보지 않았다. 후궁의 부녀들은 거의 만 명에 이를 정도였다. 이들은 황제로부터 은총을 받고자 했지만 임금이 자신의 방에 머물도록 할 수가 없었다. 왕은 양이 끄는 수레를 타고 양이 가는 대로 가게 내버려 두었다가 양이 머무는 곳에서 머물러 잔치를 열고 잠자리를 정하였다.

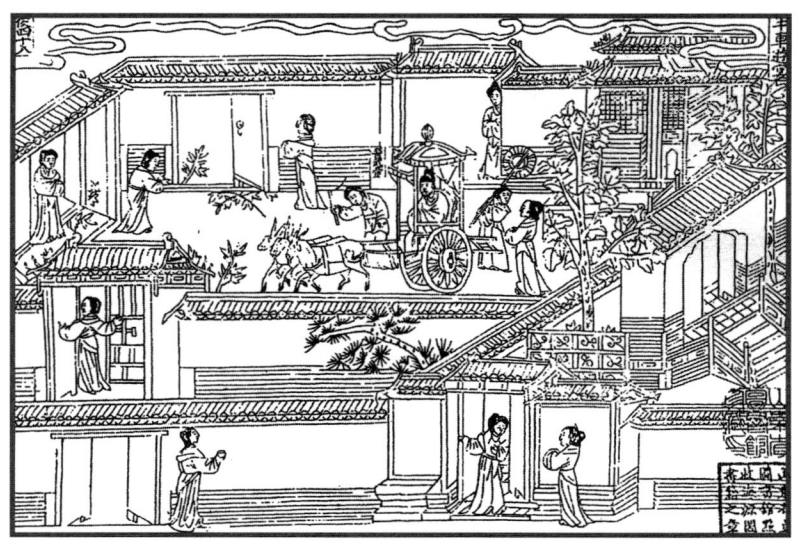

　이에 후궁 가운데 양이 자신의 방에 머물기를 바라는 자가 많아 모두가 대나무 잎을 자신의 문에 꽂아 두고 소금물을 땅에 뿌려 양이 이를 먹으러 오도록 유인하여 황제의 수레가 함께 머물러 연회와 잠자리 장소로 정해지도록 하였다. 무제는 이처럼 황음무도한 짓을 하며 나랏일은 안중에도 없었다.

　이에 황후의 아버지 양준이 정권을 제 마음대로 휘둘러 청탁이 오고 가며 위복과 권세가 내외를 진동할 정도였다. 조정은 당연히 날로 허물어져 혼란이 빚어졌다. 그 아들 혜제는 더욱 불초하였다. 이적(夷狄)이 차례로 침범해 들어와 오호가 중원을 뒤흔들었으니 중원의 조대 진나라의 재앙은 이로부터 시작된 것이었다.

　만약 무제가 오나라를 평정한 뒤 긍긍업업(兢兢業業)하여 지난날 같이만

했더라면 명석하고 통달한 군주가 되었을 것이니, 양준인들 어찌 제 마음대로 할 수 있었겠으며 천하 어디로부터 혼란의 문이 열렸겠는가?

 晉史上記: 武帝自平吳之後, 以爲天下一統, 四海無虞, 遂驕縱放逸, 好遊幸宴樂, 不理政事. 後宮婦女, 多至萬人. 欲有所幸, 不能自決所往, 因以羊駕車, 認他行去. 羊所住處, 就在那裏住下, 宴樂寢宿.
 于是宮人望幸者多, 都把竹葉揷在門上, 鹽水灑在地下, 引得那羊來食之, 以住帝車而宴寢焉. 因武帝這等荒淫無度, 不理國事.
 於是皇后之父楊駿, 得以專權擅政, 交通請托, 威福權勢, 傾動內外, 朝政日以壞亂. 至其子惠帝又不肖. 夷狄交侵, 五胡亂華, 而中朝之禍, 自此始矣.
 向使武帝平吳之後, 兢兢業業, 常如前日, 則帝亦明達之主也. 駿安得而用事, 天下何從而啓亂哉?

【無虞】'虞'는 '虞慮'. 더 이상 염려할 것이 없음.
【認他】'任它'와 같음. 그(양)가 하는 대로 맡겨 내버려 둠. 양이 머무는 곳을 곧 연회 장소와 침소로 결정하기 위한 것임.
【威福】위세와 복록.
【夷狄】고대에 중국은 中原 밖의 사방 이민족을 낮추어 東夷, 南蠻, 西戎, 北狄이라 불렀으며 그중 東夷와 北狄을 묶어 夷狄이라 하며 이민족을 통칭하는 말로 사용했음.
【中朝】중원 즉 황하 유역에 세워진 조대. 여기서는 西晉을 가리킴.
【兢兢業業】戰戰兢兢하며 일에 온 힘을 쏟아 열심히 다함. ≪尙書≫ 皐陶謨에 "無敎逸欲有邦, 兢兢業業. 一日二日萬幾. 無曠庶官. 天工人其代之"라 함.

참고 및 관련 자료

1. ≪晉書≫(31) 后妃傳(胡貴嬪)

　　胡貴嬪名芳, 父奮. 泰始九年, 武帝多簡良家子女, 以充內職, 自擇其美者, 以絳紗繫臂. 而芳既入選, 下殿號泣. 左右止之曰:「陛下聞聲.」芳曰:「死且不畏, 何畏陛下?」帝遣洛陽令司馬肇策拜芳爲貴嬪. 帝每有顧問, 不飾言辭, 率爾而答, 進退方雅. 時帝多內寵. 平吳之後, 復納孫皓宮人數千, 自此掖庭殆將萬人. 而並寵者甚衆, 帝莫知所適, 常乘羊車, 恣其所之, 至便宴寢. 宮人乃取竹葉挿戶, 以鹽汁灑地而引帝車. 然芳最蒙愛幸, 殆有專房之寵焉. 侍御服飾亞于皇后. 帝嘗與之樗蒲, 爭矢, 遂傷上指. 帝怒曰:「此固將種也.」芳對曰:「北伐公孫, 西距諸葛, 非將種而何?」帝有慚色. 芳生武安公主.

2. ≪蒙求≫(176)「胡嬪爭樗」

　　≪晉書≫: 胡貴嬪名芳, 父奮家世將門, 爲鎭軍大將軍. 武帝多簡良家女, 以充內職, 自擇其美者, 以絳紗繫臂. 芳既入選, 下殿號泣. 左右止之曰:「陛下聞聲.」芳曰:「死且不畏, 何畏陛下?」拜爲貴嬪. 時帝多內寵. 平吳後, 復納孫皓宮人數千, 掖庭殆將萬人. 而並寵者甚衆, 莫知所適. 常乘羊車, 恣其所之, 至便宴寢. 宮人乃取竹葉挿戶, 以鹽汁洒地而引帝車. 然芳蒙幸, 殆有專房之寵. 侍御服飾亞于皇后. 帝嘗與之樗蒲, 爭矢, 遂傷上指. 帝怒曰:「此固將種也.」對曰:「北伐公孫, 西距諸葛, 非將種而何?」帝有慙色. 芳生武安公主也.

3. ≪十八史略≫(3)

　　既而侈縱, 後宮數千, 常乘羊車, 宮人挿竹葉于門, 洒鹽以待之. 羊車所至, 卽留酣宴, 與羣臣語, 未嘗有經國遠謀. 自吳既平, 謂天下無事, 盡去州郡武備. 山濤獨憂之.

소조검덕(笑祖儉德)
송(宋) 무제(武帝)

조상의 검소한 덕을 비웃은 남조 송나라 무제

송(宋)나라 때 역사 기록이다.

송나라 군주 무제 유준(劉駿)은 궁실을 크게 짓고 나무와 흙을 비단으로 덮는 등 사치를 부렸다. 그리고 자신의 할아버지 고조(高祖) 유유(劉裕)가 살던 옛 오두막 음실(陰室)을 헐고 옥촉전(玉燭殿)을 지으면서 여러 신

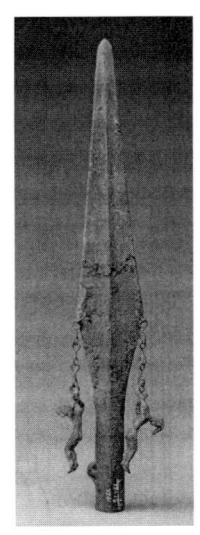

〈吊人銅矛〉(西漢) 雲南
晉寧縣 滇王墓 출토

하들과 구경을 나섰다.

그런데 침대에는 흙으로 막은 장벽이 있었고 벽 위에는 칡넝쿨을 얽어 만든 등롱과 삼을 꼬아 만든 파리채가 걸려 있었다.

원의(袁顗)가 이를 보고 고조는 검소한 덕을 지녔던 분이라 크게 칭찬을 하였다.

그러자 유준은 이렇게 말하였다.

"농촌 촌놈이 이런 황제의 자리에 올랐으니 그것만도 이미 과분하지!"

宋史紀: 宋主駿大修宮室, 土木被錦繡. 壞高祖所居陰室, 起玉燭殿, 與羣臣觀之. 牀頭有土障, 壁上掛葛燈籠, 麻蠅拂.

袁顗盛稱高祖儉德.

宋主曰:「田舍翁得此, 已爲過矣!」

【笑祖儉德】 할아버지의 검소함과 덕을 비웃음.

【宋】 南朝 宋나라(420~479). 東晉의 뒤를 이어 劉裕가 세운 나라. 흔히 南朝 宋, 혹은 劉宋이라 부름. 도읍은 建康(建業, 南京). 뒤에 蕭道成의 齊에게 망함.

【駿】 南朝 宋나라 제4대 군주 孝武帝 劉駿(430~464). 창업자 武帝 劉裕의 손자이며 文帝(劉義隆)의 셋째 아들. 435년 武陵王에 봉해졌다가 453년 太子 劉劭가 아버지 문제를 시해하고 자립하자 劉駿이 다시 이를 臺城에서 공격하여 죽인 다음 자신이 제위에 올랐음. 재위 543년~464년.

【高祖】 남조 송 高祖 武帝 劉裕(363~422). 평민 출신으로 신발 장사, 농사, 고기잡이, 벌목 등으로 생활하다가 군속에 들어가 여러 차례 공을 쌓은 다음 北部兵의 장수가

되어 이름이 나기 시작함. 東晉이 淝水之戰 이후 더욱 부패하였고 뒤에 桓玄이 자립하자 劉裕가 起兵하여 이를 죽인 다음 다시 恭帝를 폐하고 자신이 나라를 차지한 다음 국호를 宋이라 함. 동진을 이어 建業(南京)을 도읍지로 함.

【陰室】 私室. 등극하기 전 살던 평민으로서의 옛집. 남조 때 황제가 죽은 다음 사실을 그대로 보존하고 평소에 쓰던 물건을 보관하였음. ≪資治通鑑≫ 胡三省 주에 "江左諸帝旣崩, 以其所居殿爲陰室, 藏帝御服"이라 함.

【玉燭殿】 송나라 때의 궁궐 이름. 효무제가 고쳐 지은 것으로 아주 화려하게 꾸몄음.

【土障】 흙으로 막은 장막. 물건을 올려놓기 위해 흙으로 돋우어 놓은 것. 가난한 집 살림을 말함.

【葛燈籠】 칡으로 엮어 만든 등롱.

【麻蠅拂】 삼을 엮어 만든 파리채. '蠅拂'은 파리채.

【袁顗】 송나라의 대신. 자는 景章. 孝武帝 大明 연간에 侍中을 지냈으며 효무제가 태자 子業을 폐위하려 하자 극구 간언하여 중지시켰으며, 그가 즉위(465)하자 吏部尙書에 오르기도 함.

【田舍翁】 농사나 짓던 늙은이. '庄稼佬, 庄稼老'라고도 하며 '庄'은 '莊'과 같음. 할아버지 유유를 몹시 폄하한 것임. ≪資治通鑑≫에는 '田舍公'으로 되어 있음.

【得此】 두 가지 뜻으로 볼 수 있음. 즉 농촌 촌놈 출신으로 황제에 오른 것이 과분하다는 뜻과 그렇게 살다가 지금 자신이 이렇게 대접하여 옥촉전으로 바꾸어 지어 주는 것이 이미 과분한 대접이라는 뜻.

直解(白話文)

육조(六朝) 송나라 때의 역사 기록이다.
송나라 군주 유준은 사치를 좋아하여 자신의 아버지와 할아버지가 살던 궁실이 너무 좁고 허술하다고 싫어하여 다

송(南朝) 무제(劉裕)

시 새롭게 큰 공사를 벌였다. 그리고 담과 벽, 기둥에 모두 비단을 씌웠다. 송 고조가 생전에 살다가 떠난 곳을 '음실'이라 하여 후세 고조의 어복(御服)을 소장하고 있었다. 그는 그 음실을 헐어 버리고 옥촉전으로 개조하였다. 그 기회에 여러 신하들과 가서 구경을 하게 되었다. 음실 침대에는 장벽으로 막았던 칸이 있었는데 흙으로 만든 것이었다. 그리고 벽에는 등롱이 걸려 있었는데 이는 갈포(葛布)로 씌운 것이었다. 그리고 걸려 있는 파리채는 삼실로 엮어 만든 것이었다. 이는 모두가 고조가 살아 있을 때 날마다 쓰던 물건들로 소박하고 검소한 것이었으며 그 때문에 이를 남겨 두어 자손들에게 보여 주고 있었던 것이다.

그 신하 원의가 이를 보고 고조께서 검소한 덕이 있었음을 높이 칭송하며 무제가 깨닫고 느끼도록 하였다. 그러자 무제는 도리어 비웃으며 이렇게 말하는 것이었다.

"고조는 농촌에서 일어나 천자가 되었으니 본래 농촌 촌놈이었다. 그로 선 이렇게 대접을 받는 것만으로도 이미 과분하다. 어찌 상황이 다른 것을 두고 오늘과 비교하여 말할 수 있겠는가?"

무릇 조상께서 겪은 창업의 어려움과 조상께서 검소함을 숭상한 덕을 생각하지 않은 채 도리어 이렇게 비웃기까지 하였으니 그래도 이를 두고 사람의 마음을 가졌다 할 수 있겠는가? 미처 1년이 되지 않아 그는 곧 이 옥촉전에서 죽고 말았다. 그 아들 유자업(劉子業)은 악한 짓을 더욱 심하게 저질렀으며 드디어 찬탈과 시해의 재앙을 만나고 말았다.

전(傳)에 "거소함은 덕과 함께하며, 사치는 악 중에 큰 것이다"라 하였으니 어찌 믿을 만한 말이 아니겠는가!

六朝宋史上記: 宋主劉駿性好奢侈, 嫌他父祖的宮室卑小, 乃從新大修造一番, 墙壁門柱上, 都被着錦繡. 宋高祖生前住的去處, 叫做陰室, 後世以藏高祖的御服. 他要把這陰室拆了, 改造玉燭殿. 因與羣臣往那裏觀看, 見陰室裡面, 牀頭有箇屛障, 是土做的; 墙上掛箇燈籠是葛布靰的; 掛箇蠅拂是麻繩結的. 這都是高祖生前常用的器物, 質樸儉素, 故留之以示子孫也.

其臣袁顗因盛稱高祖的儉德, 欲以感悟宋主. 宋主反笑話說:「高祖起於農畝而爲天子, 本是箇庄稼老. 他有這箇受用, 已是過分了. 豈可與今日同語哉?」

夫不念祖宗創業之艱・法祖宗崇儉之德, 且嘲誚如此, 尚謂有人心乎? 未及一年, 他就歿在這玉燭殿裏. 其子子業, 濟惡更甚, 遂被篡弒之禍.

傳曰:『儉, 德之共也; 侈, 惡之大也.』豈不信哉!

【六朝】 지금의 南京에 도읍을 두었던 여섯 조대. 吳와 東晉, 남조 네 나라 즉 宋・齊・梁・陳을 합하여 지칭함.

【從新】'重新'과 같음. '다시 새롭게'의 뜻.
【嘲誚】조롱하고 비웃음.
【子業】劉子業(449~465). 남조 송나라 제5대 황제 廢帝. 孝武帝의 장자. 재위 기간 1년이 못 되어 죽었음. 즉위 즉시 골육상잔이 벌어져 할아버지 항렬의 劉義恭, 숙부 劉敬猷, 劉敬先, 劉敬淵, 아우 劉子鸞, 劉子師 및 문무백관을 마구 죽였으며 얼마 뒤 자신도 17세의 나이에 처참하게 시해를 당하여 죽음. ≪宋書≫(7) 前廢帝(劉子業) 참조.
【濟惡】악한 짓을 저지름.

참고 및 관련 자료

1. ≪資治通鑑≫(129) 宋紀(11)
自晉氏渡江以來, 宮室草創, 朝宴所臨, 東西二堂而已. 晉孝武末, 始作淸暑殿. 宋興, 無所增改. 上始大脩宮室, 土木被錦繡, 嬖妾幸臣, 賞賜傾府藏. 壞高祖所居陰室, 於其處起玉燭殿, 與群臣觀之. 牀頭有土障, 壁上挂葛燈籠, 麻蠅拂. 侍中袁顗因盛稱高祖儉素之德. 上不答, 獨曰:「田舍公得此, 已爲過矣.」顗, 淑之兄子也.

금련포지(金蓮布地)
제왕(齊王) 소보권(蕭寶卷)

황금으로 연꽃을 만들어 땅에 뿌린 남조 제나라 소보권

제(齊)나라 때 역사 기록이다.

제왕 소보권(蕭寶卷)은 황음과 사치를 부려 후궁 여인들의 복장을 지극히 진기한 것으로 골라 입혔다.

총애하는 반비(潘妃)가 있었다. 한번은 황금을 뚫어 연꽃을 만든 다음 이를 땅에 붙여 놓고 반비로 하여금 그 위를 걷게 하고는 이렇게 말하였다.

"이는 걸음마다 연꽃이 피어나도록 하는 것이다!"

폐행(嬖倖)들은 그와의 인연을 기회로 간사하게 이익을 챙겼으며 한 가지 세금을 부과하면 열 가지를 갈취하였다. 백성들은 곤궁함에 견딜 수 없어 길가에 나와 울부짖었다.

齊史紀: 齊王寶卷, 荒淫奢侈, 後宮服御, 極選珍奇.
寵愛潘妃, 嘗鑿金爲蓮花以帖地, 令潘妃行其上曰:「此步步生蓮花也!」
嬖倖因緣爲姦利, 課一輸十. 百姓困窮, 號泣道路.

【金蓮布地】 황금으로 연꽃을 만들어 땅을 덮음.

【齊】 남조의 두 번째 나라. 남조 宋의 8대 군주 順帝(劉準)를 이어 齊 高祖 蕭道成이 세운 나라. 479년부터 502년까지 존속했으며 도읍은 建業(建康, 지금의 南京). 2대 武帝(蕭賾), 3대 廢帝(鬱林王 蕭昭業), 4대 廢帝(海陵王 蕭昭文), 5대 明帝(蕭鸞), 6대 廢帝(東昏侯 蕭寶卷)로 이어지다 7대 和帝(蕭寶融)에 이르러 梁武帝 蕭衍에게 나라가 망함.

【寶卷】 蕭寶卷(483~501). 明帝의 둘째 아들로 어릴 때부터 학업에는 취미가 없어 晝夜를 가리지 않고 놀기만 좋아하였으며 즉위 후에도 포악한 정치에 중한 세금을 부과하였으며 사치와 주색에 빠졌음. 결국 변란이 일어나 반군에 갇혔다가 피살됨. 시호는 東昏侯, 묘호는 廢帝. 재위 499년~501년.

【潘妃】 東昏侯 蕭寶卷이 총애하던 后妃.

【嬖倖】 임금 곁에서 사랑을 받는 측근이나 佞倖들. '嬖'와 '倖'은 모두 임금의 잘못된 사랑이나 총애를 악용하는 여인들이나 무리들을 말함.

【課一輸十】 세금이나 물건을 징발할 때 하나를 부과하면 열이라 속여 이를 중간에서 자신이 절취함.

直解(白話文)

육조 제나라 때의 역사 기록이다.

제나라 임금 소보권은 황음과 사치를 부려 후궁들이 입는 복장이며 기물들은 반드시 지극히 진귀하고 이상한 것들로 골라 사용하였다. 그가 총애하는 여자는 반비였다. 일찍이 황금으로 연꽃을 만들어 이를 땅에 붙이고 반비로 하여금 그 위를 걷게 하였다. 그리고 임금이 이를 구경하며 즐거워하였다. 그는 이렇게 말하였다.

"이는 걸음마다 연꽃이 피게 하는 것이다!"

이로부터 백성들로부터 거두어들이는 것과 사용하는 지출이 갈수록 불어났으며 임금 곁에서 사랑을 받는 이들은 이 기회를 틈타 간악한 짓을 하며 사리사욕을 채우느라 그물질을 하였다. 그리하여 하나의 세금 조목

에 수십 가지를 붙여 재물을 탐내기 시작하였다. 이로 인해 백성들은 궁핍해졌으며 이를 어디에 하소연할 데도 없어 오직 길가에 나와 울부짖을 뿐이었다.

그의 황음과 사치가 이와 같았던 것이다.

그는 재위 2년 째 되던 해 마침내 폐신(嬖臣) 왕진국(王珍國) 등에 의해 살해되었고 소연(蕭衍)이 이를 기회로 제나라를 찬탈하고 말았다. 패망의 화근을 어찌 스스로 자초한 것이 아니겠는가!

六朝齊史上記: 齊主寶卷, 荒淫奢侈, 凡後宮的服飾器用, 必選那極品珍貴奇異之物. 寵愛一箇女子潘妃, 嘗以黃金打成蓮花, 帖在地上, 敎潘妃在上面行走. 齊主觀而悅之, 說道:「這箇是步步生蓮花也.」

自是, 取用浩繁, 而嬖愛寵幸之人, 乘機以行姦網利. 捋(捋)一科(索)十,‧由此百姓困窮, 無所告訴, 惟號泣道路而已. 其荒淫奢侈如此.

在位二年, 竟爲嬖臣王珍國等所弑, 蕭衍因而簒齊. 敗亡之禍, 豈非自取之哉!

【帖】 '貼'과 같음. '붙이다'의 뜻.

【捋一科十】 '捋一索十'과 같음. '捋'는 '탐욕을 부리다'의 뜻. 위 문장의 '課一輸十'과 같은 뜻임.

【王珍國】 蕭寶卷의 신하. 蕭衍이 기병하여 공격하자 국성의 군사 책임을 맡았던 王珍國과 그의 部將 張稷은 당해 낼 수 없음을 알고, 성문을 열어 소연을 맞아들였음. 이때 소보권은 궁궐 밖으로 도망쳤으나 따라나섰던 宦官 黃泰平이 갑자기 칼로 소보권의 목을 쳐서 죽여 버림.

【蕭衍】 南朝 梁 武帝(재위 502~549). 양나라의 개국 군주. 아버지 蕭順之는 齊나라 高帝 蕭道成의 族弟였으며 齊末 東昏侯 蕭寶卷이 무도하게 굴자 병변을 일으켜 대권을 잡은 다음 中興 2년(502) 제나라 和帝를 폐위시키고 자립하여 제위에 오름. 국호를 梁으로 바꾸고 建康을 그대로 도읍으로 삼음. 불교를 너무 심하게 믿어 정치를 제

대로 돌보지 않았음.

참고 및 관련 자료

1. ≪南史≫ 齊本紀 廢帝東昏侯

又鑿金爲蓮華以帖地, 令潘妃行其上, 曰:「此步步生蓮華也.」塗壁皆以麝香, 錦幔珠簾, 窮極綺麗. 繁役工匠, 自夜達曉, 猶不副速, 乃剔取諸寺佛利殿藻井, 仙人, 騎獸以充足之.

2. ≪資治通鑑≫(143) 齊紀(9)

後宮服御, 極選珍奇, 府庫舊物, 不復周用. 貴市民間金寶, 價皆數倍. 建康酒租皆折使輸金, 猶不能足. 鑿金爲蓮華而帖地, 令潘妃行其上, 曰:「此步步生蓮花也!」又訂出雉頭·鶴氅·白鷺縗. 嬖倖因緣爲姦利, 課一輸十. 又各就州縣求爲人輸, 準取見直, 不爲輸送, 守宰皆不敢言, 重更科斂. 如此相仍, 前後不息, 百姓困盡, 號泣道路.

사신불사(捨身佛寺)
양(梁) 무제(武帝)

자신의 몸을 던져 불교에 미혹했던 남조 양나라 무제

양(梁)나라 때 역사 기록이다.

무제(武帝)는 동태사(同泰寺)에 행차하여 대회(大會)를 개설하였다. 그는 임금의 복장을 벗어 버리고 법의를 걸치고 청정대사(淸淨大捨)의 행사를 거행하였다.

그는 흰색 침대에 기와 그릇을 썼으며 작은 수레를 타고 사사로운 자신의 일꾼을 부렸다. 직접 사부대중(四部大衆)들을 위해 ≪열반경(涅槃經)≫을 강의하기도 하였다.

여러 신하들이 돈 억만 전을 불전에 바쳐 그의 몸값을 치른 다음 표를 올려 궁궐로 돌아올 것을 청하였다. 세 번을 이렇게 청한 다음에야 그는 환궁할 것을 허락하였다.

梁史紀: 武帝幸同泰寺, 設大會. 釋御服, 持法衣, 行淸淨大捨(舍).

素牀瓦器, 乘小車, 役私人, 親爲四衆講≪涅槃經≫.

羣臣以錢億萬奉贖, 表請還宮. 三請乃許.

양(南朝) 무제(蕭衍)

【捨身佛寺】 자신의 몸을 던져 불교에 심취함.
【梁】 남조의 조대 이름. 502년~557년. 武帝 蕭衍으로부터 敬帝 蕭方智까지 이어졌으며 陳(557~589)에게 망함.
【武帝】 蕭衍. 남조 梁나라의 개국 군주. 불교를 깊이 신봉하였음. 앞장 참조.
【同泰寺】 梁 武帝 大通 원년(527)에 궁성 北掖門 밖에 세웠던 절. 원래 吳나라 때 後苑이었으며 武帝가 네 차례 나서서 佛事를 일으킴.
【大會】 양 무제가 여러 차례 동태사에서 四部大衆들로 하여금 無遮大會(누구나 참여할 수 있는 불교 행사)를 열어 ≪涅槃經≫과 ≪般若經≫ 등을 강설하였음.
【淸淨大捨】 '淸淨大舍'로도 표기하며 직접 나서서 시주하며 불교 행사에 참석하는 것.
【涅槃經】 불교 경전의 하나. '涅槃'은 梵語 '니르바나'를 역음한 것으로 '泥洹'으로도 쓰며 '寂滅, 圓寂'의 뜻. 불교에서 최고 悅樂의 경지를 말함.

直解(白話文)

육조 양나라 때의 역사 기록이다.

무제는 불교에 미혹하여 이를 높이 믿어 아주 독실하였다.

친히 동태사에 행차하여 대회를 개설하고 승려와 속인 무리들을 모았으며, 곤룡포를 벗어 버리고 승복을 입은 채 청정대사라는 불교 행사를 거행하였다.

보시를 법으로 지켜 계율을 지키고 재를 올리며, 출가하여 자신의 몸을 절에 바친 것이다. 그의 잠자리는 흰색 침대였으며 사용하는 그릇은 와기(瓦器), 타고 다니는 수레는 작은 것에 부리는 일꾼들도 자신의 집안 사람 몇이었다. 천자로서 받아야 할 시봉도 모두 물리친 채 모든 일마다 출가한 승려와 다름없이 하였다.

그리고 직접 강당의 법좌에 올라가 승려와 속인 대중들에게 ≪열반경≫을 강의하였다. 불가에서 "사람이 죽고 나서도 정신은 항상 그대로 존재하는 것이니 죽음이란 단지 적멸을 보여 주는 것일 뿐"이라 하였는데 이를 일러 '열반'이라 하고 그 때문에 ≪열반경≫이라는 경전이 있는 것이다.

무제는 이를 믿어 그 때문에 친히 대중들과 함께 강의를 들었다.

문무의 신하들은 무제가 미혹하여 자신의 몸을 절에 바쳤음을 알고 어찌할 방법이 없었다. 이에 공동으로 10만 전을 내어 불전에 바치고 무제를 대속하여 나오도록 하였다. 그리고 표를 올려 임

〈鎏金銅觀音造像〉(吳越) 浙江
金華 萬佛塔 基壇 출토

금이 궁궐로 돌아와 정치를 듣도록 요청했다. 무제는 처음에는 이를 거부하였으나 세 번의 간청이 있은 연후에 돌아올 것을 허락하였다.

무릇 불가는 부모와 처자를 버리고 그 몸을 출가시키는 서이(西夷) 지역의 종교로 그것으로 천하를 다스릴 수는 없다.

양 무제는 종묘와 사직의 중함과, 토지와 인민을 위탁받았다는 생각은 전혀 하지 아니하고 망령되이 자신의 몸을 절에 맡겨 부도를 받드느라 나라를 기울게 하였다. 단지 인과응보의 논리에 미혹된 것일 뿐이다. 뒤에 후경(侯景)의 난이 일어나 대성(臺城)에서 굶어 죽고 말았으니 부처가 어디에 있다는 것인가!

六朝梁史上記: 武帝惑于佛敎, 尊信甚篤. 親自幸同泰寺, 設爲大會, 聚集僧俗

〈白雙咀造石塔〉(十六國)
甘肅 酒泉 출토

人衆, 脫去袍服, 穿了僧衣, 行淸淨大捨. 施之法, 修持齋素, 出了家, 把自己的身子捨在寺裡. 睡的是素牀, 用的是瓦器, 坐的是小車, 使喚的只是幾箇家人. 屛去了天子的奉養, 件件用度與那出家的一樣. 又親升講堂法座, 爲僧俗大衆講≪涅槃經≫. 佛家說「人死去精神常存, 但示寂滅而已」, 叫做「涅槃」, 故有≪涅槃經≫. 武帝信之, 故親講與衆人聽. 文武羣臣, 見武帝迷惑, 捨身在寺裡, 無可奈何. 乃共出錢十萬, 獻在佛前, 贖出武帝來, 上表請帝還宮聽政. 武帝初時不肯, 懇請三次, 然後許之.

　　夫佛家棄父母妻子, 捨身出家, 乃西夷之敎, 不可以治天下.

梁武帝不思宗廟社稷之重・土地人民之託, 妄自捨身佛寺, 傾國以奉浮屠. 不過惑於因果報應之說耳. 後來侯景之亂, 餓死臺城, 佛安在哉!

【袍服】임금이 입는 袞龍袍.
【修持齋素】불교의 교리를 수행하고 아울러 이를 잘 지키며 재계하여 본래의 바탕을 회복함. 승려의 생활을 표현한 것임.
【西夷】불교가 인도에서 발원하였음을 뜻함. 西夷는 중국 이외의 지역을 일컬어 폄하한 것.
【浮屠】부처, 불상, 불탑 등을 가리킴.
【侯景之亂】侯景은 懷朔鎭(지금의 내몽고 包頭) 사람으로 北齊 高歡이 河南을 진수할 때 후경이 자신의 아들 高澄을 살해하고 梁나라에 항복할 것을 두려워한 나머지 그를 河南王에 봉하였음. 이듬해 후경은 고환을 위해 군사를 이끌고 남쪽 梁나라 建

康을 공격, 武帝를 臺城에 포위하여 결국 무제는 굶어 죽고 말았음. ≪十八史略≫에 "先是熒惑入南斗, 梁主曰:「熒惑入南斗, 天子下殿走.」 乃跣下殿禳之. 聞脩出奔, 慙曰: 「虜亦應天象邪?」 脩至長安, 踰半年又與泰有隙. 泰鴆之, 後謚曰孝武皇帝. 孝武旣遇弑, 泰立南陽王寶炬. 歡與泰連年相攻戰, 互有勝負. 歡卒, 遺言囑其子澄曰:「侯景有飛揚跋扈之志, 非汝所能御. 堪敵景者, 惟慕容紹宗.」 景果以河南降西魏, 未幾復附于梁. 梁封景爲河南王. 景使至梁, 梁羣臣皆不欲納. 梁主亦自謂:「我國家如金甌, 無一傷缺. 恐納景因以生事」 惟朱异力勸納之. 東魏遣慕容紹宗擊景, 景敗南走, 襲梁壽春, 據之請命. 梁就以爲南豫州牧. 旣而東魏求成於梁, 意欲得景. 景恨梁通東魏, 遂反於壽陽, 引兵南渡, 圍建康. 梁主自卽位以來, 江左久無事, 惟崇佛法, 屢捨身佛寺, 上下化之. 及景逼臺城, 援兵至者, 爲景所敗, 梁主遣人與景盟, 以爲大丞相. 臺城受圍五月而陷, 景入見, 引就三公位, 梁主神色不變, 謂景曰:「卿在軍中久, 毋乃爲勞?」 景不敢仰視, 流汗不能對, 景退謂人曰:「吾常跨鞍對陣, 失石交下, 了無怖心. 今見蕭公, 使人自慴, 豈非天威難犯? 吾不可以復見此人.」 梁主爲景所制, 飮膳亦被裁損, 憂憤成疾, 口苦索蜜不得. 再曰荷荷, 遂殂. 在位四十八年, 改元者七, 曰天監・普通・大通・中大通・大同・中大同・太淸, 壽八十六"라 함.

참고 및 관련 자료

1. ≪梁書≫(3) 武帝本紀(下)

　　三月庚子, 高祖幸同泰寺 設無遮大會, 捨身, 公卿等以錢一億萬奉贖. 夏四月丁亥, 輿駕還宮, 大赦天下, 改元, 孝悌力田爲父後者賜爵一級, 在朝群臣宿衛文武並加頒賚.

2. ≪資治通鑑≫(153) 梁紀(94)

　　九月, 癸巳, 上幸同泰寺, 設四部無遮大會. 上釋御服, 持法衣, 行淸淨大捨, 以便省爲房, 素牀瓦器, 乘小車, 私人執役. 甲子, 升講堂法座, 爲四部大衆開≪涅槃經≫題. 癸卯, 群臣以錢一億萬祈白三寶, 奉贖皇帝菩薩, 僧衆黙許. 乙巳, 百辟詣寺東門, 奉表請還臨宸極, 三請, 乃許. 上三答書, 前後並稱「頓首」.

3. ≪南史≫(7) 梁本紀(武帝)

　　三月戊寅, 帝幸同泰寺, 設平等法會.

104(下-23)

종주망살(縱酒妄殺)
북제(北齊) 고양(高洋)

술에 취해 마구 사람을 죽인 북제의 고양

제(齊)나라 때 역사 기록이다.

북제(北齊)의 군주 고양(高洋)은 술을 좋아하고 음일하게 놀며 마구 미친 짓과 포악한 짓을 저질렀다.

일찍이 사람을 삶아 죽이는 큰 솥과 긴 톱, 꺾어 죽이는 형구, 찧어 죽이는 형구 등을 궁궐 뜰에 진열해 놓고 매번 취할 때마다 문득 직접 손으로 사람을 죽이는 짓을 놀이로 삼곤 하였다.

양음(楊愔)은 사형이 확정된 죄수를 골라 장막 안에 두고 이들을 '공어수(供御囚)'라 불렀다. 그리하여 임금이 사람을 죽이려 할 때면 곧바로 이들을 대령하여 명령에 응하였다.

齊史紀: 齊主洋嗜酒淫佚, 肆行狂暴.

嘗作大鑊·長鋸·剉·碓之屬, 陳之於庭. 每醉, 輒手殺人, 以爲戲樂.

楊愔乃簡死囚, 置仗內, 謂之「供御囚」. 齊主欲殺人, 輒執以應命.

【縱酒妄殺】 방종하게 술을 마시고 마구 사람을 죽임.
【齊】 神武帝 高歡의 아들 文帝 高洋이 세운 北齊(550~577)를 가리킴. 北魏(鮮卑族 拓跋氏가 세웠던 나라)가 西魏와 東魏로 나뉘었는데 그중 東魏 孝靜帝(元善見)를 폐위하고 高洋이 文宣帝에 올라 정식 건국함. 578년 北周에게 망하였으며 곧이어 581년 북주는 隋나라로 정권이 바뀜.
【齊主洋】 北齊 文宣帝 高洋(529~559)을 가리킴. 자는 子進. 渤海 蓨(지금의 河北 景縣) 사람으로 高歡의 아들이며 원래 東魏의 대신. 550년 5월 孝靜帝를 폐위하고 자립하여 帝位에 오름. 국호를 齊라 하고 수도를 鄴(지금의 河北 磁縣)으로 하여 역사에서는 이를 '北齊'라 함. 高洋은 처음에는 정치에 힘써 한족 楊愔을 등용하여 律令을 개정하고 행정을 개혁하는 위업을 달성하였으나 말년에는 술과 놀이에 빠져 무도한 짓을 저지르다 술에 취해 급사하였음. 역사상 가장 심한 술 중독으로 인해 살인과 橫惡 등 악마보다 더 잔혹한 짓을 저질렀던 군주로 알려짐.
【大鑊】 '鑊'은 '鍋'와 같음. 죄인을 삶아 죽이는 큰 솥. 《資治通鑑》 주에 "鼎, 大無足曰鑊"이라 함.
【長鋸】 죄인을 톱질하여 죽이는 形具.
【剉·碓】 '剉'는 사람을 꺾어 죽이는 형구. '碓'는 碓臼, 디딜방아. 사람을 참혹하게 찧

어 죽이기 위한 형구.
【楊愔】 511년~560년. 華陰(지금의 陝西) 사람으로 士族 출신. 北魏, 東魏, 北齊를 섬겼으며 북제 때 宰相에 올라 행정을 능란하게 처리한 사람으로 널리 알려짐. ≪北齊書≫(34)와 ≪北史≫(41) 楊播傳에 전이 함께 실려 있음.
【簡】 간택함. 뽑아냄. 어차피 죽임을 당할 죄수만을 골라 이들을 '공어수' 장막 안에서 기다리도록 한 것.
【置仗內】 '仗'은 '帳'과 같음. ≪資治通鑑≫ 주에 "殿庭左右立仗"이라 함.
【供御囚】 '임금에게 바칠 죄수'라는 뜻.

直解(白話文)

육조 북제 때의 역사 기록이다.

북제의 군주 고양은 술을 좋아하며 황음무도하여 마구 미친 짓과 포악한 짓을 저질렀다. 일찍이 사람을 삶아 죽이는 큰 솥과 사람의 몸을 해체하는 긴 톱, 그리고 사람을 꺾어 죽이는 쇠로 만든 형구, 방아처럼 찧어 죽이는 확 등을 만들어 이를 궁중 뜰에 진열해 놓고 형구(刑具)로 삼았다.

그리고 매번 취할 때마다 직접 손에 이를 쥐고 사람을 죽이는 것을 즐거운 놀이로 여겼다.

그 당시 재상 양음은 무죄한 사람이 죽임을 당하는 것을 참아 낼 수 없어 이에 당연히 죽을 사형수만을 골라 휘장을 쳐서 이들을 그 안에 수용해 두고 이를 '공어수'라 불렀다. 그리하여 임금이 술에 취해 사람을 죽이고자 할 때면 곧 이 죄수를 대령하여 명령에 응하였다.

무릇 사람의 목숨이란 지극히 중한 것이다. 비록 죽을죄를 지었다 할지라도 세 번 재심과 다섯 번 상주(上奏)를 한 다음에야 형을 집행한다. 이런 까닭으로 우임금은 죄수를 보자 수레에서 내려 울었으니 사람의 목숨

을 중히 여긴 때문이었다. 그런데 제나라 임금은 혹독하고 포악하기가 이와 같았으니 어찌 사람의 본성을 크게 잃은 것이 아니겠는가? 그러나 북제의 고양은 즉위 초에는 정사에 마음을 기울였고 정성을 다해 일을 맡겼었다. 그리하여 군국기무(軍國機務)를 그 스스로 바르게 결재하여 가히 어진 군주라 여겨졌었다. 단지 뒤에 술을 좋아하여 본성을 잃고 나서는 그만 무도한 군주가 되어 버린 것이다. 대우(大禹)가 좋은 술을 끊은 까닭이 여기에 있었으며 ≪상서(尙書)≫의 <주고(酒誥)>는 바로 이러한 것을 경계로 삼도록 한 것이다.

　六朝齊史上記: 齊主高洋, 好酒而荒淫佚樂, 肆行狂暴. 嘗做下烹人的大鍋, 解人的長鋸, 與鐵剉碓臼等物, 擺列庭中以爲刑具. 每醉, 便手自殺人, 以爲戲樂.

北周 武帝 (閻立本 ≪歷代帝王圖≫)

那時宰相楊愔, 不忍無罪之人被殺, 乃簡那該死的囚犯, 置列庭仗之內, 叫做「供御囚」. 待齊主醉後要殺人之時, 就以此囚應命.

夫人命至重, 雖犯罪該死, 猶且三覆五奏, 然後行刑. 是以禹見罪人, 下車而泣, 重人命也. 齊主酷暴如此, 豈不大失人心?

然齊主卽位之初, 亦嘗留心政事, 推誠任使; 軍國機務, 獨自裁決, 可謂賢主. 後來, 只因好酒亂性, 遂成無道之君. 此大禹之所以絶旨酒, 而≪書≫作<酒誥>, 以爲戒也.

【六朝】 본래 지금의 南京에 도읍을 두었던 여섯 조대. 吳, 東晉, 宋, 齊, 梁, 陳을 합하여 지칭할 때 쓰는 말이나 여기서는 그와 같은 시기 北方에 조대를 두었던 北齊를 가리킴.

【三覆五奏】 '三覆'은 오늘날의 三審制와 같고, '五奏'는 다섯 번 사면을 요청하는 문서를 올린다는 뜻으로 시간을 지체하여 그 기간 중에 다른 단서가 있을 수 있음을 배려한 제도임. ≪新唐書≫ 刑法志 참고. 한편 ≪貞觀政要≫ 刑法篇에 "貞觀五年, 詔曰:「在京諸司, 比來奏決死囚, 雖云三覆, 一日卽了, 都未暇審思, 三奏何益? 縱有追悔, 又無所及. 自今後, 在京諸司奏決死囚, 宜二日中五覆奏, 天下諸州三覆奏」 又手詔敕曰:「比來有司斷獄, 多據律文, 雖情在可矜而不敢違法, 守文定罪, 或恐有冤. 自今門下省復有據法合死, 而情在可矜者, 宜錄狀奏聞.」"라 함.

【禹見罪人】 우임금이 죄수를 보고 수레에서 내려 함께 울음을 터뜨린 고사. 「下車泣罪」(005) 참조.

【以絶旨酒】 儀狄이 좋은 술을 만들어 바치자 우임금이 이를 맛보고 그를 멀리하며

경계한 것.「戒酒防微」(006) 참조.
【酒誥】≪尙書≫ 周書의 편명. 술을 경계할 것을 권고한 글.

참고 및 관련 자료

1. ≪北史≫ 齊本紀(中) 顯祖文宣皇帝 高洋

　凡諸殺害, 多令支解, 或焚之於火, 或投之於河. 沈酗旣久, 彌以狂惑, 每至將醉, 輒拔劍 斫手, 或張弓傅矢, 或執持矛槊. 游行市廛, 問婦人曰:「天子如何?」答曰:「顚顚癡癡, 何成 天子?」帝乃殺之. 或馳騁衢路, 散擲錢物, 恣人拾取, 爭競諠譁, 方以爲喜.

2. ≪資治通鑑≫(166) 梁紀(24)

　又嘗於宗中召都督韓哲, 無罪, 斬之. 作大鑊·長鋸·剉·碓之屬, 陳之於庭. 每醉, 輒手 殺人, 以爲戲樂. 所殺者多令支解, 或焚之於火, 或投之於水. 楊愔乃簡鄴下死囚, 置之仗內, 謂之「供御囚」. 帝欲殺人, 輒執以應命, 三月不殺, 則宥之.

3. ≪尙書≫ 周書 周誥

　王若曰:「明大命于妹邦. 乃穆考文王肇國在西土, 厥誥毖庶邦庶士越少正御事, 朝夕曰: 『祀玆酒. 惟天降命肇我民, 惟元祀.』天降威, 我民用大亂喪德, 亦罔非酒惟行, 越小大邦用 喪, 亦罔非酒惟辜. 文王誥敎小子有正有事, 無彝酒. 越庶國飮惟祀, 德將無醉. 惟曰:『我民 迪小子, 惟土物愛, 厥心臧, 聰聽祖考之彝訓, 越小大德, 小子惟一.』妹土! 嗣爾股肱, 純其 藝黍稷, 奔走事厥考厥長, 肇牽車牛遠服賈, 用孝養厥父母, 厥父母慶, 自洗腆, 致用酒. 庶 士, 有正, 越庶伯君子! 其爾典聽朕敎. 爾大克羞耇惟君, 爾乃飮食醉飽. 丕惟曰:『爾克永觀 省, 作稽中德, 爾尙克羞饋祀, 爾乃自介用逸. 玆乃允惟王正事之臣, 玆亦惟天若元德, 永不 忘在王家.』」王曰:「封. 我西土棐徂邦君御事小子, 尙克用文王敎, 不腆於酒. 故我至于今, 克受殷之命.」 王曰:「封. 我聞惟曰:『在昔殷先哲王, 迪畏天, 顯小民, 經德秉哲, 自成湯咸至 于帝乙, 成王畏相. 惟御事, 厥棐有恭, 不敢自暇自逸, 矧曰其敢崇飮.』越在外服侯甸男衛邦 伯, 越在內服百僚庶尹惟亞惟服宗工, 越百姓里居, 罔敢湎于酒, 不惟不敢, 亦不暇. 惟助成 王德顯, 越尹人祇辟. 我聞亦惟曰:『在今後嗣王酣身, 厥命罔顯于民, 祇保越怨不易, 誕惟 厥縱淫泆于非彝, 用燕喪威儀, 民罔不盡傷心. 惟荒腆于酒, 不惟自息乃逸, 厥心疾很, 不克 畏死, 辜在商邑, 越殷國滅無罹. 弗惟德馨香祀, 登聞于天, 誕惟民怨, 庶羣自酒, 腥聞在上.

故天降喪于殷, 罔愛于殷, 惟逸, 天非虐, 惟民自速辜.」 王曰: 「封. 予不惟若玆多誥. 古人有言曰: 『人無於水監, 當於民監』, 今惟殷墜厥命, 我其可不大監, 撫于時.」 予惟曰: 「汝劼毖殷獻臣, 侯甸男衛, 矧太史友內史友, 越獻臣百宗工. 矧惟爾事, 服休服采. 矧惟若疇, 圻父薄違, 農父若保, 宏父定辟. 矧汝剛制于酒. 厥或誥曰: 『羣飮, 汝勿佚, 盡執拘, 以歸于周, 予其殺.』 又惟殷之迪諸臣惟工, 乃湎于酒, 勿庸殺之, 姑惟敎之. 有斯明享, 乃不用我敎辭, 惟我一人弗恤, 弗蠲乃事, 時同于殺.」 王曰: 「封. 汝典聽朕毖, 勿辯乃司民湎于酒.」

화림종일(華林縱逸)
북제(北齊) 고위(高緯)

화림원에 고아촌을 만들어 놓고 거지 행세를 하며 즐긴 북제의 고위

제(齊)나라 때 역사 기록이다.

북제 군주 고위(高緯)는 스스로 비파를 연주하기 좋아하여 <무수지곡(無愁之曲)>을 짓기도 하였다. 그리하여 민간에서는 그를 '무수천자(無愁天子)'라고 불렀다.

그는 화림원(華林園)에 빈아촌(貧兒村)을 만들어 그 자신도 남루한 옷을 입고 그 사이를 돌아다니며 거지 행세하는 것을 즐거움으로 삼았다.

齊史紀: 齊主緯, 好自彈琵琶, 爲<無愁之曲>, 民間謂之「無愁天子」.
於華林園立貧兒村, 自衣藍縷之衣, 行乞其間以爲樂.

【華林縱逸】화림원에서 제멋대로 즐기며 놂.
【齊主緯】556년~578년. 北齊 제5대 군주 後主(溫公). 武成帝 高湛의 아들이며 565년~577년 재위함. 재위 기간 동안 주색에 빠져 전혀 정치를 돌보지 않았으며 ≪北齊書≫에 의하면 "罕接朝士, 不親政事"라 함. 그로부터 3년 뒤 幼主(高恒) 때 北周에게 결국 나라가 망하고 말았음.
【無愁之曲】'전혀 근심 걱정이란 없음을 노래하다'의 뜻으로 환락을 즐김을 말함. ≪資治通鑑≫ 주에 "≪五代志≫: 帝倚絃而歌, 別採新聲爲<無愁曲>, 音韻窈窕, 極於哀思, 使胡兒·閹宦輩齊唱和之. 曲終樂闋, 無不殞涕. 雖行幸道路, 或時馬上奏之. 樂往哀來, 竟以亡國"이라 함.
【華林園】원래 동한 때 세워 '芳林園'이라 하였으나 魏 明帝의 뒤를 이은 아들 齊王(曹芳)이 즉위하여 이름을 '華林園'으로 바꾸었음. 지금의 洛陽市 동쪽에 遺址가 있음. 당시 北齊는 首都를 鄴에 두고 있었음.
【貧兒村】가난한 고아 거지들이 사는 동네라는 뜻.
【藍縷】일부 판본에는 '襤褸'로도 표기함. 雙聲連綿語. 낡고 묵은 옷. 거지 행세를 하기 위하여 일부러 더럽고 남루한 옷을 입은 것.

直解(白話文)

육조 북제 때의 역사 기록이다.
 북제의 후주(後主) 고위는 스스로 비파를 연주하며 노래 부르기를 좋아

하였다. 그가 부르는 노래는 곡조가 아주 애처롭고 슬픈 것이어서 듣는 사람은 모두가 슬픔과 애상함을 느꼈다. 그럼에도 도리어 그 곡조 이름은 <무수지곡>이라 하였으니 자신이 천자 노릇을 하면서 길이 즐거움을 누리니 더 이상 근심할 것이 없다라는 뜻이다.

민간에서는 그러한 이야기를 듣고 드디어 그의 호를 '무수천자'라 불렀다.

일찍이 화림원에 빈아촌을 세우고 자신도 남루한 옷을 입고 거지의 모양으로 꾸미고 돌아다니며 걸식하는 것을 즐거움을 삼았다. 황폐하고 방종하기가 이 지경에 이르렀으니 어찌 망하지 않을 수 있었겠는가?

후에 북주 우문옹(宇文邕)에게 멸망하고 말았다.

六朝齊史上記: 齊後主緯, 好自彈琵琶唱曲, 所唱的曲子音調哀慘, 聞者悲傷,

反名＜無愁之曲＞, 說他做天子, 長享快樂, 更無憂愁也.

民間相傳其事, 遂號他爲'無愁天子'.

嘗於華林園內立貧兒村, 自家穿着藍縷衣服, 粧做乞人的模樣, 行乞飲食以爲戲樂. 荒縱至此, 焉得不亡? 後爲周宇文邕所滅.

【粧做】'粧作, 裝作'과 같음. 거짓으로 어떠한 모양이나 행동을 짓는 것.
【荒縱】황폐하고 방종함. '縱'은 '제멋대로 아주 심히 흐트러짐'을 뜻함.
【宇文邕】543년~578년. 北周의 武帝(재위 560~578). 鮮卑族이며 宇文泰의 아들. 즉위 후 정치, 경제, 사회 등 여러 방면에 개혁을 실시하여 한때 중흥을 이루기도 하였음. 建德 6년(577) 北齊 高緯를 멸망시켜 뒤에 隋나라의 통일 기초를 마련한 셈이 되었음.

참고 및 관련 자료

1. ≪北史≫(8) 後主(高緯)
帝曰:「思好喜反.」皆如所言, 遂自以策無遺算, 乃益驕縱. 盛爲＜無愁之曲＞, 帝自彈胡琵琶而唱之, 侍和之者以百數, 人間謂之'無愁天子'. 嘗出見羣厲, 盡殺之. 或殺人, 剝面皮而視之. ……又於華林園立貧兒村舍, 帝自弊衣爲乞食兒. 又爲窮兒之市, 躬自交易. 寫築西鄙諸城, 使人衣黑衣爲羌兵, 鼓譟陵之, 親率內參臨拒, 或實彎弓射人. 自晉陽東巡, 單馬馳騖, 衣解髮散而歸. 又好不急之務, 曾一夜索蠍, 及旦, 得三升.

2. ≪資治通鑑≫(172) 陳紀(6) 太建七年二月
好自彈琵琶, 爲無愁之曲, 近侍和之者以百數, 民間謂之「無愁天子」. 於華林園, 立貧兒村, 帝自衣藍縷之服, 行乞其間以爲樂. 又寫築西鄙諸城, 使人衣黑衣攻之, 帝自帥內參拒鬪.

옥수신성(玉樹新聲)
진(陳) 후주(後主)

<옥수후정화>를 새로운 노래로 만들어 나라를 망친 남조 진나라 후주

　진(陳)나라 때 역사 기록이다.
　진 후주(後主) 진숙보가 임춘각(臨春閣), 결기각(結綺閣), 망선각(望仙閣) 등 세 전각을 지었는데 각각 그 높이가 수십 장(丈)이나 되었으며 이어진 방은 수십 간(間)이나 되었다. 그 창문과 난간은 모두 침향단(沉香檀)이라는 나무로 만들었고, 금과 옥으로 장식하되 중간에는 진주와 비취로 꾸몄다. 그 복장과 완구의 화려함은 근대나 고대에 없었던 것들이었다.

후주는 매번 술 마시고 잔치할 때면 여러 비빈과 여학사(女學士)들, 그리고 압객(狎客)들과 함께 시를 짓고 상호 주고받았다.

그중 농염하고 아름다운 작품을 골라 신성(新聲)에 올려 연주하면서 궁녀 천여 명을 선발하여 이를 노래로 부르게 하였다.

그렇게 부른 곡 중에 <옥수후정화(玉樹後庭花)>와 <임춘락(臨春樂)> 등이 있었으며 대략 모두가 여러 비빈들의 아름다운 용모와 안색을 찬미한 것들이었다.

임금과 신하가 이렇게 술에 절어 노래 부르기를 저녁에 시작하여 아침이 되어서야 끝나는 것이 일상이 되었다.

陳史紀: 後主起臨春・結綺・望仙, 三閣, 各高數十丈, 連延數十間, 其牕牖欄檻, 皆以沉檀爲之, 飾以金玉, 間以珠翠. 其服玩瑰麗, 近古所未有.

上每飮宴, 使諸妃嬪及女學士, 與狎客共賦詩, 互相贈答.

采其尤豔麗者, 被以新聲. 選宮女千餘人歌之.

其曲有<玉樹後庭花>, <臨春樂>等, 大畧皆美諸妃嬪之容色.

君臣酣歌, 自夕達旦以爲常.

【玉樹新聲】<玉樹後庭花> 등 애절한 노래를 새로운 음악이라 즐김.
【陳】 南朝의 마지막 조대. 557년부터 589년까지 존속함. 梁나라 敬帝 蕭方智를 이어 陳 武帝(陳霸先)가 세운 나라. 2대 文帝(陳蒨), 3대 廢帝(臨海王 陳伯宗), 4대 宣帝(陳頊)을 거쳐 5대 後主(陳叔寶)에 이르러 隋나라에게 망함.
【後主】 南朝 陳나라 제5대 군주 陳叔寶(553~604). 582년~589년 재위. 재위 기간 동안 궁실을 크게 짓고 사치를 극에 달하게 부렸음. 날마다 妃嬪, 文士들과 잔치를 벌

여 詞를 지으며 놀이에 빠짐. 禎明 3년(隋 文帝 開皇 9년, 589) 隋나라에 망하여 포로가 되어 洛陽에 끌려갔다가 604년 병으로 죽음.

【沉檀】沈香檀. 檀香나무를 물에 담가 향이 짙도록 하여 이를 궁궐 건축 자료로 활용함.

【女學士】여인들 중에 문학에 뛰어난 자질을 가진 자를 불러 시(음악의 가사)를 짓도록 하였으며 이들을 '女學士'라 불렀음.

【狎客】후주의 총신들로서 문학과 음악에 자질이 있어 함께 놀며 분위기를 맞추어 주는 이들을 '狎客'이라 불렀음.

【新聲】새로운 음악. 더욱 현란한 춤과 가사, 곡조를 가미한 가요. 당시 특히 애절한 곡조와 가사를 높이 여겼음. 그 때문에 뒤의 史家들은 이를 亡國의 음악이라 여겼음.

【玉樹後庭花】당시 새롭게 제작한 음악의 이름. 陳 後主가 애첩 麗華로 하여금 춤과 노래로 표현토록 하여 즐겼던 宮中 舞曲. 매우 애절하며 荒淫無度하여 망국을 불러온 노래라 함.

【臨春樂】역시 강남의 봄을 애절하게 읊은 시이며 음악의 가사. ≪資治通鑑≫ 주에 "≪五代志≫:「後主於淸樂中造<黃鸝留>及<玉樹後庭花>·<金釵兩鬢垂>等曲, 與幸臣製其歌詞, 綺豔相高, 極於輕薄. 男女唱和, 其音甚哀. <臨春樂者>, 言臨春閣之樂也.」樂, 音洛"이라 함. ≪隋書≫ 樂志도 같음.

直解(白話文)

육조 진 때의 역사 기록이다.

진 후주 진숙보는 재위 도중 황음무도하였다. 세 개의 높은 누각을 지어 하나는 임춘각, 하나는 결기각, 하나는 망선각이라 하였다. 각각 높이가 수십 장, 너비는 10간이나 되었으며 그 창문과 난간은 모두 침향목이라는 좋은 향기가 나는 것으로 하였다. 그리고 다시 금과 옥으로 장식하고 그 사이를 파고 비취를 박았으며 누각 안에 진열된 의복과 완기(玩

器)는 모두가 진기하고 아름다운 것들로 근대에 아직 보지 못한 것들로 채웠다. 그 궁실에서 사용하는 것들의 사치스러움이 이와 같았던 것이다.

후주는 또한 사곡(詞曲)을 좋아하였다. 궁녀들 중 문장에 능한 이들을 뽑아 '여학사'라 불렀으며, 신하들 중에 문장에 능한 이들, 이를테면 강총(江總), 공범(孔範) 등은 제멋대로 궁중을 출입하는 허가를 받아 놀이와 연회에 배석하였는데 이들을 '압객'이라 불렀다.

후주는 술 마시고 노는 연회에 매번 여러 비빈과 여학사들, 그리고 압객들에게 명하여 함께 시를 지어 서로 주고받으며 즐거움으로 삼아 서로 다시는 더 이상 거리낌이 없도록 하였다.

여러 시들 가운데 어사(詞語)가 지극히 농염하고 아름다운 것을 골라 관현으로 연주하되 새로운 곡조로 지어 하도록 하였다. 그리고 궁녀 천여 명을 선발하여 이 곡들을 노래하여 그 음악이 서로 합창으로 화음을 이루도록 하였다. 이러한 곡조로 <옥수후정화> 및 <임춘락> 등의 곡명이 있었다.

이 노래들은 대체로 모두가 비빈의 용모와 자태를 과장하여 아름답게 표현한 것일 뿐이었다. 임금과 신하가 술에 절어 미친 듯이 노래 부르기가 저녁때 시작하여 날이 밝도록 이어졌으며 매일 이와 같이 하여 하나의 일상이 되고 말았다. 그처럼 음악과 색으로 잔치를 열어 놀기를 이와 같이 하였던 것이다.

무릇 임금이란 만민의 군주로서 당연히 재물과 노동력을 기르고 아끼면서 오히려 백성이 부족하게 여기면 어쩌나 걱정을 해야 한다. 그리고 정치에 긍업(競業)하면서 오히려 과실이 있을까 두려워해야 한다. 그런데도 후주는 이에 사치를 끝 간 데 없이 하면서 유련황망(流連荒亡)하게 구느라 백성의 힘이나 나랏일은 도무지 돌아볼 겨를조차 없었던 것이다.

≪상서(尙書)≫에 "난으로 색에 황폐해지거나, 사냥으로 황폐해지거나, 술에 절고 음악에 빠지거나, 집을 높이 짓고 담장을 조각하는 일 가운데 한 가지라도 있으면서 혹 망하지 않은 예는 없다"라 하였는데 지금 후주는 그 네 가지를 모두 저질렀으니 망하지 않고자 한들 될 일이겠는가?

六朝陳史上記: 陳後主叔寶在位, 荒淫無度. 起三座高閣, 一名臨春, 一名結綺, 一名望仙. 各高數十丈, 闊數十間, 其牕牖欄干, 都是沉檀好香做成的. 又飾以金玉, 嵌上珠翠, 閣裏所擺設的衣服玩器, 都是珍奇美麗之物, 近代所未曾見者, 其宮室服用奢侈如此.

後主又好爲詞曲, 選宮人能文的, 叫做女學士. 羣臣能文的, 如江總·孔範等, 都縱容他出入禁中, 陪侍遊宴, 叫做狎客.

後主每飮宴, 卽命諸妃嬪及女學士, 與狎客每同作詩, 一贈一答, 以爲娛樂, 無復顧忌.

陳(南朝) 文帝(陳蒨) (閻立本《歷代帝王圖》)

諸詩之中, 揀詞語極豔麗的, 被諸管絃, 新作一樣腔調. 選宮女千餘人, 都唱此曲, 與樂聲相和, 其曲有＜玉樹後庭花＞及＜臨春樂＞等名目. 曲中的說話, 大畧都是誇美諸妃嬪的容色而已. 君臣酣飲狂歌, 自夜晚直到天明. 每日是如此, 以爲常事. 其聲色遊宴之娛又如此.

夫人君爲萬民之主, 當愛養財力, 惟恐不足; 兢業政事, 猶恐有過. 而後主乃窮奢極侈, 流連荒亡; 其於民力國事, 都不暇顧.

《書》曰: 『內作色荒, 外作禽荒. 甘酒嗜音, 峻宇雕墻, 有一於此, 未或不亡.』今後主有四焉, 欲不亡得乎?

【江總】 자는 總持(519~594). 남조 陳나라 때 考城(지금의 河南 民權) 출신으로 원래 梁나라 때 太子中書舍人을 역임하였으며 陳나라 때 太子詹事를 지냄. 후주 진숙보가 즉위하자 僕射, 尙書令으로 발탁됨. 행정에는 관심을 보이지 않고 진숙보와 함께 매일 後庭에서 함께 노래와 술로 즐겼으며 이로써 진숙보의 신임을 얻어 狎客이라 불렸음.

【孔範】 會稽 山陰(지금의 浙江 紹興) 사람으로 자는 法言. 역시 후주 진숙보의 압객. 尙書를 지냈으며 가곡 가사를 잘 지어 신임을 얻음. 후주를 비방하는 자가 있으면 이를 잘 변호하였으며 당시 孔貴人이 후주의 총애를 받자 그와 의남매를 맺기도 하였음.

【狎客每】 '每'는 '們'과 같음. 複數形을 나타내는 接尾辭.

【兢業】 兢兢業業의 줄인 말. 戰戰兢兢하며 일에 온 힘을 쏟아 열심히 다함. 《尙書》皐陶謨에 "無敎逸欲有邦, 兢兢業業. 一日二日萬幾. 無曠庶官. 天工人其代之"라 함.

【流連】 놀이나 즐거움에 빠져 떠돌아다님. ≪晏子春秋≫(4)에 流連慌亡에 대하여 "夫從下歷時, 而不反謂之流; 從高歷時, 而不反謂之連"이라 함. 합하여 '流連'이라는 雙聲連綿語가 되었으며 "從獸而不歸謂之荒; 從樂而不歸謂之亡"이 합하여 '慌亡'이라는 疊韻連綿語가 되었음.

【書曰】 ≪尙書≫ 夏書 五子之歌의 두 번째 구절. "其二曰:「訓有之內, 作色荒, 外作禽荒. 甘酒嗜音, 峻宇彫牆, 有一于此, 未或不亡.」"라 함.

참고 및 관련 자료

1. ≪陳書≫(7) 皇后傳(張貴妃)

　　至德二年, 乃於光照殿前起臨春・結綺・望仙三閣. 閣高數丈, 並數十間. 其窗牖・壁帶・懸楣・欄檻之類, 並以沈檀香木爲之, 又飾以金玉, 間以珠翠, 外施珠簾, 內有寶牀寶帳, 其服玩之屬, 瑰奇珍麗, 近古未有. 每微風暫至, 香聞數里, 朝日初照, 光映後庭. 其下積石爲山, 引水爲池, 植以奇樹, 雜以花藥. 後主自居臨春閣, 張貴妃居結綺閣, 龔・孔二貴嬪居望仙閣, 並複道交相往來. 又有王・李二美人, 張・薛二淑媛, 袁昭儀・何婕妤・江脩容等七人, 並有寵, 遞代以遊其上. 以宮人有文學者袁大捨等爲女學士. 後主每引賓客, 對貴妃等遊宴, 則使諸貴人及女學士與狎客共賦新詩, 互相贈答. 採其尤豔麗者, 以爲曲調, 被以新聲. 選宮女有容色者以千百數, 令習而哥(歌)之, 分部迭進, 持以相樂. 其曲有<玉樹後庭花>・<臨春樂>等. 大抵所歸, 皆美張貴妃・孔歸嬪之容色也. 其略云:「璧月夜夜滿, 瓊樹朝朝新.」

2. ≪南史≫(10) 後主(陳叔寶)

　　後主愈驕, 不虞外難, 荒于酒色, 不恤政事, 左右嬖佞珥貂者五十人, 婦女美貌麗服巧態以從者千餘人. 常使張貴妃・孔貴人等八人夾坐, 江總・孔範等十人預宴, 號曰「狎客」. 先令八婦人襞采箋, 製五言詩, 十客一時繼和, 遲則罰酒. 君臣酣飮, 從夕達旦, 以此爲常. 而盛修宮室, 無昧休止. 稅江稅市, 徵取百端. 刑罰或濫, 牢獄常滿.

3. ≪南史≫(12) 后妃(下) 張貴妃

　　至德二年, 乃於光昭殿前起臨春・結綺・望仙三閣, 高數十丈, 並數十間. 其窗牖・壁帶・縣楣・欄檻之類, 皆以沈檀香爲之, 又飾以金玉, 間以珠翠, 外施珠簾, 內有寶牀寶帳,

其服玩之屬, 瑰麗皆近古未有. 每微風暫至, 香聞數里, 朝日初照, 光映後庭. 其下積石爲山, 引水爲池, 植以奇樹, 雜以花藥. 後主自居臨春閣, 張貴妃居結綺閣, 龔·孔二貴嬪居望仙閣, 並複道交相往來. 又有王·季(李)二美人, 張·薛二淑媛, 袁昭儀·何婕妤·江修容等七人, 並有寵, 遞代以游其上. 以宮人有文學者袁大捨等爲女學士. 後主每引賓客, 對貴妃等游宴, 則使諸貴人及女學士與狎客共賦新詩, 互相贈答. 采其尤豔麗者, 以爲曲調, 被以新聲. 選宮女有容色者以千百數, 令習而歌之, 分部迭進, 持以相樂. 其曲有<玉樹後庭花>·<臨春樂>等. 其略云:「璧月夜夜滿, 瓊樹朝朝新.」大抵所歸, 皆美張貴妃·孔歸嬪之容色.

4. ≪資治通鑑≫(176) 陳紀(10)

是歲, 上於光昭殿前起臨春·結綺·望仙三閣, 各高數十丈, 連延數十間. 其牕牖·壁帶·縣楣·欄檻之類, 皆以沈檀香爲之, 飾以金玉, 間以珠翠, 外施珠簾, 內有寶牀寶帳, 其服玩瑰麗, 近古所未有. 每微風暫至, 香聞數里. 其下積石爲山, 引水爲池, 雜植奇花異卉. 上自居臨春閣, 張貴妃居結綺閣, 龔·孔二貴嬪居望仙閣, 並複道交相往來. 又有王·李二美人, 張·薛二淑媛, 袁昭儀·何婕妤·江脩容, 並有寵, 迭遊其上. 以宮人有文學者袁大捨等爲女學士. 僕射江總雖爲宰輔, 不親政務, 日與都官尙書孔範·散騎常侍王瑳等, 文士十餘人, 侍上遊宴後庭, 無復尊卑之序, 謂之「狎客」. 上有飲酒, 使諸嬪及女學士與狎客共賦新詩, 互相贈答. 采其尤艷麗者, 被以新聲. 選宮女千餘人, 習而歌之, 分部迭進. 其曲有<玉樹後庭花>·<臨春樂>等. 大略諸妃嬪之容色. 君臣酣歌, 自夕達旦, 以此爲常.

5. ≪樂府詩集≫(47) 淸商曲辭(4) <玉樹後庭花>

(1) 麗宇芳林對高閣, 新妝豔質本傾城. 映戶凝嬌乍不進, 出帷含態笑相迎. 妖姬臉似花含露, 玉樹流光照後庭.

(2) 輕車何草草, 獨唱後庭花. 玉座誰爲主, 徒悲張麗華.(麗華는 張貴妃의 이름)

6. ≪隋書≫ 樂志

晉後主於淸樂中造<黃鸝留>及<玉樹後庭花>·<金釵兩鬢垂>等曲, 與幸臣製其歌詞, 綺豔相高, 極於輕薄. 男女唱和, 其音甚哀. <臨春樂者>, 言臨春閣之樂也.」

7. ≪隋書≫ 五行志

禎明初, 後主作新歌, 詞甚哀怨, 令後宮美人習而歌之. 其詞曰:「玉樹後庭花, 花開不復久.」時人以爲歌讖, 此其不久逃也.

8. ≪隋遺錄≫(上)

煬帝在江都, 昏湎滋深, 嘗遊吳公宅鷄臺, 恍惚與陳後主相遇, 尙喚帝爲殿下. 後主舞女數十, 中一人迥美, 帝屢目之, 後主云:「麗華也.」乃以海鱉酌紅梁新醅勸帝, 帝飲之, 甚歡.

因請麗華舞<玉樹後庭花>. 麗華徐起, 終一曲. ……後主問曰: 「龍舟之游樂乎? 始謂殿下致治在堯舜之上, 今日復此逸游, 大抵人生各圖快樂, 曩時何見罪之深耶?」帝忽寤.

9. ≪唐詩三百首≫ 李商隱 <隋宮>

紫泉宮殿鎖煙霞, 欲取蕪城作帝家. 玉璽不緣歸日角, 錦帆應是到天涯. 於今腐草無螢火, 終古垂楊有暮鴉. 地下若逢陳後主, 豈宜重問後庭花?

10. ≪貞觀政要≫ 禮樂篇

太常少卿祖孝孫奏請所定新樂. 太宗曰: 「禮樂之作, 是聖人緣物設敎, 以爲撙節, 治政善惡, 豈此之由?」御史大夫杜淹對曰: 「前代興亡, 實由於樂. 陳將亡也爲<玉樹後庭花>, 齊將亡也而爲<伴侶曲>, 行路聞之, 莫不悲泣, 所謂亡國之音. 以是觀之, 實由於樂.」太宗曰: 「不然, 夫音聲豈能感人? 歡者聞之則悅, 哀者聽之則悲, 悲悅在於人心, 非由樂也. 將亡之政, 其人心苦, 然苦心相感, 故聞之則悲耳. 何有樂聲哀怨, 能使悅者悲乎? 今<玉樹>·<伴侶>之曲, 其聲具存, 朕能爲公奏之, 知公必不悲耳.」尙書右丞相魏徵進曰: 「古人稱: 『禮云, 禮云, 玉帛云乎哉! 樂云, 樂云, 鐘鼓云乎哉!』樂在人和, 不由音調.」太宗然之.

전채위화(剪綵爲花)
수(隋) 양제(煬帝)

비단을 잘라 꽃을 만들어 궁궐을 꾸민 수 양제

수(隋)나라 때 역사 기록이다.

양제(煬帝)가 지은 서원(西苑)은 둘레가 2백 리나 되며 그 안에 바다를 만들어 그 둘레는 10여 리나 되었다. 그 바다 안에 방장산(方丈山), 봉래산(蓬萊山), 영주산(瀛洲山)을 꾸몄는데 높이가 백여 척이나 되었고 대관(臺觀), 궁전은 그 산 위로 서로 이어지도록 되어 있었다.

바다의 북쪽에는 도랑을 파서 그 물길이 구불구불 바다로 흘러들었으며 도랑을 따라 16개의 원(院)을 지어 그 원의 문은 모두 도랑을 향하게 하였다. 각 원마다 사품 이상의 부인이 이를 관장하며 화려함을 극치로 하였다.

궁궐의 나무들이 가을 겨울이 되어 잎이 모두 떨어지면 비단을 잘라 꽃과 잎을 만들어 나무에 달아매었다. 소(沼) 안에는 역시 비단을 잘라 연꽃, 세발마름, 마름풀, 가시연 등을 만들어 띄웠으며 그 색이 바래면 새롭게 다시 만들어 넣도록 하였다.

16개의 원은 경쟁하듯이 좋은 안주와 음식을 만들어 그 정교함과 아름다움을 더욱 심하게 하면서 임금의 은총을 쟁취하려 하였다.

양제는 좋은 달밤이면 궁녀 수천 명을 태운 말을 따라 그 서원에서 놀며 <청야유곡(淸夜遊曲)>을 지어 이를 말 위에서 연주하도록 하였다.

隋史紀: 煬帝築西苑, 周二百里, 其內爲海, 周十餘里, 爲方丈·蓬萊·瀛洲諸山, 高百餘尺, 臺觀·宮殿, 羅絡山上.

海北有渠, 縈紆注海內; 緣渠作十六院, 門皆臨渠; 每院以四品夫人主之; 窮極華麗, 宮樹彫落, 則剪綵爲花葉綴之; 沼內亦剪綵爲荷, 芰, 菱, 芡; 色渝, 則亦以新者.

十六院競以殽羞精麗相高, 求市恩寵.

帝好以月夜從宮女數千騎遊西苑, 作<淸夜遊曲>, 於馬上奏之.

【剪綵爲花】채색 비단을 잘라 꽃을 만드는 등 사치를 부림.

【隋】남북조를 통일한 조대. 581년부터 618년까지 존속함. 文帝 楊堅은 北周의 귀족

으로 아버지 楊忠은 隨國公이었으며 이를 이어받아 장녀를 宣帝(宇文贇)에게 시집보내었음. 선제가 죽고 외손자 宇文闡이 여덟 살에 제위에 오르자 그를 폐위시키고 자립하여 나라를 세움. 국호를 隋(隨國公의 '隨' 자는 안정된 뜻이 아니라 하여 '辶' 부수를 제외하고 '隋' 자를 만듦)라 하고 大興(지금의 陝西 西安)을 도읍으로 하고 연호를 開皇이라 함. 그리하여 中原을 통일하고 최후로 남쪽 陳(陳叔寶)을 멸하여 동진 이래 270여 년간의 분열 상태를 마감함. 그 뒤로 煬帝(楊廣) 때 나라를 망쳤으며 장안에서 제위에 올랐던 代王(恭帝 楊侑)이 唐 高祖(李淵)에게 제위를 선양하고 말았음.

【煬帝】 楊廣(569~618). 隋 문제 양견의 둘째 아들로 아버지가 맏이 楊勇을 태자로 삼자 604년 병이 들어 힘이 없던 아버지를 죽이고 제위를 차지함. 심지어 아버지의 애첩을 겁탈하는 등 天倫을 저버리는 일을 서슴지 않았으며 대규모 궁궐 축조와 대운하 조성, 나아가 高句麗 침공 등으로 급격히 국력이 피폐해졌음. 고구려 침공 때에는 전함을 만드는 자들을 물 밖으로 나오지 못하도록 하여 허리 아래에 구더기가 생겨 열에 네다섯은 썩은 채 죽었다 함. 이어서 대운하를 조성한 다음 멀리 江都까지 놀이를 나가 중원에 변란(唐의 흥기)이 일어났음에도 돌아가기를 원치 않아 결국 宇文化及이 그곳에서 목을 졸라 죽임.

【西苑】 수 양제가 축조한 宮苑. 芳華苑, 禁苑이라고도 하며 당나라 때는 紫苑이라 불렀음. 지금의 河南 洛陽 서쪽에 遺址가 있음.

【方丈·蓬萊·瀛洲】 동해 가운데 神仙들이 산다고 믿었던 三神山. 이를 모방하여 그대로 假山을 축조하였음을 말함.

【臺觀】 樓臺와 觀望樓.

【縈紆】 물길이나 산길이 구불구불함을 표현하는 雙聲連綿語.

【四品夫人】 조정에 사품 작위를 받은 귀족들의 부인들.

【殽羞】 '餚饈'와 같음. 훌륭한 안주와 반찬. 좋은 음식.

【求市】 '市'는 동사 '사다(買)'의 뜻.

【淸夜遊曲】 맑은 밤에 놀이하는 즐거움을 음악으로 표현한 것.

直解(白話文)

수나라 때의 역사 기록이다.

양제는 놀이에 탐닉하여 사치를 부렸다. 궁중에 별도의 정원 하나를 지어 이를 '서원'이라 이름 하였다. 그 둘레가 자그마치 2백 리나 되었으며 그 안에 만든 바다의 둘레 역시 십 리나 되는 것이었다.

바다 가운데에는 방장, 봉래, 영주 등의 산을 만들어 동해의 삼신산을 상징하였으며 그 높이는 각각 백여 척이나 되었다. 산 위에는 대관과 궁전이 나열되어 있었다.

바다의 북쪽에는 하나의 도랑을 파서 구불구불 돌아 흐르도록 하여 이 물이 바다로 흘러들도록 하였다.

그 도랑을 따라 16개의 원을 지었으며 원의 문은 모두 도랑에 임해 있으며 각 하나의 원마다 모두 궁녀와 미인들이 있어 사품 부인이 이들을 관장하도록 하였다. 화려함을 끝까지 다하여 방자하게 놀고 즐길 수 있도록 만든 것이다.

가을과 겨울이 되어 궁궐 나무들의 잎이 모두 지면 오색의 비단 옷감을 잘라 꽃과 잎을 만들어 이를 가지와 줄기 사이에 매달았다. 그리고 못에도 역시 비단을 잘라 연꽃, 세발마름, 마름풀, 가시연 등을 만들어 그 수면에 띄워 봄여름과 같은 풍경을 만들었다. 오랜 시간이 지나 만약 색깔이 변하면 다시 새것으로 바꿨으니 사치롭기가 이와 같았다.

16개 원의 궁녀들은 각기 안주와 좋은 음식을 정갈하게 장만하기를 서로 다투고 경쟁하여 이로써 임금의 은총을 받기를 희망하였다. 양제는 놀이에 조금도 싫증을 내지 않아 하루가 부족할 정도였다. 좋은 달밤이 되면 궁녀 수천 명을 수종으로 거느리고 그들을 말에 태우고 서원을 돌아다니며 놀았다. 그리고 시를 지을 줄 아는 사람들에게 명하여 맑은 밤의

 놀이를 표현하여 음악으로 짓도록 하고는 이를 궁녀들로 하여금 말에 탄 채 노래로 부르도록 하였다.
 그로부터 얼마 지나지 않아 다시 강도(江都)로 행차하여 그곳에 머물면서 돌아올 줄 모르다가 드디어 나라를 잃고 말았다.
 역사를 상고해 보건대 수 양제의 아버지 문제는 성격이 탐욕스럽고 이익을 좋아하여 낙양의 창고에 재화를 산처럼 쌓았다.
 양제는 처음에 진왕(晉王)에 봉해졌으나 태자를 참훼하여 죽이고 그 뒤를 이은 것이다. 즉위 초에 국가의 재물이 아주 풍부한 것을 보고는 드디어 사치와 방종이 이 지경에 이른 것이다.
 아! 백성의 고혈을 긁어 올려 창고에 가득 채우고는 이를 흉교음악(凶狡淫惡)한 아들놈에게 물려주며 그를 위해 내려 준 모책이라는 것이 겨우 이와 같았으니 망하지 않고 무엇을 기다리겠는가? 그러니 수나라 궁실이 폐허가 된 것은 오직 양제만의 죄가 아니라 역시 문제의 과실이기도 하다.

무릇 임금이란 후세 자손을 위해 장구한 계책을 만들되 오직 공경과 검소함, 어짊과 덕을 보여 주어 그 부탁에 사려 깊음이 있어야 하는 것이로다!

隋史上記: 煬帝溺於逸遊, 用度奢侈. 於宮中營築別苑一所, 叫做西苑, 周圍有二百里寬, 中爲海子, 周圍亦十餘里. 海中起方丈・蓬萊・瀛洲等山, 以象東海中三神山, 各高百餘尺. 山上都有臺觀・宮殿, 羅列於上. 海子北邊, 開一道河渠縈紆回繞, 引水注於海子內.

沿渠蓋院落一十六所; 院門都傍臨着河渠; 每一座院裏面, 都有宮人美女, 而以四品夫人掌管. 窮極華麗, 以恣遊翫.

遇秋冬時節, 見宮樹彫落, 則剪五綵絹帛爲花爲葉, 綴於枝條之間; 於池沼中, 亦剪綵爲荷, 爲芰, 爲菱, 爲芡, 帖在水面, 與春夏間的景物一般; 久之, 若顔色改變, 又換上新的, 其侈靡如此.

那十六院中的宮女, 彼此各以殽饌精麗, 相爭相勝, 以此希恩取寵. 煬帝遊觀無厭, 惟日不足, 好乘月夜, 隨從宮女數千騎遨遊苑中; 命詞人編成淸夜遊的歌曲, 使宮女於馬上唱之.

未幾, 又遊幸江都, 留連不反, 遂以失國.

考之於史: 隋煬帝之父文帝, 性貪好利. 洛陽府庫, 財貨山積. 煬帝始爲晉王, 讒殺太子而嗣立. 卽爲之初, 見國家財物繁富, 遂奢侈縱肆如此.

嗟乎! 浚百姓之膏血, 以實府庫, 而付之於凶狡淫惡之人, 貽謀如此, 不亡何待? 然則隋室邱墟, 不獨

수 문제(楊堅)

煬帝之罪, 蓋亦文帝之過也.

夫人主欲爲後世子孫長久之計, 唯在示之以恭儉仁厚, 而審於付託哉!

【河渠】 물길, 도랑.

【江都】 隋 煬帝는 운하가 江都(지금의 江蘇 揚州)까지 이어지자 그곳을 행궁의 놀이터로 삼아 거의 그곳에 머물며 장안의 國事는 돌보지 않았음. 다음 장을 볼 것.

【文帝】 隋 文帝 楊堅. 수나라를 세운 개국 군주.

【晉王】 隋 文帝는 천하를 통일한 다음 楊廣을 晉王에 봉하였음.

【太子】 隋 文帝는 맏아들 楊勇을 태자로 삼았으나 楊廣이 그를 모함하여 죽이고 병든 아버지마저 죽인 다음 자신이 제위에 오름. 이가 隋 煬帝임.

【浚】 浚渫함. 물속에 들어 있는 것을 긁어 퍼 올리듯이 백성의 고혈을 짜냄.

【凶狡淫惡】 煬帝의 못된 점을 표현한 것. 흉악하고 교활하며 음일하고 악독함.

【邱墟】 궁실이 있던 화려한 장소가 언덕의 폐허로 변함.

참고 및 관련 자료

1. ≪資治通鑑≫(180) 隋紀(4)

五月, 築西苑, 周二百里, 其內爲海, 周十餘里, 爲蓬萊・方丈・瀛洲諸山, 高出水百餘尺, 臺觀・宮閣, 羅絡山上. 向背如神. 北有龍鱗渠, 縈紆注海內; 緣渠作十六院, 門皆臨渠; 每院以四品夫人主之; 堂殿樓觀, 窮極華麗, 宮樹秋冬彫落, 則翦綵爲華葉, 綴於枝條; 色渝則易以新者, 常如陽春. 沼內亦翦綵爲荷, 芰, 菱, 芡; 乘輿遊幸, 則去冰而布之. 十六院競以殽羞精麗相高, 求市恩寵. 上好以月夜從宮女數千騎遊西苑, 作<淸夜遊曲>, 於馬上奏之.

유행강도(遊幸江都)
수(隋) 양제(煬帝)

강도에 놀이를 가서 나라를 망친 수 양제

수(隋)나라 때 역사 기록이다.

양제가 강도(江都)로 행차할 때, 용주(龍舟)는 4층짜리였다. 맨 위층에는 정전(正殿), 내전(內殿), 조당(朝堂)이 있었으며 중간 두 개의 층의 120개 방은 모두 금과 옥으로 장식되어 있었고 맨 아래층은 내시들이 거처하는 곳이었다.

    황후는 따로 상리주(翔螭舟)라는 배를 탔는데 그보다는 좀 작았다. 부경선(浮景船) 아홉 척은 3층으로 되어 있었으며 이들은 물 위에 떠 있는 별궁이었다.

    나머지 배 천여 척은 후궁, 제왕, 공주와 백관 이하들이 타고 있었다. 모두 8만여 명이 이를 끌었으며 이들에게도 모두 비단으로 옷을 해 입혔다.

    위병(衛兵)들이 탄 배도 또한 수천 척이나 되었다. 배들이 서로 연접하여 2백 리나 되었으며 기마병들이 그 운하의 양쪽을 끼고 함께 행렬을 이루었다.

    이들이 지나가는 주나 현의 5백 리 안에서는 모두가 이들에게 음식을 해다 바치도록 되어 있었으며 그 양이 한 주에 백 대의 수레나 되었다. 그 음식은 뭍에서 나는 것과 물에서 나는 것 등 지극히 진기한 것들이었으며 후궁들은 음식에 물려 다 먹지 못하여 거의 땅에 묻어 버려야 했다.

隋史紀: 煬帝幸江都, 龍舟四重: 上重有正殿·內殿·朝堂; 中二重有百二十房, 皆飾以金玉; 下重內侍處之.

皇后乘翔螭舟, 差小. 別有浮景九艘, 三重, 皆水殿也.

餘數千艘, 後宮·諸王·公主·百官以下乘之. 共用挽士八萬餘人, 皆以錦綵爲袍.

衛兵所乘, 又數千艘. 舳艫相接, 二百餘里. 騎兵夾兩岸而行.

所過州縣, 五百里內, 皆令獻食, 一州至百轝; 極水陸珍奇, 後宮厭飫多棄埋之.

【遊幸江都】 대운하를 따라 江都에 대규모 놀이를 나섬.
【江都】 수나라 大業 초 揚州를 江都郡으로 고쳤으며 治所는 江陽(지금의 江蘇 揚州).

수 양제가 대규모 江都宮苑을 짓고 그곳을 行宮으로 삼아 머물면서 돌아가기를 거부하였음. 그가 장안에 머문 것은 겨우 1년도 되지 않으며 江都로 巡遊할 때면 비빈과 문무백관 등 따르는 자가 20만 명에 달하였으며 배는 수천 척, 배의 행렬은 2백 리, 배를 끄는 船夫는 8만 명, 沿道 각 지방에서 음식과 용품을 제공하게 되어 있어 그 행렬이 나타날 때면 인근 군현 백성들이 모두 그곳을 비우고 도망하였다 함. 결국 각지에서 반란이 벌 떼처럼 일어나자 長安에 恭帝(代王 楊侑)를 세우고 자신은 太上皇에 올랐으나 宇文化及 등이 兵變을 일으켜 목 졸라 죽임.

【正殿】궁전의 가장 큰 전각. 황제가 업무를 보는 곳.
【內殿】황제의 방. 사사롭게 쉴 수 있는 내실.
【朝堂】문무백관을 모아 조회를 여는 큰 회의실.
【翔螭舟】날아가는 용의 모습을 한 화려한 배.
【厭飫】음식에 물림. '厭'은 '饜'과 같음.
【埋之】≪資治通鑑≫에 "將發之際, 多棄埋之"라 하여 떠나기 전에 땅에 묻어 없애 버림.

直解(白話文)

수나라 때의 역사 기록이다.

양제는 수로를 따라 양주(揚州)의 강도 지방으로 순행을 나설 때 타고 가는 배 용주는 지극히 컸다. 하나의 배가 4층으로 되어 있었다. 맨 위층은 정전, 내전, 조당이 있었으며 중간 두 층에는 120개의 방이 있었다. 이들 세 층은 모두 금과 옥으로 장식하였으며 맨 아래층은 내시들이 거처하였다.

수 양제(楊廣)

　황후가 타는 배는 '상리주'라 하였으며 크기가 작고 구조가 약간 다를 뿐 모습은 똑같이 화려하였다. 따로 9척의 배는 '부경'이라 불렀으며 배 하나가 3층씩으로 되어 있었다. 이 9척의 배는 모두가 물 위의 궁전으로 이궁(離宮)이나 별관(別館)을 상징한 것이었다.

　그 밖의 수천 척은 후궁, 제왕, 공주, 백관 이하들이 타는 것이었다.

　이들 배를 끄는 인부는 모두 8만 명이었으며 모두에게 비단으로 옷을 만들어 입혔다. 게다가 호위군사들이 타는 배도 따로 수천 척이나 되었다. 이 많은 배들이 강 위에 떠서 머리와 꼬리가 서로 이어져 2백 리나 멀리 이어졌다.

　다시 말을 탄 군사들이 양쪽 언덕에 줄을 서서 배를 끼고 행렬을 이루었다.

이들이 지나가는 주나 현의 5백 리 안에서는 모두가 음식을 만들어 이들에게 바쳐야 했다. 많은 경우 한 주에 무려 수레 백 대 분이나 되었으며 뭍과 물에서 나는 진기한 음식 재료로 할 수 있는 것은 다 있었다.

 황후와 궁녀들은 음식에 물려 이를 다 먹지 못해 어디 적절히 배치할 수도 없어 거의 버리거나 묻을 수밖에 없었다.

 무릇 양제는 단지 자신 하나가 쾌적하기 위하여 백성의 고통은 돌아보지 않았다. 순행할 때 드는 비용이 한결같이 이 지경에 이른 것이다. 그러니 어찌 백성이 살지 못해 도적이 일어나서 그 재앙이 팔꿈치와 겨드랑이까지 이른 것을 알 수 있었겠는가? 강도에서 수레가 되돌아오기도 전에 장안과 낙양은 이미 다른 사람에게 점거당하고 만 것이다. 이 어찌 천고를 두고 감계(鑒戒)를 삼지 않을 수 있으리오!

〈隋煬帝龍舟出行圖〉(淸代)

隋史上記: 煬帝從水路巡幸揚州江都地方, 所乘的龍舟, 極其高大. 一舟四層: 上層有正殿·內殿·朝堂; 中兩層有一百二十間房. 這三層都用金玉粧飾; 第四層是內侍所居.

皇后乘的, 叫做翔螭舟, 制度畧小些, 也一樣華麗. 別有九隻船, 叫做浮景, 一船三層. 這九隻船都是水殿, 以象離宮別舘.

其餘船數千隻, 是後宮·諸王·公主·百官以下乘的. 共用扯船的夫八萬餘人, 皆以錦綵爲衣. 還有護衛軍士坐的船, 又數千隻. 這許多船在江中, 頭尾相接, 二百餘里遠. 又有馬軍擺列着在兩岸上, 夾舟而行.

所過州縣, 五百里內都要供獻飮食; 多者, 一州就有百車; 窮極水陸珍奇品味.

后宮厭飫, 用不盡的, 無處安頓, 多棄埋之.

　夫煬帝祇爲適一己之快樂, 不顧百姓之困窮. 爲巡幸之費, 一至於此. 豈知民愁盜起, 禍生肘腋? 江都之駕未回, 而長安·洛陽已爲他人所據矣. 豈非千古之鑒戒哉!

【扯船】 배를 끎. 운하이므로 배에 줄을 매어 兩岸에서 이를 끌어 운행하였음.
【安頓】 '적절히 배치하다'의 뜻.
【祇】 '只, 止'와 같음. '다만, 오직'의 뜻을 나타내는 부사.
【肘腋】 팔꿈치와 겨드랑이. 아주 가까이 일이 닥쳤음을 뜻함.
【長安·洛陽】 당시 隋나라 도읍은 長安이었으며 洛陽은 역사상 東都로 아주 중요한 지역이었음.

참고 및 관련 자료

1. ≪資治通鑑≫(180) 隋紀(4)
　八月, 壬人, 上幸江都, 發顯仁宮, 王弘遣龍舟奉迎. 乙巳, 上御小朱航, 自漕渠出洛口, 御龍舟. 龍舟四重: 高四十五尺, 長二百丈. 上重有正殿·內殿·東西朝堂; 中二重有百二十房, 皆飾以金玉; 下重內侍處之. 皇后乘翔螭舟, 制度差小, 而裝飾無異. 別有浮景九艘, 三重, 皆水殿也. 又有漾彩·朱鳥·蒼螭·白虎·玄武·飛羽·靑鳧·陵波·五樓·道場·玄壇·板䑠·黃篾等數千艘, 後宮·諸王·公主·百官·僧尼·道士·蕃客乘之. 及載內外百司供奉之物, 共用挽船士八萬餘人, 其挽漾彩以上者九千餘人, 謂之「殿脚」, 皆以錦綵爲袍. 又有平乘·靑龍·艨艟·艚艒·八櫂·艇舸等數千艘, 並十二衛兵乘之, 幷載兵器帳幕, 兵士自引, 不給夫. 舳艫相接, 二百餘里, 照耀川陸. 騎兵翊兩岸而行, 旌旗蔽野. 所過州縣, 五百里內, 皆令獻食, 多者一州至百轝; 極水陸珍奇, 後宮厭飫, 將發之際, 多棄埋之.

사봉제관(斜封除官)
당(唐) 중종(中宗)

임명장 봉투를 비스듬히 붙여 벼슬자리를 팔도록 내버려 둔 당 중종

당(唐)나라 때 역사 기록이다.

중종(中宗)은 모든 정치를 궁궐에 맡겼다. 그러자 안락공주(安樂公主)와 장녕공주(長寧公主) 및 위후(韋后)의 여동생 성국부인(郕國夫人), 상관첩여(上官婕妤), 상용시씨(尙容柴氏), 여자 무당 제오영아(第五英兒) 등이 모두 세력에 의

지하여 일을 벌이고 있었다. 이 여자들은 매관매직하여 비록 도살꾼, 술 파는 사람, 못된 짓을 중매하는 자라도 30만 전만 갖다 바치면 따로 먹 글씨로 황제의 칙령을 써 주어 관직을 제수받을 수 있었다. 이 경우 봉투를 비스듬히 붙여 중서성에 이첩하였으므로 당시 사람들은 그렇게 얻은 관직을 '사봉관(斜封官)'이라 불렀다.

상관첩여 등은 모두가 밖에 큰 저택을 가지고 있었으며 궁중 출입에 아무런 제재도 받지 않았다. 조정의 관리들은 모두가 그들 문하에서 나왔으며 서로 뇌물이 오고 가며 승진과 현달을 구하였다.

〈大觀園圖〉 ≪紅樓夢≫의 내용을 삽화로 그린 것

唐史紀: 中宗委政宮闈, 安樂·長寧公主, 及韋后妹郕國夫人·上官婕妤·尚容柴氏·女巫第五英兒, 皆依勢用事. 賣官鬻爵, 雖屠沽臧獲, 用錢三十萬, 則別降墨勅除官, 斜封付中書. 時人謂之「斜封官」.

上官婕妤等, 皆有外第, 出入無節. 朝士咸出其門, 交通賄賂, 以求進達.

【斜封除官】 비스듬히 봉한 봉투 속의 서류로 관직을 팔아 임명함.
【中宗】 唐나라 제4대 황제 李顯. 高宗 李治의 아들. 제위를 武則天에게 빼앗겼다가 다시 찾아 두 번 오름. 즉 684년 이현이 중종으로 제위에 오른 지 3개월 만에 무측천이 그를 폐위하여 廬陵王으로 강등하고 睿宗(李旦)을 세워 자신이 垂簾聽政하였으나 다시 690년에 무측천이 스스로 나서서 稱帝, 국호를 周로 바꿈. 그 뒤 704년 재상 張

東之 등이 兵變을 일으켜 무측천을 퇴위시키고 다시 中宗을 복위시켰으며(705) 국호도 다시 唐으로 함. 중종은 재위 기간 동안 일체를 韋后에게 맡겨 위후는 자신의 딸(공주)들과 함께 매관매직의 瀆職 사건을 일으켰으며 마침내 중종을 독살하고 溫王 李重茂를 세워 자신이 정권을 독단하였음. 이에 李隆基(玄宗)가 정변(710)을 일으켜 위후를 죽이는 등 혼란을 자초하였음.

【宮闈】궁궐 안의 모든 행정. 이를 자신의 황후인 韋后에게 맡겼음을 말함.

【安樂公主】?~710년. 中宗 李顯과 韋后 사이에 난 皇太女. 武三思의 아들 武崇訓에게 시집을 갔다가 그가 죽자 다시 武廷秀에게 재가함. 어머니 韋后와 결탁하여 아버지 中宗을 독살하는 등 天倫을 저버림. 뒤에 李隆基에게 죽임을 당함.

【長寧公主】역시 중종과 위후 사이에 난 공주. 처음 楊愼交에게 시집을 가서 사방에 호화 저택을 짓고 사치를 부리다가 양신교가 죽자 蘇彦伯과 재혼하였으며 瀆職하여 수십만 냥을 받았다가 폐인으로 강등되어 죽음.

【韋后】?~710년. 중종의 황후. 京兆 萬年(지금의 陝西 西安) 출신으로 神龍 원년(705) 중종이 복위한 다음 武三思 등과 결탁하여 韋氏 일족을 등용하였으며 景龍 4년(710) 중종을 독살, 이에 李隆基가 정변을 일으켜 위후와 안락공주 및 그 일당을 죽여 없앰.

【鄁國夫人】위후의 여동생으로 성국공주에 봉해짐. 위후와 결탁하여 온갖 만행을 저질렀던 여인.

【上官婕妤】上官은 성씨. 婕妤는 궁중 여인의 등급 칭호. 上官婉兒(664~710)를 가리킴. 陝州(지금의 河南 陝縣) 사람으로 문장에 능하여 열네 살에 이미 武后를 대신하여 詔書의 초안을 작성하는 등 재질이 있었음. 中宗이 즉위하자 다시 韋后와 武三思 등에게 총애를 받아 昭儀에 올랐으며 문학과 음악을 담당함. 뒤에 婕妤로 승진되었으나 위후와 함께 피살당함.

【尙容柴氏】'尙容'은 '尙宮'의 오기로 보임. ≪資治通鑑≫에는 '尙宮'으로 되어 있음. 당시 위후를 따라 횡포를 부렸던 여인. 성은 施氏.

【女巫第五英兒】여자 무당이며 성은 第五, 이름은 英兒. 역시 위후의 일당.

【屠沽臧獲】'屠'는 도살업자, '沽'는 술을 파는 자, '臧'은 臧儈, 즉 儈賣人으로 좋지 않은 일을 중개하는 자, '獲'은 女婢. 모두가 천한 자임을 말함. ≪資治通鑑≫ 주에 "臧獲, 奴婢野. ≪方言≫曰:「陑岱之間, 罵奴曰臧, 罵婢曰獲; 趙之北郊, 民而堛婢謂之臧, 女而婦奴謂之獲.」"이라 함.

【墨勅除官】 검은 먹으로 칙서를 써서 벼슬자리를 줌. 除는 除授, 종전의 벼슬자리를 버리고 새로운 자리를 줌을 말함.
【斜封官】 봉투를 비스듬히 봉하여 그 안에 임명장을 넣어 벼슬을 주는 것을 말하며, 그렇게 받은 관직으로써 벼슬하는 관원이라는 뜻.
【賄賂】 뇌물을 주고받음. 疊韻連綿語.

直解(白話文)

당나라 때의 역사 기록이다.

중종은 재위 시절 주색에 빠져 나랏일은 살피지 않은 채 조정의 업무를 모두 황후 위씨에게 맡겨 버렸다. 이 때문에 정령은 여러 문을 통해 나오게 되었고 조정의 기강은 허물어지고 말았다.

위후의 딸 안락공주와 장녕공주, 그리고 위후의 여동생 성국부인 및 궁녀 상관첩여, 상용시씨, 무녀 제오영야 등 총애를 받는 몇몇 여인들이 궁궐 안에서 일을 도맡아 하였다. 그리하여 나라의 관직과 작위는 그들 마음대로 팔았다. 출신에 관계없이, 다시 말해 도살꾼이나 술 파는 사람 및 반드시 천민일 수밖에 없는 사람일지라도 단지 동전 30만 냥만 갖다 바치면 궁궐에서 칙서 하나를 내려 관직을 제수하였다. 봉투를 비스듬히 붙여 중서성에서 발행하였으며 다른 증빙 문서 따위는 필요도 없었고 이부(吏部)를 경유하지도 않았다. 이로써 당시 이렇게 뇌물로 관직을 산 사람을 두고 모두가 '사봉관'이라 불렀다. 관직과 작위의 남발이 이 지경에 이르자 관직을 모독하고 상하도 없이 넘쳐 나기가 극에 달하고 말았다.

또 상관첩여 등은 밖에 사사롭게 저택을 사 두었으며 때에 따라 그 저택을 나와 궁궐에 드나드는 것도 마음대로 할 수 있었으며 누구도 감히

이들을 막을 수가 없었다. 그 당시 조정의 관리들은 모두가 그들 문하에서 나왔으며 서로 뇌물을 주고받아 이끌고 밀고 하여 진급과 현달을 도와주었다. 풍속이 이 지경에 이르자 부패와 파괴가 극에 달하였다.

 역사를 상고해 보건대 중종은 무씨(武氏)의 난을 만나 오랫동안 유폐되는 치욕을 당하며 온갖 고난을 다 겪었다. 그러다가 하루아침에 복위하였으니 의당 황제로서의 기강을 총괄하여 바르게 잡고 정치에 힘쓰고 정성을 들였어야 마땅하였다. 그러나 다시 따뜻한 옷과 앉은자리에 연연하여 위복(威福)의 자루를 모두 궁궐 아녀자들에 넘겨주어 모든 정령이 그들로부터 나오며 작위와 상급의 전례(典例)를 모두 아래 노예들에게 미치게 하였던 것이다. 이것이야말로 '앞서가던 수레가 엎어졌는데도 뒤따르는 수레가 이를 경계로 하지 않은 것'이라 하는 것이다.

얼마 지나지 않아 중종은 드디어 위후에게 독살당하고 당나라 국운은 또 한 번 기우는 지경에 이르고 말았다.

오호라! 가히 거울 삼을 일이로다!

唐史上記: 中宗在位, 沉溺酒色, 不恤國事, 把朝廷政務, 都只爲託於皇后韋氏. 因此政出多門, 朝綱壞亂. 韋后的女安樂公主·長寧公主, 與其妹虢國夫人, 及宮人上官婕妤·尙容柴氏·女巫第五英兒, 這幾箇女寵, 都在內用事, 將國家的官爵, 擅自出賣. 不拘甚麽出身, 就是那屠戶·賣酒及一應下賤的人, 但納得三十萬銅錢, 裡面就降一道勅書, 除授他官, 斜封着付中書省發行, 也不用文憑, 也不由吏部. 以此當時把這用賄買官的人, 都叫做「斜封官」. 官爵至此, 冒濫極矣.

又上官婕妤等數人, 外面都置買下私宅, 有時出到私家來, 有時進入宮裡去, 出入任意, 沒人敢禁止他. 一時朝士, 都出其門, 交通賄賂, 以求援引進達. 風俗至此, 敗壞極矣.

按史: 中宗遭武氏之亂, 久罹幽辱, 備嘗艱阻. 一旦復位, 正宜總攬乾綱, 勵精圖治可也. 乃又溺愛衽席, 至使威福之柄, 盡出宮門; 爵賞之典, 下逮僕隷. 所謂前車旣覆, 而後車不以爲戒者也.

未幾, 中宗遂爲韋后所毒, 唐祚幾於再傾. 嗚呼! 可鑒也哉!

【政出多門】 행정과 명령은 오직 임금 한 사람에게서 나와야 질서가 잡히고 기강이 바로 서는 것이라 여겼음.
【吏部】 六部의 하나로 관리의 任免에 관한 업무를 관장하였음. 본문에서 새롭게 관직을 주었을 경우 반드시 이부를 경과하여 황제의 결재를 받아야 하나 중서성만을 거쳐 벼슬을 주었음을 말함.
【武氏之亂】 武則天이 중종을 폐위하고 周를 세웠다가 다시 복위하는 등 온갖 고초를 겪음.

【乾綱】 '乾'은 ≪周易≫의 乾卦. 즉 황제를 상징함. 황제로서 바로잡아야 할 기강.
【衽席】 옷과 자리. 그저 편안하면 그만이라 여겨 안주하는 것. 중종이 다시 복위된 것만으로 만족하고 모든 권력을 황후 위씨에게 일임한 것을 말함.

참고 및 관련 자료

1. ≪新唐書≫ 選擧志(下)

中宗時, 韋后及太平·安樂公主等用事, 於側門降墨敕斜封授官, 號「斜封官」, 凡數千員. 內外盈溢, 無聽事以居, 當時謂之「三無坐處」, 言宰相·御史及員外郎也. 又以鄭愔爲侍郎, 大納貨賂, 選人留者甚衆, 至逆用三年員闕, 以綱紀大潰. 韋氏敗, 始以宋璟爲吏部尚書, 李乂·盧從愿爲侍郎, 姚元之爲兵部尚書, 陸象先·盧懷愼爲侍郎, 悉奏罷斜封官, 量闕留人, 雖資高考深, 非才實者不取.

2. ≪新唐書≫ 本紀(5) 中宗(李顯)

是歲, 皇后·妃·主·昭容賣官, 行墨敕斜封.

3. ≪新唐書≫(76) 韋皇后傳

稍龍樹親屬, 封拜之. 昭容與母及尙宮賀婁等多受金錢. 封巫趙隴西夫人, 出入禁中, 勢與上官埒. 繇是墨敕斜封出矣.

4. ≪資治通鑑≫(209) 唐紀(25)

安樂·長寧公主, 及韋后妹鄀國夫人·上官婕妤·婕妤母沛國夫人鄭氏·尙宮柴氏·賀婁氏·女巫第五英兒·隴西夫人趙氏, 皆依勢用事. 請謁受賕, 雖屠沽臧獲, 用錢三十萬, 則別降墨敕除官, 斜封付中書. 時人謂之「斜封官」. 錢三萬則度爲僧尼. 其員外·同正·試·攝·檢校·判·知官凡數千人. 西京·東都各置兩吏部侍郎, 爲四銓, 選者歲數萬人. 上官婕妤及後宮多立外第, 出入無節. 朝士往往從之遊處, 以求進達. 安樂公主尤驕橫, 宰相以下多出其門. 與長寧公主競起第舍, 以侈麗相高, 擬於宮掖, 而精巧過之.

관등시리(觀燈市里)
당(唐) 중종(中宗)

시장과 마을을 돌아다니며 정월 대보름 등불 구경에 빠진 당 중종

당(唐)나라 때 역사 기록이다.

중종은 춘정월(春正月)이면 위후와 함께 몰래 궁궐을 빠져나와 시장 거리에서 원소절(元宵節) 제등(提燈)놀이를 구경하였다.

唐史紀: 中宗春正月, 與韋后微行, 觀燈於市里.

【觀燈市里】 민간의 거리에 나가 觀燈놀이를 구경함. 이 관등놀이 때 궁녀 수천 명도 함께 나가 외부인과 마구 사통하여 궁궐로 되돌아오지 않은 자가 매우 많았다 함.
【春正月】 정월 元宵節을 말함. 정월 대보름. 이날 앞뒤로 등불을 밝히고 거리를 유행하며 노는 민간의 풍습이 지금까지 이어 오고 있음. '提燈節'이라고도 함.
【韋后】 당 중종의 황후. 앞장 참조.

直解(白話文)

당나라 때의 역사 기록이다.

중종은 말년에 정치를 궁궐 여인들에게 맡기고 자신의 뜻대로 즐거움을 찾아다녔다. 일찍이 정월 원소절 밤에 위황후와 몰래 궁궐을 나서서 저잣거리와 마을 골목의 제등놀이를 구경하였다.

무릇 임금이란 만승의 높은 신분으로 구중궁궐 안에 거처하면서 마땅히 정사에 힘쓰고 일락(逸樂)은 경계해야 마땅하다. 하물며 중종은 제위를 빼앗기는 우환을 겪은 뒤인데도 도리어 경계하고 삼갈 줄 모른 채 마구 뜻 가는 대로 하여 천자의 귀한 신분이면서 시장 거리에 나가 제등놀이나 구경하면서 천한 이들과 뒤섞였으며, 게다가 황후까지 동행하였으니

〈擊鼓說唱陶俑〉(東漢)
四川 成都 天回山 출토

더욱 불가한 일이다. 하나는 높은 지체를 잃은 것이요, 둘은 갑작스러운 변고를 방비하는 지혜에 어두운 것이요, 셋째는 궁궐 여인들이 지켜야 할 법도를 허문 것이요, 넷째는 마구 방탕하게 노는 풍속을 부추긴 것이다. 한 번 거동에 이 네 가지 경계해야 할 계율을 어겼으니 어찌 만세를 두고 길이 거울 삼을 일이 아니겠는가!

唐史上記: 中宗末年, 委政宮闈, 任情爲樂. 嘗于正月元宵夜, 與韋皇后私出宮禁, 觀燈于街市里巷之間.

夫人君以萬乘之尊, 居九重之上, 當勤政事, 戒逸樂. 況中宗遭憂患之後, 乃不知戒愼, 恣情極意, 以天子之貴, 觀燈市里, 混襍于庶民之賤, 又且與皇后同行, 尤爲不可.

一則失居尊之體, 二則昧防變之智, 三則壞宮闈之法, 四則倡淫蕩之風. 一擧動之間, 犯此四大戒, 豈非萬世之永鑒也哉!

【元宵】 그해 들어 첫 보름날이라는 뜻으로 정월 대보름 밤을 말함.
【萬乘之尊】 천자(황제)는 그 신분이 아주 높음을 뜻함.
【混襍】 '混雜'과 같음. '襍'은 '雜'의 이체자.

참고 및 관련 자료

1. ≪舊唐書≫ 本紀(7) 中宗(李顯)
 四年春正月乙卯, 於化度寺門設無遮大齋. 丙寅上元夜, 帝與皇后微行觀燈, 因幸中書令蕭至忠之第. 是夜, 放宮女數千人看燈, 因此多有亡逸者, 丁卯夜, 又微行看燈.
2. ≪舊唐書≫(51) 韋庶人傳
 四年正月望夜, 帝與后微行市里. 又放宮女數千, 夜遊縱觀, 因與外人陰通, 逃逸不還.
3. ≪新唐書≫(76) 韋皇后傳
 明年, 正月望夜, 帝與后微服過市, 彷徉觀覽, 縱宮女出遊, 皆淫奔不還.

총행번장(寵幸番將)
당(唐) 현종(玄宗)

번방 장수 안록산을 총애하다가 난리를 당한 당 현종

당(唐)나라 때 역사 기록이다.

현종(玄宗)은 번장(番將) 범양절도사(范陽節度使) 안록산(安祿山)을 어사대부로 삼았다. 안록산은 몸이 비대하여 배가 무릎까지 처져 내려올 정도였다. 겉으로는 우둔하여 정직한 듯 보였지만 사실 교활한 속셈으로 가득

찬 인물이었다.

현종이 한번은 그의 배를 가리키며 이렇게 농담을 던졌다.

"오랑캐 아들, 뱃속에는 무엇이 들어 있는가?"

안록산은 얼른 이렇게 대답하였다.

"더 이상 아무 물건도 들어 있지 않고 오직 충성심만 들어 있을 뿐입니다!"

현종은 기꺼워하며 그가 궁궐을 마음대로 출입할 수 있도록 허용하였다.

현종이 양귀비(楊貴妃)와 같은 자리에 앉아 있을 때 안록산이 들어와 뵈면서 먼저 양귀비에게 절을 하는 것이었다.

현종이 물었다.

"무슨 이유냐?"

안록산이 말하였다.

"오랑캐 풍습에는 어머니를 앞세우고 아버지를 뒤로합니다."

현종은 더욱 기특하게 여겨 기꺼워하였다.

한번은 근정루(勤政樓)에서 연회를 열었다. 백관들이 모두 열을 지어 앉자 특별히 안록산을 위해 임금 어좌 동쪽에 금계장(金雞障)을 설치하여 자리를 마련하고 그 앞에 앉도록 하였다. 게다가 앞을 가리고 있던 발을 걷게 하여 그가 얼마나 총애를 받고 있는지를 과시하기까지 하였다.

唐史紀: 玄宗以番將范陽節度使安祿山爲御史大夫. 祿山體肥, 腹垂過膝. 外若癡直, 內實狡黠.

上常指其腹曰:「胡兒, 腹中何所有?」

對曰:「更無餘物, 止有赤心耳!」

上悅, 容其出入禁中.

上與楊貴妃同坐, 祿山先拜貴妃.

上問:「何故?」

曰:「胡人先母而後父.」

上益悅之.

常宴勤政樓, 百官列坐, 特爲祿山於御座東間, 設金雞障, 置榻, 使坐其前, 仍令捲簾, 以示榮寵.

【寵幸番將】 번방의 장수 安祿山을 총애함. 番將은 번방의 장수. '蕃將'과 같음.
【玄宗】 唐나라 제6대 황제 李隆基(685~762). 睿宗(李旦)의 셋째 아들로 臨淄王에 봉해졌다가 中宗 景龍 4년(710) 정변을 일으켜 韋后를 살해한 다음 아버지를 옹립하여

당 현종과 양귀비의 애정 고사 〈長恨歌〉 詩意圖, 淸 袁江 그림

즉위시켰고 延和 원년(712) 아버지로부터 제위를 물려받음. 재위 초기에는 바른 정치를 펴서 開元之治를 이루었으나 뒤에 楊貴妃와 楊國忠 등의 일로 安祿山의 난을 유발, 결국 아들 肅宗(李亨)에게 제위를 물려줌.

【安祿山】?~757년. 원래 營州 柳城의 북방 소수민족 奚族 출신으로 어머니가 突厥人 安延偃에게 재가하자 성을 安氏로, 이름을 祿山으로 바꿈. 처음에 偏將의 낮은 직위였으나 북방 소수민족의 사정에 밝아 변방 방어에 능하였고 현종의 심리를 잘 파악하여 그에게 영합하며 楊貴妃의 養子를 자처하여 平虜, 范陽, 河東 三鎭의 節度使에 오름. 天寶 14년(755) 楊國忠을 제거한다는 명목으로 반란을 일으켜 洛陽과 長安을 차례로 점거하고 스스로 雄武皇帝라 칭하며 국호를 燕, 연호를 聖武라 하였다. 그러나 곧이어 아들 安慶緖에게 죽임을 당하였음. 이 안록산의 난은 唐 盛唐 때 가장 큰 내전이었으며 현종은 馬嵬坡(지금의 陝西 興平縣)에서 양귀비를 죽이고 蜀(지금의 四川 成都)으로 몽진, 이듬해 현종의 아들 肅宗(李亨)이 대를 이음.

【狡黠】교활하고 속이 검음.

【上常指其腹】여기서의 '常' 자는 '嘗'과 같음.

【胡兒】안록산이 오랑캐(奚族) 출신이면서 동시에 양귀비의 양자임을 바탕으로 자신의 아들처럼 오히려 정겹게 부른 것. 아울러 안록산이 양귀비의 양자가 되어 있어 친근함을 표시한 것. ≪十八史略≫에 안록산이 양귀비의 양자가 되어 그의 생일날 洗兒式을 거행하는 모습을 "祿山生日, 賜予甚厚, 後三日召入, 貴妃以錦綉爲大襁褓, 使宮人以綵輿昇之." 上聞歡笑問故, 左右以貴妃洗祿兒對. 上賜妃浴兒金銀錢, 盡歡而罷, 自是出入宮掖, 通宵不出, 頗有醜聲聞于外, 上亦不疑"라 하였음.

【止】'只, 祇'와 같음. '다만, 단지, 오직'의 뜻.

【赤心】'丹心'과 같음. 붉고 순수한 충성심.

【楊貴妃】蜀司戶 벼슬의 楊玄琰의 딸로서 隋나라 때 梁郡通守 楊汪의 4세손으로 蜀에서 태어나 일찍 고아가 되어 蒲州(지금의 山西) 永樂에서 숙부 楊玄珪의 집에서 성장하였으며 양현규는 당시 河南府의 士曹라는 낮은 직책이었음. 어릴 때 이름은 玉環. ≪新唐書≫ 楊貴妃傳에 "幼孤, 養叔父家, 始爲壽王妃. 開元二十四年武惠妃薨, 後廷無當帝意者. 或言妃姿質天挺, 宜允掖廷. 遂召內禁中, 異之, 卽爲自出妃意者, 丐籍女冠, 號太眞, 更爲壽王聘韋昭訓女, 而太眞得幸"이라 하여 원래는 開元 22년(734) 16세의 나이로 壽王 李瑁(玄宗의 18째 아들)의 妃가 되었으나 玄宗의 황후 武惠皇后가

죽고 開元 28년(740) 10월 현종이 華淸宮에 나갔다가 그의 미모를 보고 그를 맞아들여 남의 이목을 피하기 위하여 우선 道敎의 女道士로 삼아 호를 太眞이라 하고 太眞宮(궁중의 도교 사원)에 거하도록 하였음. 이때 양귀비는 22세였으며 현종은 57세였음. 한편 壽王에게는 韋昭訓의 딸을 주어 비를 삼도록 하였음. 그리고 天寶 4년(745) 8월 정식으로 貴妃로 세움.
【勤政樓】 누각 이름. 대신들과의 연회를 위해 마련된 건물.
【金雞障】 황금 닭의 모습을 그린 保障. 뒤와 옆을 가려 편하게 앉을 수 있으며 보호를 받을 수 있도록 만든 위치나 자리.
【榻】 걸터앉는 자리.

直解(白話文)

당나라 때의 역사 기록이다.

현종은 오랑캐 출신의 안록산이라는 자를 총애하였다. 그는 범양절도사라는 직책에 임용되어 하나의 진(鎭) 군사를 관장하고 있었다. 현종은 그에게 어사대부라는 직책을 얹어 주었다. 그 안록산이라는 자는 신체가 비대하여 배가 무릎까지 처져 늘어뜨려질 정도였다. 그의 겉모습은 마치 우둔하고 멍청하면서도 솔직한 사람처럼 보였으나 속마음은 도리어 간교하고 검은 자였다.

현종이 한번은 그의 배를 가리키며 이렇게 물었다.

"오랑캐 녀석, 너의 뱃속에는 무엇이 들었기에 이토록 큰 것이냐?"

楊貴妃

안록산이 대답하였다.

"신의 뱃속에는 더 이상 다른 물건이 들어 있지 않습니다. 오직 나라에 보답할 충성심만이 있을 뿐입니다!"

현종은 듣고 심히 즐거워하면서 그가 궁중을 마음대로 출입할 수 있도록 허락하였다.

어느 날 현종이 양귀비와 함께 자리를 하고 있을 때 안록산이 들어와 뵈면서 먼저 양귀비에게 절을 한 다음 현종에게 절을 하는 것이었다. 이는 안록산이 현종이 양귀비를 총애하고 있음을 알고 고의로 그렇게 하여 왕의 마음을 즐겁게 하기 위한 속셈이었다.

현종이 그에게 물었다.

"무슨 연고로 그렇게 했느냐?"

그러자 안록산은 얼른 이렇게 대답하였다.

"우리 오랑캐 풍습으로는 어머니를 앞세우고 아버지를 뒤로합니다. 정말 이와 같습니다."

현종은 그가 속임수를 쓰는 줄도 모른 채 더욱 그를 기꺼워하였다.

또 하루는 근정루에서 신하들에게 잔치를 베풀게 되었다. 백관들이 모두 양쪽에 앉아 모시고 있었다. 현종은 어좌의 동쪽에 하나의 금계채장(金雞彩障)을 준비하도록 하고 하나의 좌탑(座榻)을 설치, 안록산으로 하여금 특별히 여러 신하들 위에 앉도록 하였다. 게다가 그를 가리고 있던 발을 걷어 올리도록 하여 사람들로 하여금 그가 얼마나 총애를 받고 있는지를 볼 수 있도록 하였다.

역사를 상고해 보건대 안록산은 일찍이 사람을 죽인 죄를 범한 자로 재상 장구령(張九齡)이 그는 반란을 일으킬 상이라 여겨 현종에게 제거하도록 권고한 적이 있었다. 현종은 장구령의 말을 듣지 않았을 뿐 아니라 도리어 그를 높이고 총애하였다. 그 뒤 안록산은 과연 반란을 일으켜 현종의 수레가 멀리 촉(蜀)까지 몽진하도록 하였다. 중원을 온통 뒤흔들어 당나라 천하는 자칫하면 망하고 말 뻔하였다. 그때 현종은 비로소 후회를 하였지만 이미 때는 늦고 말았던 것이다.

속담에 "나의 혈족이 아니라면 그는 틀림없이 다른 마음을 품고 있을 것이다"라 하였는데 어찌 믿을 만한 말이 아니겠는가!

唐史上記: 玄宗寵一箇胡人, 叫做安祿山. 用他做范陽節度使, 掌着一鎭的兵馬. 又加他以御史大夫之職. 那安祿山身體肥大, 腹垂過膝. 看他外面的模樣, 恰似箇癡蠢直遂的人, 而其心却姦狡慧黠.

玄宗嘗拍着他的肚子, 問說:「胡兒, 你肚裏有些甚麼? 這等樣大?」

安祿山對說:「臣腹中更無他物, 止有一點報國的赤心耳!」

玄宗聽說, 甚喜, 又容他出入宮禁.

一日玄宗與楊貴妃同坐, 祿山進見, 先拜楊貴妃, 後拜玄宗. 這是祿山知道玄宗寵幸楊貴妃, 故意趨奉, 以悅其心.

及至玄宗問他:「何故如何?」

他却對說:「我虜人的風俗, 先母後父, 固如此耳.」

玄宗不知其詐, 越發喜他.

又一日在勤政樓上筵宴羣臣, 百官都兩邊侍坐. 玄宗令於御座東間, 張一副金雞彩障, 設一箇座榻, 命安祿山特坐於羣臣之上, 還令捲起簾子, 使人看見, 以彰其榮寵.

〈明皇幸蜀圖〉 안록산의 난을 피해 촉으로 피난하는 모습

按史: 祿山曾犯死罪. 宰相張九齡, 謂其貌有反相, 勸玄宗早除之. 玄宗不惟不聽, 反加尊寵. 其後祿山果反, 致令乘輿播遷, 中原版蕩, 唐之天下, 幾於淪亡. 玄宗始悔之, 晚矣.

語曰:『非我族類, 其心必異.』豈不信哉!

【鎭】 安祿山은 당시 平虜, 范楊, 河東 등 三鎭의 節度使를 겸하여 河水 이북의 軍政 대권을 가지고 있었음.

【張九齡】 자는 子壽(678~738), 일명 博物. 韶州 曲江(지금의 廣東 韶關) 사람으로 則天武后 때 진사에 올랐으며 玄宗 때 制擧에 登第하여 同中書門下平章事에 오름. 唐 玄宗 때 張說의 추천으로 集賢院學士에 오름. 開元 21년(733) 中書令을 거쳐 右丞相이 됨. 開元 賢相의 하나로 안록산이 거란 토벌에 실패하고 죄를 입어 조정에 붙들려 오

자 그를 사면해서는 안 된다고 극구 직간을 하다가 李林甫의 참훼를 입어 荊州長史로 폄직됨. 그때 <感遇詩>를 지어 자신의 심정으로 토로하였음. 開元 26년(738) 향년 68세로 임지에서 생을 마침. 뒤에 사람들은 그를 '曲江公'이라 불렀으며 그의 문집을 정리하여 ≪曲江張先生文集≫(20권)이라 함. 그의 시는 張說과 더불어 初唐과 盛唐을 잇는 가교 역할을 한 것으로 평가받고 있음. ≪舊唐書≫(99)와 ≪新唐書≫(126)에 전이 실려 있음. ≪全唐詩≫(47) 張九齡에 "張九齡, 字子壽, 韶州曲江人. 七歲知屬文. 擢進士, 始調校書郞. 以道侔伊呂科爲左拾遺. 進中書舍人, 出爲冀州刺史, 以母不肯去鄕里, 表換洪州都督, 徙桂州兼嶺南按察選補使. 以張說薦爲集賢院學士, 俄拜中書侍郞, 同平章事. 遷中書令, 爲李林甫所忮, 改尙書右丞相. 罷政事, 貶荊州長史, 請歸還殿幕, 卒. 諡文獻. 九齡風度醞藉, 在相位, 有謇謂匪躬之誠, 以直道黜, 不戚戚嬰望, 惟文史自娛, 嘗識安祿山必反, 請誅, 不許. 後明皇在蜀思其言, 遣使致祭, 卹其家. 集二十卷, 今編詩三卷"이라 함.

【反】'叛'과 같음. 안록산의 난을 말함. 뒤에 史思明의 난이 이어져 흔히 이를 묶어 '安史之亂'이라 함. 현종이 양귀비에 빠져 국정이 어지러운 틈을 이용하여 안록산은 楊國忠을 제거한다는 명분으로 반란을 일으켜 순식간에 洛陽을 점거하고 자칭 大燕皇帝라 하였음. 현종은 피신 도중 馬嵬坡에서 양귀비를 자결토록 하고 양국충을 죽인 다음 서쪽 蜀으로 떠남. 안록산이 長安까지 점령하자 현종은 제위를 아들 李亨에게 선양하였는데 이가 肅宗임. 숙종은 郭子儀, 李光弼 등을 장수로 삼고 回紇(지금의 위구르) 병사를 빌려 반격에 나섬. 이때 반란군 내부에 분규가 일어나 안록산은 아들 安慶緖에게 죽고, 部將 史思明은 조정에 투항함. 이 틈에 정부군은 안경서를 죽이고 장안과 낙양을 수복하여 일단락을 지음. 그러나 사사명이 다시 반란을 일으켜 낙양을 점령하고 역시 大燕皇帝라 자칭하였으나 곧바로 아들 史朝義에게 죽었으며 뒤에 사조의도 당군과 회흘군에게 쫓겨 자살함. 이 전란은 8년간 지속되었음.

【版蕩】'板蕩'과 같음. '版'은 '板'과 같음. ≪詩經≫ 大雅의 '板'과 '蕩' 두 편의 시. 내용은 周 厲王의 무도함을 풍자한 것으로 뒤에 국가나 사회에 변란이 일어나 들끓음을 뜻하는 말로 쓰임.

【語曰】≪左傳≫ 成公 4년의 구절. "公至自晉, 欲求成于楚而叛晉. 季文子曰:「不可. 晉雖無道, 未可叛也. 國大·臣睦, 而邇於我, 諸侯聽焉, 未可以貳. 史佚之志有之曰:'非我族類, 其心必異.'楚雖大, 非吾族也, 其肯字我乎?」公乃止"라 함.

참고 및 관련 자료

1. ≪資治通鑑≫(215) 唐紀(31)

2. ≪十八史略≫(5)

　六載, 以祿山兼御史大夫. 祿山請爲楊貴妃兒. 九載, 賜祿山爵東平郡王, 兼河北道採訪處置使. 祿山入朝, 楊釗兄弟姊妹, 皆往戲水迎之. 釗貴妃之從祖兄也, 得出入禁中. 先是判度支屢奏, 帑藏充牣, 上帥羣臣觀之. 由是視金帛如糞土, 賞賜無限. 賜釗名國忠. 十載, 爲安祿山起第, 窮極華麗, 上日遣諸楊與之游. 祿山體肥大, 上嘗指其腹曰: 「此胡腹中何所有?」 對曰: 「有赤心耳.」 祿山入禁中, 先拜貴妃, 上問其故, 曰: 「胡人先母而後父.」

3. ≪安祿山事迹≫(上)에도 자세히 실려 있음.

　戊寅, 以范陽・平盧節度使安祿山兼御史大夫. 祿山體充肥, 腹垂過膝, 嘗自稱腹重三百斤. 外若癡直, 內實狡黠. 常令其將劉駱谷留京師訶朝廷指趣, 動靜皆報之; 或應有牋表者, 駱谷卽爲代作通之. 歲獻俘虜・雜畜・奇禽・異獸・珍玩之物, 不絶於路, 郡縣疲於遞運. 祿山在上前, 應對敏給, 雜以詼諧, 上嘗戲指其腹曰: 「此胡腹中何所有? 其大乃爾!」 對曰: 「更無餘物, 正有赤心耳!」 上悅. 又嘗命見太子, 祿山不拜. 左右趣之拜, 祿山拱立曰: 「臣胡人, 不習朝儀, 不知太子者何官?」 上曰: 「此儲君也, 朕千秋萬歲後, 代朕君汝者也.」 祿山曰: 「臣愚, 曩者惟知有陛下一人, 不知乃更有儲君.」 不得已, 然後拜. 上以爲信然, 益愛之. 上嘗宴勤政樓, 百官列坐樓下, 獨爲祿山於御座東間設金雞障, 置榻使坐其前, 仍命卷簾以示榮寵. 命楊銛・楊錡・貴妃三姊皆與祿山敍兄弟. 祿山得出入宮禁, 因請爲貴妃兒. 上與貴妃共坐, 祿山先拜貴妃. 上問何故, 對曰: 「胡人先母而後父.」 上悅.

112(下-31)

염재치비(斂財侈費)
당(唐) 현종(玄宗)

백성의 재물을 긁어모아 사치를 부리는 비용으로 충당한 당 현종

당(唐)나라 때 역사 기록이다.

현종은 재위 기간이 길어지자 씀씀이가 날로 사치로 치달아 항상 재정이 부족하였다. 이에 강회조용사(江淮租庸使) 위견(韋堅)과 호부낭중(戶部郎中) 왕홍(王鉷)이 서로 경쟁하듯 세금을 긁어모아 임금을 즐겁게 해 주었다.

위견이 산수(滻水)의 물을 끌어다 못을 만들어 강회 지역에서 올라오는 조운선(漕運船)을 그리로 집결시킨 다음 현종으로 하여금 망춘루(望春樓)에 올라 이를 구경하도록 하였다. 위견은 새로운 배 수백 척에 사방의 진기한 화물을 싣고 섬성위(陝城尉) 최성보(崔成甫)로 하여금 팔뚝에 비단을 두르고, 녹색 적삼에 붉은 머리띠를 한 다음 그 배 앞에서 <득보가(得寶歌)>를 부르도록 하였다. 그리고 아름다운 부인 백 명으로 하여금 잘 차려입고 이에 화답하는 노래를 맞추어 부르도록 하였다. 현종은 기꺼워하며 이들을 위해 잔치를 열어 해가 다 넘어간 뒤에야 파하였다.

왕홍은 세공(歲貢)의 정액 외에 돈과 비단 백억 만을 모아 바쳤고 그 외에 별도로 내고(內庫)에 저장하였다가 궁중의 상품과 하사품으로 쓸 수 있도록 하였다. 현종은 나라의 재용이 이렇게 풍성하다고 여겨 금이나 비단 보기를 마치 분토(糞土)처럼 여겼다. 상품과 하사품은 끝이 없어 해내가 소란스러워졌다.

唐史紀: 玄宗在位久, 用度日侈, 常賦不足以供. 於是江淮租庸使韋堅·戶部郎中王鉷, 競爲聚斂以悅上意. 韋堅引滻水爲潭, 以聚江淮運船, 上幸望春樓觀之.

堅以新船數百艘, 載四方珍貨, 陝城尉崔成甫, 着錦半臂·綠衫·紅袙首, 居前船唱<得寶歌>; 使美婦百人, 盛飾而和之.

上喜, 爲之置宴, 竟日而罷. 鉷於歲貢額外, 進錢帛百億萬, 另貯於內庫, 以供宮中賞賜. 上以國用豐衍, 故視金帛如糞壤, 賞賜無極, 海內騷然.

【斂財侈費】 백성의 재물을 거두어 사치를 부리는 비용으로 사용함.
【在位久】 현종은 712년부터 755년까지 44년간 재위하였으며 그중 先天(1년), 開元(29년), 天寶(14년)의 세 연호를 사용하였음.

【江淮租庸使】 지금의 江蘇, 浙江 일대의 세금과 물자를 실어 나르는 임무를 맡은 최고 책임자.

【韋堅】 자는 子金(?~764). 京兆 萬年(지금의 陝西 西安) 출신으로 長安令을 시작으로 陝郡代輸, 水陸運使 등의 중책을 맡음. 그는 咸陽 부근 渭水를 막아 큰 못을 조성한 다음 각지의 漕運船을 그곳으로 집중시켰으며 아울러 궁궐 禁苑에 望春樓를 짓고 그 아래 넓은 못을 파 현종으로 하여금 물자들이 모여드는 모습을 직접 구경할 수 있도록 하였음. 이 일로 현종에게 신임을 얻었으며 갈수록 그 횡포가 심해졌음. ≪舊唐書≫(105)와 ≪新唐書≫(134)에 전이 있음.

【王鉷】 ?~752년. 太原 祁縣(지금의 山西 祁縣) 출신으로 監察御史를 시작으로 戶部郞中에 오름. 백성들의 재물을 거두어 조정에 바치는 일을 전담하여 수억 만금을 모아들여 현종으로부터 큰 신임을 얻었으며 이로써 御史大夫兼京兆尹에 발탁되기도 하였음. ≪舊唐書≫(105)와 ≪新唐書≫(134)에 전이 있음.

【㴲水】 물 이름.

【崔成甫】 당시 陝城尉로써 여론을 조작하여 <得寶歌>를 바친 인물.

【得寶歌】 開元 29년(741) 陝州 桃林縣 弘農 교외에서 寶符(일종의 부적)가 발견되었다고 하면서 이를 특이한 祥瑞로 보고하였음. 이에 桃林을 靈寶로 그 이름을 바꾸었음. 이는 韋堅이 못을 파서 준공한 때문이라 여론을 조작하여 당시 陝縣尉였던 崔成甫가 떠돌던 民歌에 가사를 改詞한 것으로 "得寶弘農野, 弘農得寶耶. 潭裏舟船鬧, 揚州銅器多. 三郞當殿坐, 聽唱得寶歌"라 하였음. '三郞'은 현종을 가리킴. ≪資治通鑑≫ 주에 "先是, 民間唱俚歌曰:「得體紇那邪.」其後得寶符於桃林, 成甫乃更<紇體歌>爲<得寶弘農野>, 歌曰:「得寶弘農野, 弘農得寶耶? 潭裏舟船鬧, 揚州銅器多. 三郞當殿坐, 聽唱得寶歌.」其俚又甚焉"이라 함.

【豐衍】 아주 많아 널려 있음. 일부 판본에는 '豐沛'로 되어 있으며 이는 雙聲連綿語로 표현이 훨씬 적절함.

直解(白話文)

당나라 때의 역사 기록이다.

현종은 초기에는 재물을 아꼈으나 재위 기간이 길어지자 황음무도하여 날로 사치스러워졌다. 해마다 예에 맞추어 들어오는 돈과 곡식으로는 사용하기에 부족할 정도가 되었다. 이에 강회조용사 위견과 호부낭중 왕홍이 조정의 재용이 모자라 긴급함을 엿본 다음 서로 다투듯이 백성의 재물을 긁어모아 현종의 즐거움을 얻어 내려 하였다.

하루는 각처에서 조운선이 서울로 올라오자 위견은 자신의 재능을 드러내고자 드디어 산수의 물을 끌어다 못을 만들고 강회의 조운선을 모두 그 못으로 집결시켰다. 그리고 현종에게 망춘루에 올라 이를 구경할 것을 청하였다.

그리고 다시 새로 만든 배 수백 척에 사방에서 올라온 진기한 보물을 가득 싣고 최성보라 하는 섬성현의 한 현위에게 비단을 팔뚝에 걸치고 녹색 적삼을 입은 다음 머리에는 붉은 띠를 두르고 그 배 앞에서 <득보가>를 부르도록 하였다. 이에 아름다운 부인들 110명으로 하여금 농염한 화장에 풍성한 치장을 하고 일제히 그 노래를 따라 부르며 화답하도록 하였다.

현종은 이를 보고 크게 즐거워하였다. 곧 망춘루에 잔치 자리를 마련하여 하루 종일 즐긴 다음 파하였다.

왕홍은 다시 연례대로 거두는 세금 외에 돈과 비단 백억 만에 이르는 양을 헌납하였으며 따로 내고에 이를 수장하여 오로지 궁중에서 상품이나 하사품으로만 쓰도록 하였다. 현종은 위견과 왕홍이 백성의 골수를 짜내어 자신이 쓰도록 바친 것인 줄도 모른 채 다만 이렇게 말하였다.

"천하의 돈과 재물이 이토록 풍부하구나! 아무리 써도 끝이 없겠구나!"

그리하여 금과 비단 보기를 마치 분토 보듯 하였으며 상품과 하사품을 내리기에 한계가 없었다. 이로부터 백성들은 살아갈 방도가 없었고 해내는 소란하여 변란이 일어나고 말았다.

무릇 하늘과 땅이 재물을 만들어 내는 데 그 한계가 있다. 관직에 있는 자가 많이 차지하면 백성들은 적게 가질 수밖에 없다. 자고로 간사한 신하란 임금의 뜻에 영합하여 왕왕 재물은 끝없이 생기는 것이라 주장하지만 기실 이는 모두가 간교한 방법을 동원하여 백성의 재물을 빼앗되 마구 징수하며 포악하게 거두어들인 것들이다. 이로 인해 저유(杼柚)는 공허해지고 여염집은 사람이 없어 썰렁해지며 결국 백성은 궁한 끝에 도적으로 변하여 기와는 무너지고 땅은 꺼지도록 하는 것이다. 비록 착한 본성을 지닌 자라도 이런 경우 어쩔 수가 없는 것이다.

현종은 초년에는 비단을 불태우고 금을 녹여 국가 재용으로 쓰는 등 검소한 덕을 숭상하였다. 개원지치(開元之治)가 삼대(三代)는 가리라 기대하였다. 그러나 재위 기간이 길어지고 사치의 마음이 한번 생겨나자 간사한 자들이 그 틈을 노렸고 재물을 모아 욕심을 풀어 놓으니 드디어 안사지란(安史之亂)을 불러오게 된 것이다.

이로써 보건대 치란과 흥망의 구분은 단지 사치와 검소의 생각 하나 사이에 있을 뿐이다. 어찌 경계하지 않을 수 있겠는가! 어찌 두려워하지 않을 수 있겠는가!

唐史記: 玄宗初年, 惜財儉用, 及在位日久, 荒淫無度, 費用日侈. 年例錢糧, 不彀使用. 於是江淮租庸使韋堅·戶部郎中王鉷, 窺見朝廷上用財緊急, 爭去科斂民財, 取悅于上.

一日各處轉運船隻, 都到了京城, 韋堅要顯他的才幹, 遂引滻水爲潭, 把江淮一帶的運船, 都會集潭內, 請玄宗親御望春樓觀看. 又把新船數百隻, 裝載着四方的珍寶貨物, 叫陝城縣一箇縣尉, 名崔成甫, 身穿着錦半臂·綠衫, 頭上裹着紅袙, 在前面船上唱<得寶歌>, 使美婦女百十人, 濃粧盛飾, 齊聲唱而和之.

玄宗見了大喜. 就在望春樓上, 擺設筵宴, 盡日而罷.

王鉷又于年例之外, 進獻錢帛至百億萬. 另收在內庫裏, 專供應宮中賞賜. 玄宗不知韋堅·王鉷原是剝削百姓的骨髓, 以供上用, 只說:「天下錢財, 這等豐富! 用之不盡!」

把金帛看的如糞土一般, 賞賜無有紀極. 自是民不聊生, 而海內騷然變亂矣.

夫天地生財, 只有此數. 在官者多, 則在民者寡矣. 自古姦臣, 要迎合上意, 往往倡爲生財之說, 其實只是設法巧取民財, 橫征暴斂. 由是杼柚空虛, 閭閻蕭索, 以至民窮盜起, 瓦解土崩. 雖有善者, 亦無如之何矣.

玄宗初年, 焚錦銷金, 崇尙儉德. 開元之治, 庶幾三代. 及在位日久, 侈念一生, 奸邪承之; 聚財縱欲, 遂成安史之亂.

由此觀之, 治亂興亡之判, 只在一念奢儉之間而已. 可不戒哉! 可不畏哉!

【穀】 '넉넉하다, 충분하다'의 뜻을 나타내는 白話語. '夠, 够'와 같음. 이 글자가 생경하여 대신 음이 같은 이 '穀' 자를 쓴 것임.
【百十人】 위의 本文에는 '百人'으로 되어 있음.
【生財之說】 임금이 쓰는 재물은 자꾸 생겨나는 것이니 아끼지 말 것을 권고하는 간신들의 논리.
【杼柚】 '杼'는 베틀의 북, '柚'는 바디. 모두가 베나 비단을 짤 때 쓰는 기구.
【焚錦銷金】 현종이 즉위 초에 검소하게 정치를 이끌어 나가겠다고 후궁의 비단옷을 태우고 금붙이 장식을 모아 녹여 이를 재정과 군비로 충당하겠다고 한 일.「焚錦銷金」(052) 참조.
【開元之治】 開元은 唐 玄宗이 즉위하여 사용했던 연호(713~741). 산업이 발전하고 경제가 번창하여 戶口가 唐初에 비해 무려 네 배나 늘었다 함. 이 시기 발전을 두고 '開元之治'라 함.
【安史之亂】 安祿山과 史思明이 일으켰던 반란. 앞장의 주를 볼 것.

참고 및 관련 자료

1. ≪舊唐書≫(105) 韋堅傳

天寶元年三月, 擢爲陝郡太守・水陸轉運使. 自西漢及隋, 有運渠自關門西抵長安, 以通山東租賦. 奏請於咸陽擁渭水爵興成堰, 截灞・滻水傍渭東注, 至關西永豐倉下與渭合. 於長安城東九里長樂坡下・滻水之上架苑牆, 東面有望春樓, 樓下穿廣運潭以通舟楫, 二年而成. ……至開元二十九年, 田同秀上言「見玄元皇帝, 云有寶符在陝州桃林縣古關令尹喜宅」, 發中使求而得之, 以爲殊祥, 改桃林爲靈寶縣. 及此潭成, 陝縣尉崔成甫以堅爲陝郡太守鑿成新潭, 又致揚州銅器, 翻出此詞, 廣集兩縣官, 使婦人唱之, 言:『得寶弘農野, 弘農得寶耶! 潭裏船車鬧, 揚州銅器多. 三郎當殿坐, 看唱得寶歌.』成甫又作歌詞十首, 自衣缺胯綠衫, 錦半臂, 偏袒膊, 紅羅抹額, 於第一船作號頭唱之. 和者婦人一百人, 皆鮮服靚妝, 齊

聲接影, 鼓笛胡部以應之. 餘船洽進, 至樓下, 連檣彌亘數里, 觀者山積. 京城百姓多不識驛馬船檣竿, 人人駭視.

2. ≪新唐書≫(134) 韋堅傳

韋堅字子全, 京兆萬年人. 姊爲惠宣太子妃, 妹爲皇太子妃, 中表貴盛, 故仕最早. ……漢有運渠, 起關門, 西抵長安, 人山東租賦, 汎隋常治之. 堅爲使, 乃占咸陽, 壅渭爲堰, 絶灞·滻而東, 注永豐倉下, 復與渭合. 初, 滻水銜苑左, 有望春樓, 堅于下鑿爲潭以通漕, 二年而成. 帝爲升樓, 詔羣臣臨觀. 堅豫取洛·汴·宋山東小舼舟三百首貯之潭, 篙工柁師皆大笠·侈袖·芒屨, 爲吳楚服. 每舟署某郡, 以所産暴陳其上. 若廣陵則錦·銅器·官端綾繡; 會稽則羅·吳綾·絳紗; 南海玳瑁·象齒·珠琲·沈香; 豫章力士磁飲器·茗鐺·釜; 宣城空靑·石綠; 始安蕉葛·蚺膽·翠羽; 吳郡方文綾. 船皆尾相銜進, 數十里不絶. 關中不識連檣挾櫓, 觀者駭異.

3. ≪舊唐書≫(105) 王鉷傳

玄宗在位多載, 妃御承恩多賞賜, 不欲頻於左右藏取之. 鉷探旨意, 歲進錢寶百億萬, 便貯於內庫, 以恣主恩錫賚. 鉷云:「此是常年額外物, 非徵歲物.」玄宗以爲鉷有富國之術, 利於王用, 益厚待之.

4. ≪新唐書≫(134) 王鉷傳

帝在位久, 妃御服玩脂澤之費日侈, 而橫與別賜不絶于時, 重取於左右藏. 故鉷迎帝旨, 歲進錢鉅億萬, 儲禁中, 以爲歲租外物, 供天子私帑. 帝以鉷有富國術, 寵遇益厚, 以戶部侍郎仍御史中丞, 加檢察內作·閑廐使, 苑內·營田·五坊·宮苑等使, 隴右羣牧·支度營田使.

5. ≪資治通鑑≫(215) 唐紀(31)

江淮南租庸等使韋堅引滻水抵苑東望春樓下爲潭, 以聚江淮運船, 役夫匠通漕渠, 發人丘壟, 自江淮至京城, 民間蕭然愁怨, 二年而成. 丙寅, 上幸望春樓觀新潭. 堅以新船數百艘, 扁榜郡名, 各陳郡中珍貨於船背; 陝尉崔成甫著錦半臂, 鉷胯綠衫以裼之, 紅袙首, 居前船唱<得寶歌>, 使美婦百人盛飾而和之, 連檣數里, 堅跪進諸郡輕貨, 仍上百牙盤食. 上置宴, 竟日而罷, 觀者山積. 夏, 四月, 加堅左散騎常侍, 其僚屬吏卒褒賞有差, 名其潭曰「廣運」.

113(下-32)

편전격구(便殿擊毬)
당(唐) 경종(敬宗)

아버지 상중에 편전에서 격구 놀이에 빠졌던 당 경종

당(唐)나라 때 역사 기록이다.

경종(敬宗)은 즉위하자마자 유희를 절제할 줄 몰랐다. 내전에서 격구(擊毬)며 주악(奏樂)을 벌이기도 하였고 좌우 측근의 악인(樂人)에게 상을 내린 것만도 헤아릴 수 없을 정도였다.

그리고 힘센 역사들을 모집하여 밤낮으로 곁을 떠나지 못하도록 하였으며, 스스로 나서서 여우나 살쾡이를 잡는 놀이를 즐겼다. 조정의 조회는 한 달에 두세 번도 열지 않아 대신들조차 거의 임금을 뵐 수가 없을 지경이었다.

唐史紀: 敬宗初卽位, 卽遊戲無度, 幸內殿擊毬・奏樂. 賞賜左右樂人, 不可勝紀. 又召募力士, 晝夜不離側. 好自捕狐狸. 視朝月不再三. 大臣罕得進見.

【便殿擊毬】 임금이 편히 쉬는 곳에서 격구 놀이를 즐김. 便殿은 임금이 사사롭게 편히 쉬는 內殿. 擊毬는 지금의 축구와 같음. 양털 따위를 단단히 묶어 공을 만든 다음 이를 정해진 위치까지 말을 타고 막대기로 쳐서 옮기는 놀이.
【敬宗】 당나라 제13대 군주 李湛(809~826). 穆宗의 장자이며 즉위 당시 16세였음. 825년부터 2년간 재위함. 각종 놀이에 빠져 정사는 돌보지 않았으며 불교를 신봉하여 많은 곳에 절을 짓기도 하였음. 寶曆 2년(826) 정월 낮에 격구 놀이를 하고 밤에 사냥을 나갔다가 돌아와 술에 취해 옷을 갈아입는 사이 환관에 의해 죽임을 당함.
【狐狸】 여우나 삵. 경종은 이에 대한 사냥을 즐겨 하기도 하였음.

直解(白話文)

당나라 때의 역사 기록이다.
경종이 제위에 올랐을 때 아직 선제(先帝)의 관이 그대로 빈소에 있었는데 도대체 슬퍼하는 기색이 없이 다만 유희에만 빠져 있었다. 조금도 자신을 억누르거나 절제함이 없이 항상 각 내전으로 가서 환관 유극명(劉克明) 등과 공차기에 여념이 없었다. 그리고 악공에게 명하여 주악을 울리며

북을 두드리고 피리를 불며 시끄럽게 굴기만 할 뿐 도무지 거상(居喪)의 예는 지키지 않았다. 그리고 항상 그 좌우 측근 근시 및 악공들에게 마구 퍼 준 예를 다 기록할 수 없을 정도였다.

그리고 돈을 주고 힘센 자들을 모집하여 이들을 고용해 자신 곁을 따라다니게 하며 밤이나 낮이나 떠나지 못하도록 하였다. 그는 스스로 여우나 삵쾡이 잡기를 즐겨 하여 이로써 즐거움을 삼았다. 매월 조회라고 해야 세 차례도 제대로 열지 않았으며 대신들조차 그를 만날 수가 없었다. 정사는 모두 황폐해졌고 그 뒤 마침내 시역(弑逆)의 재앙을 만나고 말았다.

역사 기록을 보건대 경종은 몇 가지 훌륭히 처리한 것도 있어 본래는 총명한 군주였다. 다만 어린 나이에 제대로 학문을 익히지 않았고 여러 소인배들의 유혹에 이끌려 그만 이 지경에 이른 것이다. 가히 슬퍼할 일이로다!

唐史上記: 敬宗初卽帝位, 那時他先帝梓宮還在殯, 通不知哀思, 只好遊戲. 沒些樽(撙)節, 常幸各內殿, 與宦官劉克明等打毬. 又命樂工奏樂・鼓吹喧鬭(鬧), 全無居喪之禮. 常賜那左右近侍及樂工, 泛濫不可盡記.

〈打馬毬圖〉(擊毬) 唐 章懷太子墓 벽화

又把錢去雇募有力的人, 跟隨左右, 日夜不離. 好自家去捕捉狐狸, 以爲戲樂. 每月視朝還沒有三次. 大臣不得進見. 政事都荒廢了. 其後竟遭弑逆之禍.

看史上載: 敬宗所行, 也有幾件好事, 本是箇聰明之主, 只爲幼年不曾學問, 被群小引誘, 遂至於此, 可悲也哉!

【梓宮】'梓柩'라고도 하며 황제가 죽었을 때 쓰는 棺.
【樽節】'撙節'의 오기. 자신을 억눌러 절제함.
【喧鬭】'喧鬧, 誼鬧'와 같음. 시끄럽게 굶.
【泛濫】상이나 하사품을 마구 내림. 마구 퍼 줌.

참고 및 관련 자료

1. ≪資治通鑑≫(243) 唐紀(59)
　上遊戲無度, 狎暱羣小, 善擊毬, 好手搏, 禁軍及諸道爭獻力士, 又以錢萬緡付內園令召

募力士, 晝夜不離側. 又好深夜自捕狐狸. 性復褊急, 力士或恃恩不遜, 輒配流, 籍沒, 宦官小過, 動遭捶撻, 皆怨且懼. 十二月, 伸縮, 上夜獵還宮, 與宦官劉克明·田務澄·許文端及擊毬將軍蘇佐明·王嘉憲·石從寬·閻惟直等二十八人飲酒. 上酒酣, 入室更衣, 殿上燭忽滅, 蘇佐明等弑上於室內.

총신령인(寵信伶人)
후당(後唐) 장종(莊宗)

배우들을 총애하고 믿었다가 나라를 망친 후당의 장종

오대(五代) 때 역사 기록이다.

후당(後唐) 장종(莊宗)은 어려서부터 음률에 아주 밝아 그 때문에 영인(伶人)들은 그에게 많은 총애를 받아 항상 곁에서 그를 모셨다.

장종은 때때로 자신도 분묵(粉墨)을 발라 분장을 하고 배우들과 함께 궁중 뜰에서 유희를 하여 유부인(劉夫人)을 즐겁게 하였다.

배우들은 그를 이름 하여 '이천하(李天下)'라 불렀다.

여러 배우들은 궁중과 후궁까지 출입하면서 대신들을 모욕하고 희롱하였다. 장종은 그들의 참언을 듣고 오래된 장수들을 멀리하고 기피하였다. 여러 장수들은 이에 반란을 일으켜 장종은 반란군에 의해 시살당하고 말았다.

곁에서 모시던 신하들은 처마 아래에 있던 악기를 모은 다음, 그의 시신을 악기와 함께 불태워 버렸다.

五代史紀: 後唐莊宗, 幼善音律, 故伶人多有寵, 常侍左右.

莊宗或有時自傅粉墨, 與優人共戱於庭, 以悅劉夫人.

優人常名之曰:「李天下」

諸伶出入宮掖, 侮弄縉紳. 莊宗信其讒, 踈忌宿將, 諸將叛之, 莊宗爲亂兵所弑. 侍臣斂廡下樂器, 聚其尸而焚之.

【寵信伶人】 기예에 능한 이들을 총애하고 신임함.

【五代】 唐나라 이후의 조대. 당나라 말 사회가 암흑에 빠지자 각지에서 민란이 일어났음. 특히 黃巢의 난이 일어나자 조정에서는 李克用의 沙陀兵의 힘을 빌려 이를 진압하려 하였는데 이 과정에서 황소의 난의 주요 지도자였던 朱溫이 당에 항복하였음. 朱溫은 이름을 全忠으로 바꾸고 당나라로부터 節度使에 봉해지자 907년 다시 반란을 일으켜 스스로 칭제하고 宣帝(唐의 마지막 황제 李柷. 혹 哀帝로도 부름. 재위 904~907)를 압박하여 제위를 물려받은 다음 국호를 梁, 도읍을 大梁(지금의 河南 開封)으로 정하였음. 이를 後梁(907~923)이라 함. 이로부터 불과 50여 년 동안 다섯 조대가 3년 내지 16여 년의 짧은 왕조가 번갈아 이어져 唐(後唐. 923~936. 李克用의 아들 李存勗이 건국), 晉(後晉. 936~946. 石敬瑭이 건국), 漢(後漢. 947~950. 劉知遠이 건국), 周(後周. 951~960.

郭威가 건국)의 조대가 있었음. 한편 이들의 통치권이 미치지 못했던 남방, 서남방, 서쪽 등지에 별도의 10개 나라가 있어 이를 합해 '五代十國'이라 하며 이를 趙匡胤이 마감하여 宋나라로 이어지게 된 것임.

【後唐】 唐 이후 五代의 두 번째 왕조. 923년부터 936년까지 14년의 짧은 기간 존속하였음. 後梁의 末帝 朱友貞을 이어 李克用의 아들 李存勖이 첫 황제 莊宗이 되어 2대 明宗 李亶(李嗣源), 3대 閔帝 李從厚로 이어지다 4대 廢帝 李從珂에 이르러 後晉 石敬瑭에게 망함.

【莊宗】 李存勖(885~926). 後唐의 첫 군주. 西突厥 沙陀 출신으로 李克用의 장자. 908년 이극용이 병으로 죽자 뒤를 이어 24세의 나이로 晉王이 되었으며 朱溫(後梁의 첫 군주. 당 제국을 멸한 인물. 일명 朱全忠)이 천하를 쟁패할 때 공을 세웠으며 전충이 후량을 세운 지 15년 만에 자신도 당나라를 복원하여 황제가 되겠다고 나서서 923년 唐(後唐)이라 국호를 정하고 제위에 오름. 환관을 重用하고 伶人(藝人)들을 총애하여 정치를 돌보지 않다가 칭제한 지 4년 만에 부장들이 반기를 들어 亂軍의 流矢에 맞아 42세의 나이로 죽음.

【伶人】 재주나 기예로 特長을 가진 자. 俳優나 侏儒 따위. 여기서는 음악에 뛰어난 藝人을 말함.

【粉墨】 '粉'은 흰색 가루, '墨'은 검은색 화장품. 여기서는 각종 색깔로 화장함을 말함.

【劉夫人】 장종의 后妃.

【宮掖】 궁궐과 후궁. 천한 신분의 伶人들이 마구 드나들어서는 안 되는 곳을 말함.

【縉紳】 大臣. '搢紳'으로도 표기하며 허리띠에 笏을 꽂고 임금의 명을 기다리는 사람이라는 뜻.

直解(白話文)

오대 당나라 때의 역사 기록이다.

후당 장종은 어릴 때부터 음률에 정통하여 그 때문에 교방(敎坊)의 악공들은 그로부터 많은 총애를 받아 항상 그 곁에서 따르며 모셨다. 그 당시

궁중에서는 유부인이 총애를 받고 있었다. 장종은 때때로 자신도 분과 먹을 발라 화장을 하고 악공의 모습을 한 채 분장을 하고 여러 악공들과 어울려 궁전 뜰에서 유희를 하여 유부인을 즐겁게 해 주어 그로 하여금 웃음을 자아내었다. 그는 부끄러움을 모르기가 이와 같았던 것이다.

여러 악공들은 장종의 총애를 믿고 상하의 구분을 전혀 모른 채 단지 장종을 '이천하'라 불렀다. 그리고 궁중을 출입하며 진신 사대부들을 깔보고 희롱하는 데 조금도 거리낌이 없었으며 또한 많은 공을 세운 여러 장수들을 헐뜯었다.

장종은 그들의 말을 믿고 점점 장수들을 멀리하고 기피하였다. 그 때문에 여러 신하들은 안에서 서로 분을 내고 질투하였으며 밖으로는 장수들이 죄를 입을까 두려워하다가 모두가 이사원(李嗣源)을 받들어 반란을 일으키고 말았다. 장종은 반란군의 유시(流矢)에 맞아 죽고 말았다. 곁에 모시고 있던 신하들은 처마 아래에 진열되어 있던 악기들을 모아 이를 장종의 시신 위에 쌓아 놓고 불을 질러 태워 버렸다.

장종은 평소 음악을 좋아하고 배우를 총애하였다. 그러나 그는 죽음에 이르러 악기와 함께 불태워졌으니 이를 두고 소위 "임금이 이로써 시작을 삼으면 반드시 그것으로 말미암아 끝을 맺는다"라고 한 것이다.

무릇 장종은 초기에 온갖 고난을 무릅쓰고 수백 번의 전투를 치른 끝에 천하를 잡았으니 얼마나 영웅스럽고 무력에 뛰어난 자였던가? 하루아침에 천하가 평정되자 그만 뜻이 넘쳐흘렀고 기운이 교만해지더니 드디어 자신의 몸도 죽고 나라도 망하고 말아 천고의 비웃음을 남기고 말았다. 흥망의 기틀은 가히 두려워할 일이로다!

五代史上記: 後唐莊宗自小時, 就精通音律, 因此敎坊樂工, 多得寵幸, 常隨侍左右, 那時宮中劉夫人有寵. 莊宗有時自家塗抹粉墨, 粧扮樂工的模樣, 與衆樂工共戱於庭前, 以悅劉夫人, 使她懽笑, 其無恥如此.

諸樂工每倚恃莊宗寵愛, 通不知上下之分, 只叫莊宗做「李天下」. 因而出入宮禁, 侮弄縉紳士大夫, 無些忌憚, 又讒譖諸有功大將.

莊宗聽信其言, 漸漸疎忌諸將, 所以群臣憤嫉於內, 諸將怨懼於外, 共奉李嗣源以叛. 莊宗中流矢而殂. 侍臣取廊下陳設的樂器, 堆在莊宗尸上, 擧火焚之.

후당 장종(李存勖)

莊宗平生好音樂・寵優伶, 及其死也, 與樂器俱焚, 所謂「君以此始, 必以此終」者也.

夫莊宗初年, 艱難百戰, 以取天下, 是何等英武? 一旦天下已定, 志滿氣驕, 遂

致身弑國亡, 貽笑千古. 興亡之機, 可畏也哉!

【敎坊】고대 궁중에서 음악을 가르치고 배우던 기관. 임금의 연회나 의식에 필요한 음악을 제공하기 위한 것이었음.
【樂工每】'每'는 '們'과 같음.
【李嗣源】後唐의 2대 군주 明宗. 제위에 오른 다음 이름을 李亶으로 바꿈. 李克用의 양자이며 매우 근엄하고 신중하였다 함. 李存勗이 횡포를 부리다가 죽임을 당하자 추대를 받아 제위에 오름. 원래 沙陀族 평민의 집에 태어나 성씨가 없었으며 어릴 때 이름은 莫佶烈이었음. 이극용을 따라나서서 공을 세워 양자가 되었으며 결국 莊宗을 이어 제위에 오름.
【平生】'平素'의 뜻.

참고 및 관련 자료

1. ≪資治通鑑≫(272) 後唐紀(1)
　帝幼善音律, 故伶人多有寵, 常侍左右. 帝或時自傅粉墨, 與優人共戲於庭, 以悅劉夫人, 優名謂之「李天下」. 嘗因爲優, 自呼曰:「李天下, 李天下」, 優人敬新磨遽前批其頰. 帝失色, 羣優亦駭愕, 新磨徐曰:「理天下者, 只有一人, 尙誰呼邪!」帝悅, 厚賜之. 帝嘗畋於中牟, 踐民稼, 中牟令當馬前諫曰:「陛下爲民父母, 奈何毁其所食, 使轉死溝壑乎!」帝怒, 叱去, 將殺之. 敬新磨追擒至馬前, 責之曰:「汝爲縣令, 獨不知吾天子好獵邪? 奈何縱民耕種, 以妨吾天子之馳騁乎! 汝罪當死!」因請行刑, 帝笑而釋之.

상청도회(上淸道會)
송(宋) 휘종(徽宗)

도교에 미혹하여 상청보록궁을 지어 주고 천도회에 여념이 없었던 송 휘종

송(宋)나라 때 역사 기록이다.

휘종(徽宗)은 상청보록궁(上淸寶籙宮)에 행차하여 천도회(千道會)를 열고 게다가 선비와 서민들로 하여금 그곳으로 들어가 임영소(林靈素)의 도교 강의를 듣도록 명하였다. 휘종은 그 곁에 장막을 치고 임영소는 높은 자

리를 차지하고는 사람들로 하여금 그 아래에서 두 번 절하고 그에게 강의를 청하며 질문하도록 하였다.

그러나 임영소가 하는 강의라고 해야 무슨 특별한 것도 없었으며 때때로 골계의 우스갯소리를 뒤섞어 위아래 사람들의 큰 웃음을 자아낼 뿐, 임금과 신하의 예란 도무지 없었다.

휘종은 다시 관리와 백성들에게 그 보록궁으로 가서 ≪신소비록(神霄秘錄)≫을 전수받도록 하였다. 도록원(道錄院)에서는 글을 올려 휘종에게 '교주도군황제(敎主道君皇帝)'라는 호를 책봉하였다.

宋史紀: 徽宗幸上淸寶錄宮, 設千道會, 且令士庶入聽林靈素講經. 帝爲設幄其側, 靈素據高座, 使人於下再拜請問.

然所言無殊絶者, 時時襍以滑稽媟語, 上下爲大閧笑, 無復君臣之禮.

又令吏民詣宮, 授≪神霄秘錄≫. 道錄院上章, 冊帝爲敎主道君皇帝.

【上淸道會】上淸寶錄宮에서 道敎 행사를 벌이며 政事는 돌보지 않음.
【徽宗】北宋 제8대 군주 趙佶. 북송 말 女眞族의 金나라에게 심한 고통을 당하였으며 그 자신은 그림과 글씨 등 예술을 매우 사랑하여 많은 작품을 남기기도 하였음. 처음에는 국방에 힘써 金과 화약을 맺고 거란(遼)을 멸하는 등 전과를 올렸으나 뒤이어 금이 거란에게 바치던 공물을 대신 요구하여 그 갈등으로 북방 영토를 대부분 잃음. 금나라가 송의 수도 汴京(지금의 河南 開封)을 공격하자 아들 欽宗(趙桓)에게 제위를 물려주고 자신은 남쪽으로 피신함. 흠종이 금과 화해 조건으로 대량의 금은과 우마 등을 바치고 안정 국면에 들자 휘종은 다시 변경으로 돌아올 수 있었음. 그러나 靖康 원년(1126) 금나라가 다시 대거 공격, 변경을 함락하고 휘종과 흠종 및 후비, 종실 등 3천여 명을 포로로 하여 북쪽으로 갔으며 이를 '靖康之禍(靖康之恥)'라 함. 이로써 北宋은 멸망하고 뒤에 흠종의 아우 趙構가 應天府(지금의 河南 商丘)에서 제위에 올라 송나라를 복원하고 금나라를 피해 멀리 남방 臨安(지금의 浙江 杭州)으로 옮겨 명

맥을 유지하였으며 이를 역사상 '南宋'이라 함.

【上淸寶籙宮】徽宗이 도사 林靈素를 위해 세운 도교 사원. 上淸은 가장 높은 하늘. 寶籙은 도교에서 말하는 秘籙. '籙'은 도교의 기록물, 경전을 뜻하는 말임. '宮'은 도교 사원을 뜻함.

【千道會】천 명이 모여 법회를 여는 도교 행사의 하나.

【林靈素】溫州 사람으로 어릴 때 佛門에 들어가 승려가 되었으나 스승에게 태장을 맞고 학대를 당하자 道敎로 개종함. 方術과 道術로 휘종의 총애를 입어 조정이 모두 도교에 심취하도록 하였음. 휘종이 그를 신임하여 '通眞達靈先生', '金門羽客玄妙先生' 등의 호를 직접 내리기도 하였음. ≪宋史≫(462) 方技傳에 그의 전이 있음.

【神霄秘籙】도교에서 가장 높은 하늘을 '神霄'라 하며 그에 대한 신비한 내용을 기술한 경전.

【道籙院】송나라 때 도교에 관한 업무를 전담하던 관청.

【冊】도교에서 호를 지어 신자의 지위를 일러 주는 의식. '冊名, 冊號'라고도 함.

【敎主道君皇帝】도교에서 책명을 거쳐 휘종에게 내린 칭호.

直解(白話文)

송나라 때의 역사 기록이다.

휘종은 도교를 숭상하여 일찍이 도사 임영소를 위해 하나의 '상청보록궁'이라는 사원을 지어 주었다. 휘종은 매번 그곳에 행차하여 큰 재초(齋醮)의 행사를 벌이면 되었으나 그곳에 올 때는 이미 바친 재반(齋飯)에 더하여 또다시 재물을 주었고 시주하는 돈은 3백 전이었다. 이를 '천도회'라 불렀다.

그리고 사민(士民)들로 하여금 모두 그 사원으로 들어가 임영소의 도교 강의를 듣도록 하였다. 휘종은 그 곁에 장막을 치고 임영소로 하여금 정면 높은 자리에 앉아 사람들이 그 아래에서 두 번 절을 하고 그에게 강의

를 청하며 질문을 하도록 하였다. 임영소의 강의는 도리어 보통 일상의 내용이었으며 기이한 곳이라고는 없었다.

  때때로 그는 농담이나 외설스러운 언어를 뒤섞어 위아래 많은 사람들이 와자지껄 큰 웃음을 자아내도록 하였을 뿐, 군신 사이의 엄숙한 예라고는 찾아볼 수가 없었다.

  그리고 또 관리들과 백성들로 하여금 모두 이 보록궁에 가서 임영소의 ≪신소비록≫을 전수받도록 하였는데, 이는 신의 비술을 빌려 이 비록을 받으면 가히 다시 태어나 부귀를 누릴 수 있다는 내용이 들어 있는 경전이었다.

  도록원의 관리는 그 기회에 표장을 올려 휘종에게 '교주도군황제'라는 호를 책봉하여 주었다.

  무릇 휘종은 억조(億兆)의 임금이요 스승으로서 바른 것을 버리고 사악한 것을 따랐으며 그 높은 지체를 이류(異流)에게 굽실거렸으며 외람되게 많은 서민들과 뒤섞였고, 심지어 직접 도교의 호까지 받으면서 그들의 속임수를 달게 여겼다. 옛날 임금으로서 도교에 이토록 탐닉한 경우는 이 때에 극에 달하였다. 마침내 북수(北狩)의 재앙을 만나 자신도 오국성(五國城)에서 죽고 말았으니 그때 소위 말하던 삼청천존(三淸天尊)이란 자는 어찌 한번 구제해 주지도 않았는가?

宋史上記: 徽宗崇尙道敎, 曾替道士林靈素蓋一座宮, 叫做「上淸寶籙宮」. 徽宗每臨幸其地, 便設大齋醮, 但來的, 旣與齋飯, 又與襯, 施錢三百, 叫做千道會.

且令士民都入宮, 聽林靈素講道經. 徽宗設御幄于其旁, 着靈素在正面坐着高座, 使人於下再拜請問. 靈素所講的, 却只尋常, 無奇異處.

송 휘종(趙佶)의 〈花鳥圖〉

時或雜以詼諧褻狎的言語, 上下鬨然大笑. 無復君臣嚴肅之禮.

又令官民人等, 都到這寶籙宮裏傳授他神霄秘籙, 蓋假神其術, 言受此籙, 可獲再生富貴也. 道籙院官, 因上表章, 冊號徽宗做敎主道君皇帝.

夫徽宗爲億兆之君師, 乃棄正從邪, 屈體于異流, 猥襯于凡庶, 甚至親受道號, 甘爲矯誣. 自昔人主溺于道敎, 至此極矣. 卒有北狩之禍, 身死五國城, 彼所謂三淸天尊者, 何不一救之歟?

【齋醮】 도교에서 제단을 마련하고 신에게 제사를 올리는 의식. 술과 공물을 바치며 求福免災를 기도하는 것.

【齋飯】 재초를 올릴 때 쓴 밥.
【襯】 '츤'으로 읽으며 재물을 施捨함. 신에게 공물을 바침.
【異流】 이단. 잘못된 신앙.
【矯誣】 사실을 굽혀 말하여 사람을 미혹시키거나 속임. 속임수를 씀.
【北狩之禍】 휘종이 금(여진)에 의해 북쪽으로 끌려간 사건. 靖康之恥를 말함.
【五國城】 휘종이 여진족에게 끌려가 생을 마친 곳.
【三淸天尊】 도교에서 말하는 구세주. 전생, 현생, 내세의 하늘을 관장하여 사람을 구원해 낸다는 도교의 신들.

참고 및 관련 자료

1. ≪宋史≫ 本紀(19) 徽宗(3)

夏四月乙丑, 會道士于上淸寶籙宮. ……甲子, 會道士二千餘人于上淸寶籙宮, 詔通眞先生林靈素諭以帝君降臨事. 乙亥, 幸上淸寶籙宮, 命林靈素講道經. ……夏四月庚申, 帝諷道籙院上章, 冊己爲敎主道君皇帝, 止於敎門章疏內用.

2. ≪宋史≫(462) 方技傳(林靈素)

林靈素, 溫州人. 少從浮屠學, 苦其師笞罵, 去爲道士. 善妖幻, 往來淮泗間, 丐飾僧寺, 僧寺苦之. 政和末, 王老志·王仔昔旣衰, 徽宗訪方士於左道籙徐知常, 以靈素對. 旣見, 大言曰:「天有九霄, 而神霄爲最高, 旣治玉府. 神霄玉淸王者, 上帝之長子, 主南方, 號長生大帝君, 陛下是也, 旣下降于世, 其弟號靑華帝君者, 主東方, 攝領之. 己乃府仙卿曰褚慧, 亦下降佐帝君之治.」 又謂蔡京爲左元仙伯, 王黼爲文華吏, 盛章·王革爲園苑寶華吏, 鄭居中·童貫及諸巨閹皆爲之名. 貴妃劉氏方有寵, 曰九華玉眞安妃. 帝心獨喜其事, 賜號通眞達靈先生, 賞賚無算. 建上淸寶籙宮, 密連禁省. 天下皆建神霄萬壽宮. 浸浸造爲靑華正書臨壇, 及火龍神劍夜降內宮之事, 假帝誥·天書·雲篆, 務以欺世惑衆. 其說妄誕, 不可究質, 實無所能解. 惟稍識五雷法, 召呼風霆, 間禱雨有小驗而已. 令吏民詣宮受神霄祕籙, 朝士之嗜進者, 亦靡然趨之. 每設大齋, 輒費緡錢數萬, 謂之「千道會」. 帝設幄其側, 而靈素升高正坐, 問者皆再拜以請. 所言無殊異, 時時雜捷給嘲詼以資媟笑. 其徒美衣玉食, 幾二萬人.

응봉화석(應奉花石)
송(宋) 휘종(徽宗)

응봉국을 설치하고 화석 수집에 빠져 나라가 기울었던 송 휘종

송(宋)나라 때 역사 기록이다.

휘종은 화석(花石)을 좋아하였다. 주충(朱沖)이 이를 알고 몰래 절강(浙江) 지역의 진기한 것들을 모아 바쳤다. 휘종이 이를 훌륭하다 여기자 해마다 더욱 많은 것을 옮겨 오느라 배들이 서로 꼬리를 물고 회수(淮水)와 변하

송 휘종(趙佶)의 〈詩畫帖〉

(汴河)를 메워 이를 '화석강(花石綱)'이라 불렀다.

그리고 다시 소주(蘇州)에 응봉국(應奉局)을 설치하고 주충의 아들 주면(朱勔)으로 하여금 그 일을 총괄하게 하였다. 이에 암벽과 늪 지대까지 수색하여 숨겨진 것도 빠뜨림이 없이 찾아내었다.

무릇 사서(士庶)의 집에 돌 하나, 나무 하나라도 조금이라도 볼만한 것이라면 즉시 건장한 사졸들을 거느리고 그 집으로 들어가 노란 보자기로 이를 덮고는 임금의 물건이라 지적하였다. 나아가 이를 반출해 낼 때는 반드시 그 집을 철거하고 담장을 헐어 꺼내었다. 산을 깎고 돌을 실어 나르는 일에 그 공정에 대한 감독이 참혹하고 각박하였다.

비록 강이나 호수의 깊이를 알 수 없는 깊은 물속일지라도 온갖 계책을 세워 이를 찾아내어 반드시 꺼내고야 말았다. 백성들로서 이 노역에 참여한 자는 거의가 집안이 파산하거나 아들딸을 팔아 그 수요에 응할 수밖에 없었다.

宋史紀: 徽宗性好花石. 朱沖密取浙中珍異以進. 帝嘉之, 歲歲增盛, 舳艫相銜於淮・汴, 號「花石綱」.

又置應奉局于蘇州, 命沖子勔總其事. 於是搜巖剔藪, 幽隱不遺.

凡士庶之家, 一石一木, 稍堪翫者, 卽領健卒入其家, 用黃帊覆之, 指爲御物. 及發行, 必撤屋抉墻以出. 屬山輦石, 程督慘刻.

雖在江湖不測之淵, 百計取之, 必得乃止. 民預是役者, 多破産或賣子女以供其須.

【應奉花石】 應奉局을 세워 천하의 기이한 꽃무늬 돌을 수집하는 일에 몰두함.
【朱沖】 원래 상인으로 휘종 때 간신 朱勔의 아버지. 진기한 돌 등을 바쳐 휘종의 환심을 샀던 인물.
【淮·汴】 淮水와 汴水. 회수는 중국 남북방을 구분 짓는 강이며 변수는 도읍 汴京을 흐르는 물로 전국 漕運의 가장 중요한 水路로 활용하였음.
【花石綱】 휘종이 개봉에 있을 때 壽山 艮嶽을 쌓아 이를 '萬歲山'이라 하였으며 崇寧 4년(1105) 應奉局을 세우고 주면을 임명하여 강남의 奇花異石을 모음. 당시 이 돌을 싣고 汴水로 모여드는 배들이 줄을 이어 이를 '花石綱'이라 하였으며 '綱'은 화물의 줄기가 굵은 실과 같다 하여 붙여진 이름.
【應奉局】 나라에서 바쳐야 할 물건을 수집하여 이에 응하는 임무를 맡은 부서. 朱勔이 그 책임자가 되었음.
【蘇州】 지금의 江蘇 蘇州. 고대 吳나라의 도읍이었으며 기이한 돌이 많이 생산되는 곳이자 大運河로 연결되는 水運의 중심지였음.
【勔】 朱勔(1075~1126). 蘇州 출신으로 朱忠의 아들. 북송 말 六賊의 하나. 蘇州應奉局을 맡아 20여 년간 심한 착취 행각을 벌였으며 뒤에 方臘이 난을 일으켜 화석강을 조성한 그의 죄악을 들어 그를 처단할 것을 요구하여 조정의 파면을 거쳐 欽宗 때 살해되고 말았음. ≪宋史≫(470) 佞幸傳(朱勔)에 전이 있음.
【黃帊】 노란색의 손수건이나 보자기. 임금에게 바칠 것임을 표시한 것.
【須】 '需'와 같음. 需要.

直解(白話文)

송나라 때의 역사 기록이다.
휘종은 화석을 좋아하였다. 소주에 주충이라는 사람이 조정에서 화석을 필요로 한다는 소리를 듣고 곧 몰래 절강 지방의 기이한 화석을 찾아 헌납하였다. 휘종은 이를 매우 좋아하여 해마다 그 수가 증가되어 공물

로 바쳐지는 양이 점점 많아졌다. 회수와 변하 두 강에는 모두가 이 화석을 운반하는 배들로 서로 이어져 끊임이 없어 머리와 꼬리가 닿아 이를 두고 '화석강'이라 불렀다.

그리고 다시 소주에 응봉국을 설치하고 주충의 아들 주면으로 하여금 그 일을 총괄하여 거느리게 하였다. 주면은 이윽고 조정의 명령을 받들어 오로지 화석을 구입하는 것을 일로 삼았다. 바위굴이나 늪지대 속도 모두 한 번씩 뒤졌으며 비록 그윽하고 깊은 곳에 숨겨져 있는 것일지라도 찾아가 보지 않은 곳이 없었다.

무릇 사서의 집 안에 돌덩이 하나 나무 한 그루라도 조금이라도 가히 즐길 만한 것이라면 주면은 곧바로 건장한 사졸들 수십 명을 이끌고 곧바로 그 집으로 가 누런 보자기로 덮어 버리고는 이를 가리켜 "이는 조정의 어용으로 쓸 물건이다!"라고 하며 그로 하여금 지키고 있도록 하였다.

이를 반출할 때면 반드시 그 가옥을 철거하고 담장과 벽을 허물어 꺼내었다.

만약 산에 기이한 돌이 있으면 곧 사람을 시켜 산을 뚫고 이를 채취하여 수레에 싣고 운반하였다. 일의 공정을 재촉하기가 지극히 참혹하고 각박하였다. 비록 강이나 호수의 깊이를 알 수 없는 물속이라 해도 그는 온갖 계책을 세워 이를 꺼내어 얻고 나서야 겨우 그칠 정도였다. 백성들은 이러한 부역의 과중함에 지쳐 많은 이들이 가산을 파탄 내고 말았으며 게다가 자녀를 팔아 그 비용을 낼 수밖에 없었다.

무릇 화석을 완상한다고 해서 나랏일에 무슨 이익이 있겠는가? 그런데도 휘종은 이를 좋아하기를 그치지 않았다. 심지어 위로는 국가의 재정을 소모하고 아래로는 백성의 힘을 고갈시키면서도 한 번도 불쌍히 여길 줄 몰랐으니 드디어 나라의 근본을 뒤흔들어 강한 이민족의 내침을 불러와 자신의 몸은 사막에서 죽고 가족은 붙들려 가야 했으니 어찌 어리석은 짓이 아니었던가!

宋史上記: 徽宗性喜花石. 蘇州有箇人叫做朱冲, 聞知朝廷要花石, 就密求浙江地方奇異的花石進獻. 徽宗喜他, 因此年年加添, 所貢漸盛, 淮汴二河中, 都是載運花石的船隻, 絡繹不絶, 首尾相接, 叫做「花石綱」.

又置箇應奉局在蘇州, 命朱冲的兒子朱勔總領其事. 朱勔既奉朝命, 專以購求花石爲事. 巖穴藪澤之中, 通去搜索一遍, 雖幽深隱僻去處, 也無不到.

凡士庶人家裡, 有一塊石, 有一柯樹, 稍稍可翫的, 朱勔就領健卒數十人, 直入其家, 用黃帊子遮蓋了, 就指說:「此是朝廷御用之物!」着他看守. 及發行時, 必撤開房屋, 抉破墻壁以出.

如山上有奇石, 就令人鑿山以取之, 用車搬運. 催督工程, 極其慘刻. 雖生於江

湖不測之淵, 他也千方百計以取之, 務要得了纔止. 百姓每爲這差使重累, 多破蕩家産, 又有鬻賣子女以供其費者.

夫花石之玩, 何益於事? 而徽宗乃好之不已. 至於上耗國用, 下竭民力, 曾不知恤, 遂使邦本動搖, 强虜内犯, 身死沙漠, 家族播遷, 豈不愚哉!

【百姓每】'每'는 '們'과 같음.
【强虜】강한 이민족. 금(여진)을 가리킴.

참고 및 관련 자료

1. ≪宋史≫(470) 佞幸傳(朱勔)
　　朱勔, 蘇州人. 父沖, 狡獪有智數, 家本賤微, 庸於人, 梗悍不馴, 抵罪鞭背. 去之旁邑乞貸, 遇異人, 得金及方書歸, 設肆賣藥, 病人服之輒效, 遠近輻湊, 家遂富. 因脩蔣園圃, 結游客, 致往來稱譽. ……徽宗頗垂意花石, 京諷勔語其父, 密取浙中珍異以進. 初致黃楊三本, 帝嘉之. 後歲歲增加, 然歲率不過再三貢, 貢物裁五七品. 至政和中始極盛, 舳艫相銜于淮汴, 號「花石綱」, 置應奉局于蘇, 指取內帑如囊中物, 每取以數十百萬計. 延福宮・艮嶽成, 奇卉異植充牣其中. 勔擢至防禦使, 東南部刺史・郡守多出其門. 徐鑄・應安道・王仲閎等濟其惡, 竭縣官經常以爲奉. 所貢物, 豪奪漁取於民, 毛髮不少償. 士民家一石一木稍堪玩, 卽令健卒直入其家, 用黃封表識, 未卽取, 使護視之, 微不謹, 卽被以大不恭罪. 及發行, 必徹(撤)屋抉牆以出. 人不幸有一物小異, 共指爲不祥, 唯恐芟夷之不速. 民預是役者, 中家悉破産, 或鬻賣子女以供其須. 鬴山輂石, 程督峭慘, 雖在江湖不測之淵, 百計取之, 必出乃止.
2. 宋, 趙彥衛 ≪雲麓漫鈔≫(7)에도 실려 있음.

임용륙적(任用六賊)
송(宋) 휘종(徽宗)

여섯 적신을 임용하여 나라를 망친 송 휘종

송(宋)나라 때 역사 기록이다.

휘종이 재위하여 평온한 날이 오래되자 내탕금과 창고가 넘쳐 났다. 채경(蔡京)은 재상이 되자 처음으로 '풍형예대(豐亨豫大)'라는 거짓 논리를 내세우며 휘종으로 하여금 태평 시대를 즐길 것을 권하였다.

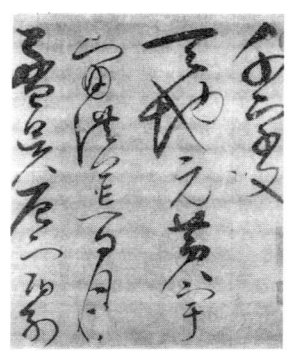

송 휘종(趙佶)의 〈草書千字文〉

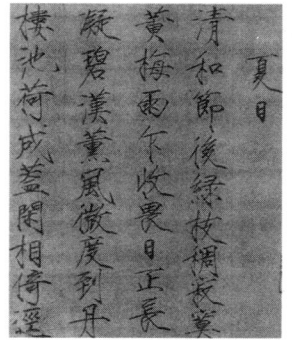

송 휘종의 〈夏日詩〉

휘종이 한번은 큰 잔치를 열어 옥잔(玉琖)과 옥치(玉卮)를 보필하는 신하들에게 보이며 이렇게 말하였다.

"이런 그릇은 너무 화려한 듯하오!"

그러자 채경이 말하였다.

"폐하께서는 의당 천하의 모든 것으로 대접을 받으셔야 합니다. 구구(區區)한 옥기 정도가 어찌 족히 계산거리나 됩니까!"

휘종은 이렇게 말하였다.

"선제께서 작은 누대 하나를 지으려 하자 말이 심히 많았다오."

채경은 이렇게 말하였다.

"일이란 진실로 그에 마땅함이 있는 법입니다. 남의 말은 두렵게 여길 필요가 없습니다."

이로부터 휘종의 마음은 날로 사치로 기울게 되었으며 간언하는 이들의 말은 모두 귀에 들어오지 않았다. 채경은 다시 남는 재물들을 찾아 임금의 비용을 도왔으며 궁실을 넓혀 놀이 장소로 대비하였다. 그리하여 연복궁(延福宮), 경룡강(景龍江), 간악(艮嶽) 등을 짓고 만드는 공사를 벌여 해내가 소란해졌으며 난을 일으킬 생각들을 품게 되었다. 그러나 채경에 대한 총애는 더욱 확고해졌으며 그의 권세는 해내에 진동하였다.

이 당시 양사성(梁師成), 이언(李彦) 등은 세금을 긁어모으는 일로 임금의 사랑을 받았고, 주면(朱勔)은 화석으로써 총애를 받았으며, 왕보(王黼)와 동관(童貫)은 변방의 일을 잘 처리하였다고 사랑을 받았다. 그러나 이들의 우두머리는 채경이었다. 천하는 이들을 두고 '육적(六賊)'이라 불렀으며 마침내 정강지화(靖康之禍)를 불러오고 말았다.

宋史紀: 徽宗在位, 承平日久, 帑庾盈溢. 蔡京爲相, 始倡爲「豐亨豫大」之說, 勸上以太平爲娛.

上嘗大宴, 出玉琖玉卮以示輔臣曰:「此器似太華!」

京曰:「陛下當享天下之奉, 區區玉器, 何足計哉!」

上曰:「先帝作一小臺, 言者甚衆.」

京曰:「事苟當理, 人言不足畏也.」

由是上心日侈, 諫者俱不聽. 京又求羨財以助供費, 廣宮室以備遊幸. 興延福宮·景龍江·艮嶽等工役, 海內騷然思亂, 而京寵愈固, 權震海內.

是時梁師成·李彥, 以聚斂幸, 朱勔以花石幸, 王黼·童貫, 以開邊幸. 而京爲之首. 天下號爲「六賊」, 終致靖康之禍.

【任用六賊】蔡京, 梁師成, 李彦, 朱勔, 王黼, 童貫 등 여섯 명의 賊臣을 임용하여 나라를 망침.

【帑庾】임금의 內帑金이나 재물을 보관하는 창고.

【蔡京】자는 元長(1045~1126). 仙游(지금의 福建) 사람으로 神宗 熙寧 3년(1070) 진사에 올라 徽宗 때 童貫의 추천으로 尙書右僕射, 太師 등에 오름. 왕안석의 신법을 다시 시행한다는 명목으로 대권을 장악한 다음 휘종의 뜻에 영합, 대규모 토목공사를 벌여 국가 재정을 파탄 내었으며 女眞의 金나라 침공 때 가족을 데리고 남쪽으로 피신하였다가 欽宗 때 사형을 당함. ≪宋史≫(472) 姦臣傳에 전이 실려 있음.

【豐亨豫大】'국가가 풍족하여 태평성대를 맞았다'는 뜻. '豐亨'은 '풍요롭고 형통함'

을, '豫大'는 '和順(安樂)하며 방대함'을 뜻함.
【玉琖玉卮】'玉琖'은 '玉盞'으로도 표기하며 玉卮는 옥으로 만든 주전자, 술잔.
【羨財】잉여 재산이나 재물. '羨'은 '剩'과 같음.
【龍江】宋 徽宗이 만들었던 강. 「露臺惜費」(021) 참조.
【艮嶽】宋 徽宗 政和 7년(1117) 東京 汴梁(지금의 河南 開封) 景龍山 곁에 쌓았던 土山. 주위가 10여 리나 되었으며 동서 두 봉우리의 높이가 90척이나 되었다 함. 궁궐에서 동북 방향에 있어 이름을 '艮嶽'이라 하였음. 「露臺惜費」(021) 참조.
【梁師成】?~1126년. 환관. 六賊의 하나. 政和 연간 휘종의 총애를 입어 그의 뜻에 영합함. 어사의 법령은 모두 그의 손을 거쳐 나왔음. 백성의 재물을 모아 바치는 일에 능하였으며 매관매직에 깊이 관여함. ≪宋史≫(468) 宦者傳에 전이 실려 있음.
【李彦】?~1126년. 역시 환관으로 六賊의 하나. 宣和 3년(1121) 西城所라는 관청을 맡아 백성들의 농토를 수탈하였으며 이에 항거하는 백성 수만 명을 죽이기도 함. 흠종이 즉위하여 그에게 죽음을 내리고 가산을 몰수함.
【朱勔】주충의 아들이며 역시 六賊의 하나. 蘇州應奉局을 맡아 기이한 壽石을 모아 바침. 앞 장 참조.
【王黼】1079년~1126년. 역시 六賊의 하나로 宣化 2년(1120) 채경을 이어 정권을 잡은 다음 사방 진기한 물품을 있는 대로 수탈하고 자신이 중간에 절취하여 천하의 재력을 자랑하기도 하였음. ≪宋史≫(470) 佞幸傳에 전이 실려 있음.
【童貫】1054년~1126년. 환관으로 교언영색에 능하였으며 휘종의 총애를 입자 스스로 供奉官이 되어 杭州 등지의 귀한 古書畫 등을 수탈하여 바침. 蔡京을 재상으로 추천하였으며, 그 인연으로 西北監軍에 오름. 이에 遼나라 사신으로 가서 그곳 趙良嗣를 송나라에 귀순토록 하고 金과 연합하여 遼를 멸하는 공을 세웠으며 이로써 휘종의 신임을 독차지함. ≪宋史≫(468) 宦者傳에 전이 실려 있음. 이상 六賊에 대해 당시 陳東이 아주 신랄하게 비판하여 여론을 일으킴.
【靖康之禍】'靖康之恥, 靖康之難'이라고도 함. 靖康은 宋 欽宗이 즉위하면서 정한 연호(1126). 徽宗이 金의 침공을 피해 남쪽으로 피신하면서 아들 趙桓에게 제위를 물려주었는데 이가 欽宗이며 즉위 후 금과 화약을 맺어 휘종이 귀경하였으나 즉시 금나라가 화약을 파기하고 汴京을 함락, 흠종과 휘종 및 비빈 백관 등 3천여 명을 포로로 하여 북쪽으로 끌고 간 사건. 이로써 북송은 멸망하고 말았음.

直解(白話文)

송나라 때의 역사 기록이다.

휘종 때는 선대 임금들의 몇 대에 걸친 태평을 이어받아 창고의 돈과 양식은 가득 차서 넘쳐 났다. 그 당시 간신 채경이 재상이 되자 단지 자신의 지위를 보존하며 총애를 견고히 할 생각에 '풍형예대'라는 논리를 제창하며 휘종으로 하여금 이 태평한 시대를 이용해 마음껏 놀고 즐길 것을 권유하였다.

어느 날 휘종은 큰 연회에서 여러 신하들에게 그곳에서 쓰는 옥잔과 옥치를 보고 보필하는 신하들에게 보이며 이렇게 말하였다.

"이 그릇은 너무 화려하고 아름다운 것 같소!"

그러자 채경이 이렇게 말씀을 올렸다.

"폐하께서는 귀하기가 천자이시니 의당 천하에서 바치는 물건을 누리셔야 합니다. 까짓 것 구구한 옥기 정도를 어찌 계산하십니까?"

휘종은 다시 말하였다.

"선제께서 일찍이 작은 누대 하나를 지으려 하자 간언하는 언관들이 심히 많았다오."

채경은 다시 이렇게 말씀을 올렸다.

"무릇 일이란 단지 자신이 마땅히 해야 할 일이기에 그렇게 관여했던 것입니다. 남의 말을 어찌 두려워하십니까?"

휘종은 이로 인해 뜻이 결국 날로 사치를 부리는 일에 치우쳐 남의 말을 듣지 않게 되었다.

〈霽靑金彩海宴河淸尊〉(부분)

　채경은 다시 또 다른 계책을 꾸미며 남아도는 돈과 곡식을 있는 대로 찾아내어 이를 임금의 비용에 보태었으며, 궁실을 넓혀 휘종의 놀이터로 준비하였다. 연복궁을 짓고 경룡강을 팠으며 간악이라는 가산(假山)을 만드는 등 모두가 장려하기 끝이 없이 꾸며 그 비용은 억만 금으로 계산할 정도였다. 천하 백성들은 고통과 빈곤함에 살아갈 길이 없어 분분히 난을 일으킬 생각까지 하였지만 휘종은 이를 모른 채 멋대로 놀기에만 뜻을 두었고 채경을 총애하여 모든 일을 맡기려는 마음이 갈수록 확고해졌다. 이리하여 채경의 위세와 권력은 해내에 진동하게 되었다.

　그 당시 또 양사성, 이언이 있어 이들은 세금을 긁어모으고 재물을 거두어들이는 일에 능하여 임금으로부터 사랑을 받았고, 주면은 화석을 찾아내는 일로 사랑을 받았으며, 왕불과 동관은 금나라와 함께 요나라를 협공하여 변방을 개척했다는 공로로 임금의 사랑을 받고 있었다. 이들의 몇몇 좋지 않은 일은 모두가 채경이 유인하여 그 단서를 열어 주었던 것이다.

그 때문에 천하는 이들 여섯 명을 일러 '육적'이라 하였으며 그중 채경이 실상 육적의 우두머리였다. 이 때문에 해내는 빈곤에 시달렸고 백성들은 마음이 이미 멀어져 정강(靖康) 연간에 이르자 금나라 사람들이 쳐들어와 서울은 지켜 낼 수도 없었다. 휘종 부자는 온 가족이 함께 포로가 되어 북쪽으로 끌려가고 말았으니 이는 실제 총애하던 육적의 무리들로 인해 일어난 일이었다.

자고로 간신이란 임금을 가리고 자신이 권력을 휘두르는 것이니 그렇게 하려면 반드시 먼저 그 임금을 일락과 놀이에 빠지도록 인도하여 그 마음과 뜻을 고혹(蠱惑)하게 만들고 총명함이 가려지도록 한다. 그런 연후에야 가히 위엄과 복을 도둑질하여 드디어 자신의 사욕을 채울 수 있기 때문이다.

휘종이 옥기를 두고 너무 화려하다 한 것으로 보면 그나마 사치를 경계하고 간언을 두려워하는 뜻은 가지고 있었다. 그러나 채경의 한마디 말을 듣고 드디어 욕심을 제멋대로 부리고 사치를 끝까지 하여 화근을 숙성시키고 혼란의 기틀을 다져 놓고 말았다.

아, 이것이 바로 공자가 말한 바 "말 한마디로 나라를 망하게 한다"라는 것이리라!

대체로 임금을 면려시킴에는 공손함과 검소함으로써 간언을 받아들이게 하는 자라면 이는 틀림없는 충신이다. 그의 말이 비록 귀에 거슬릴지라도 행동에는 실제 이익이 되기 때문이다. 그러나 임금을 인도하되 사치를 스스로 옳은 것이라 여기게 하는 자라면 이는 틀림없는 간신이다. 그의 말은 비록 뜻에 순종하는 것이라 해도 그 해는 끝이 없기 때문이다. 임금으로서 능히 이러한 것을 잘 살필 수만 있다면 태평은 가히 길이 보장

받을 수 있을 것이다.

宋史上記: 徽宗時, 承祖宗累世太平, 倉庫錢糧, 充盈滿溢. 那時奸臣蔡京爲相, 只要保位固寵, 乃倡爲'豐亨豫大'之說, 勸徽宗趁此太平, 懽娛作樂.

一日徽宗大宴羣臣, 將所用的玉琖玉卮, 示輔臣說: 「此器似太華美!」

蔡京奏說: 「陛下貴爲天子, 當享天下的供奉, 區區玉器, 何足計較?」

徽宗又說: 「先帝嘗造一座小臺, 言官諫者甚衆.」

蔡京又奏說: 「凡事只管自己該做的便是, 人言何足畏乎?」

徽宗因此志意日侈, 不聽人言.

蔡京又另外設法搜求羨餘錢糧, 以助供應; 廣造宮室, 以備徽宗遊觀, 起延福宮, 鑿景龍江, 築艮嶽假山, 皆窮極壯麗, 所費以億萬計. 天下百姓, 困苦無聊, 紛紛思亂, 而徽宗不知, 恣意遊樂, 寵任蔡京之心愈固. 於是京之威權, 震于海內矣.

那時, 又有梁師成・李彥, 因聚斂貨財得寵; 朱勔, 因訪求花石得寵; 王黼・童貫, 因與金人夾攻遼人, 開拓邊境得寵. 這些不好的事, 都是蔡京引誘開端.

所以天下叫這六箇人做'六賊', 而蔡京實六賊之首. 因此, 海內窮苦, 百姓離心, 到靖康年間, 金人入寇, 京師不守, 徽宗父子擧家被虜北去, 實寵任六賊之所致也.

自古奸臣要蔽主擅權, 必先導其君以逸豫遊樂之事, 使其心志蠱惑, 聰明壅蔽, 然後可以盜竊威福, 遂己之私.

觀徽宗以玉器爲華, 是猶有戒奢畏諫之意. 一聞蔡京之言, 遂恣欲窮侈, 釀禍基亂.

嗟乎! 此孔子所謂『一言而喪邦』者歟!

大抵勉其君, 恭儉納諫者, 必忠臣也. 言雖逆耳, 而實利於行; 導其君, 侈靡自是者, 必奸臣也. 言雖順意, 而其害無窮. 人主能察於此, 則太平可以長保矣.

【趁】 '~하는 김에'의 뜻을 나타내는 백화어 표현.

【管自己該做的便是】 諫官이란 어떤 일이든지 관여하고 간언을 해야 하는 임무이기에 그렇게 말한 것일 뿐이라는 뜻.

【金人】 女眞族이 세운 金나라를 가리킴. 太祖 完顔阿骨打가 세웠으며 1115년부터 1234년까지 존속함. 여진족은 원래 滿洲 지역에 분포하여 거란의 遼나라 통치를 받다가 徽宗과 몰래 연합을 맺어 요나라를 멸한 뒤 세력을 키움. 나중에는 결국 송나라를 괴롭혀 靖康之禍를 일으킨 다음 북송을 멸망시켰음. 뒤에 몽고족에게 망함.

【遼人】 요나라는 거란족 태조 耶律阿保機가 세운 나라로 916년부터 1125년까지 존속함. 북송 때 세력을 키워 송나라를 심히 괴롭혔으며 뒤에 여진족의 금에게 나라가 망함.

【靖康】 北宋 마지막 황제 欽宗(趙桓)의 연호. 1126년 1년간이며 즉시 靖康之禍가 일어나 나라가 망함. 그 뒤를 高宗(趙構)이 이어받아 臨安府(지금의 浙江 杭州)로 내려가 南宋(1127~1279)이 됨.

【逸豫】 逸樂에 빠짐. 雙聲連綿語.

【蠱惑】 어떤 일에 깊이 빠져 미혹하게 됨.

【一言而喪邦】 '나라를 잃다'의 뜻. ≪論語≫ 子路篇에 "定公問:「一言而可以興邦, 有諸?」 孔子對曰:「言不可以若是其幾也. 人之言曰:『爲君難, 爲臣不易.』如知爲君之難也, 不幾乎一言而興邦乎?」曰:「一言而喪邦, 有諸?」孔子對曰:「言不可以若是其幾也. 人之言曰:『予無樂乎爲君, 唯其言而莫予違也.』如其善而莫之違也, 不亦善乎? 如不善而莫之違也, 不幾乎一言而喪邦乎?」"라 함.

【逆耳】 ≪說苑≫ 正諫篇에 "孔子曰:「良藥苦於口, 利於病; 忠言逆於耳, 利於行. 故武王諤諤而昌, 紂嘿嘿而亡.」"이라 함. 「焚香讀疏」(065)의 주를 볼 것.

참고 및 관련 자료

1. ≪宋史≫(472) 姦臣傳(蔡京)

蔡京字元長, 興化仙游人. 登熙寧三年進士第. 調錢塘尉・舒州推官, 累遷起居郎. 使遼

還, 拜中書舍人. ……時承平旣久, 帑庾盈溢, 京倡爲豐亨豫大之說, 視官爵財物如糞土, 累朝所儲掃地矣. 帝嘗大宴, 出玉琖·玉卮視輔臣曰:「欲用此, 恐人以爲太華」京曰:「臣昔使契丹, 見玉盤琖, 皆石晉時物, 持以夸臣, 謂南朝無此. 今用之上壽, 於禮無嫌」帝曰:「先帝作一小臺財數尺, 上封者甚衆, 朕甚畏其言. 此器已就久矣, 倘人言復興, 久當莫辨」京曰:「事苟當於理, 多言不足畏也. 陛下當享天下之奉, 區區玉器, 何足計哉!」

2. ≪宋史≫(455) 忠義傳(陳東)

陳東字少陽, 鎭江丹陽人. 早有雋聲, 倜儻負氣, 不戚戚於貧賤. 蔡京·王黼方用事, 人莫敢指言, 獨東無所隱諱. 所至宴集, 坐客懼爲己累, 稍引去. 以貢入太學. 欽宗卽位, 率其徒伏闕上書, 論:「今日之事, 蔡京壞亂於前, 梁師成陰謀於後, 李彦結怨於西北, 朱勔結怨於東南, 王黼·童貫又結怨於遼金, 創開邊隙. 宜誅六賊, 傳首四方, 以謝天下」言極憤切. 明年春, 貫等挾徽宗東行, 東獨上書請追貫還正典刑, 別選忠信之人往侍左右. 金人迫京師, 又請誅六賊. 時師成尙留禁中, 東發其前後姦謀, 乃謫死.

述語

(下篇 小結)

　　이상 악한 행동을 한 임금들로서 가히 경계를 삼을 만한 사례 36가지입니다. 자고로 옛 임금들로서 수레가 엎어져 망한 일은 대략 여기에 나온 것들만은 아닙니다. 속담에 "앞사람이 넘어지면 뒤따르던 사람은 이를 경계한다" 하였습니다. 그런데도 대대로 군주들은 모두가 서로 이를 알면서도 고치지 않습니다. 그러한 자들은 가장 어리석은 자들로 도저히 어쩔 수 없는 이들이니 진실로 괴이하게 여길 필요도 없습니다. 이를테면 진(晉) 무제(武帝), 당(唐) 현종(玄宗), 후당(後唐)의 장종(莊宗) 같은 부류들은 모두가 영명(英明)하고 웅무(雄武)한 임금들로, 게다가 직접 전대 패망의 화근을 보아 왔거나 혹은 중간에 험난한 고통을 통과한 이들이며 온갖 전투를 거쳐 천하를 잡았습니다. 그러나 그 뜻을 이루고 나서는 득의에 차서 일락과 놀이의 무서운 짐독(酖毒)에 빠져 드디어 일패도지(一敗塗地)의 지경에 이르러 수습할 길이 없이 되어 버렸으니, 중간 정도의 재능을 가지고 있으면서 그저 나라를 지키기만 한 수성(守成)의 임금이라 해도 도리어 그들에 미칠 수 없습니다. ≪상서(尙書)≫에 "아무리 성스러운 천품을 타고 났다 해도 선한 생각을 하지 않으면 미친 자가 되고 만다" 하였는데 성패와 득실의 기틀을 어찌 두려워하지 않을 수 있겠습니까!

저희들은 일찍이 엎드려 우리 태조 고황제(高皇帝)의 ≪실록(實錄)≫을 읽어 보았더니 시신들과 고래로 여총(女寵), 환시(宦寺), 외척(外戚), 권신(權臣), 번진(藩鎭), 이적(夷狄)들로 인한 재앙을 논의하신 것이 있었습니다.

그때 시신들이 이렇게 말했더군요.

"나라가 망할 때의 임금이 천하를 잃게 된 것은 항상 이러한 사례에 있었습니다."

그러자 고황제께서는 이렇게 말씀하셨습니다.

"짐은 지나간 옛일을 깊이 들여다보아 이를 깊이 경계로 삼을 것이오. 그러니 나를 도로써 견제해 주시오. 만약 성색(聲色)에 미혹하지 않고 궁궐에서 금해야 할 것을 엄하게 하며, 귀천에 체도(體道)를 갖추며, 은혜를 입었을 때 그 의(義)를 덮어 버리지 않는다면 '여총'으로 인한 화근이 어디로부터 생겨나겠소? 그리고 은혜에 후한 물질을 내리기만 할 뿐 그에게 일을 맡기지 않으며, 진실로 정치에 간섭을 한다면 이를 지극한 공의(公義)로써 제재한다면 외척으로 인한 재앙이 어디로부터 일어나겠소? 또 환시는 편히 여길 뿐이며, 법령을 내리는 일을 시킬 뿐 그에게 병권(兵權)을 맡기지 않는다면 환시의 재앙은 없을 것이오. 승상의 제도를 두지 않고 육경(六卿)에게 각기 직분을 나누어 주어 상하가 서로 연결되도록 하며, 직급의 대소(大小)가 서로 견제하도록 하며, 이목이 옹폐(壅蔽)됨을 방비하며, 위복(威福)이 아래로 잘못 내려가는 경우를 조심한다면 권신으로 인한 화환은 없게 될 것이오. 그런가 하면 번진을 설치하되 백성을 보호하는 것에 근본을 두며, 재물은 유사(有司)만이 처리하도록 귀속시키고, 병력은 반드시 출병의 이유가 증명된 다음에 조달한다면 어찌 그들이 발호(跋

扈)할 근심이 있을 수 있겠소? 무비(武備)를 갖추고 변방(邊防)을 잘 지켜 적이 쳐들어오면 막고, 적이 물러가면 끝까지 추격하지 않는다면 이적에 대한 근심은 없게 될 것이오."

깊도다, 그 훌륭하신 모책이여! 진실로 만세 성스러운 자손과 신과 같은 그분의 후손들이 마땅히 준수하여 잃지 말아야 할 가르침입니다.

그 발단과 근본이 이토록 맑고 근원이 있으니 마음을 바로잡고 몸을 바르게 닦아, 흔얼(釁孼)은 아직 싹트기 전에 녹여 버리고, 간극(間隙)은 형태가 나타나기 전에 막아 버릴 것이니 그 법칙은 또한 ≪보훈(寶訓)≫ 및 ≪어제(御製)≫ 등 여러 책이 갖추어져 있습니다. 엎드려 성명(聖明)하신 임금께서 이를 유의하신다면 저희들은 더 이상 바랄 것이 없는 다행으로 여길 것이옵니다!

右惡可爲戒者三十六事. 自古人君覆亡之轍, 大略不出乎此矣. 諺曰:「前人躓, 後人戒.」然世主皆相尋而不改. 彼下愚不移, 固無足怪. 至如晉武·唐玄·莊宗之流, 皆英明雄武, 又親見前代敗亡之禍, 或間關險阻, 百戰以取天下; 及其志得意盈, 迷心酖毒, 遂至一敗塗地, 不可收拾, 其視中材守成爲主, 反不逮焉. ≪書≫曰:「惟聖罔念作狂.」成敗得失之機, 可畏也哉!

臣等嘗伏讀我太祖高皇帝≪實錄≫, 與侍臣論及古來女寵·宦寺·外戚·權臣·藩鎭·夷狄之禍.

侍臣曰:「叔季之君, 至於失天下者, 常在於此.」

高皇帝曰:「朕究觀往古, 深爲用戒. 然制之有道. 若不惑於聲色, 嚴宮闈之禁, 貴賤有體, 恩不掩義, 則女寵之禍, 何自而生? 厚其恩賚, 不任以事; 苟干政典, 裁以至公, 則外戚之禍, 何由而作? 宦寺便習, 供給使令, 不假以兵柄, 則無宦寺之禍. 不設丞相, 六卿分職, 使上下相維, 大小相制, 防耳目之壅蔽, 謹威福之下移, 則無權臣之患. 藩鎭之設, 本以衛民, 使財歸有司, 兵必合符而調, 豈有跋扈之憂?

修武備, 謹邊防, 來則禦之, 去不窮追, 則無夷狄之虞.」

淵哉睿謨! 誠萬世聖子神孫, 所當遵守而弗失者也. 至於端本澄源, 正心修身, 以銷孼蘖於未萌, 杜間隙於無迹者, 則又備在≪寶訓≫及≪御製≫諸書, 伏維聖明留意焉. 臣等不勝幸願!

【躓】 '넘어지다, 엎어지다'의 뜻. '지'로 읽음.
【下愚不移】 가장 어리석어 어떤 가르침으로도 현명한 사람으로 바꾸어 줄 수 없음. ≪論語≫ 陽貨篇에 "子曰:「唯上知與下愚不移」"라 함
【晉武】 晉 武帝 司馬炎. 온갖 난관을 무릅쓰고 晉(西晉)나라를 건국했으나 뒤에 환락에 빠져 양이 끄는 수레를 타고 후궁에서 혼암한 짓을 함.「羊車遊宴」(100) 참조.
【唐玄】 唐 玄宗 李隆基. 처음에는 정치를 잘하였으나 뒤에 양귀비에 미혹하여 안록산을 총애하고 사치를 부리다가 안사의 난을 당함.「寵幸番將」(111)과 「斂財侈費」(112) 참조.
【莊宗】 後唐 莊宗 李存勗. 온갖 고통을 무릅쓰고 후당을 세워 첫 황제가 되었으나 배우들에게 혹하여 나라를 망침.「寵信伶人」(114) 참조.
【酖毒】 '鴆毒'으로도 표기함. 원래는 '鴆'이라는 毒鳥의 깃에 들어 있는 독. 이를 뽑아 술을 젓기만 하여도 그 술로 사람을 죽일 수 있다 함. 고대에 독살용으로 사용함. 여기서는 연회나 안일에 빠져 나라를 망치는 경우를 말함. ≪左傳≫ 閔公 元年에 "宴安鴆毒, 不可懷也"라 함.
【一敗塗地】 한 번 패하여 다시는 일어설 수 없도록 땅에 엎어짐.
【守成】 創業에 상대되는 말. 조상이 마련한 창업을 지켜 냄.
【惟聖罔念作狂】 '罔'은 '無'와 같음. 雙聲互訓. 아무리 성스러운 천성을 타고난 자라 해도 선을 깊이 생각하지 않으면 곧 무지한 자로 변함. ≪尙書≫ 周書 多方에 "惟聖罔念作狂, 惟狂克念作聖, 天惟五年須暇之子孫, 誕作民主, 罔可念聽"이라 하였고, 孔安國 傳에 "惟聖人無念于善, 則爲狂人"이라 함.
【太祖高皇帝】 明나라를 세운 朱元璋(1328~1398). 어릴 때 이름은 重八, 뒤에 興宗으로 이름을 바꾸었으며 자는 國瑞. 원래 濠州 鍾離(지금의 安徽 鳳陽) 사람으로 어려서

부모를 잃고 元末 農民軍에 참여하였다가 明나라를 세움. 1368년부터 1398년까지 31년간 재위함. 시호는 '高', 묘호는 '太祖'.

【女寵】 여자를 총애하다가 만나게 되는 화근. 妹喜나 妲己, 褒姒의 예.

【宦寺】 '환시'로 읽으며 환관으로 인한 화근. 동한 환관들의 발호와 같은 예.

【外戚】 황제의 외가 세력으로 인한 화근. 王莽簒奪과 같은 예.

【權臣】 신하의 권세에 밀려 만나게 되는 나라의 화근. 漢末 曹操나 魏나라 司馬氏의 찬탈과 같은 예.

【藩鎭】 唐나라 때 절도사에게 군권과 재정권, 행정권을 맡겼다가 만난 국난이었던 安史의 난과 같은 것.

【夷狄】 西晉의 五胡亂華, 宋의 靖康之恥 및 거란, 여진, 몽고의 침략과 같은 예.

【叔季之君】 叔世와 季世. '末期, 末葉, 亂世'의 뜻. 나라가 곧 망할 때 임금들의 행태를 가리킴.

【六卿】 吏部, 戶部, 禮部, 刑部, 兵部, 工部 등 六部로 나누어 나라의 일을 처리함. 明나라는 洪武 13년(1380) 宰相制를 없애고 대신 六部로 分職한 다음 皇帝가 이를 총괄하였음. 그러나 명 中期 이후 內閣의 실권이 점차 커져 육부의 장들이 재상처럼 권세를 부렸음.

【威福】 황제로써의 威嚴과 福祿.

【有司】 그 일을 맡은 책임자.

【合符而調】 병부에서 장수의 능력이나 충성도 및 출병의 이유가 증명된 다음에야 調兵(병력의 조달과 동원)의 결정을 내림.

【跋扈】 물고기가 통발을 뛰어넘어 도망가듯이 나라의 기강을 넘어 난을 일으키는 것.

【釁孼】 災殃. 殃禍. 妖孼.

【間隙】 임금과 신하 사이에 틈이 생겨 혼란을 초래하는 것.

【寶訓】 朱元璋이 후대 임금들에게 내린 보배로운 훈계.

【御製】 임금의 중요한 어록이나 제작을 뜻함. 구체적으로 어떤 책인지는 알 수 없음.

【聖明】 성스럽고 총명함. 임금을 높여 덕을 칭송한 말.

부록 I. 관련서발 등 자료

≪帝鑑圖說≫敍 _陸樹聲

≪帝鑑圖說≫者, 今元輔少師張公輯以進御者也. 上初登大寶, 召見公平臺, 隆倚眷, 公亦矢精白佐, 上訪落涅垂衣也.

上參杏廷, 上智資, 公首陳勸學, 所簡進侍從儒臣分日直講, 公偕少保呂公左右侍, 數承淸問效啓沃, 上益嚮意於學, 公令講臣采撫前代君人治蹟, 遡唐虞以迄漢唐宋, 理亂興衰得失, 可爲勸戒者, 條其事百餘, 各因事繪圖系之, 說以備乙覽存考鏡焉. 題曰≪帝鑑≫.

公草疏率, 諸講臣進之黼座, 上爲起受頃間, 徹睿覽指其中, 一一顧問公, 公對如指一. 時廷臣謂:「上明聖, 不世出也.」夫所貴乎君人, 務學者, 學爲君也. 君者撫九有而治, 治本乎道, 繇其道而治, 與不繇其道而否者, 歷徵前代往蹟昭然. 媺惡擧而不爽考睹矣. 故曰前王之遺軌, 後王之永鑑; 世主未有不師古而善治者, 乃或有謬, 悠其塗轍, 罔軌於聖哲而狂愚, 是蹈焉. 由鑑與罔鑑間, 耳於言而不迪厥行, 與持其始而鮮克終, 猶罔鑑也. 唐虞而後, 論治者, 則商周首稱, 然殷鑑有夏, 周鑑有殷, 其道同也. 下是者, 無論兩漢, 卽唐宋之君, 非無中材, 間亦有繪前代之迹者, 有圖<無逸>於屛者, 洒其君臣, 取其于緣飾而鮮, 交修之實, 竟其治不能睎隆古於百一.

上聰明首出, 旣沖年纂, 歷服孳孳, 法古圖治, 任用賢哲, 方開泰治, 以永熙圖. 將唐虞復出, 卽商周不啻也. 千百世而下, 仰稽帝範者, 知明有哲后, 乃亦有交修, 一德之臣, 則是圖有不視爲典訓, 著垂無疆者哉! 公以公忠受

簡知, 上嘗親灑宸翰錫公良臣. 夫有明后者斯臣良, 今其時千載一遇也. 聲不佞被遇三朝, 病違朝列者二十餘年, 頃奉詔備禮, 官思夙夜, 奉職未遑也. 屬公所進≪圖說≫.

　上嘉納, 勅下禮官, 宣付史館公復梓其副, 以揚休美; 屬以校梓者, 則文學喬子承華, 謂聲禮官也, 宜叙端簡.

　萬曆癸酉(1573)仲春吉日, 禮部尙書兼翰林院學士, 華亭陸樹聲譔.

≪帝鑑圖說≫後序 _王希烈

今元輔少師張公, 旣輯≪帝鑑圖說≫, 奏御刻其副以傳聞, 示烈使敘諸後烈. 嘗考載籍, 究觀古大臣之義, 則歎公之所爲慮至遠也. 自昔嗣德守文之主, 莫盛于商周, 商周之臣, 左右啓沃, 其著者, 在訓誥保衡, 當嗣王之初, 稱引烈祖, 陳風愆之戒甚悉. 成王生八年, 而踐阼公旦, 明勗棐迪, 勞逸修短之戒, 益加嚴焉, 其大指可覩已.

夫輔養之道, 與匡救異; 輔養之于沖年, 與鼎盛之年異. 人主至有佚德, 然後忠諫, 直鯁之士, 相與隨而爭之, 其轉移之甚難, 而用力甚倍. 輔養之道, 常止邪于未形, 起善于微眇, 故漸漬日益, 而從之也輕.

夫人少而習之, 長而安焉. 及其安也, 驟而告語, 未可卒禁, 而方其習也. 則取舍未定, 志意常虛, 未定, 故可道而趨; 虛故可乘而入, 與之爲賢聖, 非難也. 語曰: 「少成若性途之.」人皆然, 何況人主哉? 蓋顯諍黙移機, 有深淺, 先入後戒, 施有逆順, 格心正事, 效有微博. 故曰: 「異商周之大臣, 辨于是矣.」

公以顧命, 元輔受上眷, 倚襄贊密勿, 孳孳夙夜, 居常持議與宮保. 呂公言: 「國家大體, 必以輔養」君德爲急, 其繪圖陳說, 皆意所指, 授手所疏, 列精思極慮, 而後成之. 時時被顧問, 質所疑及, 聖哲之際, 未嘗不反復誦之也; 至覆亡已事, 未嘗不憤悗, 爲上深陳之也. 斯已勤矣.

上以英妙之齡, 神智天授, 卽商周令王, 不足侔公. 輔養得其道, 又及其時, 積之以精誠, 而發之乎忠懇. 蓋信在未諫, 功在不言, 而海寓蒙福, 社稷賴之, 卽商周大臣, 不能過是≪圖說≫也. 卽訓誥之義, 何以殊焉? 於戲! 使當世士大夫, 知今日所亟在君德, 不在政事, 一切省談說, 而除文苟知公, 輔

養之深意, 益務勵翼, 以佐下風, 人人各擧其職, 則主必益聖, 治必益隆, 太平可期日而望, 是亦公刻以傳之意也.

≪圖說≫大指具公所進疏及大宗伯陸公敘中, 故不著, 著公之心如此.

萬曆元年(1573) 孟夏之吉

吏部左侍郎兼翰林院侍講學士掌詹事府使

豫章王希烈譔.

≪四庫全書總目提要≫(90) 史部(46) 史評類存目(2)

≪帝鑑圖說≫(無卷數, 內府藏本)

明張居正・呂調陽同撰. 居正有≪書經直解(白話文)≫已著錄; 調陽臨桂人, 嘉靖庚戌進士, 官至建極殿大學士, 諡文簡. 事蹟具≪明史≫本傳. 是編乃二人奏御之書, 取堯舜以來, 善可爲法者, 八十一事; 惡可爲戒者, 三十六事. 每事前繪一圖, 後錄傳記, 本文而爲之直解(白話文). 前有隆慶六年(1572)十二月進疏一篇, 蓋當神宗諒闇時也. 疏云: 「善爲陽爲吉, 故數用九九; 惡爲陰爲凶, 故用六六. 取唐太宗, '以古爲鑑'之語, 名之.」書中所載, 皆史冊所有, 神宗方在沖齡, 語取易曉, 不免於俚俗.

≪明史≫(213) 張居正傳

張居正, 字叔大, 江陵人. 十五爲諸生. 巡撫顧璘奇其文, 曰:「國器也.」未幾, 居正學於鄕, 璘解犀帶以贈, 且曰:「君異日當腰玉, 犀不足溷子.」嘉靖二十六年, 居正成進士, 改庶吉士. 日討求國家典故. 徐階輩皆器重之. 授編修, 請急歸, 亡何還職. 居正爲人, 頎面秀眉目, 鬚長至腹. 勇敢任事, 豪傑自許. 然沉深有城府, 莫能測也. 嚴嵩爲首輔, 忌階, 善階者皆避匿. 居正自如, 嵩亦器居正. 遷右中允, 領國子司業事. 與祭酒高拱善, 相期以相業. 尋還理坊事, 遷侍裕邸講讀. 王甚賢之, 邸中中官亦無不善居正者. 而李芳數從問書義, 頗及天下事. 尋遷右諭德兼侍讀, 特進講學士, 領院事.

階代嵩首輔, 傾心委居正. 世宗崩, 階草遺詔, 引與共謀. 尋遷禮部右侍郎兼翰林院學士. 月餘, 與裕邸故講官陳以勤俱入閣, 而居正爲吏部左侍郎兼東閣大學士. 尋充≪世宗實錄≫總裁, 進禮部尙書兼武英殿大學士, 加少保兼太子太保, 去學士五品僅歲餘. 時徐階以宿老居首輔, 與李春芳皆折節禮士. 居正最後入, 獨引相體, 倨見九卿, 無所延納. 間出一語輒中肯, 人以是嚴憚之, 重於他相.

高拱以很躁被論去, 徐階亦去, 春芳爲首輔. 亡何趙貞吉入, 易視居正. 居正與故所善掌司禮者李芳謀, 召用拱, 俾領吏部, 以扼貞吉, 而奪春芳政. 拱至, 益與居正善, 春芳尋引去, 以勤亦自引, 而貞吉・殷士儋皆爲所搆罷, 獨居正與拱在, 兩人益相密. 拱主封俺答, 居正亦贊之, 授王崇古等以方略. 加柱國・太子太傅. 六年滿, 加少傅・吏部尙書・建極殿大學士. 以遼東戰功, 加太子太師. 和市成, 加少師, 餘如故.

初, 徐階旣去, 令三子事居正謹. 而拱銜階甚, 嗾言路推論不已, 階諸子多

坐罪. 居正從容爲拱言, 拱稍心動. 而拱客搆居正納階子三萬金, 拱以誚居正. 居正色變, 指天誓, 辭甚苦. 拱謝不審, 兩人交遂離. 拱又與居正所善中人馮保郤. 穆宗不豫, 居正與保密處分後事, 引保爲內助, 而拱欲去保. 神宗卽位, 保以兩宮詔旨逐拱, 事具<拱傳>, 居正遂代拱爲首輔. 帝御平臺, 召居正獎諭之, 賜金幣及繡蟒斗牛服. 自是賜賚無虛日.

帝虛已委居正, 居正亦慨然以天下爲己任, 中外想望丰采. 居正勸帝遵守祖宗舊制, 不必紛更, 至講學・親賢・愛民・節用皆急務. 帝稱善. 大計廷臣, 斥諸不職及附麗拱者. 復具詔召群臣廷飭之, 百僚皆惕息. 帝當尊崇兩宮. 故事, 皇后與天子生母並稱皇太后, 而徽號有別. 保欲媚帝生母李貴妃, 風居正以並尊. 居正不敢違, 議尊皇后曰仁聖皇太后, 皇貴妃曰慈聖皇太后, 兩宮遂無別. 慈聖徙乾淸宮, 撫視帝, 內任保, 而大柄悉以委居正.

居正爲政, 以尊主權・課吏職・信賞罰・一號令爲主. 雖萬里外, 朝下而夕奉行. 黔國公沐朝弼數犯法, 當逮, 朝議難之. 居正擢用其子, 馳使縛之, 不敢動. 旣至, 請貸其死, 錮之南京. 漕河通, 居正以歲賦逾春, 發水橫溢, 非決則涸, 乃采漕臣議, 督艘卒以孟冬月兌運, 及歲初畢發, 少罹水患. 行之久, 太倉粟充盈, 可支十年. 互市饒馬, 乃減太僕種馬, 而令民以價納, 太僕金亦積四百餘萬. 又爲考成法以責吏治. 初, 部院覆奏行撫按勘者, 嘗稽不報. 居正令以大小緩急爲限, 誤者抵罪. 自是, 一切不敢飾非, 政體爲肅. 南京小奄醉辱給事中, 言者請究治. 居正謫其尤激者趙參魯於外以悅保, 而徐說保裁抑其黨, 毋與六部事. 其奉使者, 時令緹騎陰詗之. 其黨以是怨居正, 而心不附保.

居正以御史在外, 往往凌撫臣, 痛欲折之. 一事小不合, 詬責隨下, 又敕其長加考察. 給事中余懋學請行寬大之政. 居正以爲風己, 削其職. 御史傅應禎繼言之, 尤切. 下詔獄, 杖戍. 給事中徐貞明等羣擁入獄, 視具橐饘, 亦逮謫外. 御史劉臺按遼東, 誤奏捷. 居正方引故事繩督之, 臺抗章論居正專恣

不法, 居正怒甚. 帝爲下臺詔獄, 命杖百, 遠戍. 居正陽具疏救之, 僅奪其職. 已, 卒戍臺. 由是, 諸給事御史益畏居正, 而心不平.

當是時, 太后以帝沖年, 尊禮居正甚至, 同列呂調陽莫敢異同. 及吏部左侍郎張四維入, 恂恂若屬吏, 不敢以僚自處.

居正喜建豎, 能以智數馭下, 人多樂爲之盡. 俺答款塞, 久不爲害. 獨小王子部衆十餘萬, 東北直遼左, 以不獲通互市, 數入寇. 居正用李成梁鎭遼, 戚繼光鎭薊門. 成梁力戰却敵, 功多至封伯, 而繼光守備甚設. 居正皆右之, 邊境晏然. 兩廣督撫殷正茂・凌雲翼等亦數破賊有功. 浙江兵民再作亂, 用張佳胤往撫卽定, 故世稱居正知人. 然持法嚴. 覈驛遞, 省冗官, 淸庠序, 多所澄汰. 公卿羣吏不得乘傳, 與商旅無別. 郎署以缺少, 需次者輒不得補. 大邑士子額隘, 艱於進取. 亦多怨之者.

時承平久, 羣盜蝟起, 至入城市劫府庫. 有司恒諱之, 居正嚴其禁. 匿不擧者, 雖循吏必黜. 得盜卽斬決, 有司莫敢飾情. 盜邊海錢米盈數, 例皆斬, 然往往長繫或瘦死. 居正獨亟斬之, 而追捕其家屬, 盜賊爲衰止. 而奉行不便者, 相率爲怨言, 居正不恤也.

慈聖太后將還慈寧宮, 諭居正謂:「我不能視皇帝朝夕, 恐不若前者之向學・勤政, 有累先帝付託. 先生有師保之責, 與諸臣異. 其爲我朝夕納誨, 以輔台德, 用終先帝憑几之誼.」因賜坐蟒・白金・綵幣. 未幾, 丁父憂. 帝遣司禮中官慰問, 視粥藥, 止哭, 絡繹道路, 三宮賻贈甚厚.

戶部侍郎李幼孜欲媚居正, 倡奪情議. 居正惑之. 馮保亦固留居正. 諸翰林王錫爵・張位・趙志皐・吳中行・趙用賢・習孔教・沈懋學輩皆以爲不可, 不聽. 吏部庠序張瀚以持慰留旨, 被逐去. 御史曾士楚・給事中陳三謨等遂交章請留. 中行・用賢及員外郎艾穆・主事沈思孝・進士鄒元標相繼爭之. 皆坐廷杖, 謫斥有差. 時彗星從東南方起, 長亘天. 人情洶洶, 指目居正, 志懸謗書通衢. 帝詔諭羣臣, 再及者誅無赦, 謗乃已. 於是使居正子編修

嗣修與司禮太監魏朝馳傳往代司喪, 禮部主事曹誥治祭, 工部主事徐應聘治喪. 居正請無造朝, 以青衣・素服・角帶入閣治政, 侍經筵講讀, 又請辭歲俸. 帝許之. 及帝舉大婚禮, 居正吉服從事. 給事中李涞言其非禮, 居正怒, 出爲僉事. 時帝顧居正益重, 常賜居正札, 稱「元輔張少師先生」, 待以師禮.

居正乞歸葬父, 帝使尚寶少卿鄭欽・錦衣指揮史繼書護歸, 期三月, 葬畢卽上道. 仍命撫按諸臣先期馳賜璽書敦諭. 範「帝賚忠良」銀印以賜之, 如楊士奇・張孚敬例, 得密封言事. 戒次輔呂調陽等「有大事毋得專決, 馳驛之江陵, 聽張先生處分」. 居正請廣內閣員, 詔卽令居正推. 居正因推禮部庠序馬自強・吏部右侍郎申時行入閣. 自強素迕居正, 不自意得之, 頗德居正, 而時行與四維皆自昵於居正, 居正乃安意去. 帝及兩宮賜賚慰諭有加禮, 遣司禮太監張宏供張餞郊外, 百僚班送. 所過地, 有司飭廚傳, 治道路. 遼東奏大捷, 帝復歸功居正. 使使馳諭, 俾定爵賞. 居正爲條例以聞. 調陽益內慚, 堅臥, 累疏乞休不出.

居正言母老不能冒炎暑, 請俟清涼上道. 於是內閣・兩都部院寺卿・給事・御史俱上章, 請趣居正亟還朝. 帝遣錦衣指揮翟汝敬馳傳往迎, 計日以俟; 而令中官護太夫人以秋日由水道行. 居正所過, 守臣率長跪, 撫按大吏越界迎送, 身爲前驅. 道經襄陽, 襄王出候, 要居正宴. 故事, 雖公侯謁王執臣禮, 居正具賓主而出. 過南陽, 唐王亦如之. 抵郊外, 詔遣司禮太監何進宴勞, 兩宮亦各遣大璫李琦・李用宣諭, 賜八寶金釘川扇・御膳・餅果・醪醴, 百僚復班迎. 入朝, 帝慰勞懇篤, 予假十日而後入閣, 仍賜白金・彩幣・寶鈔・羊酒, 因引見兩宮. 及秋, 魏朝奉居正母行, 儀從煊赫, 觀者如堵. 比至, 帝與兩宮復賜賚加等, 慰諭居正母子, 幾用家人禮.

時帝漸備六宮, 太倉銀錢多所宣進. 居正乃因戶部進御覽數目陳之, 謂每歲入額不敵所出, 請帝置坐隅時省覽, 量入爲出, 罷節浮費. 疏上, 留中. 帝復令工部鑄錢給用, 居正以利不勝費止之. 言官請停蘇・松織造, 不聽. 居

正爲面請, 得損大半. 復請停修武英殿工, 及裁外戚遷官恩數, 帝多曲從之. 帝御文華殿, 居正侍講讀畢, 以給事中所上災傷疏聞, 因請振.

復言:「上愛民如子, 而在外諸司營私背公, 剝民罔上, 宜痛鉗以法. 而皇上加意撙節, 於宮中一切用度・服御・賞賚・布施, 裁省禁止.」

帝首肯之, 有所蠲貸. 居正以江南貴豪怙勢及諸奸猾吏民善逋賦, 選大吏精悍者嚴行督責. 賦以時輸, 國藏日益充, 而豪猾率怨居正.

居正服將除, 帝召吏部問期日, 敕賜白玉帶・大紅坐蟒・盤蟒. 御平臺召對, 慰諭久之. 使中官張宏引見慈慶・慈寧兩宮, 皆有恩賚, 而慈聖皇太后加賜御膳九品, 使宏侍宴.

帝初卽位, 馮保朝夕視起居, 擁護提抱有力, 小扞格, 卽以聞慈聖. 慈聖訓帝嚴, 每切責之, 且曰:「使張先生聞, 奈何!」於是帝甚憚居正. 及帝漸長, 心厭之. 乾淸小璫孫海・客用等導上遊戲, 皆愛幸. 慈聖使保捕海・用, 杖而逐之. 居正復條其黨罪惡, 請斥逐, 而令司禮及諸內侍自陳上裁去留. 因勸帝戒遊宴以重起居, 專精神以廣聖嗣, 節賞賚以省浮費, 却珍玩以端好尙, 親萬幾以明庶政, 勤講學以資治理. 帝迫於太后, 不得已, 皆報可, 而心頗嗛保・居正矣.

帝初政, 居正嘗纂古治亂事百餘條, 繪圖, 以俗語解之, 使帝易曉. 至是, 復屬儒臣紀太祖列聖《寶訓》・《實錄》分類成書, 凡四十: 曰<創業艱難>, 曰<勵精圖治>, 曰<勤學>, 曰<敬天>, 曰<法祖>, 曰<保民>, 曰<謹祭祀>, 曰<崇孝敬>, 曰<端好尙>, 曰<愼起居>, 曰<戒遊佚>, 曰<正宮闈>, 曰<敎儲貳>, 曰<睦宗藩>, 曰<親賢臣>, 曰<去奸邪>, 曰<納諫>, 曰<理財>, 曰<守法>, 曰<儆戒>, 曰<務實>, 曰<正紀綱>, 曰<審官>, 曰<久任>, 曰<重守令>, 曰<馭近習>, 曰<待外戚>, 曰<重農桑>, 曰<興敎化>, 曰<明賞罰>, 曰<信詔令>, 曰<謹名分>, 曰<裁貢獻>, 曰<愼賞賚>, 曰<敦節儉>, 曰<愼刑獄>, 曰<褒功德>, 曰<屛異

端>,曰<飭武備>,曰<御戎狄>.其辭多警切,請以經筵之暇進講.又請立起居注,紀帝言動與朝內外事,日用翰林官四員入直,應制詩文及備顧問.帝皆優詔報許.

居正自奪情後,益偏恣.其所黜陟,多由愛憎.左右用事之人多痛賄賂.馮保客徐爵擢用至錦衣衛指揮同知,署南鎮撫.居正三子皆登上第.蒼頭游七入貲爲官,勳戚文武之臣多與往還,通姻好.七具衣冠報謁,列於士大夫.世以此益惡之.

亡何,居正病.帝頻頒敕諭問疾,大出金帛爲醫藥資.四閱月不愈,百官並齋醮爲祈禱.南都・秦・晉・楚・豫諸大吏,亡不建醮.帝令四維等理閣中細務,大事卽家令居正平章.居正始自力,後憊甚不能徧閱,然尙不使四維等參之.及病革,乞歸.上復優詔慰留,稱「太師張太岳先生」.居正度不起,薦前禮部尙書潘晟及尙書梁夢龍,侍郎余有丁・許國・陳經邦,已,復薦尙書徐學謨・曾省吾・張學顏,侍郎王篆等可大用.帝爲黏御屛.晟,馮保所受書者也,強居正薦之.時居正已昏甚,不能自主矣.及卒,帝爲輟朝,諭祭九壇,視國公兼師傅者.居正先以六載滿,加特進中極殿大學士;以九載滿,加賜坐蟒衣,進左柱國,廕一子尙寶丞;以大婚,加歲祿百石,錄子錦衣千戶爲指揮僉事;以十二載滿,加太傅;以遼東大捷,進太師,益歲祿二百石,子由指揮僉事進同知.至是,贈上柱國,諡文忠,命四品京卿・錦衣堂上官・司禮太監護喪歸葬.於是四維始爲政,而與居正所薦引王篆・曾省吾等交惡.

初,帝所幸中官張誠見惡馮保斥於外,帝使密詗保及居正.至是,誠復入,悉以兩人交結恣橫狀聞,且謂其寶藏踰天府.帝心動.左右亦浸言保過惡,而四維門人御史李植極論徐爵與保挾詐通奸諸罪.帝執保禁中,逮爵詔獄.謫保奉御居南京,盡籍其家金銀珠寶鉅萬計.帝疑居正多蓄,益心豔之.言官劾篆・省吾幷劾居正,篆・省吾俱得罪.新進者益務攻居正.詔奪上柱國・太師,再奪諡.居正諸所引用者,斥削殆盡.召還中行・用賢等,遷官有

差. 劉臺贈官, 還其產. 御史羊可立復追論居正罪, 指居正構遼庶人憲㸌獄. 庶人妃因上疏辯冤, 且曰:「庶人金寶萬計, 悉入居正.」帝命司禮張誠及侍郎丘橓偕錦衣指揮・給事中籍居正家. 誠等將至, 荊州守令先期錄人口, 錮其門, 子女多遁避空室中. 比門啟, 餓死者十餘輩. 誠等盡發其諸子兄弟藏, 得黃金萬兩, 白金十餘萬兩. 其長子禮部主事敬修不勝刑, 自誣服寄三十萬金於省吾・篆及傅作舟等, 尋自縊死. 事聞, 時行等與六卿大臣合疏, 請少緩之; 刑部尚書潘季馴疏尤激楚. 詔留空宅一所・田十頃, 贍其母. 而御史丁此呂復追論科場事, 謂高啟愚以舜禹命題, 為居正策禪受. 尚書楊巍等與相駁. 此呂出外, 啟愚削籍. 後言者復攻居正不已. 詔盡削居正官秩, 奪前所賜璽書・四代誥命, 以罪狀示天下, 謂當剖棺戮屍而姑免之. 其弟都指揮居易, 子編修嗣修, 俱發戍烟瘴地.

終萬曆世, 無敢白居正者. 熹宗時, 廷臣稍稍追述之. 而鄒元標為都御史, 亦稱居正. 詔復故官, 予葬祭. 崇禎三年, 禮部侍郎羅喻義等訟居正冤. 帝令部議, 復二廕及誥命. 十三年, 敬修孫同敞請復武廕, 併復敬修官. 帝授同敞中書舍人, 而下部議敬修事. 尚書李日宣等言:「故輔居正, 受遺輔政, 事皇祖者十年. 肩勞任怨, 舉廢飭弛, 弼成萬曆初年之治. 其時中外乂安, 海內殷阜, 紀綱法度莫不修明. 功在社稷, 日久論定, 人益追思.」帝可其奏, 復敬修官. (同敞傳略)

而居正第五子允修, 字建初, 廕尚寶丞. 崇禎十七年正月, 張獻忠掠荊州, 允修題詩於壁, 不食而死.

贊曰: 張居正通識時變, 勇於任事. 神宗初政, 起衰振隳, 不可謂非幹濟才. 而威柄之操, 幾於震主, 卒致禍發身後. 《書》曰「臣罔以寵利居成功」, 可弗戒哉!

부록 II. 중국 역대 제왕 世系表

1. 하(夏)
2. 상(商, 殷)
3. 서주(西周)
4. 동주(東周)
5. 진(秦)
6. 서한(西漢)
7. 동한(東漢)
8. 삼국(三國)
   (1) 위(魏) (2) 촉(蜀) (3) 오(吳)
9. 진(晉: 西晉, 東晉)
10. 남조(南朝)
    (1) 송(宋) (2) 제(齊) (3) 양(梁) (4) 진(陳)
11. 북조(北朝)
    (1) 북위(北魏) (2) 북제(北齊) (3) 북주(北周)
12. 수(隋)
13. 당(唐)
14. 오대(五代)
    (1) 양(後梁) (2) 당(後唐)
    (3) 진(後晉) (4) 한(後漢) (5) 주(後周)
15. 요(遼)
16. 금(金) (부: 西夏)
17. 송(宋: 南宋, 北宋)
18. 원(元)
19. 명(明)
20. 청(淸)

1. 하(夏)

(B.C. 2100?~B.C. 1600?, 姒姓)

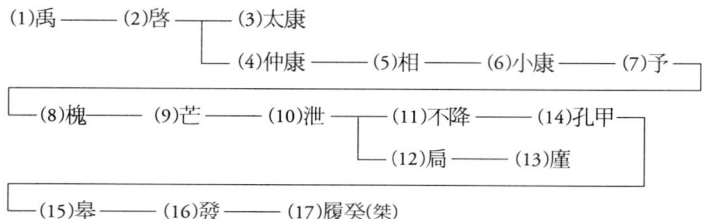

2. 상(商, 殷)

(B.C. 1600?~B.C. 1028, 子姓)

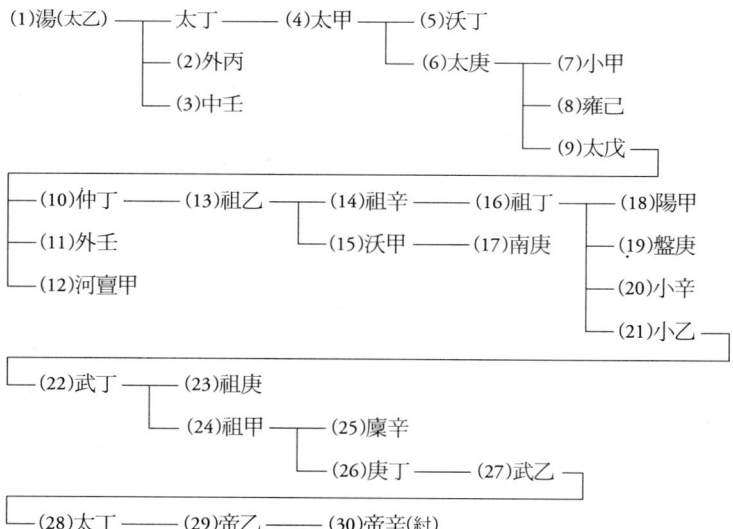

3. 서주(西周)

(B.C. 1027〜B.C. 771, 姬姓)

(1)武王(姬發) ── (2)成王(誦) ── (3)康王(釗) ── (4)昭王(瑕) ┐
└ (5)穆王(滿) ── (6)共王(繄扈) ── (7)懿王(囏) ┐
          └ (8)孝王(辟方) ┘
└ (9)夷王(燮) ── (10)厲王(胡) ── (11)宣王(靜) ── (12)幽王(宮湼)

4. 동주(東周)

(B.C. 770〜B.C. 256, 姬姓)

(1)平王(姬宜臼:幽王子) ── 太子(洩父) ── (2)桓王(林) ── (3)莊王(佗) ┐
└ (4)僖王(胡齊) ── (5)惠王(閬) ── (6)襄王(鄭) ── (7)頃王(壬臣) ┐
└ (8)匡王(斑)
└ (9)定王(瑜) ── (10)簡王(夷) ── (11)靈王(泄心) ── (12)景王(貴) ┐
└ (13)悼王(猛)
└ (14)敬王(匄) ── (15)元王(仁) ── (16)定王(介:貞定王) ┐
└ (17)哀王(去疾)
└ (18)思王(叔)
└ (19)考王(嵬) ── (20)威烈王(午) ── (21)安王(驕) ── (22)烈王(喜) ┐
                                         └ (23)顯王(扁) ┐
└ (24)愼靚王(定) ── (25)赧王(延)

5. 진(秦)

(B.C. 221~B.C. 207, 嬴姓)

(1)秦始皇(嬴政) ── 太子(扶蘇) ── (3)秦王子(嬰)
                  └ (2)二世(胡亥)

6. 서한(西漢)

(B.C. 202~A.D. 8, 劉氏)

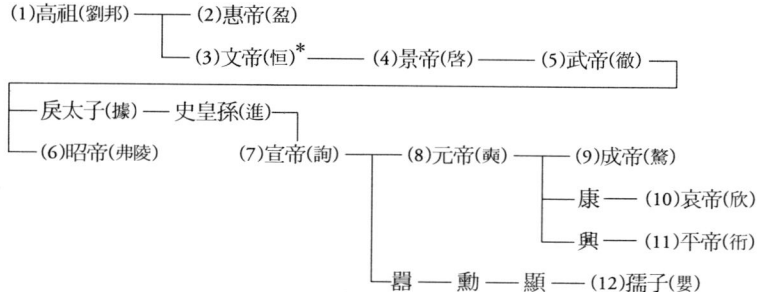

* 文帝 즉위 전 B.C. 187년~B.C. 180년은 呂后가 집정함.

7. 동한(東漢)

(25~220, 劉氏)

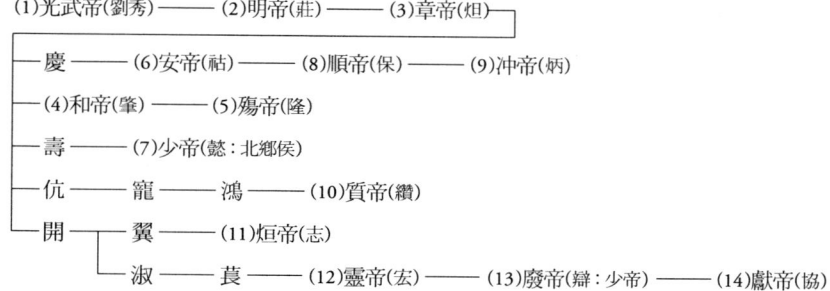

8. 삼국(三國)
(220〜265)

(一) 魏(220〜265, 曹氏)

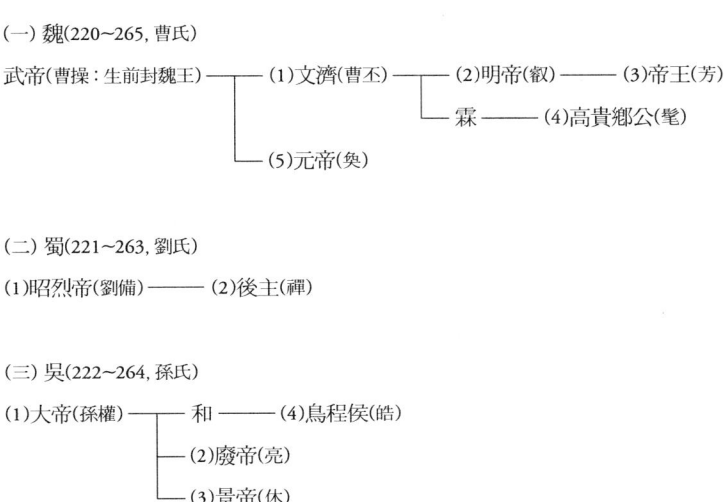

(二) 蜀(221〜263, 劉氏)

(1)昭烈帝(劉備) ── (2)後主(禪)

(三) 吳(222〜264, 孫氏)

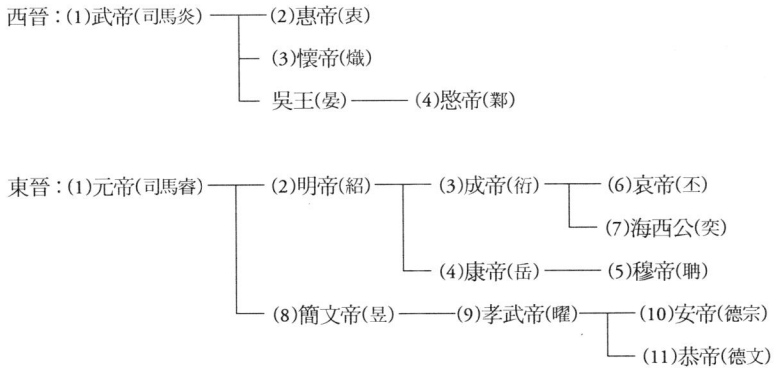

9. 진(晉: 西晉, 東晉)
(265〜420, 司馬氏)

西晉：(1)武帝(司馬炎) ─┬─ (2)惠帝(衷)
　　　　　　　　　　　├─ (3)懷帝(熾)
　　　　　　　　　　　└─ 吳王(晏) ── (4)愍帝(鄴)

東晉：(1)元帝(司馬睿) ─┬─ (2)明帝(紹) ─┬─ (3)成帝(衍) ─┬─ (6)哀帝(丕)
　　　　　　　　　　　　　　　　　　　　　　　　　　　　　├─ (7)海西公(奕)
　　　　　　　　　　　　　　　　　　　　　└─ (4)康帝(岳) ── (5)穆帝(聃)
　　　　　　　　　　　└─ (8)簡文帝(昱) ── (9)孝武帝(曜) ─┬─ (10)安帝(德宗)
　　　　　　　　　　　　　　　　　　　　　　　　　　　　　└─ (11)恭帝(德文)

10. 남조(南朝)
(420~589)

(一) 宋(420~479, 劉氏)

```
(1)武帝(劉裕) ── (2)少帝(義符)
              └─ (3)文帝(義隆) ── (4)孝武帝(駿) ── (5)前廢帝(子業)
                              └─ (6)明帝(彧) ── (7)後廢帝(昱:蒼梧王)
                                            └─ (8)順帝(準)
```

(二) 齊(479~502, 蕭氏)

```
┌─ (1)高祖(蕭道成) ── (2)武帝(賾) ── 長懋 ── (3)廢帝鬱林王(昭業)
│                                      └─ (4)廢帝海陵王(昭文)
└─ 道生 ── (5)明帝(鸞) ── (6)廢帝東昏侯(寶卷)
                       └─ (7)和帝(寶融)
```

(三) 梁(502~587, 蕭氏)

```
(1)梁武帝(蕭衍) ── 統 ── 後梁 ── (1)宣帝(詧) ── (2)明帝(巋) ── (3)琮(莒公)
              ├─ (2)簡文帝(綱)
              └─ (3)元帝(繹) ── (4)敬帝(方智)
```

(四) 陳(557~589, 陳氏)

```
┌─ (1)武帝(陳霸先)
└─ 道譚 ── (2)文帝(蒨) ── (3)廢帝(伯宗:臨海王)
        └─ (4)宣帝(頊) ── (5)後主(叔寶)
```

11. 북조(北朝)
(439~581)

(一) 北魏[386~556, 拓跋氏(元氏)]

(1)道武帝(拓跋珪) ── (2)明元帝(嗣) ── (3)太武帝(燾) ── 晃 ── (4)文成帝(濬) ──
└─ (5)獻文帝(弘) ── (6)孝文帝(元宏) ─┬─ (7)宣武帝(恪) ── (8)孝明帝(詡)
　　　　　　　　　　　　　　　　　├─ 懷 ── (11)孝武帝(修)
　　　　　　　　　　　　　　　　　├─ 愉 ── 西魏 (1)文帝(寶炬) ─┬─ (2)廢帝(欽)
　　　　　　　　　　　　　　　　　│　　　　　　　　　　　　　└─ (3)恭帝(廓)
　　　　　　　　　　　　　　　　　└─ 懌 ── 亶 ── 東魏 孝靜帝(善見)
　　　　　　　　　├─ 勰 ── (9)孝莊帝(子攸)
　　　　　　　　　└─ 羽 ── (10)節閔帝(恭)

(二) 北齊(550~577, 高氏)

神武帝(高歡) ─┬─ (1)文宣帝(洋) ── (2)廢帝(殷)
　　　　　　├─ (3)孝昭帝(演)
　　　　　　└─ (4)武成帝(湛) ── (5)後主(緯:溫公) ── (6)幼主(恒)

(三) 北周(557~581, 宇文氏)

文帝(宇文泰) ─┬─ (1)孝閔帝(覺)
　　　　　　├─ (2)明帝(毓)
　　　　　　└─ (3)武帝(邕) ── (4)宣帝(贇) ── (5)靜帝(闡)

(581~618, 楊氏)

(1)文帝(楊堅) ── (2)煬帝(廣) ── 元德太子(昭) ┬ 代王(恭帝, 侑)
                                              └ 越王(皇泰主, 侗)

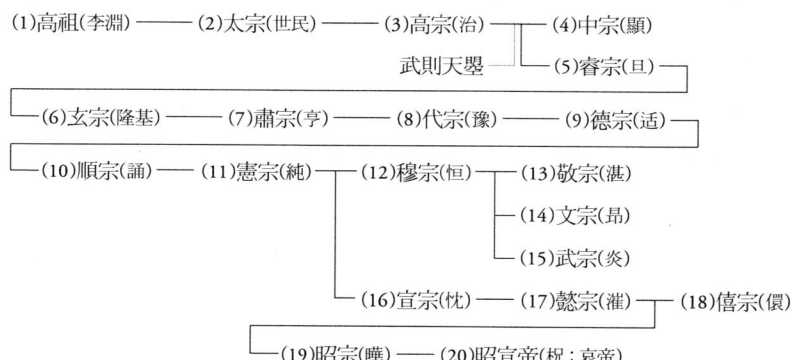

(618~907, 李氏)

(1)高祖(李淵) ── (2)太宗(世民) ── (3)高宗(治) ┬ (4)中宗(顯)
                                    武則天曌 └ (5)睿宗(旦)

(6)玄宗(隆基) ── (7)肅宗(亨) ── (8)代宗(豫) ── (9)德宗(适)

(10)順宗(誦) ── (11)憲宗(純) ┬ (12)穆宗(恒) ┬ (13)敬宗(湛)
                              │   ├ (14)文宗(昂)
                              │   └ (15)武宗(炎)
                              └ (16)宣宗(忱) ── (17)懿宗(漼) ┬ (18)僖宗(儇)
                                                              └ (19)昭宗(曄) ── (20)昭宣帝(柷:哀帝)

14. 오대(五代)
(907~960)

(一) 梁(後梁)(907~923, 朱氏)

(1) 太祖朱溫(晃·全忠) ──── (2) 末帝(友貞)

(二) 唐(後唐)(923~936, 李氏)

李克用 ──── (1) 莊宗(存勗)
         └── (2) 明宗亶(嗣源) ──── (3) 閔帝(從厚)
                              └── (4) 廢帝(從珂)

(三) 晉(後晉)(936~946, 石氏)

臬捩雞 ──── 敬儒 ──── (2) 出帝(重貴)
       └── (1) 高祖(石敬瑭)

(四) 漢(後漢)(947~950, 劉氏)

(1) 高祖(劉知遠) ──── (2) 隱帝(承祐)

(五) 周(後周)(951~960, 郭氏)

(1) 太祖(郭威) ──── (2) 世宗(榮) ──── (3) 恭帝(宗訓)

* ──── 養子

15. 요(遼)
(916~1125, 耶律氏)

(1) 太祖(耶律阿保機:億) ┬── 倍 ──── (3) 世宗(阮) ──── (5) 景宗(賢) ──── (6) 聖宗(隆緒)
                    └── (2) 太宗(德光) ──── (4) 穆宗(璟)
(7) 興宗(宗眞) ──── (8) 道宗(洪基) ──── 濬 ──── (9) 天祚帝(延禧)

16. 금(金) (부: 西夏)
(1115~1234, 完顔氏)

```
完顔劫黑鉢 ─┬─ (1)太祖(完顔阿骨打) ─┬─ 景宣帝(繩果) ── (3)熙宗(亶)
           └─ (2)太宗(晟)          ├─ 遼王(宗幹) ──── (4)海陵王(亮)
                                  └─ 睿宗(宗峻) ──── (5)世宗(雍:烏祿) ─┐
┌─────────────────────────────────────────────────────────────────────┘
├─ 顯宗(永恭:允恭) ────── (6)章宗(璟:麻達葛)
└─ (7)衛紹王(允濟:永濟) ─ (8)宣宗(珣) ── (9)哀宗(守緒) ── (10)末帝(承麟)
```

* 西夏(1038~1227)

```
(1)景宗(元昊:曩霄) ── (2)毅宗(諒祚) ── (3)惠宗(秉常) ── (4)崇宗(乾順) ─┐
┌──────────────────────────────────────────────────────────────────────┘
├─ (5)仁宗(仁孝) ── (6)桓宗(純佑)
├─ 越王(純友) ──── (7)襄宗(安全)
└─ 某 ── 彥宗 ── (8)神宗(遵頊) ─┬─ (9)獻宗(德旺)
                                └─ 淸平郡王 ── (10)南平王末帝(睍)
```

17. 송(宋)

(北宋 960~1127, 南宋 1127~1279, 趙氏)

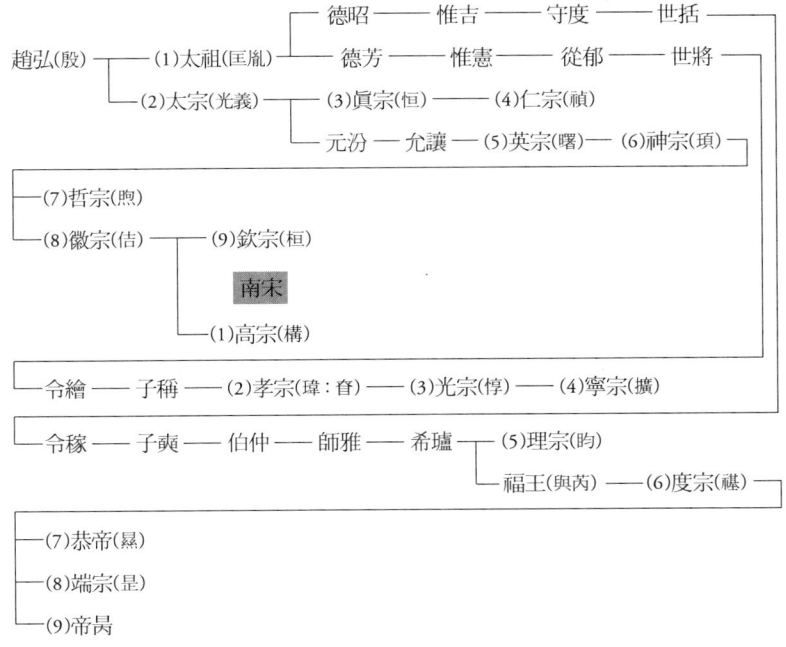

18. 원(元)
(1206~1368)

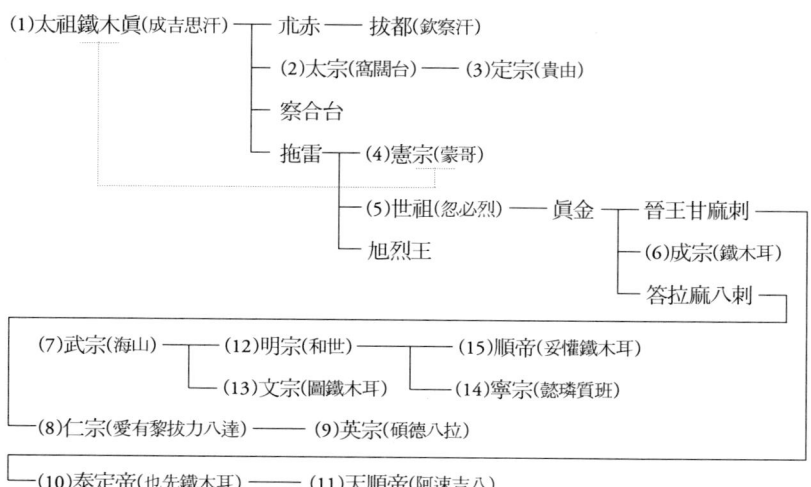

19. 명(明)

(1368~1644, 朱氏)

```
(1)太祖(朱元璋) ─┬─ 太子(標) ── (2)惠帝(允炆)
                └─ (3)成祖(棣) ── (4)仁宗(高熾) ── (5)宣宗(瞻基) ─┐
┌──────────────────────────────────────────────────────────────┘
├─ (6)英宗(祁鎭) ── (8)憲宗(見深) ─┬─ (9)孝宗(祐樘) ── (10)武宗(厚炤)
└─ (7)景帝(祁鈺)                   └─ 興獻王(祐杬) ── (11)世宗(厚熜) ── (12)穆宗(載垕) ─┐
┌──────────────────────────────────────────────────────────────────────────────────┘
├─ (13)神宗(翊鈞) ─┬─ (14)光宗(常洛) ─┬─ (15)熹宗(由校)
│                  │                  └─ (16)思宗(由檢)
│                  ├─ 福王(常洵) ──── 由崧(弘光帝)
│                  └─ 桂王(常瀛) ──── 由榔(永曆帝)
```

20. 청(淸)

(1636~1911 혹 1644~1911, 愛新覺羅氏)

```
  (1)太宗(愛新覺羅 皇太極) ──── (2)世祖(福臨) ──── (3)聖祖(玄燁) ─┐
┌─────────────────────────────────────────────────────────────┘
├─ (4)世宗(胤禛) ──── (5)高宗(弘曆) ──── (6)仁宗(顒琰) ─┐
┌──────────────────────────────────────────────────────┘
├─ (7)宣宗(旻寧) ──── (8)文宗(奕詝) ──── (9)穆宗(載淳)
└─ (10)德宗(載湉) ──── (11)溥儀
```